Springer-Lehrbuch

Springer

Berlin
Heidelberg
New York
Hongkong
London
Mailand
Paris
Tokio

Wolfgang Franz

Arbeitsmarkt-ökonomik

Fünfte, vollständig überarbeitete Auflage
mit 37 Abbildungen
und 57 Tabellen

Springer

Professor Dr. Wolfgang Franz
Zentrum für Europäische Wirtschaftsforschung (ZEW)
L7,1
68161 Mannheim
E-mail: Franz@zew.de

ISBN 3-540-00359-2 5. Auflage Springer-Verlag Berlin Heidelberg New York

ISBN 3-540-66163-8 4. Auflage Springer-Verlag Berlin Heidelberg New York

Bibliografische Information Der Deutschen Bibliothek
Die Deutsche Bibliothek verzeichnet diese Publikation in der Deutschen Nationalbibliografie; detaillierte bibliografische Daten sind im Internet über *http://dnb.ddb.de* abrufbar.

Springer-Verlag Berlin Heidelberg New York
ein Unternehmen der BertelsmannSpringer Science + Business Media GmbH

http://www.springer.de

Printed in Italy

Umschlaggestaltung: design & production GmbH, Heidelberg

SPIN 10908396 42/3130 – 5 4 3 2 1 0 – Gedruckt auf säurefreiem Papier

Vorwort zur fünften Auflage

Wiederum ist nach kurzer Zeit eine Neuauflage notwendig geworden. Sie bot Gelegenheit zu einer gründlichen Überarbeitung. Das neue Kapitel 10 widmet sich ausschließlich der Bekämpfung der Arbeitslosigkeit und einer Diskussion des Instrumentariums der aktiven Arbeitsmarktpolitik, wobei ich weitgehend auf formelmäßige Darstellungen verzichtet habe, um einen möglichst breiten Leserkreis anzusprechen. Des Weiteren sind einige Kapitel erweitert worden (wie ein Abschnitt über die Arbeitsgerichtsbarkeit) und Fallbeispiele hinzugekommen. Das Zahlenmaterial und die institutionellen Regelungen wurden aktualisiert. DM–Beträge lauten nunmehr auf Euro und die Umstellungen der Volkswirtschaftlichen Gesamtrechnung sowie der Beschäftigtenstatistik machten teilweise einschneidende Änderungen insbesondere in Abschnitt 4.1 (Fakten über die Arbeitsnachfrage) erforderlich.

Auch diese Auflage wäre in dieser Form ohne die unermüdliche Unterstützung zahlreicher Helfer nicht zu Stande gekommen. Dafür möchte ich insbesondere allen beteiligten Kollegen, Angehörigen des Zentrums für Europäische Wirtschaftsforschung (ZEW) und Studierenden der Universität Mannheim sowie einigen Freunden sehr herzlich danken. Sie alle haben einen entscheidenden Anteil an den Vorzügen dieses Buches, während alle Unzulänglichkeiten zu meinen Lasten gehen.

Mannheim, im Oktober 2002 *Wolfgang Franz*

Vorwort zur ersten Auflage

Ziel dieses Buches ist eine Darstellung des Gebietes "Arbeitsmarktökonomik", wobei ein besonderes Gewicht auf eine Verzahnung von theoretischen Argumenten mit empirischen Aspekten gelegt wird. So beginnen die meisten Kapitel mit einer Diskussion wichtiger Fakten, die erklärungsbedürftig erscheinen. Es folgt dann eine Übersicht über neuere theoretische Erklärungsansätze. Abschließend werden Resultate ökonometrischer Tests der diskutierten Hypothesen vorgestellt, wobei auch neuere Verfahren in der Ökonometrie erläutert werden. Einige "Fallbeispiele" versuchen zusätzlich, die Bezüge zum aktuellen Arbeitsmarktgeschehen zu verdeutlichen.

Der ins Auge gefasste Leserkreis umfasst Studenten der Wirtschaftswissenschaften im Hauptstudium und Ökonomen, die sich für Arbeitsmarktvorgänge interessieren. Im Vordergrund steht die ökonomische Interpretation wesentlicher Resultate, die mathematischen Herleitungen dienen der Präzision der ökonomischen Argumentation. Die Mathematik kann häufig übergangen werden, sie ist jedoch mit wenigen Ausnahmen auf einem Niveau angesiedelt, welches nach einem erfolgreich absolvierten volks– oder betriebswirtschaftlichen Grundstudium keine Schwierigkeiten bereiten dürfte. An vielen Stellen habe ich die formale Herleitung in Übereinstimmung mit der Darstellungsweise des bekannten Mathematikbuches für Ökonomen von A. Chiang abgefasst. Geht die formale Darstellung darüber hinaus (wie z.B. im Abschnitt 4.3.4), so habe ich besonderen Wert darauf gelegt, dass der Grundgedanke auch ohne die mathematische Herleitung intuitiv einsichtig ist.

Wenn dieses Buch auch eine Übersicht über die Arbeitsmarktökonomik zu geben versucht, so liefert es keine umfassende Gesamtdarstellung. Vielmehr bezieht sich die Stoffauswahl auf Themen, die üblicherweise *nicht* in den Lehrbüchern zur Mikro– und Makroökonomik abgehandelt werden. Dies schließt Überschneidungen nicht aus, allerdings meistens in der Form, dass Schlussfolgerungen in jenen Büchern hier als Spezialfall eines allgemeineren Ansatzes zu finden sind. So wird in diesem Buch der Bereich makroökonomischer Modelle (mit Arbeitsmärkten) unterschiedlicher Provenienz ausgeblendet, d.h. der Leser erfährt hier beispielsweise nichts über makroökonomische Kontroversen etwa der Neuen Klassischen Makroökonomik mit der Neuen Keynesianischen Makroökonomik. Auch die Diskussion über die Phillips–Kurve wird in Kapitel 9 nicht in epischer Breite vorgenommen. Angesichts meines wissenschaftlichen Engagements in diesen Themen ist vielleicht nachvollziehbar, wie schwer mir dieser Verzicht gefallen ist. Weitere Einschränkungen ergeben sich aus dem Titel "Arbeits*markt*ökonomik". So kommt beispielsweise die Behandlung betriebsinterner Arbeitsmärkte zu kurz und eine Diskussion verschiedener Segmentationstheorien fehlt, um nur zwei Beispiele zu nennen.

Die Ausführungen entsprechen dem Stand der wissenschaftlichen Diskussion und der Daten etwa Anfang des Jahres 1990. Natürlich habe ich etliche Anläufe unternommen, etwas über die Entwicklung der Arbeitsmärkte der neuen Bundesländer zu sagen. Die Datenlage für eine fundierte Analyse ist derzeit indessen sehr unzulänglich, sodass ich davon absehen möchte, in diesem Buch die Diskussion mit weiteren spekulativen Einlassungen anzureichern. Falls eine zweite Auflage dieses Buches erscheinen sollte, verspreche ich, darin Einschlägiges zu diesem Thema vorzulegen.

Es bedeutet mir weitaus mehr ein Anliegen als eine übliche akademische Gepflogenheit, mich bei all denjenigen Kollegen, Mitarbeitern und Studenten herzlich zu bedanken, die am Entstehen dieses Buches beteiligt waren und damit (noch) Schlimmeres verhütet haben. Die Unterstützung umfasst dabei sowohl aufmunternde Worte und zahlreiche verzweifelte, letztlich indessen erfolgreiche Kämpfe gegen das bzw. mit dem Textverarbeitungsprogramm, wie auch eine Seminarveranstaltung über eine Rohfassung dieses Buches und zahlreiche Kommentierungen einzelner Kapitel bis hin zu kritischen Durchsichten des gesamten Manuskriptes, als deren Ergebnis praktisch kein Satz unbeanstandet blieb. Angesichts der Bandbreite all dieser konstruktiven und hilfreichen Bemühungen habe ich einen persönlichen Dank an alle Helfer einer zwangsläufig ungewichteten namentlichen Aufzählung vorgezogen, welche ohnehin sehr stark in die Nähe eines Gothas deutschsprachiger Arbeitsmarktforscher gerückt wäre und mich vieler mir wohlgesonnener Rezensenten beraubt hätte.

Konstanz, im März 1991 *Wolfgang Franz*

Inhaltsverzeichnis

IV Die Koordination von Arbeitsangebot und –nachfrage auf dem Arbeitsmarkt 191

V Arbeitsmarktinstitutionen und Lohnbildung 235

Abbildungsverzeichnis

Tabellenverzeichnis

Verzeichnis der Fallbeispiele

Teil I

Einführung

Kapitel 1

Der Arbeitsmarkt im Überblick: Fragen an die Arbeitsmarktökonomik

Wer sich in der Absicht einer wissenschaftlichen Analyse mit dem Arbeitsmarktgeschehen befasst, sieht sich zunächst mit einer Vielzahl von mehr oder weniger übersichtlichen Vorgängen konfrontiert. Ständig werden zahlreiche Personen entlassen, während andere einen Arbeitsplatz finden; eine fast unübersehbare Anzahl von Vereinbarungen über Lohnhöhe und Arbeitszeit kommt auf betrieblicher und überbetrieblicher Ebene nach friedlichen oder kampfbetonten Verhandlungen zu Stande; ein Anstieg der Arbeitslosigkeit ist manchmal mit einem Rückgang der Inflationsrate verbunden, aber mitunter beobachten wir, dass sich beide Variablen in die gleiche Richtung bewegen.

Die Liste dieser Beispiele lässt sich nahezu beliebig lang fortsetzen. Soweit ökonomische Vorgänge angesprochen sind, die das Verhalten von Arbeitsanbietern und Arbeitsnachfragern zum Inhalt haben, konstituieren sie das Arbeitsmarktgeschehen und sind somit Thema dieses Buches. Der Arbeitsmarkt hat die Funktion, Arbeitskräfte und Arbeitsplätze in einer optimalen Weise zusammenzuführen, wobei "optimal" später noch zu erläutern ist. Zentrale Gegenstände einer Arbeitsmarktanalyse sind nicht nur das Verhalten von Arbeitsanbietern und –nachfragern, sondern auch der Preis, der bei den Transaktionen auf dem Arbeitsmarkt zu Stande kommt, nämlich der Lohnsatz.

Dieses Kapitel hat die Aufgabe, einen groben Grundriss der Aspekte zu geben, mit denen sich die Arbeitsmarktökonomik befasst. Zunächst bietet der folgende Abschnitt eine Übersicht über einige wichtige Vorgänge auf dem Arbeitsmarkt und damit gleichzeitig auch eine Darstellung des Aufbaus dieses Buches. Die aufgezeigten Fragestellungen werden dabei anhand einiger wichtiger quantitativer Angaben des Arbeitsmarktgeschehens verdeutlicht. Daran anschließend wird kurz die Rechtfertigung dafür geliefert, der Arbeitsmarktökonomik eine besondere Behandlung im Rahmen der Volkswirtschaftslehre zukommen zu lassen.

1.1 Überblick über das Arbeitsmarktgeschehen und Aufbau dieses Buches

Ein erster Schritt zu einer übersichtlichen Darstellung des Arbeitsmarktgeschehens besteht in der Gegenüberstellung der folgenden Größen: Arbeitskräftepotenzial und Arbeitskräftebedarf. Damit ist zum einen gemeint, wie viele Personen dem Arbeitsmarkt zur Verfügung stehen, zum anderen, wie viele Arbeitskräfte in einer Volkswirtschaft benötigt werden. Das folgende *Schaubild 1.1* versucht, die zeitliche Entwicklung dieser beiden Kategorien für Westdeutschland im Zeitraum der Jahre 1970–1990 und für Deutschland der Jahre 1991–2001 zu verdeutlichen.[1]

Bevor eine Interpretation dieses Schaubildes unternommen werden kann, muss jedoch auf die nicht problemlose Berechnung der beiden genannten Größen, Potenzial und Bedarf, eingegangen werden. Eine genauere Definition und Darstellung ihrer Messung erfolgt später. Es mag vielleicht überraschen, dass die Quantifizierung dieser einfachen Gegenüberstellung bereits auf erhebliche Messprobleme stößt. Obschon bekannt ist, wie viele Leute beschäftigt sind und damit als Arbeitsanbieter zum Potenzial und als nachgefragte Arbeitskräfte zum Bedarf gehören, bleibt unklar, wie viele Leute darüber hinaus noch Arbeit suchen beziehungsweise als Arbeitskräfte nachgefragt werden. Zwar kennen wir die Zahl der bei den Arbeitsämtern registrierten Arbeitslosen, und man könnte meinen, dass damit die Anzahl der zusätzlichen Arbeitsanbieter feststeht. Wir wissen jedoch nicht genau, wie viele Leute sich nicht als Arbeitslose bei den Arbeitsämtern registrieren lassen, obwohl sie erwerbsorientiert sind,[2] und es ist andererseits auch nicht sicher, ob wirklich alle registrierten Arbeitslosen zu den herrschenden Bedingungen auf dem Arbeitsmarkt eine Arbeit suchen.[3] Ähnliches gilt für die offenen Stellen. Auch hier könnte die Vermutung aufkommen, dass damit die zusätzliche, noch nicht realisierte Arbeitsnachfrage hinlänglich erfasst sei. Jedoch melden einerseits nicht alle Unternehmen freie Arbeitsplätze den Arbeitsämtern (und nur diese Zahlen kennen wir als die von der Bundesanstalt für Arbeit publizierten "offenen Stellen"), sodass die tatsächlich unbesetzten Stellen zu niedrig angesetzt werden, andererseits mögen einige Unternehmen einen überhöhten Bedarf anmelden, um bereits Vorsorge für künftig frei werdende Arbeitsplätze zu treffen. Deshalb sind sowohl die Ziffern über die Arbeitslosen (als Bestandteil des Potenzials) wie auch die der offenen Stellen (als Komponente des Bedarfs) nicht unproblematisch und mit Vorsicht zu interpretieren.

Unter diesem Vorbehalt sind die Zeitreihen im *Schaubild 1.1* zu sehen. In einer globalen Sichtweise lassen sie unterschiedliche Phasen der Arbeitsmarktentwicklung erkennen. Während die beginnenden siebziger Jahre in Westdeutschland weitgehend durch Vollbeschäftigung gekennzeichnet sind, in denen der Bedarf das Potenzial an Arbeitskräften übersteigt, klafft ab dem Jahre 1975 zwischen beiden Variablen eine Lücke mit entgegengesetztem Vorzeichen. Im Fünfjahresdurchschnitt 1995/99 liegt

---

[1] Die Gründe für die erforderlichen Neuberechnungen werden in *Abschnitt 4.1.1* ausführlich erläutert.

[2] Sie melden sich möglicherweise deshalb nicht, weil sie es als aussichtslos ansehen, dass ihnen das Arbeitsamt einen Arbeitsplatz vermitteln kann, und weil sie keinen Anspruch auf Arbeitslosenunterstützung haben.

[3] Einige "Arbeitslose" wollen vielleicht nur die Arbeitslosenunterstützung in Anspruch nehmen.

in Deutschland das Potenzial um 5.6 Mio. Personen höher als der Bedarf. Schlüsselt man diese Zahl von 5.6 Mio. Personen weiter auf, dann zählen rund 4.1 Mio. Personen zu den registrierten Arbeitslosen, während etwa 2.5 Mio. Personen nicht registrierte arbeitslose Arbeitsanbieter ("Stille Reserve") sind. Gleichzeitig sind durchschnittlich knapp 1 Mio. Arbeitsplätze unbesetzt, sodass sich der genannte Überhang des Potenzials über den Bedarf ergibt (5.6 Mio. = 4.1 Mio. + 2.5 Mio. − 1.0 Mio.). Nochmals sei jedoch hervorgehoben, dass es sich bei diesem Vergleich nur um geschätzte, ungefähre Größenordnungen handelt, deren Präzisierung in den einzelnen Abschnitten dieses Buches vorgenommen wird.[4]

Schaubild 1.1 : Potenzial und Bedarf auf dem Arbeitsmarkt in Westdeutschland 1970–1990 und in Deutschland 1991–2001[a)]

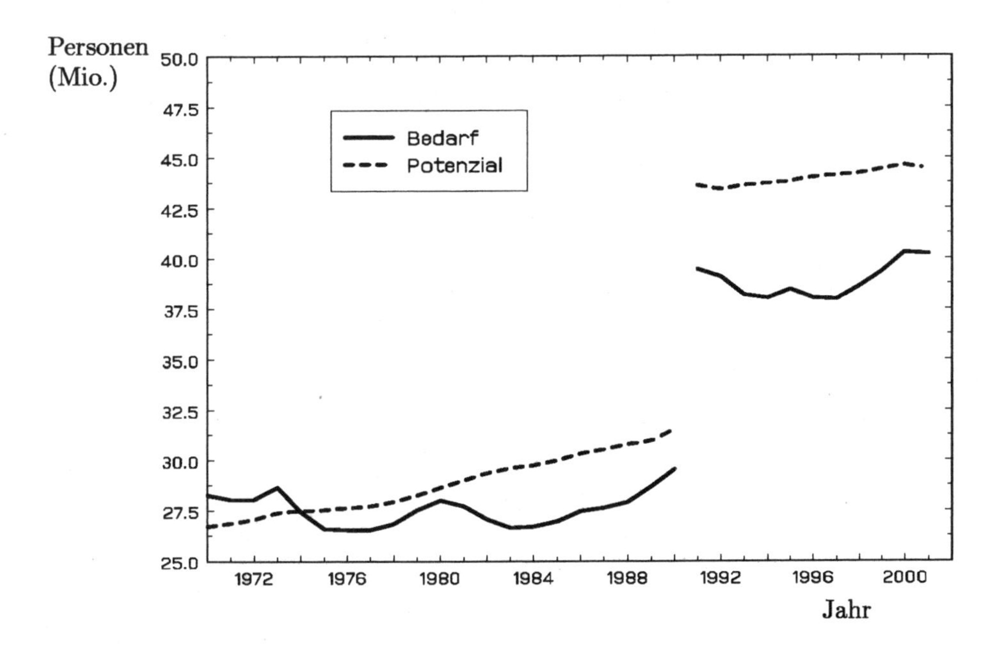

a) Vgl. Text für Erläuterungen; Potenzial = Erwerbspersonen plus Stille Reserve, Erwerbspersonen = Erwerbstätige plus registrierte Arbeitslose, Bedarf = Erwerbstätige plus offene Stellen (korrigiert um den Einschaltungsgrad der Arbeitsämter), Erwerbstätige nach dem Inlandskonzept, Stille Reserve im weiteren Sinne (einschl. nicht erwerbstätige Personen in arbeitsmarktpolitischen Maßnahmen).

Quellen: Jahresgutachten 1998/99 und 2001/02 des Sachverständigenrates (Erwerbstätige, Arbeitslose), Institut für Arbeitsmarkt- und Berufsforschung (IAB), Werkstattbericht 12/2001 (korrigierte offene Stellen) und Mitteilungen aus der Arbeitsmarkt- und Berufsforschung 1/2001 (Stille Reserve), eigene Berechnungen.

[4] Vgl. *Abschnitt 2.1* (Arbeitsangebot), *4.1* (Arbeitsnachfrage), und *9.1* (Arbeitslosigkeit und Stille Reserve).

Die eben aufgeführten Bestandszahlen lassen nicht erkennen, dass sich auf dem Arbeitsmarkt in jeder Zeitperiode eine Vielzahl von Bewegungsvorgängen abspielt, von denen einige in stilisierter Weise mit Hilfe des *Schaubildes 1.2* verdeutlicht werden sollen. Ausgangspunkt sei die erwerbsfähige Bevölkerung. Das sind alle Personen, die prinzipiell in der Lage sind zu arbeiten und dazu auch berechtigt sind. Damit rechnen mithin Kranke, die keiner Arbeit nachgehen können, und Kinder, deren Beschäftigung weitgehend verboten ist, nicht zur statistisch gemessenen erwerbsfähigen Bevölkerung. Nicht die gesamte erwerbsfähige Bevölkerung bietet indessen Arbeit an. Einige dieser Personen befinden sich zum Beispiel als Hausfrauen beziehungsweise –männer oder Rentner nicht (mehr) auf dem Arbeitsmarkt (1), während andere zum Beispiel als Studenten noch das Bildungssystem durchlaufen (2).[5] Eine wesentliche Fragestellung der Arbeitsmarktökonomik ist demnach, warum nur ein Teil der erwerbsfähigen Bevölkerung Arbeit anbietet (3) und wie hoch dieses Arbeitsangebot dann ist, also ob der oder die Betreffende Vollzeit– oder Teilzeitarbeit wünscht. Daher widmet sich der nächste Teil dieses Buches der theoretischen und empirischen Analyse dieser Entscheidung der privaten Haushalte.

Nicht alle Pläne der privaten Haushalte bezüglich ihres Arbeitsangebots können realisiert werden. Ein Teil der Arbeitsanbieter erhält tatsächlich einen Arbeitsplatz (4), während andere Arbeitsanbieter keinen Abnehmer für ihr Angebot finden, das heißt arbeitslos sind (5). Dies liegt daran, dass in einer Volkswirtschaft die Unternehmen (und der Staat) zu jedem Zeitpunkt nur die für sie optimale Menge an Arbeit nachfragen. Insoweit diese Arbeitsnachfrage realisiert werden kann (6), stimmen die Pläne der beschäftigten Arbeitsanbieter und der Arbeitsnachfrager überein. Aber auch bei den Unternehmen gehen nicht alle Pläne in Erfüllung, ein Teil der Arbeitsnachfrage kann nicht befriedigt werden, es bestehen offene Stellen (7). Wieviel Arbeit die Unternehmung nachfragt, hängt neben den Produktionskosten wesentlich von der Höhe der geplanten Produktion von Gütern und Dienstleistungen und von der Wahl der Produktionstechnik – arbeits– oder kapitalintensiv – ab (8). Es ist offenkundig, dass damit dem Verhalten der Unternehmung bezüglich ihrer Entscheidung über die Arbeitsnachfrage in quantitativer und qualitativer Hinsicht eine entscheidende Bedeutung zukommt. Deshalb beschäftigt sich der dritte Teil mit diesem Thema.

Auf dem Arbeitsmarkt müssen Arbeitsanbieter und –nachfrager zusammengeführt werden. Dieser "Matching–Prozess" wird im vierten Teil des Buches beschrieben. Er beginnt mit der Suche einer Erwerbsperson nach einem Arbeitsplatz auf der einen Seite und der entsprechenden Aktivität eines Unternehmens auf der anderen. Nachdem (möglicherweise) ein Kontakt zwischen beiden Suchern hergestellt worden ist, muss diskutiert werden, ob auch ein Arbeitsvertrag zu Stande kommt. Ein Teil dieser Aktivitäten führt weder zu einem Kontakt noch zu einem Kontrakt, sodass nach den Ursachen eines solchen "Mismatch" zu fragen ist. Selbst wenn ein Match zu Stande kommt: Noch nicht einmal alle Ehen werden im Himmel geschlossen, ganz zu schweigen von Arbeitsverträgen. Daher werden erfolglose Matches beendet, und die Analyse dieses Sachverhaltes liefert die Bestimmungsgründe der Firmenzugehörigkeitsdauer.

Bei der Koordination der Pläne von Arbeitsanbietern und –nachfragern spielt der Preis des Faktors Arbeit, also der Lohnsatz, eine zentrale Rolle, auch wenn noch andere

[5]Die Ziffern im Text (in Klammern) korrespondieren mit den entsprechenden Pfeilen in *Schaubild 1.2*.

Schaubild 1.2 : Bestands– und Stromgrößen auf dem Arbeitsmarkt

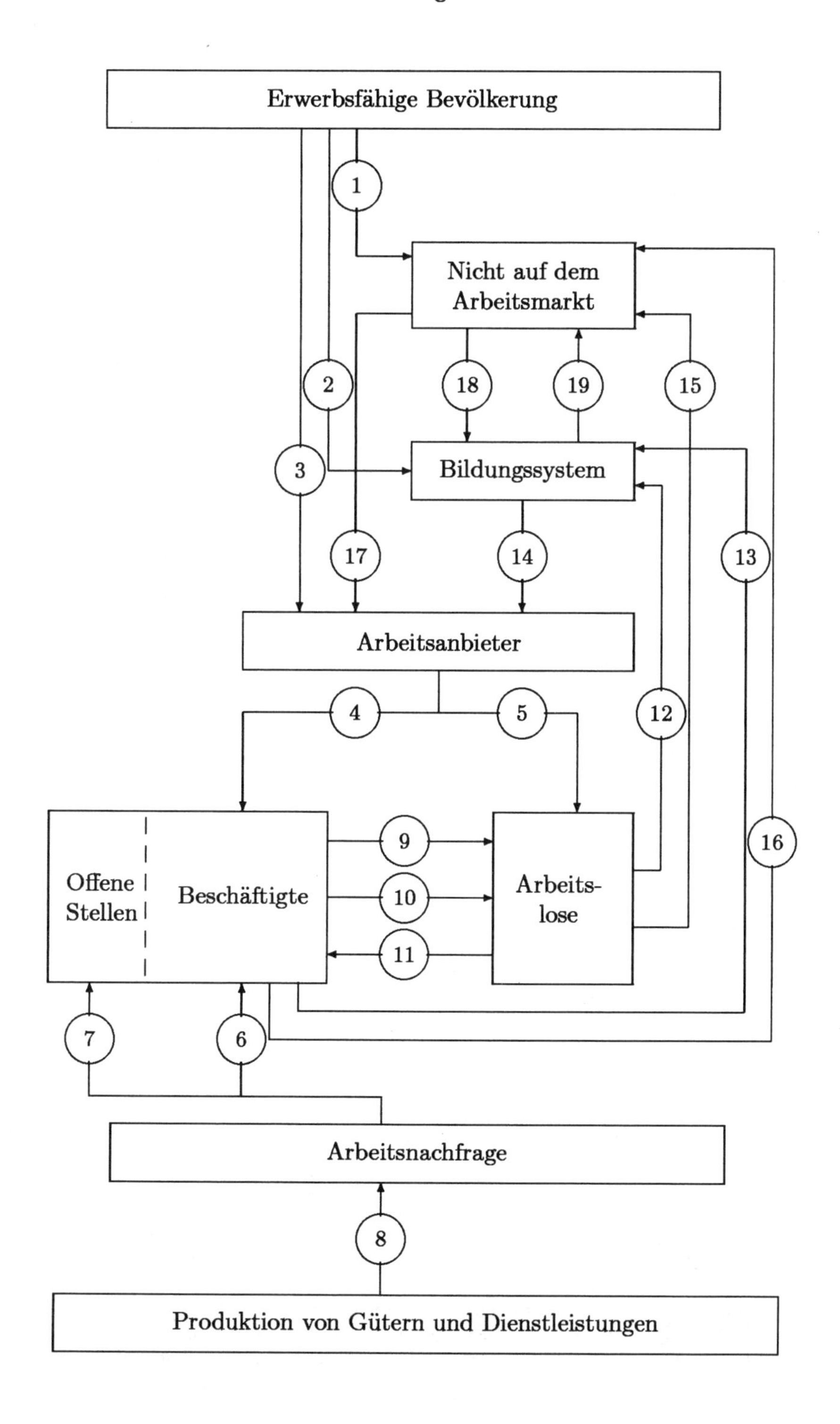

Einflussgrößen ebenfalls von Wichtigkeit sind. Rein gedanklich könnte man sich bei voller Flexibilität des Lohnsatzes eine gleichgewichtige Lohnhöhe vorstellen, bei der das gesamte Arbeitsangebot der privaten Haushalte in derselben Höhe von den Unternehmen nachgefragt wird. Eine solche Situation hat es gesamtwirtschaftlich noch nie gegeben, wofür eine Reihe von Ursachen verantwortlich ist. Zum einen ist die Annahme eines völlig flexiblen und sich auf dem Arbeitsmarkt gleichgewichtig einpendelnden Lohnsatzes eine Fiktion. Vielmehr ist die Lohnhöhe in der Regel das Ergebnis eines Verhandlungsprozesses zwischen Arbeitgebern und Gewerkschaften. Zum anderen gibt es nicht "den" Lohnsatz, sondern eine Vielzahl von Löhnen. Diese beiden Problemkreise stehen im Mittelpunkt des fünften Teils.

Hohe und persistente Arbeitslosigkeit bildet das hauptsächliche wirtschaftspolitische Problem seit den achtziger Jahren. Im Durchschnitt der Jahre 1983–88 belief sich die Zahl der registrierten Arbeitslosen ziemlich konstant auf etwa 2.2 Mio. Personen. Danach sanken die Arbeitslosenzahlen im Zuge der deutschen Vereinigung, um jedoch anschließend als Folge der Rezession wieder anzusteigen. Im Durchschnitt der Jahre 1994/95 waren in Westdeutschland rund 2.5 Mio. Menschen als arbeitslos registriert, die entsprechende Zahl für Ostdeutschland beläuft sich auf 1.1 Mio. Diese Konstanz könnte zu der Vermutung verleiten, hierbei handele es sich immer um dieselben Personen. In der Tat scheinen die Bestandszahlen dies nahezulegen, wie das folgende Beispiel aus dem Jahre 1994 für Westdeutschland besonders gut verdeutlicht:[6]

Bestand an Arbeitslosen am 31.12.1993	:	2 514 Tsd.	Personen
Bestand an Arbeitslosen am 31.12.1994	:	2 545 Tsd.	Personen
Bestandsveränderung 1993/94	:	+ 31 Tsd.	Personen.

Der Bestand von 2.5 Mio. Arbeitslosen hat mithin die geringfügige Änderung von 31 Tsd. Personen erfahren, also knapp 1 v.H. Welche Dynamik jedoch hinter diesen nahezu konstanten Bestandszahlen verborgen ist, enthüllen die entsprechenden Stromgrößen:

Kumulierte Zugänge in die Arbeitslosigkeit 1994	:	4 514 Tsd.	Personen
Kumulierte Abgänge aus der Arbeitslosigkeit 1994	:	4 483 Tsd.	Personen
Saldo	:	+ 31 Tsd.	Personen.

Bei 4.5 Mio. Zugängen und Abgängen wurde rein rechnerisch der Bestand von 2.5 Mio. Personen also rund 1.8 mal "umgeschlagen". Dies schließt allerdings nicht aus, dass eine erhebliche Anzahl von Personen das ganze Jahr (und länger) ohne Unterbrechung arbeitslos war: Im Jahre 1994 waren dies über 800 Tsd. Personen.[7] Unter zusätzlicher Berücksichtigung dieser Langzeitarbeitslosen hat eine Analyse der Arbeitslosigkeit und deren Ursachen die Kenntnis darüber zur Voraussetzung, woher die Arbeitslosen kommen, wie lange sie in dem Arbeitslosenbestand bleiben und wohin sie schließlich gehen. Auch hierzu gibt *Schaubild 1.2* einige Hinweise.

[6]Quelle: Amtliche Nachrichten der Bundesanstalt für Arbeit (ANBA), eigene Berechnungen.

[7]Zu den Langzeitarbeitslosen werden üblicherweise alle Arbeitslosen gerechnet, die über ein Jahr lang arbeitslos sind. Quelle: Amtliche Nachrichten der Bundesanstalt für Arbeit (ANBA).

Der Sektor "Arbeitslose" steht zunächst in Beziehung zum Sektor "Beschäftigte", und zwar durch Entlassungen (9) und freiwillige Kündigungen (10) einerseits sowie durch Einstellungen (11) andererseits. Damit wird erneut deutlich, wie wichtig das unternehmerische Verhalten bezüglich der (Veränderung der) Arbeitsnachfrage ist. Die Arbeitslosen wechseln indessen auch auf anderen Wegen ihren Status. Sie kehren zeitweilig in das Bildungssystem zurück (12), sei es, dass sie das Arbeitsamt in Fortbildungs– oder Umschulungskurse vermittelt, sei es, dass sie als Jugendliche ein (Zweit–) Studium aufnehmen, um nur zwei Beispiele zu nennen. Das Bildungssystem erhält auch Personen direkt aus dem Beschäftigungssektor (13), wenn beispielsweise eine Krankenschwester bei Erfüllung der entsprechenden Voraussetzungen ein Medizinstudium aufnimmt. Beide Gruppen (12) und (13) bieten nach ihrer Ausbildung entweder auf dem Arbeitsmarkt Arbeit an (14) – erfolgreich (4) oder nicht (5) –, oder sie kehren nicht wieder auf den Arbeitsmarkt zurück (19), wenn sich zum Beispiel die nunmehrige Ärztin der Erziehung ihrer Kinder widmet.

Es gibt eine beträchtliche Anzahl von Fällen, in denen Arbeitslose die Suche nach einem Arbeitsplatz entmutigt aufgeben und den Arbeitsmarkt verlassen, zumal wenn sie keinen Anspruch auf Arbeitslosenunterstützung (mehr) haben (15).[8] Vielleicht nehmen sie als ältere Arbeitslose auch die Möglichkeit einer Vorruhestandsregelung in Anspruch und stoßen damit zu der Gruppe von Personen, die als Pensionäre den Arbeitsmarkt verlassen (16). Natürlich ist es möglich, dass die genannten wie auch andere Personen, die sich nicht auf dem Arbeitsmarkt befinden, noch einmal ins Erwerbsleben zurückkehren (17) – also der Rentner, der als Nachtportier arbeitet – oder erneut das Bildungssystem aufsuchen (18) – beispielsweise der Pensionär, der ein Seniorenstudium belegt, oder die Hausfrau, die vor einem späteren Wiedereintritt in das Erwerbsleben (14) zunächst eine Ausbildung absolviert (18). Anhand dieser Überlegungen wird erneut deutlich, wie wichtig der Bildungssektor, oder genauer die Entscheidung der Wirtschaftssubjekte über Art und Länge ihrer Schul– und Berufsausbildung, zum Verständnis des Arbeitsmarktgeschehens ist.

Mit dieser keineswegs erschöpfenden Auswahl an Strömen[9] eröffnet sich die Möglichkeit, das Problem der Ursachenanalyse der Arbeitslosigkeit zu präzisieren. Offenbar kann gemäß der Ströme (9) bis (11) zunächst einmal eine unzureichende Anzahl von Arbeitsplätzen für die Arbeitslosigkeit verantwortlich sein, sei es, weil die Unternehmen auf Grund zu geringer Nachfrage nach Gütern und Dienstleistungen keinen höheren Output produzieren, sei es, dass sie wegen zu hoher Lohnkosten kapitalintensive Produktionsverfahren wählen. Außerdem zeigt *Schaubild 1.2*, dass es zu jedem Zeitpunkt sowohl offene Stellen als auch Arbeitslose geben kann: So belief sich – um zwei extrem gegensätzliche Situationen zu kennzeichnen – im Januar 1985 die Zahl der offenen Stellen noch auf 87 Tsd., obwohl dieser Monat durch die hohe Zahl von 2.619 Mio. Arbeitslosen gekennzeichnet war. Andererseits gab es im Juni 1970 noch 95 Tsd. Arbeitslose trotz der Maximalzahl von 892 Tsd. offenen Stellen. Im Jahre 1998 standen in Westdeutschland den 2.897 Mio. Arbeitslosen 344 Tsd. offene Stellen gegenüber, die entsprechende Relation für Ostdeutschland beträgt 1.369 Mio. zu 79 Tsd. Diese Angaben lassen die Vermutung aufkommen, dass weitere Ursachen der Arbeitslosigkeit

[8] Damit stellt sich die Frage, ob diese Personen nicht eigentlich als Arbeitslose zu betrachten sind, vgl. dazu *Abschnitt 9.1.*

[9] Beispielsweise fehlen alle Bewegungen innerhalb von Sektoren, also wenn zum Beispiel ein Beschäftigter seinen Arbeitsplatz ohne dazwischengeschaltete Arbeitslosigkeitsperiode wechselt.

vorhanden sind, die darin bestehen können, dass das vorhin erwähnte Zusammenspiel ("Match") von Arbeitslosen und offenen Stellen erstens Zeit benötigt und zweitens nicht perfekt ist. So mag ein Unternehmer in Stuttgart händeringend offene Stellen für Facharbeiter an computergestützten Werkzeugmaschinen anbieten, während entweder nur arbeitslose Hilfsarbeiter verfügbar sind oder diese Fachkräfte arbeitslos in Leer/Ostfriesland beheimatet sind und wenig Neigung zeigen, eine Beschäftigung in Stuttgart aufzunehmen. Schließlich weist *Schaubild 1.2* auch auf das Problem hin, dass trotz einer steigenden Zahl von Arbeitsplätzen (8) kein Rückgang der Arbeitslosigkeit zu verzeichnen ist, wenn eine wachsende erwerbsfähige Bevölkerung als Arbeitsanbieter auf den Arbeitsmarkt tritt (3), sei es, weil die Geburtenhäufigkeit gestiegen ist, sei es, weil zusätzliche Aus- und Übersiedler ins Land strömen. Angesichts der erheblichen wirtschafts- und gesellschaftspolitischen Bedeutung der Arbeitslosigkeit ist diesem Problem der sechste Teil dieses Buches gewidmet.

Schaubild 1.2 enthält zwar eine Übersicht über einige Bestands- und Bewegungsgrößen auf dem Arbeitsmarkt, ohne jedoch Angaben über deren quantitative Größenordnung zu machen. Es liegt daher die Frage nahe, ob und in welcher Form die Angaben in *Schaubild 1.2* so dargestellt werden können, dass sie ein den tatsächlichen Verhältnissen in der Bundesrepublik Deutschland entsprechendes Abbild des Arbeitsmarktgeschehens liefern.

Eine diesbezügliche Möglichkeit besteht in der Erstellung einer "Arbeitskräfte-Gesamtrechnung". Dies ist eine Darstellung der Bestands- und Stromgrößen am Arbeitsmarkt in graphischer oder kontenmäßiger Form, wobei als Bestandsgrößen die Personengruppen erfasst sind, zwischen denen Übergänge stattfinden können (wie beispielsweise Arbeitslose, Erwerbstätige usw.), während die Bewegungsgrößen Statusveränderungen der betreffenden Personen(-gruppen) kennzeichnen, wenn also ein Arbeitsloser einen Arbeitsplatz findet und damit in den Status "Erwerbstätiger" wechselt. Solche Arbeitskräfte-Gesamtrechnungen werden vom Institut für Arbeitsmarkt- und Berufsforschung (IAB) erstellt. Aktualisierte Versionen finden sich in den vom IAB herausgegebenen "Zahlen-Fibeln"[10], während Reyher und Bach (1988) die methodischen Grundlagen darstellen. Ein Ziel der Forschung im IAB ist die Erstellung einer analogen Arbeits*plätze*-Gesamtrechnung, die - zusammen mit der Bildungs-Gesamtrechnung - dann eine umfassende Darstellung einer Arbeitsmarkt-Gesamtrechnung liefern soll.

1.2 Warum eine spezifische Behandlung des Arbeitsmarktes?

Es fällt nicht schwer, sich für Arbeitsmarktvorgänge zu interessieren, da praktisch jedermann davon betroffen ist. Die Bereitschaft der meisten Leute, sich mit den Richtungen internationaler Handelsströme zu befassen, mag begrenzt sein, und die Probleme eines optimalen Einsatzes der geldpolitischen Instrumente der Europäischen Zentralbank lassen die weitaus überwiegende Anzahl der Bürger unbeeindruckt. Arbeitsmarktprobleme werden dagegen sehr viel stärker zur Kenntnis genommen. So

[10]Vgl. zum Beispiel Institut für Arbeitsmarkt- und Berufsforschung (Hrsg.), Zahlen-Fibel, Beiträge zur Arbeitsmarkt- und Berufsforschung 101, Ausgabe 1992, S. 28ff.

gesehen ist eine vertiefte und spezifische Behandlung des Arbeitsmarktes zumindest ebenso gerechtfertigt wie die der volkswirtschaftlichen Teilgebiete "Außenwirtschaft" oder "Geld".

Natürlich sind Fragen aus dem Bereich der Arbeitsmarktanalyse in jedem Lehrbuch der Makro– oder Mikroökonomik enthalten. Die vorangegangenen Abschnitte mögen jedoch einen ungefähren Eindruck vermittelt haben, wie viele Aspekte allein schon die Analyse des Arbeitsangebotsverhaltens berücksichtigen muss, um ein halbwegs mit der Realität kompatibles Modell zu liefern. Ähnliches trifft für die Arbeitsnachfrage und den Lohnbildungsprozess zu. Jene Lehrbücher wären vom Umfang her überfordert, wollten sie auch nur die wichtigsten Gesichtspunkte des Arbeitsmarktgeschehens hinreichend ausführlich darstellen.

Darüber hinaus gibt es einige Besonderheiten, die eine spezifische Behandlung von Arbeitsmarktaspekten rechtfertigen. Arbeit stellt einen wichtigen Produktionsfaktor dar, aber im Gegensatz zu vielen anderen Gütern "kauft" man keine Arbeiter, sondern deren Leistungen, die jedoch untrennbar mit den Menschen verbunden sind. Es ist daher nicht nur ein ökonomisches Kalkül, beispielsweise einen Arbeiter zu entlassen, sondern dies ist möglicherweise mit einem tiefgreifenden Einschnitt in die Psyche des Betroffenen und mit sozialen Problemen verbunden, wie die Protestdemonstrationen bei Entlassungen größeren Umfangs belegen. Das Arbeitsangebot ist eben für viele Menschen nicht auf den ökonomischen Vorgang des Tausches von Arbeit gegen Geld beschränkt, sondern bildet einen Teil des Lebensinhaltes. Wie oft hört man Leute sagen, sie wollten sich durch Arbeit "selbst verwirklichen". Insoweit ist es schon ein erheblicher Unterschied, ob der Markt für Kühlschränke oder der Arbeitsmarkt analysiert wird.

Eng mit dieser Verschiedenheit ist die Tatsache verbunden, dass Ergebnisse des Arbeitsmarktes mehr noch als die von Güter– und Geldmärkten mit Werturteilen belegt werden. Die Differenz in der seinerzeitigen Entlohnung von Mutter Teresa in Kalkutta und der Tennisspielerin Steffi Graf wird insbesondere von sozial engagierten Menschen vermutlich nicht immer kommentarlos als Resultat eines Preisbildungsprozesses hingenommen. Als skandalös wird bei hoher Jugendarbeitslosigkeit der Tatbestand eingestuft, dass viele junge Menschen ihr Berufsleben mit Arbeitslosigkeit beginnen müssen, obwohl dies ökonomisch zu erklären ist. Das Urteil über eine aus ökonomischen Gründen gut zu rechtfertigende Beschäftigung von Leiharbeitern steht vollends fest, wenn das betreffende Unternehmen des ausbeuterischen Menschenhandels bezichtigt wird. Stellt man zu diesen Beispielen eine Analogie zum Gütermarkt in derselben Reihenfolge her, so hält sich eine analoge Diskussion der Preisunterschiede zwischen lebensnotwendigen Gütern und Luxusartikeln, der Stillegung einer gerade erst installierten Maschine oder der Gebrauch von Leihwagen dagegen in Grenzen.

Ein weiteres Spezifikum des Arbeitsmarktes ist die Existenz von Gewerkschaften, für die es auf Güter– und Geldmärkten keine vergleichbaren Organisationen gibt. Da das Arbeitseinkommen für die meisten Leute die hauptsächliche Einnahmequelle zur Finanzierung ihres Lebensunterhaltes darstellt, sind sie dringlicher auf das Zustandekommen von Arbeitsverträgen angewiesen als Unternehmen, sieht man einmal von Ausnahmesituationen ab. Um diese ökonomische Ungleichheit zwischen dem einzelnen Arbeitsanbieter und der Unternehmung auszugleichen, sind Gewerkschaften entstanden, die die Interessen der Arbeitnehmer gegenüber den Unternehmen wirkungsvoller vertreten wollen.

Auch Politiker greifen etwa im Vergleich zu Gütermärkten stärker in das Arbeitsmarktgeschehen ein, sei es, dass sie den Arbeitnehmer aus den angeführten Gründen als schutzwürdige Person ansehen, sei es aus der Überlegung, dass Arbeitnehmer das weitaus überwiegende Wählerpotenzial darstellen. Die daraus resultierende Gesetzgebung bewirkt mannigfache Restriktionen des Arbeitsmarktgeschehens, die von Kündigungsschutzgesetzen und Vorschriften über die Sicherheit am Arbeitsplatz bis hin zur Regulierung der Zulassung zur Berufsausbildung etwa von Ärzten reichen. Staatliche Instanzen greifen auch in den Lohnbildungsprozess ein, indem der Bundesminister für Arbeit und Sozialordnung Tarifverträge für allgemeinverbindlich erklärt oder – weniger formal – Politiker bestimmte Forderungen der Gewerkschaften begrüßen oder als "nicht in die wirtschaftliche Landschaft passend" ablehnen.

Die genannten Besonderheiten des Arbeitsmarktes verwehren nicht die Anwendung einschlägiger Analyseinstrumente der Mikro– und Makroökonomik, solange Klarheit darüber besteht, dass damit nur der ökonomische Teil des Arbeitsmarktes behandelt wird. Die berechtigte Forderung, alle Aspekte des Arbeitsmarktgeschehens zu würdigen, schließt nicht aus, den Teilbereich der ökonomischen Gesichtspunkte in einer Gesamtschau darzustellen. Dies ist das Anliegen dieses Buches.

1.3 Allgemeine Literatur zur Arbeitsmarktökonomik

1.3.1 Sammelwerke und Lehrbücher

Eine leicht verständliche Einführung in die Arbeitsmarktökonomik, die keine wirtschaftswissenschaftlichen Vorkenntnisse voraussetzt, findet sich bei:

- W. Franz, Der Arbeitsmarkt. Eine ökonomische Analyse, Mannheim 1993 (B.I.–Taschenbuchverlag).

Ausgezeichnete und anspruchsvolle Darstellungen über den Stand der Arbeitsmarktforschung etwa des Jahres 1984 sind enthalten in:

- O. Ashenfelter et al. (Hrsg.), Handbook of Labor Economics, Bd. I bis III, Amsterdam 1986/99 (North–Holland).

Die folgende Monographie behandelt ausführlich die Arbeitsmarktpolitik und deren institutionelle Regelungen in Deutschland:

- B. Keller, Einführung in die Arbeitspolitik, 5. Aufl., München 1997 (Oldenbourg).

Einige den Arbeitsmarkt betreffende institutionelle Regelungen wie beispielsweise die der Arbeitslosenversicherung sind Themen der Lehrbuchliteratur über Sozialpolitik:

- H. Lampert und J. Althammer, Lehrbuch der Sozialpolitik, 6. Aufl., Berlin 2001 (Springer).

Neuere deutsche Lehrbücher speziell über Arbeitsmarktökonomik sind unter anderem:

- G. Brinkmann, Einführung in die Arbeitsmarktökonomik, München 1999 (Oldenbourg),

- L. Goerke und M. J. Holler, Arbeitsmarktmodelle, Berlin 1997 (Springer),
- W. Sesselmeier und G. Blauermel, Arbeitsmarkttheorien, Heidelberg 1990 (Physika),
- Th. Wagner und E. J. Jahn, Neue Arbeitsmarkttheorien, Düsseldorf 1997 (Werner Verlag),
- J. Zerche, W. Schönig und D. Klingenberger, Arbeitsmarktpolitik und –theorie, München 2000 (Oldenbourg).

Weiterhin liegen aus dem angelsächsischen Sprachgebiet zahlreiche Lehrbücher vor, denen allerdings die institutionellen Gegebenheiten dieser Länder zu Grunde liegen. Die folgende Auswahl erhebt keinen Anspruch auf Vollständigkeit:

- G. J. Borjas, Labor Economics, New York 1996 (McGraw–Hill),
- R. K. Filer, D. S. Hamermesh und A. Rees, The Economics of Work and Pay, 6. Auflage, New York 1996 (Harper Collins College Publisher),
- P. Fallon und D. Verry, The Economics of Labour Markets, Oxford 1988 (Philip Allan Publishers).

1.3.2 Zeitschriften und Schriftreihen

Arbeitsmarktprobleme werden in zahlreichen nationalen und internationalen wissenschaftlichen Zeitschriften behandelt. Internationale Zeitschriften sind:

- Industrial and Labor Relations Review,
- Journal of Labor Economics,
- Journal of Labor Research,
- Journal of Human Ressources,
- Labour Economics.

Neueste Resultate der internationalen Arbeitsmarktforschung sind in den Diskussionspapieren u. a. folgender Forschungsinstitute zu finden:

- Centre for Economic Performance (früher: Centre for Labour Economics), London School of Economics and Political Science, London (GB),
- Centre for Economic Policy Research (CEPR), Abteilung “Human Ressources”, London,
- Forschungsinstitut zur Zukunft der Arbeit (IZA), Bonn,
- National Bureau of Economic Research (NBER), Cambridge (Mass.), USA,
- Wissenschaftszentrum Berlin für Sozialforschung (WZB), Berlin,
- Zentrum für Europäische Wirtschaftsforschung (ZEW), Mannheim.

Die Publikationen des "International Labor Office" (ILO), www.ilo.org, enthalten in der Regel spezielle Länderstudien und internationale Vergleiche. Die wichtigste ist:

- International Labor Review.

Arbeitsmarktprobleme der OECD–Staaten werden behandelt in:

- Employment Outlook (hrsg. von der OECD, Paris, www.oecd.org).

Für den deutschsprachigen Raum befassen sich die folgenden Periodika nahezu ausschließlich mit Arbeitsmarktfragen:

- Mitteilungen aus der Arbeitsmarkt– und Berufsforschung,

- Beiträge aus der Arbeitsmarkt– und Berufsforschung.

Bei den "Mitteilungen" handelt es sich um eine vierteljährliche Zeitschrift im Verlag Kohlhammer (Stuttgart), während die "Beiträge" als Buchreihe in unregelmäßigen Abständen erscheinen und direkt beim Landesarbeitsamt Nordbayern (Nürnberg) zu beziehen sind. Beide Publikationen werden vom Institut für Arbeitsmarkt– und Berufsforschung der Bundesanstalt für Arbeit (Nürnberg), www.iab.de herausgegeben und enthalten hauptsächlich Beiträge der Mitarbeiter des Instituts.

Aus gewerkschaftlicher Sicht werden Arbeitsmarktprobleme in den

- WSI–Mitteilungen, Monatszeitschrift des Wirtschafts– und Sozialwissenschaftlichen Instituts des deutschen Gewerkschaftsbundes (Bund Verlag), www.boeckler.de/wsi

behandelt, während die Perspektive der Arbeitgeber unter anderem in

- Beiträge zur Wirtschafts– und Sozialpolitik des Instituts der Deutschen Wirtschaft, Köln (Deutscher Instituts–Verlag), www.iwkoeln.de

dargestellt wird.

1.3.3 Literaturdokumentation

Die umfangreichste Dokumentation in der Bundesrepublik Deutschland stellt die Dokumentationsstelle des Instituts für Arbeitsmarkt– und Berufsforschung der Bundesanstalt für Arbeit (IAB) in Nürnberg zur Verfügung. Auf Anfrage und gegen Entgelt liefert das IAB Auskünfte unter anderem über:

Literatur: Nachweise von Monographien, Zeitschriftenaufsätzen, unveröffentlichten Papieren sowie Ausschnitten aus überregionalen Tageszeitungen und Wochenzeitschriften.

Forschungsprojekte: Hinweise auf geplante, laufende und abgeschlossene Forschungsarbeiten.

Zu den genannten Themenbereichen existieren auch Nachschlagewerke, wie zum Beispiel:

- Literaturdokumentation zur Arbeitsmarkt– und Berufsforschung (mit Sonderheften),
- Forschungsdokumentation zur Arbeitsmarkt– und Berufsforschung,

die beide vom IAB zum Teil in Zusammenarbeit mit dem Bundesministerium für Arbeit und Sozialordnung herausgegeben werden.

1.3.4 Daten

Umfangreiches Zahlenmaterial zur Entwicklung und Struktur des deutschen Arbeitsmarktes findet sich in der monatlich erscheinenden Publikation der Bundesanstalt für Arbeit:

- Amtliche Nachrichten der Bundesanstalt für Arbeit (ANBA), www.arbeitsamt.de.

Die dort publizierten Tabellen enthalten vornehmlich Zahlen über Arbeitslose, offene Stellen und sozialversicherungspflichtige Beschäftigte. Daten über Erwerbspersonen und Lohnsätze finden sich in den Fachserien des statistischen Bundesamtes, wie beispielsweise:

- Fachserie 1, Reihe 4: Erwerbstätigkeit,
- Fachserie 16: Löhne und Gehälter.

Einige wichtige diesbezügliche Übersichten finden sich auch in:

- Sachverständigenrat zur Begutachtung der gesamtwirtschaftlichen Entwicklung, Jahresgutachten, Stuttgart, www.sachverstaendigenrat.org,
- Statistisches Jahrbuch für die Bundesrepublik Deutschland, Stuttgart, www.destatis.de.

Für internationale Übersichten empfehlen sich die von der OECD herausgegebenen Publikationen wie zum Beispiel:

- OECD, Employment Outlook (jährlich erscheinend), Paris, www.oecd.org.
- OECD, Quarterly Labour Force Statistics (vierteljährlich), Paris.

Die dort aufgeführten Statistiken beziehen sich auf die Mitgliedsstaaten der OECD. Darüber hinausgehende internationale Übersichten finden sich im

- Yearbook of Labour Statistics, herausgegeben von: International Labour Office, Genf, www.ilo.org.

Auch für die Mitgliedsländer der EU gibt es Arbeitsmarktstatistiken, die vom Statistischen Amt der Europäischen Gemeinschaft (www.eurostat.org) publiziert werden (hauptsächlich im "Themenkreis" 3: Bevölkerung und soziale Bedingungen). Ein Beispiel ist:

- Eurostat, Beschäftigung und Arbeitslosigkeit, Luxemburg.

Das folgende Buch vergleicht zahlreiche Aspekte des Arbeitsmarktgeschehens in Deutschland mit dem anderer Länder und liefert dazu eine Fülle von Fakten:

- W. Eichhorst, S. Profit und E. Thode (2001), Benchmarking Deutschland: Arbeitsmarkt und Beschäftigung. Bericht der Arbeitsgruppe Benchmarking und der Bertelsmann Stiftung. Berlin (Springer).

Eine teilweise kritische Einschätzung der bestehenden Arbeitsmarktstatistik nehmen die Beiträge des folgenden Sammelbandes vor:

- J. Schupp, F. Büchel und R. Habich (Hrsg.)(1998), Arbeitsmarktstatistik zwischen Realität und Fiktion. Berlin (edition sigma).

Teil II

Die Entscheidung der privaten Haushalte über die optimale Zeitallokation

Kapitel 2

Das Arbeitsangebot

Es mag überraschen, dass einer ökonomischen Analyse des Arbeitsangebotes so viel Aufmerksamkeit entgegen gebracht wird, da doch die Alltagserfahrung dafür zu sprechen scheint, dass der durchschnittliche Arbeitnehmer keine andere Wahl hat, als zu arbeiten und in der Regel die Anzahl der Stunden pro Woche abzuleisten, die im Arbeitsvertrag vereinbart ist. Bei genauerem Hinsehen ist die Flexibilität indessen größer als es den Anschein hat: Man kann eine längere Ausbildung absolvieren und daher später als andere in das Erwerbsleben eintreten oder eine Vorruhestandsregelung in Anspruch nehmen und somit früher ausscheiden; es bleibt jedermann unbenommen, die Erwerbstätigkeit zu unterbrechen, sei es, um sich der Familie zu widmen, sei es, um einen längeren (Bildungs–)Urlaub anzutreten. Die Informationen darüber, dass Erwerbstätige außerhalb ihrer regulären Arbeitszeit einer weiteren bezahlten Tätigkeit nachgehen, sind Legion; es gibt Vollzeit– und Teilzeitarbeitsplätze; viele Leute könnten sich selbstständig machen und sich damit die Möglichkeit einer höheren Flexibilisierung ihres Arbeitsangebots schaffen. In der Regel kann zwar der einzelne Arbeitnehmer nicht mit dem Arbeitgeber über die Arbeitszeit verhandeln, jedoch tun die Gewerkschaften dies seit geraumer Zeit. Wenn man unterstellt, dass sie die Präferenzen der Mehrheit ihrer Mitglieder in die Verhandlungen einbringen, wird mithin das Arbeitsangebot beziehungsweise dessen Veränderung berücksichtigt und die Arbeitsmenge eben nicht einseitig von den Unternehmen festgelegt.

Bei den folgenden Ausführungen wird immer auf ein Arbeitsangebot gegen Entgelt abgestellt, ehrenamtliche Tätigkeiten bleiben mithin außer Betracht. Dieser Hinweis ist nicht unerheblich, da nach Schätzungen in Deutschland im Jahre 1997 knapp 30 v.H. aller Befragten ehrenamtlich tätig waren, wobei die traditionelle ehrenamtliche Tätigkeit (bei Sportvereinen und im kirchlichen oder sozialen Bereich) dominiert, etwa im Vergleich zu Bürgerinitiativen. Immerhin beläuft sich der monatliche Zeitaufwand bei dem traditionellen Ehrenamt auf ungefähr 10 Stunden.[1]

[1] Die Quelle dieser Zahlen ist eine Umfrage des Instituts für praxisorientierte Sozialforschung (ipos), Mannheim, unter 2000 Personen über 18 Jahre im November 1997. Zitiert nach: Bundesverband Deutscher Banken, Interesse 3/1998, S. 1-3.

2.1 Dimensionen und Fakten des Arbeitsangebots: Was soll erklärt werden?

Wie aus den obigen Ausführungen hervorgeht, hat das Arbeitsangebot mehrere Dimensionen, die zunächst systematisch dargestellt werden sollen.

(i) Mengendimension: Die Höhe des Arbeitsangebotes in einer Volkswirtschaft hängt zunächst von der Zahl der erwerbsfähigen Personen ab, wobei deren Veränderung einerseits von Geburten und Sterbefällen und andererseits von der Netto–Einwanderung von Personen aus anderen Staaten bestimmt wird.

(ii) Verhaltensdimension: Nicht alle erwerbsfähigen Personen bieten Arbeit an. Daher ergibt sich als nächste Dimension des Arbeitsangebotes die Frage, ob eine solche Person auch tatsächlich am Erwerbsleben teilnimmt. Die hierfür geeignete Messgröße ist die Partizipationswahrscheinlichkeit, das heißt die Wahrscheinlichkeit, dass eine erwerbsfähige Person Arbeit auf dem Arbeitsmarkt anbietet. Eine informativere Darstellung der Verhaltenskomponente ergeben die jeweils angebotenen Arbeitsstunden (zum Beispiel pro Woche). Nimmt deren Anzahl den Wert null an, dann bietet der Betroffene offenbar keine Arbeit an, das heißt, die Partizipationswahrscheinlichkeit beträgt null. Anders als die Partizipationswahrscheinlichkeit, die nur die Teilnahme am Erwerbsleben reflektiert, geben die angebotenen Arbeitsstunden auch die Höhe des Arbeitsangebots je Zeiteinheit an.

(iii) Qualitätsdimension: Dieser Aspekt trägt der Tatsache Rechnung, dass die Arbeitsanbieter bezüglich ihrer Fähigkeiten und Ausbildung heterogen sind.

(iv) Intensitätsdimension: Mit diesem Gesichtspunkt wird die Beobachtung angesprochen, dass ansonsten homogene Arbeitsanbieter bezüglich ihrer Arbeitsanstrengungen heterogen sind. Die Alltagserfahrung reicht vom "Schaffer", der alles mit großem Eifer anpackt, bis hin zum "Drückeberger", der hin und wieder einen "blauen Montag" einschiebt.

Nicht alle angesprochenen Dimensionen des Arbeitsangebotes können ausführlich behandelt werden. Der nächste Abschnitt beschäftigt sich eingehend mit der Verhaltensdimension, während der familiale Kontext im Rahmen der Mengendimension im *Abschnitt 2.4* dargestellt wird. Die Qualitätsdimension ist Gegenstand des *Kapitels 3*. Einige Aspekte der Intensitätsdimension werden im Zusammenhang mit der Effizienzlohntheorie im *Abschnitt 8.5* angesprochen.

Bei der Diskussion über die Verhaltensdimension lautet eine erste Frage: Welche beobachteten Fakten sollen mit einer Theorie des Arbeitsangebotes erklärt werden? Im Aggregat wird die Partizipationswahrscheinlichkeit durch die Erwerbsquote gemessen, das ist der Anteil der Erwerbspersonen (= Erwerbstätige plus Arbeitslose) an den Personen im erwerbsfähigen Alter. Aus den Angaben im einführenden *Kapitel 1* geht bereits hervor, dass die Erwerbsquoten der Männer und unverheirateten Frauen im Zeitablauf gesunken, die der verheirateten Frauen hingegen gestiegen sind. Um Effekte einer längeren Ausbildung und früheren Pensionierung von anderen Einflussfaktoren unterscheiden zu können, enthält *Tabelle 2.1* für den Zeitraum der Jahre 1960 bis

Tabelle 2.1 : Erwerbsquoten von Deutschen nach Alter, Geschlecht und Familienstand[a] 1960–2000 (Westdeutschland)

Altersgruppe	Männer				Frauen ledig				Frauen verheiratet			
	1960	1970	1980	2000	1960	1970	1980	2000	1960	1970	1980	2000
15–20	86.8	64.9	48.4	35.0	85.4	63.4	41.0	28.2	65.4	60.0	61.5	35.4
20–25	91.2	86.1	81.6	76.3	91.5	84.3	76.8	70.7	50.7	53.3	64.3	54.5
25–30	97.6	94.4	90.0	87.8	92.9	87.2	84.8	84.7	39.0	40.8	55.1	63.3
30–35	98.5	98.9	97.4	95.8	90.7	88.3	88.3	91.1	36.8	38.5	50.6	66.8
35–40	97.6	98.8	98.4	96.8	88.1	88.2	90.5	92.2	37.4	40.3	50.2	70.4
40–45	96.9	98.3	98.0	96.3	87.1	90.3	88.3	92.2	37.2	41.8	50.0	74.2
45–50	95.9	96.5	96.6	95.0	83.1	88.6	88.0	91.4	34.2	41.1	47.0	74.0
50–55	93.5	94.4	93.3	91.5	77.7	84.3	86.8	84.2	30.1	36.6	41.1	65.8
55-60	87.7	87.8	82.1	77.9	68.8	75.1	77.1	72.4	24.7	29.3	31.5	49.4
60–65	67.4	69.4	43.6	33.2	39.0	40.5	25.9	19.1	15.5	16.7	11.0	13.6
65+	20.6	18.3	7.4	4.9	14.4	11.4	6.5	5.4	8.6	7.2	3.2	2.1
15–65	91.7	89.4	83.4	80.0	85.2	73.9	60.7	66.0	34.1	38.0	45.4	59.7

a) Erwerbspersonen in Prozent der Bevölkerung der betreffenden Kategorie nach Mikrozensusangaben (Altersjahrmethode).

Quellen: 1960, 1970: M. Thon, Erstellung langer Reihen von Erwerbsquoten nach Altersgruppen aus dem Mikrozensus, in: W. Klauder und G. Kühlewind (Hrsg.), Probleme der Messung und Vorausschätzung des Frauenerwerbspotenzials, Beiträge zur Arbeitsmarkt- und Berufsforschung 56, Nürnberg 1981, S. 273ff.; eigene Berechnungen. 1980, 2000: Statistisches Bundesamt, Fachserie 1, Reihe 4.1.1.

1997 die Erwerbsquoten nicht nur nach Geschlecht und Familienstand, sondern auch nach Altersgruppen unterteilt.[2]

Zunächst ist an der starken Reduktion der Erwerbsquoten der Männer und ledigen Frauen im Alter von 15–20 Jahren und über 60 Jahren die verlängerte Ausbildungsphase beziehungsweise die frühere Pensionierung deutlich erkennbar. Dagegen haben bei diesem Personenkreis die Erwerbsquoten der übrigen Altersgruppen vergleichsweise geringfügig abgenommen und verharren für die Altersgruppe zwischen 30 und 50 Jahren bei den Männern bei etwa 96 v.H. und bei den ledigen Frauen bei gut

[2]Die Tabelle enthält nur die Erwerbsquoten von Deutschen, um Verzerrungen auf Grund des zunehmenden Arbeitsangebotes von in der Bundesrepublik Deutschland lebenden Ausländern zu vermeiden. Deren Erwerbsquoten liegen mit wenigen Ausnahmen höher als die der Deutschen.

90 v.H. Eine größere Variabilität weisen die Erwerbsquoten der verheirateten Frauen auf. Sie sind während des betrachteten Zeitraumes teilweise exorbitant gestiegen, so beispielsweise in der Altersgruppe der 35–45jährigen Frauen. Im Hinblick auf ihre altersspezifischen Erwerbsquoten ist ab der Altersgruppe 25–30 Jahre tendenziell eine Abnahme mit zunehmendem Alter festzustellen, die temporär durch eine leichte Erhöhung in der Altersgruppe der 35–45jährigen Frauen unterbrochen wird.

Schaubild 2.1 : Kohortenprofile und Querschnittsprofile westdeutscher Frauen mit mittlerem Bildungsniveau (v.H.)[a)]

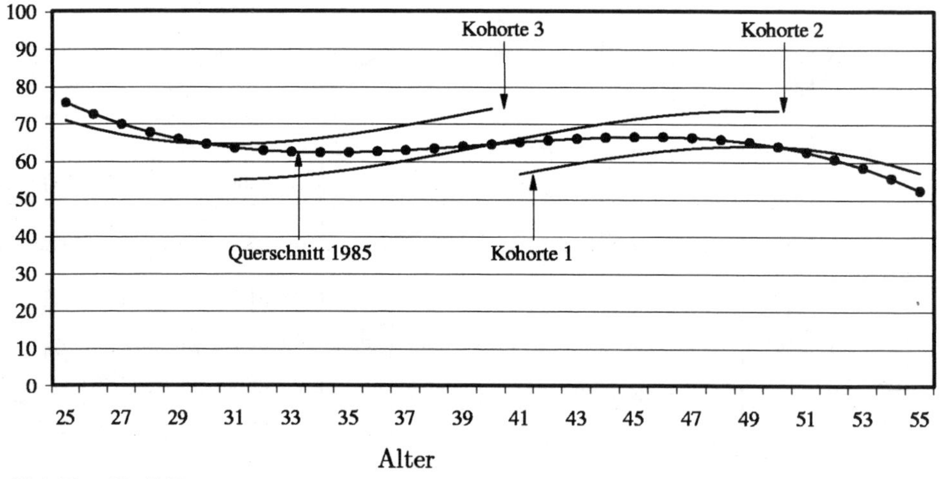

a) Vgl. Text für Erläuterungen.

Quelle: Berechnungen von G. Wunderlich auf der Basis von Fitzenberger et al. (2001).

Selbst die disaggregierten Erwerbsquoten in *Tabelle 2.1* erlauben nur bedingt Aussagen über den Verlauf der individuellen Erwerbsbeteiligung im Lebenszyklus, weil auch diese Erwerbsquoten ein Konglomerat möglicherweise unterschiedlicher Erwerbsverläufe darstellen. Zu unterscheiden sind nämlich der Zusammenhang zwischen Alter und Erwerbsbeteiligung bei gegebenem gesellschaftlichen und ökonomischen Status quo einerseits und der Effekt einer Veränderung eben dieser Rahmenbedingungen im Zeitablauf auf die Erwerbsbiographie andererseits. Um zumindest diese Aspekte voneinander abzugrenzen, bildet man zunächst "Geburtskohorten", also Personengruppen mit jeweils identischem Geburtsjahr. In *Schaubild 2.1* sind für Frauen in Westdeutschland die Kohorten 1 bis 3 eingezeichnet, deren Geburtsjahr 1955, 1945 beziehungsweise 1935 beträgt und die sich deshalb im Betrachtungsjahr 1985, welches dem Schaubild zu Grunde liegt, im Alter von 30, 40 und 50 Jahren befinden. Die Erwerbsquoten der jüngsten Kohorte 1 weisen für die Lebensspanne 25 bis 40 Jahre ein leicht U–förmiges Profil auf. Der Grund für den temporären Rückgang der Erwerbsbeteiligung liegt in der Erziehung von Kindern. Für das Lebensalter 30 bis 40 Jahre liefert das Schaubild überlappende Beobachtungen für Kohorten 1 und 2, wobei sich die Erwerbsquoten der älteren Kohorte 2 unterhalb der Werte für Kohorte 1 befinden. Die Erwerbsbeteiligung ist mithin in diesem Lebensabschnitt nicht nur auf Grund des reinen Alterseffekts für eine gegebene Kohorte gestiegen, sondern hat sich zudem im Zeitablauf erhöht, weil sich die Präferenzen der Frauen zu Gunsten einer Erwerbsarbeit und deren gesellschaftliche Akzeptanz verändert haben mögen. Analoge Überlegungen gelten für einen Vergleich der Kohorten 2 und 3. Die gepunktete Linie gibt die beobachteten Erwerbsquoten des Jahres 1985 zwar unterteilt nach dem Lebensalter, aber aggregiert über alle Geburtenkohorten wieder und entspricht somit den Spaltenangaben der Erwerbsquoten in *Tabelle 2.1* (in der das Jahr 1985 aus Platzgründen indessen nicht ausgewiesen ist). Offenkundig verbergen sich hinter der gepunkteten Linie sehr verschiedene Informationen, die erst bei einer Kohortenanalyse sichtbarer werden.

Tabelle 2.2 : Erwerbsquoten im internationalen Vergleich[a)]

Land	Insgesamt				Frauen				Männer			
	1973	1983	1993	2000	1973	1983	1993	2000	1973	1983	1993	2000
(West-)Deutschland[b)]	69.4	67.5	70.8	72.2	50.3	52.5	61.0	63.2	89.6	82.6	80.3	81.1
Frankreich	67.8	66.4	66.5	68.0	50.1	54.4	58.9	61.7	85.2	78.4	74.1	74.4
Großbritannien	73.0	72.4	76.3	76.6	53.2	57.2	67.0	68.9	93.0	87.5	85.5	84.3
Italien[b)]	58.7	60.1	57.9	59.9	33.7	40.3	42.2	46.2	85.1	80.7	74.9	73.8
Japan	71.7	73.0	71.3	72.5	54.0	57.2	58.2	59.6	90.1	89.1	84.4	85.2
Niederlande	57.6	59.0	67.3	74.9	29.2	40.3	56.0	65.7	85.6	77.3	79.3	83.9
Österreich	65.1	65.6	69.9	71.3	48.5	49.7	58.9	62.5	83.0	82.2	80.8	80.1
Schweden[b)]	75.5	81.3	79.1	78.9	62.6	76.6	77.2	76.4	88.1	85.9	80.9	81.2
Schweiz[c)]	77.7	74.5	78.6	81.8	54.1	55.2	68.6	73.9	100.6	93.5	88.2	89.4
USA[b)]	68.4	73.1	76.6	77.2	51.1	61.8	68.6	70.8	86.2	84.6	84.9	83.9
OECD Europa	67.3	65.5	66.3	67.2	44.7	49.8	54.5	60.2	88.7	82.3	78.2	78.0
OECD insg.	68.3	69.1	69.3	70.1	48.3	55.1	57.4	61.3	88.2	84.3	81.4	81.1

a) Erwerbspersonen in v.H. der erwerbsfähigen Bevölkerung im Alter zwischen 15 und 64 Jahren.
b) Bei diesen Ländern ist die zeitliche Vergleichbarkeit auf Grund von Datenänderungen erschwert. Es empfiehlt sich, die unten angeführte Quelle unbedingt zu Rate zu ziehen. Ab 1993 Deutschland, zuvor Westdeutschland.
c) Bei den nach Geschlecht disaggregierten Daten fehlen bei der Erwerbsbevölkerung (im Gegensatz zu den Erwerbspersonen) verschiedene Saisonarbeitskräfte.

Quelle: OECD, Employment Outlook 1995, S. 214–215; 1997, S. 191–193; 2001, S. 209–211.

Die *Tabelle 2.2* weist die Erwerbsquoten im internationalen Vergleich aus, jedoch unter Vernachlässigung der wichtigen Disaggregation nach Alter und Familienstand.[3] Deshalb und auf Grund zahlreicher Strukturbrüche in den Zeitreihen sind die Daten mit Vorbehalten zu interpretieren. Auffällig sind die im Vergleich zur Bundesrepublik Deutschland hohen Erwerbsquoten in Großbritannien, Schweden, der Schweiz und in den USA.

Während in den bisherigen Ausführungen eher von längerfristigen Entwicklungen der Erwerbsquote die Rede war, muss nun geprüft werden, ob und inwieweit die Zeitreihe jährlicher Erwerbsquoten auch konjunkturelle Komponenten enthält. Eine einfache, wenn auch etwas grobe Methode zur Beschreibung trendmäßiger und konjunktureller Bewegungen ist die Schätzung von Regressionsgleichungen mit Trend– und Konjunkturvariablen als erklärende Variable der alters- und geschlechtsspezifischen Erwerbsquoten. Das Ergebnis solcher Schätzungen lautet, dass insbesondere bei verheirateten Frauen eine Konjunkturreagibilität der Erwerbsquote statistisch signifikant ist.

Die angebotenen Arbeitsstunden stellen die andere Komponente der Verhaltensdimension dar (neben der Erwerbsquote). Statistische Angaben in Zeitreihenform über die gewünschte und somit angebotene Arbeitszeit stehen nicht zur Verfügung, sodass nur Hilfsgrößen in Form tatsächlich geleisteter Arbeitszeiten herangezogen werden können.

Im Zeitraum der Jahre 1960 bis 1989 verringerte sich die tarifliche Wochenarbeitszeit in Westdeutschland von 44 auf 39 Stunden, während die Anzahl der Urlaubstage von 17 auf 31 stieg. Unter Berücksichtigung von Überstunden und Ausfallzeiten (Krankheit, Teilzeit) ergibt sich für diese Dekaden ein Rückgang der tatsächlichen Arbeitszeit von rund 2100 auf 1700 Stunden pro Jahr für männliche Arbeitnehmer, während die entsprechenden Zahlen für Frauen 2000 beziehungsweise 1500 lauten.[4] *Tabelle 2.3* referiert die Entwicklung seit Beginn der neunziger Jahre getrennt für Westdeutschland und Ostdeutschland und für eine Reihe von Komponenten der Arbeitszeit. Zunächst ist erkennbar, dass in Ostdeutschland die Wochenarbeitszeit höher und der Jahresurlaub niedriger sind als in Westdeutschland, wobei allgemein nach wie vor ein (leichter) Trend zu kürzeren Arbeitszeiten besteht. Die Krankenstände haben sich deutlich verringert, der Erziehungsurlaub gewinnt an Bedeutung. Des Weiteren werden in Westdeutschland von jedem Arbeitnehmer jährlich durchschnittlich knapp 60 Überstunden geleistet, in Ostdeutschland deutlich weniger. Der Effekt von Arbeitszeitkonten spielt nur in Westdeutschland eine (noch untergeordnete) Rolle.

Die ausgewiesene tatsächliche Arbeitszeit stellt einen Durchschnitt aus Vollzeit und Teilzeit dar, die entsprechenden Stunden belaufen sich in Westdeutschland im Jahre 2001 auf 1626 beziehungsweise 677 Stunden (Ostdeutschland: 1675 beziehungsweise 754 Stunden). Der Teilzeiteffekt mag sich zukünftig noch verstärken. Seit dem 1.1.2001 ist das "Gesetz über Teilzeitarbeit und befristete Arbeitsverträge" (Teilzeit– und Befristungsgesetz TzBfG)in Kraft getreten, nach dem ein Arbeitnehmer unter bestimmten Voraussetzungen verlangen kann, dass seine vertraglich vereinbarte Ar-

[3]Die Daten für die Bundesrepublik Deutschland sind mit denen der *Tabelle 2.1* wegen unterschiedlicher Abgrenzungen nicht voll vergleichbar.

[4]Quelle: Berechnungen des Instituts für Arbeitsmarkt– und Berufsforschung. Frühere Auflagen dieses Buches enthielten an dieser Stelle detaillierte Angaben, die aber wegen Umstellungen der Statistik nicht weiter fortgeführt werden können.

Tabelle 2.3 : Arbeitszeit und ihre Komponenten in Deutschland je beschäftigten Arbeitnehmer[a)]

Komponenten	Westdeutschland		Ostdeutschland	
	1991	2001	1991	2001
Tarifliche Arbeitszeit				
– Wochenarbeitszeit	38.2	37.6	40.4	39.2
– Jahresarbeitszeit	1719	1573	1957	1729
– Urlaubstage (Tage)	30.7	31.0	27.8	30.2
– Urlaubsbereinigte Jahresarbeitszeit	1506	1378	1739	1520
Ausfälle				
– Krankheit	79.9	58.2	81.3	66.0
– Kurzarbeit	2.9	1.7	225.3	3.5
– Erziehungsurlaub	9.1	14.5	3.2	13.9
– Schlechtwetter, Tarifauseinandersetzungen, Teilzeit	3.6	2.6	0.6	0.8
Bezahlte Überstunden	59.3	56.3	41.0	42.3
Arbeitszeitkonten	+2.7	+2.7	0.0	+0.5
Tatsächliche Arbeitszeit[b)]	1479	1369	1476	1484

a) Vgl. Text für Erläuterungen; soweit nicht anders angegeben: Stunden pro Jahr und Person.
b) Ungenauigkeiten durch nicht aufgeführte Effekte und Rundungen.

Quelle: Institut für Arbeitsmarkt– und Berufsforschung, Mitteilungen aus der Arbeitsmarkt– und Berufsforschung 34(1), (2001), S. 23f.

beitszeit verringert wird.[5] Der Arbeitgeber hat dem zuzustimmen, "soweit betriebliche Gründe nicht entgegen stehen", nämlich insbesondere dann, "wenn die Verringerung der Arbeitszeit die Organisation, den Arbeitsablauf oder die Sicherheit im Betrieb wesentlich beeinträchtigt oder unverhältnismäßige Kosten verursacht" (§8).

Keines der in *Tabelle 2.3* ausgewiesenen Konzepte entspricht exakt der angebotenen Arbeitszeit. Vermutlich kommen Berechnungen dieser Größe am nächsten, die auf einer urlaubs– und krankenstandsbereinigten tariflichen Arbeitszeit unter Berücksichtigung von akzeptierter Teilzeit und eines Teils der Überstunden beruhen. Auch diese Messgröße ist im Hinblick auf eine Approximation der angebotenen Arbeitszeit alles andere als perfekt: Sie unterstellt, dass die tarifliche Arbeitszeit und die tatsächliche Teilzeitarbeit die Präferenzen der Arbeitsanbieter widerspiegeln.

Auch die in *Tabelle 2.4* ausgewiesenen Arbeitsstunden im internationalen Vergleich leiden unter der Einschränkung, dass sie nicht unbedingt der angebotenen Arbeitszeit entsprechen. Unter diesem Vorbehalt und unter der Restriktion der nur

[5] Vgl. dazu *Abschnitt 6.2.3.*

Tabelle 2.4 : Jahresarbeitszeiten im internationalen Vergleich 1999 (in Std.)

Land	Tarifliche Jahresollarbeitszeit[a)]
Westdeutschland	1592
Ostdeutschland	1725
Frankreich	1771
Vereinigtes Königreich	1762
Italien	1728
Japan	1817
Niederlande	1712
Österreich	1728
Schweden	1780
Schweiz	1844
USA	1904

a) Tarifliche Jahressollarbeitszeit von Arbeitern in der verarbeitenden Industrie in Stunden.

Quelle: Institut der Deutschen Wirtschaft: Deutschland im globalen Wettbewerb; Internationale Wirtschaftszahlen 2001, Köln, S. 11, Tabelle 1.7.

eingeschränkten internationalen Vergleichbarkeit der Zahlen weist die Bundesrepublik Deutschland nicht nur relativ zum europäischen Durchschnitt, sondern auch im Vergleich zu Japan und den USA ein geringeres Arbeitsangebot auf. Japanische und amerikanische Industriearbeiter haben nicht nur längere Wochenarbeitszeiten, sondern ihr Urlaubsanspruch und die Fehlzeiten liegen ebenfalls niedriger. Sehr hoch sind dagegen die Fehlzeiten in Schweden, insbesondere auf Grund der Regelungen über den Mutterschaftsurlaub.

2.2 Statische Modelle des Arbeitsangebots

2.2.1 Marktlohn versus Anspruchslohn

Das Entscheidungsproblem eines Individuums, ob und wieviel Arbeit es anbietet, lässt sich am leichtesten mit Hilfe eines Vergleichs zweier Lohnsätze verdeutlichen, nämlich des Marktlohnsatzes (W) mit dem Anspruchslohn (W^R). Letzterer wird häufig auch "Reservationslohn" genannt (in Anlehnung an "reservation wage"). Dabei sei in dieser Betrachtung der Marktlohnsatz durch die individuellen Charakteristika wie Schulbildung und Berufserfahrung sowie durch die regionale und berufsmäßige Arbeitsmarktsituation exogen bestimmt. Diese Faktoren seien in einem Zeilenvektor XM zusammengefasst, sodass der für das Individuum i maßgebliche Marktlohnsatz W_i wie folgt beschrieben werden kann:

$$W_i = XM_i \cdot \beta, \tag{2.1}$$

wobei β einen Spaltenvektor der Koeffizienten darstellt, die den Einfluss der einzelnen in XM enthaltenen Einflussfaktoren auf W reflektieren.

Zur Erläuterung des Anspruchslohnes W^R unterstellen wir, dass das Individuum die ihm insgesamt zur Verfügung stehende Zeit nutzenmaximal aufteilen will. Im einfachsten Fall besteht die Wahlmöglichkeit zwischen Zeit, die auf dem Arbeitsmarkt verkauft wird, und Zeit, die konsumiert, das heißt nicht für Marktarbeit verwendet wird. Letztere Komponente umfasst beispielsweise die Freizeit, Hausarbeit, Kindererziehung und Bildung.[6] Jeder dieser beiden Zeitkomponenten ordnet das Individuum einen bestimmten Wert zu. Für die Arbeitszeit auf dem Markt ist das der Marktlohnsatz W. Bezüglich der nicht auf dem Arbeitsmarkt angebotenen Zeit resultiert der Wert aus dem Nutzen, den das Individuum aus dieser Verwendung seiner Zeit erhält, also zum Beispiel der Wert einer "Freizeitstunde". Dieser Wert stellt mithin die "Opportunitätskosten der Arbeit" dar. Im Gegensatz zum Marktlohnsatz ist dieser Wert zwar nicht unmittelbar beobachtbar, aber er wird von einer Reihe beobachtbarer Faktoren beeinflusst, die eine Theorie des Arbeitsangebots herausarbeiten muss und die zunächst in einem Zeilenvektor XR zusammengefasst seien.

Das Individuum vergleicht diesen Wert einer Stunde "Freizeit" mit dem Wert einer Stunde Marktarbeitszeit. Es wird überhaupt arbeiten oder – falls es schon arbeitet – eine zusätzliche Stunde Arbeit anbieten, wenn der Marktlohnsatz – also der Wert der Marktarbeitszeit – höher als der Wert der "Freizeit" ist. Der Anspruchslohn ist nun genau der Wert der "Freizeit", ab dessen Höhe es sich gemäß der individuellen Nutzeneinschätzung nicht lohnt, (noch mehr) Arbeit anzubieten, sondern die Verwendung als "Freizeit" präferiert wird. Beispielhaft und etwas salopp formuliert, stellt der Anspruchslohn (bezogen auf eine Stunde) den Euro–Betrag dar, den der Marktlohnsatz überschreiten muss, damit jemand freiwillig eine Stunde Mehrarbeit leistet, anstatt sich seinem Hobby zu widmen.

Formal gilt für den Anspruchslohn W_i^R und seine Bestimmungsfaktoren:

$$W_i^R = XR_i \cdot \beta^R, \tag{2.2}$$

wobei XR und β^R analog zu XM und β definiert und zu interpretieren sind. Das Individuum wird mithin nur dann Arbeit auf dem Markt anbieten, wenn $W_i > W_i^R$.

Bezeichnet man die individuell angebotenen Arbeitsstunden mit H_i, dann lautet die Entscheidungsregel:

$$H_i \begin{cases} = 0 & \text{für } W_i \leq W_i^R \\ > 0 & \text{für } W_i > W_i^R \end{cases} \tag{2.3}$$

oder:

$$H_i \begin{cases} = 0 & \text{für } XM_i \cdot \beta \leq XR_i \cdot \beta^R \\ > 0 & \text{für } XM_i \cdot \beta > XR_i \cdot \beta^R. \end{cases} \tag{2.4}$$

[6] Im Folgenden wird an Stelle der umständlichen und unschönen Begriffe "Nicht–Arbeitszeit" oder "Nicht–Markt–Zeit" häufig die Kurzform "Freizeit" verwendet, wobei die Anführungszeichen immer daran erinnern, dass Freizeit neben Hausarbeit und Kindererziehung nur ein Teil der Nicht–Markt–Zeit ist.

Unter der für diesen Abschnitt vereinbarten Annahme, dass W_i exogen vorgegeben ist, verbleibt für die Theorie des Arbeitsangebotes die Aufgabe, die in XR enthaltenen Bestimmungsgründe zu identifizieren und das Vorzeichen und die Stärke ihres Einflusses auf W^R herauszuarbeiten. In diesem Zusammenhang wird der Begriff des Anspruchslohns genauer interpretiert werden, insbesondere auch im Hinblick auf die Standardreplik auf die obigen Ausführungen, was denn wohl einem "geplagten Familienvater" anderes übrig bleibe, als Arbeit anzubieten.[7] Außerdem ist zu klären, wie viele Arbeitsstunden angeboten werden (falls $H_i > 0$).

2.2.2 Partizipation und Arbeitsstunden im Nutzenmaximum

Ausgangspunkt der Überlegungen zur Herleitung der individuellen Arbeitsangebotsentscheidung ist folgendes Standardmodell. Eine insgesamt zur Verfügung stehende fest vorgegebene Zeit T soll nutzenmaximierend aufgeteilt werden in H Stunden, die auf dem Arbeitsmarkt angeboten werden, und F Stunden, die für andere Aktivitäten genutzt werden. Der Lohnsatz beträgt W für jede Stunde, und mit dem Lohneinkommen $W \cdot H$ und einem möglicherweise vorhandenen Nicht–Arbeitseinkommen V können Konsumausgaben in Höhe von $P \cdot x$ getätigt werden, wobei x ein Konsumgüterbündel und P dessen gewichteten Preis darstellen.[8] Die Budgetrestriktion lautet für jede Zeitperiode[9] (Kreditaufnahme ist ausgeschlossen):

$$P \cdot x \leq W \cdot H + V. \tag{2.5}$$

Sie ist linear und homogen vom Grad null in den Variablen P, W und V.

Die Arbeitsangebotsentscheidung hängt von beobachtbaren wie auch von unbeobachtbaren Einflussgrößen ab. Die verschiedenen beobachtbaren individuellen Charakteristika wie Alter und Geschlecht werden in dem Vektor R zusammengefasst. Hingegen sind die individuellen Präferenzen μ nicht beobachtbar. Dahinter verbergen sich nicht nur Vorlieben beziehungsweise Abneigungen bezüglich Arbeit und Freizeit, sondern möglicherweise auch individuelle Fähigkeiten bei der Kindererziehung oder der Verrichtung häuslicher Dienste. Die in μ zusammengefassten Faktoren erklären die noch verbleibenden Unterschiede im individuellen Arbeitsangebotsverhalten, die nicht durch die beobachtbaren Variablen erfasst werden. Die individuelle Nutzenfunktion sei durch

$$U = U(x, F; R, \mu) \tag{2.6}$$

[7] Um die Antwort in einfachen Worten vorwegzunehmen: An Stelle des "Familienvaters" kann die "Familienmutter" auf dem Markt Arbeit anbieten, und außerdem hat die Entscheidung, eine Familie zu gründen, Implikationen für die Höhe des Arbeitsangebots. Die Entscheidung über das heutige Arbeitsangebot ist vielleicht schon früher gefallen (beispielsweise bei der Familiengründung), aber auf Grund ähnlicher Nutzenabwägungen.

[8] Es wird unterstellt, dass die relativen Preise der Güter des Bündels beziehungsweise die relativ nachgefragten Mengen konstant sind. Dies ist eine Aussage des Leontief–Hicks–Theorems über zusammengesetzte Güter. Vgl. Krelle (1968), S. 107ff.

[9] Im Folgenden werden die Individualindizes unterdrückt, solange dies zu keinen Missverständnissen Anlass geben kann.

beschrieben und habe die in der Mikroökonomik hinlänglich behandelten Eigenschaften, insbesondere sei sie quasi–konkav und stetig differenzierbar, und es gelte:[10]

$$\frac{\partial U}{\partial x} > 0, \quad \frac{\partial U}{\partial F} > 0 \text{ und } \frac{\partial^2 U}{\partial x^2} < 0, \quad \frac{\partial^2 U}{\partial F^2} < 0\,, \tag{2.7}$$

das heißt, der Nutzen von x beziehungsweise F steigt mit abnehmender Zuwachsrate. Weiterhin wird unterstellt, dass das Individuum in jeder Zeitperiode etwas konsumieren muss (das heißt $x > 0$).

Das individuelle Entscheidungsproblem besteht nun darin, $x > 0$ und $H \geq 0$ so zu wählen, dass die Nutzenfunktion (2.6) unter der Nebenbedingung (2.5) maximiert wird, wobei $T = F + H$ (mit T konstant) als Zeitrestriktion zu beachten ist.[11] Formal stellt sich das Problem als Maximierungsaufgabe mit einer Nebenbedingung in Form einer Ungleichung und einer Nicht–Negativitätsbedingung dar. Es kann mit Hilfe der bekannten Kuhn–Tucker–Bedingungen gelöst werden.[12] Die Maximierungsaufgabe lautet:

$$\underset{x,H}{Max} \quad U[\,x,\ (T - H\,); R, \mu\,] \tag{2.8}$$

unter der Bedingung, dass $W \cdot H + V \ \geq\ P \cdot x$ und $x > 0,\ H \geq 0$. Die notwendigen Bedingungen für ein Maximum lauten:

$$\text{Wegen} \qquad x \ > \ 0$$

$$\text{und} \quad x \cdot \left(\frac{\partial U}{\partial x} - \lambda \cdot P \right) \ = \ 0$$

$$\text{gilt:} \qquad \frac{\partial U}{\partial x} - \lambda \cdot P \ = \ 0 \tag{2.9}$$

$$\frac{\partial U}{\partial H} + \lambda \cdot W \ \leq \ 0 \tag{2.10}$$

$$H \ \geq \ 0 \tag{2.11}$$

$$H \cdot \left(\frac{\partial U}{\partial H} + \lambda \cdot W \right) \ = \ 0 \tag{2.12}$$

$$W \cdot H + V - P \cdot x \ \geq \ 0 \tag{2.13}$$

$$\left.\begin{array}{rcl} \lambda & \geq & 0 \\ \lambda \cdot (\,W \cdot H + V - P \cdot x\,) & = & 0, \end{array}\right\} \tag{2.14}$$

[10] Vgl. dazu zum Beispiel Schneider (1986), S. 15ff. oder Stobbe (1983), S. 70ff.

[11] Bei T=konstant ist es für die Überlegung unerheblich, ob F oder H Gegenstand der Betrachtung ist, da jede Veränderung von F gleichbedeutend mit der entgegengerichteten Veränderung von H ist.

[12] Vgl. Chiang (1984), S. 722ff., die Herleitung folgt der Formulierung der Kuhn–Tucker–Bedingung in Gl. (21.14) auf S. 725 jenes Buches.

wobei λ den Lagrange–Multiplikator bezeichnet, auf dessen Interpretation später noch eingegangen wird. Aus Gleichung (2.12) ist erkennbar, dass der Klammerausdruck für $H > 0$ gleich null sein muss. Daher gilt in Verbindung mit Gleichung (2.10):

$$\frac{\partial U}{\partial H} + \lambda W = 0 \quad \text{für } H > 0\,, \tag{2.15}$$

$$\frac{\partial U}{\partial H} + \lambda W \leq 0 \quad \text{für } H = 0\,. \tag{2.16}$$

Im Fall der Gleichung (2.15) bietet das Individuum Arbeit an, während es im Fall der Gleichung (2.16) – wenn die strikte Ungleichung gilt – nicht am Erwerbsleben teilnimmt. Auflösen der Gleichung (2.9) nach dem Lagrange–Multiplikator λ und Einsetzen in Gleichung (2.15) beziehungsweise Gleichung (2.16) liefert unter Beachtung, dass $-\partial U/\partial H = \partial U/\partial F$:

$$\frac{\frac{\partial U}{\partial F}}{\frac{\partial U}{\partial x}} = \frac{W}{P} \quad \text{für } H \geq 0 \qquad \text{und} \qquad \frac{\frac{\partial U}{\partial F}}{\frac{\partial U}{\partial x}} \geq \frac{W}{P} \quad \text{für } H = 0. \tag{2.17}$$

Die Entscheidung darüber, ob Arbeit auf dem Markt angeboten wird oder nicht, wird mithin auf der Basis eines Vergleichs zweier Größen gefällt: dem Grenznutzenverhältnis aus "Freizeit" und dem Konsumgüterbündel einerseits und dem Reallohn andererseits. Übersteigt dieses Grenznutzenverhältnis den Reallohn, wird keine Arbeit (mehr) angeboten, weil das Individuum den zusätzlichen Nutzen aus einer Stunde Aktivität außerhalb des Arbeitsmarktes relativ höher bewertet als den Zusatznutzen des Konsums einer Einheit eines Gutes.

Die Ausdrücke in der Gleichung (2.14) verdeutlichen die Interpretation des Lagrange–Multiplikators als Schattenpreis. Für $\lambda > 0$ ist der Klammerausdruck gleich null, das gesamte Einkommen: $W \cdot H + V$ wird für Konsumzwecke ausgegeben. In diesem Fall ist die Budgetrestriktion bindend, und eine Lockerung um eine Geldeinheit erbrächte eine Erhöhung der zu maximierenden Zielgröße, des Nutzens nämlich, um das λ–fache. Andererseits kann der Klammerausdruck für $\lambda = 0$ positiv sein, nicht das gesamte Einkommen wird für Konsumzwecke ausgegeben. In diesem Fall ist der Schattenpreis gleich null, weil eine Lockerung der Budgetrestriktion keine Verbesserung der Zielgröße bewirkt, denn es ist ohnehin noch Einkommen "übriggeblieben".

Die oben angestellten Überlegungen lassen sich graphisch anhand des *Schaubilds 2.2* verdeutlichen, in dem auf der Ordinate das Konsumgut und auf der Abszisse die "Freizeit" abgetragen sind. Die Gerade AB ist die graphische Darstellung der Budgetrestriktion (2.5) (auf AB gilt das Gleichheitszeichen, unterhalb von AB das Ungleichheitszeichen), deren Steigung – W/P beträgt und die auf der Ordinate die Strecke $OA = (W/P) \cdot T + V/P$ abträgt. Dies ist die maximal erreichbare Menge an Konsumgütern, wenn die gesamte zur Verfügung stehende Zeit ausschließlich zu Erwerbszwecken verwendet wird (das heißt $F = 0$ oder $H = T$). Wenn hingegen überhaupt nicht gearbeitet wird (das heißt $F = T$ oder $H = 0$), dann ist wegen des Nichtarbeitseinkommens eine Konsumgütermenge in Höhe von $TB = V/P$ möglich.

Wenn die Präferenzen von Individuum 1 ausschnittweise durch die Indifferenzkurve I_1 dargestellt werden, dann ist die durch Punkt D gekennzeichnete Kombination von Konsumgut und Freizeit nutzenmaximal.[13] Hier tangiert die Indifferenzkurve die Budgetrestriktion. Da diese Aussage äquivalent zu der Feststellung ist, dass in D die Steigung der Indifferenzkurve $[= dx/dF = -(\partial U/\partial F)/(\partial U/\partial x)]$ gleich der Budgetrestriktion $(= -W/P)$ ist,[14] entspricht dies der Bedingung (2.17) für den Fall $H > 0$.[15]

Schaubild 2.2 : Nutzenmaximales Arbeitsangebot

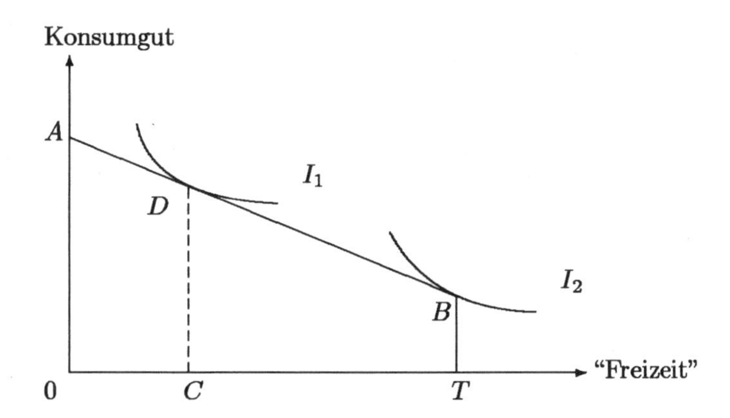

Spiegelt indessen die Indifferenzkurve I_2 das bei gegebener Budgetbeschränkung maximal erreichbare Nutzenniveau eines Individuums 2 wider, dann ist die durch den Punkt B gekennzeichnete Ecklösung nutzenmaximal, bei der die gesamte Zeit T ausschließlich für Aktivitäten außerhalb des Arbeitsmarktes ("Freizeit") verwendet wird. Anders formuliert: Der Reallohn W/P müsste für Individuum 2 steigen, damit es Arbeit anbietet.[16] Streng genommen wäre dies bereits bei einer infinitesimal kleinen Erhöhung von W/P der Fall.[17] Deshalb kann man auch sagen, dass W/P der reale Anspruchslohn des Individuums 2 ist, also der Reallohnsatz, der gezahlt werden müsste, damit das Individuum 2 Arbeit anbietet. Für das Individuum 2 gilt also $W^R/P{=}W/P$ und damit der in Gleichung (2.17) für $H = 0$ dargestellte Fall.

Es ist für das Verständnis des Modells wichtig zu erkennen, dass damit die Erklärungsfaktoren des Anspruchslohnes bestimmt sind – wenn auch durch einen sehr einfachen und (noch) realitätsfernen Ansatz. Dies wird unmittelbar einsichtig, wenn man unter Beachtung, dass $\partial U/\partial F = -\partial U/\partial H$ ist, und zunächst für den Fall $H > 0$, die reduzierte Form bildet, das heißt die beiden endogenen Variablen H und x in

---

[13] Die angebotene Arbeitszeit entspricht in diesem Fall dem Streckenabschnitt CT, während die Zeit, die nicht auf dem Arbeitsmarkt verbracht wird, der Strecke OC entspricht.

[14] Da der Ausdruck in eckigen Klammern im Text der Grenzrate der Substitution zwischen Konsumgut und "Freizeit" entspricht, ist für $H > 0$ das nutzenmaximale Arbeitsangebot durch die Gleichheit dieser Größe mit dem negativen Reallohn bestimmt.

[15] Praktisch jedes Lehrbuch der Mikroökonomik enthält eine ausführliche Herleitung dieser Argumentation (meistens für den Fall zweier Konsumgüter), auf die der mit dieser Art der Darstellung nicht vertraute Leser verwiesen wird.

[16] D.h. die Budgetgerade AB müsste steiler werden.

[17] Vorausgesetzt wird, dass es sich im Punkt B um eine Tangentiallösung handelt.

Abhängigkeit der exogenen Variablen des Modells darstellt: [18]

$$\begin{aligned} H &= H\,(W, P, V; R, \mu) \\ x &= x\,(W, P, V; R, \mu)\,. \end{aligned} \tag{2.18}$$

Gleichung (2.18) stellt die Arbeitsangebotsfunktion dar, denn dies ist die innere Lösung für eine positive Anzahl von angebotenen Arbeitsstunden, während die Ecklösung und damit die Höhe des Anspruchslohnes aus der ersten Gleichung von (2.18) für H=0 hervorgeht. Zur Berechnung des realen Anspruchslohnes muss

$$H\,(W^R/P, 1, V/P; R, \mu) = 0 \tag{2.19}$$

nach W^R/P aufgelöst werden und ist damit eine Funktion von V, R und μ. Da sich die folgenden Ausführungen in erster Linie auf den Fall $H > 0$ konzentrieren, sollte beachtet werden, dass die Gleichungen (2.18) und (2.19) sowohl die Frage beantworten, *ob* überhaupt Arbeit angeboten wird, als auch, *wie viele* Stunden im Fall einer Partizipation am Erwerbsleben angeboten werden.

Die zentrale Frage lautet, ob bei gegebenen Charakteristika und Fähigkeiten eine Erhöhung des Reallohnes zu einem Anstieg oder zu einer Verringerung des Arbeitsangebots führt. Zunächst ist darauf aufmerksam zu machen, dass die Nullhomogenität der Budgetrestriktion (2.5) in den Variablen P, W und V ebenfalls für die Arbeitsangebotsfunktion (2.18) gilt, das heißt, eine gleich hohe prozentuale Veränderung von P, W und V lässt den nutzenmaximalen Wert von H in Gleichung (2.18) unverändert.

Ob eine isolierte Erhöhung von W bei Konstanz von P – also ein Anstieg des Reallohnes – eine höhere oder niedrigere Stundenzahl H zur Folge hat, ist deshalb nicht eindeutig zu beantworten, weil zwei vom Vorzeichen gegenläufige Effekte vorhanden sind. Zum einen bedeutet eine Erhöhung von W, dass der Konsum von "Freizeit" im Vergleich zur Verwendung als Arbeitszeit teurer wird, sodass die betrachtete Person auf Grund dieser Relativpreisänderung "Freizeit" durch Arbeitszeit substituiert, mithin mehr arbeitet. Man nennt dies den *"Substitutionseffekt"*, welcher eindeutig positiv ist. Zum anderen geht mit einem gestiegenen Lohn auch eine Einkommenserhöhung einher. Folglich fragt das Individuum mehr Güter nach, unter anderem auch mehr "Freizeit", solange diese nicht als inferiores Gut angesehen wird. Auf Grund dieses *"Einkommenseffektes"* wäre auf einen Rückgang von H als Folge der Lohnerhöhung zu schließen. Beide Effekte zusammengenommen lassen somit die endgültige Reaktion von H auf eine Erhöhung von W offen. Diese Argumentation ist im Rahmen der Haushaltstheorie aus der Mikroökonomik geläufig und wird in der Regel am Beispiel zweier Konsumgüter behandelt. Der wesentliche Unterschied zur Theorie des Arbeitsangebotes besteht darin, dass im Konsumgütermodell ein Anstieg der Güterpreise den Haushalt auf ein niedriges Nutzenniveau bringt, wohingegen im Arbeitsangebotsmodell eine Erhöhung von W zu einem Nutzenzuwachs führt.[19]

[18] Vgl. dazu auch Pencavel (1986), S. 28f.

[19] Technisch gesprochen: Im Konsumgütermodell wird eine niedrigere, im Arbeitsangebotsmodell eine höhere Indifferenzkurve erreicht.

Fallbeispiel: Der "Workaholic" und der Gesundheitsminister

Die Zigarettenwerbung beziehungsweise -schachteln tragen meistens die Aufschrift: "Die EG–Gesundheitsminister: Rauchen gefährdet Ihre Gesundheit...". Nehmen wir einmal rein hypothetisch an, ein Minister sei wegen der Arbeitswut vieler Bürger besorgt und veranlasse ein Gesetz, nach dem jede Lohn– und Gehaltsabrechnung mit dem Zusatz zu versehen sei: "Der Gesundheitsminister: Zuviel Arbeit gefährdet Ihre Gesundheit. Acht Stunden pro Tag sind genug."
Sowohl den passionierten Raucher wie den Workaholic lassen solche Hinweise in der Regel kalt. Das folgende Schaubild zeigt, wieso selbst eine drastische Lohnsenkung (die Budgetlinie AB dreht sich zu $A'B$) nur zu einer geringfügigen Reduktion des Arbeitsangebots (von C_1T zu C_2T) führt und sogar eine feste, von der zu leistenden Stundenzahl unabhängige Entlohnung $A''B'$ einen nicht sehr bedeutenden zusätzlichen "Freizeitkonsum" in Höhe von C_1C_3 zur Folge hat. Man müsste ihm schon Geld für das Nichtarbeiten anbieten – die Bilanzgerade weist dann eine positive Steigung auf – eine zumindest ungewöhnliche Vorstellung.
Ebenso ungewöhnlich sind die Indifferenzkurven. Bei extrem hoher Arbeitszeit bleibt der Nutzen des Workaholic zwar konstant, wenn Arbeitszeit durch ein wenig mehr "Freizeit" ersetzt wird, jedoch biegen die Indifferenzkurven dann bald nach oben ab, womit gezeigt wird, dass noch mehr "Freizeit" soviel "Ungemach" verursacht, dass es durch mehr Konsumgüter kompensiert werden müsste, um das Nutzenniveau unverändert zu lassen.

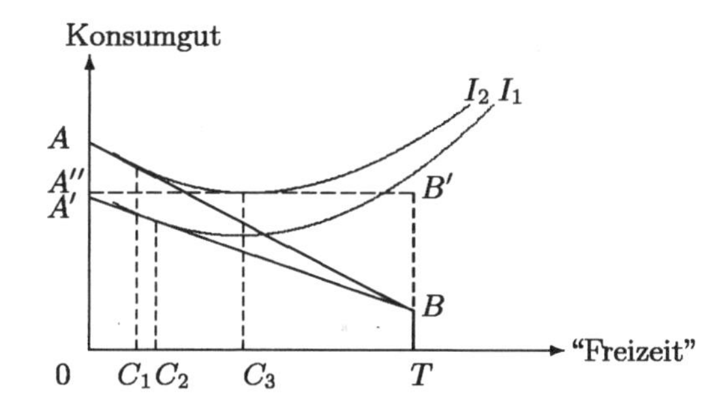

Diese ökonomische Analyse stimmt teilweise mit den Erfahrungen von Psychologen überein. Der Sprecher der Sektion Klinische Psychologie im Berufsverband Deutscher Psychologen, Werner Gross, hält für das wesentliche Merkmal der Arbeitssucht, "dass dieses süchtige Arbeitsverhalten, wie bei der Drogensucht oder dem Alkoholismus, aus einem unwiderstehlichen inneren Zwang heraus geschieht, gegen den sich der Arbeitssüchtige genauso wenig wehren kann wie der Alkoholiker".[a]
Im Gegensatz zu anderen Süchtigen, die als labil oder passiv gelten, genießt der Workaholic meistens ein hohes Sozialprestige und das Image des Aktiven, und er wird in seinem Verhalten durch Anerkennung beispielsweise von Vorgesetzten bestärkt.

[a]Zitiert nach: Informationen Deutscher Psychologen idp 88/02/07. Ich danke H. Schuler (Universität Hohenheim) für den Zugang zu dieser Information.

Die geschilderten Zusammenhänge lassen sich mit Hilfe der Slutsky–Gleichung formalisieren und graphisch verdeutlichen. Die Slutsky–Gleichung zerlegt in diesem Zusammenhang den Gesamteffekt $\partial H/\partial W$ in den oben beschriebenen Einkommens– (I) und Substitutionseffekt (II) und lautet:

$$\frac{\partial H}{\partial W} = \underbrace{H \cdot \frac{\partial H}{\partial V}}_{I} + \underbrace{\left(\frac{\partial H}{\partial W}\right)_S}_{II} \tag{2.20}$$

Zur Erläuterung der beiden Effekte muss in aller Kürze auf die Herleitung der Gleichung (2.20) eingegangen werden.[20] Um die Darstellung zu vereinfachen, wird nur der Fall $H > 0$ untersucht. Analog zur Vorgehensweise in den Gleichungen (2.9) – (2.17) erhält man für diesen Fall als Lagrangefunktion L:

$$L = U(H,x) + \lambda(W \cdot H + V - P \cdot x), \tag{2.21}$$

wobei λ den Lagrange–Multiplikator kennzeichnet. Die notwendigen Bedingungen lauten:

$$\begin{aligned} U_H + \lambda W &= 0 \\ U_x - \lambda P &= 0 \\ W \cdot H + V - P \cdot x &= 0, \end{aligned} \tag{2.22}$$

woraus sich unter Beachtung der vereinfachten Notation die in (2.17) hergeleitete Bedingung für $H > 0$ ergibt.[21] Bei einer Lohn– beziehungsweise Einkommensänderung müssen die Gleichungen (2.22) auch für die neuen Werte von H, x, W, P, V und λ erfüllt sein, das heißt, das totale Differenzial jeder Zeile der Gleichungen in (2.22) muss gleich null sein, woraus sich nach einigen Umformungen ergibt:[22]

$$\begin{pmatrix} U_{HH} & U_{Hx} & W \\ U_{xH} & U_{xx} & -P \\ W & -P & 0 \end{pmatrix} \cdot \begin{pmatrix} dH \\ dx \\ d\lambda \end{pmatrix} = \begin{pmatrix} -\lambda & 0 & 0 \\ 0 & \lambda & 0 \\ -H & x & -1 \end{pmatrix} \cdot \begin{pmatrix} dW \\ dP \\ dV \end{pmatrix} . \tag{2.23}$$

Betrachten wir zunächst die Auswirkung einer Lohnsatzerhöhung, das bedeutet folglich $dW > 0, dP = dV = 0$, sodass Gleichung (2.23) wie folgt geschrieben werden kann:

$$\begin{pmatrix} U_{HH} & U_{Hx} & W \\ U_{xH} & U_{xx} & -P \\ W & -P & 0 \end{pmatrix} \cdot \begin{pmatrix} dH \\ dx \\ d\lambda \end{pmatrix} = \begin{pmatrix} -\lambda \\ 0 \\ -H \end{pmatrix} dW . \tag{2.24}$$

Bezeichnet man mit $|D|$ die Determinante der Koeffizientenmatrix auf der linken Seite von Gleichung (2.24) und wendet zur Lösung von Gleichung (2.24) die Cramer–Regel[23] an, dann ergibt sich

[20] Die Herleitung ist weitgehend analog zum Konsumgütermodell und wird für Konsumgüter in einigen Lehrbüchern zur Mikroökonomik ausführlich behandelt, so zum Beispiel in Schneider (1986), S. 102ff., und ist auch Gegenstand von Lehrbüchern über Mathematik für Wirtschaftswissenschaften wie beispielsweise Chiang (1984), S. 404ff. Das tiefgestellte S in (2.20) soll andeuten, dass es sich bei diesem Term um den reinen Substitutionseffekt handelt.

[21] Zur Abkürzung wird U_H statt $\partial U/\partial H$ und U_x statt $\partial U/\partial x$ geschrieben.

[22] Entsprechend gilt $U_{HH} =: \partial^2 U/\partial H^2, U_{Hx} =: \partial^2 U/(\partial H \partial x)$ und analog $U_{xx} =: \partial^2 U/\partial x^2, U_{xH} =: \partial^2 U/(\partial x \partial H)$.

[23] Die Cramer–Regel wird nahezu in jedem Lehrbuch der Mathematik für Wirtschaftswissenschaften erläutert, so beispielsweise in Chiang (1984), S. 107ff.

$$\frac{dH}{dW} = \frac{\begin{vmatrix} -\lambda & U_{Hx} & W \\ 0 & U_{xx} & -P \\ -H & -P & 0 \end{vmatrix}}{|D|} \tag{2.25}$$

oder:[24]

$$\frac{dH}{dW} = \frac{-\lambda}{|D|} \cdot \begin{vmatrix} U_{xx} & -P \\ -P & 0 \end{vmatrix} - \frac{H}{|D|} \cdot \begin{vmatrix} U_{Hx} & W \\ U_{xx} & -P \end{vmatrix} . \tag{2.26}$$

Hierbei bezeichnen auf der rechten Seite von Gleichung (2.26) das erste Produkt den Substitutions– und das zweite Produkt den Einkommenseffekt. Beginnen wir mit dem Einkommenseffekt. Wie bereits dargelegt, gibt er den isolierten Effekt einer Lohnerhöhung auf das Gesamteinkommen an. "Isoliert" deshalb, weil hierbei von dem Effekt eines veränderten Relativpreisverhältnisses abstrahiert wird (das ist ja der Substitutionseffekt). Ein so definierter isolierter Einkommenseffekt einer Lohnsatzerhöhung müsste nun identisch sein mit dem Effekt einer Erhöhung des Nichtarbeitseinkommens V auf H. Man kann sofort zeigen, dass dies der Fall ist. Dazu berechnen wir analog zu Gleichung (2.24) den Effekt von $dV > 0$ für $dP = dW = 0$, sodass sich analog zu Gleichung (2.25) ergibt:[25]

$$\frac{dH}{dV} = \frac{\begin{vmatrix} 0 & U_{Hx} & W \\ 0 & U_{xx} & -P \\ -1 & -P & 0 \end{vmatrix}}{|D|} = \frac{-\begin{vmatrix} U_{Hx} & W \\ U_{xx} & -P \end{vmatrix}}{|D|} . \tag{2.27}$$

Wie ersichtlich, entspricht die rechte Seite von Gleichung (2.27) nach der Reduktion mit Kofaktoren genau dem als Einkommenseffekt bezeichneten Term in Gleichung (2.26) (nach Multiplikation mit H), sodass Gleichung (2.26) nunmehr wie folgt geschrieben werden kann:

$$\frac{dH}{dW} = \frac{-\lambda}{|D|} \cdot \begin{vmatrix} U_{xx} & -P \\ -P & 0 \end{vmatrix} + H \cdot \frac{dH}{dV} . \tag{2.28}$$

Ist das Vorzeichen von dH/dV positiv oder negativ? Da $|D|$ positiv ist,[26] hängt die Antwort von dem Vorzeichen der Determinante im Zähler von Gleichung (2.27) ab. Aus Gleichung (2.27) ergibt sich:

$$\frac{dH}{dV} = \frac{U_{Hx} \cdot P + W \cdot U_{xx}}{|D|} . \tag{2.29}$$

Solange U_{Hx} und U_{xx} jeweils negativ sind, gilt sicherlich $dH/dV < 0$.

Da der Grenznutzen des Güterbündels x mit zunehmendem Konsum abnimmt (das heißt $U_{xx} < 0$), wäre $dH/dV < 0$ auch dann erfüllt, wenn U_{Hx}=0 (das Grenzleid einer zusätzlichen Stunde Arbeit bleibt von einer Veränderung von x unbeeinflusst) gilt und

[24] Diese Vorgehensweise benutzt die Regeln über Kofaktoren im Rahmen der Matrix–Algebra. Diese Regeln sind beispielsweise in Chiang (1984), S. 95ff. dargestellt.

[25] Für (2.27) verändert sich die Matrix auf der rechten Seite von (2.23) zu dem Spaltenvektor mit den Elementen (in dieser Reihenfolge): 0, 0, –1, der dann mit dV multipliziert wird.

[26] Für die Maximierung einer Funktion mit zwei unabhängigen Variablen unter einer Nebenbedingung muss $|D| > 0$ sein.

auch dann, wenn $U_{Hx} > 0$ ist, solange $P \cdot U_{Hx} < |W \cdot U_{xx}|$ gilt.[27] Wahrscheinlich ist indessen, dass $U_{Hx} < 0$ ist. Dann sinkt das Grenzleid der Arbeit,[28] wenn mit dem gestiegenen Einkommen mehr Güter konsumiert werden. Dies dürfte bei absolut superioren Gütern der Fall sein. Daher kann man sagen, dass der Einkommenseffekt dH/dV sicherlich negativ ist, solange x ein absolut superiores Güterbündel darstellt.[29]

Nach dieser Diskussion des Einkommenseffektes ist der als "Substitutionseffekt" bezeichnete erste Term in den Gleichungen (2.26) oder (2.28) zu erläutern. Dazu ist zunächst nochmals in Erinnerung zu rufen, dass der Substitutionseffekt isoliert die Reaktion des Individuums auf das veränderte Relativpreisverhältnis zwischen "Freizeit" und Arbeitszeit wiedergeben soll. "Isoliert" heißt jetzt, dass von Einkommensänderungen und daraus resultierenden Reaktionen abstrahiert werden soll. Nun findet jedoch bei einer Lohnsatzerhöhung ceteris paribus eine solche Einkommenserhöhung statt. Um den Substitutionseffekt isoliert darstellen zu können, wird folgender Kunstgriff angewandt: Das durch die Lohnerhöhung gestiegene Einkommen wird gedanklich wieder soweit reduziert, dass das Individuum seine vorherige Kombination von Arbeitszeit und "Freizeit" auch bei dem nunmehr gültigen Relativpreisverhältnis wieder realisieren könnte. Bei diesem Gedankenexperiment könnte man an eine Steuer denken, die das Einkommen in der eben beschriebenen Weise verringert. *Schaubild 2.3* verdeutlicht den Kunstgriff graphisch. Die Ausgangssituation ist durch den Tangentialpunkt der Indifferenzkurve I_1 mit der Budgetlinie AB im Punkt D charakterisiert, woraus ein "Freizeitkonsum" in Höhe von OC Stunden und ein Arbeitsangebot von CT Stunden resultiert. Eine Erhöhung des Lohnsatzes W bewirkt eine Drehung der Budgetlinie in die Lage $A'B$, sodass nunmehr die durch D' angezeigte Kombination von Arbeitszeit und "Freizeit" (desselben Individuums) nutzenmaximierend ist mit der Konsequenz, dass jetzt OC' Freizeit konsumiert und $C'T$ Arbeit angeboten wird.[30] Der Gesamteffekt $D \rightarrow D'$ kann graphisch wie folgt in den Einkommens– und Substitutionseffekt zerlegt werden: Die Einkommenserhöhung wird in dem Ausmaß rückgängig gemacht, dass das Individuum die ursprüngliche Kombination von Arbeit und Freizeit ($=D$) trotz eines neuen Relativpreisverhältnisses zwischen W und P (W/P ist gestiegen) wieder realisieren kann, die neue Budgetlinie $A'B$ wird parallel nach unten zu $A''D$ verschoben.[31]

---

[27] Unter "Leid" ist hier ein negativer Nutzen zu verstehen.

[28] Oder anders formuliert: Dann steigt absolut betrachtet das Grenzleid der Arbeit beziehungsweise der Grenznutzen der Freizeit wird größer.

[29] Ein absolut superiores (inferiores) Gut liegt vor, wenn die Einkommenselastizität der Nachfrage größer (kleiner) als null ist. Vgl. Schneider (1986), S. 52 u. S. 106.

[30] Nach den obigen Ausführungen dürfte offenkundig sein, dass die Lage von D' vom Indifferenzkurvensystem abhängt und arbiträr gewählt ist. Bei anderen Indifferenzkurven könnte D' auch rechts von D auf $A'B$ liegen.

[31] Dieses Verfahren geht auf E. Slutsky zurück. Eine etwas abgewandelte Vorgehensweise wurde von J. Hicks vorgeschlagen, bei dem das Individuum durch die gedanklich vorgenommene Einkommensreduktion so gestellt wird, dass es das ursprüngliche Nutzenniveau (also die Indifferenzkurve I_1) gerade wieder erreicht. Gemäß Hicks wird der reine Substitutionseffekt dadurch ermittelt, dass das Individuum auf der Indifferenzkurve der Ausgangssituation bleibt, während es sich gemäß Slutsky das ursprüngliche Güterbündel kaufen kann. Der Unterschied ist zwar bei kleinen Lohnänderungen gering (bei infinitesimal kleiner Lohnänderung fallen beide zusammen), hat jedoch für die empirische Überprüfung von Arbeitsangebotsfunktionen erhebliche Bedeutung: Beim Hicks–Verfahren wäre die Kenntnis des Indifferenzkurvensystems erforderlich (was praktisch unmöglich ist), während bei der Slutsky–Zerlegung die Kenntnis der beobachtbaren Löhne und Arbeitsmengen vor und nach der Lohnerhöhung notwendig ist. Vgl. dazu Stobbe (1983), S.102ff.

Natürlich ist D bei Gültigkeit der gedanklichen Budgetlinie $A''D$ nicht nutzenmaximal, aber D'' ist es, weil hier $A''D$ von der höher liegenden Indifferenzkurve I_2 (desselben Individuums) tangiert wird. Das Individuum hat Arbeit zu Lasten von "Freizeit" substituiert, sodass die Bewegung von D nach D'' beziehungsweise von C nach C'' den Substitutionseffekt darstellt (die Einkommenserhöhung wurde rückgängig gemacht). Hebt man diese gedanklich vorgenommene Reduktion des Einkommens wieder auf, ist nun also wieder die Budgetlinie $A'B$ gültig, dann erfolgt graphisch gesehen eine Lageveränderung von D'' nach D' beziehungsweise von C'' nach C'. Dieses ist der beschriebene Einkommenseffekt, und im *Schaubild 2.3* führt er zu Minderarbeit in Höhe von $C''C'$.

Schaubild 2.3 : Einkommens– und Substitutionseffekt einer Lohnsatzerhöhung

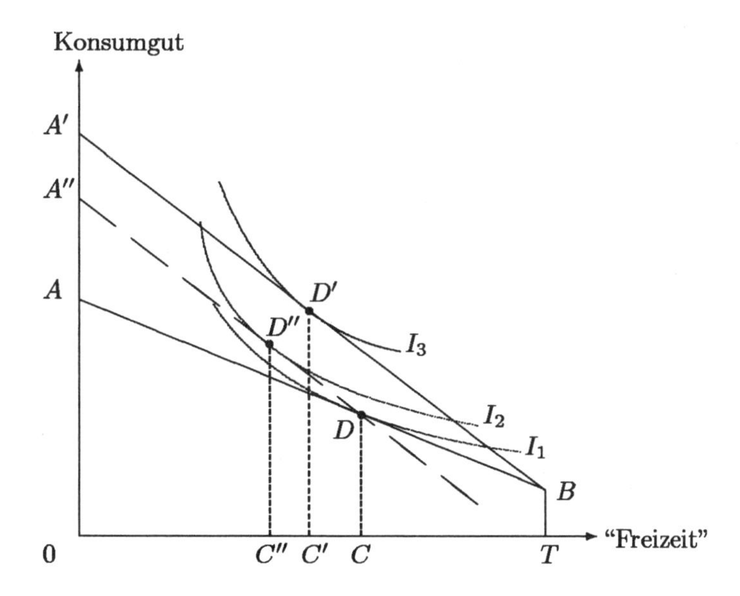

Die graphisch vorgenommene Erläuterung lässt sich ohne weiteres formal nachvollziehen. Es ist zu zeigen, dass der erste Term in Gleichung (2.26) und Gleichung (2.28) den Substitutionseffekt darstellt. Dazu wird auf Gleichung (2.23) zurückgegriffen und zwar für $dW > 0$ und $dP = dV = 0$, sodass sich die dritte Gleichung von Gleichung (2.23) wie folgt schreiben lässt:

$$W \cdot dH - P \cdot dx + H \cdot dW = 0 \ . \tag{2.30}$$

Nur in der dritten Gleichung von (2.23) kommt der Ausdruck $H \cdot dW$ vor, und durch ihn wird der Anstieg des Einkommens (bei gegebener Arbeitsstundenzahl H) auf Grund der Erhöhung von W repräsentiert. Zur Evaluation des Substitutionseffektes setzen wir $H \cdot dW = 0$. Mithin ändern sich die Elemente des Spaltenvektors auf der rechten Seite von Gleichung (2.24) zu $-\lambda, 0, 0$ (in dieser Reihenfolge), und für Gleichung (2.25) ergibt sich folglich:

$$\frac{dH}{dW} = \frac{\begin{vmatrix} -\lambda & U_{Hx} & W \\ 0 & U_{xx} & -P \\ 0 & -P & 0 \end{vmatrix}}{|D|} = \frac{-\lambda}{|D|} \begin{vmatrix} U_{xx} & -P \\ -P & 0 \end{vmatrix}. \tag{2.31}$$

Dies entspricht aber genau dem ersten Term in den Gleichungen (2.26) und (2.28), womit dargelegt ist, dass damit der reine Substitutionseffekt gekennzeichnet ist. Ist er positiv oder negativ? Da der Quotient aus $-\lambda$ und $|D|$ negativ ist ($|D|$ und λ sind positiv) und der Wert der Determinante $-P^2$ beträgt, ist der Substitutionseffekt eindeutig positiv,[32] das heißt, bei einer Erhöhung von W wird eindeutig mehr Arbeit angeboten und weniger "Freizeit" konsumiert, so wie es in *Schaubild 2.3* eingezeichnet ist.

Fassen wir zusammen. Eine definitive Aussage über den Gesamteffekt einer Lohnerhöhung auf das Arbeitsangebot ist deshalb nicht möglich, weil ein positiver Substitutionseffekt einem negativen Einkommenseffekt (wenn "Freizeit"ein absolut superiores Gut ist) gegenübersteht. Dieses unbestimmte Ergebnis mag auf den ersten Blick unbefriedigend erscheinen, ist jedoch in der Lage, zur Erklärung unterschiedlicher Verhaltensweisen beim Arbeitsangebot beizutragen, weil die Nutzeneinschätzung der "Freizeit" im Zeitablauf und/oder zwischen verschiedenen Personen differieren mag und damit auch die Angabe, wie hoch die Superiorität dieses Gutes zu veranschlagen ist. So kann in einer Volkswirtschaft mit zunehmendem Lebensstandard das Arbeitsangebot mit steigendem Lohn zuerst zu– und dann abnehmen.[33] Es ist leicht vorstellbar, dass eine verheiratete Frau, die sich nach Abschluss der Kindererziehung zu Hause manchmal langweilt, in ihrer Nutzeneinschätzung "Freizeit" einen niedrigeren Rang zuordnet als ihr stressgeplagter Ehemann und sich deshalb "gerne" nach einer bezahlten Arbeit umsieht (und vice versa). Möglicherweise ist eine solche Nutzeneinschätzung auch abhängig vom Alter und/oder Lebensstandard: Karrierebewusste "Yuppies" messen der Freizeit vielleicht einen geringeren Wert bei als der gelassene Mittfünfziger, der die "Midlife–crisis" bereits hinter sich hat.

Die Zerlegung des Gesamteffektes einer Lohnsatzänderung auf das Arbeitsangebot wird insbesondere in empirischen Studien häufig mit Hilfe von Elastizitäten an Stelle von Differenzialen wie in Gleichung (2.20) dargestellt. Aus Gleichung (2.20)

$$\frac{\partial H}{\partial W} = H \cdot \frac{\partial H}{\partial V} + \left(\frac{\partial H}{\partial W}\right)_S$$

erhält man durch Multiplikation der Gleichung mit W/H und Erweiterung des ersten Terms auf der rechten Seite:

[32] Zu beachten ist der Unterschied zum Konsumgütermodell, in dem der Substitutionseffekt negativ ist, weil eine Preiserhöhung eines Gutes bewirkt, dass der Konsument dieses Gut durch ein anderes Gut ersetzt.

[33] Eine solche Arbeitsangebotsfunktion wird in der angelsächsischen Literatur "backward–bending" genannt.

$$\underbrace{\frac{\partial H}{\partial W} \cdot \frac{W}{H}}_{} = \underbrace{\left(\frac{\partial H}{\partial V} \cdot \frac{V}{H}\right)}_{} \cdot \frac{W \cdot H}{V} + \underbrace{\left(\frac{\partial H}{\partial W} \cdot \frac{W}{H}\right)_S}_{} \tag{2.32}$$

$$\text{oder} \qquad \eta_{H,W} = \eta_{H,E} + \eta_{H,S}\,, \tag{2.33}$$

wobei $\eta_{H,W}$ als "unkompensierte Lohnelastizität" ("uncompensated wage elasticity"), $\eta_{H,E}$ als "gesamte Einkommenselastizität" ("total income elasticity") und $\eta_{H,S}$ als "kompensierte Lohnelastizität" ("income–compensated wage elasticity") jeweils in Bezug auf die angebotenen Arbeitsstunden bezeichnet wird, wobei sich der Begriff "(un–)kompensiert" auf die oben beschriebene, gedanklich vorgenommene Einkommensreduktion bezieht.

Einige empirische Resultate der Schätzung dieser Elastizitäten sowie der Partizipationswahrscheinlichkeiten sind in *Abschnitt 2.5.2* zusammengestellt und kommentiert.

2.2.3 Arbeitszeitbeschränkungen und Arbeitslosigkeit

Ein wesentlicher Kritikpunkt an dem im vorhergehenden Abschnitt dargestellten Arbeitsangebotsmodell ist die Annahme, dass das Individuum die nutzenmaximale Arbeitszeit frei wählen kann. Dagegen scheint die Alltagserfahrung zu sprechen, nach der Unternehmen auf der Basis von Tarifvereinbarungen einen Arbeitsplatz mit einer festgelegten Arbeitszeit anbieten, also etwa 8 oder 4 Stunden pro Tag oder 40 beziehungsweise 20 Stunden je Woche. In dem extremen Fall, dass das Individuum nur die Wahl hat, ein Arbeitsplatzangebot mit einer gegebenen Stundenzahl $\bar{H}$ zu akzeptieren oder nicht zu arbeiten, reduziert sich das Entscheidungsproblem auf den Nutzenvergleich zwischen beiden Alternativen. Das Individuum wird $\bar{H}$ arbeiten, falls[34]

$$U[(W \cdot \bar{H} + V)/P, \bar{H}; R, \mu] > U[V/P, 0; R, \mu]\,, \tag{2.34}$$

wobei vorausgesetzt wurde, dass die in R und μ zusammengefassten Variablen von dieser Wahl unbeeinflusst bleiben. $\bar{H}$ kann in diesem Ansatz von der gewünschten Stundenzahl nach oben oder nach unten abweichen. Dieser Fall einer "Entweder–Oder"-Entscheidung ist jedoch oft ebenso unrealistisch wie das entgegengesetzte Extrembeispiel der vollen Flexibilität von H.

Das Individuum hat nicht nur die Möglichkeit zu versuchen, auf Teilzeitarbeitsplätze auszuweichen, sondern es kann sich bemühen, Arbeitsplätze zu kombinieren, etwa indem zusätzlich zu einer Teilzeitbeschäftigung noch eine bezahlte Nebenbeschäftigung mit geringer Stundenzahl ausgeübt wird (von Freiberuflern einmal abgesehen, die ohnehin größere Wahlmöglichkeiten bezüglich ihrer Arbeitszeit haben). Als realistischere, mittlere Variante zwischen beiden Extremfällen bietet sich daher an, das Entscheidungsproblem wie in *Schaubild 2.4* gezeichnet zu modellieren.[35] Bei gegebenen Indifferenzkurven (zum Beispiel I_1, I_2) und Budgetbeschränkung AB wäre eine

[34] Vgl. Pencavel (1986), S.41.

[35] Vgl. Stobernack (1990) für eine empirische Analyse für Westdeutschland. Eine andere Modellvariante besteht darin, dass das Individuum durch eine Mindestarbeitszeit beschränkt ist, jedoch bezüglich der darüber hinausgehenden Arbeitszeit keinen Beschränkungen unterliegt. Für eine diesbezügliche ökonometrische Analyse vgl. Moffitt (1982).

Arbeitszeit in Höhe von C_1T Stunden nutzenmaximal, während dem Individuum drei Arbeitsplätze mit einer Arbeitszeit von C_2T, C_3T beziehungsweise C_4T Stunden angeboten werden. Keine dieser drei Arbeitszeiten entspricht der präferierten Arbeitszeit C_1T, aber C_4T kommt dieser am nächsten und ihre Wahl bedeutet, dass das Individuum bei C_4T auf ein höheres Nutzenniveau als bei C_2T und – mit noch größerem Abstand – als bei C_3T gelangt.

Schaubild 2.4 : Arbeitsplatzangebot mit unterschiedlicher Arbeitszeit

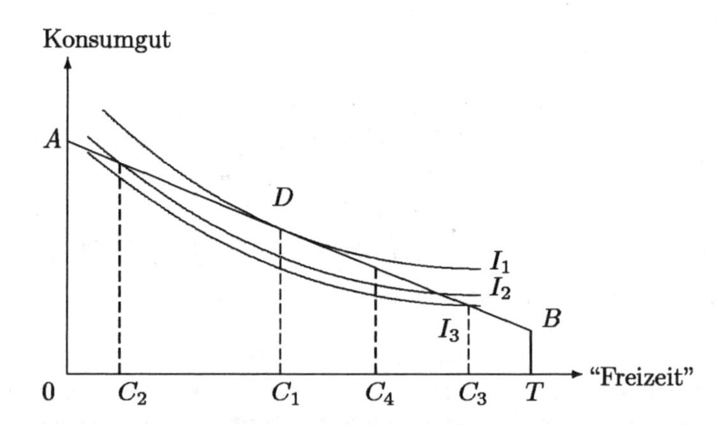

Das Nutzenmaximum wird beinahe erreicht, wenn das Individuum – falls möglich – die beiden Arbeitsplatzangebote C_4T und C_3T akzeptiert, da die Gesamtarbeitszeit $C_4T + C_3T$ nur unwesentlich kleiner als die präferierte Arbeitszeit C_1T ist.[36] Voraussetzung dafür ist eine perfekte Mobilität des Individuums zwischen beiden Arbeitsplätzen.

Die theoretische Analyse wird dadurch kompliziert, dass die für *Schaubild 2.4* unterstellte Gleichheit des Stundenlohnsatzes unbeschadet der Arbeitszeit ebenso unrealistisch ist wie dessen Exogenität. Es ist leicht vorstellbar, dass Lohndifferenziale zwischen – von der Arbeitszeit her betrachtet – beliebten und unbeliebten Arbeitsplätzen entstehen können. Dies hat zur Folge, dass die anfänglich weniger präferierten Arbeitszeiten bei Lohndifferenzierungen nutzenmaximal werden können.[37]

Solche Lohndifferenziale können auch die Ableistung von Überstunden als nutzenmaximal erscheinen lassen, während ein für alle Arbeitsstunden gleicher Lohnsatz zu einer Verweigerung von Überstunden geführt hätte. *Schaubild 2.5* verdeutlicht diesen Sachverhalt. Bei arbeitszeitinvariantem Lohnsatz ist AB die relevante Budgetrestriktion, und das Individuum präferiert die Arbeitszeit C_1T. Unterstellen wir, der Unternehmer möchte, dass $C_3T > C_1T$ Arbeitszeit angeboten wird (eine Verpflichtung dazu bestehe nicht), und kenne die Präferenzen der Beschäftigten. Das *Schaubild 2.5* ist so gezeichnet, dass er durch eine allgemeine Lohnsatzerhöhung genau das Gegenteil erreicht, weil der Einkommenseffekt in diesem Beispiel den Substitutionseffekt

[36] Um die Argumentation nicht überzustrapazieren, wurde die Zeichnung bewusst nicht so angelegt, dass $C_4T + C_3T = C_1T$.

[37] Für eine theoretische Analyse hat dies zur Konsequenz, dass der Lohnsatz simultan mit den Arbeitsplatzangeboten unterschiedlicher Arbeitszeiten bestimmt werden muss. Vgl. dazu Abowd und Ashenfelter (1981). Lohndifferenziale werden außerdem in *Abschnitt 8.7* behandelt.

betragsmäßig übersteigt.[38] Die Budgetlinie dreht sich um B zu $A'B$, und es werden $C_2T < C_1T$ Stunden angeboten. Werden jedoch ab einer bestimmten Arbeitszeit – beispielsweise ab C_4T – Überstundenzuschläge gewährt, dann "knickt" die Budgetlinie im Punkt E nach oben ab. Die neue Budgetlinie tangiert die im Vergleich zu I_1 höhere Indifferenzkurve I_2 in D, und es wird die Arbeitszeit C_3T angeboten, die der Unternehmer wünscht.[39]

Schaubild 2.5 : Mehrarbeitszeit

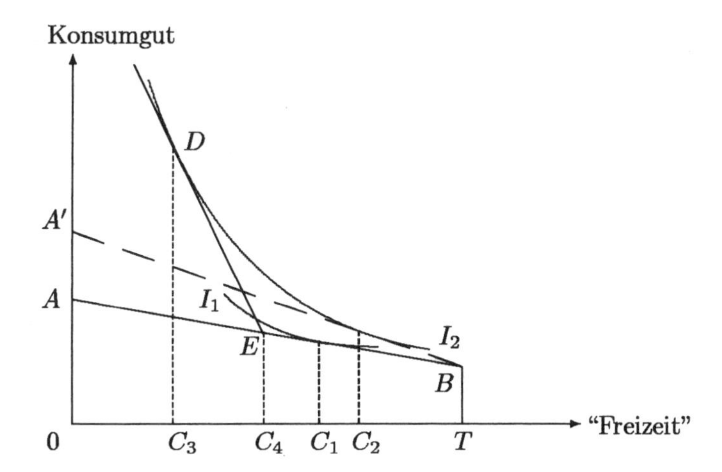

Eine extreme Form einer Arbeitszeitbeschränkung stellt Arbeitslosigkeit dar. Sie kann in den bisher diskutierten Ansätzen nur implizit über den Anspruchslohn berücksichtigt werden, hat aber direkter wirkende Effekte. Diese können unmittelbar an der Entscheidungsregel des Individuums über die Höhe der angebotenen Arbeitsstunden verdeutlicht werden. Wie in *Abschnitt 2.2.1* ausgeführt [vgl. Gleichung (2.3) dort], bietet das i-te Individuum $H_i = 0$ Arbeitsstunden an, wenn der Marktlohnsatz den Anspruchslohn nicht übersteigt. Die beobachteten Arbeitsstunden seien mit $\tilde{H}$ bezeichnet. Der Beobachtung $\tilde{H}_i = 0$ kann aber auch der Umstand zu Grunde liegen, dass der oder die Betreffende zwar Arbeit anbietet, dieses Angebot jedoch von keiner Firma akzeptiert wird. Wenn das Individuum es auf Grund einer schlechten Arbeitsmarktsituation als aussichtslos ansieht, einen Arbeitsplatz zu erhalten, und keinen Anspruch auf Arbeitslosenunterstützung besitzt, wird es sich kaum arbeitslos melden. Es gehört damit zur "Stillen Reserve".[40] Da in den der Schätzung von Arbeitsangebotsfunktionen zu Grunde liegenden Datensätzen in der Regel darüber keine Angaben enthalten sind, muss die Wahrscheinlichkeit, arbeitslos zu sein, explizit berücksichtigt werden, um nicht Gefahr zu laufen, $\tilde{H}_i = 0$ als Null–Arbeitsangebot zu interpretieren,

[38] Diese Annahme dient zur Illustration des Extremfalles und ist nicht notwendig. Man kann die Form der Indifferenzkurve leicht so zeichnen, dass eine allgemeine Lohnsatzerhöhung zwar zu einer höheren angebotenen Arbeitszeit führt, welche indessen unterhalb von C_3T liegt, sodass Überstundenzuschläge erforderlich sind.

[39] Ein ähnliches Ergebnis erhält man, wenn C_4T als tariflich vereinbarte Mindestarbeitszeit interpretiert wird. Vgl. zu dieser Analyse auch Moses (1962).

[40] Vgl. *Kapitel 1*.

Fallbeispiel: Arbeitszeitwünsche

Im Rahmen des Sozio–oekonomischen Panels wurden im Jahre 1999 abhängig Beschäftigte nach ihrer präferierten Wochenarbeitszeit befragt, wobei sie berücksichtigen sollten, dass sich ihr Verdienst entsprechend der Arbeitszeit ändert. Bei den vollzeitbeschäftigten Männern gleichen sich Mehr– und Minderarbeitszeitwünsche in etwa aus, während Frauen deutlich weniger arbeiten möchten. Hingegen wünschen per saldo rund 30 v.H. der Teilzeitbeschäftigten teilweise beträchtlich mehr zu arbeiten. Von daher gesehen ist das Potenzial für eine Arbeitszeitverkürzung gering (und im Vergleich zu 1993 gesunken).

Arbeitszeitwunsch	Vollzeitbeschäftigte		Teilzeitbeschäftigte	
	Männer	Frauen	Männer	Frauen
1. Kürzere Arbeitszeit (je Woche)				
2–5 Std.	16.6	20.4	1.6	6.6
6 Std. und mehr	13.2	26.3	5.3	5.2
2. Übereinstimmung	42.8	40.8	52.9	50.3
3. Längere Arbeitszeit (je Woche)				
2–5 Std.	13.7	4.8	7.2	8.5
6 Std. und mehr	13.6	7.8	33.0	29.4

a) Westdeutschland; v.H. Angaben in Spaltenprozenten, Ungenauigkeiten durch Rundungen.

Quelle: Deutsches Institut für Wirtschaftsforschung, DIW–Wochenbericht Nr. 49/2000 vom 7.12.2000, S. 829.

während es sich tatsächlich um einen Angehörigen der "Stillen Reserve" handelt.

Arbeitsangebotsmodelle, welche die Wahrscheinlichkeit, arbeitslos zu sein, explizit berücksichtigen, firmieren in der Literatur unter der Bezeichnung "Double Hurdle"–Modell.[41] Damit soll zum Ausdruck gebracht werden, dass $H_i > 0$ zwei "Hürden" überspringen muss, um mit diesem Wert beobachtet zu werden: Erstens muss die Wahrscheinlichkeit Pr, überhaupt einen Arbeitsplatz J zu bekommen, falls dies gewünscht wird, größer als null sein. Zweitens muss das Individuum tatsächlich gemäß seiner Entscheidungsregel überhaupt Arbeit anbieten. Die Wahrscheinlichkeit, $H_i > 0$ zu beobachten, lässt sich wie folgt beschreiben:[42]

$$Pr(\tilde{H}_i > 0) = Pr(H_i > 0) \cdot Pr(J > 0 | H_i > 0) . \tag{2.35}$$

Der erste Term auf der rechten Seite beschreibt die individuelle Arbeitsangebotsent-

[41] Vgl. Blundell (1990) und die dort angegebene Literatur.

[42] Zur Verdeutlichung sei nochmals betont, dass $\tilde{H}_i$ die tatsächlich beobachteten Arbeitsstunden, H die aus dem Optimierungskalkül berechneten Arbeitsstunden bezeichnen.

scheidung als solche. Selbst wenn ein Arbeitsplatz angeboten wird (das heißt $J > 0$), wird er nur bei $H_i > 0$ akzeptiert; damit ist der Term $H_i > 0$ des zweiten Ausdrucks auf der rechten Seite erklärt. Folglich wäre die oben beschriebene Möglichkeit, der "Stillen Reserve" anzugehören, mit

$$Pr(\tilde{H}_i = 0) = Pr(H_i > 0) \cdot Pr(J = 0|H_i > 0) \tag{2.36}$$

beschrieben.[43] Welche Bestimmungsfaktoren $Pr(J \geq 0)$ erklären, ist Gegenstand der Ausführungen über Arbeitsnachfrage und Arbeitslosigkeit.

Denkbar ist auch der entgegengesetzte Fall, nämlich dass eine als arbeitslos gemeldete Person ($\tilde{H}_i = 0$), die anscheinend $H_i > 0$ Arbeit anbietet, in Wahrheit $H_i = 0$ jedoch realisieren möchte und $H_i > 0$ nur vortäuscht, um den Anspruch auf Arbeitslosenunterstützung nicht zu verlieren.[44] Dieser Mitnahmeeffekt könnte bei Personen vorliegen, die (temporär) den Arbeitsmarkt verlassen wollen – um sich der Kindererziehung zu widmen –, sich andererseits jedoch "formal" beim Arbeitsamt als arbeitslos melden und damit "Arbeitsanbieter" sind, beispielsweise nur, um noch in den Genuss der Unterstützungsleistungen zu gelangen. Erst bei Beendigung der Anspruchsberechtigung wird dann der Arbeitsmarkt auch "offiziell" verlassen. Möglicherweise nehmen einige Leute eine kurzfristige (saisonale) Arbeit auch nur deshalb auf, um damit eine Voraussetzung für einen anschließenden Bezug der Arbeitslosenunterstützung zu schaffen.[45] Auf diese Aspekte wird im Rahmen der Überlegungen zur Arbeitsplatzsuchtheorie (*Kapitel 6*) näher eingegangen.

2.2.4 Arbeitsaufwendungen und Besteuerung

Die wenigsten Leute werden ein Arbeitsplatzangebot mit einer sehr kurzen täglichen Arbeitszeit akzeptieren, wenn sie dafür lange und kostspielige Anfahrtswege in Kauf nehmen und/oder einen beträchtlichen Anteil ihres Verdienstes an das Finanzamt abliefern müssen. Dieser Abschnitt untersucht daher die Auswirkungen von Arbeitsaufwendungen und Steuern auf das Arbeitsangebot.[46]

Arbeitsaufwendungen haben meistens den Charakter von Fixkosten, seien diese monetärer Art (wie die Fahrtkosten zum Arbeitsplatz, Arbeitskleidung, Mehrkosten auf Grund auswärtiger Mahlzeiten) oder Kosten in Form eines Zeitaufwandes (wie die Fahrten von und zum Arbeitsplatz).[47] *Schaubild 2.6* zeigt, welche Änderungen die bisher unterstellte Budgetlinie AB erfährt, wenn die genannten Aufwendungen berücksichtigt werden. Wenn monetäre Fixkosten in Höhe von BE anfallen, bedeutet dies eine Verschiebung der Budgetlinie von AB zu FEB. Feste Zeitkosten der Arbeitsaufnahme und deren Beendigung (also nicht die Arbeitszeit als solche) des Umfangs TT' haben zur Folge, dass bei Erwerbstätigkeit nicht mehr OT Stunden, sondern nur

---

[43] Diese Gleichung repräsentiert auch die im nächsten Abschnitt beschriebene Möglichkeit, dass sich fixe Kosten der Arbeitsaufnahme $\tilde{H}_i = 0$ beobachten lassen, obwohl $H_i > 0$ vorliegt, vgl. Mroz (1987).

[44] Eine diesbezügliche theoretische Herleitung lässt sich mit dem bisher diskutierten Instrumentarium leicht durchführen, vgl. dazu Grubel und Maki (1976).

[45] Vgl. dazu ausführlich Stobernack (1990), der auch ökonometrische Tests dieser Hypothese für die Bundesrepublik Deutschland und die USA auf der Basis von geschätzten Arbeitsangebotsfunktionen durchführt.

[46] Vgl. auch das Fallbeispiel "Geringfügige Beschäftigungsverhältnisse" (Kapitel 4).

[47] Vgl. dazu auch Cogan (1981).

noch OT' Stunden nutzenmaximal auf Arbeitszeit und "Freizeit" aufzuteilen sind.[48] Wie ebenfalls aus *Schaubild 2.6* ersichtlich, können diese Arbeitsaufwendungen dazu führen, dass nicht mehr der Tangentialpunkt D mit einem verhältnismäßig geringfügigen Arbeitsangebot CT nutzenmaximal ist, sondern die Nichtbeteiligung am Erwerbsleben. Nur eine (Teil–)Kompensation dieser Aufwendungen durch den Arbeitgeber oder steuerliche Regelungen der Absetzbarkeit dieser Kosten kann das betrachtete Individuum veranlassen, Arbeit anzubieten.[49]

Schaubild 2.6 : Feste Arbeitsaufwendungen

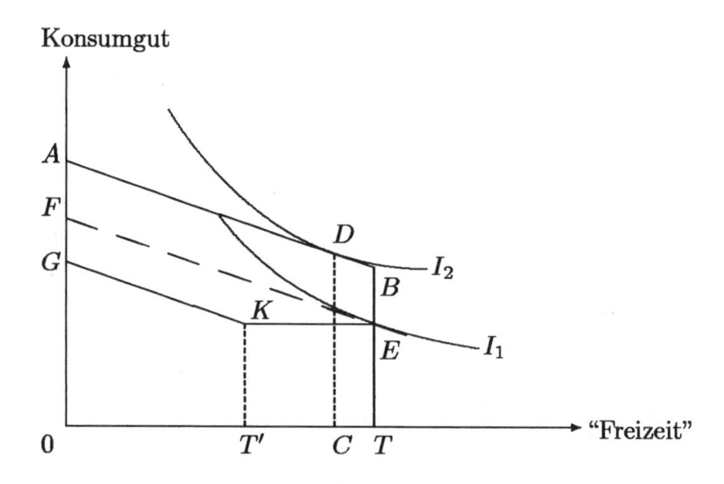

Nichtlineare Budgetrestriktionen können auch das Ergebnis einer Besteuerung und/oder von Transferzahlungen sein.[50] Um mit den Steuern zu beginnen, so ist die Unterscheidung zwischen der Besteuerung der Arbeitseinkommen einerseits und der Nicht–Arbeitseinkommen andererseits wichtig. Trotz möglicherweise gleicher Steuersätze auf beide Einkommensarten hat die Besteuerung der Nicht–Arbeitseinkommen nur einen Einkommenseffekt, nicht aber einen Substitutionseffekt zur Folge. Solange "Freizeit" kein absolut inferiores Gut ist, führt eine höhere Besteuerung von Nicht–Arbeitseinkommen zu einer Erhöhung des Arbeitsangebotes.

Weniger eindeutig sind die Effekte der Besteuerung von Arbeitseinkommen. *Schaubild 2.7* verdeutlicht zunächst einmal in stilisierter Weise, welche Änderungen die graphische Darstellung der Budgetrestriktion bei unterschiedlichen Annahmen über die Ausgestaltung des Einkommensteuersystems erfährt.[51] Die Linie AB stellt nunmehr

---

[48] Die Budgetlinie ist in diesem Fall durch GKE gegeben, weil während der Zeit $TT' = KE$ kein Einkommen erzielt wird.

[49] Analog zum Anspruchslohn bezeichnet man in der Literatur die Anzahl der Stunden, die angesichts von Fixkosten mindestens gearbeitet werden müssen, als Anspruchsarbeitsstunden ("reservation work hours").

[50] Vgl. auch die Übersicht über nichtlineare Budgetrestriktionen von Hausman (1985a) und die dort angegebene Literatur.

[51] Um die Darstellung übersichtlich zu halten, wird von einer Besteuerung des Nicht–Arbeitseinkommens BT zunächst abstrahiert, vgl. aber die Ausführungen dazu weiter unten.

Schaubild 2.7 : Budgetrestriktion bei unterschiedlicher Besteuerung

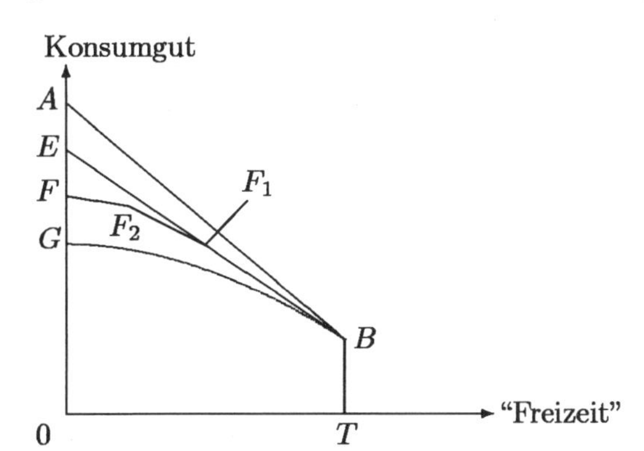

die Einkommensrestriktion auf der Grundlage des Bruttoarbeitseinkommens dar. Unterliegt dieses Einkommen ausschließlich einem konstanten Steuersatz, dann ist die Gerade EB maßgeblich. Der Streckenzug BF ist dagegen nur stückweise linear, nämlich für F_1B, F_2F_1 und FF_2, weil die mit diesen Bereichen verbundenen Arbeitseinkommen einem jeweils (in der aufgeführten Reihenfolge) höheren (Grenz–) Steuersatz unterliegen. Der konkaven Linie GB schließlich liegt die Annahme eines durchgehend progressiven Steuersystems zu Grunde, der Grenzsteuersatz steigt mit steigendem Einkommen.

Real existierende Steuersysteme sind in der Regel Kombinationen der in *Schaubild 2.7* dargestellten Möglichkeiten.[52] Dem deutschen Einkommensteuersystem am nächsten käme ein Streckenzug, der auf der Bruttoeinkommenslinie AB in Höhe von T beginnt (Freibetrag), dann abknickt und weiterhin linear vergleichbar mit EB verläuft (Proportionalkurve), um dann von einem Streckenzug wie GB abgelöst zu werden (Progressionsbereich). Bei höheren Einkommen wäre dann noch mit einer Geraden wie FF_2 abzuschließen, da der Grenzsteuersatz ab einer bestimmten Einkommenshöhe nicht mehr steigt, sondern konstant bei 48 v.H. (Stand des Jahres 2002) verbleibt.

Die Analyse wird wesentlich komplizierter, wenn weitere steuerliche Regelungen und Transferzahlungen berücksichtigt werden. So entfällt der Anspruch auf staatliche Sparprämien für vermögenswirksame Leistungen ab einer bestimmten Einkommenshöhe und der Beitrag zur gesetzlichen Krankenversicherung wird als Prozentsatz eines versicherungspflichtigen Einkommens bemessen, dessen Höhe zwar gesetzlich beschränkt ist, jedoch jedes Jahr neu festgesetzt wird. Vollends unbestimmt wird die Analyse, wenn die staatlichen Gegenleistungen für die Besteuerung in Rechnung gestellt werden.

Bei staatlichen Leistungen, deren Inanspruchnahme nicht an den Nachweis einer Lohn– oder Einkommensteuerzahlung gebunden ist, kann man vermutlich von der Annahme ausgehen, dass dies bei der individuellen Arbeitsangebotsentscheidung unberücksichtigt bleibt. Wer denkt schon daran, dass der Staat mit den Steuereinnahmen aus dem Arbeitseinkommen Güter zur Verfügung stellt, die zu dem Güterbündel des Individuums gehören (Schulen, Straßen, Sicherheit). Insoweit solche Güter vom In-

[52] Vgl. für die Bundesrepublik Deutschland auch die Übersicht von Heilemann und von Loeffelholz (1987).

dividuum nachgefragt werden, wäre die Netto–Budgetlinie mithin wieder nach oben zu verschieben. Dass diese Überlegung keinen Beitrag zur Erklärung des faktischen Arbeitsangebotsverhaltens liefert, liegt daran, dass die genannten Einkommenseffekte verschleiert und die Möglichkeiten individuellen Freifahrerverhaltens zu offenkundig sind. Anders sieht die Überlegung bei staatlichen Transferleistungen aus, deren Umfang sich unter anderem nach der Höhe des Arbeitseinkommens und damit indirekt nach der Steuerzahlung bemisst, wie etwa im Fall des Arbeitslosengeldes.

Fallbeispiel: Schwarzarbeit und Besteuerung

Sorgenvolle Bekundungen über Umfang und Anwachsen der Schwarzarbeit sind häufig zu lesen. In der Tat dürfte nach Schätzungen der Anteil der Schattenwirtschaft am offiziell gemessenen Bruttosozialprodukt in Westdeutschland von gut 10 v.H. im Jahre 1980 auf rund 15 v.H. im Jahre 1997 gestiegen sein. Für 1996/97 ergaben sich folgende Werte für ausgewählte Länder, wobei jedoch einschränkend gesagt werden muss, dass dieser Vergleich der Größe der Schattenwirtschaft zwischen den Ländern nur sehr bedingt möglich ist. Die folgenden Zahlen stellen daher nur gerundete und ungefähre Größenordnungen dar:[a]

Italien	27 v.H.	Vereinigtes Königreich	13 v.H.
Spanien	23 v.H.	Vereinigte Staaten	9 v.H.
Frankreich	15 v.H.	Österreich	9 v.H.
Westdeutschland	15 v.H.	Schweiz	8 v.H.

Bei der Ursachenanalyse nimmt die hohe Belastung durch Steuern und Sozialabgaben eine wichtige Rolle ein. Die Begründung ist intuitiv plausibel. Wenn keine Abgaben gezahlt werden, stimmt der den Nachfragern nach Schwarzarbeit abverlangte Preis einer Arbeitsstunde mit dem verfügbaren Arbeitseinkommen des Schwarzarbeiters überein, während Abgaben einen Keil zwischen Brutto– und Nettolohn treiben. Die wirtschaftspolitische Schlussfolgerung liegt anscheinend auf der Hand, nämlich unter anderem eine Reduktion des (Grenz–) Steuersatzes.
In einer theoretischen Analyse hat Wiegard (1984) gezeigt, dass unter plausiblen Bedingungen das Gegenteil richtig sein kann. Eine Erhöhung des Grenzsteuersatzes der Einkommensteuer kann dann zu einer Reduktion der Schwarzarbeit führen, wenn bei einer Entdeckung und Bestrafung nicht nur das hinterzogene Einkommen nachzuversteuern ist, sondern darüber hinaus die Steuerschuld Grundlage der Strafzumessung ist. Bei steigenden Grenzsteuersätzen erhöht sich die zu entrichtende Strafzahlung, und insbesondere bei nicht unerheblicher Entdeckungswahrscheinlichkeit und "risikoscheuem" Verhalten des Arbeitsanbieters kann dies aus *ökonomischen* Gründen den Austritt aus der Schattenwirtschaft zur Folge haben.

[a]Quelle: Schneider und Enste (2000), S. 104 (gerundete Zahlen).

Sieht man von diesen Komplikationen einmal ab, so stellt sich die Frage, welche Probleme sich für die Bestimmung eines nutzenmaximalen Arbeitsangebots bei Relevanz der in *Schaubild 2.7* dargestellten Steuersysteme ergeben. Wenn das durchgehend progressive Steuersystem relevant ist (also die Linie GBT), das heißt, die Budgetlinie zwar nichtlinear, jedoch stetig und differenzierbar ist, lassen sich die Resultate der Lösung des Problems bei linearer Budgetrestriktion fast vollständig übertragen. Die Ausnahmen beziehen sich auf zwei Punkte. Zum einen muss die Bedingung für die innere Lösung [das heißt für $H > 0$, Gleichung (2.17)] wie folgt abgeändert werden:

$$\frac{\frac{\partial U}{\partial F}}{\frac{\partial U}{\partial x}} = \frac{\frac{\partial(W(H)\cdot H)}{\partial H}}{P} \quad \text{mit} \quad \frac{\partial(W(H)\cdot H)}{\partial H} > 0, \frac{\partial^2(W(H)\cdot H)}{\partial H^2} < 0 \;, \qquad (2.37)$$

womit in allgemeiner Weise der Tatbestand erfasst ist, dass eine zunehmende Zahl von Arbeitsstunden zwar zu einem höheren Arbeitseinkommen führt, dass jedoch der Nettolohn W auf Grund der durchgängig progressiven Besteuerung nur mit abnehmenden Zuwachsraten steigt, sodass sich für das Nettoeinkommen die Budgetlinie GB ergibt.[53]

Fallbeispiel: Wohlfahrtsverlust einer Einkommensteuer

Im Rahmen der Diskussion über optimale Steuersysteme wird häufig die Forderung vertreten, den Wohlfahrtsverlust der Besteuerung zu minimieren.[a] Bezogen auf das Arbeitsangebot lässt sich ein solcher Wohlfahrtsverlust anhand des folgenden Schaubilds verdeutlichen. Ausgangspunkt sei die durch die Budgetlinie AB mit dem Tangentialpunkt D gekennzeichnete Situation mit einem Arbeitsangebot in Höhe von CT. Nach Einführung einer Einkommensteuer dreht sich die Bilanzgerade zu $A'B$. Das Arbeitsangebot reduziert sich (in diesem Beispiel) auf $C'T$, die Steuereinnahme bei dem neuen Arbeitsangebot beläuft sich auf EF. Selbst wenn man EF in voller Höhe zurückerstatten würde, reichte dieser Betrag nicht aus, um das Nutzenniveau vor der Besteuerung wieder zu erreichen. Es fehlt der Betrag ED', das ist in diesem Beispiel der Wohlfahrtsverlust.[b]

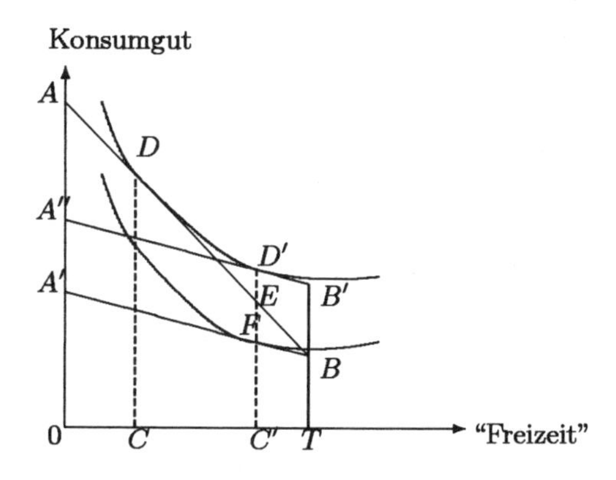

[a] Die Darstellung folgt Chiappori (1992), Fallon und Verry (1988), S. 75f.

[b] In der angelsächsischen Literatur wird dieser Verlust "deadweight loss of taxation" oder "excess burden of taxation" genannt.

[53] Von einem Lageparameter für $W = W(H)$ wurde der Einfachheit halber abgesehen. W ist als Nettolohn von dem Steuersatz abhängig, der bei einem progressiven Steuersystem seinerseits von der Höhe des Einkommens, also bei gegebenem Bruttolohn von H abhängt.

Die zweite Modifikation betrifft die Behandlung des Nicht–Arbeitseinkommens, von dessen Besteuerung in *Schaubild 2.7* vorläufig abstrahiert wurde. Wenn das Nicht–Arbeitseinkommen V ebenfalls der Besteuerung unterliegt, ist zusätzlich zu dem bisher behandelten ein weiterer Einkommenseffekt zu berücksichtigen. Um dies zu verdeutlichen, sei die Slutsky–Gleichung aus *Abschnitt 2.2.2* rekapituliert [Gleichung (2.20)]:

$$\frac{\partial H}{\partial W} = H\frac{\partial H}{\partial V} + \left(\frac{\partial H}{\partial W}\right)_S . \tag{2.38}$$

Im Falle einer Besteuerung beider Einkommensarten modifiziert sich diese Gleichung zu (t sei der Steuersatz):

$$\frac{\partial H}{\partial t} = H\frac{\partial H}{\partial V} + \frac{\partial H}{\partial V} \cdot \frac{dV}{dt} + \left(\frac{\partial H}{\partial W}\right)_S \cdot \frac{dW}{dt}. \tag{2.39}$$

Aus Gleichung (2.39) wird deutlich, dass neben dem Einkommens– und Substitutionseffekt einer Änderung des für das Individuum relevanten Nettolohnsatzes [erster und dritter Term auf der rechten Seite von Gleichung (2.39)] nunmehr auch ein Einkommenseffekt auf Grund eines veränderten Nicht–Arbeitseinkommens zu beachten ist. Dieser Effekt führt zwar bei höherer Besteuerung zu einem Anstieg des Arbeitsangebots (solange Freizeit kein absolut inferiores Gut ist), jedoch bleibt der Gesamteffekt der Besteuerung auf das Arbeitsangebot nach wie vor wegen des gegenläufigen Substitutionseffektes unbestimmt.

2.2.5 Nichtpekuniäre Arbeitsplatzeigenschaften

Empirische Studien unterstützen die Alltagserfahrung, dass die Leute neben der Aufteilung ihrer Zeit in Arbeits– und Nicht–Marktzeit auch nichtpekuniäre Eigenschaften der angebotenen Arbeitsplätze in ihre Überlegungen einbeziehen.[54] Stehen nur Arbeitsplätze mit schlechtem Betriebsklima oder inhumanen Arbeitsbedingungen in Form von hoher Lärm– und Schmutzbelästigung zur Auswahl, so kann es durchaus realistisch sein, dass der potenzielle Arbeitsanbieter bei derartigen Perspektiven einen höheren Freizeitkonsum präferiert. Diesbezügliche Überlegungen lassen sich ohne größere Schwierigkeiten in das bisher diskutierte Modell einbauen, sofern diese Charakteristika durch unterschiedliche Lohnsätze erfasst werden. Diese "kompensierenden Lohndifferenziale" umfassen mithin Zulagen für Lärm– und Schmutzbelästigungen sowie für Gefahren und sonstige Erschwernisse am Arbeitsplatz.[55] Allerdings werden sie in der Praxis nicht alle Nachteile wie beispielsweise chaotische Vorgesetzte oder unsympathische Kollegen ausgleichen können.

Unter diesem Vorbehalt bezeichnen wir mit J objektiv messbare Charakteristika eines Arbeitsplatzes in Form von nachteiligen Eigenschaften, die nutzenmäßig umso stärker ins Gewicht fallen, je länger an diesem Arbeitsplatz gearbeitet wird, was durch die multiplikative Verknüpfung der J_i mit H zum Ausdruck kommen soll.

---

[54] Vgl. dazu Atrostic (1982).

[55] Vgl. *Abschnitt 8.7* für weitere Ausführungen über kompensierende Lohndifferenziale.

Fallbeispiel: Negative Einkommensteuern in den USA

In der Zeitperiode 1968–1978 wurden in den USA Experimente mit einer negativen Einkommensteuer (negative income tax, NIT) durchgeführt. Die bekanntesten Versuche sind die "Seattle and Denver Income Maintenance Experiments (SIME–DIME)". Dabei ging es darum, ein Transfersystem zu erproben, welches die Armut beseitigt oder doch zumindest erheblich reduziert, ohne dass die Transferempfänger ihre Arbeitsanstrengungen verringern.
Grob vereinfacht kann die Ausgestaltung einer NIT an dem folgenden Schaubild verdeutlicht werden, in dem der Einfachheit halber von einem Nicht–Arbeitseinkommen und der üblichen "positiven" Einkommensteuer abstrahiert wird (die Budgetlinie ist mithin AT). Erzielt die betreffende Person kein Einkommen, dann hat sie Anspruch auf eine staatliche Unterstützung in Höhe von BT. Mit jedem Dollar indessen, den der Empfänger dieser Zahlung als Arbeitseinkommen erhält, reduziert der Staat seine Zahlung, das heißt, die Unterstützungszahlung verringert sich mit zunehmendem Arbeitseinkommen, bis sie im Punkt E völlig eingestellt wird. Die Zurückführung dieser Zahlung kann als implizite Besteuerung der Transfers interpretiert werden. Somit ist die Budgetlinie BEA maßgeblich.

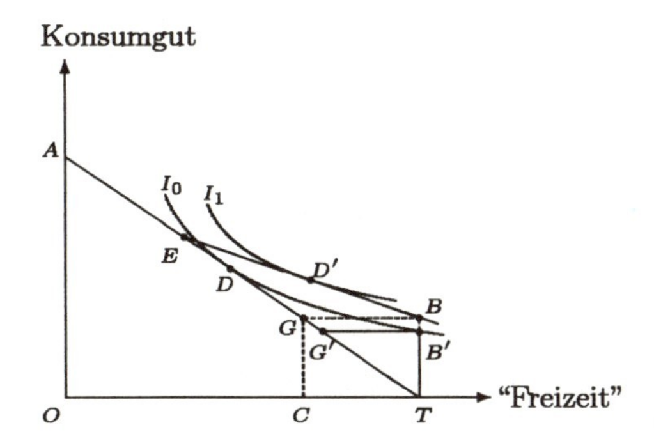

Welcher Effekt ergibt sich für das Arbeitsangebot bei der Einführung eines NIT–Programms? Aus theoretischer Sicht ist klar, dass nun das Arbeitsangebot verringert wird: Zum einen hat die Unterstützungszahlung einen positiven Einkommenseffekt auf den "Freizeit"–Konsum (vorausgesetzt, dieser ist kein absolut inferiores Gut), zum anderen wird eine Stunde mehr Arbeit, das heißt weniger "Freizeit", teurer, weil der Staat die Transferleistungen kürzt, sodass sich ein Substitutionseffekt zu Gunsten mehr Freizeit ergibt. Als Gesamteffekt erhält man graphisch eine Bewegung von D nach D'. Aus der Zeichnung ist aber auch ersichtlich, dass das Arbeitsangebot noch mehr zurückgehen würde, wenn das erzielte Arbeitseinkommen voll angerechnet würde, sodass unabhängig von der Arbeitsleistung das konstante Einkommen BG erzielt wird. Der hier eingezeichnete Fall, dass das Arbeitsangebot gleich null wird, stellt nur eine Möglichkeit unter mehreren dar. Das erkennt man daran, dass bei einem niedrigeren Niveau der Transferzahlung ($B'G'$) die Indifferenzkurvenanalyse nicht hinreichend ist, weil I_0 sowohl die Budgetlinie AT in D tangiert (das heißt, das Individuum bietet Arbeit in Höhe CT an) als auch durch den Punkt B' verläuft (das heißt, das Individuum nimmt nicht am Erwerbsleben teil). In diesem Fall ist ein Vergleich des Nutzens zwischen D beziehungsweise B' erforderlich (vgl. Text).

$$U = U(x, F, H \cdot J_1, \ldots, H \cdot J_k; R, \mu) \tag{2.40}$$
$$\text{mit} \quad \frac{\partial U}{\partial H J_i} < 0 \quad \text{für} \quad i = 1, \ldots, k.$$

Mit Ausnahme des Einflusses $H \cdot J_i$ entspricht Gleichung (2.40) der Nutzenfunktion (2.6) im *Abschnitt 2.2.2* und weist die dort beschriebenen Eigenschaften auf. In Gleichung (2.40) wird der Übersichtlichkeit halber die Möglichkeit vernachlässigt, das Arbeitsangebot stundenweise auf mehrere Arbeitsplätze mit unterschiedlichen Charakteristika aufzuteilen.

Wenn kompensierende Lohndifferenziale vorhanden sind, lautet die Budgetrestriktion:

$$P \cdot x \leq H\,[W_0 + \sum_{i=1}^{k} W_i J_i] + V\,, \tag{2.41}$$

wobei der Ausdruck in der eckigen Klammer eine Lohnfunktion darstellt, das heißt, der Lohnsatz W wird endogen erklärt durch die kompensierenden Lohndifferenziale W_i und einen Basislohnsatz W_0, der dann erreicht wird, wenn keine Nachteile vorhanden sind, das heißt wenn $J_i = 0$, $i = 1, \ldots, k$. Aus Gleichung (2.41) ergibt sich:

$$P \cdot x + \sum_{i=1}^{k} H W_i \cdot (-J_i) \leq W_0 H + V\,. \tag{2.42}$$

Gleichung (2.42) lässt erkennen, dass sich das Problem heterogener Arbeitsplätze auf den Standardansatz reduziert, wenn man die Eigenschaften in Form von Vorteilen (daher Multiplikation mit minus eins) als zusätzliche Konsumgüter auffasst, welche dem Individuum Nutzen stiften, also beispielsweise ein lärmfreier oder sauberer Arbeitsplatz.[56] Die W_i wären dann analog zu P als Preise dieser Konsumgüter zu interpretieren. Ein solches Modell liefert dann eine simultane Bestimmung der Anzahl der "originären" Konsumgüter, der gewünschten Eigenschaften der Arbeitsplätze und des Arbeitsangebots[57] und zeigt die Effekte veränderter Lohndifferenziale auf die genannten Variablen.

2.3 Dynamische Modelle des Arbeitsangebots

Die Ansätze des vorangegangenen Abschnitts waren insoweit restriktiv, als sich alle Variablen auf denselben Zeitpunkt bezogen und Nutzenmaximierung nur für den Augenblick betrieben wurde. Es ist indessen realistisch anzunehmen, dass die Leute auch bei der Bestimmung der Höhe ihres Arbeitsangebots einen längeren Planungshorizont

[56] In der Praxis könnte die Transformation von Nachteilen in Vorteile etwa am Beispiel der Lärmbelastung gemessen in Dezibel so aussehen, dass von der Dezibelzahl des Arbeitsplatzes mit der höchstzulässigen Lärmbelästigung die tatsächliche Dezibelzahl des in Frage kommenden Arbeitsplatzes subtrahiert wird.

[57] Vgl. dazu Atrostic (1982).

als die laufende Planperiode zu Grunde legen, zum Beispiel bei der Frage, zu welchem Zeitpunkt eine (vorgezogene) Pensionierung angestrebt oder ein Wiedereintritt in das Erwerbsleben nach Erziehung der Kinder geplant wird. Solche Überlegungen haben zu einer Klasse von Arbeitsangebotsmodellen geführt, in denen die Individuen das nutzenmaximale Arbeitsangebot für den Rest ihres Lebens planen. Wesentliche Kennzeichen dieser Ansätze sind die Maximierung des Nutzens der gesamten verbleibenden Lebenszeit unter Beachtung einer für diesen Zeitraum definierten Budgetrestriktion. Dies hat unter anderem zur Folge, dass im Gegensatz zu den statischen Modellen nunmehr das Vermögenseinkommen auf Grund früherer Spartätigkeit keine exogene Größe mehr ist, sondern endogen erklärt wird. Weiterhin spielen Erwartungen über zukünftige Preise und Löhne eine Rolle bei der Bemessung des heutigen Arbeitsangebots, ein Tatbestand, der in der statischen Formulierung ebenfalls außer Betracht blieb.

2.3.1 Der Standardansatz eines Lebenszyklusmodells

Für jede Zeitperiode t wird – wie im vorherigen Abschnitt – die Nutzenfunktion

$$U(t) = U[x(t), F(t); R(t), \mu(t)] \tag{2.43}$$

unterstellt, in der x ein Konsumgüterbündel, F die Freizeit, R individuelle Charakteristika und μ unbeobachtbare Faktoren, welche das Arbeitsangebotsverhalten beeinflussen, darstellen. Für $K+1$ Planungsperioden ("Rest des Lebens") lautet die entsprechende intertemporale Nutzenfunktion:[58]

$$U = \sum_{t=0}^{K} (1+s)^{-t} \cdot U\left[x(t), F(t); R(t), \mu(t)\right]. \tag{2.44}$$

Hierbei ist unterstellt, dass der Planungshorizont K bekannt und fest, und die Nutzenfunktion in ihren Argumenten additiv und separabel ist. Die Größe s bezeichnet die Zeitpräferenzrate, das heißt den subjektiven Zinssatz, der die nutzenmäßig geringere Einschätzung eines zukünftigen Konsums von x und F im Vergleich zum gegenwärtigen Genuss dieser beiden Größen zum Ausdruck bringt. Etwaige Nichtarbeitseinkommen werden vernachlässigt.

Die Budgetrestriktion lässt sich für den Zeitraum $t = 0, \cdots, K$ wie folgt schreiben:

$$A(0) + \sum_{t=0}^{K} (1+r)^{-t} \cdot [W(t) \cdot H(t) - P(t) \cdot x(t)] \geq 0 , \tag{2.45}$$

wobei $A(0)$ das Nominalvermögen dieser Person zum Zeitpunkt $t = 0$ und r den als konstant unterstellten Zinssatz, mit dem zukünftige Beträge auf den Zeitpunkt $t = 0$ abdiskontiert werden, bezeichnen. Die anderen Symbole entsprechen denen der Budgetrestriktion des statischen Modells [Gleichung (2.5)]. Wenn K das Lebensende darstellt, wäre zusätzlich an die Möglichkeit einer geplanten Vererbung eines Vermögens $A(K) > 0$ zu denken. In diesem Fall müsste die Nutzenfunktion um einen

[58]Solange es sich um eine einzelwirtschaftliche Analyse handelt, wird die Darstellung in diskreter Form gewählt, weil der Arbeitsanbieter in Periodenkategorien plant. Für die Betrachtung von aggregierten Daten bietet sich dagegen die kontinuierliche Formulierung an, da es unwahrscheinlich ist, dass alle Individuen im gleichen Zeittakt planen.

Vererbungsnutzen $U[A(K)]$ ergänzt werden und in Gleichung (2.45) wäre das Ungleichheitszeichen relevant, während das Gleichheitszeichen dann gilt, wenn nichts vererbt wird. Analog zur Vorgehensweise der Nutzenmaximierung unter Nebenbedingungen im statischen Modell mit Hilfe der Kuhn–Tucker–Bedingungen ergeben sich für die Maximierung von Gleichung (2.44) unter der Nebenbedingung (2.45) und unter Beachtung, dass $T = H + F$, folgende Beziehungen:[59]

$$(1+s)^{-t} \cdot U_x(t) - \lambda(1+r)^{-t}P(t) = 0 \tag{2.46}$$

$$(1+s)^{-t} \cdot U_H(t) + \lambda(1+r)^{-t}W(t) \leq 0 \tag{2.47}$$

$$A(0) + \sum_{t=0}^{K}(1+r)^{-t} \cdot [W(t) \cdot H(t) - P(t) \cdot x(t)] = 0. \tag{2.48}$$

Wie im statischen Modell handelt es sich bei Gültigkeit des Ungleichheitszeichens in Gleichung (2.47) um eine Randlösung, das heißt, für diese Periode t bietet das Individuum dann keine Arbeit an; dieses kann für eine oder mehrere Zeitperioden der Fall sein. Die Größe λ bezeichnet den Lagrange–Multiplikator und kann wieder als Schattenpreis interpretiert werden, nämlich im vorliegenden Ansatz als Grenznutzen eines um eine Einheit höheren Anfangsvermögens $A(0)$, wenn das Nutzenmaximum erreicht ist. Auf die besondere Bedeutung von λ im Rahmen eines Lebenszyklusmodells wird gleich eingegangen werden.

Analog zu der Lösung im statischen Modell gemäß Gleichung (2.18) lauten die reduzierten Formen für eine innere Lösung der Gleichungen (2.46) und (2.47), das heißt für $H > 0$, wie folgt, wobei $\theta = (1+s)/(1+r)$ gilt:

$$H(t) = H[\lambda\theta^t W(t), \lambda\theta^t P(t); R(t), \mu(t)] \tag{2.49}$$

$$x(t) = x\left[\lambda\theta^t W(t), \lambda\theta^t P(t); R(t), \mu(t)\right], \tag{2.50}$$

Setzt man die aus den Gleichungen (2.49) und (2.50) bestimmten Werte für $H(t)$ und $x(t)$ in die Budgetrestriktion (2.48) ein und löst man nach λ auf, so ist ersichtlich, dass λ eine Funktion der Zeitpfade von $W(t), P(t), R(t)$ und $\mu(t)$ ist.

Mit anderen Worten: λ umfasst alle Informationen über die Variablen, die in der Lebenszyklus–Budgetrestriktion enthalten sind. Da λ in den Gleichungen (2.49) und (2.50) Bestimmungsfaktor von $H(t)$ beziehungsweise $x(t)$ ist, wird mithin das heutige Arbeitsangebot nicht nur von den laufenden Werten, beispielsweise des Lohnsatzes und des Preisniveaus beeinflusst, sondern über λ auch von allen anderen Werten dieser Variable während des gesamten Lebenszyklus. Für gegebene Werte von P, W, θ, R und μ über den gesamten Lebenszyklus $t = 0, \ldots, K$ ist λ individuell gesehen eine konstante Größe, die natürlich für verschiedene Personen, zum Beispiel auf Grund unterschiedlicher Fähigkeiten und Präferenzen variiert.[60]

[59] Es ist zu beachten, dass T die pro Zeiteinheit zur Aufteilung zwischen F und H zur Verfügung stehende Zeit angibt, während K den Planungshorizont bezeichnet. Zur Notation vgl. auch die Übereinkünfte bei Gleichung (2.24). Vgl. auch die Bemerkungen zur Gleichung (2.9).

[60] In der angelsächsischen Literatur werden die Gleichungen (2.49) beziehungsweise (2.50) häufig als "λ–constant functions" oder "Frisch demand and supply functions" bezeichnet, womit bei letzterem Begriff auf Ragnar Frischs Analyse von Nutzen– und Nachfragefunktionen Bezug genommen wird.

Mit den folgenden Ausführungen soll versucht werden, die nicht ohne weiteres einsichtige Wirkungsweise des Modells zu verdeutlichen.[61] Zu diesem Zweck benötigen wir zunächst einige Zusammenhänge zwischen F, H, W, und λ. Dazu schreiben wir Gleichung (2.47) als:

$$-\frac{U_H(t)}{\lambda} \equiv \frac{U_F(t)}{\lambda} \geq W(t), \tag{2.51}$$

wobei zur Vereinfachung $s = r$ (das heißt $\theta^t = 1$) unterstellt wurde. Aus den Annahmen über die Nutzenfunktion folgt:

$$\frac{\partial H(t)}{\partial W(t)} \geq 0; \; \frac{\partial H(t)}{\partial \lambda} \geq 0; \; \frac{\partial F(t)}{\partial W(t)} \leq 0; \; \frac{\partial F(t)}{\partial \lambda} \leq 0. \tag{2.52}$$

Erhöht sich $W(t)$ beispielsweise, so muss bei Konstanz von λ der Grenznutzen der Freizeit steigen, was einen geringeren Freizeitkonsum beziehungsweise ein höheres Arbeitsangebot impliziert. Setzt man wie oben beschrieben die Gleichungen (2.46) und (2.47) in Gleichung (2.48) ein, löst nach λ auf und differenziert λ schließlich nach $W(t)$, so erhält man für diesen Differenzialquotienten:[62]

$$\frac{\partial \lambda}{\partial W(t)} \leq 0. \tag{2.53}$$

Dieses Resultat ist intuitiv plausibel, wenn man sich die Bedeutung von λ als Grenznutzen einer Erhöhung von $A(0)$ um eine Einheit in Erinnerung zurückruft. Dieser Grenznutzen sinkt auch dann, wenn an Stelle von $A(0)$ der Lohnsatz $W(t)$ um eine Einheit steigt.

Im statischen Modell wurde bei der Dimension des Arbeitsangebots zwischen der Partizipationswahrscheinlichkeit und den angebotenen Stunden unterschieden. Dem entsprechen im Lebenszyklusmodell die beiden folgenden Dimensionen. Es bezeichne $I(t)$ eine 0,1–Variable, die den Wert eins annimmt, wenn das Individuum Arbeit anbietet, und ansonsten null ist. Die Gesamtzahl IL aller Zeitperioden, in denen die Person am Erwerbsleben teilnimmt, beläuft sich während $t = 0, \ldots, K$ dann auf:

$$IL = \sum_{t=0}^{K} I(t), \tag{2.54}$$

während die Gesamtzahl aller angebotenen Arbeitsstunden durch

$$HL = \sum_{t=0}^{K} H(t) \tag{2.55}$$

gegeben ist.

Nach diesen vorbereitenden Bemerkungen kann die Wirkungsweise des Modells mit Hilfe des *Schaubilds 2.8* verdeutlicht werden. In diesem Schaubild ist sowohl ein stilisierter Verlauf von $W(t)$ über die Zeitperiode $t = 0, \ldots, K$ als auch der Anspruchslohn AA' in Höhe von $0A$ eingezeichnet. Letzteren erhält man aus Gleichung (2.51) für $F = T$, das heißt, wenn die gesamte zur Aufteilung zur Verfügung stehende Zeit

[61] Vgl. dazu auch Heckman und MaCurdy (1980).

[62] Es ist zu beachten, dass λ für gegebene Zeitpfade von $W(t)$ konstant ist. Ändern sich diese, dann variiert auch λ.

Schaubild 2.8 : Das Arbeitsangebot im Lebenszyklus

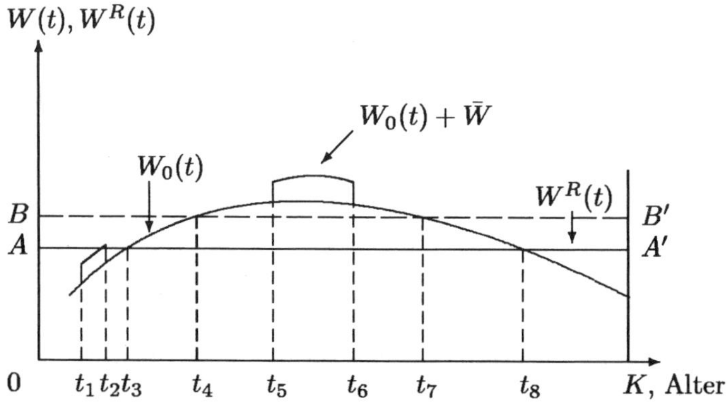

(=T) für "Freizeit" verwendet wird; das heißt, die Größe $U_{F=T}/\lambda$ bezeichnet den Anspruchslohn (AA' im Schaubild), der konstant ist, weil der Grenznutzen U_F für $F = T$ (also $U_{F=T}$) und λ zeitinvariante Größen sind. Im Gegensatz zum statischen Modell, in dem der Anspruchslohn vom Marktlohn unabhängig ist, wird er im Lebenszyklusmodell über die Größe λ von den Marktlohnsätzen aller in die Betrachtung einbezogenen Zeitperioden beeinflusst. Solange in Gleichung (2.51) das Ungleichheitszeichen gilt, bietet das Individuum keine Arbeit an, weil der Anspruchslohn höher als der Marktlohn $W_0(t)$ ist. Dies ist im Schaubild während der Zeitperioden $t = 0, \ldots, t_3$ und $t = t_8, \ldots, K$ der Fall. Für die dazwischen liegenden Zeitperioden $t = t_3, \ldots, t_8$ übersteigt der Marktlohnsatz $W_0(t)$ den Anspruchslohn AA', und die Person bietet Arbeit an.

Betrachten wir nun die Wirkung einer temporären Erhöhung des Marktlohnsatzes um $\bar{W}$.[63] Wenn diese in der Zeitperiode $t = t_5t_6$ stattfindet, dann verschiebt sich nicht nur das Lohnprofil in dieser Zeitperiode nach oben, sondern auch die Anspruchslohn–Gerade AA' zu BB'. Die Begründung dafür lautet, dass bei einem höheren Lohnsatz der Grenznutzen des Vermögens und damit λ sinkt,[64] sodass der Anspruchslohn $U_{F=T}/\lambda$ steigt. Dies hat zur Folge, dass das Individuum später als in t_3 in das Erwerbsleben eintritt (nämlich erst in t_4) und es schon in t_7 statt in t_8 verlässt, das heißt, die Anzahl der Perioden IL, in denen während des Lebenszyklus gearbeitet wird, sinkt, mit anderen Worten, die Lebensarbeitszeit (gemessen in Zeitperioden, in denen Arbeit angeboten wird) verkürzt sich. Welchen Effekt hat die Lohnerhöhung während $t = t_5t_6$ auf die angebotenen Arbeitsstunden? Aus Gleichung (2.52) entnehmen wir, dass $\frac{\partial H(t)}{\partial \lambda} \geq 0$, das heißt, für alle Zeitperioden außerhalb von $t = t_5t_6$ sinken die angebotenen Stunden, weil λ auf Grund der Lohnerhöhung ebenfalls geringer geworden ist und $W_0(t)$ sich für diese Zeitperioden nicht geändert hat. Geht auch die Gesamtzahl der während $t = 0, \ldots, K$ angebotenen Stunden zurück? Diese Frage kann ohne zusätzliche Informationen über die Stärke des Einkommens– und Substitutionseffektes

[63] Genauer: die Wirkung einer Marktlohnsatzerhöhung im Zeitpunkt $t = j$, von deren Eintreten das Individuum im Zeitpunkt $t = 0$ ausgeht.

[64] Vgl. Gleichung (2.53) und die daran anschließenden Erläuterungen.

nicht beantwortet werden: Zwar sinkt – wie erwähnt – gemäß Gleichung (2.52) H mit geringerem λ, aber während der Periode $t = t_5 t_6$ steigt wegen $\partial H(t)/\partial W(t) > 0$ die Anzahl der Arbeitsstunden, sodass der Gesamteffekt HL für den gesamten Lebenszyklus [Gleichung (2.55)] unbestimmt ist.[65]

Mit Hilfe der aufgezeigten Argumentation können andere Fälle durchgespielt werden. Wenn der Lohn während der Zeitperiode $t = t_1 - t_2$ nur in dem im Schaubild eingezeichneten Ausmaß steigt, ändert sich nichts: Diese Lohnhöhe reicht weder aus, um das Individuum zur Teilnahme am Erwerbsleben in eben dieser Zeitperiode zu bewegen, noch sind zu einem späteren Zeitpunkt Effekte zu verzeichnen, denn λ bleibt infolge des nicht erfolgten Eintritts in das Erwerbsleben unverändert.

Das vorgestellte Modell ist auch in der Lage, zu den Effekten "permanenter" versus "transitorischer" Änderungen des Marktlohnsatzes Stellung zu nehmen.[66] Dazu ist nur erforderlich, den ohnehin theoretisch nicht eindeutig definierten Begriff eines permanenten Lohnsatzes mit dem Grenznutzen des Vermögens (λ) zu identifizieren, während Variationen des beobachteten Marktlohnsatzes $W(t)$ bei Konstanz von λ eine Art transitorische Komponente einer Lohnänderung konstituieren. Mithin führen gemäß Gleichung (2.52) transitorische Lohnerhöhungen zu einem höheren Arbeitsangebot H (zumindest dann, wenn in dieser Zeitperiode ohnehin Arbeit angeboten wird), während permanente Lohnerhöhungen (λ sinkt) den entgegengesetzten Effekt aufweisen.

Natürlich sind die Zeitpfade beispielsweise von Löhnen und Preisen im Zeitpunkt $t = 0$ für den restlichen Planungszeitraum nicht bekannt, sondern die in das Maximierungskalkül eingehenden Werte basieren auf prognostizierten Werten. Sobald im Hinblick auf diese Prognose neue Informationen erhältlich sind, revidiert das Individuum seine Arbeitsangebotsentscheidung in der oben beschriebenen Weise.

2.3.2 Das Ausscheiden aus dem Erwerbsleben

Prinzipiell stellt das Ausscheiden aus dem Erwerbsleben eine Arbeitsangebotsentscheidung im Rahmen des Lebenszyklus dar. Zusätzlich zu der Analyse im Lebenszyklus sind bei der Pensionierung indessen besondere institutionelle Regelungen zu berücksichten, wie das Rentenversicherungssystem, Betriebspensionen und ein vorgezogenes Altersruhegeld. Obwohl diese Regelungen das Arbeitsangebot während des gesamten Lebenszyklus beeinflussen können, scheint es sinnvoll, einige Spezifika der Entscheidung, das Erwerbsleben zu beenden, kurz aufzuzeigen.

Der Terminus "Altersruhestand" ist alles andere als ein eindeutiger Begriff. Er kann bedeuten, dass der Betreffende permanent keine Arbeit mehr anbietet, oder dass er Altersruhegeld aus der gesetzlichen Sozialversicherung und gegebenenfalls aus betrieblichen Pensionskassen bezieht, jedoch noch weiterhin – vielleicht in geringfügigem Umfang – Arbeit anbietet. Ungeachtet zahlreicher Ausnahmen und Varianten soll für die folgende Analyse jedoch der Standardfall einer älteren Erwerbsperson betrachtet werden, die ab einem bestimmten Zeitpunkt Altersruhegeld bezieht und keine Arbeit mehr anbieten wird. Allerdings sei dieser Pensionierungszeitpunkt flexibel (zumindest

[65] Das heißt, es kann durchaus der Fall sein, dass trotz verkürzter Lebensarbeitszeit IL mehr gearbeitet wird, wenn HL steigt.

[66] Vgl. dazu auch Killingsworth und Heckman (1986), S. 154ff.

Fallbeispiel: Ruhestand und Altersteilzeit

Eine gesetzlich fixierte Altersgrenze, ab deren Erreichen jemand aus dem Erwerbsleben ausscheiden *muss*, gibt es in der Bundesrepublik Deutschland im Wesentlichen nur für den öffentlichen Dienst. Zumindest größere Unternehmen schließen jedoch mit ihren Mitarbeitern meistens Verträge ab, die vorsehen, dass das Arbeitsverhältnis ohne vorherige Kündigung automatisch mit Erreichen des 65. Lebensjahres endet. Allerdings hat das Bundesarbeitsgericht in einem Urteil vom Oktober 1993 die in vielen Tarifverträgen festgeschriebenen Altersgrenzen, zu denen ein Arbeitsverhältnis automatisch – meist mit Vollendung des 65. Lebensjahres – beendet war, für unzulässig erklärt. Vielmehr müsse in jedem Einzelfall eine individuelle Vereinbarung getroffen werden.
Das 65. Lebensjahr stellt auch die Regelaltersgrenze für die gesetzliche Rentenversicherung dar. Spätestens dann entsteht ein Anspruch auf Altersrente (wenn die sonstigen Voraussetzungen erfüllt sind). Der Altersruhegeldempfänger kann in beliebiger Höhe zu seiner Rente Geld hinzuverdienen. Er kann den Bezug der Altersrente auch maximal bis zum 67. Lebensjahr Renten steigernd hinausschieben.
Sogenanntes vorgezogenes Ruhegeld können unter bestimmten Voraussetzungen weibliche Versicherte ab dem 60. Lebensjahr, männliche Versicherte ab dem 63. Lebensjahr beziehen. Besondere Regelungen gelten für Versicherte mit gesundheitlichen Einschränkungen und für Arbeitslose.
Ab dem Jahre 1996 traten neue Regelungen für die Frühverrentung im Rahmen einer "Altersrente wegen Arbeitslosigkeit und nach Altersteilzeit" in Kraft. Dieses "Gesetz zur Förderung eines gleitenden Übergangs in den Ruhestand" wurde im Jahre 2000 modifiziert (unter anderem gilt es nunmehr auch für Teilzeitbeschäftigte) und löste das Altersteilzeitgesetz aus dem Jahre 1988 ab, welches wiederum auf dem Vorruhestandsgesetz aus dem Jahre 1984 aufbaute. Das Modell einer Altersteilzeit sieht vor, dass Arbeitnehmer im Alter ab 55 Jahren eine Teilzeit wählen können, vorausgesetzt, das Unternehmen richtet solche Teilzeitarbeitsplätze ein. Diese Teilzeit kann als "Blockmodell" gestaltet werden – dies stellt auch die überwiegende Praxis dar –, das heißt, die Teilzeit zerfällt in zwei Phasen, nämlich zunächst in eine unveränderte Vollzeitarbeitsphase und dann in eine Freistellungsphase, in welcher der Arbeitnehmer überhaupt nicht mehr arbeitet. Der Arbeitgeber zahlt die Hälfte des bisherigen Vollzeit–Bruttolohns. Wenn der frei gewordene Vollzeitarbeitsplatz durch einen Arbeitslosen oder durch Übernahme von Auszubildenden besetzt wird, soll die Bundesanstalt für Arbeit durch steuer- und sozialabgabenfreie Zuschüsse das Einkommen auf etwa 70 v.H. des vorherigen Vollzeitnettoentgeltes aufstocken und außerdem die Rentenbeiträge auf 90 v.H. des rechnerischen Vollzeitbeitrags auffüllen. Ältere Arbeitnehmer, welche in den vorangegangenen 18 Monaten ein Jahr lang arbeitslos waren oder eine Altersteilzeitarbeit von mindestens 24 Monaten hinter sich haben, können eine Frühverrentung in Anspruch nehmen. Die Altersgrenze dafür wird schrittweise angehoben und zwar von 60 Jahren im Jahre 1996 bis zu 63 Jahren vom Jahre 1999 an. Wenn männliche Arbeitnehmer gleichwohl mit 60 Jahren in Rente gehen möchten, müssen sie für jedes Jahr, in dem sie vor der Altersgrenze von 63 Jahren Rente beziehen wollen, einen Abschlag von 3.6 v.H. hinnehmen.

innerhalb bestimmter Bandbreiten) und das Individuum sei darin frei, sein Arbeitsangebot vor der Pensionierung bereits zu reduzieren, also einer Teilzeitbeschäftigung nachzugehen. Dies provoziert dann die Frage, welcher Zeitpunkt gewählt wird, und warum die meisten Leute von heute auf morgen ihr Arbeitsangebot von wöchentlich knapp 40 Stunden abrupt auf null reduzieren.

Der Schlüssel zur Beantwortung der ersten Frage liegt in der Tatsache, dass das gesetzliche Rentenversicherungssystem keine individuelle Beitragsäquivalenz in dem

Schaubild 2.9 : Der optimale Pensionierungszeitpunkt

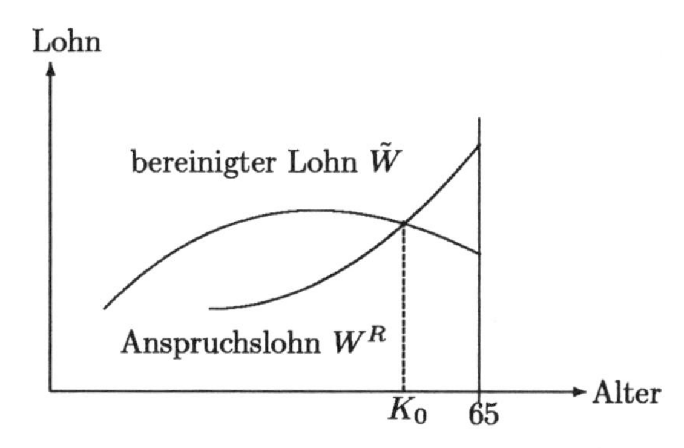

Sinne gewährleistet, dass der Gegenwartswert aller zukünftigen Altersruhegelder minus den Beitragszahlungen invariant gegenüber dem Zeitpunkt der Pensionierung wäre. Vielmehr nimmt er mit höherem Alter erst zu und dann ab. Das liegt daran, dass es im Bereich der flexiblen Altersgrenze eine Asymmetrie gibt: Wer den Pensionierungszeitpunkt hinausschiebt, erhält eine höhere Altersrente auf Grund der zusätzlichen Versicherungszeit und versicherungsmathematischer Zuschläge; wer dagegen früher in den Ruhestand geht, muss zwar wegen der verkürzten Beitragszeit Einbußen hinnehmen, jedoch – und das ist der entscheidende Punkt – keine versicherungsmathematischen Abschläge in Kauf nehmen.[67]

Die Erwerbsperson vergleicht zunächst die Einkommensströme (einschl. der Renten) vor und nach unterschiedlichen Pensionierungszeitpunkten. Diese Überlegungen lassen sich in die bisherige Modellanalyse übersetzen, wenn man der Analyse an Stelle des beobachteten Marktlohnsatzes W einen bereinigten Lohnsatz $\tilde{W}$ zu Grunde legt, wobei sich die Bereinigung auf bestimmte Zuschläge oder Abschläge bezieht, die auf Grund einer weiteren Zeitperiode einer Erwerbstätigkeit zu berücksichtigen wären:[68]

$$\tilde{W}_t \equiv W_t + (SV_t - SV_{t-1}), \tag{2.56}$$

wobei SV_t den erwarteten Gegenwartswert der Altersruhegelder bezeichnet, wenn die Pensionierung am Ende des Zeitpunktes t erfolgt. Wenn $\Delta SV_t > 0$, dann lohnt es sich finanziell, ein Jahr länger zu arbeiten, weil der bereinigte Lohn den tatsächlich gezahlten Lohn um eben diesen Betrag übersteigt. Dies heißt allerdings nicht, dass der Pensionierungszeitpunkt so gewählt wird, dass $\tilde{W}$ maximiert wird. Vielmehr muss $\tilde{W}$ mit dem Anspruchslohn W^R verglichen werden. Unterstellt man einen mit zunehmendem Alter höheren Grenznutzen der Freizeit, dann verläuft ceteris paribus der Anspruchslohn wie im *Schaubild 2.9* eingezeichnet. Das Individuum wählt dann den Pensionierungszeitpunkt K_0, weil ab diesem Zeitpunkt der Anspruchslohn den bereinigten Lohnsatz übersteigt, obwohl das Maximum von $\tilde{W}$ zeitlich früher liegt.[69] Die beiden in *Schaubild 2.9* dargestellten Kurven enthalten letztlich alle Informationen, die für eine optimale Ruhestandsentscheidung im Lebenszyklus relevant sind. Die

[67] Vgl. Börsch–Supan (1991) und Genosko (1985) für eine eingehende Darstellung dieser Zusammenhänge.

[68] Vgl. dazu Lazear (1986), S. 317f; er nennt diesen Lohn "true wage".

[69] Vgl. dazu auch Sheshinski (1978).

einzelnen Bestimmungsfaktoren, die sich hinter beiden Lohnsätzen verbergen, können allerdings nur mit Hilfe eines explizit formalisierten Lebenszyklusmodells herausgearbeitet werden. Dies ist – wie die Ausführungen im vorangegangenen Unterabschnitt vermuten lassen – mit beträchtlichem formalem Aufwand verbunden. Deshalb sollen die notwendigen Erweiterungen des theoretischen Modells (2.43) – (2.45) ganz kurz verbal skizziert werden.[70] Zweckmäßigerweise geht man so vor, dass die Nutzenfunktion (2.44) und die Budgetrestriktion (2.45) die beiden Zeiträume vor und nach dem Pensionierungszeitpunkt K_0 explizit berücksichtigen, womit K_0 dann den Charakter einer endogenen Variablen annimmt – gegebenenfalls mit unterer und oberer Schranke (etwa 60 beziehungsweise 65 Jahre). Falls das Individuum nach K_0 von vornherein keine Arbeit mehr anbietet, entspricht für diesen Zeitraum $F(t)$ der insgesamt zur Verfügung stehenden Zeit. Diese Annahme ist jedoch nicht notwendig; es ist auch zulässig, dass das Individuum nach K_0 noch arbeitet – je nach institutionellen Rahmenbedingungen möglicherweise mit einer Begrenzung nach oben. Die Budgetrestriktion hätte die Kürzung des Nettolohnes um die Sozialabgaben unter Berücksichtigung sich jährlich verändernder Beitragsbemessungsgrenzen vor K_0 zu beachten. Sie müsste nach K_0 das Altersruhegeld einbeziehen, welches unter anderem vom Lohn vor K_0 beeinflusst wird, zuzüglich eines eventuellen Hinzuverdienstes, wobei zu klären wäre, ob und inwieweit er auf die Zahlung des Altersruhegeldes angerechnet wird. Aus einem solchen Ansatz lassen sich dann die optimalen Pfade für $x(t)$ und $F(t)$ sowie der nutzenmaximale Pensionierungszeitpunkt K_0 im Lebenszyklus berechnen.

Die bisherigen Ausführungen lassen die Frage offen, wieso es eigentlich ein gesetzlich fixiertes Rentenalter gibt. Warum soll es für eine Firma optimal sein, denselben Arbeitnehmer, der gestern noch voll beschäftigt wurde, heute in den Ruhestand zu schicken, obwohl er selbst vielleicht noch gern eine Zeitlang weiter arbeiten möchte?

Vom Grundgedanken her ist diese Frage vergleichsweise einfach zu beantworten.[71] Das Zeitprofil des Lohnsatzes im Lebenszyklus hat nicht nur – wie bereits dargestellt – Konsequenzen für die nutzenmaximale Aufteilung der zur Verfügung stehenden Zeit – wobei der Pensionierungszeitpunkt ein Unterfall dieser Lebenszyklusentscheidung ist –, sondern beeinflusst auch die Arbeitsintensität des Beschäftigten bei gegebener Arbeitszeit. In vielen Fällen verursacht es für die Firma unverhältnismäßig hohe Kosten, die Leistungen des Arbeitnehmers (ständig) zu kontrollieren. Andererseits ist es plausibel anzunehmen, dass die Arbeitsanstrengungen positiv mit dem Lohn korreliert sind.[72] Dies spricht aus der Sicht der Firma für ein mit dem Alter ansteigendes Lohnprofil, um zu verhindern, dass der Arbeiter mit längerer Betriebszugehörigkeitsdauer – also auch mit steigendem Alter – seine Anstrengungen reduziert und den Ruhestand allmählich am Arbeitsplatz praktiziert. Ein solches Alters–Lohn–Profil ist in *Schaubild 2.10* der Einfachheit halber als Gerade $W(t)$ eingezeichnet.

Als zweite Überlegung kommt hinzu, dass Firmen häufig an stabilen Beschäftigungsverhältnissen interessiert sind und insbesondere Mitarbeiter, für die hohe Einarbei-

[70] Für eine formale Darstellung dieser Modelle vgl. Burbridge und Robb (1980), Burtless und Moffitt (1985), Crawford und Lilien (1981) sowie für die Bundesrepublik Deutschland Genosko (1985) und Schmähl (1989).

[71] Dieses Thema wird in der angelsächsischen Literatur unter der Rubrik "mandatory retirement" behandelt. Einschlägige Arbeiten stammen unter anderem von E.P. Lazear, die in Lazear (1986) als Übersicht dargestellt werden.

[72] Dies ist unter anderem Gegenstand der Effizienzlohntheorie, die in *Abschnitt 8.5* diskutiert wird.

Schaubild 2.10 : Altersprofil der Entlohnung und Ruhestandsalter

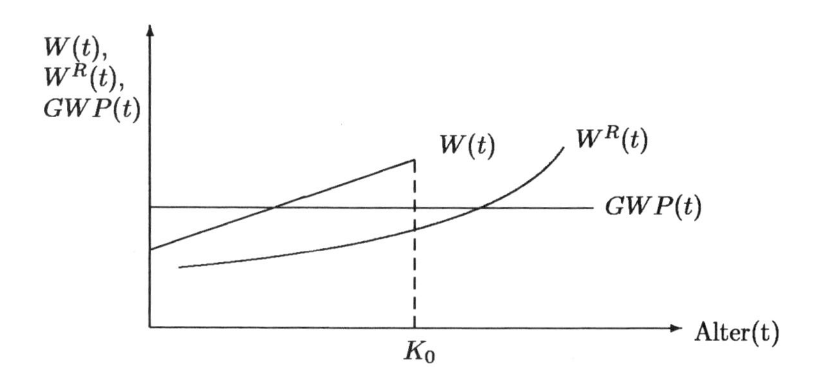

tungskosten anfallen, langfristig an sich binden wollen. Da es für die Firma bei der Auswahl der Bewerber um den zu besetzenden Arbeitsplatz nahezu unmöglich ist, die wahre geplante Betriebstreue des Bewerbers herauszufinden, bietet sich folgender Ausweg an: Die Firma entlohnt den Arbeiter zunächst unterhalb seines Grenzwertproduktes und lässt das Lohnprofil mit zunehmender Dauer der Betriebszugehörigkeit über das Grenzwertprodukt hinaus ansteigen. Nur der Bewerber, der ernsthaft eine lange Verweildauer in dieser Firma anstrebt, wird sich auf diese anfangs "bescheidene" Entlohnung einlassen. Ein Vertragsbruch der Firma in der Form, dass sie den Arbeiter entlässt, sobald dessen Lohn das Grenzwertprodukt erreicht, verbietet sich aus der Überlegung, dass damit erhebliche Reputationsverluste der Firma einhergehen würden. In *Schaubild 2.10* ist das Grenzwertprodukt GWP ebenfalls zur Vereinfachung als vom Alter unabhängig eingezeichnet. Wie im vorigen Schaubild möge der Anspruchslohn W^R den dargestellten Verlauf aufweisen.

Aus *Schaubild 2.10* ist nun klar zu ersehen, warum ein fest fixiertes Ruhestandsalter K_0 für die Firma optimal ist. Denn in K_0 sind die Werte der Einkommensströme $W(t)$ und $GWP(t)$ annahmegemäß gleich groß,[73] das heißt, in K_0 ist es für die Firma optimal, den Arbeiter zu entlassen, weil seine Entlohnung weiterhin oberhalb des Grenzwertproduktes liegt, obwohl über die gesamte Betriebszugehörigkeitsdauer gerechnet die seinerzeitige Bezahlung unterhalb des Grenzwertproduktes abgegolten ist. Allerdings: Für den Arbeitnehmer ist K_0 nicht optimal, denn $W(K_0)$ ist höher als $W^R(K_0)$, sodass für ihn Weiterarbeit nutzenvermehrend wäre. Folglich muss auf Grund des Altersprofils des Lohnsatzes, welches höhere Arbeitsanstrengungen und ein stabiles Beschäftigungsverhältnis induzieren soll, ein bestimmtes Ruhestandsalter (gesetzlich) fixiert werden.

Die gleiche Analyse liefert auch die theoretische Begründung dafür, warum viele Unternehmen Betriebspensionen bezahlen, und welche Konstruktion einer solchen Vereinbarung sie bevorzugen. Insbesondere in den letzten Jahren vor der fixierten Pensionierung steigt die Versuchung für den Mitarbeiter, seine Arbeitsanstrengungen zu

[73] Der formal korrekte Vergleich bezieht sich natürlich auf die entsprechenden Gegenwartswerte. Die hier unterstellte Diskontrate in Höhe von null ändert nichts an dem Argument an sich. Bei einer Diskontrate in Höhe von null entsprechen sich die beiden Dreiecke zwischen der W- und der GWP-Kurve.

Fallbeispiel: Betriebliche Altersversorgung

Zur Regelung der betrieblichen Altersversorgung wurde im Jahre 1974 das "Gesetz zur Verbesserung der betrieblichen Altersversorgung" ("Betriebsrentengesetz") beschlossen. Die Finanzierung oblag zunächst als freiwillige oder vertragliche Sozialleistung formal allein dem Arbeitgeber. Mit dem Altersvermögensaufbaugesetz (AVAG) aus dem Jahre 2001, welches das ausgesetzte "Rentenreformgesetz 1999" der vorherigen Bundesregierung ersetzte, wurde die Möglichkeit einer Beteiligung der Arbeitnehmer in Form einer Entgeltumwandlung gesetzlich geregelt. Vor dem Hintergrund eines zukünftig sinkenden Rentenniveaus (in v.H. des Nettoarbeitsentgeltes) haben Arbeitnehmer ab dem Jahre 2002 einen Anspruch darauf, Teile ihres Arbeitsentgeltes in Beiträge zur betrieblichen Altersvorsorge umzuwandeln. Eine staatliche Förderung in Form einer Zulage (in Abhängigkeit des Familienstandes) gilt dabei für Direktversicherungen, Pensionskassen und neu eingeführte Pensionsfonds. Einige Tarifvertragsparteien haben entsprechende Tarifvereinbarungen getroffen.

Die letzte größere Erhebung über Art und Umfang der betrieblichen Altersversorgung in Westdeutschland stammt aus dem Jahre 1990 und wurde vom Statistischen Bundesamt auf der Basis von zwei Stichprobenerhebungen bei etwa 700 Tsd. Unternehmen mit insgesamt knapp 17 Mio. Arbeitnehmern aus fast allen Wirtschaftsbereichen durchgeführt.[a] Von diesen Unternehmen hatten rund 222 Tsd. mit nahezu 12 Mio. Arbeitnehmern eine betriebliche Altersversorgung eingerichtet, wobei die betriebliche Ruhegeldzusage mit einem Anteil von 54 v.H. aller betroffenen Arbeitnehmer dominierte. Dabei zeigte es sich, dass mit zunehmender Unternehmensgröße der Anteil der Unternehmen mit betrieblicher Altersversorgung tendenziell zunimmt.

Ende 1990 bestanden über 2.4 Mio. Renten aus der betrieblichen Altersversorgung. Für Arbeitnehmer, die im Jahre 1990 Rentner wurden, betrug die durchschnittliche betriebliche Altersrente bei Männern 662 DM und bei Frauen 284 DM. Diese Werte schwanken stark je nach Wirtschaftsbereich und Dauer der Unternehmenszugehörigkeit. So belief sich die Spannweite der durchschnittlichen betrieblichen Altersrenten für Männer und Frauen auf 1449 DM (Energie– und Wasserversorgung, Bergbau) und 235 DM (Baugewerbe) und schwankte zwischen 331 DM und 812 DM, je nachdem, ob die Dauer der Unternehmenszugehörigkeit unter 10 Jahren lag oder 30 bis 40 Jahre betrug. 1990 fielen bei den Unternehmen knapp 28 Mrd. DM als Bruttoaufwendungen, das heißt vor Steuern, für die betriebliche Altersversorgung an.

Auf einer etwas schmaleren Datenbasis in Form einer Befragung von "Infratest Burke Sozialforschung" hat die Deutsche Bundesbank ausführliche Berechnungen für das Jahr 1995 über die Verbreitung und Höhe der betrieblichen Altersversorgung in der Privatwirtschaft Westdeutschlands vorgelegt.[b] Soweit vergleichbar haben sich die Angaben im Vergleich zu den obigen Werten von den Größenordnungen her gesehen nicht substanziell verändert.

[a] Vgl. Wirtschaft und Statistik Heft 2 (1995), S. 155–165.

[b] Deutsche Bundesbank, Monatsbericht 53(3) vom März 2001, S. 45–61.

vermindern. Um dem möglichst zu begegnen, lohnt es sich für den Arbeitgeber, einen Teil des gesamten Entgelts während der Betriebszugehörigkeitsdauer zurückzuhalten und erst nach "erfolgreicher" Beendigung des Arbeitsvertrages auszubezahlen. Reduziert der Beschäftigte seine Anstrengungen, riskiert er die Entlassung und den Verlust der Betriebsrente. Dies erklärt, warum Unternehmen eine rechtliche Ausgestaltung der betrieblichen Altersversorgung anstreben, die sicherstellt, dass bei einer vom Arbeitnehmer zu vertretenden Entlassung nicht oder nur sehr viel weniger als in K_0

gezahlt wird, oder zumindest, dass sich die Höhe der Betriebsrente nach dem letzten Lohn richtet, wenn das Arbeitsverhältnis vor K_0 beendet wird.

2.4 Das Arbeitsangebot im familialen Kontext

In den vorangegangenen Abschnitten ist mehrfach darauf aufmerksam gemacht worden, dass ein Zusammenhang zwischen Arbeitsangebot und familialen Entscheidungen wie Heirat und Kinderzahl zu vermuten ist. Es ist mithin im Rahmen dieses Kapitels unerlässlich, einige dieser Verbindungslinien kurz aufzuzeigen, wenn sich auch eine Darstellung der Familienökonomik insgesamt aus Platzgründen verbietet.[74]

Die grundlegende Überlegung, der die meisten Arbeiten folgen, kann wie folgt umrissen werden.[75] Ein Haushalt erwirbt am Markt Güter, die nur durch den Einsatz von Zeit konsumiert werden können oder als Inputs zur Erzeugung von Haushaltsgütern (Mahlzeiten, Reinigung) dienen. Jeder Haushalt besitzt bestimmte Präferenzen und Technologien zur Produktion von Haushaltsgütern. In Verbindung mit der Budgetrestriktion des Haushalts kann dann eine nutzenmaximale Allokation aller Aktivitäten und Inanspruchnahme von Ressourcen bestimmt werden. Einige ökonomische Aspekte der Fertilität können in diesen Analyserahmen eingebaut werden. Kinder stiften sowohl Nutzen, verursachen aber auch Kosten, wobei Quantität und Qualität der Erziehung von Kindern zu beachten sind, also die Kinderzahl und die Aufwendungen je Kind etwa in Form von Ausbildungskosten. Hinzu kommt, dass der realisierte Kinderwunsch eine irreversible Entscheidung ist, an die der Haushalt für lange Zeit gebunden ist. Auch der Frage, ob geheiratet wird, kann – was die ökonomischen Aspekte anbelangt – mit einem entsprechenden Instrumentarium nachgegangen werden, wobei einerseits Überlegungen zur Suchtechnologie auf dem Heiratsmarkt, andererseits spieltheoretische Ansätze zur Evaluierung eines "erfolgversprechenden" Kontraktes im Mittelpunkt stehen. Somit ist ein Analyserahmen geschaffen, der ökonomische Gesichtspunkte des Heiratsverhaltens, der Fertilität, der Hausarbeit und des Arbeitsangebots in einem Modell der familialen ökonomischen Entscheidungen simultan untersuchen kann. Wegen des erheblichen formalen Aufwandes dieser Modelle müssen sich die folgenden Ausführungen auf einen Teilaspekt beschränken.

Wenn in einer Partialanalyse allein das Arbeitsangebot der Ehepartner einer Betrachtung unterzogen wird und andere Aspekte wie beispielsweise die Fertilität unberücksichtigt bleiben, dann lässt sich das konventionelle statische Arbeitsangebot des Individuums (vgl. *Abschnitt 2.2.2*) analog im familialen Kontext formulieren. In diesem Fall kann die Nutzenfunktion der Ehepartner durch

$$U = U\left(x, F_m, F_w; R_m, R_w, \mu_m, \mu_w\right) \tag{2.57}$$

beschrieben werden, wobei x nunmehr den Güterkonsum der Familie, F_m und F_w die Freizeit des Ehemannes beziehungsweise der Ehefrau, R_m und R_w individuelle Charakteristika, wie zum Beispiel das Alter der jeweiligen Ehepartner und μ_m und μ_w individuelle, nicht beobachtbare Präferenzen und Fähigkeiten dieser beiden Personen bezeichnen. Ansonsten weist die Nutzenfunktion (2.57) dieselben Eigenschaften wie die Nutzenfunktion (2.6) auf. Dasselbe gilt für die Budgetrestriktion, die analog zu

[74] Vgl. zur Familienökonomik Beblo (2001), Becker (1981, 1988) sowie Zimmermann (1985).

[75] Vgl. dazu Beblo (2001) und Zimmermann (1985).

(2.5) formuliert wird:

$$P \cdot x \leq W_m \cdot H_m + W_w \cdot H_w + V \; . \tag{2.58}$$

Hierbei kennzeichnen die Subskripte m und w Variablen, die den Ehemann beziehungsweise die Ehefrau betreffen, während V das gesamte Nicht–Arbeitseinkommen der Familie erfasst. Maximierung von Gleichung (2.57) unter der Nebenbedingung (2.58) und unter Beachtung, dass für jeden Ehepartner

$$T_i = F_i + H_i \qquad i = m, w \tag{2.59}$$

gilt, liefert bei Anwendung der Kuhn–Tucker–Bedingungen (vgl. *Abschnitt 2.2.2*) folgende notwendigen Bedingungen für ein Nutzenmaximum:

$$\frac{\partial U}{\partial x} - \lambda \cdot P = 0 \tag{2.60}$$

$$\left.\begin{aligned} \frac{\partial U}{\partial H_i} + \lambda \cdot W_i \leq 0 \quad & i = m, w \\ H_i \geq 0 \quad & i = m, w \\ H_i \cdot \left(\frac{\partial U}{\partial H_i} + \lambda \cdot W_i \right) = 0 \quad & i = m, w \end{aligned}\right\} \tag{2.61}$$

$$\left.\begin{aligned} \sum_i W_i \cdot H_i + V - P \cdot x \geq 0 \quad & i = m, w \\ \lambda \geq 0 \quad & \\ \lambda(\sum_i W_i \cdot H_i + V - P \cdot x) = 0 \quad & i = m, w \; , \end{aligned}\right\} \tag{2.62}$$

wobei λ wieder den Lagrange–Mutiplikator bezeichnet. Es ist erkennbar, dass das obige Gleichungssystem (2.60) – (2.62) weitgehend den Bedingungen für das individuelle Arbeitsangebot (2.9) – (2.14) entspricht und auch analog interpretiert werden kann. Insbesondere erfasst Gleichung (2.62) bei Gültigkeit des Ungleichheitszeichens die Möglichkeit, dass einer der Ehepartner oder beide keine Arbeit anbieten, sondern ihre Konsumausgaben aus dem Nicht–Arbeitseinkommen V bestreiten.

Auch die Berechnung der Slutsky–Gleichungen verläuft analog zu der im *Abschnitt 2.2.2* dargestellten Vorgehensweise, sodass das Ergebnis aus Platzgründen nicht erneut hergeleitet wird. Die Slutsky–Gleichungen lauten für den Fall, dass beide Ehepartner Arbeit anbieten:

$$\frac{\partial H_i}{\partial W_i} = H_i \cdot \frac{\partial H_i}{\partial V} + \left(\frac{\partial H_i}{\partial W_i} \right)_S \qquad i = m, w \tag{2.63}$$

$$\frac{\partial H_m}{\partial W_w} = H_w \cdot \frac{\partial H_m}{\partial V} + \left(\frac{\partial H_m}{\partial W_w} \right)_S \tag{2.64}$$

$$\frac{\partial H_w}{\partial W_m} = H_m \cdot \frac{\partial H_w}{\partial V} + \left(\frac{\partial H_w}{\partial W_m} \right)_S \; . \tag{2.65}$$

In allen Gleichungen bezeichnet der erste Term auf der rechten Seite den Einkommenseffekt und der zweite den Substitutionseffekt einer Lohnsatzveränderung. Während Gleichung (2.63) für den einzelnen Ehepartner analog zu Gleichung (2.20) zu interpretieren ist, stellen die Gleichungen (2.64) und (2.65) insoweit eine Erweiterung dar, als zum Beispiel in Gleichung (2.65) untersucht wird, wie das Arbeitsangebot der Ehefrau auf Änderungen des Lohnsatzes, den der Ehemann erhält, reagiert. Auch hier sind ein Einkommens– und Substitutionseffekt zu unterscheiden: Einerseits ist ein Anstieg von W_m für die Ehefrau ähnlich zu interpretieren wie eine Erhöhung von V, sodass ihre Nachfrage nach Freizeit steigt (falls diese für sie kein absolut inferiores Gut ist) und ihr Arbeitsangebot mithin sinkt; dies wird durch den ersten Ausdruck auf der rechten Seite von Gleichung (2.65) zum Ausdruck gebracht, wobei es für die Stärke dieses Einkommenseffektes darauf ankommt, wie hoch das Arbeitsangebot H_m des Ehemannes ist. Andererseits existiert ein Kreuz–Substitutionseffekt in Form des zweiten Ausdrucks auf der rechten Seite von Gleichung (2.65), über dessen Vorzeichen keine allgemein gültigen Aussagen gemacht werden können.[76] Für die beiden Kreuz–Substitutionseffekte in den Gleichungen (2.64) und (2.65) gilt jedoch, dass

$$\left(\frac{\partial H_w}{\partial W_m}\right)_S = \left(\frac{\partial H_m}{\partial W_w}\right)_S, \tag{2.66}$$

das heißt, eine Lohnerhöhung für den Ehemann hat auf das Arbeitsangebot der Ehefrau – was den reinen Substitutionseffekt betrifft – denselben Effekt wie eine Lohnerhöhung für die Ehefrau auf das Arbeitsangebot des Ehemannes.[77] Dies liegt daran, dass für beide Ehepartner die gemeinsame Nutzenfunktion (2.57) formuliert wurde. Alternative Ansätze eines Arbeitsangebots im familialen Kontext spezifizieren für jeden Ehepartner separate Nutzenfunktionen, in die entweder nur die eigene Freizeit und der eigene Konsum eingehen oder die auch die entsprechenden Variablen des Ehepartners in der eigenen Nutzenfunktion berücksichtigen.[78]

Die bisher diskutierten Slutsky–Gleichungen beruhten auf der Annahme, dass beide Ehepartner Arbeit anbieten. Wenn dies für die Ehefrau nicht zutrifft, dann haben genügend geringe Veränderungen von W_m oder W_w keinen Einfluss auf ihr Arbeitsangebot. "Genügend gering" heißt in diesem Zusammenhang, dass der Marktlohnsatz W_w nicht so stark zunimmt, dass er nunmehr den Anspruchslohn der Ehefrau übersteigt.[79]

---

[76] Es gilt aber, dass die Matrix aller Substitutionseffekte als solche negativ definit ist. Vgl. dazu Ashenfelter und Heckman (1974).

[77] Vgl. dazu ausführlicher Ashenfelter und Heckman (1974).

[78] Vgl. die Übersichten bei Chiappori (1992), Fallon und Verry (1988), S. 6–9 oder Killingsworth und Heckman (1986), S. 126–134.

[79] In einigen Studien wird der Tatbestand, dass ein Familienmitglied keine Arbeit anbietet, so analysiert, als ob es "rationiert" in dem Sinne sei, dass es sich trotz Lohnerhöhung keine zusätzliche Freizeit mehr kaufen könne, weil mehr als T Stunden Zeit nicht zur Verfügung stehen. So zeigt beispielsweise Kniesner (1976) mit Hilfe einer solchen Vorgehensweise, dass der Substitutionseffekt einer Lohnsatzerhöhung des Ehemannes auf sein eigenes Arbeitsangebot stärker positiv wirkt, wenn beide Ehepartner arbeiten. Grundlage der Überlegungen ist meistens das von P.A. Samuelson so bezeichnete "Le Chatelier–Prinzip", welches Unterschiede in der kurz– und langfristigen Anpassung von Mengen auf Preisänderungen aufzeigt [vgl. dazu Neumann (1995), S. 90 f.] und allgemein besagt, dass eine Reaktion um so stärker ausfällt, je mehr Optionen ein Wirtschaftssubjekt hat.

2.5 Empirische Analyse des Arbeitsangebots

Ökonometrische Studien zur Evaluation des Arbeitsangebotsverhaltens lassen sich über mehrere Stadien ("Generationen") hinweg verfolgen. Ein großer Teil der Arbeiten in den sechziger und siebziger Jahren bestand aus Zeitreihen– und Querschnittsanalysen mit Hilfe aggregierter Daten. Diese Analysen bauten hauptsächlich auf den Pionierarbeiten von Jacob Mincer (1962, 1966) auf und bestanden im Wesentlichen aus Regressionen mit der Erwerbsquote oder den angebotenen Stunden als abhängiger Variable und den Lohnsätzen beziehungsweise Einkommen sowie der Arbeitslosenquote (als Konjunkturindikator) als erklärende Variablen.[80] Ansätze von intertemporalen Aspekten des Arbeitsangebots kommen in den bereits erwähnten Arbeiten von Mincer aber schon sehr deutlich zum Ausdruck, der zwischen permanenten und transitorischen Einkommensbestandteilen trennt, ein Sachverhalt, der dann wieder im Mittelpunkt der Schätzungen von Lucas und Rapping (1970) steht. Die wohl umfangreichsten Schätzungen dieser Generation von Studien sind für die USA in dem Buch von Bowen und Finegan (1969) enthalten. Auch für die Bundesrepublik liegen vergleichbare Arbeiten vor. Ohne Anspruch auf Vollständigkeit seien die Studien von Enke (1974), Pauly (1978), Schloenbach (1972) und Franz (1977) genannt. Allen erwähnten Studien liegt eine Berechnungsperiode bis längstens 1975 zu Grunde, und es lassen sich in der Regel die Elastizitäten der Erwerbsquote in Bezug auf den Reallohn berechnen, wie beispielsweise langfristig –0.38 für Männer und –0.30 für Frauen (ohne ausländische Erwerbspersonen).[81]

Das generelle Problem dieser Arbeiten besteht zunächst einmal darin, dass für viele der in der theoretischen Analyse des Arbeitsangebotes herausgearbeiteten Variablen keine oder nur unzulängliche Zeitreihen zur Verfügung stehen und dass darüber hinaus zwischen den vorhandenen Zeitreihen auf Grund ihrer Trendentwicklung eine hohe Multikollinearität zu verzeichnen ist, sodass die Parameterschätzwerte höchst unzuverlässig sind. Der weitaus schwerwiegendere Defekt dieser Studien liegt jedoch darin begründet, dass nicht sorgfältig genug zwischen den angebotenen Stunden eines Individuums und der Partizipationswahrscheinlichkeit dieser Person unterschieden wird. Beide Dimensionen sind zwar separat zu betrachten, müssen indessen simultan geschätzt werden. Sie können auch nicht ohne weiteres auf die gesamtwirtschaftliche Ebene übertragen werden: Die durchschnittliche Zahl der angebotenen Arbeitsstunden aller Individuen ist nur dann mit der erstgenannten Dimension identisch, wenn alle Individuen arbeiten, was nicht der Fall ist. Darüberhinaus ist bereits bei der Schätzung zu gewährleisten, dass der auf Grund der Schätzung prognostizierte Wert der Partizipationswahrscheinlichkeit immer im [0,1]–Intervall liegen muss, und dass die Dichtefunktion der Arbeitsstunden bei null gestutzt ist, weil negative Stunden nicht definiert sind.

In der "zweiten Generation"[82] von Studien werden insbesondere die genannten methodischen Aspekte behandelt. Ziel dieser Arbeiten ist darüber hinaus die Identifizierung möglichst vieler "struktureller Parameter", also unter anderen der Para-

[80] Mincer (1962, 1966) differenziert bei seiner Schätzung des Arbeitsangebotes verheirateter Frauen zwischen dem Einkommen des Ehemannes und der Ehefrau.

[81] Vgl. Franz (1977), S. 18.

[82] So wurden diese Arbeiten von Killingsworth (1983) bezeichnet.

meter der Nutzenfunktion.[83] Eine solche Identifikation dient der Abschätzung von Wohlfahrtseffekten einer Besteuerung. Gefördert wurden diese Arbeiten der zweiten Generation durch die zunehmende Verfügbarkeit von Individualdaten.

Die folgenden Abschnitte beschäftigen sich hauptsächlich mit diesen Ansätzen der zweiten Generation.

2.5.1 Methodische Ansätze und Probleme

In den folgenden beiden Unterabschnitten sollen kurz einige methodische Fragen angesprochen werden, die bei der Schätzung von Arbeitsangebotsfunktionen auf der Basis von Individualdaten eine wichtige Rolle spielen. Zum einen geht es darum, die beiden wesentlichen Dimensionen des Arbeitsangebots – Partizipationswahrscheinlichkeit und angebotene Stunden – gleichzeitig zu ermitteln. Dabei tritt bei der Schätzung der Partizipationswahrscheinlichkeit die Notwendigkeit auf, dass diese im [0,1]–Intervall zu definieren ist, während das Problem bei den angebotenen Stunden darin besteht, dass deren Dichtefunktion gestutzt ist, weil negative Stunden nicht definiert sind. Zum anderen ist auf die Schwierigkeit einzugehen, dass für die Individuen, die keine Arbeit anbieten, in den Datensätzen auch keine Angaben über die Entlohnung enthalten sind. Da der Lohnsatz *die* zentrale Variable der Arbeitsangebotsentscheidung darstellt, erhebt sich die Frage, ob man sich auf den Personenkreis der arbeitenden Personen beschränken soll, für den Lohnangaben in der Regel erhältlich sind. Die folgenden methodischen Ausführungen bieten Möglichkeiten zur Behebung dieser Probleme.[84]

2.5.1.1 Logit, Probit, Tobit

Die kurze Darstellung einiger methodischer Fragen beginnt mit der ökonometrischen Behandlung der Entscheidung eines Individuums darüber, ob es Arbeit anbietet oder nicht. Genauer gesagt, es interessiert die Wahrscheinlichkeit, dass die betrachtete Person Arbeit anbietet, wobei die in den vorangegangenen Abschnitten aufgezeigte ökonomische Theorie Angaben darüber macht, welche ökonomischen Variablen diese Wahrscheinlichkeit beeinflussen. Da das Individuum neben der Entscheidung, am Erwerbsleben teilzunehmen, nur *eine* Alternative hat (nämlich dies nicht zu tun), genügt es, die Wahrscheinlichkeit Pr_i zu betrachten, dass die Person i Arbeit anbietet. Der Einfachheit halber seien alle für diese Entscheidung relevanten Variablen in dem Zeilenvektor X_i zusammengefasst und zwar derart, dass die genannte Wahrscheinlichkeit mit größer werdenden Werten der Variablen in X_i ebenfalls steigt. Eine lineare Bestimmungsgleichung für Pr_i kann dann wie folgt geschrieben werden:

$$Pr_i = X_i \cdot \beta \qquad i = 1, \ldots, N \tag{2.67}$$

Hierbei bezeichnet N die Anzahl der Individuen, und β ist der Spaltenvektor der zu schätzenden Koeffizienten. Gleichung (2.67) weist indessen die Unzulänglichkeit auf, dass nicht sichergestellt ist, dass Pr_i bei alternativen Werten von X_i immer im [0,1]–Vorhersageintervall liegt. Dies muss jedoch bei Wahrscheinlichkeiten garantiert sein. Deshalb wird eine Transformation benötigt, die gewährleistet, dass Pr_i sich

[83] Vgl. zum Beispiel Yatchew (1985), der eine indirekte Translog–Nutzenfunktion unterstellt, während Zabalza (1983) mit einer CES–Nutzenfunktion arbeitet.

[84] Vgl. Ronning (1991) für ein deutschsprachiges Lehrbuch zur Mikroökonometrie. Lechner (1991) bietet eine Einführung in die Praxis von Logit–Modellen.

immer im Intervall [0,1] befindet, welche Werte die Variablen in X_i auch annehmen mögen. Im Hinblick auf die Analyse von Wahrscheinlichkeiten liegt es nahe, diese Transformation mit Hilfe einer Verteilungsfunktion vorzunehmen, die bekanntlich nur in diesem Intervall definiert ist.[85] Diese Transformation ist der Grundgedanke der Logit– und Probit–Modelle. Beide Verfahren unterscheiden sich nur durch den Typ der Verteilungsfunktion: Die Probit–Ansätze unterstellen eine Normalverteilung, die Logit–Modelle eine logistische Verteilung. Es ergibt sich dann für das Probit–Modell:

$$Pr_i = F(X_i \cdot \beta) = F(Z_i) \qquad (2.68)$$

wobei F die Verteilungsfunktion der Normalverteilung und $Z_i = X_i \cdot \beta$ ist. Mit Ausnahme ihrer Randwerte unterscheiden sich die Dichtefunktionen beider Verteilungen im univariaten Fall nur unwesentlich, sodass die Schätzergebnisse beim Logit– und Probit–Verfahren in der Regel kaum differieren.

Man kann das Logit– und Probit–Modell mit Hilfe eines "latenten" Modells verdeutlichen. Zu diesem Zweck unterstellen wir, dass es eine "latente", das heißt unbeobachtbare Variable Y^* und eine dichotome, das heißt nur zwei Ausprägungen besitzende Variable Y gibt. Dabei soll Y den Wert 1 annehmen, wenn Y^* einen bestimmten Schwellenwert c übersteigt. Andernfalls gilt $Y = 0$. So könnte Y^* den für nicht arbeitende Personen unbeobachtbaren Marktlohnsatz und c den Anspruchslohn darstellen. Wenn unterstellt wird, dass Y^* normalverteilt ist, einen Erwartungswert $X_i \cdot \beta$ und eine Varianz σ^2 besitzt, dann lässt sich Gleichung (2.67) auch wie folgt schreiben:

$$Pr_i = P\left(\frac{Y^* - X_i \cdot \beta}{\sigma} > \frac{c - X_i \cdot \beta}{\sigma}\right). \qquad (2.69)$$

Es lässt sich zeigen, dass nicht alle Parameter identifizierbar sind, weshalb $c = 0$ und $\sigma = 1$ gesetzt wird. Unter diesen Annahmen folgt aus Gleichung (2.69) dann Gleichung (2.68). Eine analoge Darstellung für eine logistisch verteilte Variable Y^* führt zum Logit–Modell.

Sowohl das Probit–Modell wie auch das Logit–Modell können nicht einfach mit Hilfe der Methode der Kleinsten Quadrate geschätzt werden, weil es sich um nichtlineare Beziehungen handelt. Stattdessen kommt die Maximum–Likelihood–Methode zur Anwendung. Die zu maximierende Likelihood–Funktion L lautet:

$$L(\beta) = \prod_{i=1}^{N_1} F(Z_i) \cdot \prod_{i=N_1+1}^{N} [1 - F(Z_i)], \qquad (2.70)$$

wobei die ersten N_1 Personen Arbeit anbieten und die restlichen $N - N_1$ Personen nicht am Erwerbsleben teilnehmen. Maximierung von (2.70) liefert dann unter anderem einen Schätzwert des Parametervektors β.[86]

[85] Eine Verteilungsfunktion gibt die Wahrscheinlichkeit an, dass eine Zufallsvariable kleiner oder gleich einem bestimmten Wert dieser Variable ist.

[86] Eine detailliertere Einführung in die ökonometrische Schätzung ist zum Beispiel in Maddala (1983) oder Ronning (1991) enthalten.

Viele Datensätze enthalten neben der Information, ob jemand Arbeit anbietet oder nicht, auch Angaben über die angebotenen (oder in den meisten Fällen: die geleisteten) Arbeitsstunden. Daher wird ein Schätzverfahren benötigt, welches beiden Dimensionen des Arbeitsangebots (Partizipationswahrscheinlichkeit und angebotene Arbeitszeit) bei der ökonometrischen Schätzung Rechnung trägt. Scheinbar besteht ein einfacher Ansatz zur Lösung darin, dass man eine Kleinst-Quadrate-Schätzung (OLS) mit den angebotenen Arbeitsstunden H_i (einschließlich der Werte $H_i = 0$ für die Personen, die keine Arbeit anbieten) als zu erklärende Variable durchführt, wobei der Vektor X_i nun die ökonomischen Bestimmungsfaktoren für H_i enthalten möge:

$$H_i = X_i \cdot \alpha + \mu_i \tag{2.71}$$

In Gleichung (2.71) bezeichnet α den Vektor der zu schätzenden Regressionskoeffizienten, und die $\mu_i \sim N(0, \sigma_\mu^2)$ sind die Störgrößen. Eine übliche Schätzung von Gleichung (2.71) nach der Kleinst–Quadrate–Methode würde indessen unbrauchbare Schätzwerte für α liefern, weil die Variable H_i nur für den Bereich $H_i \geq 0$ definiert ist, da negative Stunden keinen Sinn ergeben. Man spricht in diesem Fall von "gestutzten Verteilungen", und das Schätzverfahren muss gewährleisten, dass bei alternativen Werten von X_i der geschätzte Wert der Variablen H_i nicht negativ werden kann. Auch eine Beschränkung auf die Personen, für die $H_i > 0$ ist, bildet keinen Ausweg, da dann die Voraussetzung $E(\mu_i) = 0$ nicht mehr erfüllt ist.

Ein methodischer Ansatz zur Schätzung von Gleichung (2.71) ist ein auf Tobin (1958) zurückgehendes Verfahren, das als Tobit–Methode eine weite Verbreitung auch in der Literatur zur Schätzung von Arbeitsangebotsfunktionen gefunden hat. Mit Hilfe dieser Methode schätzt man die angebotenen Arbeitsstunden $H_i \geq 0$, wobei das Verfahren berücksichtigt, dass die Verteilung von H_i gestutzt ist, andererseits jedoch gleichzeitig die Bestimmung der Partizipationswahrscheinlichkeit ermöglicht, wenn auch unter der möglicherweise einschränkenden Annahme gleicher Erklärungsvariablen für die Partizipation und die Stunden. Die Vorgehensweise kann wie folgt kurz verdeutlicht werden.[87] Es sei eine latente Variable H_i^* für jedes Individuum i definiert, die für positive Werte ($H_i^* \geq 0$) mit H_i übereinstimmt. Nimmt H_i^* dagegen negative Werte an, so wird H_i gleich null gesetzt:

$$\begin{aligned} H_i^* &= X_i \cdot \alpha + \mu_i & & \\ H_i &= H_i^* & \text{wenn} \quad & H_i^* > 0 \\ H_i &= 0 & \text{wenn} \quad & H_i^* \leq 0\,. \end{aligned} \tag{2.72}$$

Die Einführung einer solchen latenten Variable H_i^* mag auf den ersten Blick umständlich erscheinen, erlaubt indessen, die Likelihood–Funktion in folgender einfacher Weise zu formulieren:

$$L(\alpha, \sigma_\mu^2) = \left[\prod_{(H_i^* \leq 0)} Pr(H_i = 0) \right] \cdot \left[\prod_{(H_i^* > 0)} Pr(H_i = H_i^*) \right] . \tag{2.73}$$

Unter der Annahme der Normalverteilung für die μ_i lässt sich dafür schreiben:

[87] Vgl. Maddala (1977), S. 162ff. für eine ausführliche Darstellung.

$$L(\alpha, \sigma_\mu^2) = \left[\prod_{(H_i^* \leq 0)} F(-\frac{X_i \cdot \alpha}{\sigma_\mu}) \right] \cdot \left[\prod_{(H_i^* > 0)} \frac{1}{\sigma_\mu} \cdot f\Big(\frac{H_i - X_i \cdot \alpha}{\sigma_\mu}\Big) \right] , \tag{2.74}$$

wobei $F(\cdot)$ und $f(\cdot)$ die Verteilungs– beziehungsweise Dichtefunktion der Standard–Normalverteilung bezeichnen. Maximierung der Likelihood–Funktion (2.74) ergibt Parameterschätzwerte für α und σ_μ^2, sodass die angebotenen Arbeitsstunden bestimmt sind. Die Wahrscheinlichkeit, dass eine Person überhaupt Arbeit anbietet, kann dann wie folgt berechnet werden:

$$\begin{aligned} Pr(H_i > 0) &= Pr(X_i \cdot \alpha + \mu_i > 0) \\ &= Pr(\mu_i > -X_i \cdot \alpha) \\ &= 1.0 - Pr(\mu_i \leq -X_i \cdot \alpha) \\ &= 1.0 - F(-X_i \cdot \alpha / \sigma_\mu) \\ &= F(X_i \cdot \alpha / \sigma_\mu) \, . \end{aligned} \tag{2.75}$$

Da die Tobit–Schätzung Parameterschätzwerte für α und σ_μ liefert, ergibt der Quotient dieser Schätzwerte – multipliziert mit dem Vektor X_i der erklärenden Variablen und eingesetzt in die Verteilungsfunktion $F(\cdot)$ – die Wahrscheinlichkeit, dass eine Person i mit den durch X_i beschriebenen Merkmalen Arbeit anbietet.

2.5.1.2 Die Selektionsverzerrung und ihre Korrektur

Wie bereits in der Einleitung erwähnt, tritt bei der Schätzung von Arbeitsangebotsfunktionen das Problem auf, dass Lohnangaben für solche Personen, die nicht arbeiten, typischerweise in den Datensätzen nicht enthalten sind. Zwei Auswege bieten sich scheinbar an:

(i) Wenn die abhängige Variable die angebotenen Stunden sind, beschränkt man sich bei der Schätzung auf die Untergruppe der arbeitenden Personen und vernachlässigt die Personen, die keine Arbeit anbieten.

(ii) Man schätzt die Lohnfunktion auf der Basis der arbeitenden Personen in Abhängigkeit individueller Charakteristika wie Alter, Geschlecht, Schulbildung und Berufserfahrung und berechnet auf der Grundlage dieser Regressionsschätzung hypothetische Lohnsätze für die nicht arbeitenden Personen, indem man die individuellen Charakteristika dieser Personen in die Regressionsgleichung für die Arbeitsangebotsfunktion einsetzt.

Beide "Auswege" sind mit Risiken behaftet, die in einer möglicherweise erheblichen Verzerrung der Parameterschätzwerte bestehen. Das liegt daran, dass bei der Verwendung von Untergruppen ein solcher Datensatz oft keine Zufallsstichprobe mehr darstellt, sondern dass es sich um eine systematische Auswahl handelt: Eine bestimmte Personengruppe – nämlich die nicht arbeitenden Leute – werden von vornherein aus der Untersuchung ausgeschlossen. Die Ergebnisse haben dann nur für die ausgewählte Untergruppe Gültigkeit und müssen nicht notwendigerweise auch für den unberücksichtigt gebliebenen Personenkreis zutreffend sein. Gerade bei Arbeitsangebotsfunktionen oder bei der angesprochenen Schätzung von Lohnfunktionen liegt es auf der Hand, dass die Untergruppe der arbeitenden Personen nicht "zufällig" zu Stande gekommen ist, denn dahinter verbirgt sich die Angebotsentscheidung.

Zur Illustration dieser Selektionsverzerrung[88] beziehen wir uns auf die oben erwähnte Schätzung des Marktlohnsatzes. Wie in *Abschnitt 2.2.1* dargestellt [vgl. Gleichung (2.1)], lässt sich eine entsprechende Schätzfunktion mit Hilfe von

$$W_i = XM_i \cdot \beta + v_i \quad i = 1, \ldots, N \tag{2.76}$$

beschreiben, wobei β einen Spaltenvektor der zu schätzenden Koeffizienten darstellt, die den Einfluss der einzelnen, in dem Zeilenvektor XM_i zusammengefassten Bestimmungsgründe des Marktlohnsatzes W messen, und v_i eine normalverteilte Störgröße mit Mittelwert null und Varianz σ_v^2 ist. N sei die Anzahl der Individuen i. Zur genaueren Darstellung der Selektionsverzerrung sei eine Dummy–Variable D definiert, die den Wert eins annimmt, wenn das Individuum zu der betrachteten Untergruppe gehört, und ansonsten gleich null ist.[89] Ob das Individuum zu der Untergruppe der arbeitenden Personen gehört oder nicht, sei durch eine Auswahlregel wie folgt erfasst:[90]

$$D \begin{cases} = 1 & \text{wenn} \quad Z \cdot \alpha + u \geq 0 \\ = 0 & \text{wenn} \quad Z \cdot \alpha + u < 0 \ . \end{cases} \tag{2.77}$$

Der Zeilenvektor Z bezeichne die Bestimmungsfaktoren der Auswahl, α sei ein Spaltenvektor von Parametern, und u seien normalverteilte Störgrößen mit Mittelwert null und Varianz σ_u^2. Die Auswahlregel sagt mithin folgendes: Wenn ein Satz von beobachtbaren Variablen Z (gewichtet mit den Parametern α) zusammen mit einer Zufallsgröße u einen bestimmten Wert überschreitet – der ohne Beschränkung der Allgemeinheit gleich null gesetzt wurde –, dann gilt $D = 1$, das heißt, das Individuum gehört zu der betrachteten Untergruppe (also den arbeitenden Personen in unserem Fall).

Mit Hilfe dieser Auswahlregel lässt sich nun die Selektionsverzerrung leicht darstellen. Der Erwartungswert E des Marktlohnsatzes W lautet bei einer Beschränkung auf die Untergruppe (das heißt auf die Individuen, für die $D = 1$ gilt):

$$E(W|D = 1) \ = \ XM \cdot \beta + E(v|D = 1) \ . \tag{2.78}$$

Der Erwartungswert von W ist also nur dann identisch mit dem unverzerrten Wert $XM \cdot \beta$, wenn $E(v|D = 1) = 0$. Dies ist jedoch in vielen Fällen sehr unwahrscheinlich. Um das zu verdeutlichen, schreiben wir Gleichung (2.78) wie folgt:[91]

$$E(W|D = 1) \ = \ XM \cdot \beta + \frac{\rho \cdot \sigma_v}{\sigma_u} \cdot E(u|D = 1) \ , \tag{2.79}$$

wobei unterstellt wurde, dass v und u einer bivariaten Normalverteilung mit Mittelwert null sowie Varianzen σ_v^2 und σ_u^2 unterliegen und einen Korrelationskoeffizienten ρ aufweisen. Aus der obigen Gleichung ist zu erkennen, dass immer dann eine Verzerrung auftritt, wenn $E(u|D = 1) \neq 0$ und/oder wenn $\rho \neq 0$. Letztere Aussage besagt,

[88] Sie firmiert in der angelsächsischen Literatur als "sample selection bias".

[89] Die Darstellung folgt Griliches, Hall und Hausman (1978).

[90] Zur Vereinfachung der Notation wird in den folgenden Gleichungen auf die Subskripte i verzichtet. Inhaltlich entspricht Gleichung (2.77) den Gleichungen (2.71) und (2.72). Die getrennte Darstellung soll nicht den Eindruck erwecken, als handele es sich um inhaltlich unterschiedliche Probleme.

[91] Die Herleitung der folgenden beiden Gleichungen ist ziemlich aufwendig und kann hier nicht dargestellt werden; vgl. dazu Heckman (1979).

dass eine Korrelation zwischen den Störgrößen der Auswahlfunktion und denen der zu schätzenden Gleichung (in unserem Beispiel: der Marktlohnsatzfunktion) besteht. Da Störgrößen unter anderem den Effekt unberücksichtigt gebliebener Variablen reflektieren – sei es, dass diese Variablen nicht quantifizierbar oder dass keine Angaben im Datensatz vorhanden sind – lässt sich eine Korrelation $\rho \neq 0$ leicht begründen. Im vorliegenden Zusammenhang könnte man an individuelle Charakteristika denken, die sowohl die Entscheidung, überhaupt zu arbeiten (das heißt zu der Untergruppe $D = 1$ gehören), als auch den Marktlohnsatz beeinflussen, die jedoch in den Datensätzen nicht vorhanden sind (Noten von Zeugnissen, Intelligenz, persönliches Erscheinungsbild).

Selbst wenn $\rho \neq 0$ ist, bestünde – wie erwähnt – kein Problem, wenn $E(u|D = 1) = 0$ wäre (vgl. obige Gleichung). Wann ist dies der Fall? Zur Beantwortung dieser Frage ist es nützlich, Gleichung (2.79) nochmals umzuformen:

$$E(W|D = 1) = XM \cdot \beta + \rho \cdot \sigma_v \cdot M(Z \cdot \alpha/\sigma_u) \ , \tag{2.80}$$

wobei $M(\cdot)$ der Quotient aus der Dichte– und der Verteilungsfunktion von $Z \cdot \alpha/\sigma_u$ ist. Je größer $Z \cdot \alpha/\sigma_u$, desto größer $M(\cdot)$ und damit (für $\rho \neq 0$) die Verzerrung.[92] Nur wenn $Z \cdot \alpha$ gleich null ist, gilt $E(u|D = 1) = 0$, und es liegt keine Verzerrung vor. Gerade diese letzte Gleichung eröffnet indessen den Weg zu einer vergleichsweise einfachen Korrektur der Selektionsverzerrung, wie sie von Heckman (1979) vorgeschlagen wurde und mittlerweile Standard bei der ökonometrischen Schätzung von Arbeitsangebotsfunktionen auf der Basis von Individualdaten ist. Wäre der $M(\cdot)$ – Ausdruck für jedes Individuum bekannt, dann könnte man ihn als zusätzliche erklärende Variable in die Schätzgleichung (2.76) für den Marktlohnsatz aufnehmen. Eine Schätzung einer solchen "erweiterten" Gleichung würde dann die Selektionsverzerrung beseitigen, obwohl diese Schätzung nur auf der Datenbasis der Untergruppe arbeitender Personen beruht. Dass die Selektionsverzerrung damit behoben wäre, erkennt man daran, dass die Schätzgleichung (2.80) dann vollständig spezifiziert wäre, womit sich $W = XM \cdot \beta$ als unverzerrter Schätzwert ermitteln lässt.

Nun ist $M(\cdot)$ unbekannt, aber man kann versuchen, einen Schätzwert $\tilde{M}(\cdot)$ zu erhalten. Zu diesem Zweck schätzt man zunächst mit Hilfe einer Probitanalyse die Auswahlfunktion (2.77), also die Wahrscheinlichkeit, dass ein Individuum i zu der betrachteten Untergruppe $D = 1$ gehört und zwar in Abhängigkeit der in dem Vektor Z zusammengefassten Auswahlvariablen und unter Verwendung des gesamten Datensatzes der arbeitenden und der nicht arbeitenden Personen. Eine solche Schätzung liefert einen Schätzwert für das Parameterverhältnis α/σ_u, mit dessen Hilfe der $\tilde{M}(\cdot)$ – Term für jede arbeitende Person berechnet werden kann. Der $\tilde{M}(\cdot)$ – Ausdruck wird dann in die Schätzgleichung für W aufgenommen, wobei nun nur der Teil des Datensatzes verwendet wird, für den $D = 1$ zutreffend ist.[93] Der so konsistent geschätzte Erwartungswert der individuellen Löhne geht dann bei der (erneuten) Schätzung der Partizipationsfunktion beziehungsweise Stundengleichung als erklärende Variable ein. Zu beachten ist, dass die Standardfehler der Lohngleichung verzerrt sind, weil $M(\cdot)$ nicht beobachtbar ist, sondern geschätzt wurde.[94] Weiterhin sollte die Partizipations-

[92] $M(\cdot)$ wird in der Literatur häufig als die Inverse des Mills–Quotienten bezeichnet.

[93] Zu Eigenschaften dieses Schätzwertes und weiteren Korrekturmöglichkeiten vgl. Griliches, Hall und Hausman (1978).

[94] Zur Korrektur der Standardfehler vgl. die Ausführungen in Greene (1993), S. 706ff.

gleichung eine zusätzliche Variable enthalten, damit die Lohngleichung identifiziert ist.

2.5.2 Empirische Resultate zum Arbeitsangebotsverhalten

Die Darstellung der empirischen Resultate konzentriert sich im Wesentlichen auf die Ergebnisse neuerer Studien, die eine Schätzung einiger Lohnelastizitäten auf der Grundlage der in den vorangegangenen Abschnitten diskutierten Methoden vornehmen. Zu diesem Zweck sei Gleichung (2.33) des *Abschnitts 2.2.2* ins Gedächtnis zurückgerufen, welche den Gesamteffekt einer Lohnsatzveränderung auf das in Stunden gemessene Arbeitsangebot (die unkompensierte Lohnelastizität $\eta_{H,W}$) in die Einkommenselastizität $\eta_{H,E}$ und die kompensierte Lohnelastizität $\eta_{H,S}$ zerlegt:

$$\underbrace{\frac{\partial H}{\partial W}\cdot\frac{W}{H}}_{\eta_{H,W}} = \underbrace{\left(\frac{\partial H}{\partial V}\cdot\frac{V}{H}\right)}_{\eta_{H,E}}\cdot\frac{W\cdot H}{V} + \underbrace{\left(\frac{\partial H}{\partial W}\cdot\frac{W}{H}\right)_S}_{\eta_{H,S}} \tag{2.81}$$

Empirische Studien, welche diese Elastizitäten evaluieren, sind mittlerweile Legion, insbesondere im Hinblick auf das Arbeitsangebotsverhalten verheirateter Frauen, welches im Vergleich zu Männern und ledigen Frauen in den letzten beiden Dekaden eine höhere Variabilität in den mittleren Altersgruppen aufweist. In der Tat kommen die meisten Studien zu dem Resultat, dass sowohl die kompensierte als auch die unkompensierte Arbeitsangebotselastizität für verheiratete Frauen positiv und größer sind als die für ledige Frauen und für Männer. Damit sind indessen die Gemeinsamkeiten der empirischen Analysen schon weitgehend erschöpft, denn die Schätzwerte für die einzelnen Arbeitsangebotselastizitäten differieren ganz erheblich. Dies ist im Wesentlichen auf unterschiedliche Datensätze und ökonometrische Verfahren zurückzuführen, zeigt aber, dass von "empirisch gesicherten" Werten keine Rede sein kann.[95]

Was das Arbeitsangebot insbesondere verheirateter Frauen anbelangt, so liegen eine Reihe von empirischen Studien auch für europäische Länder vor. Eine Sammlung findet sich im Sonderheft des Journal of Labor Economics, Bd. 3, Heft 1, Teil 2, Januar 1985 und zwar unter anderem für die Bundesrepublik Deutschland, Frankreich, Großbritannien, Italien, Niederlande, Schweden und Spanien sowie für einige außereuropäische Länder.[96] Eine Übersicht über die Schätzung von Arbeitsangebotsfunktionen auf der Basis von Paneldaten für zahlreiche Länder ist in einem Übersichtsbeitrag von Laisney, Pohlmeier und Staat (1992) enthalten.

Tabelle 2.5 stellt einige Ergebnisse der Schätzungen einiger Arbeitsangebotselastizitäten für den deutschsprachigen Raum zusammen, die ebenfalls auf Varianten der in *Abschnitt 2.5.1* erläuterten Schätztechniken beruhen.

[95] Vgl. Mroz (1987) für eine Sensitivitätsanalyse von Arbeitsangebotsfunktionen verheirateter Frauen bei unterschiedlichen ökonometrischen Annahmen und Schätzprozeduren.

[96] Diese Länder sind: Australien, Israel, Japan, Kanada, UdSSR und USA. Vgl. auch die Übersicht bei Hübler (1983).

Tabelle 2.5 : Arbeitsangebotselastizitäten für den deutschsprachigen Raum

Land	Autor(en)	Personengruppen	Dimension	$\eta_{H,W}$	$\eta_{H,E}$	$\eta_{H,S}$
Westdeutschland	Franz (1985)	Verheiratete Frauen	Stunden	1.375	−0.287	1.662
	Franz und Kawasaki (1981)	Verheiratete Frauen	Stunden	1.077	−0.206	1.283
	Merz (1990)	Verheiratete Frauen	Partizipationswahrscheinlichkeit	3.303	0.001	3.302
		Verheiratete Frauen	Stunden	−0.101	−0.020	−0.082
		Unverheiratete Frauen	Partizipationswahrscheinlichkeit	1.632	0.0001	1.632
		Unverheiratete Frauen	Stunden	−0.077	−0.002	−0.075
	Strøm und Wagenhals (1991)	Verheiratete Frauen	Stunden	1.15	−0.07	1.21
		Verheiratete Frauen	Partizipationswahrscheinlichkeit	1.27	–	–
	Untiedt (1992)	Verheiratete Frauen	Stunden	−0.08	−0.06	−0.02
	Wagenhals (1990)	Verheiratete Frauen	Stunden	1.85	−0.20	1.65
Österreich	Zweimüller (1987)	Frauen	Partizipationswahrscheinlichkeit	1.20	−0.14	1.34
	Zweimüller (1987)	Frauen	Stunden	0.16	−0.02	0.16
Schweiz	Leu und Kugler (1986)	Männer	Stunden	0.26	−0.07	0.33
		Verheiratete Frauen	Stunden	2.85	−0.19	3.03
		Unverheiratete Frauen	Stunden	0.61	−0.27	0.88
	Gerfin (1993)	Verheiratete Frauen	Partizipationswahrscheinlichkeit	−1.06	−0.36	1.42
			Stunden	0.51	−0.24	0.75

Verschiedene Studien nehmen auf der Grundlage der hier diskutierten Schätzmethoden zu anderen Einzelfragen des Arbeitsangebots Stellung. So kommt Stobernack (1990) zu dem Ergebnis, dass der Bezug von Arbeitslosenunterstützung keinen negativen, sondern einen signifikant positiven Einfluss auf das registrierte Arbeitsangebot hat. Laisney, Lechner, van Soest und Wagenhals (1993) untersuchen den Einfluss der Besteuerung im Rahmen eines Lebenszyklusmodells des Arbeitsangebots. König, Laisney, Lechner und Pohlmeier (1995) gehen der Frage nach, inwieweit Arbeitsanbieter tatsächlich über das Steuersystem informiert sind und kommen – ebenfalls auf der Grundlage des Sozio–oekonomischen Panels – zu dem Ergebnis, dass für verheiratete Frauen die Annahme einer exakten Perzeption mit den Daten nicht vereinbar ist und die Schulbildung eine Hauptdeterminante einer korrekten Kenntnis des Grenzsteuersatzes darstellt. Beblo (2001) bietet eine ökonometrische Analyse des Arbeitsangebots im familialen Kontext. Schließlich analysieren Hujer und Schnabel (1994) den Einfluss regionaler und sektoraler Arbeitsmarktbedingungen auf Arbeitsangebot und Lohnhöhe.

Mit der Verfügbarkeit von Panel–Daten, zum Beispiel im Rahmen der Erhebungswellen des Sozio–oekonomischen Panels, sind Schätzungen von Lebenszyklusmodellen des Arbeitsangebotes auch für Deutschland möglich.[97] Ein Beispiel stellt die Studie von Hujer und Schnabel (1991) dar. Der zentrale Modellparameter in Lebenszyklusmodellen ist – wie in *Abschnitt 2.3* erwähnt – die intertemporale Substitutionselastizität des Arbeitsangebotes. Sie misst die Veränderung dieser Größe in Bezug auf Änderungen des Lohnsatzes, wobei der künftige Lohnpfad als bekannt vorausgesetzt und im übrigen unterstellt wird, dass der Grenznutzen des Vermögens – das ist der Parameter λ in *Abschnitt 2.3* – konstant ist. Hujer und Schnabel (1994) berechnen für Deutschland eine intertemporale Substitutionselastizität für die angebotenen Stunden und für verheiratete Frauen auf der Grundlage des Sozio–oekonomischen Panels 1984–1987 in Höhe von -0.33.

Eine Reihe weiterer empirischer Studien enthalten ökonometrische Analysen über die Entscheidung über den optimalen Zeitpunkt des Eintritts in den Ruhestand. Diese wird – wie im theoretischen Teil dieses Kapitels dargestellt – auf der Grundlage eines Vergleichs der Einkünfte aus der Rentenversicherung mit einem Optionswert, der den nutzenbewerteten finanziellen Anreiz einer Verlängerung des Erwerbslebens abbildet, gefällt. So belegt die ökonometrische Studie von Schmidt (1995) den hochsignifikanten Einfluss dieses Optionswertes auf die Wahl des Renteneingangsalters, neben anderen Variablen, wie die schulische oder berufliche Bildung oder die Stellung im Beruf.[98]

2.6 Literaturauswahl

Ausführungen über das Arbeitsangebot finden sich in jeder der Monographien über Arbeitsmarktökonomik, die in *Kapitel 1* aufgeführt wurden.
Darüberhinaus befasst sich

- M. Killingsworth (1983), Labor Supply, New York (Cambridge University Press)

[97] Vgl. Laisney, Pohlmeier und Staat (1992) für eine Übersicht über internationale Studien und deren Resultate. Eine Studie für die USA ist Zabel (1997).

[98] Vgl. auch Siddiqui (1997) für eine ökonometrische Analyse der Ruhestandsentscheidung in Deutschland.

sehr ausführlich mit verschiedenen "Generationen" von Arbeitsangebotsmodellen, den Methoden ihrer ökonometrischen Überprüfung und den empirischen Resultaten auf einem technisch anspruchsvollen Niveau. Eine Reihe von Länderstudien über das Arbeitsangebot (von Frauen) ist in

- Trends in Women's Work, Education, and Family Building, Sonderheft des Journal of Labor Economics, Bd.3, Nr.1, Teil 2, Januar 1985
- F. Laisney, W. Pohlmeier u. M. Staat (1992), Estimation of Labour Supply Functions Using Panel Data: A Survey, in: L. Mátyás u. P. Sevestre (Hrsg.), The Econometrics of Panel Data, Amsterdam (Kluwer), S. 436–469

zusammengestellt. Speziell mit der theoretischen und empirischen Analyse der Frauenerwerbstätigkeit befasst sich auch

- J.P. Smith (Hrsg.) (1980), Female Labor Supply: Theory and Estimation, Princeton (University Press).

Kapitel 3

Investitionen in das Humankapital

Die Überlegungen des vorangegangenen Kapitels zur optimalen Zeitallokation haben eine Aktivität ausgeblendet, die im Rahmen der Übersicht über die Bewegungsvorgänge auf dem Arbeitsmarkt im ersten Kapitel als besonders wichtig herausgestellt wurde, nämlich die Länge der Schul– und Berufsausbildung beziehungsweise deren zeitliche Veränderung.

Wie ebenfalls im ersten Kapitel erwähnt, erschöpfen sich damit keineswegs die Bildungsanstrengungen vieler Leute. Vielmehr werden während des Berufslebens und oft noch darüber hinaus Wissen und Fertigkeiten akquiriert. Für die ökonomische Analyse derartiger Aktivitäten bedient man sich in der Literatur des Begriffs "Humankapital", worunter der Bestand an Wissen und Fertigkeiten eines Individuums verstanden wird, dessen Zunahme die Produktivität des oder der Betreffenden erhöht, wobei es sich um "schulisches" oder "berufliches" Humankapital handeln kann, je nachdem, wo es erworben wurde. Die Analogie zum "Sachkapital" ist ziemlich weitgehend, wenn auch nicht perfekt. Zeit und Sachgüter, die zum Erwerb von (Aus–)Bildung eingesetzt werden, sind Investitionen in das Humankapital. Da die Leute vergessen und/oder verlernen, unterliegt auch das Humankapital einer Abschreibung, sodass analog zum Sachkapital von Brutto– und Nettoinvestitionen die Rede sein kann, wobei nur die letztgenannten humankapitalerhöhend wirken. Die Analogie ist deshalb nicht vollständig, weil Humankapital untrennbar mit dem Menschen verbunden ist und deshalb in Volkswirtschaften, in denen die Sklaverei abgeschafft ist, nicht wie Sachkapital auf entsprechenden Märkten gehandelt wird.

Neben dem angesprochenen Aspekt, dass Bildungsanstrengungen eine Kategorie der Zeitallokation darstellen und daher im Rahmen einer Arbeitsmarktökonomik erklärungsbedürftig sind, ist dies auch im Hinblick auf die individuelle Entlohnung gerechtfertigt, weil gefragt werden muss, ob und inwieweit sich Bildungsinvestitionen in Form höherer Verdienste später "auszahlen". Themen aus dem Bereich der personellen Einkommensverteilung, die ebenfalls auf humankapitaltheoretischen Überlegungen basieren, werden nur am Rande angesprochen. Sie finden sich – einschließlich der Humankapitaltheorie – in Monographien zur Einkommensverteilung.[1] In Anbetracht dieser Literatur sind die Ausführungen zur Humankapitaltheorie hier bewusst knapp gehalten.

3.1 Fakten über Bildungsaktivitäten: Was soll erklärt werden?

Bildungsaktivitäten weisen verschiedene Dimensionen auf, deren quantitative Größenordnung einschließlich ihres zeitlichen Verlaufs theoretisch zu erklären sind. Die *Tabellen 3.1* und *3.2* belegen als Übersicht zunächst einmal, dass der Bildungsstand der gesamten Bevölkerung in schulischer und beruflicher Hinsicht gestiegen ist. So hat sich – wie aus *Tabelle 3.1* hervorgeht – nur innerhalb des Zeitraumes von 1976 bis 1997 der Anteil der Männer und Frauen der Altersgruppe 35–40 Jahre, die eine (Fach–)Hochschulreife besitzen, nahezu verdreifacht beziehungsweise verfünffacht. Ähnliche Tendenzen, wenn auch nicht so ausgeprägt, lassen sich für nahezu alle anderen Altersgruppen und für Realschulabschlüsse konstatieren. Da nur der jeweils höchste Schulabschluss maßgeblich ist, sinken folglich die Anteile von Personen, die nur einen Hauptschulabschluss aufweisen. Ähnliche Aussagen liefert eine Querschnittsbetrachtung zu einem gegebenen Zeitpunkt über alle Altersgruppen. Um bei der (Fach–)Hochschulreife zu bleiben, so zeigt ein diesbezüglicher Vergleich für beide Jahre, dass dieser Anteil mit zunehmendem Alter erheblich sinkt (mit Ausnahme der höchsten Altersgruppe im Jahre 1976), ein Tatbestand, der auf verstärkte Bildungsanstrengungen vor Eintritt in das Berufsleben zurückzuführen ist. Diese schlagen sich dann in einer höheren schulischen Qualifikation des Faktors Arbeit nieder. *Tabelle 3.2* zeigt, dass sich in der Zeitspanne der Jahre 1976 bis 1999 in Westdeutschland der Anteil der Erwerbstätigen mit (Fach–)Hochschulabschluss fast verdreifacht hat. Mit einer schulischen und beruflichen Ausbildung vor Eintritt in das Erwerbsleben sind die Bildungsaktivitäten indessen keineswegs erschöpft. Die Erwerbspersonen bilden sich in erheblichem Umfang während ihrer Erwerbstätigkeit weiter. Im Zeitraum 1999/2000 wurden in Deutschland etwa 4.1 Mio. Erwerbspersonen als Teilnehmer an Maßnahmen der beruflichen Weiterbildung[2] gezählt, von denen aber erst rund die Hälfte über einen beruflichen Bildungsabschluss verfügten.[3] Im Jahre 1999 nahmen 6.6 Mio. Personen an 534 Tsd. Arbeitsgemeinschaften, Kursen und Lehrgängen der knapp 1000 Volkshochschulen in Deutschland teil.[4] Einer betrieblichen Aus– und Weiterbildung kommt ebenfalls ein hoher Stellenwert zu. Die Unternehmen haben im Jahre 1997 rund 5 Mrd. € in die berufliche Weiterbildung ihrer Mitarbeiter investiert. *Tabelle 3.3* enthält zusätzlich die Ausgaben für Weiterbildung seitens der Teilnehmer selbst und des Staates.

Die kurze Übersicht über die vermehrten Bildungsanstrengungen provoziert die Frage, warum die Leute das tun. Die Alltagserfahrung spricht zumindest für die beiden

[1] Zur Theorie der Einkommensverteilung vgl. Ramser (1987a).

[2] Dazu zählen Fortbildungs– und Umschulungsmaßnahmen (Besuch von Techniker– oder Meisterkursen, Lehrgängen, Seminaren usw.).

[3] Quelle: Statistisches Jahrbuch für die Bundesrepublik Deutschland 2001, S. 404; eigene Berechnungen.

[4] Einschl. Mehrfachbelegungen; Statistisches Jahrbuch für die Bundesrepublik Deutschland 2001, S. 405.

folgenden Motive: Bildung macht Spaß und zahlt sich aus. Das erste Argument zielt darauf ab, dass eine bessere Bildung den Freizeitgenuss erhöht, etwa indem man sich auf Grund von Sprachkursen im Auslandsurlaub in der Landessprache verständigen und sich mit Hilfe eines Töpferei–Kurses "selbst verwirklichen" kann. Auch reine Wissenschaft kann immateriellen Gewinn erbringen, wie gut besuchte Seniorenstudiengänge an Universitäten eindrucksvoll belegen.

Tabelle 3.1 : Wohnbevölkerung nach Altersgruppen, Geschlecht und höchstem Schulbildungsabschluss 1976 und 1997[a] (Westdeutschland)

Alter von ... bis unter ... Jahren	Allgemeine Schulbildung [b]						Bevölkerung	
	Volks/-Haupt-schule		Real-schule		(Fach–) Hoch-schulreife		in 1000	
	1976	1997	1976	1997	1976	1997	1976	1997
25–30	66.7	37.5	15.4	25.8	17.0	34.2	2003	2516
	70.1	29.9	19.4	35.2	9.8	32.2	1958	2344
30–35	69.7	41.6	15.5	24.5	14.2	31.3	2002	2843
	70.2	34.1	21.2	34.8	8.1	28.3	1896	2657
35–40	75.9	47.1	12.9	21.7	10.7	28.5	2579	2564
	77.3	40.0	16.9	32.7	5.3	24.3	2404	2458
40–45	79.5	50.2	10.9	19.1	9.2	28.1	2061	2264
	82.2	50.3	13.3	26.3	4.0	20.1	1959	2258
45–50	78.7	56.0	11.7	17.1	9.4	24.4	1985	2221
	82.1	59.1	12.5	22.9	5.0	14.8	1998	2173
50–55	77.3	59.6	11.6	17.2	10.7	20.3	1618	1892
	81.2	62.0	13.8	23.7	4.7	11.0	2165	1822

a) Erste Zeile jeweils für Männer, zweite Zeile jeweils für Frauen.

b) In v.H. der jeweiligen Altersgruppe (Angaben dazu in den letzten beiden Spalten).

Quelle: Statistisches Bundesamt, Bildung im Zahlenspiegel 1978, S. 24f. (für 1976) sowie eigene Auswertungen des Mikrozensus (für 1997).

Tabelle 3.2 : Erwerbstätige nach Schul– und Ausbildungsabschluss[a)]

Jeweils letzter Abschluss	1976	1985	1999	
	Westdeutschland			Ostdeutschland
Volks–(Haupt–)schulabschluss	73.9	62.6	42.9	13.5
Realschul– oder gleichwertiger Abschluss	16.8	22.3	26.5	62.4
(Fach–)Hochschulreife	8.8	14.6	24.6	20.8
Lern–/Anlernausbildung Berufsfachschulabschluss	52.1	55.5	53.5	55.0
Meister–, Techniker–, Fachschulabschluss	6.4	7.5	8.8	16.0
(Fach–)Hochschulabschluss	7.2	9.7	13.7	14.6
ohne berufl. Abschluss	34.4	27.2	19.6	14.3

a) In v.H. aller Erwerbstätigen.

Quelle: Institut der deutschen Wirtschaft, Zahlen zur wirtschaftlichen Entwicklung der Bundesrepublik Deutschland 1998, Tabelle 19; 2001, Tabelle 9.8.

Für eine ökonomische Analyse ist der zweite Aspekt wichtiger. Wie oft hört man Eltern, die ihren Kindern unter Opfern eine weiterführende (Hoch–)Schulausbildung ermöglichen, sagen, dass es diesen "später einmal besser gehen" solle. *Schaubild 3.1* zeigt anhand eines Alters–Verdienst–Profils für verschiedene Ausbildungskategorien, dass diese Hoffnung – soweit sie Verdienste betrifft – im Durchschnitt nicht trügt. Den Kurvenverläufen liegen durchschnittliche Bruttomonatsverdienste deutscher Vollzeiterwerbstätiger des Jahres 1993 zu Grunde. Diese Definition gewährleistet, dass die Verdienste weder durch steuerliche Regelungen noch auf Grund bildungsinduzierter Variation der Arbeitszeit verzerrt ausgewiesen werden. Allerdings sind für die individuelle Entscheidung zur Bildung von Humankapital eher die Nettoeinkommen relevant. Das Niveau der Profile hängt vom Ausbildungsstand ab: Im Vergleich zur

Tabelle 3.3 : Ausgaben für Weiterbildung 1997 in Deutschland (Mrd. €)

1. Unternehmen[a)]	5.2
2. Staat	8.5
3. Private Haushalte	2.2
insgesamt	15.9

a) In einer weiter gefassten Abgrenzung und zuzüglich Lohnfortzahlung ergeben sich höhere Werte. So berechnet das Institut der deutschen Wirtschaft für das Jahr 1998 Ausgaben in Höhe von 17.5 Mrd. € (Quelle: iwd 10/2001, S. 7).

Quelle: Bundesministerium für Bildung und Forschung (1999), Zur technologischen Leistungsfähigkeit Deutschlands, Bonn.

untersten Gruppe der Erwerbstätigen ohne abgeschlossene Berufsausbildung liegt der Einkommensmittelwert der Gruppe mit (Fach–)Hochschulabschluss oder mit abgeschlossener Berufsausbildung um 99 beziehungsweise 21 v.H. höher. Allen Profilen ist gemeinsam, dass sie zunächst (leicht) ansteigen und sich dann nahezu bis ans Ende des Erwerbslebens auf dem erreichten Plateau stabilisieren, wobei (Fach–)Hochschulabsolventen dieses Niveau später erreichen als Nichtakademiker.

Die Profile in *Schaubild 3.1* stellen eine Zeitpunktbetrachtung (des Jahres 1993) dar. Sie dürfen nicht als zeitliche Verdienstentwicklung einer Gruppe interpretiert werden, weil dies zu Fehlschlüssen führen kann. So ist der beobachtete Rückgang der Einkommen der über 50jährigen Personen mit abgeschlossener Berufsausbildung nicht etwa darauf zurückzuführen, dass der individuelle Verdienst mit zunehmendem Alter gesunken sei. Vielmehr wachsen die Einkommen der Älteren mit einer geringeren Rate als die der Jüngeren, sodass die Verdienste einer bestimmten Alterskohorte im Zeitablauf vergleichsweise niedriger ausfallen als die jüngerer Alterskohorten (in mittleren Altersgruppen).[5] Warum folgen die Alters–Verdienstprofile dem in *Schaubild 3.1* aufgezeigten Verlauf? Eine mögliche Erklärung wurde bereits in *Abschnitt 2.3.2* diskutiert, nämlich die Senioritätsentlohnung, nach der die Beschäftigten zunächst unterhalb, dann oberhalb ihres Grenzwertproduktes entlohnt werden, um sie an die Unternehmung zu binden. Die Humankapitaltheorie liefert eine zusätzliche Erklärung. Sie ist Gegenstand des nächsten Abschnitts.

Die Nachfrage nach schulischer und beruflicher Bildung kann sich Rationierungsschranken gegenübersehen, wenn für bestimmte Studiengänge Zulassungsbeschränkungen vorliegen oder Unternehmen nicht für alle Bewerber einen Ausbildungsplatz zur Verfügung stellen. Gerade der Mangel an Ausbildungsplätzen ist seit der Mitte der neunziger Jahre wieder Gegenstand lebhafter Diskussionen in der Öffentlichkeit und der Wirtschaftspolitik. Nur rund 33 v.H. aller Betriebe beteiligten sich in Westdeutschland im Jahre 1997 an der betrieblichen Ausbildung im Rahmen des dualen Systems, wobei alle Betriebe als Ausbildungsbetriebe gezählt werden, die sich als solche bezeichnen, auch wenn derzeit keine Ausbildung im Betrieb stattfindet.[6] Beschränkt

[5] Vgl. die Darstellung in Filer, Hamermesh und Rees (1996), S. 88f.

[6] Quelle: Institut für Arbeitsmarkt– und Berufsforschung (IAB) auf der Basis der 5. Welle des IAB–Betriebspanels, zitiert nach Zimmermann (1999).

Schaubild 3.1 : Alters–Verdienst–Profile nach Ausbildungsniveau 2000 [a)]

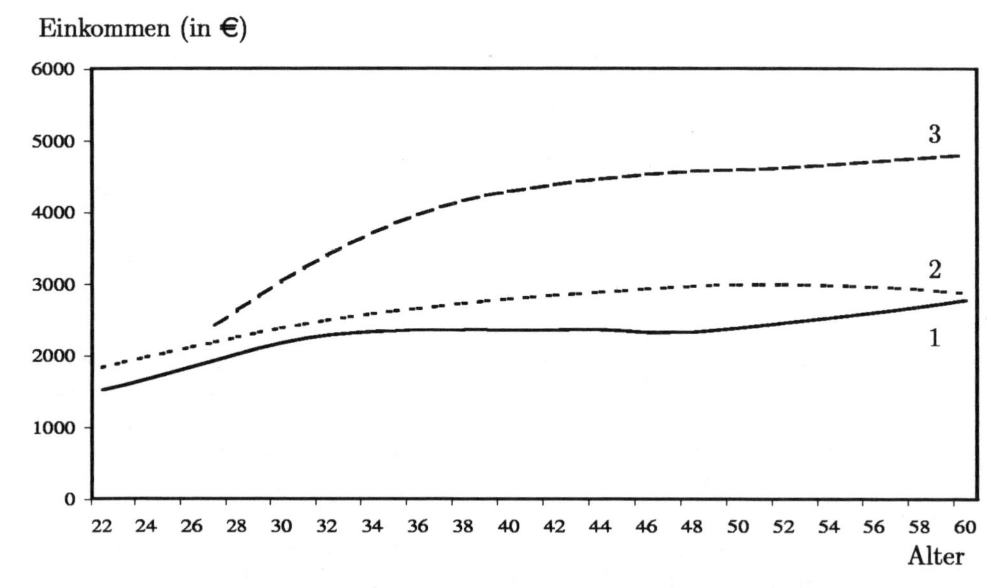

a) Legende: 1 = ohne Ausbildungsabschluss, 2 = mit abgeschlossener Berufsausbildung, 3 = Hochschulabschluss. Bruttomonatseinkommen in € in Westdeutschland für deutsche vollzeiterwerbstätige Männer geglättet mit Hilfe eines nicht–parametrischen Glättungsverfahrens.

Quelle: Eigene Berechnungen auf Basis des Sozio–oekonomischen Panels.

man die Bezeichnung "Ausbildungsbetrieb" nur auf auch tatsächlich ausbildende Betriebe, dann ergibt sich für Westdeutschland im Jahre 1996 eine Ausbildungsbeteiligung von nur etwa 24 v.H.[7] Allerdings ist zu berücksichtigen, dass lediglich rund 55 v.H. aller Betriebe eine Ausbildungsberechtigung aufweisen (im Jahre 1997), sodass sich der Anteil der Ausbildungsbetriebe an den dazu berechtigten Betrieben auf 60 v.H. (= 33 v.H. / 55 v.H.) beläuft. Die Ausbildungsbereitschaft steigt mit der Betriebsgröße. Nur 16 v.H. der Betriebe mit 1 bis 4 Arbeitnehmern beschäftigten im Jahre 1997 Auszubildende, aber 94 v.H. aller Betriebe mit über 1000 Arbeitnehmern. Dies heißt indessen nicht, dass Großbetriebe die meisten Jugendlichen ausbilden. Im Jahre 1996 waren nur rund 19 v.H. aller Auszubildenden in Betrieben mit über 500 Arbeitnehmern beschäftigt, andererseits entfallen auf Betriebe – insbesondere Handwerksbetriebe – mit unter 10 Arbeitnehmern ein Viertel aller Ausbildungsverträge.[8] Es lässt sich zeigen, dass die Wanderungen der Ausgebildeten vom Ausbildungs– zum anschließenden Beschäftigungsbetrieb zu Lasten des Handwerks und zu Gunsten von

[7]Quelle: ebenda.

[8]Quelle: Bundesministerium für Bildung, Wissenschaft, Forschung und Technologie, Berufsbildungsbericht 1998, Bonn, Übersicht 89.

Industrie, Handel und öffentlichem Dienst verlaufen.[9] *Schaubild 3.2* zeigt die zeitliche Entwicklung der Ausbildungsstellen und Bewerber in Westdeutschland, allerdings nur soweit sie bei der Bundesanstalt für Arbeit gemeldet waren. Unter dieser nicht unerheblichen Einschränkung müssen die folgenden Angaben gesehen werden. Seit Beginn der achtziger Jahre sind sehr unterschiedliche Situationen auf dem Ausbildungsstellenmarkt erkennbar: Während die erste Hälfte des Zeitraums durch einen Bewerberüberhang gekennzeichnet war, herrschte ab 1987/88 ein Stellenüberhang, welcher sich im Jahre 1996 wieder in einen Bewerberüberhang verwandelte. Dabei ist jedoch zu bedenken, dass es sich um aggregierte Daten handelt, die nichts über regionale und berufliche Strukturdiskrepanzen zwischen angebotenen und nachgefragten Ausbildungsplätzen aussagen. In Ostdeutschland ist seit 1990 ein beträchtlicher Bewerberüberhang zu verzeichnen.

Schaubild 3.2 : Gemeldete Ausbildungsstellen und Bewerber[a)] (Westdeutschland)

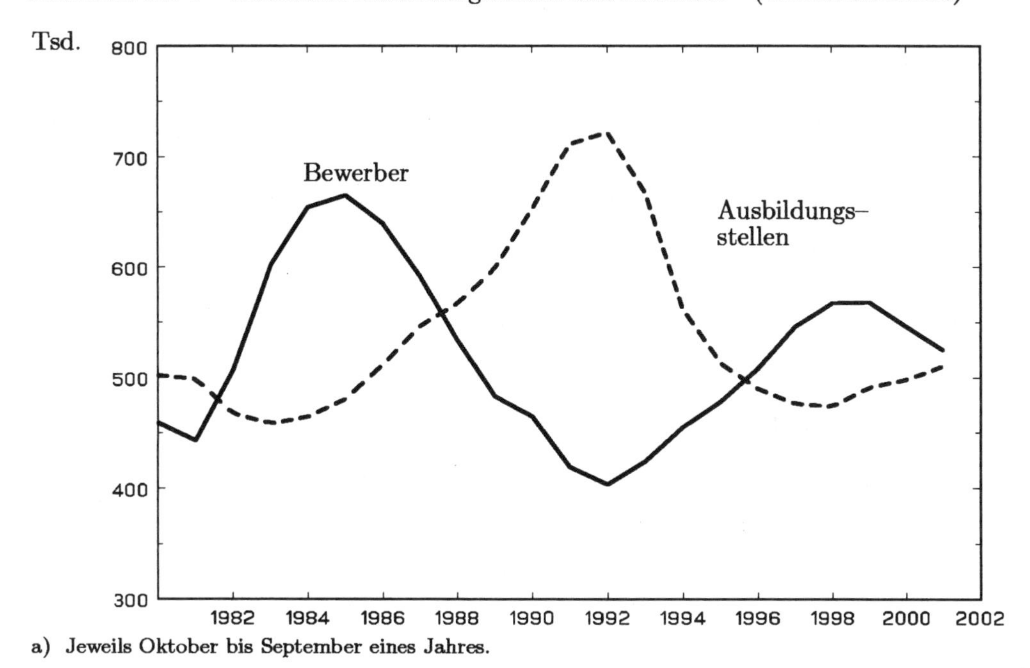

a) Jeweils Oktober bis September eines Jahres.

Quelle: Amtliche Nachrichten der Bundesanstalt für Arbeit (ANBA).

Nach einer Umfrage des Bundesinstituts für Berufsbildung gaben im Frühjahr 1995 36 v.H. aller befragten Betriebe in Deutschland als Grund für einen Rückzug aus der Ausbildung an, dass sie keinen Bedarf an neu ausgebildeten Fachkräften hätten. Für 31 v.H. war die Ausbildung zu teuer und 25 v.H. machten ihre schlechte wirtschaftliche Lage dafür verantwortlich.[10]

[9] Vgl. dazu Franz und Kempf (1983), S. 24ff.

[10] Mehrfachnennungen von Gründen waren möglich. Quelle: Pressemitteilung des Bundesinstituts für Berufsbildung v. 3.8.1995, S. 2.

3.2 Theoretische Überlegungen zur Humankapitalbildung

Um von vorneherein dem Missverständnis zu begegnen, die Investitionstätigkeit in das Humankapital vollziehe sich aus theoretischer Sicht außerhalb des Modellrahmens der optimalen Zeitallokation des vorangegangenen Kapitels,[11] beginnen die theoretischen Überlegungen mit einer Integration dieser Aktivitäten in *einen* theoretischen Ansatz. Daran anschließend wird auf einige Spezifika des Humankapitalbildungsprozesses aus theoretischer Sicht eingegangen.

Ausgangspunkt der folgenden Überlegungen ist der in *Abschnitt 2.3.1* vorgestellte Standardansatz eines Lebenszyklusmodells. Die dort unterstellte Nutzenfunktion [vgl. Gleichung (2.43)] wird nun dahingehend erweitert, dass Humankapital den Freizeitnutzen erhöht:[12]

$$U(t) = U\Big[\; x(t),\; HK(t) \cdot F(t),\; R(t),\; \mu(t) \;\Big], \tag{3.1}$$

wobei – wie bisher – x ein Konsumgüterbündel, F die Freizeit, HK das Humankapital, R individuelle Charakteristika und μ unbeobachtbare Faktoren, welche das Arbeitsangebotsverhalten beeinflussen, darstellen. Weiterhin gelten alle in *Abschnitt 2.3.1* gemachten Annahmen über die Nutzenfunktion (3.1). Selbst wenn kein Freizeitkonsum vorliegt – $F(t)$ also gleich null ist – verschafft das Humankapital zwar keinen direkten, wohl aber einen indirekten Nutzen, nämlich über eine vergleichsweise höhere Entlohnung. Dieser Tatbestand wird deutlicher, wenn die beiden Restriktionen formuliert werden, unter denen der Nutzen maximiert wird. Die erste befasst sich mit der Produktion von Humankapital und lautet:

$$\Delta HK(t) = f\Big[\; IHK(t) \cdot HK(t),\; DHK(t) \;\Big] - \delta \cdot HK(t). \tag{3.2}$$

Die Zunahme des Humankapitalbestandes wird mit Hilfe einer Produktionsfunktion beschrieben, in die als Argumente der Zeitaufwand $IHK(t)$ für die Bildungsmaßnahmen und die dazu verwendeten Güter $DHK(t)$ – wie etwa Lehrmittel – eingehen.[13] Die Effizienz des Zeitaufwandes ist dabei umso größer, je höher der derzeitige Bildungsstand bereits ist, daher die multiplikative Verknüpfung von IHK und HK.[14] Dieser Bruttoinvestition $f[\cdot]$ in das Humankapital steht eine Abschreibung des Humankapitalbestandes in Höhe von $\delta \cdot HK(t)$ gegenüber, wobei δ den als konstant unterstellten Abschreibungssatz bezeichnet. Diese Abschreibungen umfassen nicht nur eine partielle Obsoleszenz des derzeitigen Humankapitalbestandes auf Grund neuen Wissens, sondern auch eine Vergessensrate. Beide Determinanten der Abschreibung werden verstärkt, wenn das Individuum seine Erwerbstätigkeit unterbricht, um sich beispielsweise der Kindererziehung zu widmen.[15] Insofern bedeutet die unterstellte Konstanz

[11] Dieses Missverständnis wird natürlich durch die – auch in diesem Buch vorgenommene – gliederungsmäßige Trennung gefördert. Um die Darstellung nicht von vorneherein zu überfrachten, ist sie zwar ratsam, sie soll hier jedoch praktisch wieder rückgängig gemacht werden.

[12] Die folgenden Ausführungen haben das Modell von Heckman (1976) zur Grundlage, weichen indessen in einigen Punkten von seinem Ansatz ab.

[13] Der Anfangsbestand $HK(0)$ sei mit HK_0 fest vorgegeben.

[14] Analog könnte auch das zweite Argument in der Produktionsfunktion $DHK(t) \cdot HK(t)$ lauten; vgl. zu dieser Formulierung Franz und König (1984), die eine Cobb–Douglas–Produktionsfunktion unterstellen.

[15] Analoges ergibt sich bei einer unfreiwilligen Unterbrechung auf Grund von Arbeitslosigkeit.

von δ eine grobe Vereinfachung.

Analog zur Budgetrestriktion (2.45) in *Abschnitt 2.3.1* lässt sich diese im vorliegenden Fall wie folgt formulieren:

$$A(0) \quad + \sum_{t=0}^{K} (1+r)^{-t} \Big\{ W(t) \cdot [\, T - F(t) - IHK(t) \,] \qquad (3.3)$$

$$- P_{DHK}(t) \cdot DHK(t) - P(t) \cdot x(t) \Big\} \geq 0,$$

wobei – wie bisher – $A(0)$ das nominale Anfangsvermögen zu Beginn der K Planungsperioden, r den Zinssatz, mit dem die zukünftigen Beträge auf den Zeitpunkt $t = 0$ abdiskontiert werden, P_{DHK} den Preis der Sachmittel für Bildungsinvestitionen und P den Konsumgüterpreis bezeichnen. T ist die pro Zeiteinheit zur Aufteilung auf Arbeit, F und IHK zur Verfügung stehende Zeit. Für den Lohnsatz W gilt nun:

$$W(t) = RHK(t) \cdot HK(t), \qquad (3.4)$$

wobei RHK den Euro–Betrag angibt, mit dem der Arbeitsmarkt eine Einheit Humankapital bewertet. $W(t)$ multipliziert mit der Arbeitszeit – die dem eckigen Klammerausdruck in Gleichung (3.3) entspricht – ergibt das Arbeitseinkommen. Damit wird das Entscheidungsproblem des Individuums deutlich: Einerseits steigt das Arbeitseinkommen gemäß Gleichung (3.4) mit steigendem Humankapital und höherem Arbeitsangebot, andererseits müssen Ressourcen zur Bildung von Humankapital in Form von Zeit (IHK) und Sachmitteln (DHK) aufgewendet werden, welche eine Reduktion des Einkommens bewirken. Rein pekuniär lohnen sich Humankapitalinvestitionen mithin ceteris paribus umso mehr, je länger die zukünftige Erwerbstätigkeitsphase geplant ist: Am Ende des Erwerbslebens verschafft Humankapital wegen der Arbeitszeit $H = 0$ kein Einkommen mehr. Dann werden gemäß der Nutzenfunktion (3.1) Humankapitalinvestitionen nur deshalb noch getätigt, weil sie den Genuss der Freizeit erhöhen.

Die Lösung und formale Auswertung des oben skizzierten Modells sind etwas aufwendig, folgen aber ziemlich analog den Ausführungen in *Abschnitt 2.3.1* und können hier aus Platzgründen nicht nochmals dargestellt werden.[16] Stattdessen soll versucht werden, das Modell in einer intuitiv plausiblen Weise auszuwerten, indem drei typische Phasen der Zeitallokation während des Lebens unterschieden werden:

(i) *Phase I* beginnt nach Beendigung der Pflichtschuljahre, also beispielsweise nach Absolvierung der Hauptschule. Der Planungshorizont K ist sehr lang, sodass sich aus diesem Grund Bildungsinvestitionen ceteris paribus am höchsten rentieren. Also lohnt es sich jetzt, den größten Teil der Zeit für die Bildung von Humankapital zu verwenden. Dies ist die Zeit, in der Jugendliche (gegebenenfalls auf Rat oder Veranlassung der Eltern, die derartige Überlegungen für ihre Kinder anstellen) weiterführende allgemein– oder berufsbildende Schulen besuchen, bis hin zu einem Studium. In dieser Zeit fallen keine Einkommen an, weil $T = F + IHK$, das heißt $H = 0$. Die Kosten der Humankapitalinvestitionen bestehen mithin in entgangenem Einkommen und in Aufwendungen, welche die Eltern in die Ausbildung der Jugendlichen investieren.

[16] **Sie finden sich zum Beispiel bei Heckman (1976) oder bei Franz und König (1984).**

(ii) *Phase II* wird mit dem Beginn des Erwerbslebens eröffnet. Der Zeitaufwand *IHK* wird zu Gunsten von H (und vielleicht auch F ?) drastisch gekürzt, aber nicht auf null gesetzt, weil einerseits weiterhin Bildungsinvestitionen getätigt werden – etwa in Form von firmeneigenen Traineeprogrammen bei etwas geringerer Entlohnung im Vergleich zu anderen Arbeitsplätzen, die diese Ausbildung nicht vorsehen – und weil andererseits berufliche Weiterbildung betrieben wird. Hinzu kommt, dass Bildungsinvestitionen auch deshalb weiterhin vorgenommen werden, weil sie den Freizeitgenuss erhöhen. Die Humankapitalinvestitionen erhöhen die individuelle Produktivität, was sich bei Grenzproduktivitätsentlohnung in steigenden Verdiensten niederschlägt. Zu Beginn des Erwerbslebens sind die Produktivitätsfortschritte besonders hoch, sie unterliegen indessen – je nach Typ der Produktionsfunktion $f[\cdot]$ in Gleichung (3.2) – einem ertragsgesetzlichen Verlauf. Dieser Tatbestand und der Rückgang der Bildungsinvestitionen mit zunehmendem Alter (der Planungshorizont verkürzt sich) erklären, warum das Alters–Verdienst–Profil nach seinem relativ steilen Anstieg (auf Grund der hohen Produktivitätsfortschritte) dann abflacht und sich auf einem Niveau stabilisiert, welches (fast) bis ans Ende des Erwerbslebens beibehalten wird.

(iii) *Phase III* stellt die Zeitspanne nach Beendigung des Erwerbslebens dar. Bildungsinvestitionen werden nunmehr ausschließlich getätigt, um den Freizeitgenuss zu steigern.

Es sei nochmals hervorgehoben, dass sich diese Phasen in einer stilisierten Weise aus dem obigen oder vergleichbaren Modellen explizit herleiten lassen.[17] *Schaubild 3.3* verdeutlicht den typischen Verlauf zentraler Variablen dieses Modells nochmals anhand der durchgezogenen Linien.[18] Im oberen Teil (a) sind der Brutto– und Netto–Humankapitalbestand abgetragen, wobei sich letzterer aus dem Anfangsbestand HK_0 plus der über die Zeit aufsummierten Ausgaben *AHK* für die Humankapitalbildung (also $W \cdot IHK$ und $P_{DHK} \cdot DHK$) abzüglich der Abschreibungen ($= \delta \cdot HK$) ergibt,[19] und zwar während der oben angeführten Phasen I ($= t_0$ bis t_1), II ($= t_1$bis t_4) und III ($=$ nach t_4). Außerdem sind in Teil (a) die Ausgaben *AHK* separat eingezeichnet, welche nach Beendigung der Schul– und Berufsausbildung bei gleichzeitigem Eintritt in das Erwerbsleben stark zurückgehen.[20] Im Teil (b) ist ein stilisierter Verlauf der

[17]Vgl. dazu die Übersicht bei Ramser (1987a), S. 41ff. oder Siebert (1985), S. 5ff.

[18]Der naheliegende Einwand, dass das Individuum angesichts gesetzlicher Vorschriften über den Schulbesuch auch nur eingeschränkte Wahlmöglichkeiten besitze, kann mit dem Hinweis abgeschwächt (wenn auch nicht entkräftet) werden, dass nach Beendigung der Pflichtschulzeit (also in t_0) eine Palette unterschiedlicher Schultypen mit verschieden langer Dauer zur Auswahl steht, von der einjährigen Handelsschule über die mittlere Reife bis hin zu einem Studium.

[19]Diese Berechnung von *HK* mit Hilfe von *IHK* unterstellt – im Vergleich zu *Abschnitt 3.2* vereinfachend –, dass die Ausgaben *IHK* sich tatsächlich in Humankapitalerhöhungen niederschlagen.

[20]Die Zeitspanne t_0 bis t_1 umfasst mithin auch die Ausbildungszeit im dualen System (vgl. weiter unten), während t_0 den Zeitpunkt des Verlassens der Hauptschule repräsentiert.

Schaubild 3.3 : Stilisierte Verläufe von Humankapital und Verdiensten auf Grund theoretischer Überlegungen

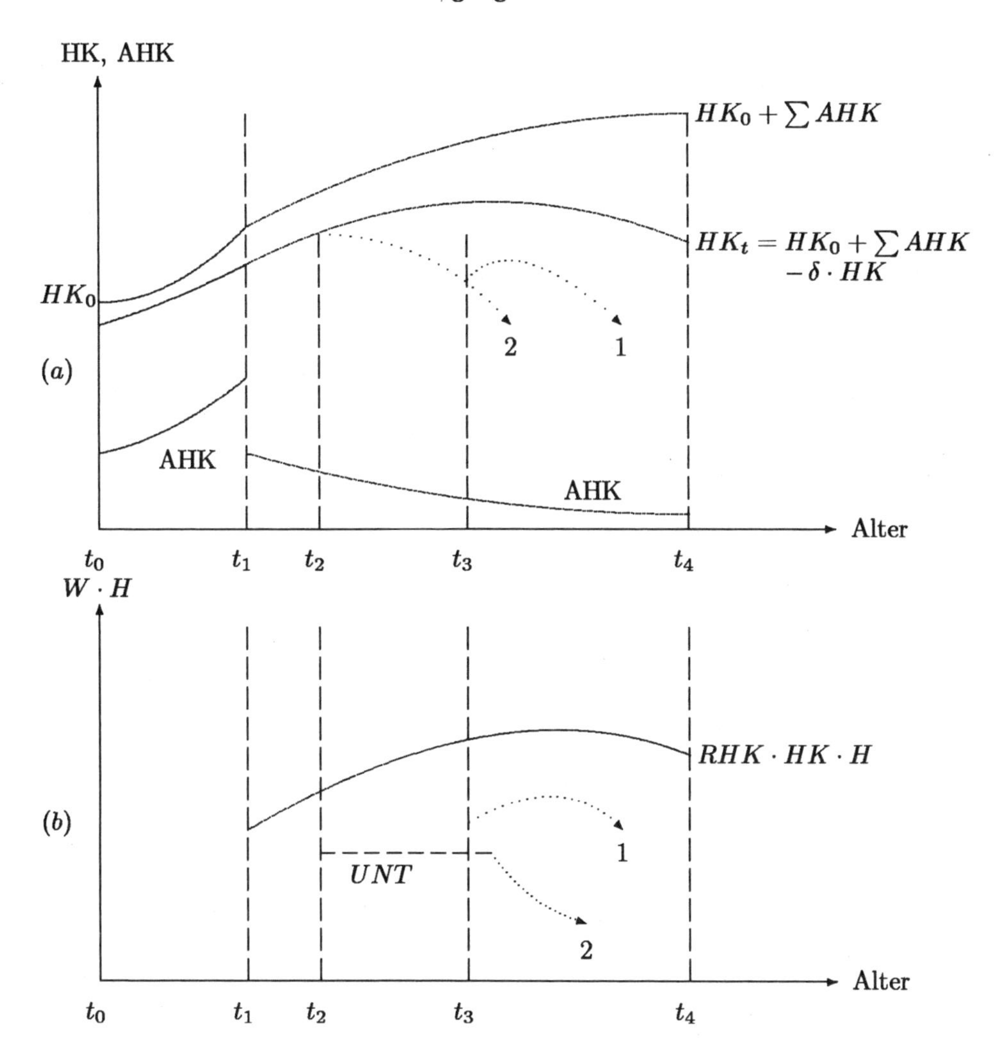

Verdienste $W \cdot H = RHK \cdot HK \cdot H$ abgetragen, wobei der fallende Verlauf der Kurve gegen Ende des Erwerbslebens auf einer Reduktion von H beruhen möge, um die Verbindung zur Arbeitsangebotsentscheidung nochmals herzustellen.

Nicht durch das obige Modell erklären sich die gestrichelten Linien 1 und 2 in beiden Teilen des *Schaubilds 3.3.* Sie zeigen zwei hypothetische Entwicklungen der betreffenden Variablen für den Fall auf, dass die hier betrachtete Person im Zeitpunkt t_2 arbeitslos wird und in t_3 wieder Arbeit findet (Linie 1) beziehungsweise auch über t_3 noch hinaus arbeitslos bleibt (Linie 2). Während der Arbeitslosigkeit werde Arbeitslosenunterstützung in Höhe von UNT gezahlt, welche aber mit zunehmender Dauer der Arbeitslosigkeit reduziert wird.[21] Wichtig ist auch die Entwicklung des

[21] Vgl. *Abschnitt 7.4* für eine Darstellung der institutionellen Regelungen in der Bundesrepublik

Humankapitalbestandes, die durch eine höhere Abschreibung gekennzeichnet ist: Je länger die Arbeitslosigkeit währt, umso mehr verlernt der oder die Betreffende berufliche Fähigkeiten, hält nicht Schritt mit neueren technischen Entwicklungen und wird auf Grund mangelnder Erfolge bei der Suche nach einem Arbeitsplatz auch für das Erwerbsleben demotiviert.[22] Fällt *AHK* während der Arbeitslosigkeit nicht auf null – wie im Schaubild unterstellt –, sondern werden Umschulungs– und Fortbildungsmaßnahmen durchgeführt, dann kann der Prozess der "Dequalifikation", das heißt der erhöhten Abschreibung des Humankapitals, zumindest teilweise aufgehalten werden.

Abgesehen von Arbeitslosigkeit müssen zwei weitere Gesichtspunkte zusätzlich zu den oben vorgetragenen Modellüberlegungen berücksichtigt werden. Anlass dazu ist die offenkundige, hier zugespitzte Frage, wieso nicht alle Jugendlichen ein Universitätsstudium absolvieren, wenn sich dies – wie in *Schaubild 3.1* dargestellt – in Form von besseren Verdiensten, gesteigertem Freizeitgenuss und höherem Sozialprestige "rentiert". Die Antwort lautet, dass angeborene Fähigkeiten und der familiäre Hintergrund Restriktionen darstellen können. Dabei geht es nicht nur um das Niveau der Fähigkeiten, über das die einzelnen Menschen verfügen, sondern auch um unterschiedlich diversifizierte Veranlagungen, wie etwa handwerkliche versus analytische Begabungen. Anders formuliert, die Produktion von Humankapital ist bei den einzelnen Individuen generell und ausbildungsspezifisch unterschiedlich effizient. Von daher gesehen ist es eine unzulässige Vereinfachung, wenn in Gleichung (3.2) die Höhe des Outputs "Humankapital" nur in Abhängigkeit der Inputfaktoren Zeit und Sachmittel erklärt wird. Vielmehr müssen verschiedene Typen von Humankapital unterschieden und neben den erwähnten Inputfaktoren in Abhängigkeit individueller Begabungen erklärt werden.[23] Auf die individuellen angeborenen Fähigkeiten ausgerichtete Bildungsinvestitionen lassen ihren Wert dann deutlicher zu Tage treten, je intensiver die Bildungsanstrengungen sind. Dies erklärt das aus der Theorie der personellen Einkommensverteilung geläufige Ergebnis, dass eine forcierte Bildungspolitik zu einer ungleichmäßigeren Einkommensverteilung führen kann.[24]

Bei dem angesprochenen familiären Hintergrund steht der Finanzierungsaspekt der Bildungsinvestitionen im Vordergrund. Soweit keine Unterstützungszahlungen von dritter Seite vorhanden sind (etwa Zahlungen auf der Grundlage von BAföG seitens des Staates oder Stipendien von Unternehmen oder Stiftungen), hängt es vielfach vom Altruismus der Eltern ab, inwieweit sie ihren Kindern eine weiterführende schulische Bildung angedeihen lassen. Auch aus diesem Grund ist das oben diskutierte Modell unzureichend, denn es unterstellt vollkommene Kapitalmärkte, das heißt, das Individuum konnte in dem Modell zum gleichen Zinssatz Kredite (zur Finanzierung der Bildungsinvestitionen) aufnehmen und Gelder anlegen. Von wenigen Ausnahmen abgesehen, ist eine Darlehensfinanzierung von Bildungsinvestitionen in der Bundesrepublik Deutschland nicht möglich,[25] weil Banken derartige Kredite nicht anbieten. Der

Deutschland.

[22]Frühstück, Pichelmann und Wagner (1988) sprechen bei diesen permanenten Effekten von "Abschreibung" und "Blockierung" des Humankapitals bei Arbeitslosigkeit und zeigen für österreichische Arbeitslose, dass insbesondere der zweite Effekt einen relativen Abstieg der Arbeitslosen in der Einkommenspyramide bewirkt.

[23]Auf Messprobleme wird in *Abschnitt 3.3* eingegangen.

[24]Vgl. beispielsweise Ramser (1987a), S. 39ff.

[25]Für die Ausnahme vgl. Fallbeispiel: Studiengebühren an einer deutschen Privatuniversität.

Hauptgrund dafür liegt darin, dass Bildung untrennbar mit dem Menschen verbunden und daher im Gegensatz zu Sachwerten nicht pfändbar ist, sodass möglicherweise zu hohe Kreditzinsen veranschlagt werden müssen, um das Ausfallrisiko eines Kredites zu kompensieren.[26] Insoweit also die Eltern die Ausbildung finanzieren, sind deren Nutzenüberlegungen bezüglich des Wohlergehens ihrer Kinder und ihre Budgetrestriktionen mit in die Analyse einzubeziehen. Derartige theoretische Überlegungen werden im Rahmen von Modellen überlappender Generationen angestellt und führen in der Regel zu dem Ergebnis, dass die Einkommen aufeinander folgender Generationen miteinander hoch korreliert sind.[27] Es ist eine empirische Frage, inwieweit sich dieses Resultat auf deutsche Verhältnisse übertragen lässt.[28]

Bei den bisherigen Überlegungen blieb die Rolle der Unternehmen im Rahmen der Humankapitalbildung unberücksichtigt. Insbesondere fehlt eine Analyse ihrer Rolle im dualen System der Berufsausbildung in der Bundesrepublik Deutschland. Darauf wird weiter unten eingegangen. Davon abgesehen ist die Vernachlässigung der Firma nur vertretbar, solange es sich um eine schulische Ausbildung vor Eintritt in das Erwerbsleben handelt, in der allgemein verwendbares Humankapital akquiriert wird. Auch Humankapitalinvestitionen während der Berufstätigkeit besitzen häufig diesen allgemeinen Charakter, das heißt, das neue Wissen oder die erworbenen Fähigkeiten können in vielen Unternehmen produktiv zum Einsatz kommen. Beispiele dafür sind Fortbildungskurse in EDV, Sprachen oder Managementmethoden. Der Firma muss jedoch verstärkt Aufmerksamkeit gewidmet werden, wenn betriebsspezifisches Humankapital akkumuliert wird, welches die Produktivität nur in *einer* Firma erhöht und daher nicht auf Tätigkeiten in anderen Unternehmungen transferiert werden kann, wie das Erlernen von Fähigkeiten, die nur in einem speziellen Produktionsprozess zur Anwendung kommen können, der nur in einer Firma eingesetzt wird. Da dieses Humankapital für den Beschäftigten außerhalb der Firma wertlos ist, erhebt sich die Frage, wer die Kosten dieser Investitionen übernimmt.

Intuitiv einleuchtend ist zunächst, dass Investitionen in betriebsspezifisches Humankapital nur unternommen werden, wenn eine genügend lange Betriebszugehörigkeitsdauer erwartet werden kann, sodass sich die Investition rentiert. Darin unterscheidet es sich von allgemein verwendbarem Humankapital, bei dem nur das Individuum selbst eine diesbezügliche Entscheidung treffen muss und eine Voraussetzung über die Betriebszugehörigkeitsdauer nicht erforderlich ist. Das Problem bei betriebsspezifischer Humankapitalbildung besteht in der möglichen Nötigung des Finanziers: Ist dies der Arbeitnehmer, so könnte die Firma auf den Gedanken kommen, die Notwendigkeit einer längeren Betriebszugehörigkeit nach erfolgter Investition in Form von erzwungenen Lohnzugeständnissen auszunutzen. Die empirische Evidenz (vgl. *Abschnitt 3.1*) legt indes nahe, dass die Firmen den Hauptteil der Investitionskosten tragen und sich nunmehr ihrerseits vor möglichen Nötigungsversuchen seitens des betreffenden Beschäftigten schützen müssen. Eine diesbezügliche Möglichkeit bietet die bereits mehrfach angesprochene Senioritätsentlohnung.[29] Um den mit betriebsspezifischem

[26] Jedoch ist nicht von vornherein evident, dass dieses Ausfallrisiko größer ist als bei Sachkrediten. In den USA – wo diese Darlehen verbreiteter sind – belief es sich im Jahre 1991 allerdings auf 17 v.H. Vgl. Filer, Hamermesh und Rees (1996), S. 87.

[27] Vgl. dazu Ramser (1987a), S. 48ff.

[28] Vgl. *Abschnitt 3.3.*

[29] Vgl. *Abschnitt 2.3.2* im Rahmen der Überlegungen zur ökonomischen Begründung fixierter Ruhe-

Humankapital ausgestatteten Arbeitnehmer an sich zu binden, entlohnt ihn die Firma zunächst eine Zeitlang unterhalb, danach oberhalb seines Grenzwertproduktes. Einer solchen, vorläufig niedrigen Bezahlung wird der Erwerbstätige nur dann zustimmen, wenn er eine längere Betriebszugehörigkeitsdauer plant, sodass er, über die gesamte Beschäftigungsdauer in dieser Firma hinweg betrachtet, nach seinem Grenzwertprodukt entlohnt wird. Insoweit tragen also Humankapitalinvestitionen in betriebsspezifisches Humankapital und Senioritätsentlohnung gemeinsam zur Erklärung des zunächst ansteigenden, dann abflachenden Verlaufs der Einkommensprofile in *Schaubild 3.1* bei.

Wie bereits erwähnt, bedürfen humankapitaltheoretische Überlegungen der Ergänzung in Form einer Analyse des Ausbildungsangebotes seitens der Firma. Im Hin-

Fallbeispiel: Studiengebühren an einer deutschen Privatuniversität

Die "Wissenschaftliche Hochschule für Unternehmensführung" (WHU) mit Sitz in Vallendar (bei Koblenz) ist eine der wenigen Universitäten in privater Trägerschaft. Sie wurde 1984 gegründet und bietet ausschließlich einen achtsemestrigen Studiengang der Betriebswirtschaftslehre an. Die Absolventen schließen ihr Studium wie an den staatlichen Universitäten mit dem Grad eines Dipl.–Kaufmanns ab, ebenso sind Promotion und Habilitation möglich. Integraler Bestandteil des Studiums sind Praktika in Unternehmen und ein einjähriger Auslandsaufenthalt.
Die Studiengebühren betragen 3580 € pro Semester.[a] 20 v.H. der Studienplätze werden als Freiplätze zur Verfügung gestellt. Voraussetzung dafür ist finanzielle Bedürftigkeit. Diese wird angenommen, wenn der Student nach BAföG gefördert wird oder das anzurechnende Jahreseinkommen nicht mehr als 7670 € über der BAföG–Höchstgrenze liegt. Alle Studenten können ihr Studium über ein Darlehen finanzieren. Der Darlehenszinssatz liegt 3.25 Prozentpunkte über dem EURIBOR–Zinssatz für 6 Monate und beläuft sich auf 7.5 v.H. (Stand: August 2001). Die maximale Kreditsumme beträgt 30 Tsd. € und die Tilgung erfolgt in der Regel in Form monatlicher Annuitäten ab 6 Monate nach Beendigung des Studiums. Als Sicherheiten dienen die stille Abtretung der künftigen Gehaltsansprüche sowie die Abtretung einer Risiko–Lebensversicherung; bei einem Kreditbedarf ab 15 Tsd. € sind besondere Sicherheiten zu stellen (beispielsweise Bürgschaft der Eltern). Das Darlehen wird von einer Sparkasse gewährt.
Eine überschlägige Abschätzung, ob sich die 28 640 € Studiengebühren "rentieren", könnte vereinfacht wie folgt vorgenommen werden. Legt man eine 40jährige Berufstätigkeit und einen Zinssatz r von 5 (8) Prozent zu Grunde, so ergibt sich nach der Formel (S sind die Studiengebühren, D ist die Einkommensdifferenz im Vergleich zu einem Studium an einer staatlichen Universität):

$$S = \sum_{t=1}^{T} \frac{D_t}{(1+r)^t} = \frac{D}{r}\left(1 - \frac{1}{(1+r)^T}\right)$$

bei Konstanz von D und r ein Wert für $D = 1669(2402)$. Unter den gemachten Annahmen müsste das Jahresgehalt eines WHU–Absolventen während seines Erwerbslebens jeweils um die beiden konstanten Beträge höher liegen als das eines Absolventen einer staatlichen Universität.

[a] Alle Angaben entsprechen dem Stand des Jahres 2001. Quellen: WHU; Informationsblatt der Sparkasse Koblenz.

standsgrenzen.

Tabelle 3.4 : Jährliche Kosten und Erträge der betrieblichen Berufsausbildung (in € je Auszubildenden) 1995 (Westdeutschland)[a)]

Wirtschaftszweig	Vollkostenbetrachtung			Teilkostenbetrachtung		
	Brutto-kosten	Erträge	Netto-kosten	Brutto-kosten	Erträge	Netto-kosten
Industrie und Handel	19 072	6 717	12 355	12 355	6 717	5 639
Handwerk	15 423	7 333	8 432	8 432	7 333	1 099
Insgesamt	17 888	6 917	11 081	11 082	6 917	4 165

a) Bei der Vollkostenbetrachtung werden – zusätzlich zu den unmittelbar durch die Ausbildung verursachten Kosten – aus den festen Sach– und Personalkosten des Betriebes mit Hilfe von Schlüsselgrößen entsprechende Kostenanteile kalkulatorisch der Ausbildung zugerechnet. Diese Kosten würden in gleicher Höhe auch dann anfallen, wenn der Betrieb nicht ausbildet. Bei der Teilkostenbetrachtung entfallen diese Fixkosten.

Quelle: Bardeleben, Beicht und Fehér (1997), S. 45; eigene Berechnungen.

blick auf das duale System der Berufsausbildung in der Bundesrepublik Deutschland (Ausbildungsplatz in einem Unternehmen und Besuch einer Berufsschule) interessiert für eine ökonomische Fragestellung, warum *einzelne* Unternehmen Ausbildungsstellen anbieten. Natürlich benötigen alle Unternehmen ausgebildete Fachkräfte – das ist nicht das ökonomische Problem, sondern die Frage, wieso es für die einzelne Firma rational ist, Lehrlinge auszubilden, anstatt die benötigten Facharbeiter auf dem Arbeitsmarkt anzuwerben.[30]

Sieht man einmal von außerökonomischen Motiven wie einer sozialen Verantwortung gegenüber den Jugendlichen und der Wirkung diesbezüglicher Appelle ab, welche gleichwohl für einige Unternehmen eine wichtige Rolle spielen mögen, so sprechen folgende ökonomische Sachverhalte für eine Ausbildung der Jugendlichen im Betrieb:

(i) Auszubildende tragen auch während ihrer Ausbildungszeit zum Produktionsergebnis bei. So entstanden im Jahre 1995 für alle Berufe in Industrie und Handel und im Handwerk jährliche Erträge in Höhe von rund 7 Tsd. € je Auszubildenden (*Tabelle 3.4*). Nicht nur erstellen Auszubildende Güter und Dienstleistungen für den Verkauf, sondern verrichten auch Tätigkeiten, für die sonst eine, wenn auch gering qualifizierte, Arbeitskraft eingestellt werden müsste.

[30] Ökonomische Analysen betrieblicher Ausbildungsplatzangebote finden sich in Franz und Soskice (1995), Harhoff und Kane (1997), Kempf (1985), Lehne (1991), Steedman (1993) und Zimmermann (1999).

(ii) Eine nicht ausbildende Firma läuft Gefahr, die (künftig) benötigten Facharbeiter nicht oder nur unter hohen Kosten (auf Grund von Lohnüberbietung) zu erhalten. Je nach Abgangswahrscheinlichkeit des Auszubildenden ist die Firma andererseits in der Lage, sich den später benötigten Bestand an Facharbeitern selbst heranzubilden. Hinzu kommt, dass sich die Firma durch ihre Ausbildungsleistungen ein "akquisitorisches Potenzial" in dem Sinne erwirbt, dass die dadurch gewonnene Reputation die Anwerbung von Facharbeitern erleichtert.

(iii) Die Ausbildungszeit kann von der Firma als Auswahlverfahren genutzt werden. Sie spart damit die Kosten eines Ausleseverfahrens und der Einarbeitung, welche bei der Einstellung eines externen Facharbeiters anfallen würden. Allerdings belaufen sich die gesamten Nettoausbildungskosten auf etwa vier Fünftel der Jahresbruttolohnkosten eines Facharbeiters,[31] sodass die Auslese- und Einarbeitungskosten schon erheblich sein müssten, wenn dieses Argument ausschlaggebend sein soll.

Insgesamt gesehen gibt es mithin eine Reihe von ökonomischen Gründen, die viele Firmen davon abhalten, bei der beruflichen Ausbildung eine Trittbrettfahrer-Rolle einzunehmen.

3.3 Die empirische Evidenz der Humankapitaltheorie

Eine empirische Analyse des Humankapitalansatzes sieht sich zunächst mit einer Fülle von Messproblemen konfrontiert, deren befriedigende Lösung nahezu aussichtslos erscheint. Wie soll das "Humankapital" angesichts zahlreicher, in ihrer Qualität kaum vergleichbarer Ausbildungsgänge zu einer Größe aggregiert werden? Selbst wenn dies gelänge, so ist zu beachten, dass ein und derselbe Bildungsgang je nach individuellen Begabungen unterschiedliche Produktivitätszuwächse zur Folge hat, sodass stets die Gefahr besteht, beobachtete Einkommensdifferenziale vermehrten Bildungsinvestitionen an Stelle ausgeprägteren Begabungen zuzurechnen.

Ökonometrische Untersuchungen zur Humankapitaltheorie konzentrieren sich auf die Messung der Renditen unterschiedlicher Bildungsinvestitionen, wobei dem angesprochenen Qualitätsproblem dadurch Rechnung zu tragen versucht wird, dass die Dauer der Ausbildungszeit (in Jahren) als Hilfsgröße verwendet und außerdem die Länge der Berufserfahrung als Kontrollvariable berücksichtigt wird. Wenige empirische Studien sind auf Grund der Daten in der Lage, auch die Bedeutung von Begabungen zu evaluieren (etwa mit Hilfe von Intelligenzquotienten). Im Folgenden soll kurz aufgezeigt werden, wie versucht werden kann, die Implikationen der Humankapitaltheorie ökonometrisch zu testen und welche Resultate – hauptsächlich für die Bundesrepublik Deutschland – sich dabei ergeben haben. Wie schon bei der ökonometrischen Analyse des Arbeitsangebotes besteht auch hier der entscheidende

[31] Die monatlichen Bruttolohnkosten eines männlichen Facharbeiters in der Industrie beliefen sich 1995 schätzungsweise auf etwa 3600 €. Bei einer dreijährigen Ausbildungszeit und jährlichen Nettoausbildungskosten in Höhe von etwa 12000 € ergeben sich Ausbildungskosten in Höhe der Facharbeiterkosten für 10 Monate.

Schritt in der Umsetzung der Theorie in eine ökonometrisch schätzbare Gleichung unter Berücksichtigung unzureichender Daten. Die folgende Herleitung, die auf den Arbeiten von Jacob Mincer basiert, ist ein gutes Beispiel für eine solche Vorgehensweise.

Unter der Annahme, dass sich das Einkommen Y_t eines Individuums i[32] in einer Periode t aus einem potenziell erzielbaren Einkommen ("earnings capacity") E_t minus den Kosten der in dieser Zeitperiode getätigten Bildungsinvestitionen C_t (Zeit– und Sachaufwand) zusammensetzt, ergibt sich:[33]

$$Y_t \equiv E_t - C_t. \tag{3.5}$$

Das potenzielle Einkommen E_t ist seinerseits die Summe aus E_{t-1} und dem Ertrag der in der Vorperiode getätigten Investitionen, wobei mit r die diesbezügliche Ertragsrate gekennzeichnet ist:[34]

$$E_t \equiv E_{t-1} + r_{t-1} \cdot C_{t-1} \tag{3.6}$$

oder

$$E_t \equiv E_{t-1} \cdot (1 + r_{t-1} \cdot k_{t-1}), \tag{3.7}$$

mit $k_t \equiv C_t / E_t$ als der Bildungsinvestitionsquote. Lösung der Differenzengleichung (3.7) ergibt unmittelbar:

$$E_t = E_0 \prod\nolimits_{j=0}^{t-1} \left(1 + r_j \cdot k_j\right), \tag{3.8}$$

oder:[35]

$$E_t = E_0 \cdot e^{\sum_{j=0}^{t-1} r_j k_j} \tag{3.9}$$

Unter der Annahme konstanter Ertragsraten r folgt aus Gleichung (3.9) nach Logarithmierung:

$$\ln E_t = \ln E_0 + r \cdot \sum_{j=0}^{t-1} k_j \ . \tag{3.10}$$

Eine vorgenommene Vereinfachung besteht nun darin, dass die zeitliche Sequenz der k_t aufgeteilt wird in s Jahre eines Schulbesuchs mit Ertragsrate r_s und T Jahre nachschulischer Ausbildung mit einer Ertragsrate r_p, sodass sich Gleichung (3.10) unter dieser Hypothese als

$$\ln E_t = \ln E_0 + r_s \cdot \sum_{j=0}^{s-1} k_j + r_p \cdot \sum_{i=s}^{t-1} k_i \tag{3.11}$$

[32] Das Subskript i wird in der folgenden Herleitung weggelassen, solange dies zu keinen Missverständnissen Anlass gibt.

[33] Die folgende Darstellung hat Mincer (1974), Addison und Siebert (1979) und Bellmann und Gerlach (1984) zur Grundlage.

[34] Mit anderen Worten, die Ertragsrate oder Rendite r_t einer Bildungsinvestition ist definiert als $r_t = (E_{t+1} - E_t)/C_t$.

[35] Da $r_j \cdot k_j$ eine kleine Größe ist, gilt die Approximation $1 + r_j \cdot k_j \simeq e^{r_j k_j}$.

schreiben lässt, wobei T die individuell geplante Länge des Erwerbslebens bezeichnet. Der nächste Schritt besteht in einer expliziten Modellierung von k_j beziehungsweise k_i. Eine naheliegende Annahme ist, dass das während der Schulzeit akquirierte Humankapital gänzlich für die weitere Humankapitalproduktion eingesetzt wird, das heißt $k_j = 1$ für $0 \leq j \leq s-1$, sodass sich der zweite Term in Gleichung (3.11) auf $r_s \cdot s$ reduziert. Weiterhin wird von Mincer (1974) unterstellt, dass k_i durch eine im Zeitablauf fallende Funktion beschrieben werden kann, welche für das Ende der geplanten Erwerbstätigkeit (das heißt für $i = T + s$) den Wert null annimmt:

$$k_i = k_s \cdot \left(1 - \frac{i-s}{T}\right), \tag{3.12}$$

mit $k_s < 1$. Daraus folgt:[36]

$$\sum_{i=s}^{t-1} k_i = k_s \cdot (t-s) \cdot \left[1 - \frac{(t-s)-1}{2T}\right]. \tag{3.13}$$

Demnach ergibt sich für Gleichung (3.11):

$$\ln E_t = \ln E_0 + r_s \cdot s + r_p \cdot \left[k_s \cdot (t-s) \cdot \left(1 - \frac{(t-s)-1}{2T}\right)\right]. \tag{3.14}$$

Die potenziellen Verdienste sind nicht beobachtbar, aber die tatsächlichen Einkommen sind es, für die

$$Y_t \equiv E_t \cdot (1 - k_t) \tag{3.15}$$

gilt. Für Gleichung (3.14) erhält man:

$$\ln Y_t = \ln E_0 + r_s \cdot s + r_p \left[k_s \cdot (t-s) \cdot \left(1 - \frac{(t-s)-1}{2T}\right)\right] + \ln(1-k_t). \tag{3.16}$$

Der letzte Term auf der rechten Seite von Gleichung (3.16) ist approximativ[37]

$$\ln(1-k_t) \simeq -k_t \cdot \left(1 + \frac{k_t}{2}\right). \tag{3.17}$$

[36] Dies folgt aus der Summenformel einer arithmetischen Folge der ersten n natürlichen Zahlen

$$\sum_{i=1}^{n} i = \frac{n \cdot (n+1)}{2}$$

und

$$\sum_{i=s}^{t-1} [T-(i-s)] = [t-1-(s-1)] \cdot T - \sum_{i=s}^{t-1} (i-s) = (t-s) \cdot T - \sum_{i=0}^{t-1-s} i = (t-s) \cdot T - \frac{(t-1-s) \cdot (t-s)}{2}$$

[37] Dies folgt aus einer Taylorreihenentwicklung für die Funktion $\ln(1+x)$, welche nach dem zweiten Term abgebrochen wird:

$$\ln(1+x) \simeq x - \frac{x^2}{2} + \frac{x^3}{3} - \ldots$$

Unter Verwendung dieser Approximation lässt sich Gleichung (3.16) wie folgt schreiben:[38]

$$\begin{aligned}\ln Y_t \;\simeq\;& \left[\ln E_0 - k_s \cdot \left(1+\frac{k_s}{2}\right)\right] + r_s \cdot s \\ &+\left[r_p \cdot k_s \cdot \left(1+\frac{1}{2T}\right) + k_s \cdot \frac{1+\frac{k_s}{2}}{T}\right]\cdot (t-s) \\ &-\left[r_p \cdot \frac{k_s}{2T} + \frac{k_s^2}{2T^2}\right]\cdot (t-s)^2\end{aligned} \tag{3.18}$$

oder in verkürzter Schreibweise als "Verdienstfunktion" oder "Einkommensfunktion":

$$\ln Y_t = a_0 + a_1 \cdot s + a_2 \cdot EX + a_3 \cdot EX^2, \tag{3.19}$$

wobei die a_0, a_2 und a_3 den entsprechenden Termen in eckigen Klammern in Gleichung (3.18) entsprechen und die Variable $EX \equiv t - s$ die Berufserfahrung ("Experience") erfasst.[39] Diese Herleitung wurde hier so ausführlich wiedergegeben, um zu demonstrieren, dass den Koeffizienten $a_i, i = 0, \ldots, 3$ in Gleichung (3.19) eine theoretische Begründung zu Grunde liegt, wenn auch mit teilweise einschneidenden Annahmen. Dies erscheint nicht zuletzt auch deshalb wichtig, weil in empirischen Untersuchungen häufig kein Bezug auf diese Interpretation der Koeffizienten genommen wird, sodass der Eindruck einer völligen Ad–hoc–Spezifikation von Gleichung (3.19) entsteht.

Gleichung (3.19) liegt zahlreichen Untersuchungen zu Grunde, wie den Studien von Bellmann und Gerlach (1984), Wagner und Lorenz (1989) oder Weißhuhn und Clement (1983).[40] Die Resultate einer eigenen Schätzung sollen hier kurz referiert werden. Dabei wird aus den ersten zehn Wellen des Sozio–oekonomischen Panels für Westdeutschland eine gepoolte Stichprobe gebildet, die rund 11600 Beobachtungen von männlichen, deutschen, unselbstständig beschäftigten Personen für den Zeitraum der Jahre von 1984 bis 1993 enthält.[41]

Statt des monatlichen Verdienstes wird der reale Brutto*stunden*lohn w_t (deflationiert mit dem Konsumentenpreisindex) als abhängige Variable verwendet, um Verzerrungen der Schätzwerte auf Grund unterschiedlicher Arbeitszeiten möglichst zu vermeiden.

Die Schätzergebnisse lauten (t–Werte in Klammern auf der Basis heteroskedastiekonsistenter Standardfehler):

---

[38] Denn:

$$\ln(1-k_t) \simeq -\left(k_t + \frac{k_t^2}{2}\right) = -\left[k_s - \frac{k_s}{T}\cdot(t-s) + \frac{1}{2}\left(k_s - \frac{k_s}{T}\cdot(t-s)\right)^2\right].$$

[39] Gleichung (3.19) kann auch als "Alters–Verdienst–Profil" aufgefasst werden (vgl. *Schaubild 3.1*), indem $\ln Y_t = a_0 + a_1 \cdot s + a_2 \cdot (t-s) + a_3 \cdot (t-s)^2$ für festes s (Ausbildungsniveau) als Funktion des Alters t betrachtet wird.

[40] Aus den Schätzungen von Gerlach und Schasse (1990) lassen sich Renditen nicht berechnen, jedoch erhalten die Autoren das in diesem Zusammenhang wichtige Resultat, dass man empirisch nicht widerlegen kann, die Ausbildungsbeteiligung während des Berufslebens als Investitionsentscheidung zu betrachten.

[41] Vgl. zu dieser Vorgehensweise auch Helberger (1988).

$$\begin{aligned}\ln w_t &= 1.5156 + 0.0717 \cdot s + 0.0468 \cdot EX - 0.000748 \cdot EX^2 \qquad (3.20)\\ & \quad (52.9) \quad (52.3) \qquad (23.4) \qquad (-18.6)\\ & \qquad \bar{R}^2 = 0.223\end{aligned}$$

Die Variable s entspricht der Schul- und Berufsausbildung (in Jahren),[42] während EX die Berufserfahrung (ebenfalls in Jahren) repräsentiert. Gemäß Gleichung (3.18) gibt der Koeffizient der Variable s unmittelbar die Verzinsung eines Bildungsjahres an, die sich im Durchschnitt aller Bildungsgänge auf 7.2 v.H. p.a. beläuft.[43] Vergleichbare empirische Studien für frühere Jahre berechnen mitunter etwas höhere Renditen, selbst wenn sie die Berufserfahrung berücksichtigen.[44] Bellmann und Gerlach (1984)[45] erhalten für vollzeitbeschäftigte Männer in Norddeutschland 1977/79 eine Rendite von 7 v.H. Der entsprechende Wert für Frauen beläuft sich für die gleiche Spezifikation bei diesen Autoren aber auf 13 v.H.[46] Werte in dieser letztgenannten Größenordnung werden für Männer mit 13.8 v.H. und für Frauen mit 11.5 v.H. von Weißhuhn und Clement (1983) für das Jahr 1978 auf der Basis der Beschäftigtenstatistik der Bundesanstalt für Arbeit ermittelt.[47] Die Datenbasis umfasst etwa 9.5 Mio. Männer und 4.7 Mio. Frauen. Die Autoren konstatieren indessen, dass ihre Renditeberechnung sowohl im nationalen wie im internationalen Vergleich (zu) hoch ausfällt.[48] In der Tat erhält Mincer (1974) für Männer in den USA im Jahre 1959 für obige Spezifikation[49] eine Rendite von 10.7 v.H., im Vergleich zu einem Wert von 9.7 v.H., den Psacharopoulos und Layard (1979) für Männer in England und Wales für das Jahr 1972 ermittelt haben.

Was die Rendite eines zusätzlichen Berufsjahres r_p angeht, so ist aus Gleichung (3.18) ersichtlich, dass sie nicht aus den geschätzten Regressionskoeffizienten für EX und EX^2 ermittelt werden kann, weil – selbst wenn k_s, über das keine Informationen vorliegen, bekannt wäre[50] – r_p bei vorgegebenem Ende des Erwerbslebens T durch beide Regressionskoeffizienten a_2 und a_3 [in Gleichung (3.19)] überbestimmt wäre.

Man behilft sich – unter Vernachlässigung der durch die Theorie explizit vorgegebenen Formel – in der Regel mit der Ableitung $d \ln Y_t / dEX = a_2 - 2 \cdot a_3 \cdot EX$ und interpretiert diese Größe als Approximation der Rendite eines zusätzlichen Berufsjahres. In weitgehender Übereinstimmung mit anderen (inter-)nationalen Studien

[42] Den Schulabschlüssen wurden folgende Schuldauern (in Jahren) zugewiesen: Hauptschule 8, Realschule 10, Fachhochschulreife 12, Hochschulreife 13, Berufsfachschule 2, Fachschule 3, Fachhochschule 3, Universität 5, Lehre 1.5 (entspricht einem 50prozentigen Anteil der Ausbildung an der Lehrzeit).

[43] Zu bedenken ist jedoch, dass dieser Parameter verzerrt sein kann, wenn in (3.18) k_0, r_s und r_p mit s korreliert sind, was ziemlich wahrscheinlich ist. Vgl. dazu und zu anderen methodischen Problemen Psacharopoulos und Layard (1979).

[44] Schätzungen ohne Berücksichtigung der Berufserfahrung haben häufig eine Verdoppelung des Schätzwertes dieser Rendite zur Folge.

[45] Bellmann und Gerlach (1984), S. 242.

[46] Im Gegensatz zu (3.20) wird jedoch nicht für die Arbeitszeit korrigiert.

[47] Weißhuhn und Clement (1983), S. 102.

[48] Ebenda S. 100.

[49] Wiederum ohne Korrektur für die Arbeitszeit.

[50] Auch aus a_0 (Gleichung 3.19) kann k_0 wegen Unkenntnis des potenziellen Anfangseinkommens E_0 nicht ermittelt werden.

beläuft sich die in Gleichung (3.20) geschätzte Rendite nach dieser approximativen Berechnungsmethode zunächst auf 4.5 v.H., um dann nach 10 (20) Jahren auf 3.2 (1.7) v.H. zu sinken.[51] [52]

Die genannten Ziffern sind Durchschnittsrenditen für alle Bildungsgänge. Man geht also davon aus, dass die Renditen der Bildungsinvestitionen unabhängig von den unterschiedlichen Bildungsabschlüssen linear in der Ausbildungszeit sind. Alternativ dazu können mit Hilfe von Dummy–Variablen für die einzelnen Bildungsabschlüsse Rentabilitätsraten pro zusätzlichem Bildungsjahr für einen Vergleich unterschiedlicher Bildungsqualifikationen ermittelt werden. So werden in der folgenden Schätzgleichung jeweils Dummy–Variable für den höchsten Schulabschluss und den höchsten beruflichen Bildungsabschluss gebildet (t–Werte in Klammern auf Basis heteroskedastiekonsistenter Standardfehler):

$$\begin{aligned}
\ln w_t \;=\;& \underset{(83.9)}{2.0937} + \underset{(17.8)}{0.1708} \cdot REAL + \underset{(13.9)}{0.2672} \cdot FH\text{–}REIFE + \underset{(11.6)}{0.2494} \cdot ABI \\
& + \underset{(9.5)}{0.1130} \cdot LEHRE + \underset{(10.8)}{0.1692} \cdot BFS + \underset{(18.4)}{0.2781} \cdot FS + \underset{(13.1)}{0.3258} \cdot FH \\
& + \underset{(17.3)}{0.4529} \cdot UNI + \underset{(22.4)}{0.0449} \cdot EX - \underset{(-17.7)}{0.000711} \cdot EX^2 \qquad (3.21) \\
& \bar{R}^2 = 0.2284
\end{aligned}$$

Die Variablennamen haben dabei folgende Bedeutung: REAL Realschulabschluss, FH–REIFE Fachhochschulreife, ABI Hochschulreife, LEHRE abgeschlossene Berufsausbildung, BFS Berufsfachschule, FS Fachschule, FH abgeschlossenes Fachhochschulstudium und UNI abgeschlossenes Hochschulstudium. Wie vorher steht EX für Berufserfahrung.

Die Koeffizienten geben dabei die relativen Renditen eines Bildungsabschlusses im Vergleich zu dem Verdienst einer Person mit Hauptschulabschluss ohne abgeschlossene Berufsausbildung an. Dabei ist zu beachten, dass sich je nach Bildungsabschluss die verbleibenden Berufsjahre reduzieren. Für die Beispiele in *Tabelle 3.5* wurden durchschnittlich 20 Berufsjahre unterstellt, die sich beispielsweise auf 15 Jahre verringern, wenn an Stelle eines Hauptschulabschlusses ein Abitur vorhanden ist. Die Tabelle zeigt, dass insgesamt eine Tendenz zu sinkenden Ertragsraten bei höheren Abschlüssen besteht. So erbringt die Alternative "Realschulabschluss" an Stelle von "Hauptschulabschluss" eine Rendite von 7.0 v.H. pro zusätzlichem Bildungsjahr, während sie auf 3.0 v.H. sinkt, wenn das Abitur dem Hauptschulabschluss gegenübergestellt wird.

Die Modellspezifikationen der Gleichungen (3.20) und (3.21) können mit Hilfe eines Wald–Tests miteinander verglichen werden. In der hier verwendeten Stichprobe ver-

[51] Für $EX = 1$ ergibt sich $0.0468 - 0.00150 = 0.0453$, für $EX = 10$ erhält man $0.0468 - 0.0150 = 0.0318$ und für $EX = 20$ schließlich $0.0468 - 0.0299 = 0.0169$.

[52] Für rein hypothetische Werte von $k_s = 0.2$ und $T = 40$ ergäbe sich aus (3.19) für $a_2 = 0.0468$ gemäß (3.18) eine Rendite von rund 20 v.H. und aus a_3 ein Wert von etwa 30 v.H.! Andere Studien [vgl. Psacharopoulos und Layard (1979)] erhalten mit dieser Methodik ähnlich unplausible Werte.

Tabelle 3.5 : Renditen unterschiedlicher Abschlüsse[a)]

Verglichene Abschlüsse		Berufsjahre		Rendite
1	2	1	2	
Hauptschule	Realschule	20	18	7.00
Hauptschule	Abitur	20	15	3.00
Hauptschule	Universität	20	10	4.80

a) Die ausgewiesenen Renditen sind dabei um die geringere Berufserfahrung des jeweils höheren Bildungsabschlusses bereinigt. Beispielsweise wird die jährliche Rendite des Realschulabschlusses nach 18 Jahren Berufserfahrung im Vergleich zu dem Verdienst einer Person mit Hauptschulabschluss und 20 Jahren Berufserfahrung folgendermaßen berechnet: $exp[\frac{1}{2}\cdot(0.1708+0.0449\cdot18-0.000711\cdot18^2-0.0449\cdot20+0.000711\cdot20^2)]-1 = 0.0698$.

Quelle: Eigene Berechnungen nach Gleichung (3.21) auf der Datenbasis des Sozio–oekonomischen Panels.

wirft der Test die Annahme linearer Renditen in der Ausbildungszeit, sodass das Modell mit Dummy–Variablen für die unterschiedlichen Bildungsabschlüsse angemessener erscheint als die Zusammenfassung in eine einzige Variable der Ausbildungsdauer. Insgesamt werden in dieser Studie etwa 23 v.H. der Varianz erklärt. Dies entspricht dem Ergebnis von Bellmann und Gerlach (1984), während Weißhuhn und Clement (1983) einen Wert von 32 v.H. erhalten. Es bleibt also ein erheblicher Teil der Varianz unerklärt, selbst unter Berücksichtigung der Tatsache, dass das Bestimmtheitsmaß typischerweise niedriger liegt als bei reinen Zeitreihenanalysen, weil die trendbehafteten Zeitreihen um die Querschnitte erweitert werden. Es liegt daher nahe, nach weiteren Eigenschaften zu suchen und ihren Erklärungswert ökonometrisch zu testen.[53] Beispiele dafür sind die bereits erwähnten Studien von Bellmann und Gerlach (1984) und Weißhuhn und Clement (1983), in denen Variablen wie regionale Strukturmerkmale, Stellung im Beruf oder Branchenzugehörigkeit als zusätzliche Regressoren aufgenommen werden.[54] Allerdings hält sich der "Gewinn" in Form einer höheren Varianzerklärung häufig in bescheidenen Grenzen: Die Hinzufügung von 20 zusätzlichen Dummies für einen Teil der eben erwähnten Merkmale erbrachte in der Studie von Weißhuhn und Clement (1983) exakt das gleiche Bestimmtheitsmaß wie in einer Version ohne diese Dummies.[55]

In Ermangelung geeigneter Daten liegen für die Bundesrepublik Deutschland keine Schätzungen darüber vor, ob und inwieweit die ermittelten Renditen angeborene Begabungen an Stelle von Bildungsinvestitionen reflektieren. Da unterschiedliche Be-

[53]Zum Problem der "unerklärten Varianz" vgl. ausführlich aus theoretischer und empirischer Sicht Wagner (1981).

[54]Vgl. auch *Abschnitt 8.7* für eine Diskussion bestehender Lohnstrukturen und Lohndifferenziale.

[55]Nämlich 0.453 für Männer 1978, Modell 4 Tabelle G, S. 102 und Modell 4 Tabelle H, S. 103.

gabungen schwer zu skalieren und aggregieren sind (wenn überhaupt Messwerte vorliegen), besteht ein Ausweg darin, die Verdienste eineiiger Zwillinge zu untersuchen. Weil ihre Anlagen und Begabungen identisch sind, können Einkommensdifferenziale und damit unterschiedliche Renditen nicht darauf beruhen, sondern unter anderem durch die familiäre Umgebung und/oder Schulbildungs– und Berufserfahrungsdifferenzen erklärt werden.[56] Diesbezügliche ökonometrische Studien kommen jedoch zu dem Resultat, dass der Einfluss von Fähigkeiten und familiärem Hintergrund die üblicherweise ermittelten Renditen für Humankapitalinvestitionen wenn überhaupt, dann nur unwesentlich überschätzt.[57]

Die empirische Analyse wird mit dem im theoretischen Teil angesprochenen Aspekt der Bereitstellung von Ausbildungsplätzen als der Angebotsseite des Ausbildungsmarktes abgeschlossen. Einen Versuch einer ökonometrischen Überprüfung eines Teils der in *Abschnitt 3.2* aufgezeigten Motive für Firmen, Ausbildungsstellen anzubieten, haben Kempf (1985), Lehne (1991) und Zimmermann (1999) unternommen. Im Rahmen einer Probit– beziehungsweise Tobitanalyse[58] können diese Autoren die Bedeutung einiger Determinanten des Ausbildungsplatzangebotes quantifizieren, und zwar einmal im Hinblick auf die Frage, wie hoch die Wahrscheinlichkeit ist, dass ein Betrieb überhaupt Ausbildungsplätze anbietet, und zum anderen, wie viele Ausbildungsplätze dies dann sind. So steigt – um nur ein Ergebnis der Studie von Zimmermann (1999) zu nennen – die Ausbildungswahrscheinlichkeit mit der Betriebsgröße und dem Anteil der Facharbeiter in den betreffenden Unternehmen, insbesondere wenn es sich um innovierende Firmen handelt, wobei jedoch erhebliche Unterschiede zwischen den Wirtschaftszweigen konstatiert werden. Dagegen besitzt die Höhe der Ausbildungsvergütungen einen signifikant negativen Einfluss auf die Ausbildungswahrscheinlichkeit: Eine Absenkung dieser Entgelte um 10 v.H. ergäbe für ein mittelgroßes Unternehmen des Maschinenbaus, welches bereits ausbildet, einen Anstieg des Anteils der Auszubildenden an den gesamten Beschäftigten ceteris paribus von 17 v.H., also von 0.7 Prozentpunkten.

3.4 Literaturauswahl

Immer noch lesenswerte Klassiker zur Theorie und Empirie des Humankapitalansatzes sind:

- G. S. Becker (1975), Human Capital: A Theoretical and Empirical Analysis, 2. Aufl., New York (National Bureau of Economic Research).

- J. Mincer (1974), Schooling, Experience, and Earnings, New York (National Bureau of Economic Research).

Eine Übersicht über weitere Entwicklungen bietet neben dem in *Abschnitt 1.3.1* benannten Handbook of Labor Economics vor allem:

[56]Es ist auch möglich, den Effekt der familiären Umgebung allein zu isolieren, indem als Datengrundlage Geschwister, aber keine Zwillinge gewählt werden. Bei ihnen sind die familiäre Umgebung gleich, nicht aber die Begabungen.

[57]Vgl. die Übersicht von Miller et al. (1995).

[58]Vgl. zu dieser Methodik *Abschnitt 2.5.1.1*.

- W. S. Siebert (1985), Developments in the Economics of Human Capital, in: D. Carline et al., Labour Economics, London (Longman), S. 5–77,

wo auch empirische Resultate für die USA und Großbritannien wiedergegeben werden. Empirische Resultate für die Bundesrepublik Deutschland wurden im Text referiert. Einen Überblick über methodische Probleme und Möglichkeiten gibt

- O. Hübler (1984), Zur empirischen Überprüfung alternativer Theorien der Verteilung von Arbeitseinkommen – Ökonometrische Ein– und Mehrgleichungsmodelle, in: L. Bellmann, K. Gerlach und O. Hübler, Lohnstruktur in der Bundesrepublik Deutschland, Frankfurt/M. (Campus), S. 17–189,

während sich

- Z. Griliches (1977), Estimating the Return to Schooling: Some Econometric Problems, Econometrica 45, S. 1–22

ausschließlich mit ökonometrischen Problemen auseinandersetzt. Zahlreiche Literaturhinweise zu einigen in diesem Kapitel angesprochenen Aspekten und verwandten Themen, die etwa den Stand Mitte der neunziger Jahre reflektieren, finden sich in:

- B. Gahlen, H. Hesse und H.J. Ramser (Hrsg.)(1998), Verteilungsprobleme der Gegenwart. Diagnose und Therapie, Tübingen (Mohr Siebeck),
- Economic Journal, Policy Forum: The Economics of Higher Education, Band 107, Nr. 442 (1997),
- Journal of Economic Perspectives, Symposium on Primary and Secondary Education, Band 10, Heft 4 (1996),
- Journal of Economic Perspectives, Symposium: The Economics of Higher Education, Band 13, Heft 1 (1999).

Teil III

Die Firmenentscheidung über den optimalen Arbeitseinsatz

Kapitel 4

Die Arbeitsnachfrage

Die Ausführungen im ersten Teil dieses Buches über die Bestands– und Stromgrößen auf dem Arbeitsmarkt haben deutlich werden lassen, dass die Funktionsweise eines Arbeitsmarktes entscheidend davon geprägt wird, ob die privaten Haushalte ihr Arbeitsangebot absetzen können. Inwieweit dies gelingt, hängt von der Nachfrage der privaten Unternehmen und des Staates nach Arbeitsleistungen ab. Die Bestimmungsfaktoren der Höhe und des zeitlichen Verlaufs der Arbeitsnachfrage der privaten Unternehmen sind Gegenstand dieses Kapitels.

Ähnlich wie die ehrenamtlichen Tätigkeiten beim Arbeitsangebot bleiben bei der Behandlung der Arbeitsnachfrage Organisationen weitgehend außer Betracht, die nicht markt– oder gewinnorientiert handeln. Dazu gehört zunächst die staatliche Nachfrage nach Arbeitskräften. Sie lässt sich in der Regel nicht mit einem Optimierungskalkül im Sinne eines gewinnmaximierenden Verhaltens beschreiben, sondern unterliegt anderen Bestimmungsfaktoren.[1] Gleichwohl kommt den Beschäftigten beim Staat eine quantitativ beachtliche Bedeutung zu, denn ihr Anteil an allen beschäftigten Arbeitnehmern belief sich in Deutschland im Jahre 1997 immerhin auf 17 v.H.[2] Vernachlässigt werden hier ferner private "Non–Profit–Organisationen". Sie arbeiten ebenfalls nicht gewinnorientiert (oder die Gewinne kommen ausschließlich der Organisation selbst zugute), verfolgen häufig soziale und kulturelle Zielsetzungen und finanzieren sich durch Steuern, Abgaben, Beiträge oder Spenden. Immerhin stieg in diesem Sektor die Anzahl sozialversicherungspflichtiger Beschäftigter im Zeitraum der Jahre 1976 bis 1997 in Westdeutschland um rund 800 Tsd. auf 1.5 Mio. Personen, wobei mehr als drei Viertel dieser neuen Arbeitsplätze im Bereich der Wohlfahrtspflege sowie in Heimen, Kliniken, Kindergärten und Kirchen entstanden.[3] Hinzu treten noch eine Vielzahl ehrenamtlicher und sonstiger Tätigkeiten: Nach Schätzungen für Westdeutschland und das Jahr 1990 kommt auf drei hauptamtliche Vollzeitkräfte jeweils der Vollzeitaufwand von zwei Ehrenamtlichen und sonstige freiwillige Tätigkeiten Leistenden (deren Anzahl

---

[1] Vgl. dazu und zu empirischen Untersuchungen beispielsweise Brandes und Buttler (1990), Henneberger (1997) und Göggelmann (1999).

[2] Vgl. dazu ausführlicher *Abschnitt 4.1.1.*

[3] In Ostdeutschland betrug die Anzahl sozialversicherungspflichtiger Beschäftigter in Non–Profit–Organisationen (ohne Staat) im Jahre 1997 rund 300 Tsd. Personen. Quelle für alle Zahlenangaben: Institut der deutschen Wirtschaft, iwd Nr. 24 v. 11. 6. 1998, S. 4f.

– unabhängig vom Arbeitsaufwand – mit gut 5.6 Mio. beziffert wird).[4]

Dieses Kapitel behandelt allgemeine Aspekte der Theorie und Empirie der Arbeitsnachfrage, während sich *Kapitel 5* dann zwei speziellen Problemen widmet, nämlich der Arbeitszeitverkürzung und den Wirkungen des technischen Fortschritts.

4.1 Einführung in die Empirie und Theorie der Arbeitsnachfrage

Dieser Abschnitt verfolgt zwei Ziele. Zunächst sollen der Begriff "Arbeitsnachfrage" näher erläutert und die diesbezüglichen Fakten anhand quantitativer Angaben dargestellt werden, sodass deutlich wird, was eigentlich erklärt werden soll. Danach folgt eine Einführung in die Theorie der Arbeitsnachfrage in der Weise, dass das weite Spektrum der zu behandelnden theoretischen Aspekte vorgestellt wird.

4.1.1 Fakten und Dimensionen der Arbeitsnachfrage: Was soll erklärt werden?

Ganz allgemein betrachtet versucht eine Theorie der Arbeitsnachfrage zu erklären, von welchen Bestimmungsfaktoren die Menge und die Qualität der Arbeitsleistungen abhängen, die die Firma einzusetzen wünscht, und wie sie auf Änderungen dieser Determinanten reagiert.[5] Zu diesen Einflussvariablen gehören alle für die Entscheidung der Unternehmung relevanten Parameter, die sie als exogen ansieht, also die Faktor- und Produktpreise, sofern sie sich als Mengenanpasser verhält. Die Produktionstechnik kann für die Firma ebenfalls zu den kurzfristig nicht veränderbaren Rahmenbedingungen gehören. Zudem erstreckt sich der Entscheidungsspielraum auf die unterschiedlichen Dimensionen von "Arbeit", nämlich die Beschäftigtenanzahl und die Arbeitszeit, wobei sie exogene Restriktionen wie Kündigungsschutzgesetze oder tarifliche Regelungen bezüglich der Arbeitszeit beachten muss.

Aus beschäftigungspolitischer Sicht ist die personenmäßige Arbeitsnachfrage sicher die zentrale Größe. Dessen ungeachtet ist es schwierig, sie quantitativ zu erfassen. Das liegt an dem Wort "wünschen" in der eingangs vorgestellten Definition. Die amtliche Statistik liefert zwar Angaben oder zumindest plausible Schätzungen über die Anzahl der Personen, die zu einem Zeitpunkt arbeiten, aber wir wissen weder, ob die Unternehmung die bei ihr Beschäftigten tatsächlich einzusetzen wünscht, noch ob sie vielleicht darüber hinaus noch zusätzliche Arbeitskräfte beschäftigen möchte. Der erstgenannte Fall kann dann eintreten, wenn die Firma auf Grund institutioneller Regelungen nicht mehr benötigte Arbeitskräfte nicht sofort entlassen kann. Im zweiten Fall braucht sie zusätzliche Personen, sie verfügt über unbesetzte Arbeitsplätze, weil die benötigten Arbeitskräfte auf dem Arbeitsmarkt nicht (sogleich) zur Verfügung stehen. Wenn man auf Grund fehlender Daten dem ersten Fall statistisch nicht Rechnung tragen, sondern diese Größe nur schätzen kann, wieso stellt der zweite angesichts einer detaillierten Statistik über offene Stellen ein Problem dar und warum werden

[4]Quelle: Wissenschaftszentrum Berlin für Sozialforschung, WZB–Mitteilungen Heft 80, Juni 1998, S. 34ff. Vgl. die dort angegebene Literatur und *Kapitel 3* dieses Buches.

[5]Die Begriffe Firma, Unternehmung und Unternehmen werden synonym verwendet.

Beschäftigte und offene Stellen nicht zu einer Größe addiert, die die Nachfrage nach Arbeitskräften repräsentiert?

Die Antwort lautet, dass die Zahl der publizierten offenen Stellen nur sehr unzuverlässig darüber Auskunft gibt, wie viele Personen die Firmen noch zusätzlich zu beschäftigen wünschen. Dafür sind unter anderem folgende Gründe verantwortlich:[6]

(i) Die von der Bundesanstalt für Arbeit (BA) publizierten Zahlen umfassen nur die den Arbeitsämtern gemeldeten offenen Stellen.[7] Viele Unternehmen melden diese nicht dem Arbeitsamt (insbesondere die für Akademiker), weil sie - zu Recht oder Unrecht – davon ausgehen, dass ihnen das Arbeitsamt keine Bewerber vermitteln kann. Andererseits ist die Vermittlung seitens der Arbeitsämter mit wenigen Ausnahmen (zum Beispiel bei ausländischen Arbeitnehmern) kostenlos, sodass Firmen in früheren Jahren einer hohen Anspannung auf dem deutschen Arbeitsmarkt mehr offene Stellen gemeldet haben als es ihrem tatsächlichen Bedarf entsprach, in der Hoffnung, dann bei einer Quotierung eine angemessene Anzahl von Bewerbern vermittelt zu bekommen.

(ii) Es ist den Ziffern nicht zu entnehmen, ob und inwieweit sich die Firmenanforderungen auf einen erst in der Zukunft zu befriedigenden Bedarf beziehen. Ein Unternehmer, der weiß, dass eine Suche nach Arbeitskräften τ Zeitperioden benötigt, wird die offene Stelle für eine in t benötigte Arbeitskraft in der Zeitperiode $t-\tau$ melden. Zudem ist unklar, ob es sich wirklich um einen *Zusatz*bedarf handelt, oder ob nur (un–)freiwillig ausscheidende Belegschaftsmitglieder ersetzt werden sollen.[8]

Angesichts dieser Vorbehalte ist es wenig überraschend, dass in den meisten empirischen Untersuchungen die personenbezogene Arbeitsnachfrage mit der Zahl der Erwerbstätigen gleichgesetzt wird. In vielen Ländern gibt es zudem keine Daten über offene Stellen oder letztere sind durch noch erheblichere Messprobleme gekennzeichnet. Bevor auf die für die Arbeitsnachfrage zentrale Größe der Beschäftigten eingegangen wird, sollen die Möglichkeiten und Grenzen der Aussagekraft der deutschen Statistik der offenen Stellen etwas genauer heraus gearbeitet werden.

Um einen Eindruck von den Größenordnungen zu vermitteln, zeigt die mittlere Kurve in *Schaubild 4.1* den zeitlichen Verlauf der offiziell publizierten offenen Stellen.[9] Diese Jahreswerte belegen einen Anstieg bis zu einem Maximalwert von rund 800 Tsd. im Jahre 1970 – unterbrochen von der Rezession 1967 – und einen fallenden Trend danach. Im Jahre 2000 beläuft sich das Niveau in Westdeutschland auf etwa 400 Tsd., in Ostdeutschland (nicht eingezeichnet) auf rund 60 Tsd. Die untere Kurve gibt den Schätzwert des Anteils der offenen Stellen wider, welche den Arbeitsämtern gemeldet werden. Mitunter wird in der Literatur ein Unterschied zwischen der "Meldequote" und dem "Einschaltungsgrad" gemacht.[10] Die "Meldequote" setzt den *Bestand* an registrierten offenen Stellen ins Verhältnis zu allen offenen Stellen, unabhängig davon,

[6] Vgl. die ausführliche Darstellung und Diskussion bei Schettkat (1994) und Franz und Smolny (1994a).

[7] Vgl. dazu *Abschnitt 7.4*.

[8] Mitunter wird bei sofort zu besetzenden offenen Stellen von "Vakanzen" gesprochen. In diesem Buch werden die Begriffe "offene Stellen" und "Vakanzen" synonym verwendet.

[9] Quelle: Amtliche Nachrichten der Bundesanstalt für Arbeit (ANBA), verschiedene Jahrgänge.

[10] Vgl. Magvas (2001).

Schaubild 4.1 : Offene Stellen und ihre Korrektur[a] (Westdeutschland)

Stellen (Tsd.)

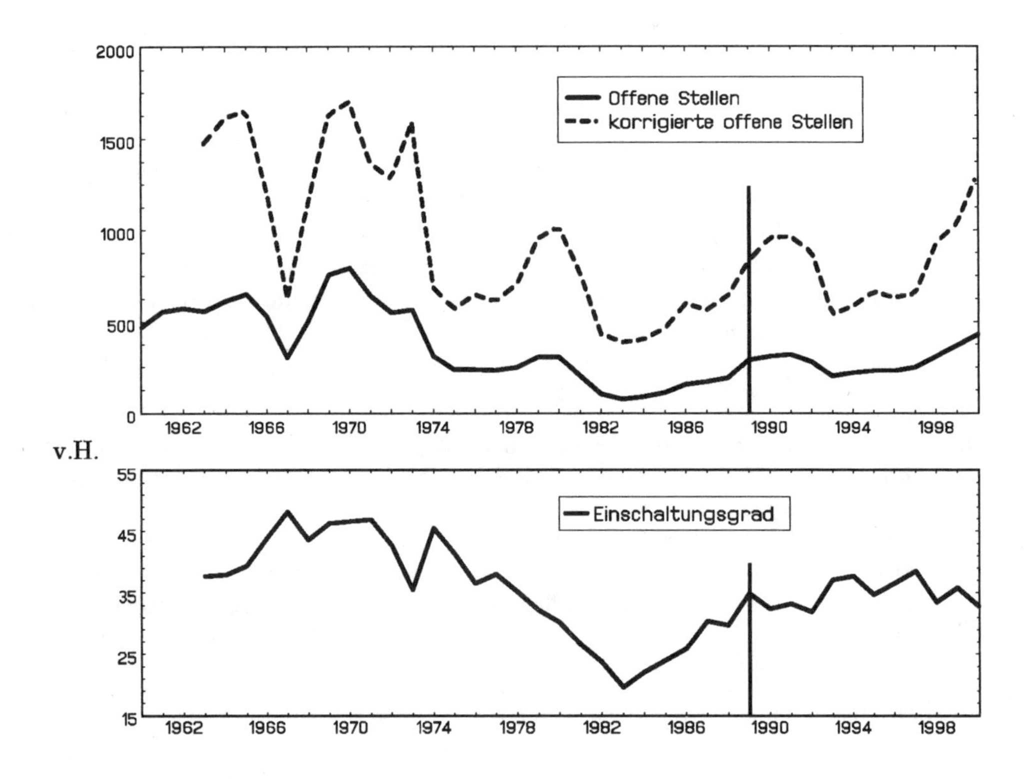

a) Vgl. Text für Erläuterungen und Quellen.

ob sie den Arbeitsämtern gemeldet sind oder nicht, während der "Einschaltungsgrad" sich auf das Stellenbesetzungs*geschehen*, also auf Stromgrößen bezieht, und sich als Quotient aus den Abgängen von registrierten offenen Stellen zu den gesamten Neueinstellungen berechnet. Da sich in der Regel Meldequote und Einschaltungsgrad nicht substanziell voneinander unterscheiden, wird die Unterscheidung hier nicht weiter beibehalten, sondern im Folgenden nur vom Einschaltungsgrad gesprochen. Aus *Schaubild 4.1* ist erkennbar, dass der Einschaltungsgrad keine konstante Größe ist.[11] Die Division der offiziellen offenen Stellen durch den Einschaltungsgrad liefert einen Anhaltspunkt über die offenen Stellen insgesamt, die in *Schaubild 4.1* als "korrigierte offene Stellen" eingezeichnet sind. Auf Grund des teilweise antizyklischen Verlaufs des Einschaltungsgrades kommen die (konjunkturellen) Schwankungen in den korrigierten offenen Stellen deutlicher zum Ausdruck als in den offiziellen offenen Stellen.

[11] Bis 1988: Eigene Berechnungen auf der Basis des Quotienten: kumulierte Zugänge an offenen Stellen während eines Jahres dividiert durch kumulierte Neueinstellungen desselben Jahres (Einschaltungsgrad). Obwohl die Abgänge an offenen Stellen die eigentlich korrekte Größe ist, wurden die Zugänge gewählt, weil sie zuverlässiger gemeldet werden. Fehlende Werte auf Grund unvollständiger Daten wurden mit Hilfe einer Regressionsschätzung ermittelt. Vgl. dazu Franz (1987a). Ab 1989: Anteil der den Arbeitsämtern gemeldeten offenen Stellen an allen offenen Stellen (Meldequote). Quelle: Magvas (2001), S. 11f.

Weiterführende Erhebungen bei den Unternehmen zeigen, dass von den gesamten offenen Stellen in Westdeutschland im Jahre 2000 rund drei Viertel sofort und ein Viertel zu einem späteren Zeitpunkt zu besetzen waren (für Ostdeutschland beträgt die entsprechende Relation etwa 60 zu 40). Von Beginn der Suche nach einem geeigneten Bewerber bis zur Besetzung einer Stelle bedurfte es in Westdeutschland im Jahre 2000 rund 80 Tage. Dieser Wert ergibt sich auch für das Jahr 1990, fiel aber innerhalb der vergangenen Dekade zeitweise auf 64 Tage (1997). In Ostdeutschland sind die Suchzeiten meistens kürzer (66 Tage im Jahre 2000).[12]

Über die Höhe und zeitliche Entwicklung der Arbeitszeit wurde bereits in *Abschnitt 2.1* unter Verwendung der *Tabellen 2.3* und *2.4* referiert. Deshalb widmen sich die folgenden Ausführungen den "Beschäftigten". Die Anführungszeichen sollen den umgangssprachlichen Charakter dieses Begriffes kennzeichnen, denn dahinter verbergen sich zwei unterschiedliche Definitionen, nämlich die "Erwerbstätigen" und die "Arbeitnehmer". Die Arbeitnehmer üben eine abhängige, unselbstständige Tätigkeit aus und werden daher in der amtlichen Statistik auch als "Abhängige" bezeichnet. Zu ihnen gehören Angestellte (das sind nichtbeamtete Gehaltsempfänger), Arbeiter (das sind Lohnempfänger, einschließlich Heimarbeiter und Haushaltshilfen), Beamte, Soldaten und Zivildienstleistende sowie Auszubildende, auch dann wenn diese Arbeitnehmer einer Kurzarbeit oder Teilzeit nachgehen.[13] Hingegen rechnen zu den Erwerbstätigen zusätzlich noch die Selbstständigen (hauptsächlich leitend tätige Eigentümer oder Pächter von Betrieben sowie Freiberufler) und die mithelfenden Familienangehörigen.[14] Die Frage, wann genau eine (un–)selbstständige Tätigkeit vorliegt, ist nicht immer offenkundig und hat Ende der neunziger Jahre zu detaillierten Regelungen über die "Scheinselbstständigkeit" Anlass gegeben.[15] Schließlich unterscheiden sich die Daten über Erwerbstätige und Arbeitnehmer danach, ob das "Inlandskonzept" oder das "Inländerkonzept" angewandt wird. Beim Inlandskonzept werden alle Erwerbstätigen innerhalb der geographischen Grenzen eines Gebietes erfasst, also einschließlich der Einpendler und abzüglich der Auspendler. Das Inländerkonzept beinhaltet alle deutschen und – soweit sie in Deutschland wohnen – ausländische Erwerbstätige, also mit (ohne) Berücksichtigung der Auspendler (Einpendler). Der "Pendlersaldo" stellt mithin den Unterschied zwischen beiden Konzepten dar.[16]

Tabelle 4.1 eröffnet die Darstellung der Fakten zur Erwerbstätigkeit mit einem internationalen Vergleich der sektoralen Struktur und deren Veränderung. Zwei bekannte Tendenzen sind unmittelbar ersichtlich, nämlich der starke Rückgang des Beschäftigtenanteils in der Landwirtschaft und die wachsende Bedeutung des Dienstleistungssektors ("Drei–Sektoren–Hypothese"). Dies reflektiert unter anderem die verschiede-

---

[12]Quelle: Magvas (2001).

[13]Zur Verwendung eventuell auftretender Missverständnisse (beispielsweise im Zusammenhang mit Arbeitslosigkeit) sprechen die folgenden Ausführungen gegebenfalls von "beschäftigten Arbeitnehmern" an Stelle lediglich von "Arbeitnehmern".

[14]Mithelfende Familienangehörige sind Personen, die in einem von einem Familienmitglied als Selbstständigen geleiteten Betrieb ohne Lohn und Gehalt und ohne Entrichtung von Pflichtbeiträgen zur gesetzlichen Rentenversicherung mitarbeiten.

[15]Vgl. Fallbeispiel: Scheinselbstständigkeit in *Abschnitt 4.4*.

[16]Er belief sich im Jahre 2000 auf 70 Tsd. Personen (Einpendler minus Auspendler). Damit ergibt sich folgende Definition: Erwerbstätige nach dem Inländerkonzept (= 38636 Tsd. Personen) plus Pendlersaldo ergibt die Erwerbstätigen nach dem Inlandskonzept (= 38706 Tsd. Personen). Quelle: Sachverständigenrat (2001), Anhang, Tabelle 15*.

nen Einkommenselastizitäten für unterschiedliche Güterkategorien. So erhöhte sich in Westdeutschland der Anteil der Dienstleistungen am privaten Verbrauch im Zeitraum der Jahre 1960 bis 1989 von etwa 30 v.H. auf gut 40 v.H., während der Anteil der Verbrauchsgüter die umgekehrte Entwicklung in ungefähr derselben Größenordnung nahm (von 41 v.H. auf 34 v.H.). Unternehmen kaufen in zunehmendem Maße Dienstleistungen, nicht zuletzt deshalb, weil sie die bisher intern verrichteten Serviceleistungen von Firmen erwerben. Der Beschäftigtenanteil im industriellen Sektor hat abgenommen, wobei diese Tendenz hauptsächlich in den achtziger Jahren sichtbar wird.

Tabelle 4.1 : Sektorale Beschäftigungsentwicklung im internationalen Vergleich (in v.H.)[a)]

Sektor	A	D	CH	F	GB	J	USA
Landwirtschaft	19.2 5.8	10.4 2.7	10.0 4.5	16.3 4.0	3.6 1.5	19.8 5.0	5.3 2.6
Industrie	39.4 30.6	47.7 33.4	47.2 26.4	38.9 24.4	45.6 25.1	34.6 31.2	35.8 22.9
Dienstleistungen (einschließlich Staat)	41.4 63.6	41.9 63.9	42.9 69.1	44.8 71.5	50.8 73.1	45.6 63.7	58.9 74.5
Erwerbstätige insg.[b)]	3 741	36 541	3 908	23 573	27 872	64 463	135 208

a) 1. Zeile: Anteil an der Gesamtbeschäftigung im Jahre 1967 (Japan 1968, Österreich 1969), Westdeutschland;
2. Zeile: Anteil an der Gesamtbeschäftigung im Jahre 2000, Deutschland, Ungenauigkeiten durch Rundungen.

b) In Tsd. Personen im Jahre 2000.

Quelle: OECD, Labour Force Statistics (1. Zeile), Quarterly Labour Force Statistics (2. Zeile).

Diese Darstellung der sektoralen Beschäftigungsanteile und deren Veränderung ist nicht unproblematisch und kann insbesondere im internationalen Vergleich zu unrichtigen Schlussfolgerungen führen. So legt *Tabelle 4.1* für die Vereinigten Staaten einen wesentlich höheren Anteil der im Dienstleistungsbereich Beschäftigten nahe als für Deutschland. Der Unterschied mag aber auch darauf zurückzuführen sein, dass in den Vereinigten Staaten industrielle Dienstleistungsaktivitäten in höherem Umfang als hier zu Lande in selbstständige Unternehmen ausgelagert sind ("outsourcing"), deren Beschäftigte dann dem Dienstleistungssektor zugerechnet werden. Jedenfalls wird der Unterschied in der Beschäftigungsstruktur zwischen beiden Ländern wesentlich geringer, wenn statt der Gliederung nach Sektoren – bei der die Unternehmen nach ihrem hauptsächlichen Betätigungsfeld einem Sektor zugerechnet werden – eine Einteilung aller Beschäftigten danach erfolgt, ob sie Berufe ausüben, die eher Dienstleistungscharakter aufweisen oder mehr durch industrielle Tätigkeitsmerkmale geprägt sind.[17]

Im Hinblick auf die sektorale Beschäftigungsentwicklung ist der Bereich der Informations- und Kommunikationstechnologien (IKT) in den Vordergrund des öffentlichen Interesses gerückt, nicht zuletzt vor dem Hintergrund eines befürchteten Facharbeitermangels in diesem Segment, welcher unter anderem mit der Einführung einer "Green Card" gelindert werden soll (vgl. Fallbeispiel "Green Card").[18] Schätzungen über die Anzahl der IKT–Beschäftigten weisen eine erhebliche Spannbreite auf, nicht zuletzt deshalb, weil dieser Begriff nicht genau abgegrenzt ist. In einer sektoralen Betrachtungsweise rechnen zu den IKT–Branchen unter anderem Datenverarbeitung und Datenbanken, Fernmeldedienste sowie die Herstellung von elektronischen Bauelementen, Büromaschinen, DV–Geräten, Mess– und Kontrolltechnik und von Nachrichten–, Audio– und Videotechnik. In den IKT–Branchen Deutschlands waren im Jahre 2000 rund eine Million Personen erwerbstätig. Legt man hingegen der statistischen Erfassung die Kern–IKT–Berufe zu Grunde – also Informatiker, Softwareentwickler, DV–Organisationen, DV–Vertriebsleute und Rechenzentrumsfachleute –, dann dürfte sich deren Anzahl in Deutschland im Jahre 2000 auf rund 400 Tsd. sozialversicherungspflichtige Beschäftigte belaufen haben, während diese Zahl auf rund 3 Millionen steigt, wenn man die professionellen Anwender in berufsspezifischen IKT–Tätigkeiten hinzurechnet (unter anderem Programmentwicklung, Systemanalyse, professionelle IKT–Geräte, Anlagen– und Systembedienung, Beratung und Schulung).[19] Die beobachtete Heterogenität dieser Gruppe macht es zudem schwer, den zukünftigen Bedarf an IKT–Fachkräften genau abzuschätzen.

Eine Einschränkung der inländischen Produktion auf Grund zu hoher Lohnstückkosten und die damit einhergehende Reduzierung der Beschäftigung kann mit Produktionsverlagerungen ins Ausland verbunden sein. Dies kann einmal in Form von Direktinvestitionen im Ausland geschehen; hierbei wird das inländische Unternehmen Eigentümer oder Miteigentümer ("Joint Venture") der Produktionsstätte im Ausland. Eine andere Möglichkeit besteht in der – aus Sicht des inländischen Unternehmens – "passiven" Lohnveredelung; hierbei verzichtet ein Unternehmen auf einen Teilbereich bisher eigener Produktion und kooperiert mit einem selbstständigen Partner im Ausland, indem der ausländische Partner Vorprodukte des inländischen Unternehmens verarbeitet und das "veredelte" Produkt zurücksendet oder in Drittländer liefert. Im Jahre 1993 importierten Unternehmen in Deutschland Güter nach Lohnveredelung im Wert von gut 5 Mrd. €, davon 3.4 Mrd. € aus Ländern in Mittel– und Osteuropa. Dies entsprach 1.8 v.H. der gesamten Einfuhren (1990: 1.2 v.H.). Die Nettodirektinvestitionen deutscher Unternehmen im Ausland – das sind die Bruttoinvestitionen abzüglich der Liquidationen – beliefen sich 1993 und 1994 auf jeweils etwa 12 Mrd. € (1990: 20 Mrd. €).[20]

Neben der sektoralen Entwicklung der Erwerbstätigkeit ist vor dem Hintergrund einer hohen Arbeitslosigkeit insbesondere gering qualifizierter Arbeitnehmer der trendmäßige Verlauf der Arbeitsnachfrage für unterschiedliche Qualifikationstypen von

---

[17] Vgl. dazu Deutsches Institut für Wirtschaftsforschung (DIW), Wochenbericht 14/96 vom 4.4.1996, S. 221–226.

[18] Ein befürchteter Facharbeitermangel wird im Rahmen der Überlegungen zu einer veränderten deutschen Einwanderungspolitik diskutiert. Vgl. dazu *Abschnitt 6.1* und Zimmermann et al. (2002).

[19] Quelle: Berechnungen des Zentrums für Europäische Wirtschaftsforschung (ZEW), Mannheim.

[20] Die Angaben beruhen auf Gabrisch (1995).

Arbeit von großer (arbeitsmarktpolitischer) Bedeutung. *Tabelle 4.2* vergleicht die sozialversicherungspflichtige Beschäftigung des Jahres 1996 mit der des Jahres 1980 in Westdeutschland und unterscheidet dabei drei Qualifikationsstufen: Beschäftigte ohne Berufsausbildung, Beschäftigte mit abgeschlossener Lehr– oder Anlernausbildung und Beschäftigte mit einem Hochschulabschluss (Universität oder Fachhochschule). Außerdem werden die Entwicklungstendenzen für ausgewählte Sektoren dargestellt. Veränderte sich die gesamte Anzahl der Beschäftigten um 6.6 v.H., so verbirgt sich dahinter eine ungefähre Verdoppelung der Beschäftigten mit einem Hochschulabschluss, während sich die Beschäftigung von Arbeitnehmern ohne Berufsausbildung um fast ein Drittel verringerte, im verarbeitenden Gewerbe halbierte.

Fallbeispiel: Green Card

Der Terminus "Green Card" stammt aus den Vereinigten Staaten und beinhaltet dort die formale Berechtigung für Ausländer, sich permanent in den Vereinigten Staaten aufzuhalten und zu arbeiten. Ausländische Fachkräfte aus dem Bereich der Informations– und Kommunikationstechnologien (IKT) bedienen sich hingegen häufig eines auf drei Jahre befristeten und um weitere drei Jahre verlängerbaren Visums für hochqualifizierte, temporär in den Vereinigten Staaten Beschäftigte ("H–1B–Programm"). Potenzielle Arbeitgeber müssen diesen ausländischen Spezialisten ortsübliche Entgelte zahlen und dürfen keine ähnlich qualifizierten einheimischen Arbeitnehmer entlassen.
Im Gegensatz zur amerikanischen "Green Card" ist die Dauer der Beschäftigungsverhältnisse, die ab 1.8.2000 auf Grund besonderer Arbeitserlaubnisse für ausländische IKT–Fachkräften genehmigt werden ("Green Card Verordnungen"), auf längstens fünf Jahre begrenzt. Die Regelungen gelten in wesentlichen Teilen bis zum 31.7.2008 und sehen eine maximale Anzahl von 20 Tsd. Arbeitserlaubnissen bis 2003 vor. Berechtigte müssen entweder über eine (Fach–)Hochschulausbildung mit IKT–Schwerpunkt oder einen Arbeitsvertrag mit einem Jahresgehalt von mindestens 50 Tsd. € verfügen. Auch Familienangehörigen ist eine Einreise und nach zwei Jahren eine Erwerbstätigkeit gestattet. Nach Angaben der Bundesanstalt für Arbeit wurden bis Ende des Jahres 2001 gut 10 Tsd. Arbeitserlaubnisse zugesichert, wobei eine "Green Card" zu 2.5 weiteren Arbeitsplätzen führe.

Quellen: Sachverständigenrat zur Begutachtung der gesamtwirtschaftlichen Entwicklung, Jahresgutachten 2000/01, Stuttgart 2000, S. 83f.; Bundesanstalt für Arbeit, Presseinformationen 61/01 vom 30.10.2001.

Die theoretische Analyse insbesondere in *Abschnitt 4.2.1* (statische Modelle der Arbeitsnachfrage) wird aufzeigen, welche Faktoren für längerfristige Trends in der sektoralen und qualifikatorischen Beschäftigungsentwicklung verantwortlich sein können, indem die Rolle von Nachfrageveränderungen (in Form einer Lageänderung der Preisabsatzfunktion), Verschiebungen der Faktorpreisrelationen und die Produktionstechnik (repräsentiert zum Beispiel durch Output– und Substitutionselastizitäten) in einem allgemeinen theoretischen Modell diskutiert werden. Der Bedeutung des technischen Fortschritts ist dann *Abschnitt 5.2* gewidmet.

Neben der Beachtung längerfristiger Trends muss die Beschäftigungspolitik ihr Augenmerk auf Fluktuationen der Beschäftigung richten, da Abweichungen von der

Tabelle 4.2 : Beschäftigungsentwicklung nach beruflicher Qualifikation 1980 bis 1996 (Westdeutschland)[a)]

Sektor[b)]	ohne Berufs–ausbildung	mit Berufs–ausbildung	Hochschul–abschluss	insgesamt
Verarbeitendes Gewerbe	-46.6	3.0	66.0	-15.7
Baugewerbe	-31.8	-1.8	35.0	-10.9
Handel	-29.9	22.6	136.0	9.7
Verkehr, Nachrichten	-30.8	32.3	124.5	11.4
Banken, Versicherungen	-30.0	34.4	190.0	24.5
Staat, Private Haushalte	-20.2	29.3	101.4	19.0
insgesamt	-32.7	23.6	97.6	6.6

a) Veränderungen in v.H., vgl. Text für Erläuterungen.
b) ausgewählte Sektoren.

Quelle: Institut der deutschen Wirtschaft, iwd Nr. 31 v. 30. 7. 1998, S. 4f.

Vollbeschäftigung wirtschaftspolitisch als Zielverfehlungen angesehen werden.[21] Zur Charakterisierung der Beschäftigung und deren Entwicklung bieten sich zunächst die Zeitreihen für Erwerbstätige und Arbeitnehmer an. Wie bereits erwähnt, besteht der Hauptunterschied zwischen beiden Definitionen darin, dass in den Zahlen für die Erwerbstätigen die Selbstständigen und mithelfenden Familienangehörigen enthalten sind. Die Erstellung konsistenter längerer Zeitreihen über die Erwerbstätigkeit und wichtiger Komponenten der Volkswirtschaftlichen Gesamtrechnung (VGR) ist seit Ende der neunziger Jahre mit erheblichen Problemen konfrontiert. Erstens stellt die Statistik zahlreiche Variable nicht mehr getrennt für Westdeutschland und Ostdeutschland zur Verfügung. Die Fortführung längerer VGR–Zeitreihen nur für Westdeutschland ist damit nicht oder nur in Form von groben Schätzungen möglich und eine Rückführung aller Zeitreihen für Deutschland abwegig, weil es sich in der früheren "Deutschen Demokratischen Republik" (DDR) um ein völlig anderes Wirtschaftssystem gehandelt hat, ganz abgesehen davon, dass entsprechende Daten für die DDR nicht, in anderen Definitionen oder wenig glaubwürdig vorliegen. Zweitens wurden die Volkswirtschaftliche Gesamtrechnungen für Deutschland im Jahre 1999 auf das Europäische System Volkswirtschaftlicher Gesamtrechnungen (ESVG 1995) umgestellt, womit eine Vielzahl von Änderungen im Hinblick auf die verwendeten Konzepte und Definitionen gegenüber dem zuvor angewandten eigenständigen deutschen System (ESVG 1979) einher geht.[22] Drittens erfolgte jeweils in den Jahren 1999 und 2000 eine

[21] Zum Beispiel beinhaltet das "Gesetz zur Förderung der Stabilität und des Wachstums der Wirtschaft" vom 8.6.1967 die Verpflichtung von Bund und Ländern, ihre wirtschafts– und finanzpolitischen Maßnahmen so zu treffen, dass sie "zu einem hohen Beschäftigungsstand beitragen"(§1).

[22] Diese Revision wird ausführlich in mehreren Beiträgen in der Zeitschrift "Wirtschaft und Statistik" Heft 4 (1999), S. 157–281 erläutert. Nach Angaben des Sachverständigenrates (2001, Hinweis zu Anhang B. Tabellen für Deutschland) plant das Statistische Bundesamt, zurückgerechnete Ergebnisse

substanzielle Revision der Statistik über die Erwerbstätigen. Die Neuberechnung des Jahres 1999 erweiterte die Basis der Erfassung der Erwerbstätigen, indem zusätzliche Zählungen Berücksichtigung fanden (Mikrozensus, Handels- und Gaststättenzählung und Erhebungen beim Handwerk).[23] Wie *Tabelle 4.3* zeigt, führte diese erste Revision zu einer Erhöhung der Erwerbstätigen im Jahre 1995 um immerhin 1.5 Mio. Personen. Die zweite Revision im Jahre 2000 bezog die geringfügig Beschäftigten im Rahmen der seinerzeitigen Neuregelungen der sogenannten "630DM-Arbeitsplätze" in die Anzahl der Erwerbstätigen ein, weil ein Teil dieser Arbeitsverhältnisse nunmehr zur sozialversicherungspflichtigen Beschäftigung – eine für die Beschäftigtenstatistik wichtige Grundlage – gehören.[24] Aus *Tabelle 4.3* geht für diese zweite Revision eine nochmalige Erhöhung der Anzahl der Erwerbstätigen hervor, diesmal um knapp 1 Mio. Personen im Jahre 1995. Für dieses Jahr ergeben beide Revisionen mithin einen Anstieg der Anzahl der Erwerbstätigen in Deutschland um rund 2.5 Mio. Personen, also um über 7 v.H. im Vergleich zur ursprünglichen Statistik. Trotz dieser beachtlichen Größenordnungen reichen Rückrechnungen lediglich bis zum Jahre 1991.

Tabelle 4.3 : Revisionen der Erwerbstätigenstatistik[a)]

Jahr	Stand Ende 1998	1. Revision April 1999	2. Revision August 2000
1991	36 563	37 804	38 499
1992	35 860	37 162	37 855
1993	35 221	36 577	37 356
1994	34 972	36 440	37 279
1995	34 817	36 376	37 330
1996	34 372	36 091	37 210
1997	33 909	35 802	37 131
1998	33 918	35 935	37 479

a) Vgl. Text für Erläuterungen; Anzahl der Erwerbstätigen in Tsd. Personen (Inländerkonzept).

Quellen: Jahresgutachten des Sachverständigenrates, lfd. Jahrgänge; eigene Berechnungen.

Angesichts dieser Problematik bleibt für die folgenden Zeitreihenuntersuchungen über gesamtwirtschaftliche Größen nichts anderes übrig, als die längerfristigen Betrachtungen in den anschließenden Schaubildern und Tabellen einerseits mit dem Jahre 1998 enden zu lassen und andererseits mit dem Jahre 1991 einen Neubeginn mit völlig revidierten Zahlen zu starten, soweit dies von der Fragestellung sinnvoll erscheint.

Vor diesem Hintergrund wird zunächst die zeitliche Entwicklung der Anzahl der Erwerbstätigen und beschäftigten Arbeitnehmer über den Zeitraum der vergangenen vier Dekaden beleuchtet. *Schaubild 4.2* zeigt beide Zeitreihen für Westdeutschland

des ESVG 1995 bis zum Jahre 1970 für (West-)Deutschland vorzulegen (voraussichtlich Mitte 2002).

[23]Vgl. Wirtschaft und Statistik, Heft 6 (1999), S. 455f.

[24]Vgl. dazu Fallbeispiel: Geringfügige Beschäftigungsverhältnisse in *Abschnitt 4.4*. Der 630DM-Schwellenwert wurde zum 1.1.2002 auf 325 € festgelegt.

Schaubild 4.2 : Erwerbstätige, beschäftigte Arbeitnehmer und Arbeitsvolumen in Westdeutschland 1960 – 1998[a)]

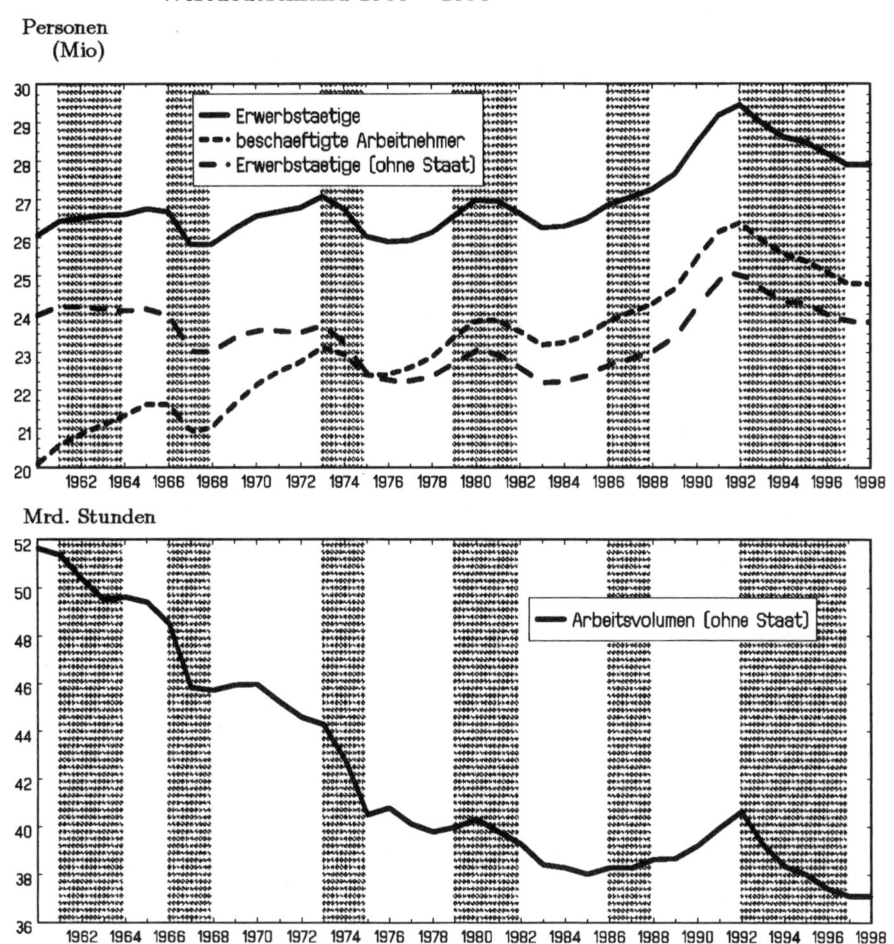

a) Vgl. Text für Erläuterungen. Das Arbeitsvolumen ist definiert als Erwerbstätige multipliziert mit den je beschäftigten Arbeitnehmer pro Jahr geleisteten Arbeitsstunden. Damit wurde für die Selbstständigen und mithelfenden Familienangehörigen die gleiche Arbeitszeit wie für die beschäftigten Arbeitnehmer unterstellt. Dies gilt ebenso für die Beschäftigten im privaten wie auch im staatlichen Sektor.

Quellen: Sachverständigenrat (1998) für Erwerbstätige und beschäftigte Arbeitnehmer (Inlandskonzept), Deutsches Institut für Wirtschaftsforschung (DIW), Vierteljährliche Volkswirtschaftliche Gesamtrechnung für Arbeitszeit.

für die Jahre 1960 bis 1998. Die Entwicklung der Erwerbstätigkeit in Ostdeutschland ist in *Abschnitt 10.1* dargestellt. Die Anzahl der Erwerbstätigen stieg in Westdeutschland in diesem Zeitraum von 26.1 Mio. auf 27.9 Mio. Personen, während sich die Anzahl der beschäftigten Arbeitnehmer von 20 Mio. auf 24.8 Mio. erhöhte. Die Abnahme der Anzahl der Selbstständigen und mithelfenden Familienangehörigen um rund 3 Mio. erklärt den Unterschied in der Entwicklung zwischen Erwerbstätigen und

Arbeitnehmern.

Schaubild 4.2 zeigt zweitens die Entwicklung der Erwerbstätigen im privaten Sektor (ohne die Erwerbstätigen beim Staat). Die Begründung für diese Abgrenzung liegt darin, dass sich die Nachfrage des Staates nicht mit den theoretischen Modellen analysieren lässt, die in den folgenden Abschnitten diskutiert werden. Auf die Entwicklung der Erwerbstätigen beim Staat wird weiter unten eingegangen. Insgesamt gesehen ist die Zahl der Erwerbstätigen (ohne Staat) im Zeitraum zwischen 1960 und 1998 mit 24.0 beziehungsweise 24.7 Mio. Personen in etwa konstant geblieben. Rechnet man allerdings die Erwerbstätigen beim Staat mit ein, so ergibt sich für denselben Zeitraum eine Zunahme der Erwerbstätigen – wie bereits erwähnt – von 26.1 Mio. auf 27.9 Mio. Weiterhin ist im *Schaubild 4.2* der trendmäßige Rückgang der Erwerbstätigen im privaten Sektor von Mitte der sechziger Jahre bis anfangs der achtziger Jahre erkennbar. Daran schließt sich jedoch eine beträchtliche Zunahme an: Im Zeitraum der Jahre 1983 bis 1992 stieg die Zahl der Erwerbstätigen im privaten Sektor um rund 3 Mio. Personen, also um etwa 13 v.H. Für die Messung des Arbeitseinsatzes in einer Volkswirtschaft ist allerdings das Arbeitsvolumen die maßgebliche Größe, also die Anzahl der Erwerbstätigen multipliziert mit der je Erwerbstätigen geleisteten Anzahl von Arbeitsstunden je Zeiteinheit (im *Schaubild 4.2*: je Jahr). Das Arbeitsvolumen im privaten Sektor belief sich in den eben genannten Jahren 1983 und 1992 auf 38.5 Mrd. beziehungsweise 39.4 Mrd. Stunden, ist also nur um 2.3 v.H. gestiegen.

Die Entwicklung der Erwerbstätigkeit vollzog sich unter Schwankungen, wie die Rückgänge in den Rezessionsphasen 1966/67, 1974/76 1981/83 oder 1993 belegen.[25] Die Jahreswachstumsraten der Erwerbstätigen im *Schaubild 4.3* heben diesen Sachverhalt deutlicher hervor. In etwa prozyklisch dazu verläuft die Wachstumsrate der Arbeitsproduktivität, wobei die Arbeitsproduktivität als das reale Bruttoinlandsprodukt je Erwerbstätigenstunde gemessen wird. Die ebenfalls in das *Schaubild 4.3* eingezeichneten Wachstumsraten des Produktlohnes weisen dagegen keinen klaren pro– oder antizyklischen Verlauf auf.[26] Die realen Lohnkosten ("Produktlohn") geben die Höhe der Kosten an, die dem Unternehmen für den Einsatz des Faktors Arbeit entstehen. Sie enthalten auch die Abgaben der Arbeitgeber zur Sozialversicherung der Arbeitnehmer als einen der wichtigsten Bestandteile der Lohnnebenkosten. Ihre Umrechnung in reale Größen erfolgt mit dem für die Unternehmen relevanten Verkaufspreis ihrer Produkte, approximiert mit dem Deflator für das Bruttoinlandsprodukt.[27]

Im betrachteten Zeitraum sank die Erwerbstätigkeit bis Ende der neunziger Jahre unter leichten Schwankungen. Das Produktivitätswachstum belief sich im Durchschnitt der Jahre 1991 bis 1999 auf jährlich rund 2 v.H. Stiegen die Lohnstückkosten anfangs der neunziger Jahre noch beträchtlich, so flachte sich diese Entwicklung in der zweiten Hälfte der neunziger Jahre merklich ab.

Tabelle 4.4 gibt über das Ausmaß der Variabilität der Wachstumsraten von Er-

---

[25] Die mit den schraffierten Flächen gekennzeichneten Zeitperioden sind Phasen einer rezessiven Konjunkturabschwächung, deren Einteilung danach folgt, ob der gesamtwirtschaftliche Kapazitätsauslastungsgrad (nach der Berechnung des Sachverständigenrates) für mindestens zwei Jahre im Vergleich zum jeweiligen Vorjahr sinkt und während dieser Zeitperiode den Grad der Normalauslastung (=96 3/4 v.H.) unterschreitet.

[26] Vgl. Abraham und Haltiwanger (1995) für eine Übersicht über theoretische und empirische Studien zum zyklischen Verhalten des Reallohnes.

[27] Vgl. *Abschnitt 8.1* zu weiteren Ausführungen über den Produktlohn (im Gegensatz zum "Konsumlohn") und zu den Lohnnebenkosten.

Schaubild 4.3 : Entwicklung von Erwerbstätigkeit, Produktivität und Lohnkosten in Westdeutschland 1960 – 1998 ohne Staat[a)]

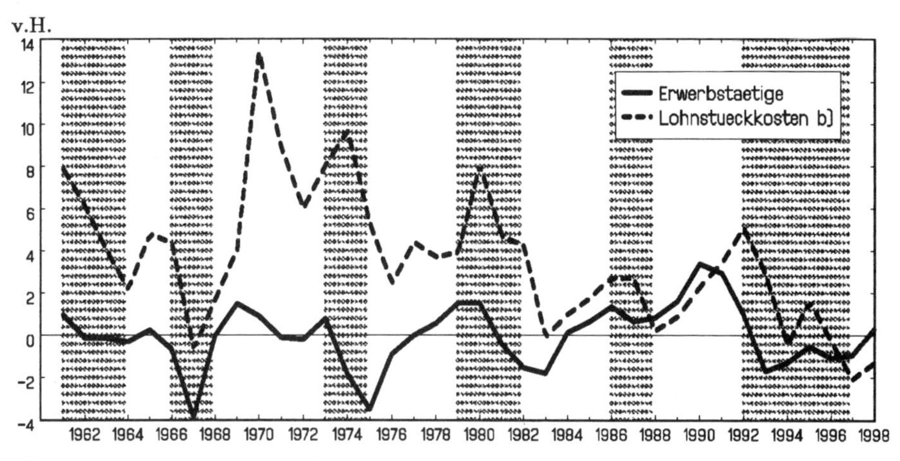

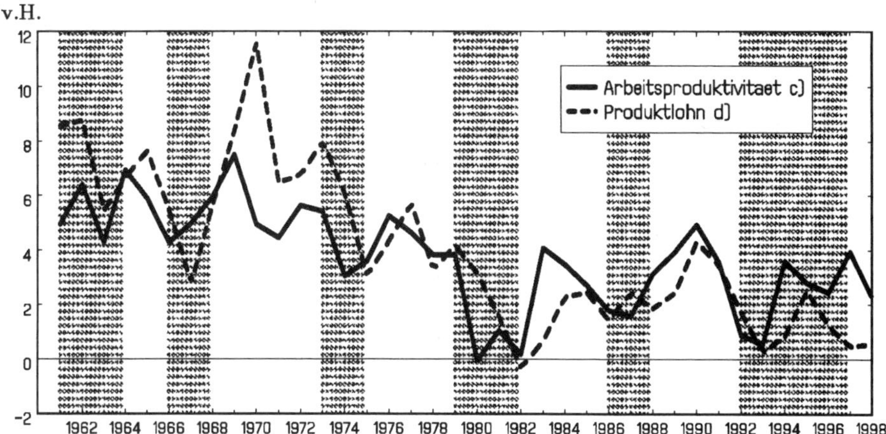

a) Vgl. Text für Erläuterungen und Quellen. Alle Variablen *ohne* Staat.

b) Lohnstückkosten: Bruttoeinkommen aus unselbstständiger Arbeit dividiert durch reales Bruttoinlandsprodukt (beide Größen ohne Staat); im Schaubild: Wachstumsraten der Lohnstückkosten.

c) Arbeitsproduktivität: reales Bruttoinlandsprodukt dividiert durch Arbeitsvolumen; im Schaubild: Wachstumsraten der Arbeitsproduktivität.

d) Produktlohn: Bruttoeinkommen aus unselbstständiger Arbeit deflationiert mit dem Deflator des Bruttoinlandsproduktes und dividiert durch das Arbeitsvolumen; im Schaubild: Wachstumsrate des Produktlohnes.

Quellen: Deutsches Institut für Wirtschaftsforschung (DIW), Vierteljährliche Volkswirtschaftliche Gesamtrechnung; Sachverständigenrat (1998) (für Erwerbstätige).

werbstätigkeit und Produktion Auskunft. Damit soll der Tatbestand beleuchtet werden, dass die Fluktuationen der Beschäftigung wesentlich geringer sind als die des Outputs. Eine Theorie der Arbeitsnachfrage hat mithin zu erklären, warum Unternehmen die Beschäftigungsentwicklung teilweise von der des Outputs abkoppeln können (oder

Tabelle 4.4 : Standardabweichungen der Wachstumsraten von Beschäftigung und Produktion in Westdeutschland 1960 – 1998 (ohne Staat)

Standardabweichung ($x 10^{-2}$)	1960/1 – 1989/4	1960/1 – 1973/4	1974/1 – 1989/4	1990/1 – 1998/4
Δ ln Erwerbstätige[a)]	0.59	0.62	0.57	0.55
Δ ln Produktion[b)]	1.09	1.15	0.97	1.19

a) Erwerbstätige (ohne Staat).
b) Bruttoinlandsprodukt real (ohne Staat); jeweils saisonbereinigte Werte.

Quelle für Daten: Deutsches Institut für Wirtschaftsforschung (DIW), Vierteljährliche Volkswirtschaftliche Gesamtrechnung.

Tabelle 4.5 : Arbeitnehmer im öffentlichen Dienst[a)] (Tsd. Personen)

Zeitraum	Arbeitnehmer im öffentl. Dienst Westdeutschland	Jahr	Arbeitnehmer der öffentlichen Arbeitgeber, Deutschland[b)]
	(1)		(2)
1960–64	2332	1993	6036
1965–69	2755	1994	5919
1970–74	3242	1995	5219
1975–79	3707	1996	5123
1980–84	4013	1997	5164
1985–89	4208	1998	5069
1990–94	4323	1999	4969
1995–98	4143	2000	4909

a) Vgl. Text für Erläuterungen; in der Abgrenzung der Volkswirtschaftlichen Gesamtrechnung, das heißt Arbeitnehmer bei Gebietskörperschaften und Bundesbahn und Bundespost; in (1) jeweils Fünfjahresdurchschnitte.
b) Ohne rechtlich selbstständige Einrichtungen.

Quelle: Spalte (1): Deutsches Institut für Wirtschaftsforschung (DIW), Vierteljährliche Volkswirtschaftliche Gesamtrechnung. Spalte (2): Wirtschaft und Statistik, lfd. Jahrgänge.

müssen). Eine diesbezügliche Hypothese lautet, dass Unternehmen bei als transitorisch angesehenen Rückgängen der Güternachfrage ihre Belegschaft nicht entsprechend reduzieren, sondern Arbeitskräfte horten. Da diese in der Rezession weniger und in der Hochkonjunktur mehr produzieren, könnte dies das in *Schaubild 4.3* beobachtete prozyklische Verhalten der Wachstumsrate der Arbeitsproduktivität erklären.

Tabelle 4.6 : Revidierte Zeitreihen im Zusammenhang mit der Arbeitsnachfrage 1991–2001 für Deutschland (Gesamtwirtschaft)[a]

	Erwerbs-tätige[b]	Arbeit-nehmer[b]	Arbeit-nehmer bei öff. Dienst-leistern[c]	Arbeits-volumen[d]	Arbeits-produk tivität[e]	Lohnstück-kosten[f]
	(1)	(2)	(3)	(4)	(5)	(6)
1991	38 499	34 919	3 142	60.0	28.80	87.8
1992	37 885	34 243	3 111	59.7	29.29	93.2
1993	37 356	33 667	3 035	58.1	29.76	97.1
1994	37 279	33 491	2 996	58.0	30.52	97.7
1995	37 330	33 498	2 957	57.4	31.38	100.0
1996	37 210	33 371	2 935	56.6	32.06	100.5
1997	37 145	33 231	2 876	56.3	32.69	100.1
1998	37 549	33 575	2 826	56.7	33.11	100.3
1999	38 015	34 067	2 788	57.0	33.54	101.0
2000	38 706	34 654	2 736	57.4	34.55	100.9

a) Vgl. Text für Erläuterungen; Spalten (1)–(3): Tsd. Personen, Spalte (4): Mrd. Stunden, Spalte (5): €, Spalte (6): 1995=100.
b) Inländerkonzept nach ESVG 1995.
c) Öffentliche Verwaltung, Verteidigung und Sozialversicherung.
d) Mrd. Stunden, Erwerbstätige multipliziert mit jährlicher geleisteter Arbeitszeit je Erwerbstätigen.
e) Bruttoinlandsprodukt in Preisen von 1995 je Erwerbstätigenstunde in €.
f) Arbeitnehmerentgelte je Arbeitnehmerstunde in Relation zum Bruttoinlandsprodukt in Preisen von 1995 je Erwerbstätigenstunde.

Quelle: Spalte (1)–(3), (5), (6): Sachverständigenrat, Jahresgutachten 2001, Tabellen 15*, 16* und 21*.
Spalte (4): Deutsches Institut für Wirtschaftsforschung (DIW), Vierteljährliche Volkswirtschaftliche Gesamtrechnung.

Fluktuationen der Beschäftigung provozieren die Frage, ob bestimmte Regelmäßigkeiten in diesen Schwankungen identifiziert werden können, also regelmäßige (konjunkturelle) Zyklen erkennbar sind. Die in *Schaubild 4.3* eingezeichneten Zeitreihen über Erwerbstätige beziehungsweise deren Wachstumsraten steigen zwar in der Hochkonjunktur und sinken in der Rezession, lassen indessen kein auffälliges regelmäßiges Zyklenmuster erkennen. Dieser visuelle Eindruck wird durch spektralanalytische Untersuchungen gestützt.[28]

Betrachten wir abschließend die Entwicklung der Arbeitnehmer beim Staat, wie sie in *Tabelle 4.5* ausgewiesen ist. In Westdeutschland hat sich der Arbeitnehmeranteil beim Staat in den sechziger und siebziger Jahren von 11 auf knapp 17 v.H. beträchtlich erhöht, um dann in den achtziger Jahren in etwa auf diesem Niveau zu verharren, die einer Anzahl von über 4 Mio. Arbeitnehmern entspricht. In Spalte (2) sind die entsprechenden Angaben für Deutschland aufgeführt. Es ist eine deutliche Abnahme zu konstatieren, die indessen zu einem Teil auf die Verringerung der Anzahl der Angehörigen der Bundeswehr zurückzuführen ist.

Wie bereits oben ausführlich dokumentiert, lassen sich die eben diskutierten Zeitreihen nicht konsistent weiter führen, sondern sie müssen mit Beginn des Jahres 1991 auf veränderter Berechnungsbasis neu erstellt werden. Die Angaben in *Tabelle 4.6* beziehen sich auf Deutschland und nicht wie vorher auf Westdeutschland. Statt der Arbeitnehmer im öffentlichen Dienst werden in der VGR nur noch die Arbeitnehmer bei öffentlichen Dienstleistern (Verwaltung, Verteidigung, Sozialversicherungen) ausgewiesen.[29] Das Arbeitsvolumen umfasst die geleisteten Arbeitsstunden aller Erwerbstätigen.

4.1.2 Theoretische Aspekte der Firmenentscheidung über den Arbeitseinsatz: Eine Einführung

Trotz gegenteiliger Beteuerungen ist die Frage, ob und um wieviel die Beschäftigung bei Lohnerhöhungen zurückgeht, nicht einfach zu beantworten.[30]

Die Schwierigkeiten einer Analyse der Arbeitsnachfrage liegen darin, dass eine Reihe von Gesichtspunkten behandelt werden müssen, um zu einer schlüssigen Aussage zu gelangen, es andererseits aber außerordentlich schwierig ist, sie in *ein* Modell zu integrieren. Einige dieser Aspekte sollen an der folgenden Gewinngleichung für ein einzelnes Unternehmen aufgezeigt und dann in den folgenden Unterabschnitten näher beleuchtet werden.

Ziel der Unternehmung i sei es, die gewinnmaximale Einsatzmenge des Faktors Arbeit zu realisieren. Dazu berechnet sie ihre Erträge, subtrahiert davon die entsprechenden Kosten und maximiert diese Differenz unter der Nebenbedingung einer bestimmten

[28] Vgl. dazu die Beiträge von J. Wolters in Wolters, Kuhbier, Buscher (1990).

[29] Vgl. dazu Wirtschaft und Statistik 4 (1999), S. 275. Angaben über die Beschäftigten der öffentlichen Arbeitgeber finden sich jährlich in Wirtschaft und Statistik (beispielsweise für 1999 in Heft 10(2000), S. 750), vgl. auch *Tabelle 4.5*.

[30] Solche Meinungen kommen in Sätzen zum Ausdruck wie zum Beispiel: "Aber auch am Arbeitsmarkt gilt: Je höher der Preis, desto geringer die Nachfrage" (Frankfurter Institut für wirtschaftspolitische Forschung, Argumente zur Wirtschaftspolitik Nr. 32, Juni 1990, S. 3). Immerhin wird konzediert, dass "auf den Grad der Beschäftigung in einer Marktwirtschaft viele Faktoren" einwirken. W. Engels (1985, S. 35) stellt lapidar fest: "Für Arbeit gilt nichts anderes als für Bananen, Eisenbahnfahrkarten und Teppichböden: Wenn der Preis steigt, dann geht die Nachfrage zurück".

Produktionstechnik. Formal lässt sich dies wie folgt schreiben, wobei Π den Gewinn bezeichnet und die verbleibenden Symbole im Folgenden erläutert werden.

$$\underset{L_i}{\text{Max}}\ \Pi_i(\cdot) = P_i(y_i^N) \cdot y_i^N - W_i \cdot L_i - R_i \cdot K_i - T_i \tag{4.1}$$

$$\text{unter der Nebenbedingung } y_i = F_i(L_i, K_i).$$

Gleichung (4.1) soll nun schrittweise erläutert und problematisiert werden.

(i) Der erste Term auf der rechten Seite beschreibt den Ertrag als Produkt von Preis P und verkaufter Menge y^N (im Gegensatz zu y, der *produzierten* Menge). Zwei Aspekte sind in diesem Zusammenhang besonders hervorzuheben. Der erste betrifft die Marktform, das heißt die Frage, ob die Firma sich beispielsweise als Mengenanpasser verhält und den Preis als Datum akzeptiert, oder ob es sich um einen Monopolisten auf dem Gütermarkt handelt, bei dem $P(\cdot)$ die konjekturale Preis–Absatz–Funktion repräsentiert, oder ob die Marktform einer monopolistischen Konkurrenz vorliegt, bei der die Firma den Preis innerhalb bestimmter Grenzen variieren kann. Mit der letztgenannten Möglichkeit stellt sich die Frage, ob es für die Firma überhaupt lohnend ist, den Preis ständig an eine sich ändernde Güternachfrage anzupassen. Preisrigiditäten sind nicht nur ein empirisch zu beobachtendes Phänomen. Ihre (mikro–)theoretische Fundierung ist Gegenstand der Forschung, nicht zuletzt deshalb, weil die Hypothese, Preise (und Löhne) reagierten nicht schnell genug, um stets ein Walrasianisches Gleichgewicht zu gewährleisten, die Grundlage einer Klasse makroökonomischer Modelle darstellt. Diese analysieren temporäre Gleichgewichte bei Mengenrationierungen auf Güter– und Arbeitsmärkten, berücksichtigen in diesem Zusammenhang mithin explizit die Möglichkeit, dass Unternehmen auf Grund fehlender Nachfrage nicht ihre gewünschte Outputmenge absetzen können. Eine solche wirksame Rationierungsschranke kann unmittelbare Auswirkungen auf die Arbeitsnachfrage haben, wenn nämlich die rationierte Firma daraufhin die Beschäftigung reduziert.

Zusammengefasst spielen also Marktform, Preisflexibilität und mögliche Rationierungen auf dem Gütermarkt eine wichtige Rolle zur Bestimmung der Arbeitsnachfrage.

(ii) Der zweite Term in Gleichung (4.1) repräsentiert die Lohnkosten, die sich multiplikativ aus dem Lohnsatz W und dem Arbeitseinsatz L bestimmen, wobei mit $W \cdot L$ nur die variablen Lohnkosten erfasst sind, diese allerdings in einem weiten Sinne: Sie umfassen nicht nur die gezahlten Löhne und Gehälter, sondern auch die Nebenkosten wie Arbeitgeberbeiträge zur sozialen Absicherung der Arbeitnehmer (Sozialbeiträge der Arbeitgeber, Entgeltfortzahlung bei Krankheit oder Schwangerschaft), die Fluktuationskosten (Such–, Einarbeitungs– und Entlassungskosten), freiwillige Zusatzleistungen der Arbeitgeber (Weiterbildungsmaßnahmen, Kantine, Sporteinrichtungen). Hinzu kommen Kosten staatlicher Eingriffe in den Arbeitsmarkt, die auf Grund von gesetzlich vorgeschriebenen Sozialplänen, der Einrichtung von Betriebsräten oder auf Grund der Tatsache entstehen, dass wegen gesetzlicher Kündigungsvorschriften nicht mehr benötigte Beschäftigte nicht ohne weiteres entlassen werden dürfen, die zum Teil dann Fixkostencharakter besitzen. Zusätzlich zu diesen Aspekten ist zu fragen, ob der Lohnsatz für die Firma ein Datum darstellt. Dies kann am ehesten für Tariflöhne vermutet werden, indessen bleibt es der Unternehmung unbenommen, darüber hinausgehende, freiwillige Zusatzleistungen zu gewähren, um Arbeitskräfte zu attrahieren und/oder Kündigungen produktiver Beschäftigter zu vermeiden. Insoweit verliert der Lohn dann den Charakter eines Datums. Die zuletzt genannten Argumente legen die Überlegung nahe, dass höhere Löhne nicht nur zusätzliche Kosten verursachen, sondern möglicherweise auch höhere Erträge abwerfen, wenn besser bezahlte Arbeitskräfte daraufhin effizienter arbeiten.[31] Schließlich bedeuten Lohnsteigerungen in aller Regel zusätzliche Kaufkraft. Dieses Argument mag die *einzelne* Firma für irrelevant halten, weil sie zunächst den Kostenaspekt sieht und der Einkommenseffekt individuell gesehen unsicher und marginal sein mag. *Gesamtwirtschaftlich* ist es indessen nicht unplausibel zu vermuten, dass – isoliert betrachtet – ein positiver Effekt von W auf y^N ausgeht. Wie immer die Größenordnungen zu veranschlagen sind, es dürfte offenkundig sein, dass die Abhängigkeit der Arbeitsnachfrage vom Lohnsatz aus makroökonomischer Sicht kein a priori eindeutiges Vorzeichen besitzt.

Weiterhin ist zu fragen, was eigentlich "Arbeitsnachfrage" heißt. Zunächst ist zwischen den Dimensionen "Personen" und "Stunden" zu unterscheiden, weil ein und dasselbe Arbeitsvolumen in zwei Schichten mit 100 Arbeitskräften und 9 Stunden täglicher Arbeitszeit oder in drei Schichten mit 80 Arbeitskräften und 7.5 Stunden Arbeitszeit realisiert werden kann – zumindest rein rechnerisch, sodass dasselbe Unternehmen einmal 200, zum anderen 240 Arbeitskräfte nachfragt. "Rein rechnerisch" deshalb, weil verschiedene andere Aspekte berücksichtigt werden müssen, wie zum Beispiel eine (überproportional) abnehmende Produktivität bei einer 9–Stunden–Schicht oder die Maschinenlaufzeit von 18 versus 22.5 Stunden. Wichtig ist aber für die hier anzustellenden Überlegungen der Zusammenhang beider Dimensionen bei der Erörterung der Nachfrage nach Arbeitskräften, ein Thema, welches bei der Diskussion um die Wirkungen einer Arbeitszeitverkürzung eine wichtige Rolle spielt.

Eine reine Fiktion stellt die Annahme homogener Arbeit dar. Unternehmen fragen nicht "die" Arbeitskraft nach, sondern stellen in aller Regel konkrete Anforderungen an Schul– und Berufsausbildung, Berufserfahrung und Fähigkeiten. Folglich gibt es – zusätzlich zu den oben genannten Einschränkungen – nicht "den" Lohnsatz, sondern eine betriebliche Lohnstruktur in Abhängigkeit von der Qualifikation der Beschäftigten. Deshalb muss bei Lohnerhöhungen berücksichtigt werden, ob sich die Lohnstruktur verändert hat, etwa indem untere Lohngruppen überproportionale Zuwachsraten aufweisen.

(iii) Zur Erstellung eines Outputs y werden neben Arbeit weitere Produktionsfaktoren eingesetzt, von denen in Gleichung (4.1) nur der Kapitalbestand K mit dem dazugehörigen Faktorpreis R aufgeführt ist. Die Entwicklung dieser bei-

[31] Diese Überlegungen werden im Rahmen der Effizienzlohntheorie ausführlich diskutiert. Vgl. dazu *Abschnitt 8.5.*

den Variablen kann die Arbeitsnachfrage in erheblicher Weise beeinflussen. Ein Anstieg der Kapitalnutzungskosten kann die Investitionstätigkeit reduzieren und demzufolge die Beschäftigung erhöhen, wenn die Firma bei gleicher Höhe der Produktion Kapital durch Arbeit ersetzt, oder reduzieren, wenn die Produktion auf Grund der Kostensteigerung soweit heruntergefahren wird, dass (trotz der genannten Substitution) weniger Arbeitseinsatz benötigt wird. Die exorbitanten Rohstoffpreiserhöhungen in den siebziger Jahren haben die Beschäftigung ebenfalls nicht unbeeinflusst gelassen.

(iv) Auf die Bedeutung der Produktionstechnik wurde bereits in (iii) hingewiesen. Dieser wird in Gleichung (4.1) durch die Einbeziehung der Produktionsfunktion $y = F(L, K)$ als Nebenbedingung Rechnung getragen. Für die vorliegende Fragestellung kommt insbesondere den Substitutionsbeziehungen zwischen Arbeit L und den übrigen Produktionsfaktoren eine besondere Wichtigkeit zu: Wenn die Lohnkosten steigen, dann hängt es ceteris paribus ganz entscheidend von der Produktionstechnik ab, inwieweit Betriebe den teurer gewordenen Faktor Arbeit beispielsweise durch Sachkapital ersetzen können. Eine solche Substitutionsmöglichkeit wird am ehesten für rein schematische, ständig wiederkehrende manuelle Tätigkeiten, weniger jedoch für kreative Arbeit zu vermuten sein. Diese von der Technik vorgegebenen Substitutionsmöglichkeiten sind einem ständigen Wandel unterworfen, induziert durch den technischen Fortschritt. Die Einführung der Mikroelektronik bietet dafür ein gutes Beispiel. Zahlreiche Arbeitsplätze wurden beispielsweise durch Einführung vollautomatischer Lackierstraßen bei Automobilherstellern wegrationalisiert. Andererseits sanken die Herstellungskosten, die Hard– und Software musste entwickelt und produziert werden und es entstanden neue Märkte und neue Arbeitsplätze.

(v) Schließlich greift – wie bereits unter (ii) erwähnt – der Staat in mannigfaltiger Weise in den Produktionsprozess und die Verteilung seiner Erträge ein – mit Konsequenzen für die Beschäftigung. Er untersagt die Produktion bestimmter Güter oder erlaubt sie nur unter Auflagen, um beispielsweise die Umwelt zu schützen, er beschränkt die Zulassung zu bestimmten Tätigkeiten (etwa bei Taxiunternehmen) oder macht sie von bestimmten Voraussetzungen abhängig (wie die Approbation von Ärzten), er erlässt Schutzvorschriften über Arbeitsverhältnisse (zum Beispiel Kündigungsschutz) oder Arbeitsplätze (wie beispielsweise Sicherheitsvorschriften), und er beeinflusst durch Besteuerung und Subventionierung das Marktgeschehen. Klagen über eine (im internationalen Vergleich) zu hohe oder falsch strukturierte Unternehmensbesteuerung und deren Wirkungen auf die Beschäftigung sind ebenso Legion wie Warnungen vor Arbeitsplatzverlusten bei verschärften Umweltschutzauflagen. In Gleichung (4.1) wird nur die Besteuerung abzüglich der Subventionierung mit T ohne Spezifikation der Bemessungsgrundlage eingeführt – als Merkposten für die eben aufgeführten weiteren Einflussfaktoren auf die Arbeitsnachfrage.

Ein weiterer Aspekt ist in diesem Zusammenhang, dass der Staat – wie in *Abschnitt 4.1.1* dargestellt – in erheblichem Umfang selbst als Arbeitsnachfrager auftritt. Trotz einiger Gemeinsamkeiten zwischen privaten und staatlichen Arbeitgebern zeichnen sich staatliche Beschäftigungsverhältnisse durch zahlreiche

Spezifika aus, wie etwa ein besonderes Dienstrecht, die Finanzierung durch staatliche Zwangsabgaben oder das im Vergleich zum privaten Sektor höhere Maß an Arbeitsplatzsicherheit.[32] Kritisch wird häufig vorgetragen, dass der staatliche Sektor mangels einer marktwirtschaftlichen Kontrolle durch die Güternachfrage zu übersteigerter Personalexpansion neigt, begünstigt durch ein Beförderungssystem, das den Aufstieg des einzelnen Staatsbediensteten mitunter von der Anzahl der ihm unterstellten Mitarbeiter abhängig macht, sodass von daher "Beschäftigungsmaximierung" als adäquate Zielformulierung naheliegen würde. Daher bietet die Gewinnmaximierungsregel (4.1) zumindest für den staatlichen Sektor einen ungeeigneten Ausgangspunkt für die staatliche Arbeitsnachfrage, die in diesem Buch – von einigen wenigen Bemerkungen abgesehen – aus Platzgründen nicht behandelt werden kann.[33]

Fallbeispiel: Wochenend– und Nachtarbeit

Im Rahmen der Diskussion über die notwendige Flexibilisierung der Arbeitszeit wird mitunter suggeriert, dass nur ein geringer Teil der Arbeitnehmer die Arbeit außerhalb üblicher Arbeitszeiten ableistet. Wie jedoch aus folgender Tabelle hervorgeht, arbeitete über ein Fünftel aller Erwerbstätigen in Deutschland im Jahre 2000 regelmäßig oder ständig samstags und rund 7 v.H. nachts (Anteile an allen Erwerbstätigen in v.H.):

	Schicht–arbeit	Samstags–arbeit	Sonn–/ Feiertags–arbeit	Nacht–arbeit
ständig/regelmäßig	10.9	22.9	11.3	7.3
gelegentlich	1.4	19.4	12.0	5.8

Quelle: Statistisches Bundesamt, Leben und Arbeiten in Deutschland, Ergebnisse des Mikrozensus 2000, Wiesbaden, S. 13.

Angesichts der Aussichtslosigkeit, zumindest die eben genannten Aspekte der Arbeitsnachfrage in *einem* theoretischen Modell vollständig abhandeln zu können, greifen die nächsten Unterabschnitte einige Einflussfaktoren auf und unterziehen sie einer isolierten Analyse. Dabei gilt die ceteris paribus–Klausel stets als vereinbart, aber gleichzeitig auch als Warnung vor überstürzten (wirtschaftspolitischen) Schlussfolgerungen.

Der nächste *Abschnitt 4.2.1* behandelt zunächst die Bedeutung der Produktionstechnologie und der Marktformen für die statische Arbeitsnachfrage, wobei zwei Produktionsfaktoren "Arbeit" und "Kapital" unterstellt werden. Daran schließen sich Überlegungen zur Wirkung von Faktorpreisänderungen an. Der *Abschnitt 4.2.4* refe-

[32] Vgl. Brandes und Buttler (1990), S. 10f.

[33] Vgl. dazu den Sammelband von Brandes und Buttler (1990), außerdem Henneberger (1997) sowie Keller (1983).

riert in aller Kürze einige Überlegungen für den Fall heterogener Arbeit. Dynamischen Aspekten der Arbeitsnachfrage ist ein längerer *Abschnitt 4.3* gewidmet. Die Notwendigkeit einer solchen Betrachtungsweise ergibt sich hauptsächlich aus der Existenz von Anpassungshemmnissen. Nach einer Diskussion der Bedeutung von Anpassungskosten in *Abschnitt 4.3.1* steht der Zeitpfad einer optimalen Beschäftigung im Mittelpunkt des *Abschnitts 4.3.2.* Zusammenhängen der Dynamik zwischen den Dimensionen des Arbeits– und Sachkapitaleinsatzes wird in *Abschnitt 4.3.3* nachgegangen. Ob und inwieweit Lagerinvestitionen (wenn nämlich $y \neq y^n$) eine Verstetigung der Produktion und damit der Beschäftigung bewirken können, wird aus theoretischer Sicht in *Abschnitt 4.3.4* erörtert. Schließlich greift *Abschnitt 4.3.5* das analytisch nicht einfache Thema der Rolle von Unsicherheit und Erwartungsbildung im Rahmen der Faktornachfrageentscheidung auf und beleuchtet die Konsequenzen alternativer Annahmen für die Beschäftigung.

4.2 Statische Modelle der optimalen Beschäftigung

Im vorausgegangenen *Abschnitt 4.1.2* wurde bereits das Programm dieses Abschnitts referiert, sodass noch die Rechtfertigung für eine statische Analyse zu geben ist. Da die Firma angesichts der Bedeutung von Anpassungskosten über einen längeren Zeitraum planen muss, welchen Erkenntnisgewinn kann dann eine statische Betrachtung noch liefern?

Eine vielleicht vordergründige Rechtfertigung folgt der formalen Komplexität der Analyse. Wie die folgenden Ausführungen zeigen werden, sind die Herleitungen selbst im statischen Fall formal nicht ganz einfach, sodass es dem Verständnis nicht dienlich ist, sie gleich mit Aspekten unterschiedlicher Anpassungsprobleme zu überlagern. Eine statische Betrachtung liefert die Resultate im langfristigen Gleichgewicht, mithin nach Beendigung aller Anpassungsvorgänge. Die methodische Rechtfertigung des Vergleichs von Gleichgewichtszuständen in einer komparativ–statischen Analyse liegt darin, dass sich so am ehesten die Reaktionen des Modells auf Störungen identifizieren und diesen allein zurechnen lassen. Aus ökonomischer Sicht ist manchmal die Beantwortung der Frage ausreichend, wo eine Volkswirtschaft nach einem Schock letztlich "ankommt", welches beispielsweise die endgültigen Wirkungen einer Lohnsatzerhöhung auf die Beschäftigung sind.

4.2.1 Produktionstechnik und Marktformen

In diesem Abschnitt geht es hauptsächlich um die Rolle der Produktionstechnik und der Marktformen bei der Analyse der Arbeitsnachfrage privater Firmen. Im Moment wird den unterschiedlichen Dimensionen des Arbeitseinsatzes (Personen, Arbeitszeit und –intensität) ebensowenig Rechnung getragen wie etwa der Besteuerung. Zunächst wird gefragt, wie hoch der gewinnmaximale Einsatz des Faktors Arbeit L ist. Die sich daran anschließende Analyse untersucht die isolierte Reaktion der Arbeitsnachfrage auf Änderungen der Faktorpreise.

Die Unternehmung produziere gemäß einer neoklassischen Produktionsfunktion

$y = F(L,K)$ mit $F_L > 0$, $F_{LL} < 0$, $F_{LK} > 0$.[34] Analoges gilt für den Produktionsfaktor Kapital K, dessen Nutzung Kosten in Höhe von R verursacht.[35] Auf den Beschaffungsmärkten für Produktionsfaktoren, also auf dem Arbeitsmarkt und Kapitalmarkt, sei ein Mehreinsatz beider Produktionsfaktoren für die Firma mit steigenden Faktorpreisen verbunden, weil sie Lohnzuschläge zahlt, um Arbeitskräfte zu attrahieren, oder bei höherer Arbeitszeit Überstundenzuschläge zu zahlen sind. Also gilt: $W = W(L)$ mit $dW/dL > 0$, womit zudem ein mögliches monopsonistisches Verhalten der Firma zum Ausdruck kommt, wenn sie auf einem lokalen oder beruflichen Segment des Arbeitsmarktes in Bezug auf die Arbeitsnachfrage eine Monopolstellung innehat. Ähnliche Reaktionen werden für die Kapitalnutzungskosten $R = R(K)$ mit $dR/dK > 0$ unterstellt, weil bei stärkerem Kreditbedarf auf Grund des damit verbundenen höheren Risikos für die Bank Kreditrestriktionen in Form höherer Zinsen zu beachten sind. Auf dem Gütermarkt sieht sich die Firma mit einer konjekturalen Preisabsatzfunktion konfrontiert. Dies muss nicht unbedingt eine reine Monopolstellung auf dem Gütermarkt bedeuten, sondern kann auch mit dem Fall einer Preissetzung bei monopolistischer Konkurrenz vereinbar sein, bei dem die Firma auf Grund von Präferenzen oder Informationskosten der Nachfrager gewisse Preisspielräume besitzt. Bezeichnet man mit P_i den Preis, den die Firma i setzt, und mit $\bar{P}$ den durchschnittlichen Preis der Konkurrenten, so führt eine Senkung des Preisverhältnisses $P_i/\bar{P}$ zu einem Nachfragezuwachs für die Firma i und vice versa. Dies gilt allerdings nicht unbeschränkt: Übersteigt $P_i/\bar{P}$ einen oberen Wert, dann verliert die Firma i alle Käufer, während im umgekehrten Fall entsprechende Preisreduktionen der Konkurrenten oder Kapazitätsgrenzen bei der Firma i eine weitere Ausdehnung des Absatzes zu Lasten der Konkurrenten verhindern.

Bezeichnet α_i den Marktanteil der Firma i, dann folgt aus den obigen Überlegungen, dass $\alpha_i(P_i/\bar{P})$ gilt, wobei $d\alpha_i/d(P_i/\bar{P}) < 0$ ist. Eine weitere Überlegung ergibt sich, wenn man berücksichtigt, dass die Gesamtnachfrage nach diesem Produkt, also $\bar{y}$, negativ mit dem durchschnittlichen Preis $\bar{P}$ korreliert ist, das heißt $\bar{y}(\bar{P})$ mit $d\bar{y}/d\bar{P} < 0$.

Beide Aspekte zusammengenommen legen folgende Version der Nachfragefunktion aus dem Blickwinkel der Firma i nahe:

$$y_i = \alpha_i\left(\frac{P_i}{\bar{P}}\right) \cdot \bar{y}(\bar{P}) \,, \tag{4.2}$$

oder vereinfacht:

$$y_i = y_i(P_i\,, \bar{P}). \tag{4.3}$$

$$\begin{aligned} \eta^i_{y_i,P} &= \frac{dy_i}{dP_i} \cdot \frac{P_i}{y_i} < 0 \\ \eta_{\bar{y},\bar{P}} &= \frac{d\bar{y}}{d\bar{P}} \cdot \frac{\bar{P}}{\bar{y}} < 0. \end{aligned}$$

[34] Im Folgenden werden das Subskript i (für die i–te Firma) und Zeitindizes unterdrückt, solange dies nicht zu Missverständnissen führt.

[35] R bezeichnet die Nutzungskosten je Einheit Kapitalgut pro Zeiteinheit. Sie sind in ihrer einfachsten Version definiert als $R = Q \cdot (r + d)$ mit Q = Investitionsgüterpreis, r = Realzins und d = Abschreibungsrate. Der Betrag $Q \cdot r$ reflektiert dabei die Opportunitätskosten einer Investition, $Q \cdot d$ die Abschreibungskosten.

Mithin sind zwei Nachfrageelastizitäten zu unterscheiden, wobei nunmehr *alle* Elastizitäten η als Absolutwerte geschrieben werden. Die Preiselastizität $\eta^i_{y_i,P}$ reflektiert den ersten Aspekt, nämlich die Reaktion des Absatzes der Firma i auf Grund eigener Preisvariationen bei Konstanz von $\bar{P}$, des Durchschnittspreises aller Konkurrenten. Dies ist eine vereinfachte Version des Preissetzungsverhaltens bei monopolistischer Konkurrenz. Die Preiselastizität $\eta_{\bar{y},\bar{P}}$ beschreibt die Auswirkungen einer Variation des Durchschnittspreises $\bar{P}$ auf den Absatz der Firma i, wenn also auf Grund einer Lohnerhöhung alle Firmen ihren Preis erhöhen und daher die Gesamtnachfrage $\bar{y}$ – und gegebenenfalls auch y_i – zurückgeht. Im Fall eines reinen Monopols sind beide Elastizitäten identisch.

Zunächst berücksichtigen wir nur den ersten Aspekt und wir unterstellen die Möglichkeit einer isolierten Preisvariation P_i seitens der Firma i bei Konstanz von $\bar{P}$. Diese Annahme wird dann in einem allgemeineren Ansatz aufgehoben. Demnach lässt sich die Gleichung für den Gewinn Π_i der Firma i als Lagrangefunktion unter der Nebenbedingung der Produktionsfunktion wie folgt schreiben, wobei – mit Ausnahme der Preiselastizität $\eta^i_{y,P}$ – der Index i für die i-te Firma unterdrückt wird, um die Symbolik nicht zu überladen:[36]

$$\Pi(L,K,y) = P(y) \cdot y - W(L) \cdot L - R(K) \cdot K - \lambda \cdot \Big[y - F(L,K)\Big]. \tag{4.4}$$

Die Bedingungen erster Ordnung[37] für ein Gewinnmaximum erhält man durch Differenziation von Gleichung (4.4) nach L, K und y:

$$\lambda \cdot F_L = W \cdot (1 + \eta_{W,L}) \tag{4.5}$$

$$\lambda \cdot F_K = R \cdot (1 + \eta_{R,K}) \tag{4.6}$$

$$\lambda = P \cdot (1 - \frac{1}{\eta^i_{y,P}}), \tag{4.7}$$

wobei $\eta_{W,L} > 0$ beziehungsweise $\eta_{R,K} > 0$ die relative Veränderung des Faktorpreises in Bezug auf eine relative Veränderung der dazugehörigen Faktoreinsatzmenge bezeichnen. λ ist der Lagrangemultiplikator, der angibt, um wieviel sich der Gewinn erhöht, wenn die Produktion um eine Einheit steigt. Einsetzen von Gleichung (4.7) in die Gleichungen (4.5) und (4.6) liefert:

$$F_L = \frac{W}{P} \cdot \frac{1 + \eta_{W,L}}{1 - \frac{1}{\eta^i_{y,P}}} \tag{4.8}$$

$$F_K = \frac{R}{P} \cdot \frac{1 + \eta_{R,K}}{1 - \dfrac{1}{\eta^i_{y,P}}} \tag{4.9}$$

[36] Das heißt, im Folgenden steht P für P_i und y für y_i.

[37] Die Bedingungen 2. Ordnung für ein Gewinnmaximum sind wegen der Abhängigkeiten der Preise von den Mengen sehr unübersichtlich und schwer zu interpretieren. Für den Fall der vollständigen Konkurrenz auf allen Märkten sind sie erfüllt, wenn für $F_{LL} < 0$ gilt: $F_{LL} \cdot F_{KK} > F^2_{LK}$. Mit anderen Worten, abnehmende Grenzerträge der Produktionsfaktoren sind zwar eine notwendige, aber keine hinreichende Bedingung für ein Gewinnmaximum. Die entsprechende Vorgehensweise ist ausführlich in Chiang (1984), S. 359ff. dargestellt.

Gleichung (4.8) besagt, dass der Faktor Arbeit dann in gewinnmaximaler Weise eingesetzt ist, wenn die Grenzproduktivität der Arbeit gleich dem Reallohn – korrigiert um die Preiselastizitäten – ist. Für den Fall der vollständigen Konkurrenz auf Absatz– und Beschaffungsmärkten (für $\eta_{W,L} = 0$ und $\eta^i_{y,P} = \infty$) reduziert sich Gleichung (4.8) auf die bekannte Bedingung, dass im Gewinnmaximum F_L gleich dem Reallohn sein muss. Für $\eta_{W,L} > 0$ wird weniger Arbeit eingesetzt, weil die Grenzkosten größer als der Lohnsatz W sind.[38] Unter dieser Voraussetzung kann, nebenbei bemerkt, unter speziellen Bedingungen der kontraintuitive Fall eintreten, dass die Einführung eines Mindestlohnes zu höherer Beschäftigung führt, weil nunmehr zwar die Durchschnittskosten des Faktoreinsatzes, aber nicht mehr die Grenzkosten steigen.[39] Dasselbe gilt für den Fall des Monopols beziehungsweise der monopolistischen Konkurrenz, weil die Firma einen höheren Output nur bei reduzierten Preisen absetzen kann.

Die gewinnmaximale Arbeitsnachfrage kann aus Gleichung (4.8) explizit berechnet werden, wenn die Produktionstechnologie genauer spezifiziert wird. Im Falle einer CES–Produktionsfunktion des Typs[40]

$$F(L,K) = y = \gamma[\delta L^{-\rho} + (1-\delta)K^{-\rho}]^{-\mu/\rho} , \tag{4.10}$$

gilt beispielsweise für F_L:

$$F_L = \mu \cdot \delta \cdot \gamma^{-\rho/\mu} \cdot y^{\frac{\mu+\rho}{\mu}} \cdot L^{-(1+\rho)} . \tag{4.11}$$

Einsetzen von Gleichung (4.11) in Gleichung (4.8) liefert bei konstanten Preiselastizitäten und nach einigen Umformungen folgende Arbeitsnachfragefunktion:

$$\ln L = a_0 - a_1 \ln \frac{W}{P} + a_2 \ln y \tag{4.12}$$

mit

$$\begin{aligned} a_0 &= \frac{1}{1+\rho}\left\{ \ln\mu + \ln\delta - \frac{\rho}{\mu}\cdot\ln\gamma - \ln\frac{1+\eta_{W,L}}{1-\frac{1}{\eta_{y,P}}}\right\} \\ a_1 &= \frac{1}{1+\rho} \\ a_2 &= \frac{1}{1+\rho}\cdot\frac{\mu+\rho}{\mu} . \end{aligned}$$

Für eine konstante Skalenelastizität (das heißt für $\mu = 1$) ist $a_2 = 1$. Eine analoge Herleitung gilt für F_K, woraus sich eine Kapitalnachfragefunktion ähnlich wie Gleichung (4.12) herleiten lässt. Das Verhältnis von Kapital– zu Arbeitseinsatz ist dann

[38] In einer Partialanalyse ist dieser Zusammenhang offenkundig. Da für $\eta_{W,L} > 0$ die rechte Seite von (4.8) größer ist, muss F_L steigen, damit (4.8) erfüllt ist. Dies ist wegen der abnehmenden Grenzproduktivität ($F_{LL} < 0$) mit geringerem Arbeitseinsatz verbunden. Allerdings ist diese partielle Betrachtung unvollständig. Bildet man indessen das totale Differenzial von (4.8) und (4.9), so erhält man unter Beachtung der in der vorhergehenden Fußnote gemachten Annahme dasselbe Ergebnis.

[39] Vgl. dazu ausführlich Ehrenberg und Smith (1997), S. 78ff. und 82ff.

[40] γ ist der Niveauparameter, ρ der Substitutionsparameter, δ der Distributionsparameter und μ der Homogenitätsparameter. Die in den Gleichungen (4.11) und (4.12) aufgeführten Grenzproduktivitäten werden in den meisten Lehrbüchern zur Mikroökonomik hergeleitet, so zum Beispiel in Stobbe (1983), S. 202ff.

durch folgenden Ausdruck gegeben:

$$\frac{K}{L} = \left(\frac{1-\delta}{\delta} \cdot \frac{W}{R} \cdot \frac{1+\eta_{W,L}}{1+\eta_{R,K}} \right)^{1/(1+\rho)} \tag{4.13}$$

oder

$$\ln(K/L) = \frac{1}{1+\rho} \left[(\ln(1-\delta)/\delta) + \ln(W/R) + \ln \frac{1+\eta_{W,L}}{1+\eta_{R,K}} \right] \tag{4.14}$$

wobei der Ausdruck (bei Konstanz von $\eta_{W,L}$ und $\eta_{R,K}$):

$$\frac{d \ln(K/L)}{d \ln(W/R)} = \frac{1}{1+\rho} =: \sigma \tag{4.15}$$

weiter unten als Substitutionselastizität eine wichtige Rolle spielen wird. Gleichung (4.13) besagt, dass das Faktoreinsatzverhältnis K zu L neben dem Lohn–Kapitalnutzungskosten–Verhältnis von zwei Parametern der Produktionsfunktion abhängt, nämlich δ und ρ. Letzterer gibt Gleichung (4.15) zufolge Auskunft über die relative Veränderung von K/L auf Grund einer relativen Veränderung des reziproken Faktorpreisverhältnisses.[41] Diese Reaktion bezeichnet man als Substitutionselastizität, welche in Gleichung (4.15) durch $\sigma = 1/(1+\rho)$ gegeben ist. Sie geht gegen null, wenn ρ gegen unendlich strebt. Die Isoquanten als der geometrische Ort aller Kombinationen von K und L, welche dieselbe Outputmenge y repräsentieren, verlaufen dann rechtwinklig. In diesem Fall einer Leontief–Produktionsfunktion können K und L nur in einem festen Verhältnis effizient eingesetzt werden. Wenn ρ den Wert null annimmt, dann ist Gleichung (4.15) entsprechend die Substitutionselastizität gleich eins und die Produktionsfunktion (4.10) im Grenzwert für $\mu = 1$ durch eine in diesem Fall linear–homogene Cobb–Douglas–Produktionsfunktion

$$y = \gamma \cdot L^{\delta} \cdot K^{1-\delta} \tag{4.16}$$

gegeben,[42] die mithin einen Spezialfall der CES–Produktionsfunktion darstellt.

4.2.2 Faktorpreisänderungen und Arbeitsnachfrage

So informativ die Bestimmungsfaktoren des Faktoreinsatzverhältnisses sein mögen, wollen wir uns gleichwohl auf die Reaktionen der Arbeitsnachfrage auf Faktorpreisveränderungen beschränken. Um die Darstellung etwas zu vereinfachen, werden auf den Beschaffungsmärkten vollständige Konkurrenz (das heißt, W und R sind für die Firma exogen) und eine linear–homogene Produktionsfunktion unterstellt. Bei der Analyse der Reaktion der Arbeitsnachfrage auf Faktorpreisänderungen sind nun zwei Effekte zu unterscheiden:

---

[41] Wegen $W = W(L)$ und $R = R(K)$ sind die Faktorpreise endogene Größen und (4.15) ist damit eine Strukturgleichung zwischen endogenen Variablen. Diese Gleichung ist daher nur dann zulässig, wenn W und R auch autonome Größen enthalten.

[42] "Grenzwert" deshalb, weil für $\rho = 0$ der Exponent $-\mu/\rho$ in (4.10) nicht definiert ist, sondern nach der Regel von L'Hôpital approximiert werden muss, vgl. dazu ausführlich Chiang (1984), S. 428ff.

(i) Der ***Substitutionseffekt*** resultiert aus der Überlegung, dass die Firma den vergleichsweise teurer gewordenen Faktor weniger einsetzt, das heißt, steigt W oder fällt R, dann wird weniger Arbeit nachgefragt. Technisch gesprochen stellt der Substitutionseffekt eine Bewegung *auf* einer Isoquante dar.[43]

(ii) Der ***Skaleneffekt*** bringt zweierlei zum Ausdruck. Erstens bedeutet eine Faktorpreiserhöhung, dass der gewinnmaximale Output – und damit die Faktoreinsatzmengen – sinken. Eine Lohnsatzerhöhung bewirkt dann eindeutig einen geringeren Einsatz des Faktors Arbeit, während ein Anstieg der Kapitalnutzungskosten nur dann diesen Effekt hat, wenn der Skaleneffekt den Substitutionseffekt überkompensiert. Besitzt die Firma zweitens im Gegensatz zu der eingangs getroffenen Annahme einen hohen Marktanteil auf dem Absatzmarkt dieses Produktes und handelt es sich um ein superiores Gut mit einer hohen Einkommenselastizität der Nachfrage, dann kann auf Grund der Lohnerhöhung ein positiver Skaleneffekt zu verzeichnen sein (nach Abzug der Sickerverluste in Form von Steuern, Ersparnissen und Importen).[44] Dieses als Kaufkraftwirkung einer Lohnerhöhung bezeichnete Argument ist in einer mikroökonomischen Partialanalyse auf Grund der eben genannten Einschränkungen weitgehend irrelevant. In der folgenden partiellen Analyse bleibt daher diese zweite Kategorie des Skaleneffekts außer Betracht.

Gefragt wird mithin unter anderem nach den beiden folgenden Faktornachfrageelastizitäten:

$$\eta_{L,W} = \frac{\partial L}{\partial W} \cdot \frac{W}{L} \quad \text{und} \quad \eta_{L,R} = \frac{\partial L}{\partial R} \cdot \frac{R}{L}\,. \tag{4.17}$$

Die Herleitung von $\eta_{L,W}$ und $\eta_{L,R}$ ist problemlos, wenn auch etwas aufwendig. Die Firma sei im Ausgangszustand im Gleichgewicht in dem Sinn, dass die beiden Produktionsfaktoren nach ihrem Grenzerlösprodukt (gleich Grenzwertprodukt, korrigiert um die Güternachfrageelastizitäten) entlohnt werden [vgl. nochmals die Gleichungen (4.8) und (4.9)]. Wie bisher wird nur die Firma i betrachtet.

$$y(P,\bar{P}) = F(L,K) \tag{4.18}$$

$$W = F_L \cdot P \cdot \left(1 - \frac{1}{\eta^i_{y,P}}\right) \tag{4.19}$$

$$R = F_K \cdot P \cdot \left(1 - \frac{1}{\eta^i_{y,P}}\right) \tag{4.20}$$

Gleichung (4.18) bringt zum Ausdruck, dass im Ausgangsgleichgewicht die Produktion $F(L,K)$ der Firma i gleich ihrem Absatz $y(P,\bar{P})$ ist, eine Lagerhaltung bleibt unberücksichtigt.[45] Wenn nun dem Effekt einer Preiserhöhung aller Firmen auf Grund

[43] Dabei wird im Folgenden die Möglichkeit vernachlässigt, dass ein höherer Lohnsatz die "Effizienz" des Faktors Arbeit ansteigen lässt. Diese Hypothese ist Gegenstand der "Effizienzlohntheorie", welche in *Abschnitt 8.5* ausführlicher vorgestellt und diskutiert wird. Zu beachten ist, dass das aus der Grenzproduktivitätsregel resultierende Ergebnis, mit steigendem Lohnsatz gehe die Arbeitsnachfrage zurück, dadurch in seiner Wirkung abgeschwächt werden kann; vgl. dazu *Abschnitt 8.5*.

[44] Mit anderen Worten, die Preisabsatzfunktion verschiebt sich nach außen.

[45] Es sei nochmals daran erinnert, dass $P(= P_i)$ den Preis bezeichnet, den die Firma i implizit setzt, während der Durchschnittspreis für das Gut y mit $\bar{P}$ gekennzeichnet wird.

von allgemeinen Lohnsteigerungen Rechnung getragen werden soll, dann muss die bisher getroffene Annahme einer Konstanz von $\bar{P}$ im Hinblick auf Variationen von W natürlich aufgehoben werden.[46] Nehmen wir weiterhin an, dass alle Firmen auf Grund besagter Lohnerhöhung gleichmäßig die Preise erhöhen. Dann entspricht der Effekt von dW auf $d\bar{P}$ dem von dW auf dP. Für diese Fragestellung und bei Konstanz von $\eta^i_{y,P}$ können wir vereinfacht für das Gleichungssystem (4.18) bis (4.20) schreiben:[47]

$$y(\lambda) = F(L,K) \qquad \text{mit} \quad \lambda = P \cdot \left(1 - \frac{1}{\eta^i_{y,P}}\right) \tag{4.21}$$

$$W = F_L \cdot \lambda \tag{4.22}$$

$$R = F_K \cdot \lambda \tag{4.23}$$

Differenziation von (4.21) bis (4.23) nach W ergibt:

$$-\frac{\partial \lambda}{\partial W} \cdot \eta_{y,\lambda} \cdot \frac{y}{\lambda} = F_L \cdot \frac{\partial L}{\partial W} + F_K \cdot \frac{\partial K}{\partial W} \tag{4.24}$$

$$1 = F_L \cdot \frac{\partial \lambda}{\partial W} + \lambda \cdot \left(F_{LL} \cdot \frac{\partial L}{\partial W} + F_{LK} \cdot \frac{\partial K}{\partial W}\right) \tag{4.25}$$

$$0 = F_K \cdot \frac{\partial \lambda}{\partial W} + \lambda \cdot \left(F_{KL} \cdot \frac{\partial L}{\partial W} + F_{KK} \cdot \frac{\partial K}{\partial W}\right) . \tag{4.26}$$

Diese Beziehung vereinfacht sich, wenn folgende Zusammenhänge für linear–homogene Produktionsfunktionen berücksichtigt werden:[48]

$$F_{LL} = -\frac{K}{L} \cdot F_{LK} \tag{4.27}$$

$$F_{KK} = -\frac{L}{K} \cdot F_{LK} \tag{4.28}$$

Außerdem gilt für die Substitutionselastizität (4.15):

$$\sigma =: \frac{d\ln(K/L)}{d\ln(F_L/F_K)} = \frac{F_K \cdot F_L \cdot (K \cdot F_K + L \cdot F_L)}{K \cdot L \cdot (-F_{KK} \cdot F_L^2 + 2 \cdot F_{KL} \cdot F_K \cdot F_L - F_{LL} \cdot F_K^2)} . \tag{4.29}$$

Unter Verwendung der Gleichungen (4.27) und (4.28) sowie der Anwendung des Euler–Theorems auf eine linear–homogene Produktionsfunktion, das heißt

$$y = L \cdot F_L + K \cdot F_K \ , \tag{4.30}$$

erhält man in diesem Fall für die Substitutionselastizität:

$$\sigma = \frac{F_L \cdot F_K}{y \cdot F_{LK}} . \tag{4.31}$$

[46] Individuelle Preisvariationen der Firma i sind in (4.19) beziehungsweise (4.20) durch $\eta^i_{y,P}$ erfasst.
[47] Vgl. für eine ähnliche Vorgehensweise auch Fallon und Verry (1988), S. 88ff.
[48] Eine Herleitung findet sich beispielsweise in Henderson und Quandt (1983), S. 74.

Berücksichtigt man die Gleichungen (4.27), (4.28) und (4.31) sowie (4.22) und (4.23), dann lässt sich das Gleichungssystem (4.24) bis (4.26) auch folgendermaßen formulieren:

$$y \cdot \eta_{y,\lambda} \cdot \frac{\partial \lambda}{\partial W} + W \cdot \frac{\partial L}{\partial W} + R \cdot \frac{\partial K}{\partial W} = 0 \tag{4.32}$$

$$y \cdot \sigma \frac{\partial \lambda}{\partial W} - \frac{K}{L} \cdot R \cdot \frac{\partial L}{\partial W} + R \cdot \frac{\partial K}{\partial W} = \frac{y \cdot \lambda}{W} \cdot \sigma \tag{4.33}$$

$$y \cdot \sigma \frac{\partial \lambda}{\partial W} + W \cdot \frac{\partial L}{\partial W} - \frac{L}{K} \cdot W \cdot \frac{\partial K}{\partial W} = 0\,. \tag{4.34}$$

Im vorliegenden Fall interessiert die Lösung dieses Systems in Bezug auf $\frac{\partial L}{\partial W}$. Die zur Lösung erforderlichen Determinanten $\mid A \mid$ und $\mid A_2 \mid$ lauten:[49]

$$\mid A \mid = \begin{vmatrix} y \cdot \eta_{y,\lambda} & W & R \\ y \cdot \sigma & -\frac{K \cdot R}{L} & R \\ y \cdot \sigma & W & -\frac{L \cdot W}{R} \end{vmatrix} = \frac{\sigma}{L \cdot K} \cdot y^3 \cdot \lambda^2 \tag{4.35}$$

$$\mid A_2 \mid = \begin{vmatrix} y \cdot \eta_{y,\lambda} & 0 & R \\ y \cdot \sigma & \frac{y \cdot \lambda \cdot \sigma}{W} & R \\ y \cdot \sigma & 0 & -\frac{L \cdot W}{R} \end{vmatrix} = -\frac{y^2 \cdot \lambda \cdot \sigma \cdot (\eta_{y,\lambda} \cdot L \cdot W + R \cdot K \cdot \sigma)}{K \cdot W} \tag{4.36}$$

Dann ist

$$\frac{\partial L}{\partial W} = \frac{\mid A_2 \mid}{\mid A \mid} = -\frac{L}{W}\Big(\frac{L \cdot W}{y \cdot \lambda} \cdot \eta_{y,\lambda} + \frac{R \cdot K}{y \cdot \lambda} \cdot \sigma\Big)\,, \tag{4.37}$$

sodass [vgl. (4.22) und (4.23)] gilt:

$$\eta_{L,W} \equiv \frac{\partial L}{\partial W} \cdot \frac{W}{L} = -\Big(\frac{L \cdot F_L}{y} \cdot \eta_{y,\lambda} + \frac{K \cdot F_K}{y} \cdot \sigma\Big)\,. \tag{4.38}$$

Die beiden Quotienten in der Klammer sind die Produktionselastizitäten der Produktionsfaktoren Arbeit (S_L) und Kapital (S_K),[50] die sich bei einer linear–homogenen Produktionsfunktion zu eins addieren. Dann ergibt sich für Gleichung (4.38):

$$\eta_{L,W} = -S_L \cdot \eta_{y,\lambda} - (1 - S_L) \cdot \sigma\,. \tag{4.39}$$

Herrscht vollständige Konkurrenz auf dem Produktmarkt, dann ist nur noch der Effekt einer Lohnerhöhung relevant, das heißt $\eta_{y,\lambda} = \eta_{y,P}$, sodass sich Gleichung (4.39) wie folgt vereinfacht:

$$\eta_{L,W} = -S_L \cdot \eta_{y,P} - (1 - S_L) \cdot \sigma\,. \tag{4.40}$$

[49] Zur Vorgehensweise der Lösung vgl. wieder Chiang (1984), S. 105ff.

[50] Das heißt $S_L = \frac{L \cdot F_L}{y}$ und $S_K = \frac{K \cdot F_K}{y}$. Für den Fall der vollständigen Konkurrenz auf dem Gütermarkt (das heißt für $\lambda = \bar{P}$) stellen diese Quotienten die Entlohnungsanteile der beiden Produktionsfaktoren dar, welche sich gemäß des Euler–Theorems zu eins addieren.

Betrachten wir zunächst Gleichung (4.40).[51] Da sowohl die Preiselastizität der Nachfrage $\eta_{y,P}$ wie auch die Substitutionselastizität σ positiv definiert sind, ist $\eta_{L,w}$ eindeutig negativ. Je größere Werte die beiden Elastizitäten annehmen, um so stärker fällt der Rückgang der Arbeitsnachfrage auf Grund einer Lohnerhöhung aus, mit anderen Worten umso kleiner wird die negative Elastizität $\eta_{L,w}$. Die Begründung dafür ist unmittelbar einleuchtend: Je sensibler die Nachfrage auf die von allen Firmen vorgenommene Preiserhöhung reagiert – veranlasst durch die allgemeinen Lohnerhöhungen – und in je größerem Umfang die Produktionstechnik eine Substitution zu Ungunsten des Faktors Arbeit und zu Gunsten des Faktors Kapital ermöglicht, umso durchschlagender sind die Reduktionswirkungen dieser Lohnerhöhung auf die Arbeitsnachfrage. Wenn allerdings der Anteil der Lohnsumme an den gesamten Faktoreinkommen in der Firma gering ausfällt (wenn S_L klein ist), dann ist der Skaleneffekt $S_L \cdot \eta_{y,P}$ gering, weil der Kostenfaktor "Arbeit" für die Firma weniger bedeutsam ist. Andererseits hat der Substitutionseffekt $-(1-S_L)\sigma$ bei großem S_L eine geringere Wirkung. Auch dies wird einsichtig, wenn man bedenkt, dass ein großes S_L eine hohe Produktionselastizität der Arbeit bedeutet, sodass es aus diesem Grund für die Firma weniger lohnend ist, Arbeit durch den vergleichsweise weniger produktiven Faktor Kapital zu ersetzen.

Der Unterschied zwischen den Gleichungen (4.39) und (4.40) besteht darin, dass in Gleichung (4.39) Entscheidungsgrundlage für die Firma nicht der Preis, sondern der Grenzerlös GE

$$GE = P \cdot \left(1 - \frac{1}{\eta^i_{y,P}}\right) \tag{4.41}$$

ist. Wenn alle Firmen ihre Preise im Gleichschritt erhöhen, hat dies keine Auswirkung auf $P/\bar{P}$ und an der obigen Analyse ändert sich nichts. Bei monopolistischer Konkurrenz hat die Firma i indessen innerhalb des eingangs beschriebenen Spielraumes die Möglichkeit, durch geringere Erhöhung ihres Preises P im Vergleich zu denen von $\bar{P}$ den Nachfragerückgang abzumildern. In diesem Fall würde dann die Arbeitsnachfrage weniger zurückgehen.

Von dieser Möglichkeit einmal abgesehen, ändert sich an den prinzipiellen Resultaten wenig, wenn monopolistische Konkurrenz an Stelle vollständiger Konkurrenz als Marktform zu Grunde gelegt wird. Deshalb werden der Klarheit der Darstellung halber die folgenden Aspekte für den Fall der vollständigen Konkurrenz auf allen Märkten abgehandelt.

Neben den Effekten, die von Output– und Lohnsatzveränderungen auf die Arbeitsnachfrage ausgehen, ist nach den Bestimmungsfaktoren der Kreuzpreiselastizität $\eta_{L,R}$ zu fragen. Diese erhält man, wenn das Gleichungssystem (4.21) bis (4.23) für $\lambda = P$ nach R differenziert wird, die Beziehungen (4.27), (4.28) und (4.31) berücksichtigt und die Gleichungen analog der Vorgehensweise in den Gleichungen (4.35) bis (4.38) gelöst werden. Als Ergebnis erhält man:

$$\eta_{L,R} = (1 - S_L) \cdot (\sigma - \eta_{y,P}) \ . \tag{4.42}$$

Zunächst ist unmittelbar ersichtlich, dass für gleich hohe (Absolut–)Werte von der Substitutionselastizität σ und der Preiselastizität der Nachfrage $\eta_{y,P}$ die Arbeitsnachfrage

[51] Diese Beziehung ist auch als (vereinfachte) Marshall–Hicks–Regel bekannt.

nicht auf Änderungen der Kapitalnutzungskosten R reagiert, mit anderen Worten, Substitutions– und Skaleneffekt gleichen sich gerade aus. Ist $\sigma > \eta_{y,P}$, dann steigt die Arbeitsnachfrage, wenn R steigt, denn jetzt übersteigt der Substitutions– den Skaleneffekt und vice versa. Mit anderen Worten, eine Reduktion der Kapitalnutzungskosten auf Grund von Zinssatzsenkungen oder verbesserter Abschreibungsmöglichkeiten führt zwar zu einem erhöhten Kapitaleinsatz, nicht notwendigerweise aber zu mehr Beschäftigung, sondern nur, wenn $\sigma < \eta_{y,P}$, das heißt, wenn weniger als der Skaleneffekt zu Ungunsten des Faktors Arbeit substituiert wird.
Schließlich gilt wegen der Gleichungen (4.40) und (4.42):

$$\eta_{L,W} + \eta_{L,R} = -\eta_{y,P} \; . \tag{4.43}$$

Steigen Lohn– und Kapitalnutzungskosten um denselben Prozentsatz, so sinkt die Arbeitsnachfrage: Jetzt ist nur noch der Skaleneffekt wirksam.

4.2.3 Gewinnmaximierung versus Kostenminimierung

Bei der ökonomischen Analyse des Faktoreinsatzverhaltens wird häufig aus methodischen Überlegungen und auf Grund des verfügbaren Datenmaterials eine alternative Darstellung der Produktionstechnologie gewählt. Sie beruht auf der Dualitätstheorie, die zeigt, dass unter bestimmten Annahmen die Kostenfunktion $C(\cdot)$ einer Firma alle ökonomisch relevanten Aspekte der Produktionstechnologie enthält. Es ist aus Platzgründen nicht möglich, dies im einzelnen herzuleiten,[52] aber es lässt sich intuitiv wie folgt verdeutlichen. Eine gewinnmaximierende Firma realisiert – graphisch veranschaulicht – bei gegebener Isokostenkurve das Outputmaximum, das durch die maximal erreichbare Isoquante repräsentiert wird. Kostenminimierung läuft in diesem stark vereinfachten Beispiel darauf hinaus, eine bestimmte Outputhöhe mit einer solchen Faktoreinsatzkombination zu produzieren, die die geringsten Kosten für die Produktionsfaktoren verursacht. In beiden Fällen kann der optimale Produktionsplan durch denselben Tangentialpunkt einer Isoquante mit einer Isokostenlinie beschrieben werden. Es führt daher zum gleichen Ergebnis, wenn die optimalen Faktoreinsatzmengen unter der Annahme eines kostenminimierenden (an Stelle: gewinnmaximierenden) Verhaltens der Firma hergeleitet werden. Variationen der Faktorpreise ergeben bei gegebener Produktionstechnik neue kostenminimale Faktoreinsatzmengen, wobei es nun möglich ist, aus der Kostenfunktion die Produktionstechnik zu identifizieren, allerdings nur insoweit sie ökonomisch sinnvoll ist, das heißt den Bedingungen eines Kostenminimums genügt. Dies wird weiter unten anhand der Cobb–Douglas–Produktionstechnologie verdeutlicht. Zusammengefasst ist es also möglich, eine gegebene Technologie durch eine Kostenfunktion abzubilden und aus dieser Kostenfunktion (wieder) auf die Produktionstechnologie zurückzuschließen. Das ist in diesem Zusammenhang mit der Dualität gemeint.[53] Der Vorteil in der ökonometrischen Praxis liegt darin, dass die Schätzung von Faktoreinsatzfunktionen mit Hilfe von Kostenfunktionen einfacher ist als mit Gewinnfunktionen unter der Nebenbedingung einer Produktionstechnologie, weil in der Regel weniger Parameter identifiziert und Nichtlinearitäten berücksichtigt werden müssen.

[52] Vgl. dazu Varian (1984), S. 62ff.
[53] Einen anderen Dualitätsbegriff verwendet die lineare Programmierung.

Zusammen mit der Kosten*definition*:

$$C = W \cdot L + R \cdot K \tag{4.44}$$

und den Gleichungen (4.5) bis (4.7) erhalten wir für den Fall der vollständigen Konkurrenz auf allen Märkten durch Lösung dieses Vier–Gleichungssystems die Kosten*funktion*:[54]

$$C = C(W\,, R\,, y\,) \tag{4.45}$$

Die Kostenfunktion beschreibt mithin die minimalen Kosten, mit denen alternative Outputmengen y produziert werden. Die optimalen Faktoreinsatzmengen lassen sich dann – bei gegebenen Output – aus

$$L = \frac{\partial C(\cdot)}{\partial W} \quad \text{und} \quad K = \frac{\partial C(\cdot)}{\partial R} \tag{4.46}$$

bestimmen. Diese Beziehungen finden sich in der Literatur als Shephard's Lemma.[55] Die ökonomische Intuition, die sich hinter Gleichung (4.46) verbirgt, ist, dass die Firma das optimale Faktoreinsatzverhältnis $\frac{L}{K}$ dann realisiert, wenn es seinen marginalen Effekten auf die Kosten entspricht. Da $C(\cdot)$ konkav in W ist,[56] sinkt L mit steigendem W, das heißt $\frac{\partial L}{\partial W} < 0$. Mit Hilfe von Gleichung (4.46) ist einsichtig, wie beispielsweise auf Grund einer Kostenfunktion

$$C = y \cdot W^{\alpha} \cdot R^{1-\alpha} \tag{4.47}$$

der Rückschluss auf die Produktionstechnologie ermöglicht wird.[57] Die Anwendung von Gleichung (4.46) liefert:

$$L = \alpha \cdot y \cdot W^{\alpha-1} \cdot R^{1-\alpha} = \alpha \cdot y \cdot \left(\frac{R}{W}\right)^{1-\alpha} \tag{4.48}$$

oder:

$$\frac{W}{R} = \left(\frac{\alpha \cdot y}{L}\right)^{\frac{1}{1-\alpha}} \tag{4.49}$$

In analoger Vorgehensweise ergibt sich für K:

$$\frac{W}{R} = \left(\frac{(1-\alpha) \cdot y}{K}\right)^{-\frac{1}{\alpha}} \tag{4.50}$$

Gleichsetzen der Gleichungen (4.49) und (4.50) liefert dann eine Cobb–Douglas–Technologie:

$$y = A \cdot L^{\alpha} \cdot K^{1-\alpha} \qquad \text{mit } A = \alpha^{\alpha} \cdot (1-\alpha)^{1-\alpha}\,. \tag{4.51}$$

Damit wird die Dualität zwischen der Produktionsfunktion (4.51) und der Kostenfunktion (4.47) nochmals verdeutlicht. Auch für andere Technologien als der Cobb–Douglas–Produktionsfunktion lassen sich die entsprechenden Kostenfunktionen herleiten. Im Hinblick auf die später zu diskutierende Literatur über ökonometrische

[54] Wenn die Produktionsfunktion linear–homogen ist, dann gilt für die Kostenfunktion: $C(W, R, y) = y \cdot C(W, R, 1) = y \cdot C(W, R)$. Vgl. weiter unten für weitere Eigenschaften von $C(\cdot)$.

[55] Vgl. dazu und für mehrere Beweise Varian (1984), S. 54.

[56] Mit anderen Worten, C steigt mit höherem W, aber mit abnehmenden Zuwachsraten. Zum Beweis für die Konkavität von C in W vgl. Varian (1984), S. 44f.

[57] Vgl. Varian (1984), S. 67f.

Analysen zum Faktoreinsatzverhalten seien die beiden folgenden Produktionsfunktionen und ihre entsprechenden Duale kurz charakterisiert, weil in jenen Arbeiten in unterschiedlicher Weise jeweils mit einem der beiden Konzepte argumentiert wird.

Bei der Diskussion der Substitutionselastizität [nach Gleichung (4.15)] war bereits auf die Leontief–Produktionsfunktion hingewiesen worden. Sie unterstellt, dass L und K nur in einem festen Verhältnis effizient im Produktionsprozess eingesetzt werden können, die Substitutionselastizität ist gleich null. Ihre formale Darstellung lautet in termini der Kostenfunktion und in verallgemeinerter Form:

$$C = y \cdot (a_1 \cdot W + 2 \cdot a_2 \cdot W^{0.5} \cdot R^{0.5} + a_3 \cdot R)\ , \tag{4.52}$$

wobei die $a_i, i = 1, \ldots, 3$ Parameter darstellen. Differenziation nach W liefert gemäß des Lemmas von Shephard [vgl. Gleichung (4.46)] die optimale Nachfrage nach Arbeit bei gegebenem Output y:

$$\frac{\partial C}{\partial W} = L = y\Big[a_1 + a_2 \cdot \Big(\frac{R}{W}\Big)^{0.5}\Big]\ . \tag{4.53}$$

Wenn $a_2 = 0$, dann erhalten wir die enge Spezifikation einer Leontief–Produktionsfunktion, in der keine Substitution zwischen L und K möglich ist.[58] Für $a_2 > 0$ ist eine gewisse Substitutionsmöglichkeit vorhanden, weshalb Gleichung (4.52) auch die "verallgemeinerte Leontief–Produktionsfunktion" genannt wird. Die Verallgemeinerung erkennt man auch daran, dass für $a_1 = a_3 = 0$ und $2a_2 = 1$ die Kostenfunktion (4.52) unmittelbar der für die Cobb–Douglas–Technologie (4.47) entspricht. Insoweit weist Gleichung (4.52) also eine flexible Form auf.[59] Die Gleichungen (4.52) und (4.53) liegen der Arbeit von König und Pohlmeier (1988) zu Grunde, deren empirische Resultate in *Abschnitt 4.5* vorgestellt werden.

Eine ebenso flexible Darstellung wird mit der "Translog–Funktion" erreicht, die ebenfalls einigen ökonometrischen Schätzungen zu Grunde liegt.[60] Eine solche Funktion ergibt sich für die unspezifizierte Produktionsfunktion $\ln y = f(\ln L, \ln K)$, die mit Hilfe einer Taylor–Reihe approximiert wird, wobei die Entwicklung nach dem 2. Glied abgebrochen wird:[61]

$$\begin{aligned} \ln y \quad &= \quad b_0 + b_1 \cdot \ln K + b_2 \cdot \ln L \\ &\quad + 0,5\ [\,b_{11} \cdot (\ln L)^2 + (b_{12} + b_{21}) \cdot \ln L \cdot \ln K + b_{22}(\ln K)^2] \end{aligned} \tag{4.54}$$

wobei bezüglich der Parameter bestimmte Restriktionen gelten.[62] Für $b_{11} = b_{12} = b_{21} = b_{22} = 0$ enthält Gleichung (4.54) die Cobb–Douglas–Produktionsfunktion als

[58] Diese Produktionsfunktion lautet: $y = min\{\frac{L}{a_1}; \frac{K}{a_3}\}$.

[59] Die entsprechenden Elastizitäten der Faktornachfrage in Bezug auf die Faktorpreise, das heißt $\eta_{L,W}$ und $\eta_{L,R}$, lassen sich dann unter Verwendung von (4.40) und (4.42) berechnen. Die Herleitung dieser Elastizitäten unter Verwendung der Kostenfunktion wird hier nicht erneut vorgenommen; eine Darstellung für alle genannten Produktionsfunktionen findet sich in Hamermesh (1986), S. 446.

[60] "Translog" ist die Abkürzung für "transzendent, logarithmisch". Im Gegensatz zu den vorhergehenden Ausführungen lässt sich eine Translog–Produktionsfunktion nicht in eine entsprechende Kostenfunktion überführen und vice versa.

[61] Gleichung (4.54) wird ausführlich in Griliches und Ringstadt (1971), S. 8f. hergeleitet. Die Herleitung zu den folgenden Gleichungen können hier aus Platzgründen nicht vorgeführt werden. Sie finden sich in Diewert (1982) oder in der dort angegebenen Literatur.

[62] Diese sind $b_{ij} = b_{ji}$ und im linear–homogenen Fall $\Sigma_i b_i = 1$ und $\Sigma_i b_{ij} = \Sigma_j b_{ij} = \Sigma_i \Sigma_j b_{ij} = 0$, vgl. Stark und Jänsch (1988).

Spezialfall. Das zu (4.54) gehörende Dual in Form einer Kostenfunktion lautet für den linear–homogenen Fall:

$$\begin{aligned}\ln C &= c_0 + \ln y + c_1 \cdot \ln W + c_2 \cdot (\ln W)^2 \\ &\quad + c_3 \cdot \ln W \cdot \ln R + c_4 \cdot (\ln R)^2 + (1 - c_1) \cdot \ln R \,.\end{aligned} \tag{4.55}$$

Die kostenminimierenden Faktornachfragefunktionen, die aus Gleichung (4.55) unter Verwendung des Lemmas von Shephard hergeleitet werden können, erweisen sich als nicht–linear in den unbekannten Parametern c_i. Daher werden in der ökonometrischen Analyse häufig Kostenanteilsgleichungen geschätzt, also unter anderem der Anteil der Lohnkosten $W \cdot L$ an den gesamten Kosten $C(W, R, Y)$. Für den Lohnkostenanteil ergibt sich:[63]

$$\frac{W \cdot L}{C(\cdot)} = \frac{\partial \ln C(W\,,R\,,y\,)}{\partial \ln W} = c_1 + c_2 \cdot \ln W + c_3 \cdot \ln R \,. \tag{4.56}$$

Analoges gilt für den Faktor Kapital, sodass die Kostenanteile linear in den unbekannten Parametern c_i sind, wobei jedoch zu beachten ist, dass sie sich definitionsgemäß zu eins addieren, was eine entsprechend restringierte Schätzung erforderlich macht. Mitunter werden die Kostenanteile in Abhängigkeit der Faktoreinsatzmengen (an Stelle von W und R) ausgedrückt, also zum Beispiel:

$$\frac{W \cdot L}{C(\cdot)} = b_1 + b_{11} \cdot \ln L + b_{12} \cdot \ln K \,. \tag{4.57}$$

Man erhält die Form (4.57) durch Differenziation von Gleichung (4.54) nach $\ln L$ und unter Beachtung, dass $b_{12} = b_{21}$ und für die linke Seite gilt:

$$\frac{\partial \ln y}{\partial \ln L} = \frac{\partial y}{\partial L} \cdot \frac{L}{y} = \frac{W \cdot L}{P \cdot y} = \frac{W \cdot L}{C(\cdot)} \,, \tag{4.58}$$

wobei der letzte Schritt in Gleichung (4.58) aus der Anwendung des Euler–Theorems resultiert, nach dem der Erlös $P \cdot y$ gleich der Summe der Faktorkosten ist.

Die Formulierungen (4.53), (4.55) beziehungsweise (4.57) liegen den ökonometrischen Studien von Flaig und Rottmann (1998), Kugler, Müller und Sheldon (1988) und Stark und Jänsch (1988) zu Grunde, deren Resultate zusammen mit anderen Ergebnissen in *Abschnitt 4.5* präsentiert werden.

4.2.4 Heterogene Arbeit

Die im vorigen Unterabschnitt gemachte Annahme eines homogenen Produktionsfaktors “Arbeit” stellt keine zutreffende Beschreibung der Realität dar. Abgesehen von den unterschiedlichen Dimensionen (Personen, Stunden, Intensität) geben die Erwerbstätigen auf Grund verschiedener Fähigkeiten und Ausbildungsgänge sowie mit differierender Berufserfahrung ungleiche Leistungen ab. Es liegt daher nahe, an Stelle von Arbeit L einen Vektor $(L_1, \ldots, L_n)$ einzuführen, der die einzelnen Beschäftigten gemäß den eben genannten Merkmalen klassifiziert.

[63] Beachte, dass $\frac{\delta lnC}{\delta lnW} = (\frac{\delta C}{\delta W}) \cdot (\frac{W}{C})$ und gemäß Shephards Lemma $\frac{\delta C}{\delta W} = L$.

Für eine ökonomische Analyse ergeben sich daraus unmittelbar die beiden folgenden Fragestellungen.

Erstens, in welchem Ausmaß bestehen Substitutionsmöglichkeiten zwischen den einzelnen L_i, kann also eine bestimmte Produktion auch von Personen mit einer anderen Ausbildung bewerkstelligt werden? Eine solche Flexibilität ist sehr willkommen, wenn in einer Region ein ganzer Industriezweig seine Produktion drastisch einschränkt (wie die Werftindustrie in den Küstenländern oder die Stahlindustrie in Nordrhein-Westfalen oder im Saarland) und die dort Beschäftigten nun auf andere Arbeitsplätze vermittelt werden müssen. Ein anderer Aspekt betrifft in diesem Zusammenhang die bereits in *Abschnitt 4.1* dargestellte dramatische Freisetzung gering qualifizierter Arbeit, wofür die zunehmende internationale Verflechtung der Märkte, ein insbesondere gering qualifizierte Beschäftigte einsparender technischer Fortschritt, aber zudem eine zu geringe Lohnspreizung im unteren Bereich der Lohngruppen verantwortlich gemacht werden. Dieser Themenkreis wird im Zusammenhang mit den Bestimmungsfaktoren der qualifikatorischen Lohnstruktur in *Abschnitt 8.7.1.1* näher erörtert; hier geht es um die Wirkung der Lohnstruktur auf die Nachfrage nach heterogener Arbeit, dort um die entgegengesetzte Kausalität, obwohl beide Effekte teilweise simultan auftreten.

Zweitens, welche Beziehungen bestehen zwischen den L_i und dem Produktionsfaktor Kapital? Auch die Kenntnis dieses Aspekts hat weitreichende wirtschaftspolitische Konsequenzen. Gewährt die Regierung steuerliche Erleichterungen für die Investitionstätigkeit, um die Beschäftigung zu stimulieren, dann kann das mit einer Wegrationalisierung von Arbeitsplätzen für einfache Arbeit oder mit einer Beschäftigungszunahme für qualifizierte Personen, welche die neu installierten Maschinen bedienen können, verbunden sein – je nachdem, wie hoch der Grad der Substituierbarkeit beziehungsweise der Komplementarität ist.

Mathematisch gesehen stellt die Berücksichtigung heterogener Arbeit eine Verallgemeinerung des formalen Apparates in *Abschnitt 4.2.1* dar. Dabei scheiden jedoch in der Regel die Spezifikation der Technologie in Form von Cobb–Douglas– oder CES–Produktionsfunktionen aus, da hier die Substitutionselastizität zwischen den Produktionsfaktoren auf den Wert eins fixiert beziehungsweise als identisch unterstellt wird. Mit diesen Restriktionen kann eine Flexibilität zwischen den L_i nicht getestet werden, sie ist per Annahme bereits festgelegt. Damit bieten sich als geeignete Produktionsfunktion beispielsweise die in *Abschnitt 4.2.1* vorgestellte verallgemeinerte Leontief– oder die Translog–Produktionsfunktion an.[64]

Prinzipiell lassen sich die genannten Aspekte entweder mit Hilfe eines Systems von N Faktornachfragegleichungen beschreiben, bei dem die optimalen Faktoreinsatzmengen $L_i = 1, \ldots, N-1$ und K als zu erklärende Variablen analog beispielsweise zu Gleichung (4.12) für mehrere Arten von Arbeit in Abhängigkeit unter anderem der Faktorpreise, des Outputs und der Technologieparameter bestimmt werden, oder durch ein System von Kosten(–anteils–)gleichungen analog zum Beispiel zu Gleichung (4.57). In beiden Fällen ist die Kenntnis aller Faktorpreise und –mengen erforderlich, und die Substitutions– und Nachfrageelastizitäten in Bezug auf die Faktorpreise können dann als Schätzwerte ermittelt werden. Dabei ist jedoch Vorsicht geboten, wenn man die Nachfrageelastizitäten für einen *gegebenen Output* (also den reinen Substitutionseffekt) ermitteln möchte. Unterstellt sei der Einfachheit halber folgende Produktionsfunktion,

[64] Eine Darstellung der unterschiedlichen Elastizitäten findet sich in Hamermesh (1986), S. 444ff.

in der die beiden Subaggregate des Faktors Arbeit L_1 und L_2 separabel vom Produktionsfaktor Kapital sind:[65]

$$y = F[K, G(L_1, L_2)]. \tag{4.59}$$

Eine Berechnung von η_{L_1,w_1} auf der Basis des Subaggregates $G(L_1, L_2)$ liefert Werte für eine Isoquante, die zwar L, nicht aber auch y konstant hält. Solche Elastizitäten werden in der Literatur auch Bruttoelastizitäten genannt. In unserem Fall bezeichnen wir sie mit $\eta^*_{L_1,w_1}$ und es lässt sich zeigen, dass die entsprechende Elastizität für einen konstanten Output

$$\eta_{L_1,w_1} = \eta^*_{L_1,w_1} + S_{L_1} \cdot \eta_{L,w} \tag{4.60}$$

beträgt, wobei $\eta_{L,w}$ die aggregierte Nachfrageelastizität von L in Bezug auf W bei konstantem Output und S_{L_1} den Kostenanteil des Faktors L_1 bezeichnen.[66] Für beträchtliche Werte von S_{L_1} ist die Nettoelastizität η_{L_1,w_1} also kleiner (beachte: alle Elastizitäten sind negativ) als die Bruttoelastizität $\eta^*_{L_1,w_1}$. Dieser Hinweis ist nicht unwichtig, weil in empirischen Studien häufig Produktionsfunktionen des Typs (4.59) zur Anwendung kommen, bei denen zunächst das Subaggregat $G(L_1, L_2, \ldots, L_k)$ geschätzt und der so erhaltene Wert für "den" Faktor Arbeit in eine Produktionsfunktion $y = F(L, K)$ eingesetzt wird.

4.3 Dynamische Ansätze der Arbeitsnachfrage

In diesem Abschnitt werden verschiedene dynamische Gesichtspunkte des Arbeitseinsatzes diskutiert. Eine Übersicht über die hier zu behandelnden Aspekte wurde bereits am Ende des *Abschnitts 4.1.2* gegeben. Zentraler Gegenstand sind nicht nur der Zeitpfad der Beschäftigung, sondern insbesondere die Interdependenzen zwischen Personen und Stunden als den beiden hauptsächlichen Dimensionen des Arbeitseinsatzes (neben der Intensität und der Qualität der Arbeitsleistung). Schließlich ist eine mögliche Interdependenz zwischen Arbeit (mit den genannten Komponenten) und dem Sachkapitalbestand und dessen Auslastung zu berücksichtigen. Diese Zusammenhänge konnten in der statischen Analyse des vorangegangenen Abschnitts vernachlässigt werden, weil die normal abzuleistende Arbeitszeit für die Firma auf Grund tarifvertraglicher Regelungen weitgehend festgelegt und daher exogen ist. Hingegen kann die Firma bei kurzfristiger Betrachtungsweise den Auslastungsgrad ihrer Beschäftigten durch Überstunden und Kurzarbeit variieren, sodass in einem dynamischen Ansatz die Berücksichtigung dieser Dimensionen von Wichtigkeit ist.

4.3.1 Anpassungskosten

Anpassungskosten liefern die ökonomische Begründung dafür, dass Firmen ihrer gesamten Belegschaft nicht abends kündigen, um die tatsächlich benötigten Arbeitskräfte am nächsten Werktag morgens wieder einzustellen. Diese Kosten entstehen

---

[65] Ein Produktionsfaktor ist separabel von einem anderen, wenn die Grenzrate der technischen Substitution zwischen diesen beiden Faktoren unabhängig von den Mengen der Produktionsfaktoren ist.

[66] Zur Herleitung vgl. Berndt und Wood (1979), S. 344; vgl. auch Hamermesh (1986), S. 458 f.

auf Grund von institutionellen, ökonomischen und technologischen Hemmnissen und sollen etwas näher charakterisiert werden.[67]

Institutionell bedingte Anpassungskosten fallen insbesondere dann an, wenn die Firma einem Beschäftigten kündigt. Zunächst sind Kündigungsfristen und Kündigungsschutzklauseln zu beachten, die in Tarifverträgen verankert sind, auf Grund von Gesetzesrecht bestehen oder durch Richterrecht weiterentwickelt wurden.[68] Mitunter ist aus sozialen Gründen eine Kündigung nicht möglich. Ökonomisch bedeuten diese Hemmnisse Anpassungskosten für den Zeitraum, in dem die Entlassung aus den genannten Gründen nicht durchgeführt werden kann.[69] Aber selbst dann können institutionell bedingte Anpassungskosten in Form von (vertraglich vereinbarten) Abfindungen oder Überbrückungsgeldern auftreten oder wenn bei Entlassungen in größerem Umfang Sozialpläne erstellt werden müssen (vgl. Fallbeispiel: Sozialpläne). Schließlich können institutionell begründete Anpassungskosten bei Einstellungen auftreten. Der Gesetzgeber schreibt für bestimmte Arbeitsplätze einen formalen Ausbildungsabschluss vor, obwohl die betreffende Tätigkeit vielleicht von einem weniger formal qualifizierten Beschäftigten ebenso produktiv verrichtet werden könnte. Zum Teil werden bestimmte Quoten vorgeschrieben – wie die Beschäftigung von Schwerbehinderten –, deren Nichterfüllung (weil kein geeigneter Bewerber vorgesprochen hat) zu Kompensationszahlungen verpflichtet.[70] Unter ökonomisch bedingten Anpassungskosten versteht man die Kosten, die der Personalabteilung auf Grund von Fluktuationen entstehen, sowie – als die in der Regel bedeutendere Komponente – die Kosten der Einarbeitung des neu eingestellten Erwerbstätigen. Zu den erstgenannten Kosten gehören die Suchkosten nach geeigneten Mitarbeitern, die Kosten des Auswahlverfahrens und die der verwaltungsmäßigen Abwicklung von Einstellungen und Entlassungen. Einarbeitungskosten in beträchtlicher Höhe fallen besonders bei höher qualifizierten Tätigkeiten und bei Leitungsfunktionen an.

Technologische Ursachen einer verzögerten Anpassung und damit Gründe für entsprechende Kosten liegen vor allem in der beschränkten Teilbarkeit des Faktors Kapital. Ist die Produktionstechnik durch Limitationalität gekennzeichnet, dann kann das Unternehmen kurzfristig den Output und damit den Arbeitseinsatz nur nach dem Grad der Teilbarkeit des Faktors Kapital stufenweise verändern. Somit mag kurzfristig die Anpassung im Extremfall gänzlich unterbleiben, sofern die Veränderung der Outputnachfrage kleiner als das durch die Technologie bestimmte Outputintervall ist.

---

[67] Theoretische und ökonometrische Analysen zum Zusammenhang zwischen Arbeitsnachfrage und Anpassungskosten finden sich auch in Kölling (1998).

[68] Vgl. Fallbeispiel: Kündigungsschutz für Arbeitnehmer in *Abschnitt 7.2.*

[69] In einem theoretischen Optimierungskalkül werden diese Kosten häufig als unendlich angesetzt, um die Einführung von Randbedingungen zu vermeiden und dennoch zu gewährleisten, dass das theoretische Modell der beschriebenen Invariabilität Rechnung trägt.

[70] Um die Beschäftigungschancen Schwerbehinderter zu erhöhen, hat der Gesetzgeber den Unternehmen die Verpflichtung auferlegt, einen bestimmten Prozentsatz der Arbeitsplätze mit Schwerbeschädigten zu besetzen oder eine Ausgleichsabgabe zu entrichten. Die Novellierung des Schwerbehindertengesetzes sieht ab 1.10.2000 vor, dass in Unternehmen mit mindestens 20 Beschäftigten 5 v.H. der Arbeitsplätze – oder wieder 6 v.H., wenn bis Oktober 2002 die Anzahl arbeitsloser Schwerbehinderter nicht um mindestens 25 v.H. sinkt – an Schwerbehinderte vergeben werden. Die Festsetzung der Ausgleichsabgabe – bisher rund 100 € pro Monat für jeden unbesetzten Pflichtarbeitsplatz – nimmt eine Staffelung in Abhängigkeit der realisierten pflichtgemäßen Besetzungsquote vor und schwankt zwischen 100 und 250 €. Vgl. Institut der deutschen Wirtschaft, iwd Nr. 16 v. 19.4.2001, S. 8.

Mithin sprechen eine ganze Reihe von Gründen gegen die Annahme, dass der Beschäftigungseinsatz völlig variabel sei. Dies hat Walter Oi in einem bereits klassisch gewordenen Beitrag aus dem Jahre 1962 dazu veranlasst, Arbeit als einen "quasi–fixen" Produktionsfaktor zu bezeichnen, dessen Veränderung hohe Kosten verursacht. Für die theoretische Analyse ist indessen nicht nur die absolute Höhe der Anpassungskosten je Beschäftigten relevant, sondern von größerer Bedeutung ist die Form der funktionalen Beziehung zwischen Anpassungskosten und Fluktuation, das heißt, steigen die Gesamtkosten der Anpassung unter– oder überproportional mit der Zahl der Einstellungen und Entlassungen und/oder sind lineare Zusammenhänge beobachtbar? Es wird sich in der theoretischen Analyse zeigen, dass die Spezifikation der Anpassungskostenfunktion beträchtliche Auswirkungen auf den Anpassungspfad der Firma besitzt.

Trotz der Wichtigkeit dieser Frage liegen kaum empirische Angaben über den Ver-

Fallbeispiel: Sozialpläne

Gemäß §112 Betriebsverfassungsgesetz 1972 sollen Betriebsrat und Arbeitgeber eine Einigung über den Ausgleich oder die Milderung der Nachteile erzielen, die den Arbeitnehmern entstehen, wenn unter anderem ein ganzer Betrieb oder wesentliche Betriebsteile eingeschränkt oder stillgelegt, verlegt oder mit anderen Betrieben zusammengelegt werden. Diese Einigung wird vom Gesetz "Sozialplan" genannt und kann alles beinhalten, was dem Ausgleich oder der Minderung der Nachteile dient, also Abfindungen, bei Versetzung Umzugskosten, bei verschlechterten Arbeitsbedingungen Zulagen oder Lohnausgleich und Umschulungsmaßnahmen. Die Höhe der Abfindungen richtet sich in der Regel nach Lebensalter, Betriebszugehörigkeitsdauer und letztem Einkommen. Die konkreten Regelungen sind das Ergebnis der Verhandlungen zwischen Unternehmensleitung und Betriebsrat. Kommt eine Einigung nicht zu Stande, so kann durch Anrufung einer Einigungsstelle durch deren Spruch auch gegen den Willen des Arbeitgebers ein Sozialplan aufgestellt werden.[a]
In einer Untersuchung, die das Institut der deutschen Wirtschaft bei 600 Betrieben durchgeführt hat, die im Zeitraum 1990–1994 mit dem Betriebsrat mindestens einen Sozialplan abgeschlossen hatten, ergab sich folgendes quantitatives Bild.[b] Ein Drittel der erfassten Unternehmen musste zur Finanzierung von Sozialplänen Hilfe von außen in Anspruch nehmen. Im Durchschnitt wurden 40 v.H. der Mitarbeiter in einen Sozialplan einbezogen, in Kleinbetrieben unter 100 Beschäftigten nahezu die gesamte Belegschaft. Die durchschnittliche Abfindungssumme betrug das 4.8fache eines monatlichen Bruttolohnes beziehungsweise –gehaltes, das sind etwa 10 Tsd. € je Mitarbeiter und 2.5 Mio. € je Unternehmen.

[a] Vgl. *Abschnitt 7.2.1* zu Ausführungen über Betriebsräte.
[b] Quelle: Institut der deutschen Wirtschaft, iwd Nr. 4 v. 23.1.1997, S. 4–5.

lauf von Anpassungskostenfunktionen vor. Offensichtlich ist jedoch, dass sie von den Brutto– und nicht von den Nettoveränderungen der Belegschaft abhängig sind, also von der Summe von Zugängen und Abgängen. Weiterhin ist vorstellbar, dass die durchschnittlichen Einstellungskosten bei einer nicht zu großen Zahl von Neueinstellungen gleich sind oder gar sinken: Die Inseratkosten bleiben gleich, ob ein oder mehrere Arbeiter gesucht werden (sinkende Durchschnittskosten). Ob ein oder zwei Arbeitnehmer eingearbeitet werden, verursacht ebenfalls keine großen Kostenunterschiede pro Person, sodass die betreffenden Durchschnittskosten je Neueinstellung gleich sind. Wenn andererseits die Zahl der Neueinstellungen je Zeiteinheit zunimmt, steigen die Kosten überproportional: Ein Austausch der Hälfte der Beschäftigten oder eine Erweiterung der Belegschaft um diesen Betrag ist für die Firma mit ganz erheblichen Problemen und damit Kosten verbunden. Was mithin die Einstellungskosten angeht, so erscheint ein Verlauf der Anpassungskostenfunktion (in Abhängigkeit der Anzahl der Einstellungen) mit zunächst sinkenden oder konstanten und mit danach steigenden Grenzkosten nicht abwegig.[71] Schwierig ist ebenfalls eine Beschreibung des Kostenverlaufes für die Abgänge aus der Firma. Freiwillige Kündigungen seitens der Arbeitnehmer verursachen in der Regel nur konstante Kosten je Abgänger in der Personalabteilung. Bei Entlassungen hingegen, vor allem bei solchen in größerem Umfang, steigen die Kosten auf Grund der dargestellten institutionellen Regelungen (auf Grund eines Sozialplanes) möglicherweise überproportional, wobei unterstellt wird, dass die Kündigungen überhaupt rechtswirksam sind (vgl. Fallbeispiel: Sozialpläne). Aus dieser Überlegung heraus liegt es nahe, wachsende Grenzkosten bei steigenden Entlassungen zu unterstellen.

4.3.2 Der Zeitpfad einer optimalen Beschäftigung bei Anpassungskosten

Der vorhergehende Abschnitt diskutierte einige mögliche Gründe dafür, dass die Firma den Faktor Arbeit nicht zu jedem Zeitpunkt in der gewünschten Quantität einsetzen kann. Der nächste Schritt besteht in der Analyse des Anpassungspfades der Beschäftigung an ihren Optimalwert.

Zur Herleitung dieses Zeitpfades machen wir einige Annahmen. Sie dienen dazu, die Ergebnisse möglichst isoliert von anderen Einflussfaktoren darzustellen, ohne sie indessen im Kern zu verfälschen, und haben darüber hinaus den Vorteil, die Berechnungen wesentlich zu vereinfachen. Zunächst wird unterstellt, dass die Firma nur den Faktor Arbeit L einsetzt und gemäß einer Produktionsfunktion $F = F(L)$ mit $F_L > 0$ und $F_{LL} < 0$ produziert. Damit bleiben Arbeitsstunden und –intensität ebenso unberücksichtigt wie andere Produktionsfaktoren.[72] Veränderungen der Faktoreinsatzmenge werden mit $\dot{L} = dL/dt$ bezeichnet, wobei $\dot{L} > 0$ bedeutet, dass die Firma Neueinstellungen in eben dieser Höhe vornimmt. Wenn $\dot{L}$ einen negativen Wert annimmt, dann kennzeichnet das einerseits Entlassungen seitens der Firma und andererseits freiwillige Kündigungen seitens der Beschäftigten. Bei der unterstellten Homogenität des Faktors Arbeit gibt es keinen Grund, warum die Firma gleichzeitig Leute einstellen *und* entlassen sollte. Was die freiwilligen Kündigungen anbelangt, so nehmen wir vereinfachend an, dass die Firma darauf keinen Einfluss habe (etwa durch Lohnvariationen[73]), sondern dass diese mit einer konstanten Rate δ_L je Zeitperiode

[71] Vgl. dazu auch Nickell (1986).

[72] Vgl. *Abschnitt 4.3.3* für ein allgemeines Modell, das auch Arbeitsstunden und Sachkapital berücksichtigt. Vgl. Kraft (1989c) für ein ähnliches Modell, welches indessen den Dimensionen Beschäftigte und Arbeitsstunden explizit Rechnung trägt.

[73] Die Einbeziehung dieser Möglichkeit ist ein Aspekt der Effizienzlohntheorie, die ausführlicher in *Abschnitt 8.5* behandelt wird. Der Effekt auf die Fluktuationsrate wird dort in *Abschnitt 8.5.2* und auch in *Abschnitt 6.2* angesprochen. Zu beachten ist, dass mit einer negativen Abhängigkeit von $\delta_L \cdot L$ von W ein gegenläufiger Effekt zu der Grenzproduktivitätsregel erzeugt wird, nach der ceteris

erfolgen, unter anderem auf Grund von Pensionierungen. Die Anzahl der freiwilligen Kündigungen beläuft sich mithin auf $\delta_L \cdot L$ je Zeitperiode.

Andererseits ist es plausibel, die direkten Kosten freiwilliger Kündigungen als vernachlässigbar klein anzusehen. Sie bestehen – wie dargelegt – nahezu ausschließlich in der bürokratischen Abwicklung des Ausscheidens. Zur Ermittlung der Anpassungskosten sind von der Gesamtzahl der Personen, die die Firma verlassen, also von $\dot{L} < 0$, die freiwilligen Kündigungen zu subtrahieren und man erhält die Anzahl der von der Firma Entlassenen: $\dot{L} - (-\delta_L \cdot L) = \dot{L} + \delta_L \cdot L$ (für $\dot{L} < 0$).[74] Für $\dot{L} + \delta_L \cdot L > 0$ entstehen die bereits diskutierten Kosten der Neueinstellungen. Insgesamt können die Anpassungskosten des Faktors Arbeit, CL, wie folgt spezifiziert werden:[75]

$$CL = CL(\dot{L} + \delta_L \cdot L). \tag{4.61}$$

Bezüglich des Verlaufs von $CL(\cdot)$ unterstellen wir $CL'(\cdot) \gtrless 0$ für $\dot{L} + \delta_L \cdot L \gtrless 0$ und strenge Konvexität, also $CL'' > 0$. Auf lineare Verläufe von $CL(\cdot)$, die im vorigen Abschnitt ebenfalls als plausibel angesehen wurden, gehen wir später ein.[76] Außerdem soll zur Vereinfachung $CL(0) = CL'(0) = 0$ gelten.

Eine Analyse zeitlicher Anpassungen macht eine dynamische Betrachtungsweise erforderlich, wobei $t = 0$ der Ausgangszeitpunkt ist und der Planungshorizont unendlich lang sei. Bezüglich der zukünftigen Werte von Produktpreis P und Lohnsatz W bildet die Firma in jeder Zeitperiode t Erwartungen, die der Berechnung des Optimalpfades der Beschäftigung zu Grunde liegen. Weichen die erwarteten von den tatsächlichen Werten ab oder ändert sich die Erwartungsbildung, dann erfolgt eine Revision des Optimalpfades.[77] Schließlich liegt den Ausführungen eine Firma zu Grunde, die sich als Mengenanpasser verhält und den Gegenwartswert GW der zukünftigen Periodengewinne maximieren möchte, wobei sie Erträge und Kosten mit einer konstanten Rate r auf den Betrachtungszeitpunkt $t_0 = 0$ abdiskontiert.

Unter diesen Annahmen lässt sich das Problem der Firma so formalisieren, dass sie den Ausdruck

$$\begin{aligned} GW(t_0) \quad = \quad & \int_{t_0}^{\infty} e^{-r(t-t_0)} \cdot \Big\{ P(t) \cdot F[L(t)] - W(t) \cdot L(t) \\ & -CL[\dot{L}(t) + \delta_L \cdot L(t)] \Big\} \, dt \end{aligned} \tag{4.62}$$

maximiert, wobei $GW(t_0)$ den Gegenwartswert in der Periode t_0 bezeichnet. Die Lösung erhält man mit Hilfe der Variationsrechnung (vgl. dazu weiter unten), sie sei zunächst jedoch mit der folgenden ökonomischen Überlegung dargestellt: Die Firma wird solange neue Beschäftigte einstellen, bis die Grenzanpassungskosten $CL'(\cdot)$ gleich

paribus eine Erhöhung von W zu einem Rückgang der Arbeitsnachfrage führt.

[74] Nochmals sei daran erinnert, dass die gesamte Anzahl der die Firma verlassenden Personen negativ definiert ist. Subtrahiert man davon die ebenfalls negativ definierten Kündigungen $(-\delta_L \cdot L)$, erhält man die Entlassenen.

[75] Vgl. dazu auch den formal anspruchsvollen Beitrag von Nickell (1986). Einige der folgenden Ausführungen basieren auf diesem Artikel.

[76] Vgl. Rothschild (1971) für eine theoretische Analyse konkaver versus konvexer Verläufe von Anpassungskosten.

[77] In der angelsächsischen Literatur spricht man in diesem Zusammenhang von "point expectations".

dem abdiskontierten Grenzertrag des zuletzt Eingestellten sind.[78] Dieser Grenzertrag eines zusätzlichen Beschäftigten beläuft sich auf $P \cdot F_L - W$ während der Betriebszugehörigkeitsdauer. Allerdings kündigt der oder die Betreffende mit der konstanten Wahrscheinlichkeit δ_L (je Zeitperiode), sodass die abdiskontierten Nettoerträge durch die linke Seite von:

$$\int_{t_0}^{\infty} e^{-[(r+\delta_L)\cdot(t-t_0)]} \cdot \Big[P(t) \cdot F_L - W(t)\Big] dt = CL'\Big[\dot{L}(t_0) + \delta_L \cdot L(t_0)\Big] \tag{4.63}$$

beschrieben werden können, wobei P und W den Charakter von erwarteten Variablen besitzen, auf dessen spezielle Notation aus Gründen der Übersichtlichkeit verzichtet wird. Für die laufende Periode ($t_0 = t$) braucht weder abdiskontiert noch eine Kündigung berücksichtigt zu werden, also ist der Grenzertrag $P \cdot F_L - W$, jedoch sinkt dieser Wert, je weiter man in die Zukunft geht (je größer also t wird), weil nunmehr die Diskontrate r und die Kündigungswahrscheinlichkeit δ_L an Bedeutung gewinnen.

Wenn auch nur für einen sehr speziellen Fall, so lassen sich aus Gleichung (4.63) bereits Aussagen über den Zeitpfad der Beschäftigung machen. Bei Kenntnis der Anpassungskostenfunktion $CL(\cdot)$ ließe sich Gleichung (4.63) nach $\dot{L}$ auflösen und damit der angesprochene Zeitpfad ermitteln, wenn F_L unabhängig von L wäre. Wenn man in Abänderung der bisher getroffenen Annahme, $F_{LL} < 0$, nunmehr konstante Skalenerträge für $F(L)$ unterstellt, dann gilt offenkundig $F_{LL} = 0$, und der Zeitpfad $\dot{L}$ kann wie dargestellt ermittelt werden. Er wird neben der konstanten Diskontrate r und Kündigungswahrscheinlichkeit δ_L maßgeblich von der bisherigen Beschäftigungshöhe, den Grenzkosten von Neueinstellung und den Erwartungen von P und W bestimmt.[79] Eine Revision dieser Erwartungen seitens der Firma auf Grund von Fehleinschätzungen führt dazu, dass sie einen neuen Zeitplan der Beschäftigung aufstellt.[80] Den Grenzkosten der Neueinstellung kommt in diesem Modell die zentrale Bedeutung zur Bestimmung der gleichgewichtigen Beschäftigung zu. Je größer die Firma wird, um so mehr freiwillig ausscheidende Arbeitnehmer $\delta_L \cdot L$ muss sie ersetzen und dies bei *steigenden* Grenzkosten, sodass diese Eigenschaft letztlich die Firmengröße determiniert. Es versteht sich von selbst, dass dieser Schlussfolgerung nur deshalb eine so ausschließliche Bedeutung zukommt, weil andere Tatbestände ausgeblendet wurden.

Wie bereits angedeutet, kann die mathematische Herleitung von Gleichung (4.63) mit Hilfe der Variationsrechnung erfolgen.[81] Dazu wird Gleichung (4.62) zunächst nach L und $\dot{L}$ differenziert und man erhält:

$$GW_L = e^{-rt} \cdot \Big[P(t) \cdot F_L - W(t) - \delta_L \cdot CL'(t)\Big] \tag{4.64}$$

$$GW_{\dot{L}} = -e^{-rt} \cdot CL'(t) \; . \tag{4.65}$$

Die Euler–Gleichung lautet für dieses Problem:[82]

$$GW_L = d\, GW_{\dot{L}}/dt. \tag{4.66}$$

---

[78] Dieselbe Überlegung gilt entsprechend für den Fall von Entlassungen.

[79] Zur Rolle der Erwartungsbildung bei der Arbeitsnachfrage vgl. *Abschnitt 4.3.5.*

[80] Dies ist natürlich kein Spezifikum dieses Ansatzes, sondern gilt in vielen Modellen.

[81] Lehrbücher, welche die Methode der Variationsrechnung abhandeln, sind zum Beispiel Hadley und Kemp (1971), Kamien und Schwartz (1981) und Seierstad und Sydsaeter (1987).

[82] Vgl. Kamien und Schwartz (1981), S. 14ff. und insbesondere Beispiel 5 auf S. 23f.

Gleichung (4.65) nach der Zeit t differenziert ergibt:

$$d\,GW_{\dot{L}}/dt = r \cdot e^{-rt} \cdot CL'(t) - e^{-rt} \cdot \dot{C}L'(t). \tag{4.67}$$

Die Gleichungen (4.64) und (4.67) in Gleichung (4.66) eingesetzt liefert:

$$\dot{C}L'(t) - (r + \delta_L) \cdot CL'(t) = -[P(t) \cdot F_L - W(t)] \tag{4.68}$$

Gleichung (4.68) ist eine inhomogene Differenzialgleichung 1. Ordnung in CL'.

Nimmt man einen beliebigen Anfangswert mit $CL'(0) = v$ an, so ergibt sich als allgemeine Lösung diese Problems:[83]

$$CL'(t) = v \cdot e^{(r+\delta_L)\cdot(t-t_0)} + \int_{t_0}^{t} -[P(s) \cdot F_L - W(s)] \cdot e^{-(r+\delta_L)\cdot(s-t)}\, ds \tag{4.69}$$

Unter der Annahme der Gewinnmaximierung bei vollständiger Voraussicht muss das Verhalten der Lösung für $t \to \infty$ bestimmt werden. In diesem Fall gibt es genau eine Lösung mit[84]

$$CL'(t) = \int_{t}^{\infty} [P(s) \cdot F_L - W(s)] \cdot e^{-(r+\delta_L)\cdot(s-t)}\, ds. \tag{4.70}$$

Setzt man in die erhaltene Lösung t_0 ein und ändert den Parameter s in t ab, so erhält man die oben dargestellte Gleichung (4.63).[85] Für den Fall eines stationären Gleichgewichts $\dot{L} = 0$ reduziert sich Gleichung (4.68) zu:

$$P \cdot F_L = W + (r + \delta_L) \cdot CL'. \tag{4.71}$$

Dies ist mit Ausnahme des Terms $(r + \delta_L) \cdot CL'$ die übliche Bedingung für einen optimalen Einsatz des Faktors Arbeit, nämlich dass im Gewinnmaximum das Grenzwertprodukt der Arbeit $(P \cdot F_L)$ gleich dem Nominallohn ist. Der zweite Term auf der rechten Seite von Gleichung (4.71) reflektiert die Kosten des Ersatzes freiwilliger Kündigungen (nur deshalb werden im Gleichgewicht Neueinstellungen vorgenommen). Da $(r + \delta_L) \cdot CL' > 0$ wird die Firma ihre Beschäftigung im Vergleich zum gewinnmaximalen Faktoreinsatz, der durch $P \cdot F_L = W$ gegeben wäre, etwas verringern (F_L steigt dann, sodass Gleichung (4.71) erfüllt ist). Der damit einhergehende Umsatzverlust wird durch die Reduktion von Einstellungskosten überkompensiert.

Der Zeitpfad hin zur gleichgewichtigen Beschäftigung L^* ist in diesem Modell durch eine graduelle, kontinuierliche Anpassung von L an L^* gekennzeichnet, wobei L^* in endlicher Zeit wegen der steigenden Grenzkosten der Neueinstellungen nicht erreicht wird.[86] In der ökonometrischen Analyse wird ein solches Verhalten meist unter

[83] Vgl. dazu Chiang (1984), S. 480ff.

[84] Der dabei verwendete Satz über das asymptotische Verhalten der Lösungen von linearen Differenzialgleichungen findet sich zum Beispiel bei Kamke (1977), S. 17. Zusätzlich muss der Ausdruck in eckigen Klammern in Gleichung (4.70) für $t \to \infty$ konvergieren, was im Gewinnmaximum wegen $P(t) \cdot F_L = W(t)$ der Fall ist.

[85] Der Nachweis, ob die angegebene Lösung wirklich die Gleichung (4.62) maximiert, kann mit Hilfe der Transversalitätsbedingung erbracht werden und wird hier nicht ausgeführt. Vgl. dazu beispielsweise Gould (1968) für eine Durchführung solcher Berechnungen für optimale Investitionsentscheidungen.

[86] Vgl. Nickell (1986), S. 482–484 für eine formale Darstellung.

der Annahme eines quadratischen Verlaufs der Anpassungskosten und einer linearhomogenen Produktionsfunktion durch ein partielles Anpassungsmodell des Typs

$$\dot{L}(t) = \lambda_1 \cdot [L^*(t) - L(t)] \quad \text{mit } \lambda_1 > 0 \tag{4.72}$$

oder in diskreter Schreibweise

$$L_t - L_{t-1} = \lambda_2(L_t^* - L_{t-1}) \quad \text{mit } 0 < \lambda_2 < 1 \tag{4.73}$$

abgebildet.[87] Wenn die theoretische Analyse eine Abhängigkeit der optimalen Beschäftigung L^* von einem Vektor Z erklärender Variablen zusammen mit einem Parametervektor α liefert, das heißt $L_t^* = \alpha Z_t$, dann lautet die der ökonometrischen Schätzung zu Grunde liegende Gleichung:

$$L_t = \lambda_2 \cdot \alpha \cdot Z_t + (1 - \lambda_2) \cdot L_{t-1}. \tag{4.74}$$

Für $\lambda_2 = 0$ erfolgt keine Anpassung (das heißt $L_t = L_{t-1}$), während der andere Extremfall der vollständigen Anpassung innerhalb einer Zeitperiode durch $\lambda_2 = 1$ (das heißt $L_t = L_t^*$) gekennzeichnet ist. Für Werte $0 < \lambda_2 < 1$ erhält man die oben beschriebene graduelle Anpassung, allerdings in der speziellen Form einer geometrischen Verteilung der den Anpassungsprozess bestimmenden Gewichte $(1 - \lambda_2)$, denn aus Gleichung (4.74) erhält man:

$$L_t = \alpha \cdot \lambda_2 \cdot \sum_{j=0}^{\infty} (1 - \lambda_2)^j \cdot Z_{t-j}. \tag{4.75}$$

So beliebt diese Spezifikationen in der ökonometrischen Praxis sein mögen, nichts kann darüber hinwegtäuschen, dass die graduelle Anpassung auf der bisher getroffenen Annahme eines konvexen Verlaufs der Anpassungskostenfunktion beruht.[88] Dies wäre dann kein schwerwiegendes Problem, wenn andere Hypothesen bezüglich des Verlaufs der Anpassungskostenfunktion ebenfalls zu dem Resultat einer graduellen Anpassung von L an L^* führten. Im Folgendem soll kurz an dem im vorherigen Abschnitt ebenfalls als plausibel angesehenen Beispiel eines linearen Verlaufs illustriert werden, dass dies eben nicht der Fall ist, was die Problematik der Vorgehensweise gemäß Gleichung (4.74) unterstreicht.

Zu diesem Zweck knüpfen wir an Gleichung (4.63) an. Die linke Seite repräsentiert den Grenzertrag eines neu eingestellten Beschäftigten. Daran ändert sich bei linearem Verlauf der Anpassungskostenfunktion nichts, wohl aber an den Grenzkosten auf der rechten Seite von Gleichung (4.63), die nunmehr konstant sind, anstatt – wie in Gleichung (4.63) – mit zunehmender Zahl von Neueinstellungen anzusteigen. Betrachten wir jetzt wieder den Fall $L < L^*$. Die graduelle Anpassung resultiert daraus, dass mit steigender Zahl von Neueinstellungen die Anpassungskosten überproportional zunehmen. Nunmehr verlaufen sie proportional (die Grenzkosten sind konstant), sodass die "Bremswirkung" entfällt und die Firma sofort Einstellungen in Höhe von

[87] Zum Beweis vgl. Treadway (1974).

[88] Hamermesh (1989) zeigt, dass auf der Firmenebene die Anpassung schubweise erst bei größeren Schocks erfolgt, sodass der kontinuierliche konvexe Verlauf der Anpassungskosten allenfalls für die aggregierte Betrachtung zutreffend sein kann (abgesehen von linearen Verläufen).

$L^* - L$ vornimmt und danach – wenn das Gleichgewicht erreicht ist – gemäß der freiwilligen Kündigungen $\delta_L \cdot L$. Unter der Annahme linearer Anpassungskosten ist es mithin mit rationalem Verhalten vereinbar, wenn eine Firma – wie oft zu beobachten – in einer kurzen Zeitperiode eine Vielzahl von Arbeitskräften neu beschäftigt, anstatt diese Einstellungen zeitlich zu strecken.

Der obige Modellrahmen zur Bestimmung des Zeitpfades der optimalen Beschäftigung erlaubt eine Analyse der Wirkungen von Kündigungsrestriktionen. Ein intertemporaler Ansatz ist für die Behandlung deshalb erforderlich, weil derartige Einschränkungen dazu führen können, dass die Firma (lange) vor einem Wirksamwerden dieser Restriktionen ihre Arbeitsnachfrage reduziert, um sie erst gar nicht bindend werden zu lassen. Formal wird die Analyse analog zur Behandlung der Ausgangsgleichung (4.62) durchgeführt, wobei nun zusätzliche Nebenbedingungen eingeführt werden, etwa derart, dass Entlassungen je Zeitperiode nicht über einen bestimmten Prozentsatz hinausgehen können und/oder je Entlassenen eine Kompensationszahlung (beispielsweise im Rahmen eines Sozialplans) zu leisten ist.[89] Eine solche Vorgehensweise liegt beispielsweise dem Modell von Long und Siebert (1983) zu Grunde, welches zu der Schlussfolgerung gelangt, dass die so berücksichtigten Kündigungsvorschriften und auch Schließungskosten der Firma die Nachfrage nach Arbeitskräften reduzieren. Das Resultat setzt allerdings voraus, dass die Firma mit hoher Wahrscheinlichkeit davon ausgeht, dass solche Restriktionen für sie relevant werden[90] und sie darüber hinaus keine Möglichkeit besitzt, freiwillige Kündigungen etwa durch Kürzungen der Lohnspanne zu stimulieren.[91] Wie Risager und Sørensen (1997) ebenfalls in einer theoretischen Analyse, aber mit endogen bestimmter Investitionstätigkeit, gezeigt haben, weisen Entlassungskosten vor allem dann negative Beschäftigungeffekte auf, wenn die Preiselastizität der Güternachfrage und der Grad der Substitutionselastizität zwischen Arbeit und Kapital groß sind. Mithin zeigen diese Analysen, dass gut gemeinte Schutzvorschriften für Arbeitnehmer letztlich zu deren Lasten gehen können.[92]

Die bisher vorgetragenen Überlegungen lassen sich der Realität näherbringen, wenn mehrere Produktionsfaktoren einschließlich ihrer Anpassungskosten berücksichtigt werden. Da der mathematische Aufwand indessen sehr stark ansteigt, wird nur die prinzipielle Vorgehensweise für den Fall zweier Produktionsfaktoren – Arbeit L und Kapital K – dargestellt.[93]

Auch bei einer – hier untersuchten – Erweiterung des Kapitalbestandes können Anpassungskosten auftreten. Sie resultieren aus Lieferfristen in der Investitionsgüter-

---

[89] Vgl. dazu *Abschnitt 4.3.1.* Damit wird deutlich, dass Kündigungsschutzgesetze auch als Ersatz für nicht geleistete Abfindungen betrachtet und entsprechend analysiert werden können.

[90] In dem erwähnten Modell von Long und Siebert (1983) weiß die Firma, dass der Outputpreis ab einem bestimmten Zeitpunkt sinkt, sodass eine Reduktion der Beschäftigung notwendig wird.

[91] Vgl. dazu *Abschnitt 8.1.*

[92] Wobei die geschützten Arbeitnehmer (beispielsweise ältere Beschäftigte) durchaus andere Personen sein können als die, die die Last tragen (zum Beispiel Jugendliche, die nicht eingestellt werden), sodass diese Schutzvorschriften eine interpersonelle Umverteilung von Arbeitslosigkeitsrisiken bewirken können. Vgl. dazu auch *Kapitel 9.*

[93] Eine Erweiterung des Modells um Stunden findet sich bei Kraft (1989c), während Leban und Lesourne (1980) eine extensive Diskussion verschiedener Modellvarianten bieten. Eine frühe, ebenfalls umfangreiche Studie ist Tinsley (1971), die Überlegungen auch zu einer "putty–clay"–Hypothese der Produktionsfunktion enthält.

industrie und/oder Planungs- und Installationsverzögerungen intern in der Firma, wobei jedoch anzunehmen ist, dass diese Kosten bei zeitgerechter und sorgfältiger Planung zumindest teilweise reduziert werden können.[94] Analog zur Vorgehensweise beim Faktor Arbeit sind für die Anpassungskosten C_K des Faktors Kapital nicht die Nettoerhöhung des Kapitalbestands, also die Investitionen I, sondern die Bruttoinvestitionen $I + \delta_K \cdot K$ maßgeblich, wobei δ_K den konstanten Abschreibungssatz des Kapitalbestands K bezeichnet. Sowohl I als auch K sind reale Größen; die nominalen Investitionen erhält man durch Multiplikation mit dem Investitionsgüterpreis Q. Unter der weiteren Annahme, dass C_L und C_K unabhängig voneinander sind, lässt sich die Gewinnmaximierungsregel für die Firma so formulieren, dass sie den Gegenwartswert:[95]

$$\begin{aligned} GW(t_0) = \int_{t_0}^{\infty} e^{-rt} \cdot \Big\{ & P(t) \cdot F[L(t), K(t)] \\ & -W(t) \cdot L(t) - Q(t) \cdot [I(t) + \delta_K \cdot K(t)] \\ & -CL[\dot{L}(t) + \delta_L \cdot L(t)] \\ & -CK[I(t) + \delta_K \cdot K(t)] \Big\} \, dt. \end{aligned} \qquad (4.76)$$

maximiert. Die Aufstellung der Gleichung (4.76) ist bewusst so durchgeführt worden, dass die Analogie bei der Behandlung der beiden Produktionsfaktoren möglichst deutlich wird.[96] Bei einer nur isolierten Betrachtung des Faktors Kapital erhält man prinzipiell die gleichen Resultate wie bei der oben durchgeführten Partialanalyse für den Faktor Arbeit.[97] Wesentlich realistischer ist eine simultane Behandlung der Anpassungsvorgänge, wobei zusätzlich berücksichtigt werden muss, dass ein Teil der Anpassung auch über die Variationen der Nutzung von Arbeit (durch Kurzarbeit oder Überstunden) und/oder von Kapital vollzogen werden kann. Dies ist Thema des nächsten Abschnitts.

4.3.3 Die Simultanität der Faktornachfragedynamik

Dieser Abschnitt greift die Überlegungen zur Dynamik der Arbeitsnachfrage des vorigen *Abschnitts 4.3.2* wieder auf, stellt sie jedoch in einen breiteren Kontext, indem insbesondere weitere Dimensionen des Faktors Arbeit berücksichtigt werden.

Die Unternehmung entscheidet nicht nur darüber, wie viele Personen sie einsetzen möchte, sondern – soweit dies institutionelle Regelungen zulassen – wie viele Stunden die Beschäftigten ableisten sollen. Dabei sind Abhängigkeiten zwischen beiden Dimensionen offenkundig, wie es die Alternativen Neueinstellungen versus Überstunden und Entlassungen versus Kurzarbeit belegen. Andererseits ist es abwegig, eine perfekte Substitution von Personen und Stunden anzunehmen und die gesamte Analyse des vorhergehenden Abschnitts für eine Umdefinition von L als nunmehr das Produkt aus

[94] Vgl. dazu auch König (1976), S. 338ff.

[95] Vgl. nochmals Gleichung (4.62).

[96] Vgl. Ramser (1987b), S. 85ff. für die Lösung und Diskussion eines ähnlichen Modells.

[97] Auch das erfordert wieder die Lösung eines Variationsproblems, wie sie beispielsweise in König (1976) durchgeführt wird.

Personen und Stunden durchzuführen. Wiederum abgesehen von gesetzlichen Arbeitszeitregelungen spricht die Alltagserfahrung dafür, dass es bezüglich des Produktionsergebnisses einen Unterschied macht, ob jemand pro Tag 8 Stunden arbeitet oder ob der oder die Betreffende nach 4 Stunden durch eine andere Teilzeitkraft abgelöst wird.

In der theoretischen Analyse kann diesem Aspekt in unterschiedlicher Weise Rechnung getragen werden. Zum einen kann so vorgegangen werden, dass bezüglich Personen und Stunden in der Produktionsfunktion unterschiedliche und gegebenenfalls variable Produktionselastizitäten unterstellt werden. Im einfachsten Fall einer Cobb–Douglas–Produktionsfunktion

$$y = L^{\alpha} \cdot H^{\beta} \cdot K^{\gamma} \tag{4.77}$$

bezeichnet β die konstante Produktionselastizität der gearbeiteten Stunden H je Erwerbstätigen L, dessen Produktionselastizität α durchaus von β verschieden sein kann. Wegen $\partial y/\partial H = \beta \cdot y/H$ nimmt die Grenzproduktivität einer zusätzlichen Arbeitsstunde bei Konstanz von y ab und reflektiert damit die eben angesprochene Möglichkeit eines Nachlassens der Arbeitsintensität auf Grund von Ermüdung. Dieser Tatbestand kann andererseits dadurch berücksichtigt werden, dass nicht die tatsächlich geleisteten Stunden H in die Produktionsfunktion eingehen, sondern "Effizienzstunden" h. Diese lassen sich so *definieren* (aber kaum oder überhaupt nicht *messen*), dass sie die unterschiedliche Arbeitsintensität bei wechselnder Stundenzahl widerspiegeln,[98] also beispielsweise in der Form, dass

$$h = g(H) \quad \text{mit } g' \geq 0,\ g'' \leq 0,\ g(0) = 0. \tag{4.78}$$

Diese Spezifikation sagt aus, dass eine höhere Anzahl effizienter Stunden h eine überproportionale Steigerung der tatsächlich geleisteten Stunden H erforderlich macht, eben um den Verlust an Arbeitsintensität bei größer werdendem H auszugleichen. Dabei kann aus theoretischer Sicht die Funktion $g(H)$ so gewählt werden, dass die Produktionsfunktion (4.77) nunmehr lautet:

$$y = (h \cdot L)^{\alpha} \cdot K^{\gamma} = [g(H) \cdot L]^{\alpha} \cdot K^{\gamma} \tag{4.79}$$

Die Trennung des Produktionsfaktors Arbeit in Personen und Stunden erlaubt eine präzisere Analyse der Wirkungen unterschiedlicher Arten von Lohnkosten. Neben dem Arbeitsentgelt, das dem Arbeitnehmer unmittelbar nach Abzug von Steuern und Sozialabgaben ausbezahlt wird, ist der Einsatz des Faktors Arbeit für die Firma mit weiteren Kosten verbunden, die als Personalzusatzkosten oder Lohnnebenkosten bezeichnet werden. Dazu gehören unter anderem Sonderzahlungen (wie Gratifikationen, 13. Monatsgehalt, Urlaubsgeld, vermögenswirksame Leistungen), Vergütung arbeitsfreier Tage (Urlaub, Krankheit, Feiertage), Vorsorgeaufwendungen (Pflichtbeiträge und betriebliche Aufwendungen des Arbeitgebers zur sozialen Sicherheit) und sonstige Kosten (Belegschaftseinrichtungen, Aus– und Weiterbildung).[99] Eine quantitative Übersicht findet sich in *Abschnitt 8.1.*[100] Für die vorliegende Analyse ist eine Trennung der Personalkosten nach der Bezugsgröße maßgeblich, mithin danach, ob sie mit

[98] Vgl. dazu Nickell (1986), S. 496ff.

[99] Vgl. dazu Lipp (1989) und die dort angegebene Literatur.

[100] Vgl. dort *Tabelle 8.1.* Internationale Übersichten enthält das Buch von Hart (1984).

der Stunden– oder nur mit der Personenzahl variieren. Beispiele für die beiden Kategorien sind Arbeitgeberbeiträge zur Sozialversicherung einerseits[101] und Ausgaben für die Personalsuche, Ausbildung oder Essenzuschüsse andererseits, wobei in den folgenden Ausführungen davon ausgegangen wird, dass die erstgenannte Art im Lohnsatz W enthalten ist, während die kopfzahlabhängigen Personalkosten durch eine Variable G erfasst werden, sodass die entsprechenden Kosten mit $G \cdot L$ anzusetzen sind.

Für die Firma ergibt sich indessen nicht nur eine Substitutionsmöglichkeit zwischen Personen und Stunden, sondern analog auch die einer zwischen dem Sachkapitalbestand K und dessen Auslastungsgrad A, wobei Interdependenzen zum Einsatz von L und H zu beachten sind. Nicht immer ist eine ständige Vollauslastung aller Maschinen optimal, wenn dies im Vergleich zu einer weniger starken Beanspruchung mit überproportionalem Verschleiß einhergeht. Unter Risikogesichtspunkten kann es zudem geboten sein, Reservekapazitäten für einen unvorhersehbaren Ausfall der normalerweise genutzten Maschinen oder für eine nicht antizipierte Güternachfrage bereitzuhalten, um keine Kunden zu verlieren oder – wie in der Elektrizitätswirtschaft – einen Zusammenbruch der Stromversorgung zu vermeiden. Die genannten Interdependenzen zum Arbeitseinsatz lassen sich an unterschiedlichen Schichteinteilungen verdeutlichen: Eine Arbeitszeitverkürzung, die zu Neueinstellungen bei gleichzeitiger Neueinrichtung einer Nachtschicht führt, kann bei gleicher Höhe des Sachkapitals mit dessen höherer Auslastung bewerkstelligt werden, während andererseits eine Erweiterung der Kapazitäten erforderlich ist, wenn parallel zu den bestehenden, zeitlich verkürzten Schichten eine neue eingerichtet wird, etwa deshalb, weil Nachtarbeit auf Grund von Lohnzuschlägen zu teuer oder gesetzlich eingeschränkt ist (wie im Bäckereigewerbe). Luftverkehrsgesellschaften sehen sich häufig mit einem Nachtflugverbot konfrontiert, sodass ein gestiegenes Passagieraufkommen nicht durch eine höhere Auslastung der Flugzeuge (nämlich nachts), sondern durch zusätzliche Flugzeuge bewältigt werden muss.

Die genannten Beispiele lassen die im vorigen Abschnitt isoliert durchgeführte Analyse der Anpassung nur eines Produktionsfaktors als wenig realistisch erscheinen. Bevor der allgemeine Fall interdependenter Anpassungsprozesse behandelt wird, sollen die grundsätzlichen Konsequenzen für die theoretische Analyse für zwei Produktionsfaktoren L und H anhand des *Schaubilds 4.4* illustriert werden. Das Ausgangsgleichgewicht sei durch A repräsentiert [Tangentialpunkt der Isoquante für y_0 mit der (nicht eingezeichneten) Isokostenlinie]. Steigt der Output y, so sei der Expansionspfad der Firma bei unveränderten Faktorpreisen durch die Linie AB gegeben, mit anderen Worten, bei einem Output $y = y_1$ wird die Firma das durch B implizierte Faktoreinsatzverhältnis realisieren.[102] Bei Anpassungshemmnissen wird das neue Gleichgewicht B indessen erst langfristig erreicht. Wenn die Firma kurzfristig ihren Beschäftigtenstand nicht erhöhen kann – weil die Suche nach (qualifizierten) Arbeitskräften Zeit benötigt – so wird sie, um $y = y_1$ dennoch zu produzieren, Punkt C wählen, also im Vergleich zum langfristigen Optimalwert B deutlich mehr Arbeitszeit

[101] Sie variieren – von Bemessungsobergrenzen einmal abgesehen (vgl. dazu Hart und Kawasaki (1988)) – proportional mit dem Lohnsatz W und deshalb mit $W \cdot H \cdot L$.

[102] Wenn die durch A gekennzeichnete Stundenzahl H je Beschäftigten auf Grund tariflicher Regelungen nicht überschritten werden kann, muss B senkrecht über A liegen. Es ist indessen vorstellbar, dass vorhandene Teilzeit– in Vollzeitarbeitsplätze umgewandelt werden, sodass H auch im neuen Gleichgewicht B (und nicht nur im Übergangsprozess) höher ist als in A.

Schaubild 4.4 : Interdependenz von Anpassungen für zwei Faktoren

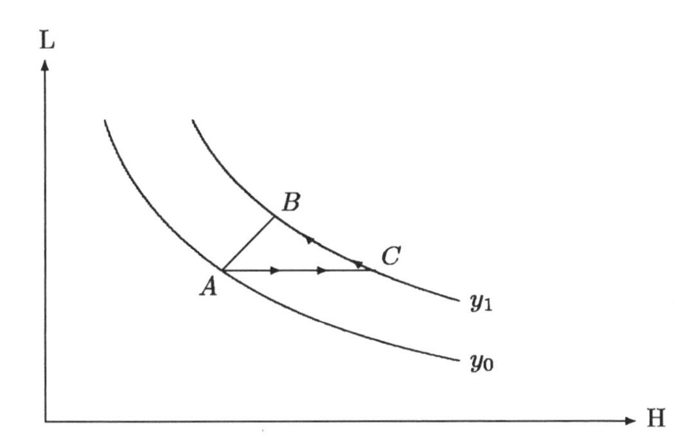

in Form von Überstunden ableisten lassen, um diese dann wieder zu verringern, sobald neu eingestellte Personen im Produktionsprozess eingesetzt werden können.

In der Regel besteht für die Firma die Alternative, die Produktion entlang des Expansionspfades AB sukzessive auszudehnen und den Output zu produzieren, der bei gegebenen Anpassungshemmnissen möglich ist (also nicht sofort y_1), oder den Output y_1 zu realisieren, mit der Notwendigkeit, die Arbeitsstunden in Abhängigkeit der Verfügbarkeit neuer Arbeitskräfte festzusetzen. Damit ist ersichtlich, dass die theoretische Analyse unter zwei sich ausschließenden Hypothesen durchgeführt werden kann. Entweder wird eine exogene Erhöhung des Outputs unterstellt, dann sind die Anpassungsprozesse interdependent; oder die Anpassungsprozesse werden als voneinander unabhängig betrachtet, dann realisiert die Firma während der Anpassungsperiode nicht notwendigerweise das langfristig angestrebte Outputniveau. Betrachten wir den zuerst genannten Fall, dann ist bei exogener Outputveränderung das im vorigen Abschnitt beschriebene Modell einer partiellen Anpassung in diskreter Zeit und für die beiden Faktoren L und H wie folgt zu spezifizieren:[103]

$$\begin{bmatrix} L_t & - & L_{t-1} \\ H_t & - & H_{t-1} \end{bmatrix} = \begin{bmatrix} \lambda_{11} & \lambda_{12} \\ \lambda_{21} & \lambda_{22} \end{bmatrix} \cdot \begin{bmatrix} L_t^* & - & L_{t-1} \\ H_t^* & - & H_{t-1} \end{bmatrix}, \tag{4.80}$$

wobei L^* und H^* die jeweiligen langfristigen Optimalwerte bezeichnen. Dann realisiert die Firma jedoch nicht notwendigerweise ihre langfristig effiziente Produktion. Wird dies gefordert und der in *Schaubild 4.4* dargestellte Fall eines Anpassungspfades ACB modelliert, dann müssen die Anpassungskoeffizienten λ_{21} und λ_{22} genügend große positive Werte annehmen, um H zunächst eine Höhe oberhalb des letztendlichen Wertes H^* erreichen zu lassen. Dieses "Überschießen" von H über H^* (das heißt $H^* - H < 0$)

[103] Vgl. zum Folgenden Nadiri und Rosen (1969, 1974). Die folgenden Überlegungen lassen sich natürlich auch in stetiger Betrachtungsweise durchführen, vgl. beispielsweise Leban und Lesourne (1980) für eine umfassende Analyse verschiedener Modelltypen.

setzt nun einerseits positive Bewegungen von L in Gang, weil λ_{12} negativ ist, sodass wegen $H^* - H < 0$ (im Punkt C) L steigt. Andererseits bewirken sowohl $H^* - H < 0$ wie auch die geringer werdende Differenz von $L^* - L$, dass H wieder sinkt, sodass schließlich B erreicht wird.[104]

Die vorstehenden Ausführungen sollen nun verallgemeinert und in ein Modell einer Simultanbestimmung der gesamten Faktornachfrage eingebettet werden. Das Modell basiert auf Nadiri und Rosen (1969, 1973). Unterstellt wird eine Cobb–Douglas–Produktionsfunktion des Typs:

$$y = L^{\alpha} \cdot H^{\beta} \cdot K^{\gamma} \cdot A^{\varepsilon}, \tag{4.81}$$

in die nicht nur die Bestandsgrößen L und K, sondern auch deren Auslastungsgrade H beziehungsweise A eingehen. Bei gegebenem Output betreibt die Firma Minimierung der Kosten C:

$$C = W(H) \cdot L \cdot H + G \cdot L + R \cdot K. \tag{4.82}$$

Der erste Term auf der rechten Seite der Kostenfunktion beschreibt die gesamten Lohnkosten, die das eingesetzte Arbeitsvolumen $L \cdot H$ verursacht, wobei W mit höherer Stundenzahl zum Beispiel auf Grund von Überstundenzuschlägen steigt, das heißt es gilt:

$$\eta_{W,H} = \frac{dW}{dH} \cdot \frac{H}{W} > 0. \tag{4.83}$$

Diese Spezifikation stellt insoweit eine Vereinfachung dar, als nicht die gesamten Stunden Entscheidungsparameter der Firma sind. Da die Normalarbeitszeit in der Regel tarifvertraglich festgelegt ist, hat sie die Funktion einer bindenden Restriktion, von der die Firma nur im Fall von Kurzarbeit abweichen kann, sodass nur die Zahl möglicher Überstunden in den direkten Einflussbereich der Firma fällt. Da diese Überlegung im Rahmen der Diskussion über die Arbeitszeitverkürzung vertieft wird, bleibt sie an dieser Stelle zwecks Vereinfachung der Darstellung außer Betracht.[105]

Die Variable G bezeichnet die oben angesprochenen Personalkosten, welche lohnunabhängig gewährt werden oder entstehen (wie festes Urlaubsgeld oder Kosten der Personalsuche). R sind die Kapitalnutzungskosten, die wie folgt definiert sind:[106]

$$R = Q \cdot [r + \delta_K(A, t)], \tag{4.84}$$

wobei Q den Investionsgüterpreis, r den Realzins und δ_K die Abschreibungsrate symbolisieren. Der Abschreibungssatz wird neben einem Zeittrend, der den normalen Verschleiß erfasst, positiv von dem Auslastungsgrad A beeinflusst, das heißt $\partial\delta_K/\partial A > 0$. Der Auslastungsgrad geht somit in diesem Modell nur indirekt über den Effekt veränderter Abschreibungsraten in die Kostenfunktion ein.

[104] Nochmals der Hinweis, dass die beschriebene Parameterkonstellation nur ein Beispiel darstellt. Vgl. Kölling (1998) für theoretische und empirische Analysen insbesondere von Überstunden.

[105] Sie lässt sich aber in der Kostenfunktion (4.82) unschwer berücksichtigen, indem beispielsweise der erste Term auf der rechten Seite durch $[\overline{W} \cdot \overline{H} + \tilde{W} \cdot (H - \overline{H})] \cdot L$ ersetzt wird, wobei $\overline{H}$ die Normalarbeitszeit, H die tatsächlich geleisteten Stunden mit $H \geq \overline{H}$, $\overline{W}$ den Stundenlohnsatz bei Normalarbeitszeit und $\tilde{W}$ den Stundenlohnsatz einschließlich Überstundenzuschläge bezeichnen. Vgl. dazu auch König und Pohlmeier (1988).

[106] Vgl. auch *Abschnitt 4.2.1.*

Bei sicheren Erwartungen erhält man die vier kostenminimalen Faktoreinsatzmengen L^*, H^*, K^* und A^*, indem Gleichung (4.82) unter Beachtung der Gleichungen (4.83) und (4.84) und unter der Nebenbedingung (4.81) minimiert wird:

$$\begin{aligned} \underset{L,H,K,A}{\text{Min}} \quad \pounds &= W(H) \cdot L \cdot H + G \cdot L + Q \cdot [r + \delta_K(A,t)] \cdot K \\ &\quad -\lambda \cdot [y - L^\alpha \cdot H^\beta \cdot K^\gamma \cdot A^\varepsilon], \end{aligned} \tag{4.85}$$

wobei λ den Lagrangemultiplikator bezeichnet. Mit der Einbeziehung der Nebenbedingung ist gewährleistet, dass sich die Firma – graphisch betrachtet – "auf" der Produktionsfunktion (in *Schaubild 4.4* also auf der Isoquante) befindet, weil die Produktionstechnik eine bindende Restriktion darstellt. Differenziation nach L, H, K, A und λ liefert in dieser Reihenfolge:

$$W \cdot H + G + \lambda \cdot \alpha \cdot y/L = 0 \tag{4.86}$$

$$L \cdot W \cdot (1 + \eta_{W,H}) + \lambda \cdot \beta \cdot y/H = 0 \tag{4.87}$$

$$R + \lambda \cdot \gamma \cdot y/K = 0 \tag{4.88}$$

$$Q \cdot (\partial\delta_K/\partial A) \cdot K + \lambda \cdot \varepsilon \cdot y/A = 0 \tag{4.89}$$

$$y - L^\alpha \cdot H^\beta \cdot K^\gamma \cdot A^\varepsilon = 0. \tag{4.90}$$

Dies sind fünf Gleichungen mit den fünf Unbekannten L, H, K, A und λ. Aus den Gleichungen (4.86) und (4.87) errechnet sich H und aus den Gleichungen (4.88) und (4.89) A. Die Gleichungen (4.88) und (4.86) liefern eine Beziehung, in der K/L enthalten ist. Ersetzt man darin K und L aus Gleichung (4.90), ergibt sich nach einigen Umformungen L beziehungsweise K. Die optimalen Werte für die vier Produktionsfaktoren sind mit einem Stern gekennzeichnet und lassen sich wie folgt schreiben:[107]

$$\begin{aligned} \ln L^* &= \frac{1}{\alpha+\gamma} \cdot \Big\{ \ln y + \beta \cdot \ln(W/R) + (\beta+\gamma) \cdot \ln(R/G) \\ &\quad -\varepsilon \cdot \ln[(r+\delta_K)/(\partial\delta_K/\partial A)] + \ln \text{ Konstante} \Big\} \end{aligned} \tag{4.91}$$

$$\ln H^* = \ln G - \ln W - \ln[(1+\eta_{W,H}) \cdot \frac{\alpha}{\beta} - 1] \tag{4.92}$$

$$\begin{aligned} \ln K^* &= \frac{1}{\alpha+\gamma} \cdot \Big\{ \ln y + \alpha \cdot \ln(W/R) + (\alpha-\beta) \cdot \ln(G/W) \\ &\quad -\varepsilon \cdot \ln[(r+\delta_K)/(\partial\delta_K/\partial A)] + \ln \text{ Konstante} \Big\} \end{aligned} \tag{4.93}$$

$$\ln A^* = \ln[(r+\delta_K)/(\partial\delta_K/\partial A)] + \ln(\varepsilon/\gamma). \tag{4.94}$$

[107] Die Konstante in (4.91) ist: $\left(\frac{\alpha}{\gamma}\right)^\gamma \cdot z^{\beta+\gamma} \cdot \left(\frac{\varepsilon}{\gamma}\right)^{-\varepsilon} \cdot \left(\frac{1}{1+z}\right)^\gamma$ mit $z = (1+\eta_{W,H}) \cdot \frac{\alpha}{\beta} - 1$.
Die Konstante in (4.93) ist: $\left(\frac{\gamma}{\alpha}\right)^\alpha \cdot (1+z)^\alpha \cdot z^{\beta-\alpha} \cdot \left(\frac{\gamma}{\varepsilon}\right)^\varepsilon$.

Für die ökonomische Interpretation dieser Beziehungen sind zwei Aspekte bedeutsam, weil sie Unterschiede zu dem in *Abschnitt 4.2.1* behandelten Modell sichtbar werden lassen, in dem nur die beiden Produktionsfaktoren L und K, nicht jedoch deren Auslastungsgrade berücksichtigt wurden:

(i) Die Outputvariable y ist nur in den Bestimmungsfaktoren für L^* und K^* enthalten, sie lässt mithin die Auslastungsgrade unbeeinflusst. Da die Gleichungen (4.91) bis (4.94) langfristige Gleichgewichtslösungen repräsentieren, kommt in dieser Modelleigenschaft zum Ausdruck, dass nach Beendigung aller Anpassungsprozesse – die noch nicht modelliert wurden – langfristig wirkende Änderungen des Outputs die Bestandsgrößen, nicht aber deren Nutzungsgrade variieren und zwar in Höhe von $1/(\alpha+\gamma)$, wobei für $(\alpha+\gamma) > 1$ $(= 1, < 1)$ steigende (konstante, abnehmende) Skalenerträge in der Produktionsfunktion vorliegen.

(ii) Eine Erhöhung des Lohnsatzes W verursacht mehrere Effekte. Zunächst sinkt gemäß Gleichung (4.92) die Nutzung des Faktors Arbeit, während entsprechend Gleichung (4.91) die Zahl der Beschäftigten steigt! Dieses etwas überraschende Resultat erklärt sich daraus, dass ceteris paribus die Unternehmung die teurer gewordenen Überstunden zu Gunsten von Mehrbeschäftigung substituiert. Das gesamte Arbeitsvolumen $L^* \cdot H^*$ geht prozentual allerdings um $[1-\beta\,/(\alpha+\gamma)]$ zurück (für $\alpha+\gamma > \beta$). Dies liegt daran, dass eine Erhöhung von W – wiederum ceteris paribus – den Kapitaleinsatz K^* Gleichung (4.93) zufolge um $\alpha/(\alpha+\gamma)$ erhöht und zwar zu Lasten des Arbeitseinsatzes $L^* \cdot H^*$. Arbeitskosten, die in G enthalten sind, haben hingegen einen Substitutionseffekt zu Lasten von L^* und zu Gunsten von H^* (denn die Nutzung des Faktors Arbeit wird vergleichsweise billiger) und von K^* (Kapital wird im Vergleich zu Erwerbstätigen preisgünstiger). Die vorstehenden Schlussfolgerungen zeigen erneut, wie undifferenziert die eingangs des *Abschnitts 4.2* zitierten Äußerungen sind, nämlich dass mit höherem Lohnsatz die Beschäftigung zwangsläufig zurückgehe.

Wie bereits verdeutlicht, stellen L^*, H^*, K^* und A^* langfristige Optimalwerte dar. Die Modellierung der kurzfristigen Anpassungsprozesse kann analog zu dem in Gleichung (4.80) skizzierten partiellen Anpassungsmodell erfolgen. In Matrixschreibweise erhält man dafür:

$$\begin{bmatrix} L_t & - & L_{t-1} \\ H_t & - & H_{t-1} \\ K_t & - & K_{t-1} \\ A_t & - & A_{t-1} \end{bmatrix} = \begin{bmatrix} \beta_{11} & \beta_{12} & \beta_{13} & \beta_{14} \\ \beta_{21} & \beta_{22} & \beta_{23} & \beta_{24} \\ \beta_{31} & \beta_{32} & \beta_{33} & \beta_{34} \\ \beta_{41} & \beta_{42} & \beta_{43} & \beta_{44} \end{bmatrix} \cdot \begin{bmatrix} L_t^* & - & L_{t-1} \\ H_t^* & - & H_{t-1} \\ K_t^* & - & K_{t-1} \\ A_t^* & - & A_{t-1} \end{bmatrix} \quad (4.95)$$

wobei L_t^* den im Zeitpunkt t als optimal und daher langfristig anzustrebenden Wert für L bezeichnet, analoges gilt für die anderen Produktionsfaktoren. War schon die Interpretation der Anpassungsvorgänge für zwei Produktionsfaktoren nur fallweise für bestimmte Größenordnungen der Koeffizienten β_{ij} möglich, so scheidet eine allgemeine Diskussion der durch das Gleichungssystem (4.95) implizierten dynamischen Prozesse erst recht aus.[108] Wie im System (4.80) ist davon auszugehen, dass im System (4.95)

[108] Einige (Stabilitäts–)Eigenschaften werden von Nadiri und Rosen (1969, 1974) diskutiert.

die eigenen Anpassungskoeffizienten β_{ii} positiv sind. Weitere plausible Hypothesen bestehen in der Erwartung, dass β_{21} und β_{43} positiv sind. Der erstere Tatbestand wurde bereits oben damit begründet, dass bei $L_t^* > L_{t-1}$ die Unternehmung Überstunden durchführt, bis die Beschäftigung an den gewünschten höheren Wert angepasst werden kann. Der zweite Fall $\beta_{43} > 0$ ist das Analogon dazu für K und A. Von der Größenordnung her gesehen sind die mit K verbundenen Anpassungskoeffizienten kleiner als die entsprechenden für L, wenn die Transaktionskosten für Kapital höher sind als die für Arbeit und vice versa. So plausibel diese Überlegungen auch sein mögen, erst eine empirische Überprüfung macht es möglich, sie ihres spekulativen Charakters zu entheben.

Die vorangegangenen Überlegungen können in vielfacher Hinsicht ergänzt und insbesondere auch für beschäftigungspolitische Fragestellungen nutzbar gemacht werden. Bereits mehrfach angesprochen wurden die unterschiedlichen Wirkungen der Lohnkosten W und G. Diese Trennung erlaubt es, die Effekte höherer Abgaben auf die Lohnkosten zu analysieren. Vielfach wird beklagt, dass die gestiegenen Sozialabgaben, welche von den Unternehmen zu entrichten sind, mit beschäftigungspolitischen Risiken behaftet sind. Ein ökonometrisches Modell, welches auf dem dargestellten theoretischen Fundament beruht, erlaubt dann eine quantitative Abschätzung sowohl der kurz– wie auch der langfristigen Effekte, differenziert nach Belastungen, deren Bemessungsgrundlage der Lohnsatz (wie die Lohnfortzahlung im Krankheitsfall) beziehungsweise die Personen (Abfindungen, Weiterbildungskosten) sind, wenn auch einschränkend darauf hingewiesen werden muss, dass die Trennung mitunter unscharf ist. Das betrifft insbesondere Abgaben, bei deren Bemessungsgrundlage eine Obergrenze gesetzlich verankert ist, sodass alle Abgaben unterhalb (oberhalb) dieser Grenze lohn–(personen–)bezogen sind.[109, 110]

Ein anderes Beispiel für wirtschaftspolitische Anwendungen des obigen Modells bietet die Evaluierung der Wirkungen regionaler Investitionsfördermaßnahmen in Westdeutschland im Rahmen der Gemeinschaftsaufgabe "Verbesserung der regionalen Wirtschaftsstruktur" (GRW), welche 1969 auf Beschluss des Deutschen Bundestages eingeführt wurde. Das GRW–Programm sieht Investitionsfördermaßnahmen in sog. "Fördergebieten" vor – wie in den seinerzeitigen "Zonenrandgebieten" –, um die private Investitionstätigkeit und die Beschäftigung in diesen als "strukturschwach" bezeichneten Regionen zu stimulieren. Diese Investitionsfördermaßnahmen lassen sich in die Kapitalnutzungskosten R einbauen und die Investitions– und Beschäftigungseffekte mit Hilfe eines ökonometrischen Regionalmodells auf der Basis des oben skizzierten theoretischen Ansatzes in kurz– und langfristiger Betrachtungsweise schätzen.[111]

---

[109] Ein Beispiel ist die Beitragsbemessungsgrenze in der Rentenversicherung. Die Beiträge zur Rentenversicherung der Arbeiter und Angestellten werden in v.H. des Arbeitsentgeltes, maximal in v.H. der Beitragsbemessungsgrenze (2002: monatlich 4500 € in den alten Bundesländern und 3750 € in Ostdeutschland) festgesetzt und sind je zur Hälfte vom Arbeitgeber und Arbeitnehmer aufzubringen (im Jahre 2002: insgesamt 19.1 v.H. des Bruttoarbeitsentgeltes).

[110] Vgl. für eine solche theoretische und empirische Analyse für die Bundesrepublik Deutschland Hart und Kawasaki (1988).

[111] Wobei jedoch eine Reihe methodischer und datenmäßiger Probleme auftauchen – wie beispielsweise die Endogenität des Outputs y auf Grund der Regionalförderung. Vgl. Franz und Schalk (1995) für eine solche Analyse.

4.3.4 Arbeitsnachfrage und Lagerinvestitionen

Eine bisher vernachlässigte Alternative zur kurzfristigen Anpassung an Schwankungen ihrer Güternachfrage mit Hilfe einer Variation der Auslastungsgrade von Arbeit und Kapital besteht für die Firma darin, Lagerbestände auf– oder abzubauen. Mit einer solchen Strategie könnte die Firma den Produktionsprozess und damit den Zeitpfad der Faktoreinsatzmengen verstetigen und die in *Abschnitt 4.3.1* beschriebenen Anpassungskosten erheblich reduzieren, sie muss dann allerdings den Kosten von Lagerinvestitionen Rechnung tragen. Sofern das produzierte Gut überhaupt lagerfähig ist, laufen die genannten Alternativen mithin auf eine Abwägung von Anpassungs– versus Lagerkosten hinaus. Daraus wird ersichtlich, dass solche Überlegungen nur für von der Firma als transitorisch angesehene Schwankungen ihrer Verkäufe relevant sind, denn die Anpassungskosten sind in der Regel zeitlich befristet, wohingegen Lagerkosten während der gesamten Zeitperiode der Lagerhaltung anfallen.

Der Einbau von Überlegungen zur optimalen Lagerhaltung bei transitorischen Güternachfrageschocks ist analytisch nicht ganz einfach und macht Kenntnisse der Lösungstechnik für optimale Kontrollprobleme erforderlich. Es soll daher nur versucht werden, die prinzipiellen Aspekte zunächst ökonomisch intuitiv plausibel mit Hilfe eines Beispiels zu verdeutlichen, welches in *Schaubild 4.5* veranschaulicht wird.

Die Betrachtung beginnt im Zeitpunkt t_0, in dem eine Gruppe von Arbeitern L_0 zu einem gegebenen und für die gesamte Zeitperiode $t = t_1, \ldots, t_4$ konstanten Lohnsatz W eingestellt wird. Dabei fallen Trainingskosten m je Beschäftigten L an, die jedoch mit zunehmender Einarbeitungszeit sinken und in t_1 auf null gefallen sind. In derselben Zeitperiode steigt die Produktivität dieser Arbeiter und damit der Output y. Dieser Output kann stets in vollem Umfang abgesetzt werden und zwar der Einfachheit halber zu einem Preis $P = 1$, sodass der Output y den Verkäufen E entspricht. Zwischen t_1 und t_2 erreicht die Firma den gleichgewichtigen Output, der gleich den Verkäufen ist, wobei – da nur der Produktionsfaktor Arbeit eingesetzt wird – Lohnkosten in Höhe von $LS = W \cdot L$ anfallen.

In Periode t_2t_3 sieht sich die Firma unerwartet mit einem ungünstigen Nachfrageschock nach ihrem Produkt y konfrontiert. Sie nimmt aber an, dass der Rückgang der Verkäufe E nur transitorisch ist und dass der Absatz ab dem Zeitpunkt t_3 wieder seine alte Höhe E_0 erreicht.

Im *Schaubild 4.5* sind nun vier mögliche Reaktionen der Firma eingezeichnet:

(i) Die Firma fährt ihre Produktion dem Rückgang der Verkäufe entsprechend herunter (das heißt $y = E$) und entlässt einen Teil L_1 ihrer Beschäftigten. Wenn die Verkäufe wieder ansteigen, stellt die Firma neue Beschäftigte ein. Dies sind nicht notwendigerweise diejenigen Personen, welche die Firma entlassen hat, sodass Trainingskosten M anfallen, die – wie vorher – allmählich sinken und in t_3 wegfallen. Die dieser Reaktion entsprechenden Kurven sind fett eingezeichnet für $y = E$ und als durchgezogene Linie für LS beziehungsweise $LS + M$ in der Zeitperiode t_2t_3 eingezeichnet.

(ii) Die Firma betreibt eine "Hortung" von Arbeitskräften in dem Sinn, dass sie den Beschäftigtenstand in voller Höhe aufrecht erhält, die Produktion indessen trotzdem auf das Niveau $y = E$ verringert. In diesem Fall entstehen während der

Schaubild 4.5 : Arbeitseinsatz und transitorische Güternachfrageschwankungen[a)]

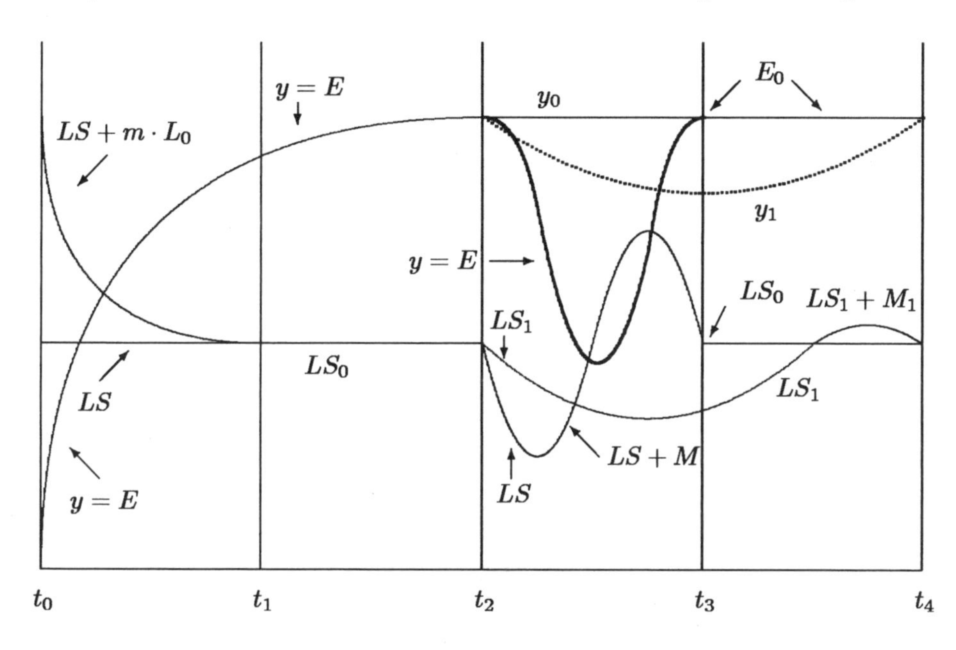

a) Vgl. Text für Erläuterungen.

Zeitperiode t_2t_3 Kosten in Höhe von LS_0 (wie in t_1t_2), die Firma muss jedoch Reduktionen des Gewinns $E - LS$ (und zeitweilig Verluste) hinnehmen.

(iii) Die Firma belässt sowohl den Output auf der Höhe y_0 (wie zu Ende der Periode t_1t_2) wie auch den Arbeitseinsatz auf L_0 (ebenfalls wie in der Periode t_1t_2). Neben der Lohnsumme LS_0 fallen dann Lagerkosten an. Sie bestehen aus den Finanzierungskosten (also dem Zinssatz multipliziert mit den Produktionskosten für $y - E$) und den reinen Lagerkosten (Anmietung von Lagerraum, Verwaltung und Wartung des Lagers). Um die Zeichnung nicht zu überfrachten, sind die Lagerkosten nicht eingezeichnet. Eine solche Strategie ist jedoch nur dann sinnvoll, wenn die Firma willens ist, diesen Lagerbestand nach t_3 weiterhin aufrecht zu erhalten: Zwar entsprechen sich ab t_3 Produktion und Verkäufe wieder, aber die Firma ist noch mit den Lagerbeständen $y - E$ aus der Periode t_2t_3 belastet. Ein Argument für einen solchen Lageraufbau könnte sein, dass die Firma zukünftig für unvorhergesehene günstige Nachfrageschocks gewappnet sein möchte, um keine Kunden zu verlieren und/oder Reputationseinbußen hinnehmen zu müssen.

(iv) Realistischer ist dann eher eine mittlere Strategie, welche dadurch gekennzeichnet ist, dass die Firma zwar wie in (iii) die Produktion von den Verkäufen abkoppelt, im Gegensatz zu (i) jedoch um weniger herunterfährt, sodass über einen längeren Zeitraum der Ausgleich von Produktion und Verkäufen erreicht wird. Im Schaubild beläuft sich diese Produktion auf y_1 und ist durch die obere gepunktete Linie während t_2t_4 kenntlich gemacht. Sie ist so eingezeichnet, dass der Lageraufbau $y - E > 0$ während t_2t_3 in der Periode t_3t_4 durch das Produktionsdefizit $y - E < 0$ gerade wieder desinvestiert wird. Dies hat Lagerkosten wie oben beschrieben zur Folge (wiederum nicht eingezeichnet) und eine zeitliche Entwicklung der Lohnsumme wie durch LS_1 beziehungsweise $LS_1 + M_1$ beispielhaft dargestellt (untere gepunktete Linie in t_2t_4), wobei sich der kurzzeitige Anstieg zu $LS_1 + M_1$ zu Ende von t_3t_4 durch die Einarbeitungskosten M_1 erklärt. Mit anderen Worten, auf Grund dieser Strategie werden die Produktions– und Beschäftigungsschwankungen zwar nicht völlig ausgebügelt, indessen erheblich geglättet, wie ein Vergleich von y mit y_1 und von LS mit LS_1 zeigt.[112] Unter den gemachten Annahmen hängt das Ausmaß einer solchen Glättung entscheidend von der erwarteten Dauer des Nachfrageschocks und der Höhe der Anpassungskosten M im Vergleich zu den Lagerkosten ab. Dies erklärt, warum Beschäftigungsstabilisierung durch Lagerinvestitionen in unterschiedlichen Sektoren, Zeiträumen und/oder Regionen in sehr uneinheitlichem Ausmaß beobachtet wird, zum Teil sogar völlig unterbleibt.

Die dargestellten Strategien sind ad hoc aus einer Reihe von Alternativen herausgegriffen und anhand arbiträr gewählter Funktionsverläufe diskutiert worden. Präzisere Aussagen machen ein mathematisch formuliertes Modell erforderlich, wie es bei Blinder (1982) und Topel (1982) zu finden ist.

4.3.5 Unsicherheit und Erwartungen

Dieser Abschnitt vertieft einen Aspekt, der in der vorangegangenen Diskussion über Arbeitsnachfrage und Lagerinvestitionen bereits mehrfach angeklungen ist, und zwar, dass die Firma unsicher über die zukünftige Entwicklung der Nachfrage nach ihrem Produkt ist. Verallgemeinert ergibt sich damit der Tatbestand, dass die Firma ihre Entscheidungen unter unvollständiger Information über die Zukunftswerte der exogenen Variablen treffen muss. Nur unter zwei Voraussetzungen brauchte diesem Umstand keine größere Bedeutung zugemessen werden, nämlich wenn die Firma nicht mit Anpassungskosten und daher mit zeitlichen Verzögerungen konfrontiert wäre und wenn die Berücksichtigung von Ungewissheit die unter der Annahme vollständiger Information gewonnenen Resultate im Wesentlichen unberührt ließe. Im ersten Fall könnte sich die Firma sofort und kostenlos an unerwartete Änderungen der exogenen Variablen anpassen, sodass sie sich keine Gedanken über die Zukunft machen müsste. Die Ausführungen insbesondere des *Abschnitts 4.3.1* lassen diese erste Voraussetzung jedoch als in hohem Maße unrealistisch erscheinen. Zum anderen werden die folgenden Darlegungen zeigen, dass sich die Optimalwerte des Produktionsplanes sehr wohl ändern können, wenn unter Ungewissheit entschieden werden muss.

Bevor den Wirkungen der Unsicherheit auf die Arbeitsnachfrage explizit nachgegangen wird, müssen einige begriffliche Klarstellungen getroffen werden. Sie beziehen

[112] Beachte nochmals, dass der Lohnsatz W während der gesamten Zeitperiode t_0t_4 als konstant unterstellt wird, sodass Schwankungen von LS gleichbedeutend mit Schwankungen von L sind.

sich zunächst auf die Unterscheidung zwischen Unsicherheit[113] und Risiko.[114] Wenn keinerlei Information über die Wahrscheinlichkeit des Eintretens verschiedener Ereignisse vorliegen, dann herrscht Unsicherheit. In diesem Fall kommt das "Prinzip des unzureichenden Grundes" zur Anwendung, welches auf Bernoulli und Laplace zurückgeht. Man ordnet allen Möglichkeiten die gleiche Wahrscheinlichkeit zu und bewertet die daraus getroffenen Entscheidungen so, als handele es sich bei diesen Wahrscheinlichkeiten um mit Sicherheit bekannte objektive Werte.[115] Eine solche völlige Unkenntnis der objektiven Eintrittswahrscheinlichkeiten ist in der Praxis ein Extremfall. Realistischer ist die Annahme, dass die Firma subjektive Wahrscheinlichkeiten bildet, die sie den Ereignissen zuordnet. Diese Wahrscheinlichkeiten, welche die Firma selbst für "sicher" hält, stellen ihre persönliche Einschätzung beispielsweise auf Grund von Erfahrungen dar.[116] Wird die Ungewissheit mit Hilfe dieser subjektiven Wahrscheinlichkeiten quantifiziert, dann spricht man von einer Entscheidung unter Risiko. Das Unterscheidungsmerkmal beider Begriffe "Unsicherheit" und "Risiko" ist mithin der Informationsstand über die Wahrscheinlichkeiten des Eintretens bestimmter Ereignisse. Da sich alle Arten der Unsicherheit auf den Fall sicher bekannter objektiver Wahrscheinlichkeiten zurückführen lassen – gegebenenfalls mit Hilfe des oben erwähnten Prinzips des unzureichenden Grundes –, können letztere als Basis für die folgenden Überlegungen dienen.[117] Wie sich die Firma verhalten wird, hängt entscheidend davon ab, ob sie risikoscheu, risikoneutral oder risikofreudig ist. Die Bedeutung dieser Begriffe sei an folgendem Beispiel illustriert.[118] Nehmen wir an, die Firma könnte sich zwischen den beiden folgenden Wahlmöglichkeiten entscheiden. Im ersten Fall bietet ein Kunde an, die gesamte Produktion sofort zu kaufen und für die Firma, die sich sofort entscheiden muss, verbleibt ein Gewinn $\pi = 200$ Geldeinheiten. Die Alternative bestehe darin, dass sie binnen kurzer Frist einen Abnehmer mit Wahrscheinlichkeit $p_0 = 0.5$ findet, dessen Konditionen einen Gewinn $\pi_0 = 300$ erbringen und mit gleicher Wahrscheinlichkeit p_1 einen dritten Käufer, bei dem sich ein Gewinn $\pi_1 = 100$ ergibt.[119] Wählt die Firma den sicheren Gewinn π, dann verhält sie sich risikoscheu (oder: risikoavers), entscheidet sie sich für die andere Alternative, dann ist sie risikofreudig. Ist sie schließlich bezüglich beider Alternativen indifferent, dann nennen wir sie risikoneutral.

Es gibt eine einfache formale Umsetzung dieser drei Begriffe, wenn man eine Nutzenfunktion U der Firma in Abhängigkeit der unterschiedlichen Gewinnsituationen unterstellt. Für die Alternative I ergibt sich dann $U = U(\pi)$ mit $U' > 0$ (auf die Bedeutung von U'' wird gleich eingegangen). Für Alternative II ist der Erwartungswert E des Nutzens zu bilden, denn die Gewinne π_0 und π_1 müssen mit den Wahrscheinlichkeiten gewichtet werden:

$$E[U(\pi)] = p_0 \cdot U(\pi_0) + p_1 \cdot U(\pi_1). \tag{4.96}$$

[113] Die Begriffe "Unsicherheit" und "Ungewissheit" werden synonym verwendet.

[114] Vgl. dazu umfassend Sinn (1980).

[115] Zu einer ausführlichen Begründung vgl. Sinn (1980), S. 32ff.

[116] Bei völliger Unsicherheit über diese Wahrscheinlichkeiten käme dann wieder das oben erwähnte Prinzip des unzureichenden Grundes zum Zuge.

[117] Zum Beweis dieser Behauptung vgl. wieder Sinn (1980).

[118] Eine leicht verständliche Einführung in diese Begriffswelt bietet Linde (1988), S. 130ff.

[119] Mit anderen Worten, der Erwartungswert der Alternative II beläuft sich ebenfalls auf 200 Geldeinheiten ($= 0.5 \cdot 300 + 0.5 \cdot 100$).

Schaubild 4.6 : Risikoaversion

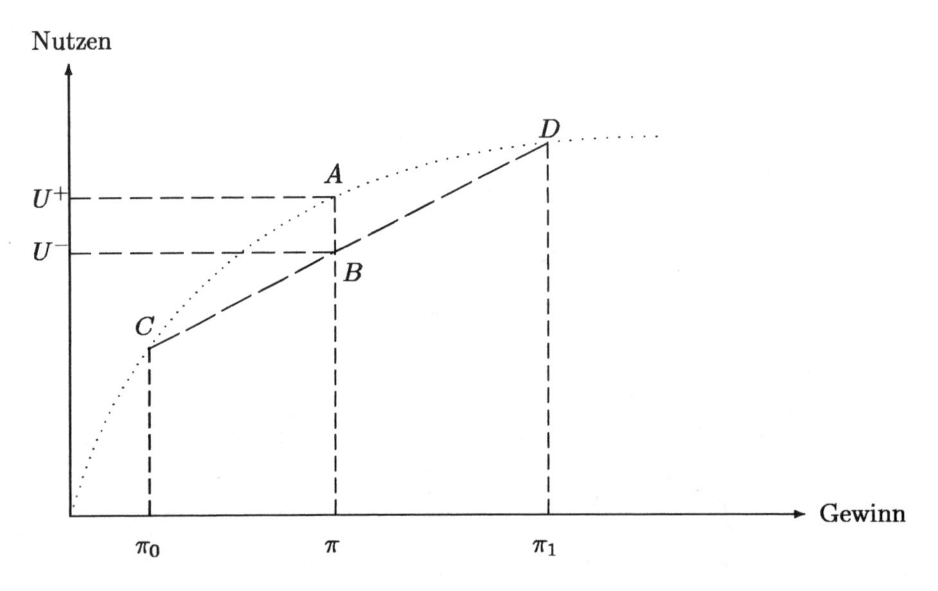

Schaubild 4.6 zeigt, dass die Eigenschaften risikoscheu, risikoneutral und risikofreudig durch die Krümmung der Nutzenfunktion $U(\pi)$ erfasst werden können. Im dargestellten konkaven Verlauf ist $U''(\pi) < 0$ und der sichere Gewinn (π) ist mit dem Punkt A auf der Nutzenfunktion verbunden, während der zu π_0 und π_1 gehörende Erwartungswert von $U(\cdot)$ durch den Punkt B auf der Verbindungslinie $\overline{CD}$ ($C \hat{=} \pi_0$ und $D \hat{=} \pi_1$) gegeben ist. Offensichtlich bewirkt der sichere Gewinn einen höheren Nutzen (nämlich U^+) als der risikobehaftete Gewinn (nämlich U^-) und eine Firma, die den Nutzen beziehungsweise den Erwartungsnutzen maximiert, wählt U^+, also den sicheren Gewinn. Sie ist risikoscheu, formalisiert durch $U''(\pi) < 0$, im Gegensatz zu einer risikofreudigen Unternehmung, deren Nutzenfunktion die Krümmung $U''(\pi) > 0$ aufweisen würde, sodass der Erwartungswert auf einer Verbindunglinie *oberhalb* der Nutzenfunktion liegt, die Firma wählt den risikobehafteten Gewinn. Wenn schließlich $U''(\pi) = 0$, dann ist die Nutzenfunktion eine Gerade und die Firma indifferent gegenüber beiden Alternativen, es liegt Risikoneutralität vor.[120]

Nach diesen vorbereitenden Bemerkungen können wir die Faktornachfrage unter Risiko analysieren. Um das prinzipielle Ergebnis möglichst klar herauszuarbeiten, unterstellen wir zunächst in einer Ein–Perioden–Betrachtung vollständige Konkurrenz, wobei für die Firma nur über den Produktpreis unvollständige Information herrscht. Folglich möchte die Firma

$$E\Big\{U[P \cdot y(L) - W \cdot L]\Big\} \tag{4.97}$$

maximieren, wobei der Einfachheit halber nur mit dem Produktionsfaktor Arbeit L und gemäß einer Technologie $y(L)$ mit $y_L > 0$ und $y_{LL} < 0$ produziert wird. Die

[120] Die Darstellung beschränkt sich hier auf das, was zum Verständnis der folgenden Ausführungen unbedingt notwendig ist. Die vorgetragenen Überlegungen können in vielfacher Hinsicht erweitert und modifiziert werden, vgl. dazu Lippman und McCall (1981).

notwendige und die hinreichende Bedingung lauten:

$$E\big[U'(\pi)\cdot d\pi/dL\big] = E\big[U'(\pi)\cdot(P\cdot y_L - W)\big] = 0 \tag{4.98}$$

$$E\Big[U''(\pi)\cdot\left(\frac{d\pi}{dL}\right)^2 + U'(\pi)\cdot\frac{d^2\pi}{dL^2}\Big] < 0. \tag{4.99}$$

Die hinreichende Bedingung (4.99) ist wegen $d^2\pi/dL^2 = P\cdot y_{LL} < 0$ für Risikoaversion ($U''(\pi) < 0$) immer erfüllt und für Risikofreude dann, wenn der erste Term in der eckigen Klammer den zweiten betragsmäßig unterschreitet. Aus der notwendigen Bedingung (4.98) ergibt sich:[121]

$$E[U'(\pi)\cdot P\cdot y_L] - W\cdot EU'(\pi) = 0 \tag{4.100}$$

oder

$$E\,U'(\pi)\cdot E(P\cdot y_L) + \text{cov}\,[(P\cdot y_L), U'(\pi)] - W\cdot E\,U'(\pi) = 0$$

oder

$$E(P\cdot y_L) - W = -\frac{\text{cov}\,[P\cdot y_L, U'(\pi)]}{E\,U'(\pi)}\,. \tag{4.101}$$

Auf der linken Seite von Gleichung (4.101) steht die Differenz zwischen dem Erwartungswert des Grenzwertproduktes $E(P\cdot y_L)$ und dem Nominallohn W. Den Fall vollständiger Information, bei dem $P\cdot y_L = W$ gilt, erhält man, wenn der erwartete Preis dem tatsächlichen, hier als konstant unterstellten Produktpreis entspricht und mithin $\text{cov}(\cdot) = 0$ gilt. Wenn hingegen die Firma risikoscheu ist, dann erhält man $\text{cov}(\cdot) < 0$, denn mit steigendem P erhöht sich ceteris paribus π, sodass $U'(\pi)$ wegen $U''(\pi) < 0$ (=Risikoaversion) abnimmt. Folglich ist die Differenz auf der linken Seite von Gleichung (4.101) positiv, das erwartete Grenzwertprodukt übersteigt den Nominallohn. Wegen $y_{LL} < 0$ ist das mit einer geringeren Produktion und einer reduzierten Arbeitsnachfrage verbunden.

Dieses wichtige Ergebnis, welches hier zur Veranschaulichung unter sehr restriktiven Annahmen hergeleitet wurde, lässt sich unter bestimmten Voraussetzungen verallgemeinern, wobei sich die Modifikationen unter anderem auf alternative Annahmen über das Verhalten der Firma sowie ihre Produktionstechnologie beziehen.[122] Andererseits ist die generelle Schlussfolgerung nicht zulässig, dass mit *steigender* Risikoaversion die Arbeitsnachfrage *immer* zurückgeht, obwohl dies für ein weites Spektrum von Nutzen–Funktionen und Preis–Absatz–Funktionen gilt.[123] Ebenfalls nur am Rande kann hier aus Platzgründen erwähnt werden, dass im Gegensatz zum risikolosen Fall sowohl fixe Kosten als auch eine Gewinnsteuer einen Einfluss auf den optimalen Produktionsplan besitzen, wobei der Effekt für risikoscheue Firmen in der Regel ein negatives Vorzeichen aufweist.[124]

---

[121] Beachte, dass für zwei Zufallsvariable x und y gilt: $E\,(x\cdot y) = Ex\cdot Ey + \text{cov}(x,y)$, wobei der letzte Term die Kovarianz zwischen x und y bezeichnet; $E(x+y) = Ex + Ey$.

[122] Vgl. dazu zum Beispiel Leland (1972) oder Lippman und McCall (1981). In einem dynamischen Kontext ist jedoch die Spezifikation von Nachfrage und Kosten als Zufallsvariable mit gegebener Dichtefunktion oder als rein stochastischer Prozess essenziell für das Ergebnis; vgl. dazu die theoretische Analyse von Pindyck (1982).

[123] Vgl. dazu Batra und Ullah (1974) und die Diskussion in Nickell (1978), insbesondere S. 79.

[124] Zum Beweis vgl. Lippman und McCall (1981), S. 252ff.

Die oben dargelegte Verwendung von Eintrittswahrscheinlichkeiten für alternative Ereignisse stellt eine Verbindung zur Bildung von Erwartungen über den zukünftigen Verlauf exogener Variablen her, denn eine Firma, welche – wie in *Abschnitt 4.3.2* – den Gegenwartswert der zukünftigen Nettoeinnahmen maximieren will [vgl. Gleichung (4.62)], muss eine Hypothese darüber formulieren, mit welcher Wahrscheinlichkeit beispielsweise P und W wann welche Werte annehmen werden. Mit anderen Worten, sie erwartet bestimmte zukünftige Verläufe dieser Variablen.[125] Dies hat zur Folge, dass sie nunmehr den Erwartungswert des Gegenwartswertes, also $E(GW)$ maximiert.

Rufen wir uns dazu nochmal die Optimalbedingung (4.63) ins Gedächtnis:

$$\int_{t_0}^{\infty} e^{-[(r+\delta_L)\cdot(t-t_0)]} \cdot \left[P(t) \cdot F_L - W(t)\right] dt = CL'\left[\dot{L}(t_0) + \delta_L \cdot L(t_0)\right]. \tag{4.102}$$

Die folgenden formalen Überlegungen werden wesentlich erleichtert, wenn wir zur diskreten Zeitbetrachtung übergehen und Gleichung (4.102) dann folgendermaßen formulieren:[126]

$$\sum_{t=t_0}^{\infty} \beta(t) \cdot [P_t \cdot F_L - W_t] = CL'[\Delta L_{t_0} + \delta_L \cdot L_{t_0}], \tag{4.103}$$

wobei $\beta(t)$ den Diskontfaktor $\exp[-(r+\delta_L)\cdot(t-t_0)]$ unter dem Integral bezeichnet und wir annehmen, dass P_t und W_t während der Zeitperiode t bis $t+1$ konstant bleiben. P_t und W_t sind jetzt Zufallsvariablen, denn die Firma mag die Wahrscheinlichkeiten des Eintretens bestimmter zukünftiger Werte von P_t und W_t kennen oder erwarten, nicht aber deren Realisation. Um die Analyse weiter zu vereinfachen, unterstellen wir, dass P_t und W_t unabhängig voneinander verteilt sind.[127] Wie wir oben gezeigt haben, maximieren risikoscheue und –freudige Firmen eine Nutzenfunktion $U(\cdot)$, während bei Risikoneutralität der Erwartungswert E des Gegenwartswertes des Grenzertrages eines zusätzlichen Beschäftigten gleich den Grenzanpassungskosten sein muss:

$$\sum_{t=t_0}^{\infty} \beta(t) \cdot E[P_t \cdot F_L - W_t] = CL'[\Delta L_{t_0} + \delta_L \cdot L_{t_0}]. \tag{4.104}$$

Der Übergang von Gleichung (4.103) zu (4.104) bedeutet, dass aus der deterministischen Euler–Gleichung (4.103) die stochastische Version (4.104) geworden ist. Allgemein lassen sich stochastische Euler–Gleichungen nur unter zusätzlichen Annahmen lösen.[128] Dies ist dann vergleichsweise einfach möglich,[129] wenn die Euler–Glei-

[125] Eine Übersicht, wie verschiedene Konzepte der Erwartungsbildung bei der Herleitung und Schätzung von Faktornachfragefunktionen berücksichtigt werden, bieten Palm und Pfann (1990).

[126] Vgl. Chow (1981), Kapitel 18 für eine Darstellung stochastischer Kontrollprobleme in kontinuierlicher Zeitbetrachtung.

[127] Keines der nachstehenden Resultate hängt essenziell von dieser Annahme ab, aber sie erleichtert die Darstellung erheblich.

[128] Vgl. Chow (1981) für eine umfassende Darstellung mit ökonomischen Anwendungsbeispielen.

[129] Sargent (1987) stellt unter anderem auch am Beispiel einer dynamischen Arbeitsnachfrage die verschiedenen Lösungsmöglichkeiten ausführlich dar; vgl. dort insbesondere S. 199–204 für den deterministischen und S. 391ff. für den stochastischen Fall.

chungen und die Transversalitätsbedingungen lineare Gleichungen sind.[130] Zusätzlich müssen Annahmen über die stochastischen Prozesse gemacht werden, denen P_t und W_t unterliegen. Es wird für W_t unterstellt (analoges gilt für P_t), dass im Zeitpunkt t Erwartungen über W_{t+1} gebildet werden und zwar auf der Basis einer Informationsmenge Ω_t, über deren angemessene Spezifikation unterschiedliche Aussagen möglich sind. Gehen in Ω_t sämtliche zum Zeitpunkt t verfügbaren Informationen ein, dann liegen rationale Erwartungen in ihrer strengsten Form vor. In diesem Fall gilt $E_t(W_{t+1}|\Omega_t) = W_{t+1}$, und der in t unter Ausnutzung der verfügbaren Informationsmenge Ω_t gebildete Erwartungswert von W für $t+1$ entspricht im Erwartungswert dem tatsächlichen Wert W_{t+1}. Im Durchschnitt erwartet die Firma den wahren Wert für W. Zwar macht sie bei ihrer Prognose Fehler, allerdings gleichen sich diese Fehler im Mittelwert aus. Der Firma unterlaufen zwar Schätzfehler, aber keine systematischen Irrtümer.[131] Für die Bestimmung der Informationsmenge Ω und für die Bildung von Erwartungen wird häufig die Hypothese zu Grunde gelegt, dass die Wirtschaftssubjekte (in unserem Fall die Firma) aus Gründen der Kosten der Informationsbeschaffung und –verarbeitung nicht die umfassende Informationsmenge Ω, sondern nur eine Teilmenge berücksichtigen und zwar in der Weise, dass sie in optimaler Weise den der Zeitreihe (hier von W) zu Grunde liegenden stochastischen Prozess ermitteln. "Optimal" heißt in diesem Zusammenhang, dass mit Hilfe geeigneter Verfahren der Zeitreihenanalyse alle Informationen, die in der Zeitreihe selbst enthalten sind, verarbeitet werden, sodass eine varianzminimale Prognose der künftigen Werte erfolgt. Ein solches zeitreihenanalytisches Verfahren basiert auf den Arbeiten von Box und Jenkins (1976), in denen ARMA–Modelle ("autoregressive moving–average–Modelle") parametrisiert werden.[132] Solche ARMA–Modelle haben folgende Bauart (für W):

$$\begin{aligned} W_t &= a_0 + a_1 \cdot W_{t-1} + \ldots + a_n \cdot W_{t-n} + \varepsilon_t \\ &\quad - b_1 \cdot \varepsilon_{t-1} - \ldots - b_m \cdot \varepsilon_{t-m}, \end{aligned} \tag{4.105}$$

wobei der erste Teil der Terme der rechten Seite von Gleichung (4.105) den autoregressiven Prozess und der zweite den gleitender Durchschnitte repräsentiert und für die Störgrößen ein Erwartungswert null, konstante Varianz und Abwesenheit von Autokorrelation unterstellt wird. Das Modell (4.105) wird dann als ARMA(n, m)–Modell bezeichnet und die Parameter a_i und b_j können mit Hilfe der Zeitreihenanalyse geschätzt werden. Diese Modelle verwenden zwar keine externen Informationen, wohl aber alle Informationen, die in der Zeitreihe selbst enthalten sind. Damit sind sie unter ökonomischen, insbesondere kostenmäßigen Gesichtspunkten "rational" und

[130] Eine Transversalitätsbedingung stellt zusätzlich zu der Euler–Gleichung eine notwendige Optimalbedingung dar und beschreibt die Endpunkteigenschaften bei unendlich langem Planungshorizont. Im vorliegenden Fall lautet sie:

$$\lim_{T \to \infty} \quad \beta^T \cdot E_t\, g(L_T, L_{T-1}, W_t, P_t) \cdot L_t = 0.$$

Vgl. Sargent (1987), S. 393.

[131] Detaillierte Ausführungen über rationale Erwartungen finden sich so gut wie in jedem Lehrbuch zur Makroökonomik, wie zum Beispiel Ramser (1987b) für das Hauptstudium oder Stobbe (1987) für das Grundstudium.

[132] Eine Darstellung dieser Methoden findet sich in vielen Lehrbüchern der Ökonometrie wie beispielsweise Pindyck und Rubinfeld (1991). Eine sehr verständliche Darstellung nebst einem Vergleich mit anderen (zeitreihenanalytischen) Verfahren bieten die Beiträge unter anderem von J. Wolters in Wolters, Kuhbier und Buscher (1990).

weit davon entfernt, mit "naiven" Methoden gleichgesetzt zu werden.[133]

Unter Verwendung von Gleichung (4.105) und einer analogen Beziehung für P_t lässt sich unter den getroffenen (Linearitäts–)Annahmen die stochastische Euler–Gleichung (4.104) nach L_t auflösen. Es sei nochmals darauf hingewiesen, dass die beschriebene Vorgehensweise anhand eines sehr restriktiven Modells zu verdeutlichen versucht wurde. Eine Reihe theoretischer und ökonometrischer Arbeiten basieren auf dieser Methodik, erweitern und modifizieren sie aber auch.[134] Andere Studien gehen ebenfalls von einer stochastischen Euler–Gleichung aus, umgehen die Notwendigkeit einer Modellierung der Erwartungsbildung für die ökonometrische Überprüfung dadurch, dass sie die Variablen in der Euler–Gleichung bei der Schätzung durch Instrument–Variablen ersetzen. Die Grundidee dieser Methodik liegt darin, dass die erwarteten Variablen in den Gleichungen (4.64) und (4.65) durch Hilfsvariablen – eben diese Instrumentvariablen – ersetzt werden, wobei gefordert wird, dass sie eine möglichst hohe Korrelation mit den echten, unbeobachteten Variablen, nicht aber mit den Störgrößen aufweisen.[135]

4.4 Empirische Analyse der Arbeitsnachfrage

Dieser Abschnitt diskutiert ökonometrische Studien zur Arbeitsnachfrage hauptsächlich anhand der Schätzungen der Elastizitäten, die sich in der theoretischen Analyse als besonders relevant erwiesen haben, nämlich Faktorpreis–, Output– und Substitutionselastizitäten. Da an einem Beispiel eine konkrete Schätzung einer Beschäftigungsfunktion mit Hilfe eines Fehler–Korrektur–Modells vorgestellt wird, soll diese Methodik zunächst ganz kurz erläutert werden, weil sie in diesem Buch bei einigen Fragestellungen Anwendung findet.[136] Mit Nachdruck muss aber hervorgehoben werden, dass aus Platzgründen nur das für das Verständnis der nachfolgenden Schätzungen unbedingt Notwendige referiert werden kann.

4.4.1 Fehler–Korrektur–Modelle

Beschäftigung, Output und Reallohn sind für die meisten Volkswirtschaften stark trendbehaftete Zeitreihen. Dies birgt bei einer Regressionsschätzung mit solchen Variablen die Gefahr in sich, dass Scheinkorrelationen in dem Sinn ermittelt werden, dass man bei Zufallsvariablen trotzdem (scheinbare) Abhängigkeiten findet.[137] Ein nahe liegender Ausweg besteht darin, dass Gleichungen nur noch in Veränderungsraten (Differenzen, Wachstumsraten) geschätzt werden, womit man auf Grund einer Trendelimination dem Problem von Scheinregressionen zu entgehen hofft. Mit dieser Vorge-

[133] Vgl. dazu Zellner und Palm (1974).

[134] Vgl. dazu die Übersicht bei Palm und Pfann (1990) und die Arbeiten beispielsweise von Meese (1980) und Morrison (1986). Für die Arbeitsnachfrage im westdeutschen verarbeitenden Gewerbe entwickelt und schätzt Funke (1993) ein Modell mit rationalen Erwartungen.

[135] Diese Methodik liegt den Arbeiten von Kokkelenberg und Bischoff (1986) und Pindyck und Rotenberg (1983) zu Grunde. Die Methode der Instrument–Variablen–Schätzung wird in den meisten Lehrbüchern der Ökonometrie dargestellt, vgl. zum Beispiel Hübler (1989), S. 230ff.

[136] Vgl. auch Hansen (1993), Winkler (1997) und die Monographie über Fehler–Korrektur–Modelle von Banerjee et al. (1993).

[137] Die Gefahr solcher Scheinregressionen wird beispielsweise in Granger und Newbold (1974) aufgezeigt und diskutiert.

hensweise ist – neben anderen Problemen – ein Informationsverlust verbunden, denn es ist mit einer solchen Regression nicht mehr ökonometrisch testbar, ob und inwieweit langfristige Abhängigkeiten zwischen den Niveaugrößen bestehen, wie sie die ökonomische Theorie postulieren mag (wie zum Beispiel in *Abschnitt 4.2.1* im Rahmen der statischen Arbeitsnachfrage).

Fehler–Korrektur–Modelle bieten einen Ausweg aus diesem Dilemma und gehören mittlerweile zum Standard derartiger Schätzungen.[138] Sie haben den Vorteil, dass sowohl die kurz– wie auch die langfristigen Abhängigkeiten erfasst werden. Unterstellt sei eine endogene Variable y_t und eine exogene Variable x_t (beide seien mittelwertbereinigt, vgl. weiter unten), dann lautet ein solches Fehler–Korrektur–Modell beispielsweise:

$$\begin{aligned} \Delta y_t &= \sum_{j=1}^{p} \alpha_j \cdot \Delta y_{t-j} + \sum_{k=0}^{q} \beta_k \cdot \Delta x_{t-k} \\ &\quad + \delta \cdot (y_{t-1} - \gamma \cdot x_{t-1}) + u_t \quad \text{mit } \delta < 0 \ , \end{aligned} \tag{4.106}$$

wobei die u_t unkorrelierte Residuen (mit verschwindendem Erwartungswert) und Δ den Differenzenoperator 1. Ordnung bezeichnen. Gleichung (4.106) bringt zweierlei zum Ausdruck:

(i) Die Veränderung von y_t im Zeitpunkt t wird zunächst bestimmt von zeitlich verzögerten Veränderungen eben dieser Variable y und von Veränderungen von x in der laufenden Periode und in früheren Perioden. Diese beiden Summenausdrücke modellieren die kurzfristige, transitorische Dynamik.

(ii) Der Klammerausdruck in den Niveaus von y und x erfasst die Reaktion von Δy_t auf Abweichungen vom Gleichgewicht der Vorperiode, denn $y = \gamma \cdot x$ reflektiert die (hier unterstellte) langfristige Gleichgewichtsbeziehung, wovon man sich leicht überzeugen kann, wenn man $y_t = y_{t-1} = \ldots y$ und $x_t = x_{t-1} = \ldots x$ setzt.

Die Anwendung dieses Verfahrens beruht auf Annahmen, deren Vorliegen vorher getestet werden muss, womit die eben angesprochene Eigenschaft mittelwertbereinigter Variablen wieder aufgegriffen wird. In diesem Zusammenhang sind zwei Begriffe von Wichtigkeit. Eine Zeitreihe wird (schwach) stationär genannt, wenn der sie erzeugende stochastische Prozess zeitinvariant ist. In diesem Fall sind ihr Erwartungswert und ihre Varianz zeitunabhängig. Realisationen solcher stationärer Prozesse weisen beschränkte Fluktuationen auf, nach endlich langer Zeit kehrt der Prozess immer wieder zu seinem Erwartungswert zurück.[139] Anders verhält sich der nicht–stationäre Prozess in Form eines "Random Walk" (ε bezeichnet wieder den Störterm):

$$x_t = x_{t-1} + \varepsilon_t = x_0 + \sum_{i=1}^{t} \varepsilon_i \quad \text{mit } \varepsilon_t \sim N(0, \sigma^2) \ . \tag{4.107}$$

[138] Sehr verständliche Einführungen mit Anwendungen bieten die Beiträge von Wolters (1990, 1995), auf die sich die folgenden Ausführungen zum Teil stützen. Die Originalliteratur ist dort ausführlich zitiert.

[139] Wolters (1990), S. 159f.

Die Varianz $V(x_t) = t \cdot \sigma^2$ eines solchen Prozesses wächst mit der Zeit.[140]

Der zweite benötigte Begriff baut auf der Stationarität auf. Man nennt allgemein einen Prozess integriert von der Ordnung d, wenn seine d–te Differenz stationär ist, wobei d eine ganze Zahl bezeichnet und man diese Eigenschaft mit $I(d)$ abkürzt. Der Integrationsgrad gibt also an, wie oft eine Zeitreihe differenziert werden muss, um stationär zu werden. Der obige Random Walk ist der einfachste Fall eines Prozesses, der integriert von der Ordnung 1 ist, das heißt $x_t \sim I(1)$, denn $\Delta x_t = \varepsilon_t$ mit Erwartungswert null. Zahlreiche ökonomische Zeitreihen unterliegen einer $I(1)$ Eigenschaft und wir unterstellen dies für die beiden Variablen y_t und x_t.

Das obige Fehler–Korrektur–Modell (4.106) ist nur dann anwendbar, wenn y_t und x_t denselben Integrationsgrad aufweisen (wie hier unterstellt) und die Residuen stationär sind. In diesem Fall nennt man y_t und x_t kointegriert.[141] Letztlich wird damit die Frage aufgeworfen (und beantwortet), wann nicht–stationäre Zeitreihen sinnvoll regressiert werden können, denn bei nicht–stationären Werten von y_t und x_t treten in Gleichung (4.106) stationäre und nicht–stationäre Variablen auf und dies ist unzulässig. Sind aber die beiden nicht–stationären Variablen kointegriert, dann können sie nicht auseinanderlaufen, und erst dann kann der Klammerausdruck in Gleichung (4.106) sinnvoll als Gleichgewicht betrachtet werden. Zwei Variable y_t und x_t sind kointegriert, wenn es Parameter dergestalt gibt, dass die Linearkombination der Variablen

$$FKT_t = y_t - \gamma \cdot x_t \tag{4.108}$$

stationär ist (FKT steht für "Fehler–Korrektur-Term"). Wie am obigen Beispiel dargelegt, kann dies nur der Fall sein, wenn es sich um zwei $I(1)$–Variablen handelt, oder allgemeiner, wenn alle Variablen vom gleichen Integrationstyp sind.[142]

Nach diesen Erläuterungen kann die Vorgehensweise bei der Schätzung eines Fehler–Korrektur–Modells kurz skizziert werden, wobei wir uns auf den Fall des Integrationsgrades 1 beschränken, weil zahlreiche ökonomische Zeitreihen dadurch charakterisiert sind. Dabei gibt es prinzipiell zwei mögliche Vorgehensweisen: Die erste besteht darin, Gleichung (4.106) direkt zu schätzen. Bei der zweiten Alternative wird ein mehrstufiges Verfahren angewandt. Die Schätzung erfolgt in zwei Schritten:

(i) In die Kointegrationsbeziehung, die die langfristige Beziehung abbildet, sollen nur $I(1)$–Variablen eingehen. Dazu wird getestet, ob die Variablen $I(1)$ sind. Dies ist dann der Fall, wenn in der Gleichung

$$x_t = a_0 + a_1 \cdot x_{t-1} + \sum_{i=1}^{n} a_{i+1} \cdot \Delta x_{t-i} + b \cdot t + \varepsilon_t \tag{4.109}$$

der geschätzte Wert von a_1 gleich eins ist.[143] Danach wird die Kointegrationsgleichung mit der üblichen Methode der Kleinsten Quadrate geschätzt.

---

[140] Enthält $x_t = x_{t-1} + u_t + K$ eine Konstante K, spricht man von einem "Random Walk mit Drift".

[141] Vgl. dazu auch die Darstellung in Hansen (1988), S. 346ff. Eine Übersicht bieten Dolado, Jenkinson und Sosvilla–Rivero (1990).

[142] Vgl. Hansen (1988) für eine Diskussion von Modellen mit mehreren Kointegrationsvektoren.

[143] Dies ist der sog. "augmented Dickey–Fuller-Test", wobei n so gewählt wird, dass die Residuen ε_t einen reinen Zufallsprozess ("weißes Rauschen") bilden. Als Teststatistik wird eine modifizierte t–Statistik verwendet, da t nicht mehr einer t–Statistik wie im stationären Fall unterliegt, vgl. dazu die Tabelle in Dickey und Fuller (1981).

(ii) Nun wird das Fehler–Korrekturmodell ebenfalls mit der Methode der Kleinsten Quadrate geschätzt, wobei als zusätzliche Variable die um eine Zeitperiode verzögerten Residuen der Kointegrationsgleichung (4.108) aufgenommen werden. Nochmals sei darauf aufmerksam gemacht, dass dieser Ansatz nur bei kointegrierten Variablen sinnvoll ist.

Der folgende Abschnitt berichtet über eine Schätzung der Beschäftigung mit Hilfe eines Fehler–Korrekturmodells. Weitere Anwendungsbeispiele finden sich in diesem Buch für die Erklärung der Höhe und Veränderung der Zahl der Gewerkschaftsmitglieder (*Abschnitt 7.2.1, Tabelle 7.2*) und der Tarif– und Effektivlohnentwicklung [*Abschnitt 8.2.4*, Gleichungen (8.8) – (8.11)].

4.4.2 Ökonometrische Schätzergebnisse zur Arbeitsnachfrage

Angesichts der umfangreichen Ausführungen zur Theorie der Arbeitsnachfrage überrascht die Vielfalt ökonometrisch getesteter Varianten von Arbeitsnachfragefunktionen, wie sie in diesem Abschnitt auszugsweise dargestellt werden, kaum. "Die" Arbeitsnachfragefunktion gibt es nicht, sondern ihr Typ wird maßgeblich von der Fragestellung und den gewünschten Informationen über bestimmte Reaktionskoeffizienten bestimmt. Deshalb provoziert etwa die Frage nach "der" Elastizität der Arbeitsnachfrage in Bezug auf den Reallohn sofort Gegenfragen: Welche Dimension der Arbeitsnachfrage steht zur Diskussion (Personen, Stunden, Qualifikation), handelt es sich um die Lohnkosten insgesamt, wird ein exogener oder endogener Output unterstellt und erfolgt eine kurzfristige oder langfristige Betrachtung? Gleichwohl bedarf es in der (wirtschaftspolitischen) Praxis häufig nur ungefährer, aber selbstverständlich nicht unrealistischer Größenordnungen beispielsweise für die Elastizität der Arbeitsnachfrage in Bezug auf den Reallohn. Eine Bandbreite von -0.4 bis -0.6 für diese Elastizität, gemittelt über alle getesteten Spezifikationen, mag nach den Ergebnissen (neuerer) Studien als Anhaltspunkt für Deutschland dienen.[144]
Bevor detaillierter auf ökonometrische Untersuchungen für das deutschsprachige Gebiet eingegangen wird, soll zunächst ein internationaler Vergleich der Output– und Reallohnelastizitäten der Beschäftigung (in Personen) vorangestellt werden. "International" ist reichlich ambitiös, da in *Tabelle 4.7* nur europäische Staaten enthalten sind, also beispielsweise weder Japan noch die USA. Dies liegt daran, dass die den Elastizitäten zu Grunde liegende Schätzung für diese Länder aus theoretischer Sicht unplausible Resultate erbrachte.[145] Ohne auf Details einzugehen, schätzen die Autoren der *Tabelle 4.7* eine dynamische, logarithmisch–lineare Gleichung der Beschäftigung in Abhängigkeit unter anderem des Reallohnes und einem Quotienten aus Güternachfrage im Vergleich zum Produktionspotenzial (im Folgenden kurz "Auslastungsgrad" genannt). Damit wird die Hypothese getestet, dass eine Erhöhung der gesamtwirtschaftlichen Nachfrage möglicherweise nur dann zu mehr Beschäftigung führt, wenn nicht auch gleichzeitig das Produktionspotenzial eine Steigerung auf Grund eines vergrößerten Sachkapitalbestandes erfährt.

[144] Addison und Teixeira (2001): -0.6; Flaig und Rottmann (2001): -0.4; Reimers (2001): -0.5.

[145] Umfangreiche Literaturangaben zu empirischen Studien anderer Länder (insbesondere auch für die in *Tabelle 4.7* nicht enthaltenen USA) finden sich in Hamermesh (1986), Nickell (1986) und in Symons und Layard (1984).

Tabelle 4.7 : Internationaler Vergleich von Auslastungsgrad- und Reallohnelastizitäten in Bezug auf die Beschäftigung[a)]

Land	Elastizität des Auslastungsgrades		Reallohnelastizität	
	kurzfristig	langfristig	kurzfristig	langfristig
	(1)	(2)	(3)	(4)
Westdeutschland	0.46	0.72	-0.53	-0.83[b)]
Frankreich	0.14	0.50	-0.17	-0.62
Vereinigtes Königreich	0.50	0.79	-0.40	- 0.63
Italien	0.10	0.29	-0.13	-0.37
Österreich[c)]	0.34	0.92	-0.21	-0.56
Schweiz	0.55	0.63	-0.83	-0.94

a) Vgl. Text für Erläuterungen; Beobachtungsperiode 1953–1983 (Jahreswerte).
b) Korrigierter Wert wegen Druckfehler.
c) Aus Tabelle 4 wegen Druckfehler.

Quelle: Bean, Layard und Nickell (1986), Tabelle 3.

So sehr die für alle Länder einheitliche Spezifikation der Schätzgleichung die Vergleichbarkeit gewährleistet – und das ist der hauptsächliche Grund, warum die Resultate hier nach wie vor präsentiert werden –, so problematisch ist diese Vorgehensweise andererseits, da die nationalen Unterschiede in das Prokrustesbett dieser Schätzgleichung gepresst werden, von Datenproblemen einmal abgesehen. Daraus folgt die nachdrückliche Empfehlung, die einzelnen Länderstudien zu Rate zu ziehen.[146]

Unter diesen nicht unerheblichen Vorbehalten weist die *Tabelle 4.7* eine breite Spanne der Elastizitäten auf. Lässt man die niedrigen Werte für Italien einmal außer Betracht, dann bewegt sich die Reallohnelastizität langfristig etwa zwischen -0.6 und -0.9, dasselbe gilt mit umgekehrtem Vorzeichen für die langfristigen Elastizitäten des Auslastungsgrades, obwohl diese mit Ausnahme des Vereinigten Königreiches und von Österreich und der Schweiz statistisch nicht signifikant von null verschieden sind. Zu beachten ist, dass die Reallohnelastizitäten ceteris paribus für einen gegebenen Auslastungsgrad berechnet sind. Kurzfristig, das heißt bei gegebenem Produktionspotenzial ist dies gleichbedeutend mit der Reallohnelastizität bei gegebenem Output, langfristig wird diese Ziffer jedoch mit Skaleneffekten vermischt, die bei der dargestellten Spezifikation nicht identifiziert werden können.[147] In einer der genannten Länderstudien berechnen Pichelmann und Wagner (1986) für Österreich in der Zeitperiode 1966/67–1984 eine Reallohnelastizität der Beschäftigung bei konstantem Output in Höhe von -0.28 und unter Berücksichtigung des Skaleneffektes der Outputveränderung in Höhe von -0.74. Da diese Angaben ganz grob in der Größenordnung der Ziffern in Spalte

[146]Vgl. dazu Economica 53 (1986), Supplement.
[147]Vgl. zu den Unterschieden die Diskussion in *Abschnitt 4.3.4*.

(3) und (4) liegen, kann vermutet werden, dass die Elastizitäten in Spalte (4) dem Outputeffekt einer Lohnveränderung Rechnung tragen. Ein ähnliches Bild ergibt sich für die Bundesrepublik Deutschland. Ebenfalls in einer in diesem Band enthaltenen Länderstudie ermitteln Franz und König (1986, Tabelle 12) eine Elastizität der Beschäftigung in Bezug auf den realen Tariflohn bei konstantem Output in Höhe von -0.54. Dieser Wert entspricht dem in Spalte (3), wenn auch für eine andere Lohnsatzdefinition und Beobachtungsperiode.

Angesichts einer zunehmenden internationalen Verflechtung der Güter– und Arbeitsmärkte liegt es nahe, nicht nur heimische Erklärungsfaktoren für die Höhe der inländischen Beschäftigung zu berücksichtigen, sondern unter anderem die internationale Wettbewerbsfähigkeit inländischer Unternehmen sowie eine inländische und ausländische Güternachfrage miteinzubeziehen. Eine solche Vorgehensweise liegt der Studie von Barrell et al. (1996) zu Grunde. Die Autoren kommen zu dem Ergebnis, dass die Nachfrage nach Arbeit in Frankreich und Deutschland von der europäischen Güternachfrage abhängt, im Vereinigten Königreich dagegen von einer noch umfassender gemessenen Güternachfrage. Nach den Resultaten dieser Studie stellt die internationale Wettbewerbsfähigkeit für Frankreich und das Vereinigte Königreich eine wesentlich bedeutendere Variable dar als für Deutschland, was aber an der Problematik der Messung einer internationalen Wettbewerbsfähigkeit liegen kann.

Im Mittelpunkt der folgenden Darstellungen stehen Studien für (West–)Deutschland. Bleibt man bei der prinzipiellen Spezifikation der Arbeitsnachfrage wie in *Tabelle 4.7*, so bietet sich neben einer Einbeziehung weiterer Faktorpreise die explizite Trennung zwischen kurz– und langfristigen Einflüssen als erste Modifikation an. Dem letztgenannten Gedanken kann dadurch Rechnung getragen werden, dass der Schätzung ein Fehler–Korrekturmodell zu Grunde gelegt wird.[148] Eine solche Schätzung für die Beschäftigung (L) in Abhängigkeit des Outputs (y), der Faktorpreise Lohnsatz (W), Kapitalnutzungskosten (R) und Importpreis (PIM) für Rohstoffe und Zwischenprodukte haben Flaig und Steiner (1989) für das verarbeitende Gewerbe in der Bundesrepublik Deutschland 1964/1–1986/4 auf der Basis von Quartalsdaten vorgenommen, wobei FKT den Fehlerkorrekturterm bezeichnet:[149]

$$\begin{aligned}\Delta_4 \ln L_t = \; & \underset{(7.6)}{0.004} + \underset{(8.0)}{0.109} \cdot \Delta_4 \ln y_t + \underset{(1.8)}{0.012} \cdot \Delta_4 \ln(R/W)_t \\ & - \underset{(2.0)}{0.004} \cdot \Delta_4 \ln(PIM/W)_t + \underset{(22.2)}{1.387} \cdot \Delta_4 \ln L_{t-1} \\ & - \underset{(10.6)}{0.605} \cdot \Delta_4 \ln L_{t-2} - \underset{(3.2)}{0.120} \cdot FKT_{t-4}\end{aligned} \tag{4.110}$$

$$\begin{aligned}FKT = \; & \ln L - 0.658 \cdot \ln y - 0.136 \cdot \ln(R/W) \\ & + 0.007 \ln(PIM/W) - 6.809 - 0.006 \cdot t\end{aligned} \tag{4.111}$$

[148] Vgl. zur Erläuterung den vorangegangenen *Abschnitt 4.4.1*.

[149] Für eine ähnliche Vorgehensweise für das warenproduzierende Gewerbe vgl. Matthes und Schulze (1991).

$$\overline{R}^2 = 0.99,\ DW = 1.98,\ t\text{–Werte in Klammern}$$

Ein Problem der Spezifikation von Gleichung (4.110) ist augenscheinlich, dass die abhängige Variable und ihr zeitlich verzögerter Wert jeweils drei Werte gemeinsam haben. Unter diesem Vorbehalt sei zur Interpretation der beiden Gleichungen zunächst auf die langfristige Beziehung (4.111) eingegangen.

Fallbeispiel: Scheinselbstständigkeit

Mit "Scheinselbstständigen" sind Personen gemeint, die Tätigkeiten ausüben, welche denen typischer Arbeitnehmer vergleichbar sind, die aber, da formal selbstständig, nicht der Sozialversicherungspflicht und auch nicht dem Kündigungsschutz unterliegen. Allerdings ist eine genaue und operationale Definition schwierig: Sind der Pächter einer Esso–Tankstelle oder der Vertreter der Allianz–Versicherung Selbstständige oder Arbeitnehmer? Zwar genießen sie im Vergleich zu einem typischen Arbeitnehmer größere unternehmerische Freiräume – etwa indem sie selbstständig Arbeitnehmer einstellen oder entlassen oder ihre Arbeitszeit freier gestalten können –, jedoch sind sie bezüglich ihrer Produkte an die jeweilige Mineralölfirma beziehungsweise das Versicherungsunternehmen gebunden, also eher unselbstständig.
Folglich gehen die Schätzungen über das quantitative Ausmaß der Scheinselbstständigkeit weit auseinander, sie reichen von rund 180 Tsd. bis 430 Tsd. Personen in Deutschland im Jahre 1996, vermutlich mit steigender Tendenz.[a]
Seit dem 1.1.1999 sind zwei gesetzliche Neuregelungen in Kraft, welche die Scheinselbstständigkeit besser in den Griff bekommen sollen, nämlich §7 Absatz 4 SGB IV und §2 Nr. 9 SGB VI. Die erste Vorschrift nennt vier Kriterien, bei denen dann ein sozialversicherungspflichtiges Beschäftigungsverhältnis vermutet wird, wenn mindestens zwei von ihnen erfüllt sind:

- mit Ausnahme von Familienangehörigen werden keine sozialversicherungspflichtigen Arbeitnehmer beschäftigt,
- Tätigkeit regelmäßig und im Wesentlichen nur für einen Auftraggeber,
- Erbringung von für Beschäftigte typischen Leistungen (Weisungsbefugnis des Auftraggebers und Eingliederung in dessen Arbeitsorganisation) und
- keine unternehmerische Tätigkeit am Markt.

Da insbesondere das dritte Kriterium häufig erfüllt sein dürfte, reicht de facto ein zutreffendes weiteres Kriterium, damit die Vermutungsregelung greift. Handelsvertreter sind zwar ausdrücklich von der Vorschrift des §7 Absatz 4 SGB IV ausgenommen, wenn sie "im Wesentlichen frei ihre Tätigkeit gestalten und über ihre Arbeitszeit bestimmen können". Jedoch unterliegen auch sie der Regelung des §2 Nr. 9 SGB VI, nach der Personen, die im Zusammenhang mit ihrer selbstständigen Tätigkeit mit Ausnahme von Familienangehörigen keinen sozialversicherungspflichtigen Arbeitnehmer beschäftigen sowie regelmäßig und im Wesentlichen nur für einen Auftraggeber tätig sind, "arbeitnehmerähnliche Personen" darstellen und mithin rentenversicherungspflichtig sind.
Mit diesen Regelungen dürften Ausweichreaktionen in die Scheinselbstständigkeit weitgehend unterbunden werden. Offen ist indes, wie viele der bisher erbrachten Leistungen von Scheinselbstständigen auf Grund der gestiegenen Kosten nicht mehr nachgefragt oder in die Schattenwirtschaft verlagert werden.

[a] Quelle: Institut für Arbeitsmarkt– und Berufsforschung, IAB–Werkstattbericht Nr. 7 v. 25.11.1996.

Fallbeispiel: Geringfügige Beschäftigungsverhältnisse

Eine geringfügige Beschäftigung liegt nach §8 Absatz 1 SGB IV dann vor, wenn die Beschäftigung regelmäßig weniger als 15 Stunden in der Woche ausgeübt wird und das monatliche Arbeitsentgelt – gemäß der Neuregelung des Gesetzes zum 1.4.1999 – die zeitlich festgeschriebene Grenze von 325 € (630 DM) im Monat (einheitlich für Ost- und Westdeutschland) nicht überschreitet. Der Arbeitgeber entrichtet 12 v.H. Rentenversicherungsbeitrag und für bereits einer gesetzlichen Krankenversicherung angehörende Beschäftigte einen Krankenversicherungsbeitrag in Höhe von 10 v.H. Auf Grund des Rentenversicherungsbeitrags erwachsen Ansprüche in Form eines Rentenzuschlags sowie einer begrenzten Anrechnung bei der Wartezeit. Zusätzlich können die geringfügig Beschäftigten den Pauschalbeitrag des Arbeitgebers selbst auf den vollen Rentenversicherungsbeitrag aufstocken und erwerben damit die vollen Leistungsansprüche aus der Rentenversicherung. Grundsätzlich sind Einkünfte aus solchen Beschäftigungsverhältnissen steuerfrei, sofern der Arbeitgeber die pauschalen Sozialversicherungsbeiträge entrichtet und der Beschäftigte keine sonstigen positiven Einkünfte erzielt, wobei Einkünfte des Ehegatten nicht berücksichtigt werden. Ausgenommen von dieser Regelung sind Saisonbeschäftigungen von längstens zwei Monaten oder bis zu 50 Arbeitstagen im Jahr.
Die Anzahl geringfügiger Beschäftigungsverhältnisse in Deutschland belief sich im Juli des Jahres 2000 auf etwa 4.1 Millionen Personen. Dies entspricht einem Anteil von rund 13 v.H. aller sozialversicherungspflichtig Beschäftigten, aber auf Grund ihrer geringen Wochenarbeitszeit nur ungefähr 4 v.H. des Arbeitsvolumens. Gut 70 v.H. der geringfügig Beschäftigten sind Frauen, ebenfalls überproportional sind mit 30 v.H. Personen der Altersgruppe 55 Jahre und älter vertreten, und der Dienstleistungssektor bietet die Mehrzahl der Arbeitsplätze.[a]

[a] Sachverständigenrat zur Begutachtung der gesamtwirtschaftlichen Entwicklung, Jahresgutachten 2001/02, Ziffer 169.

Aus ihr errechnen sich folgende langfristige Elastizitäten:[150]

$$\frac{\partial L}{\partial y}\cdot\frac{y}{L}=0.658\ ,\ \frac{\partial L}{\partial W}\cdot\frac{W}{L}=-0.129\ ,\ \frac{\partial L}{\partial R}\cdot\frac{R}{L}=0.136\ ,\ \frac{\partial L}{\partial PIM}\cdot\frac{PIM}{L}=-0.007\ .$$

Zu beachten ist, dass die Arbeitsnachfragefunktion homogen vom Grade null in allen Faktorpreisen ist, da sowohl R wie auch PIM auf W bezogen wurden. Die erste Elastizität stimmt recht gut mit dem Wert von 0.698 überein, den König und Pohlmeier (1988) in einer später noch ausführlicher zu diskutierenden Studie mit einer völlig anderen Methodik für den Fall einer linear–homogenen Technologie geschätzt haben. Allerdings halbiert er sich dort in etwa, wenn flexiblere Formen für die Produktionsfunktion zugelassen werden (vgl. weiter unten).[151] Mit allen genannten Vorbehalten stimmt sie auch mit dem Wert von 0.72 in *Tabelle 4.7* ungefähr überein, wohingegen die

[150] Beachte, dass die Parameterschätzwerte einer log-linearen Regression die geschätzten Elastizitäten sind, das heißt für $\ln y = a_0 + a_1 \ln x$ gilt: $a_1 = \frac{d\ln y}{d\ln x} = \frac{dy}{dx}\cdot\frac{x}{y}$. Außerdem gilt $\Delta_4 \ln x_t \approx \frac{x_t - x_{t-4}}{x_{t-4}}$, das heißt, $\Delta_4 \ln x_t$ ist die Wachstumrate von x in t bezogen auf das Vorjahresquartal.

[151] Vgl. auch Hart und McGregor (1988) für Schätzungen von Produktionselastizitäten verschiedener Kategorien von Arbeit.

(Real–)Lohnelastizität erheblich niedriger ausfällt. Diese langfristige Entwicklung von L wird von kurzfristigen Schwankungen gemäß Gleichung (4.110) überlagert, wobei die Wachstumsrate von L von ihren beiden zeitlich verzögerten Werten und den Wachstumsraten von y, R/W und PIM/W bestimmt wird.[152]

Eine eingehendere Analyse der Elastizitäten hat mit der Feststellung zu beginnen, dass sich hinter dem Begriff "Arbeitsnachfrage" mehrere Dimensionen mit entsprechend unterschiedlichen Kostenarten verbergen, wie in *Abschnitt 4.3* ausführlich dargelegt wurde. König und Pohlmeier (1988) haben den Versuch unternommen, die partiellen Elastizitäten (bei gegebenem Output) dreier Arten von Faktoreinsatzmengen (Beschäftigung, Stunden je Beschäftigten und Kapitalbestand) in Bezug auf verschiedene Faktorkosten für die Bundesrepublik Deutschland auf der Basis einer verallgemeinerten Leontief–Produktionsfunktion zu schätzen.[153] Dabei tragen die Autoren der Existenz von Überstundenarbeit Rechnung, wobei auf Grund von Überstundenzuschlägen die Arbeitskosten einen nicht–linearen Verlauf aufweisen, das heißt mit zunehmendem Arbeitseinsatz überproportional steigen.[154] Das Modell basiert auf einer simultanen Schätzung von Gleichungen der Bauart, wie sie in *Abschnitt 4.2.3* anhand von Gleichung (4.53) dargestellt wurde. Der geschätzte Ansatz ist statisch, aus Datengründen und auf Grund methodischer Schwierigkeiten wurde von einer dynamischen Spezifikation unter gebührender Berücksichtigung von Anpassungskosten abgesehen.[155] Wie aus *Tabelle 4.8* hervorgeht, sind die Elastizitäten aller drei Lohnkostenarten sowohl in Bezug auf die Beschäftigung wie auch auf die Stunden negativ,[156] Beschäftigung und Stunden sind nach diesen Resultaten somit eher komplementäre als substitutive Produktionsfaktoren, wohingegen eine substitutive Beziehung zum Kapitalbestand daran deutlich wird, dass in Spalte (3) alle Lohnkosten und in Spalte (1) die Kapitalnutzungskosten ein positives Vorzeichen aufweisen.
Die Elastizitäten von Beschäftigung und Stunden in Bezug auf den Output sind relativ gering. Mithin führt ein Outputanstieg in einer Phase der Hochkonjunktur zu einer stark unterproportionalen Erhöhung des Arbeitseinsatzes, mit anderen Worten, die Schätzergebnisse spiegeln den in *Abschnitt 4.1.1* dargestellten prozyklischen Verlauf der Arbeitsproduktivität wider. Dieses Resultat basiert auf der bereits erwähnten Nichtlinearität der Arbeitskosten und ist damit nicht davon abhängig, dass steigende Skalenerträge vorliegen. In der Phase der Hochkonjunktur wird der Beschäftigungsanstieg in diesem Modell dadurch gebremst, dass mit steigender Auslastung des Faktors Arbeit die Kosten der Beschäftigung steigen, eine Outputerhöhung, die zu einem Anstieg des Stundeneinsatzes führt, hat eine Verteuerung der Beschäftigung zur Folge. Die Bremswirkung wird dann noch verstärkt, wenn beide Dimensionen des Arbeitseinsatzes komplementär sind (worauf die Schätzergebnisse hindeuten). Hingegen reagiert die übertarifliche Arbeitszeit überproportional auf Outputänderungen, die entspre-

[152]Die Wachstumsraten beziehen sich dabei auf das Vor*jahres*quartal. Weitergehende Untersuchungen der Autoren zeigen, dass die Gleichungen keinem Strukturbruch unterliegen.

[153]Dieser Typ einer Produktionsfunktion wurde in *Abschnitt 4.2.1* anhand der Gleichung (4.52) diskutiert.

[154]Zur theoretischen und ökonometrischen Analyse von Überstunden im Rahmen der dynamischen Arbeitsnachfrage vgl. Kölling (1998).

[155]Vgl. dazu die theoretischen Überlegungen in *Abschnitt 4.3.2.*

[156]Zur Vermeidung von etwaigen Unklarheiten: der erste Wert in Spalte (1) in Höhe von -0.100 ist die relative Veränderung der beschäftigten Personen (L) in Bezug auf eine relative Veränderung des Tariflohnsatzes (w^T), also $(\partial L/\partial w^T) \cdot (w^T/L)$.

Tabelle 4.8 : Partielle Elastizitäten des Faktoreinsatzes[a] (Westdeutschland)

Exogene Variablen	Endogene Variablen		
	Beschäftigte (Personen)	Stunden je Beschäftigten	Kapital–bestand
	(1)	(2)	(3)
Tariflohn	–0.100	–0.027	0.109
Effektivlohn	–0.183	–0.036	0.031
Personalzusatzkosten	–0.079	–0.021	0.085
Kapitalnutzungskosten	0.232	0.049	–0.236
Output	0.373	0.087	2.017
Tarifliche Arbeitsstunden je Beschäftigten	0.037	0.010	–0.041

a) Vgl. Text für Erläuterungen; Sektoreingrenzung: Verarbeitendes Gewerbe, Zeitperiode: 1964–1983 (Quartalswerte).

Quelle: König und Pohlmeier (1988), Tab. 2 (nicht–homothetische Technologie) S. 567.

chende Elastizität beläuft sich auf 1.344 (nicht in der Tabelle). Dies steht in Einklang mit einer sektoral differenzierten Studie von Kraft (1989c).

Ein weiteres, insbesondere aus beschäftigungspolitischer Sicht wichtiges Ergebnis der Autoren ist das positive Vorzeichen der Elastizität der Beschäftigung auf die als exogen unterstellte, tarifliche Arbeitszeit. Demnach führt eine Reduktion der tariflichen Arbeitszeit ceteris paribus zu einem Beschäftigungsverlust, wenn dieser Effekt auch gemäß der Elastizität in Höhe von 0.037 als gering veranschlagt werden kann. Da die ceteris paribus Klausel hier insbesondere "bei konstanten Stundenlohnsätzen" bedeutet, tritt der Beschäftigungsrückgang auch bei einer Arbeitszeitverkürzung ohne Lohnausgleich ein.[157]

Dieselben Arten von Produktionsfaktoren, jedoch eine noch differenziertere Lohnkostenstruktur und eine dynamische Betrachtungsweise liegen der Studie von Hart und Kawasaki (1988) ebenfalls für Westdeutschland zu Grunde. Die Spezifikation ist im Wesentlichen analog zu dem in *Abschnitt 4.3.3* diskutierten Ansatz von Nadiri und Rosen (1969, 1974), es wird also die im Vergleich zur Arbeit von König und Pohlmeier (1988) restriktivere Cobb–Douglas–Produktionsfunktion verwendet. Das Modell trennt zunächst zwischen erwartetem und nicht–antizipiertem Output, wobei die positiven Elastizitäten beider Komponenten mit einer Ausnahme statistisch signifikant sind und sich für den Arbeitseinsatz nicht stark voneinander unterscheiden.[158]

[157] Vgl. zur Arbeitszeitverkürzung ausführlicher *Abschnitt 5.1*.

[158] Der nicht beobachtbare "erwartete" Output wurde mit Hilfe eines ARMA–Modells geschätzt; vgl. zur Methodik das Ende des *Abschnitts 4.3.5* und die dort angegebene Literatur. Eine andere Vorgehensweise findet sich in Kraft (1989c). In dieser Studie wird der Einsatz von Arbeitern und

Tabelle 4.9 : Sektorale Substitutionselastizitäten $\sigma_{L,K}$ für 1973 und 1985[a)] (Westdeutschland)

Sektor	$\sigma_{L,K}$	
	1973	1985
Verarbeitendes Gewerbe	0.79	0.75
darunter:		
Chemische Industrie	1.53	1.95
Maschinenbau	-1.97	-3.50
Elektrotechnik	0.39	0.40

a) Vgl. Text für Erläuterungen.

Quelle: Stark und Jänsch (1988), Tabelle 6, S. 90.

Die einzelnen Lohnkosten umfassen beispielhaft folgende Komponenten:[159] Abgaben in v.H. vom Lohn: Arbeitgeberbeiträge zur sozialen Sicherheit (zum Beispiel Renten–, Kranken– und Arbeitslosenversicherung); einkommensabhängige Personalzusatzkosten: Bezahlte Urlaubs– und Krankentage; personenbezogene Personalzusatzkosten: Ausgaben für Weiterbildung, Werkswohnung, Abfindungen.

Die Bedeutung der Substitutionselastizitäten wurde in den Ausführungen zur Theorie des Faktoreinsatzes mehrfach diskutiert.[160] Um mit der Substitutionselastizität zwischen Beschäftigten und Kapitaleinsatz, $\sigma_{L,K}$, zu beginnen, so liefert die oben vorgestellte Arbeit von König und Pohlmeier (1988) einen Wert von 0.620.[161] Die folgende *Tabelle 4.9* zeigt, dass diese Ziffer zwar in etwa mit der übereinstimmt, welche Stark und Jänsch (1988) ebenfalls für das verarbeitende Gewerbe in der Bundesrepublik Deutschland erhalten haben, dass andererseits jedoch starke sektorale Differenzierungen vorliegen.[162] Diese sektorale Analyse wurde auf der Grundlage der Schätzung eines Translog–Modells durchgeführt.[163] Im Gegensatz zu dem Durchschnitt des verarbeitenden Gewerbes weist der Maschinenbau eine ausgeprägte Komplementarität zwischen Arbeit und Kapital auf. In einzelnen Sektoren hat sich zudem die Substitutionselastizität im Zeitablauf deutlich verändert.[164]

Neben Arbeit und Kapital berücksichtigen die Arbeit von Stark und Jänsch (1988) ebenso wie die Studien von Flaig und Rottmann (1998), Hansen (1983), Nakamura (1986), Rutner (1984) und Unger (1986) noch Vorleistungen als zusätzlichen Produktionsfaktor. So basiert die Schätzung der Arbeitsnachfrage in der Arbeit von Flaig und

Stunden neben dem Output der laufenden Periode unter anderem vom erwarteten Output (ebenfalls mit Hilfe eines ARMA–Modells berechnet) und den Auftragseingängen bestimmt.

[159] Vgl. die Studie selbst für detailliertere Informationen.

[160] Vgl. beispielsweise die Diskussion der Gleichung (4.40) in *Abschnitt 4.2.1.*

[161] Für eine nicht–homothetische Version der Produktionstechnologie.

[162] Vgl. dazu auch die Studie von Rutner (1984).

[163] Vgl. dazu *Abschnitt 4.2.1*, Gleichung (4.54).

[164] Hansen (1983) erhält ebenfalls für Translog–Modelle (und für CES–Funktionen) für die siebziger Jahre deutlich niedrigere Substitutionselastizitäten als für die sechziger Jahre.

Tabelle 4.10 : Kurz– und langfristige Elastizitäten der Arbeitsnachfrage für das Jahr 1990 auf der Basis einer Translog–Funktion[a)]

	Kurzfristig	Langfristig
Lohn	-0.174	-0.375
Kapitalnutzungskosten	–	0.205
Vorleistungspreis	0.174	0.170
Output	1.020	0.622

a) Vgl. Text für Erläuterungen.

Quelle: Flaig und Rottmann (1998).

Rottmann (1998) auf einer variablen Translog–Produktionsfunktion auf der Grundlage der Ausführungen in *Abschnitt 4.2.3.* Basis der empirischen Untersuchung ist das westdeutsche verarbeitende Gewerbe für den Zeitraum der Jahre 1968 bis 1995. Eine Auswahl aus den geschätzten Faktornachfrageelastizitäten bietet *Tabelle 4.10.* Die langfristige Elastizität der Arbeit in Bezug auf den Lohnsatz ist ungefähr doppelt so hoch wie die kurzfristige. Dagegen unterscheiden sich die Elastizitäten in Bezug auf die Vorleistungspreise kaum. Die kurzfristige Elastizität in Bezug auf den Output beträgt etwa eins, das heißt, kurzfristig liegt eine homothetische Technologie in den variablen Produktionsfaktoren vor, da sich bei einer Outputveränderung ceteris paribus das Faktoreinsatzverhältnis nicht ändert. Langfristig sinkt die Outputelastizität der Arbeitsnachfrage indessen auf rund 0.6, es liegen steigende Skalenelastizitäten vor.

Die Berücksichtigung von Vorleistungen als zusätzlichem Produktionsfaktor ermöglicht eine ökonometrische Analyse der Wirkungen der beiden Ölpreisschocks 1974 und 1979. So kommt Unger (1986) für die Bundesrepublik Deutschland zu dem Ergebnis, dass sich die Substitutionselastizität zwischen Arbeit und Energie in den Sektoren, in denen sie nicht konstant blieb, im Zeitraum der Jahre 1960 bis 1981 kontinuierlich in Richtung einer stärkeren Substitutionalität beziehungsweise schwächeren Komplementarität veränderte.[165] Ähnliche Resultate erzielte Deutsch (1988) für die österreichische Wirtschaft. Die Substitutionselastizität zwischen Arbeit und Material beläuft sich nach seinen Schätzungen auf $\sigma_{L,M} = 0.54$, während der Wert für $\sigma_{L,K} = 0.31$ beträgt.[166]

Zumindest ebenso wichtig wie die eben angeführten Substitutionsbeziehungen sind solche für heterogene Arbeit.[167] Die ökonometrische Evaluierung stößt hier indessen auf noch gravierendere Datenprobleme. So werden beim Faktor Arbeit in den einschlägigen Studien höchstens drei Qualifikationsklassen unterschieden, wie dies beispielhaft an der Untersuchung von Falk und Koebel (1999) veranschaulicht werden kann, nämlich hochqualifizierte Beschäftigte, die durch einen Hochschulabschluss gekennzeichnet sind, qualifizierte Beschäftigte, die einen beruflichen Lehrabschluss besitzen,

[165] Dies gilt mit einigen Ausnahmen auch für die Substitutionselastizität zwischen Arbeit und Material; vgl. Unger (1986), S. 137.
[166] Deutsch (1988), S. 211f.
[167] Vgl. dazu *Abschnitt 4.2.4.*

und gering qualifizierte Arbeit, also Personen, die über keinen beruflichen Abschluss verfügen. Zusätzlich berücksichtigen die Autoren noch drei weitere Produktionsfaktoren: Sachkapital, Energieeinsatz (in T–Joule) und anderer Materialverbrauch. Für alle sechs Inputfaktoren ermitteln die Autoren entsprechende Preise, wobei der Preis für Sachkapital auf dem Konzept der Kapitalnutzungskosten beruht. Die Schätzung erfolgt auf der Grundlage eines Systems von Faktornachfragefunktionen, das aus einer

Fallbeispiel: Umweltpolitik und Beschäftigung

Auf der politischen Agenda der Bundesregierung nehmen Maßnahmen zur Bekämpfung der Arbeitslosigkeit und zur Verbesserung der Umweltqualität einen besonders hohen Stellenwert ein.[a] Dabei ist die Vorstellung verbreitet, man könne beispielsweise durch eine Ökosteuer bei gleichzeitiger Senkung der Lohnnebenkosten beiden Zielen gleichzeitig näherkommen. Mitunter wird von einer "doppelten Dividende" einer solchen Politik gesprochen (obwohl dieser Terminus häufig allgemeiner als die Verringerung der Effizienzverluste einer Besteuerung – neben der höheren Umweltqualität – interpretiert wird). Grundsätzlich klingt dieser Ansatz vielversprechend, indes hängt die Realisierung der erhofften positiven Beschäftigungseffekte von verschiedenen Voraussetzungen ab:

(i) Ob die Verteuerung des Umwelt– und Energieverbrauchs zu einem höheren Arbeitseinsatz führt, hängt unter anderem von den Substitutionselastizitäten zwischen allen Produktionsfaktoren ab, also insbesondere, ob Arbeit oder nicht doch Kapital das bessere Substitut für Umwelt und Energie ist. Wie die Schätzungen in *Abschnitt 4.4* nahelegen, ist die direkte Substitutionselastizität zwischen Energie und Arbeit eher gering, wofür auch die Intuition spricht.

(ii) Neben dem Substitutionseffekt ist der Skaleneffekt zu beachten. Eine Erhöhung eines Faktorpreises (etwa für Energie) hat ceteris paribus eine Verringerung der Produktion (und damit der Beschäftigung je nach Höhe der Produktionselastizität der Arbeit) zur Folge, die dann durch die Verbilligung des Faktors Arbeit zumindest kompensiert werden muss, soll der Nettoeffekt nicht negativ sein.

(iii) Durch die Ökosteuer kann ein sektoraler Strukturwandel in Gang gesetzt werden, der eine hinreichende berufliche und regionale Flexibilität der Arbeitnehmer erforderlich macht.

(iv) Die Lohnpolitik darf die durch die Senkung der Lohnnebenkosten erreichte Reduktion der Arbeitskosten nicht als zusätzlichen Spielraum für Lohnerhöhungen verwenden.

(v) Die Ökosteuer sollte zumindest im ganzen Gebiet der EU eingeführt werden. Ansonsten sind Produktionsverlagerungen ins Ausland zu befürchten, deren negative Beschäftigungswirkungen vermutlich nicht durch die Vorreiterrolle dieses Landes beim Export von Umwelttechnologien aufgefangen werden.

(vi) Der Spielraum für die Senkung der Lohnnebenkosten wird kleiner, wenn der Staat mit Hilfe von Transferzahlungen Gruppen entschädigt, die von der Ökosteuer belastet werden, von der Entlastung der Sozialversicherungsbeiträge aber kaum betroffen sind.

Obwohl ein höherer Beschäftigungsstand und eine verbesserte Umweltqualität in der Tat Ziele mit höchster Priorität darstellen, so ist ihre Koppelung mit einer ökosteuerfinanzierten Sozialversicherung problematisch.

[a] Vgl. zu diesem Thema auch Sachverständigenrat (1998), Ziffern 487ff.

quadratischen Kostenfunktion hergeleitet wird, die linear–homogen in den Preisen und nicht–homothetisch im Produktionsniveau ist. Die Vorgehensweise entspricht derjenigen in *Abschnitt 4.2.4*, wobei die Konkavität in den Faktorpreisen den Schätzungen als Restriktion auferlegt wurde: Erhöht sich ceteris paribus ein Faktorpreis, so müssen im Optimum die Kosten langsamer zunehmen als der Anstieg dieses Faktorpreises, wenn der Einsatz des teurer gewordenen Produktionsfaktors substituiert wird. Der Schätzung liegen Jahresdaten für 27 Sektoren des westdeutschen verarbeitenden Gewerbes des Zeitraums der Jahre 1978 bis 1990 zu Grunde, es handelt sich also um eine kombinierte Zeitreihen– und Querschnittsuntersuchung. *Tabelle 4.11* enthält einige ausgewählte Elastizitäten.

Tabelle 4.11 : Preiselastizitäten des Faktoreinsatzes im westdeutschen verarbeitenden Gewerbe 1990[a)]

1. Arbeit	
1.1 Qualifizierte Arbeit	
1.1.1 Eigenpreiselastizität	−0.102 (3.9)
1.1.2 Kreuzpreiselastizität in Bezug auf	
– gering qualifizierte Arbeit	0.117 (4.4)
– Kapital	−0.007 (1.3)
– Energie	0.007 (1.6)
1.2 Gering qualifizierte Arbeit	
1.2.1 Eigenpreiselastizität	−0.270 (3.9)
1.2.2 Kreuzpreiselastizität in Bezug auf	
– qualifizierte Arbeit	0.234 (4.4)
– Kapital	0.010 (0.9)
– Energie	−0.017 (2.9)
2. Kapital	
2.1 Eigenpreiselastizität	−0.042 (5.5)
2.2 Kreuzpreiselastizität in Bezug auf	
– qualifizierte Arbeit	−0.013 (1.3)
– gering qualifizierte Arbeit	0.009 (0.9)
– Energie	0.013 (4.9)

a) Vgl. Text für Erläuterungen; t–Werte in Klammern (jeweils der höchste t–Wert der einbezogenen 27 Wirtschaftszweige).

Quelle: Falk und Koebel (1999).

Zunächst fällt auf, dass keine Elastizitätswerte für hochqualifizierte Arbeit ausgewiesen werden. Sowohl die Eigen– wie auch sämtliche Kreuzpreiselastizitäten stellten sich als statistisch insignifikant heraus. Im Hinblick auf die Eigenpreiselastizitäten der Arbeitskategorien ist festzustellen, dass sie absolut betrachtet mit steigendem

Qualifikationsniveau abnehmen, ein gängiges Resultat in der Literatur.[168] Gemessen an den signifikant positiven Kreuzpreiselastizitäten zwischen qualifizierter und gering qualifizierter Arbeit besteht eine beträchtliche Substitutionsbeziehung zwischen beiden Kategorien, dies entspricht auch den Ergebnissen der Studie von Steiner und Mohr (2000). Hingegen fallen die Kreuzpreiselastizitäten jeweils zwischen den drei Qualifikationsstufen des Faktors Arbeit einerseits und den anderen Produktionsfaktoren andererseits gering aus und sind häufig statistisch insignifikant; dies überrascht etwas insbesondere im Hinblick auf die häufig geäußerte Vermutung einer hohen Substitution zwischen unqualifizierter Arbeit und Sachkapital.

Die Studie von Falk und Koebel (1999) enthält des Weiteren Schätzwerte für die Elastizitäten der Faktornachfrage in Bezug auf den Output. Sie belaufen sich für[169]

– hochqualifizierte Arbeit	auf	0.908	(18.2)
– qualifizierte Arbeit	auf	0.658	(26.5)
– geringqualifizierte Arbeit	auf	0.475	(7.6)
– Sachkapital	auf	0.736	(20.4)
– Energie	auf	0.575	(10.3).

Die Outputelastizitäten steigen mit höherem Qualifikationsniveau des Faktors Arbeit; zu diesem Resultat gelangen auch Fitzenberger und Franz (1998). Für den Faktor Arbeit insgesamt erhalten Falk und Koebel einen Wert von 0.630.

4.5 Literaturauswahl

Eine erste Einführung in die Theorie der Faktornachfragefunktionen bietet so gut wie jedes Lehrbuch zur Mikroökonomik im Rahmen produktions– und kostentheoretischer Überlegungen, wie beispielsweise

- M. Neumann (1995), Theoretische Volkswirtschaftslehre II (Produktion, Nachfrage und Allokation, 4. Auflage, München (Vahlen), S. 86ff.

- J.M. Henderson und R.E. Quandt (1986), Mikroökonomische Theorie, 5. Auflage, München (Vahlen), S. 81ff.

Speziell mit der Arbeitsnachfrage in lang– und kurzfristiger Perspektive befassen sich auf hohem technischen Niveau die Beiträge von D.S. Hamermesh und S.J. Nickell in:

- O. Ashenfelter und R. Layard (1986), Handbook of Labor Economics, Bd. 1; Amsterdam (North–Holland).

Eine neuere umfassende Darstellung zur Arbeitsnachfrage ist:

- D.S. Hamermesh (1993), Labor Demand, Princeton (University Press).

Auf "mittlerem" Abstraktionsniveau wird das Thema abgehandelt in:

[168] Ein ähnliches Resultat für Deutschland erhalten auch FitzRoy und Funke (1998), allerdings beläuft sich die Eigenpreiselastizität für gering qualifizierte Arbeit dort auf den hohen Wert von −1.

[169] Die Werte in Klammern sind die t–Werte analog zu *Tabelle 4.11*. Die Elastizitäten sind wiederum für das Jahr 1990 und das westdeutsche verarbeitende Gewerbe berechnet.

- P. Fallon und D. Verry (1988), The Economics of Labour Markets, Oxford (Allan), S. 81ff.

Ein immer noch lesenswerter Beitrag zu interdependenten Faktornachfragesystemen ist:

- M.I. Nadiri und S. Rosen (1969), Interrelated Factor Demand Functions, American Economic Review 59, 457–471.

Dynamische Arbeitsnachfragemodelle unter Berücksichtigung von Unsicherheit, Erwartungsbildung und Lagerhaltung sind analytisch nicht einfach zu behandeln. Als Einstiegsliteratur empfiehlt sich:

- T.J. Sargent (1994), Dynamic Macroeconomic Theory, 5. Auflage, Cambridge (Harvard).

Zur Ökonomik von Unsicherheit ist erschienen:

- J.-J. Laffont (1990), The Economics of Uncertainty and Information, Cambridge MA (MIT–Press).

Der Zusammenhang zwischen Lagerbildung und Arbeitsnachfrage wird ebenfalls auf theoretisch anspruchsvollem Niveau analysiert in:

- R.H. Topel (1982), Inventories, Layoffs, and the Short–Run Demand for Labor, American Economic Review 72, 769–787.

Ökonometrisch getestete Arbeitsnachfragefunktionen für verschiedene Länder sind in den Länderstudien und in einer zusammenfassenden Übersicht des folgenden Sonderheftes der Zeitschrift Economica enthalten:

- Economica Bd. 53 (Supplement), 1986.

Für weitere Informationen über einzelne Länder können die dortigen Literaturangaben und die des *Abschnittes 4.3.2* speziell für die Bundesrepublik Deutschland zu Rate gezogen werden.

Mit einer ökonometrischen Analyse für Deutschland speziell der dynamischen Arbeitsnachfrage beschäftigt sich:

- A. Kölling (1998), Anpassungen auf dem Arbeitsmarkt. Eine Analyse der dynamischen Arbeitsnachfrage in der Bundesrepublik Deutschland. Institut für Arbeitsmarkt– und Berufsforschung der Bundesanstalt für Arbeit, Beiträge zur Arbeitsmarkt– und Berufsforschung 217, Nürnberg.

Während frühere ökonometrische Studien zur Arbeitsnachfrage in erster Linie auf aggregierten Daten beruhen, basieren auf Grund der verbesserten Datenlage nunmehr viele Arbeiten auf Firmenpaneldaten. Ein entsprechender Sammelband ist:

- J. Kühl, M. Lahner und J. Wagner (Hrsg.) (1997), Die Nachfrageseite des Arbeitsmarktes. Ergebnisse aus Analysen mit deutschen Firmenpaneldaten. Institut für Arbeitsmarkt– und Berufsforschung der Bundesanstalt für Arbeit, Beiträge zur Arbeitsmarkt– und Berufsforschung 204, Nürnberg.

Kapitel 5

Zwei Standardthemen der beschäftigungspolitischen Diskussion

Wenn das vorangegangene *Kapitel 4* auch bereits einige wesentliche Bezüge zur Beschäftigungspolitik hergestellt hat, so wurden doch zwei wichtige Aspekte weitgehend vernachlässigt, welche seit mehr als 150 Jahren nichts an Brisanz verloren haben. Nicht erst seit den achtziger Jahren dieses Jahrhunderts wird diskutiert, ob Arbeitszeitverkürzung ein taugliches Mittel zur Erhöhung der Beschäftigung ist, und auch die Debatte über die Arbeitsmarktwirkungen des technischen Fortschritts reicht weit ins letzte Jahrhundert zurück.

Angesichts der Aktualität dieser beiden Themen ist ihre Erörterung unerlässlich. Was die theoretische Behandlung anbelangt, so dient die im letzten Kapitel vorgestellte Basis in beiden Fällen als Ausgangspunkt. Andererseits sind aus theoretischer Sicht so viele zusätzliche Gesichtspunkte zu beachten, dass es aussichtslos scheint, im verfügbaren Seitenrahmen eine halbwegs konsistente formale Betrachtung beider Themen vorzunehmen. Dieses Problem stellt den Grund dafür dar, die beiden Aspekte etwas auszugliedern und in einer theoriegeleiteten Darstellung verbal abzuhandeln und insbesondere auch aufzuzeigen, warum die empirische Analyse (bisher) nicht in der Lage ist, die mit beiden Kontroversen verbundenen strittigen Fragen zu klären.

5.1 Arbeitszeitverkürzung als Mittel der Beschäftigungspolitik?

Die Diskussion um die Arbeitszeitverkürzung ist in ihrer über 150jährigen Geschichte unter verschiedenen Aspekten geführt worden.[1] Während das Militär in den Jahren 1817/18 die Sorge umtrieb, dass ein vierzehnstündiger Arbeitstag die

[1] Dieser Abschnitt basiert teilweise auf Franz (1984, 1997). In Franz (1984) wird die Debatte aus theoretischer und empirischer Sicht aufgearbeitet, der Beitrag enthält auch alle hier nicht aufgeführten Quellenangaben.

Tauglichkeit der dringend benötigten jungen Männer beeinträchtigen könnte, beschwor rund 70 Jahre später Reichskanzler von Bismarck Gefahren für die internationale Wettbewerbsfähigkeit der deutschen Exportindustrie, wenn die Arbeitszeit verkürzt werde, was ohnehin nicht den Präferenzen der Arbeiter entspräche. Als Mittel einer Beschäftigungspolitik wurde die Arbeitszeitverkürzung in den Zeiten der Weltwirtschaftskrise kontrovers diskutiert – übrigens mit denselben Argumenten, wie sie fünfzig Jahre später vorgetragen werden sollten.

Fallbeispiel: Maschinenlaufzeiten im europäischen Vergleich

Im Jahre 1994 wurde eine Umfrage im Auftrag der EU bei europäischen Unternehmen der Industrie wiederholt (nach 1989). Gefragt wurde nach der durchschnittlichen wöchentlichen Betriebszeit und die Antworten wurden mit der Anzahl der Beschäftigten im Produktionsbereich gewichtet. Unter anderem ergaben sich folgende Resultate (Stunden pro Woche):[a]

	1989	1994
Westdeutschland	53	60
Frankreich	69	68
Großbritannien	76	67
Italien	77	79
Portugal	54	72
EU	68	69

Deutschland hat demnach in beiden Jahren trotz des Anstiegs die niedrigste Betriebszeit in der EU (in Ostdeutschland betrug die Betriebszeit im Jahre 1994 62 Stunden).

[a]Quelle: EU–Kommission, zitiert nach Bundesarbeitsblatt 10/1995, S. 10, Beitrag v. C.F. Hofmann: "Beachtliche Flexibilisierungspotenziale".

Die Überschrift "Kann die Arbeitslosigkeit durch Verkürzung der Arbeitszeit beseitigt werden?" leitet einen Beitrag aus dem Jahre 1930 ein.[2] Konkrete Maßnahmen wurden auch in jener Zeit getroffen, sei es in Deutschland, wo das Beschäftigungsprogramm des damaligen Reichskanzlers von Schleicher bestimmte Subventionen für Firmen an die Bedingung einer 40–Stunden–Woche knüpfte, sei es in Frankreich, wo die von L. Blum geführte Regierung der Front Populaire im Jahre 1936 die Wochenarbeitszeit von 48 auf 40 Stunden reduzierte (mit teilweisem Lohnausgleich), was angesichts einer Arbeitslosenquote von 2.2 v.H. (!) sehr schnell zu einer Überschussnachfrage auf dem Arbeitsmarkt führte. In der Bundesrepublik Deutschland flammte die Debatte unter

[2]F. Lemmer, Der Arbeitgeber 20 (1930), S. 120–123.

anderem in den achtziger Jahren wieder auf. Im Jahre 1984 wurde in der Metallindustrie nach einem siebenwöchigen Arbeitskampf zum 1.4.1985 eine Verkürzung der Arbeitszeit von 40 Stunden auf durchschnittlich 38.5 Stunden je Woche vereinbart. Ohne Arbeitskampf einigten sich die Tarifparteien desselben Sektors im Jahre 1990 darauf, dass die Arbeitszeit bis 1993 37 Stunden, danach 36 Stunden und ab 1995 dann 35 Stunden betragen solle. Zusätzlich wurde eine Arbeitszeitflexibilisierung in dem Sinn erlaubt, dass die Arbeitgeber mit bis zu 18 v.H. der Beschäftigten im Betrieb einzelvertraglich bis zu 40 Stunden pro Woche als regelmäßige Arbeitszeit vereinbaren können.[3] Vorübergehende Reduktionen der Arbeitszeit wurden im Gefolge der Rezession auch in den Tarifverhandlungen der Jahre 1993/94 vereinbart, wie die 4–Tage–Woche im Volkswagenwerk und zwar im Wesentlichen "ohne Lohnausgleich".

Die Reduktion der wöchentlichen Arbeitszeit ist nur eine, wenn auch die am weitaus häufigsten diskutierte Variante einer Arbeitszeitverkürzung.[4] Andere Maßnahmen beinhalten das Angebot, die Lebensarbeitszeit durch ein vorzeitiges Ausscheiden aus dem Erwerbsleben zu verkürzen.[5]

Die folgenden Ausführungen konzentrieren sich auf die Beschäftigungswirkungen einer Wochenarbeitszeitverkürzung. Schafft eine Arbeitszeitverkürzung mehr Beschäftigung? Welche Antwort gibt die Theorie, und zu welchen Schlussfolgerungen kommen empirische Untersuchungen?

Um mit der Theorie zu beginnen, so ist zunächst ganz entscheidend, ob die Arbeitszeitverkürzung "mit oder ohne Lohnausgleich" vonstatten geht. Im ersten Fall bleibt das Wochenentgelt, im zweiten der Stundenlohnsatz konstant.[6] Unterstellen wir der Einfachheit halber vorläufig, der Stundenlohnsatz bleibe konstant. Bei einer Reduktion der tariflichen Wochenarbeitszeit hat die Firma folgende Möglichkeiten:[7]

(i) Sie fährt Überstunden: Soweit dies nicht zum Beispiel per Tarifvertrag eingeschränkt ist (siehe oben), gehen damit auf Grund von Überstundenzuschlägen (überproportional) steigende Stundenlohnsätze einher.

(ii) Sie stellt mehr Mitarbeiter ein: In diesem Fall steigen die personenbezogenen (Nicht–)Lohnkosten, der Arbeitseinsatz wird insgesamt teurer.

(iii) Sie setzt mehr Sachkapital ein. Dieser Effekt hängt von den Substitutionsmöglichkeiten ab, die von der Produktionstechnik vorgegeben werden. Bedingt

[3] Quelle: iwd– Informationsdienst des Instituts der deutschen Wirtschaft Nr. 19 v. 10.5.1990, S. 2.

[4] Ein internationaler Vergleich von Jahresarbeitszeiten findet sich in *Tabelle 2.4* im *Abschnitt 2.1*.

[5] Vgl. dazu das Fallbeispiel: "Ruhestandsgrenzen und –renten in der Bundesrepublik Deutschland" in *Abschnitt 2.3.2*.

[6] Die Frage, ob die in der Realität zu beobachtenden Arbeitszeitverkürzungen mit oder ohne Lohnausgleich vereinbart wurden, lässt sich deshalb nicht leicht beantworten, da unbekannt ist, welche Lohnzuwachsraten ohne Arbeitszeitverkürzung zu Stande gekommen wären. Simulationen mit ökonometrisch geschätzten Lohnfunktionen legen nahe, von einem teilweisen Lohnausgleich auszugehen, wobei das Ausmaß sektoral unterschiedlich war; vgl. dazu Franz und Smolny (1994b).

[7] Die theoretische Grundlage für die hier verbal erläuterten Effekte bildet das in *Abschnitt 4.3.3* diskutierte Modell interdependenter Faktornachfrageentscheidungen. Dort wird zwischen Personen und Stunden und den diesen Dimensionen entsprechenden Kosten unterschieden. Allerdings ist das Modell zumindest dahingehend zu modifizieren, dass eine tarifliche (oder normale) Arbeitszeit und Überstunden als separate Variable aufgeführt werden. Vgl. dazu auch Hart (1987) für eine ausführliche Darstellung und Diskussion verschiedener Modellvarianten.

durch die Arbeitszeitverkürzung ergeben sich reduzierte Maschinenlaufzeiten, das heißt, die Kapitalnutzungskosten steigen.[8]

Mithin erhält man bei allen drei genannten Möglichkeiten höhere Kosten, das heißt, selbst wenn eine Substitution von Stunden zu Gunsten von Personen in isolierter Betrachtungsweise gegeben wäre, käme durch die verringerte Produktion der Skaleneffekt zum Zuge, welcher ceteris paribus einen verringerten Einsatz aller Produktionsfaktoren mit sich bringt und den möglichen positiven Beschäftigungseffekt unwahrscheinlicher macht. Wird nun noch ein teilweiser oder voller Lohnausgleich zugelassen, so steigen die Arbeitskosten und lassen einen Beschäftigungsrückgang als plausibel erscheinen.

Diese vermutlich negativen Beschäftigungseffekte könnten allerdings dadurch abgemildert werden, dass die Arbeitsproduktivität je geleisteter Stunde auf Grund der reduzierten Arbeitszeit steigt. Darüber liegen nur Schätzungen vor, so zum Beispiel vom Sachverständigenrat, der einen Produktivitätsfortschritt von 1–1.8 v.H. annimmt, wenn die Arbeitszeit um 2.5 v.H. reduziert wird.[9] Ebenfalls teilweise kompensiert werden könnte ein negativer Beschäftigungseffekt durch einen Preisanstieg, wenn auf Grund des Produktionsrückganges die Güterpreise und damit ceteris paribus das Wertgrenzprodukt steigen.[10] Dieser Effekt hängt von der Preiselastizität der Nachfrage ab und ist für den Fall denkbar, dass sie größer als minus eins ist. Dies ist langfristig unwahrscheinlich, weil die Nachfrager auf importierte Güter ausweichen können und durch den Preisanstieg die internationale Wettbewerbsfähigkeit nicht gefördert wird.[11]

Die theoretischen Modelle lassen es wenig plausibel erscheinen, dass von einer Arbeitszeitverkürzung positive Beschäftigungseffekte ausgehen, eher ist das Gegenteil zu vermuten. Nur wenn der vermehrte Einsatz von Überstunden durch extrem hohe Überstundenzuschläge oder institutionelle Regelungen vermieden, Substitutionsmöglichkeiten zu Gunsten von Kapital als gering veranschlagt und Kostenerhöhungen auf Grund eines geringen Lohnausgleichs und durch Produktivitätsgewinne niedrig gehalten werden, besteht Aussicht auf Beschäftigungszuwächse, wozu auch firmeninterne Reorganisationsmaßnahmen (Änderung des Schichtbetriebs) beitragen können.

Alles in allem scheint aus theoretischer Sicht die Perspektive für "mehr Beschäftigung durch Arbeitszeitverkürzung" nicht sehr günstig zu sein, andererseits werden sich die (positiven oder negativen) Auswirkungen auf Grund einiger gegenläufiger Effekte in engen Grenzen halten. Dies ist auch der gemeinsame Tenor ökonometrischer Untersuchungen, so sehr sie sich in den Detailantworten auch unterscheiden mögen. So kommt die im vorigen Kapitel diskutierte Studie von König und Pohlmeier (1988) zu dem Ergebnis, dass eine Verkürzung der tariflichen Arbeitszeit zwar einen Rückgang der Anzahl der Beschäftigten zur Folge hat, der entsprechende Wert der Elastizität mit 0.04 aber sehr gering ausfällt.[12] Eine wesentlich höhere Elastizität erhalten die Autoren mit –14 für die Reaktion der Überstunden in Bezug auf eine Änderung der tariflichen Arbeitszeit. Eine Arbeitszeitverkürzung führt nach den Resultaten dieser

[8]Ein dazu gegenläufiger Effekt könnte sein, dass die nutzungsbedingte Abschreibung geringer ist. Der Sachverständigenrat schätzt dagegen eine Erhöhung der Kapitalkosten um 0.3 v.H. bei einer Arbeitszeitverkürzung um 1 Stunde; vgl. Sachverständigenrat (1983), S. 213–214.

[9]Vgl. Sachverständigenrat (1983), S. 213.

[10]Vgl. dazu Linde (1983). Vgl. Ramser (1985) für eine Diskussion der Arbeitszeitverkürzung im Rahmen kontrakttheoretischer Überlegungen.

[11]Vgl. dazu Neumann (1984), S. 29.

[12]Vgl. *Abschnitt 4.4.2* und dort insbesondere *Tabelle 4.8*.

Studie somit dazu, dass mehr Überstunden (und mehr Sachkapital) eingesetzt werden und die Beschäftigung leicht zurückgeht. Hunt (1999) verwendet das Sozio–oekonomische Panel und Beschäftigungsdaten für 30 Industriezweige für das verarbeitende Gewerbe der Zeitperiode 1984 bis 1994. Nach den Schätzungen der Autorin ist die Arbeitszeitverkürzung nahezu mit vollem Lohnausgleich einhergegangen – ein Resultat, zu dem auch die Studie von Franz und Smolny (1994b) gelangte –, hat aber wohl in erster Linie den Arbeitsplatzbesitzern genutzt: "Germany's work–sharing experiment has thus allowed those who remained employed to enjoy lower hours at a higher hourly wage, but likely at the price of lower overall employment" (Hunt (1999), S. 145).

Abschließend ist zu betonen, dass eventuelle positive Beschäftigungseffekte einer Arbeitszeitverkürzung nicht gleichbedeutend mit einer Reduktion der Arbeitslosigkeit sind. Voraussetzung für einen Abbau der Erwerbslosigkeit ist zunächst, dass die Arbeitszeitverkürzung den Präferenzen der Arbeitsanbieter entspricht. Da dies nur für einen Teil dieses Personenkreises zutrifft, ist es nicht unwahrscheinlich, dass über Nebenbeschäftigungen versucht wird, die Rationierungsschranke "Arbeitszeit" zu umgehen.[13] Außerdem müssen Arbeitslose vor Ort und in der gewünschten Qualifikation verfügbar sein.[14]

5.2 Technischer Fortschritt und Beschäftigung

Dem technischen Fortschritt stehen viele Menschen seit jeher mit einer ambivalenten Einstellung gegenüber: Sie begrüßen einerseits die mit ihm einhergehende Verbesserung der Lebensqualität, andererseits befürchten sie die Wegrationalisierung von Arbeitsplätzen und eine zunehmende Gefahr auf Grund des Problems der Beherrschbarkeit neuer Technologien. Was die Beschäftigung anbelangt, so reflektieren der verzweifelte Aufstand der schlesischen Leinenweber 1844 und das fast 150 Jahre später geprägte Schlagwort von der "Mikroelektronik als Jobkiller" ähnliche negative Befürchtungen über die Beschäftigungswirkungen des technischen Fortschritts. Dabei kommt mit der zunehmenden weltwirtschaftlichen Verflechtung seit der zweiten Hälfte des letzten Jahrhunderts noch die Abhängigkeit des nationalen Technologiefortschritts von der internationalen Entwicklung in dem Sinn hinzu, dass die exportabhängige deutsche Volkswirtschaft aus Wettbewerbsgründen nicht umhin kann, mit internationalen Standards zumindest Schritt zu halten und in einzelnen Bereichen eine Vorreiterrolle einzunehmen.

Es liegt auf der Hand, dass die Beantwortung der Frage, ob der technische Fortschritt Arbeitsplätze schafft oder vernichtet, viel zur Klarheit der Diskussion beitragen könnte. Eine solche pauschale Beurteilung verbietet sich jedoch schon deshalb, weil es "den" technischen Fortschritt nicht gibt und die Beschäftigungswirkungen möglicherweise von der Art des technischen Fortschritts abhängen und zudem davon, auf welcher Ebene die Analyse durchgeführt wird, denn was in einzelnen Betrieben als Arbeitsplatzverluste zu Buche schlägt, kann in anderen Firmen zu Beschäftigungsgewinnen führen, sodass der gesamtwirtschaftliche Effekt offen bleibt. Auf jeden Fall

[13] Vgl. dazu ausführlicher *Abschnitt 2.2.3*, insbesondere auch das Fallbeispiel: Arbeitszeitwünsche.
[14] Vgl. dazu die Diskussion des Matching–Prozesses in *Kapitel 6*.

wird die Problematik dadurch verschärft, dass die Gewinner und Verlierer häufig unterschiedliche Personen sind, wodurch sich die kontrovers geführte Diskussion über Technologiefolgen erklärt.

Fallbeispiel: Historische Stimmen zum technischen Fortschritt

Das Bayerische Obermedizinalkollegium im Jahre 1838 zur Eisenbahn:

> "Die schnelle Bewegung muss bei den Reisenden unfehlbar eine Gehirnkrankheit, eine besondere Art des delirium furiosium erzeugen. Wollen aber dennoch Reisende dieser grässlichen Gefahr trotzen, so muss der Staat wenigstens die Zuschauer schützen, denn sonst verfallen diese beim Anblick des schnell dahinfahrenden Dampfwagens genau derselben Gehirnkrankheit".[a]

Der Verein zur Beförderung des Gewerbefleißes in Preußen im Jahre 1825:

> "Die Furcht, dass die Maschinen die Menschen wohl verdrängen könnten, gehört ... zu den lächerlichsten Hirngespinsten. Die Menschen können wohl der Maschinen entbehren, aber diese nicht jener".[b]

Friedrich List (1834):

> "Diejenigen, welche gegen neue Maschinen eifern, bedenken nicht, dass der Pflug, die Mahlmühle, das Rad, die Säge, das Beil, ja sogar der Spaten einst neu erfundene Maschinen gewesen sind". (Staatslexikon v. 1834).[c]

Aus dem Weberlied von Heinrich Heine (1847):

> "Im düstren Auge keine Träne
> Sie sitzen am Webstuhl und fletschen die Zähne ...
> Das Schiffchen fliegt, der Webstuhl kracht,
> Wir weben emsig Tag und Nacht.
> Altdeutschland, wir weben dein Leichentuch,
> Wir weben hinein den dreifachen Fluch.
> Wir weben, wir weben".

Joseph A. Schumpeter (1912):

> "... dass wir uns die Durchsetzung der neuen Kombination und das Entstehen ihrer Verkörperungen grundsätzlich niemals so vorzustellen haben, wie wenn sie ungenützte Produktionsmittel in sich vereinigten. Es kann wohl so sein und selbst als Anlass der Durchsetzung neuer Kombinationen erscheinen, dass gelegentlich arbeitslose Arbeitermassen vorhanden sind ..." (Theorie der wirtschaftlichen Entwicklung).

John M. Keynes (1931):

> "We are being afflicted with a new disease of which some readers may not yet have heard the name, but of which they will hear a great deal in the years to come – namely *technological unemployment* ..." (Essays in Persuasion.)

[a] Zitiert nach Treue et al. (1966), S. 84.
[b] Zitiert nach Treue et al. (1966), S. 166.
[c] Zitiert nach Treue et al. (1966), S. 189.

Wenn es – wie eben behauptet – "den" technischen Fortschritt nicht gibt, welche Klassifizierung unterschiedlicher Arten hilft für eine Abschätzung der Beschäftigungswirkungen weiter? Ohne auf die zahlreichen Systematisierungen des technischen Fortschritts im einzelnen einzugehen,[15] ist die Einteilung in Produkt– und Prozessinnovationen insbesondere auch im Hinblick auf die empirische Evaluierung ein vergleichsweise operationales Konzept.[16] Dabei versteht man unter Produktinnovationen die Herstellung neuer oder qualitativ verbesserter Güter. Die gesamtwirtschaftlichen Beschäftigungswirkungen werden entscheidend davon geprägt, ob es sich um Produkte handelt, die einen zusätzlichen Konsum auslösen (wie Handys) oder um solche, die teilweise oder ganz andere, bereits vorhandene Produkte ersetzen (wie etwa Farbfernseher oder CD–Player), sei es, weil sie deren Funktion in verbesserter Weise übernehmen können, sei es, weil die Konsumausgaben auf Grund von Einkommensrestriktionen nur umgeschichtet werden. Die Entwicklung dieser Produkte erfordert Arbeitskräfte und die Erschließung oder Ausweitung neuer Märkte bringt eine Zunahme der Arbeitsplätze mit sich, sodass von Produktinnovationen per saldo am ehesten beschäftigungsfördernde Effekte ausgelöst werden sollten. Diese Einschätzung wird von der ökonomischen Theorie häufig geteilt. So zeigt Katsoulacos (1986) in einer kurz– und langfristigen Gleichgewichtsanalyse, welche die oben angeführten Nachfrageaspekte berücksichtigt, dass von Produktinnovationen keine nachteiligen, höchst wahrscheinlich aber positive Beschäftigungswirkungen ausgehen.[17] Selbst bei einem hohen Substitutionseffekt zu Lasten vorhandener Güter können sich beachtliche Beschäftigungszuwächse ergeben, wenn *neue* Firmen die Produktinnovation realisieren, damit über einen verstärkten Wettbewerb und tendenziell niedrigere Preise die Konsumentenrente erhöhen, und dies mit einer gestiegenen Konsumnachfrage einhergeht.

Von einer solchen eher positiven (oder zumindest neutralen) Beurteilung der Beschäftigungswirkungen mag bei Prozessinnovationen weniger die Rede sein. Gleichwohl können auch sie die Beschäftigung erhöhen. Von Prozessinnovationen spricht man, wenn die Anwendung neuer Technologien den Produktionsprozess in dem Sinne verändert, dass eine gegebene Outputmenge nunmehr mit einem geringeren Faktoreinsatz erstellt werden kann. Diese Formulierung – und ihr Äquivalent in der Fachsprache: die Isoquante verschiebt sich zum Koordinatenursprung hin – suggeriert bereits die (Fehl–) Einschätzung eines solchen technischen Fortschritts: unwillkommen, weil beschäftigungsvermindernd. Das negative Urteil der meisten Leute steht dann vollends fest, wenn die Alltagserfahrung zu Rate gezogen wird, etwa dergestalt, dass die EDV die halbe Lohnbuchhaltung "wegrationalisiert".

So zutreffend dieses Argument im Einzelfall auch sein mag, so sehr warnt bereits eine einzelbetriebliche und erst recht eine gesamtwirtschaftliche Betrachtung vor einer Pauschalisierung. Die Einführung neuer Technologien kann in der einzelnen Firma die relativen Produktivitäten von Arbeit und Kapital und damit ceteris paribus das optimale Einsatzverhältnis dieser Faktoren im Produktionsprozess verändern (das heißt, die Steigung der Isoquante verändert sich). Ceteris paribus heißt insbesondere: bei konstanter Faktorpreisrelation. Ändert sich diese (weist also die Isokostenkurve eine

[15] Sie finden sich praktisch in jedem Lehrbuch zur Wachstumstheorie, vgl. auch Stoneman (1983).

[16] Die Begriffe "technischer Fortschritt" und "Innovation" werden synonym gebraucht. Von Innovationen sind die wirtschaftlich noch nicht verwerteten Erfindungen zu unterscheiden ("Inventions").

[17] Allerdings leidet die theoretische Analyse unter zum Teil sehr restriktiven Annahmen, vgl. dazu die Besprechung des o.a. Buches in Kyklos 39 (1986), S. 310f. von P. Stoneman.

andere Steigung auf), dann ist wiederum ein anderes Faktoreinsatzverhältnis optimal, je nachdem, wie hoch die Substitutionselastizität zwischen den einzelnen Produktionsfaktoren ist. Das Bild wird noch diffuser, wenn die Nachfrage nach den produzierten Gütern berücksichtigt wird. Die mit der Einführung neuer Technologien einhergehende Produktivitätssteigerung einzelner oder aller Produktionsfaktoren bewirkt eine Senkung der Stückkosten. Werden daraufhin die Preise gesenkt, so hängt die Nachfrage – und damit ceteris paribus die Beschäftigungssteigerung – von der Preiselastiziät der Nachfrage ab, auf jeden Fall erhöhen sich ceteris paribus die Realeinkommen. Dies bewirkt einen Anstieg der Güternachfrage und eine Reduktion des Arbeitsangebotes, deren Umfang von der diesbezüglichen Reallohnelastizität determiniert wird.[18] Da sich in der Realität diese Wirkungen (wenn überhaupt vorhanden) kaum als Folgeerscheinungen einer Prozessinnovation wahrnehmen lassen, erklärt sich daraus ihr geringer Stellenwert in der Meinung vieler Leute. Hinzu kommt, dass die Kompensation der freigesetzten Arbeitskräfte nicht friktionslos verläuft und in der Regel Zeit benötigt.[19] Freigesetzte Arbeitskräfte besitzen nicht unbedingt die Qualifikation, welche von den Firmen mit expandierender Beschäftigung nachgefragt werden (etwa der Wartungsdienst für Bankautomaten an Stelle von Bankschalterpersonal).[20]

So hilfreich die Unterscheidung in Produkt– und Prozessinnovationen als Analyserahmen auch sein mag, so schwer ist es, beide Kategorien empirisch zu identifizieren, weil in der Realität die Einführung eines neuen oder qualitativ verbesserten Produktes häufig mit einer veränderten Produktionstechnik einhergeht und vice versa. Außerdem kann sich die Klassifizierung auf unterschiedlichen Branchenstufen umkehren: Die Neueinführung des Produkts "Industrieroboter" ist in dem produzierenden Sektor Maschinenbau eine Produktinnovation, während ihr Einsatz in der Automobilindustrie den Charakter einer Prozessinnovation aufweist. Dies erklärt, warum bei einer Betrachtung auf der Mikroebene Produktinnovationen, auf der Makroebene Prozessinnovationen dominieren.[21]

Auf Grund dieser zahlreichen und teilweise gegenläufigen Effekte des technischen Fortschritts auf die Beschäftigung muss das Vorzeichen und die Größenordnung einer empirischen Analyse vorbehalten bleiben. Das ist wesentlich leichter gesagt als getan. Zunächst stellt sich das Problem der Operationalisierung des technologischen Wandels.[22] Für spezielle Untersuchungen kann auf einzelne Produktionstechniken zurückgegriffen werden, welche in physischen Einheiten gemessen werden, wie die Anzahl der Industrieroboter oder der (Personal–)Computer. Da kein Normierungskriterium vorliegt, welches die Vergleichbarkeit dieser physischen Indikatoren gewährleistet, verwendet man für Untersuchungen auf aggregierter Ebene Wertgrößen wie beispielsweise den Aufwand für Innovationsaktivitäten. Mitunter stehen auch nur Daten über die Anzahl der Mitarbeiter, die mit Tätigkeiten in Forschung und Entwicklung (FuE) beschäftigt sind, oder die Anzahl der angemeldeten Patente zur Verfügung. Diese

---

[18]Vgl. dazu die theoretischen Ausführungen und empirischen Resultate in *Kapitel 2.5*.

[19]Vgl. Klauder (1986) für eine übersichtliche Diskussion des "Freisetzungs– und Kompensationseffektes".

[20]Vgl. *Kapitel 6* zu diesem "Mismatch"–Problem.

[21]Vgl. Archibugi et al. (1992) für eine Darstellung und Messung der Unterschiede zwischen Produkt– und Prozessinnovationen.

[22]Vgl. dazu die Übersichten in König (1997) und Schettkat und Wagner (1989), S. 3ff.

Maße sagen noch nichts über den wirtschaftlichen Erfolg von Innovationen aus.[23] Dazu werden Output–Maße benötigt, wie etwa der Anteil von neuen Produkten am Umsatz eines Unternehmens. *Tabelle 5.1* versucht bei allen Problemen der Vergleichbarkeit der internationalen Daten einen Eindruck über den Stellenwert der Ausgaben für Forschung und Entwicklung in Deutschland im Ländervergleich zu geben. Mit Ausnahme von Italien liegen alle Anteile nicht allzu weit auseinander, wobei allerdings zu berücksichtigen ist, dass die Zahlen für Japan eher überschätzt und für die USA eher unterschätzt werden.

Tabelle 5.1 : Internationaler Vergleich der Ausgaben für Forschung und Entwicklung [a]

Land	1981	1991	1999	2000
(West–)Deutschland [b]	2.4	2.5	2.4	2.5
Frankreich	2.0	2.4	2.2	–
Vereinigtes Königreich	2.4	2.1	1.9	–
Italien[c]	0.9	1.2	1.0	–
Japan[d]	2.3	3.0	3.0	–
USA[e]	2.4	2.7	2.6	–

a) In v.H. des Bruttoinlandsproduktes.
b) Bis einschließlich 1990 Westdeutschland, ab 1991 Deutschland. 1991 und 1992 Zeitreihenbrüche.
c) 1994 Zeitreihenbruch.
d) Laut Quellenangabe: FuE–Ausgaben insgesamt überschätzt.
e) Überwiegend ohne Investitionsausgaben; 1991 Zeitreihenbruch auf Grund der Einbeziehung des Dienstleistungssektors.

Quelle: Bundesministerium für Bildung und Forschung (Hrsg.), Zur technologischen Leistungsfähigkeit Deutschlands. Zusammenfassender Endbericht 1998 und 2000, Bonn 1999 beziehungsweise 2001.

Im Wesentlichen bedient sich die ökonometrische Analyse der Beschäftigungswirkungen des technischen Wandels zweier theoretischer Modelle, die bereits Gegenstand der Ausführungen über die Theorie der Arbeitsnachfrage in den *Abschnitten 4.2* und *4.3* waren. Zum einen liegt einigen empirischen Studien eine um den technischen Fortschritt erweiterte CES–Produktionsfunktion des in Gleichung (4.10) dargestellten Typs zu Grunde:

$$y = T[(A \cdot L)^{-\rho} + (B \cdot K)^{-\rho}]^{-\mu/\rho} , \qquad (5.1)$$

wobei der Niveauparameter γ in Gleichung (4.10) durch den beschäftigungsneutralen

[23] Dies betrifft insbesondere die Patentstatistik; vgl. Griliches (1990).

technischen Fortschritt T ersetzt wurde. Unter Vernachlässigung des Distributionsparameters δ ($\delta = 1$) stellt A den arbeitsvermehrenden (Harrod–neutralen) technischen Fortschritt (dieser lässt y/K unverändert) und B den kapitalvermehrenden (Solow–neutralen) technischen Fortschritt dar. Die Arbeitsnachfragegleichung (4.12) ändert sich unter den in *Abschnitt 4.2* gemachten Annahmen durch die explizite Berücksichtigung der erklärenden Variablen A (und für $\delta = 1$):

$$\ln L = a_0 - a_1 \ln \frac{W}{P} + a_2 \ln y + (a_1 - 1) \ln A\,. \tag{5.2}$$

Analog zur Vorgehensweise in *Abschnitt 4.2.2*, Gleichungen (4.17) bis (4.41), lässt sich die Elastizität der Arbeitsnachfrage in Bezug auf den technischen Fortschritt A berechnen.[24] Im Prinzip liegt diese Vorgehensweise der Studie von Smolny und Schneeweis (1999) zu Grunde, deren Resultate weiter unten dargestellt werden. Das zweite theoretische Modell, welches in anderen empirischen Untersuchungen eingesetzt wird, basiert auf den in *Abschnitt 4.2.3* hergeleiteten Produktionsfunktionen des Typs "Translog–Produktionsfunktion" oder "verallgemeinerte Leontief–Produktionsfunktion". Diese Vorgehensweise erlaubt es – wie in Gleichung (4.56) dargestellt – statt der Produktionsfaktoren deren Kosten als erklärende Variable zu verwenden, also im vorliegenden Zusammenhang die Aufwendungen für Forschung und Entwicklung (FuE) oder für Innovationen. Die im Folgenden erwähnte Studie von Kaiser (2000) entspricht dieser Methodik.

Von zahlreichen Fallstudien abgesehen liegen für Deutschland auf mikroökonomischer Ebene erst seit einigen Jahren ökonometrische Untersuchungen über die Beschäftigungswirkungen des technischen Fortschritts vor. Ermöglicht werden diese Angaben durch die Verfügbarkeit von betrieblichen Individualdatensätzen, wie etwa dem "Mannheimer Innovationspanel" des Zentrums für Europäische Wirtschaftsforschung (ZEW), welches jährlich (seit 1993) dieselben etwa 2500 Unternehmen unter anderem nach der Höhe und Struktur der Innovationsausgaben sowie der Anzahl der Beschäftigten befragt, oder der Innovationstest des ifo–Instituts, auf denen auch die im Folgenden kurz dargestellten Arbeiten basieren. In diesen Datensätzen liegen Angaben über Innovationsaktivitäten zumindest als Dummy–Variablen vor – sie nimmt den Wert eins an, wenn eine spezifische Innovationsaktivität vorliegt, und ist sonst gleich null – oder aber in quantitativer Form etwa als FuE–Intensität.

Die Untersuchung von Smolny und Schneeweis (1999) basiert auf dem ifo–Innovationspanel. Dieses Panel enthält die Antworten der befragten Unternehmen (rund 2000) im Rahmen des Innovations–, Konjunktur– und Investitionstests des ifo–Instituts. Allerdings sind die quantitativen Effekte nicht überwältigend: Während ein um ein Prozent höherer Kapazitätsauslastungsgrad zu einer Erhöhung der Beschäftigung um etwa 0.25 v.H. führte, stieg in dem betrachteten Zeitraum der Jahre 1980 bis 1992 die Beschäftigung um 0.008 und 0.004 v.H., wenn das betreffende Unternehmen eine Produktinnovation beziehungsweise eine Prozessinnovation durchgeführt hat.[25]

Eigene Berechnungen auf der Basis von 11 Wellen der vom ifo–Institut erhobenen Konjunktur– und Innovationstests der Jahre 1982 bis 1992 erbrachten für jeweils

[24] Vgl. dazu van Reenen (1997).

[25] König, Buscher und Licht (1995) sowie Zimmermann (1991) kommen ebenfalls auf der Basis einer Analyse von individuellen Unternehmen zu dem Ergebnis, dass Umsatz, technischer Fortschritt und Lohnkosten die bedeutsameren Erklärungsbeiträge zur Entwicklung der Beschäftigung liefern.

1000 Unternehmen des verarbeitenden Gewerbes folgende Regressionsschätzung für die Wachstumsrate der Beschäftigung L (t–Werte in Klammern):[26]

$$\begin{array}{rclcl} \Delta \ln L_t & = & 0.0055\, DPDI_{t-1} & + & 0.0042\, DPZI_{t-1} \\ & & (2.8) & & (2.2) \\ & + & 0.1356\, I_t/Y_t & + & 0.1683\, \Delta \ln \bar{Y}_t \\ & & (9.3) & & (8.2) \\ & + & 0.0549\, \ln AUSL_t & + & \text{weitere erklärende Variable.} \\ & & (10.5) & & \end{array} \quad (5.3)$$

Die Dummy–Variablen $DPDI$ und $DPZI$ nehmen jeweils den Wert eins an, wenn eine Produkt– beziehungsweise Prozessinnovation getätigt wurde, und sind andernfalls gleich null. Beide Innovationstypen erhöhen gemäß dieser Schätzung das Beschäftigungswachstum. Weitere wichtige erklärende Variable sind unter anderen der Quotient Investitionen zu Umsatz dieser Unternehmung I/Y, das Wachstum des Umsatzes in dem betreffenden Sektor $\Delta \ln \bar{Y}$ und der betriebliche Kapazitätsauslastungsgrad $AUSL$. Die Einbeziehung einer Lohnvariablen wäre bei diesem Datensatz problematisch, weil sie teilweise – oder unter Umständen sogar hauptsächlich – Qualifikationsunterschiede bei den Beschäftigten reflektieren würde, für die im Datensatz keine Variablen enthalten sind.

Smolny (1998) erweitert die vorgetragenen Ansätze, indem er zusätzlich die Auswirkungen des Innovationsverhaltens anderer (konkurrierender) Unternehmen des gleichen Sektors auf die Beschäftigung des betreffenden Unternehmens untersucht. So hat ein höherer Anteil von Produktinnovationen in einem Sektor ceteris paribus Beschäftigungsverluste in dem betreffenden Unternehmen dieses Sektors zur Folge. Ebenfalls auf der Grundlage des ifo–Unternehmenspanels schlussfolgern Rottmann und Ruschinski (1998), dass die Arbeitsnachfrage hauptsächlich von den Löhnen und Kapitalnutzungskosten sowie von der Nachfrageseite, aber in positiver Weise auch von den Produktinnovationen beeinflusst wird, wobei die Autoren eine langfristige Elastizität der Beschäftigung in Bezug auf Produktinnovationen in Höhe von 0.01 ermitteln, während diesbezügliche Ergebnisse für Prozessinnovationen insignifikant waren. Allerdings vollzieht sich der technische Wandel nicht gleichmäßig. Entsprechend lassen sich bei seiner Implementierung auf der Unternehmensebene deutliche Unterschiede zwischen einzelnen Zeitperioden sowie im Hinblick auf bestimmte Unternehmenscharakteristika ausmachen, wie die Studie von Blechinger und Pfeiffer (1999) belegt.

Während sich die bisherigen Arbeiten auf das verarbeitende Gewerbe und die Beschäftigung insgesamt bezogen, untersucht Kaiser (2000) auf der Basis des Mannheimer Innovationspanels die Auswirkungen des technischen Fortschritts im Dienstleistungssektor auf die Nachfrage nach Akademikern, Berufsschulabsolventen und Personen ohne formale Qualifikation für diesen Sektor. Als Maß für den technischen Fortschritt werden Investitionen in Informations– und Kommunikationstechnologien gewählt. Dabei zeigt sich, dass diese Investitionen einen signifikant positiven Einfluss auf die Nachfrage nach Akademikern und Berufsschulabsolventen haben, wobei

[26] Die Formulierung in Wachstumsraten wurde gewählt, um zeitinvariante Charakteristika der Unternehmen, für die im Datensatz keine Angaben vorliegen, zu eliminieren ("fixed effects"–Modell).

der Effekt auf die Nachfrage nach Akademikern größer ist als auf die Nachfrage nach Berufsschulabsolventen. Der Effekt dieser Investitionen auf die Nachfrage nach unqualifizierter Arbeit ist signifikant negativ.[27]

Ein Problem bei vielen empirischen Studien dieser Art ist die Annahme eines exogenen Outputs. Diese Vorgehensweise ist sehr restriktiv, weil davon ausgegangen werden kann, dass firmenspezifische Produktinnovationen üblicherweise zu einem höheren Absatz und damit zu Beschäftigungsgewinnen des innovierenden Unternehmens führen, es sei denn, die Marktmacht des Unternehmens erlaubt Preiserhöhungen, sodass die Output- und Beschäftigungseffekte geringer ausfallen. Im Hinblick auf mögliche Outputeffekte von Prozessinnovationen kann argumentiert werden, dass die damit einhergehenden Kostensenkungen zu Preisreduktionen und zu einem Anstieg von Output und Beschäftigung Anlass geben können. Daher sind simultane Schätzungen der Auswirkungen von Innovationen auf Output, Preise und Beschäftigung erforderlich. Neben der bereits erwähnten Arbeit von Smolny (1998) haben Flaig und Rottmann (1999) einen solchen Ansatz gewählt. Im Rahmen der Schätzung eines rekursiven Dreigleichungsmodells kommen Flaig und Rottmann zu dem Ergebnis, dass innerhalb eines Zweijahreszeitraumes eine Produktinnovation den Output um knapp ein Prozent und die Beschäftigung um gut ein halbes Prozent erhöht, während eine Prozessinnovation den Output um gut ein halbes Prozent ansteigen und die Beschäftigung unverändert lässt.

Schließlich ist zu bedenken, dass nicht jede Prozessinnovation notwendigerweise eine Kostenreduktion und damit die dargestellten Auswirkungen auf die Arbeitsnachfrage zur Folge hat. Nach Berechnungen des Zentrums für Europäische Wirtschaftsforschung (ZEW) auf der Basis des Mannheimer Innovationspanels führten in zwei Dritteln der Unternehmen, die im Jahre 1997 Prozessinnovationen vorgenommen hatten, diese zu Kostensenkungen. Ein anderer Grund für eine Prozessinnovation können beispielsweise (gesetzlich erzwungene) Änderungen der Produktionsabläufe zur Verminderung der Umweltbelastung sein, die aber nicht unbedingt die Produktionseffizienz erhöhen.

Insgesamt betrachtet bieten die bisherigen Studien noch kein durchgängig konsistentes Bild, wobei noch zu berücksichtigen ist, dass bei der Übertragung der oben aufgezeigten Effekte des technologischen Wandels von der Mikro- zur Makroebene unter anderem Reaktionen des Arbeitsangebotes zu berücksichtigen wären, wie einleitend bei der theoretischen Analyse erwähnt, etwa im Zusammenhang mit Änderungen der qualifikatorischen Lohnstruktur.[28] Ferner führt der technische Fortschritt nicht nur zu Verschiebungen innerhalb der Wirtschaftszweige, sondern auch zu Gewichtsverlagerungen zwischen den Sektoren.

Das Urteil über die Beschäftigungswirkungen von Innovationen fällt mithin weniger ungünstig aus als es vielfach in der öffentlichen Meinung zum Ausdruck kommt. Produktinnovationen weisen auf der Grundlage dieser Studien durchaus positive Effekte auf die Arbeitsnachfrage auf, mögliche negative Wirkungen von Prozessinnovationen sind entweder nicht feststellbar oder halten sich alles in allem in Grenzen. Ohnehin besitzen Unternehmen im internationalen Wettbewerb nicht die Option, sich dem

[27]Vgl. auch die Ausführungen zur Nachfrage nach heterogener Arbeit (*Abschnitt 4.2.4*) und zur qualifikatorischen Lohnstruktur (*Abschnitt 8.7.1.1*).

[28]Vgl. dazu *Abschnitt 8.7.1.1*.

technischen Fortschritt zu verweigern und schließlich können Beschäftigungseinbußen des technischen Wandels zu einem Teil durch Lohnzurückhaltung der betroffenen Arbeitnehmer zumindest abgemildert werden.

5.3 Literaturauswahl

5.3.1 Arbeitszeitverkürzung

Übersichten, die den Stand der Diskussion aus theoretischer und empirischer Sicht bis etwa Mitte der achtziger Jahre aufarbeiten, sind:

- W. Franz (1984), Is Less More? The Current Discussion about Reduced Working Time in Western Germany: A Survey of the Debate, Zeitschrift für die gesamte Staatswissenschaft 140, 626–654.

- R.A. Hart (1987), Working Time and Employment, London (Allen and Unwin).

Verschiedene theoretische Aspekte werden auch deutlich in der Diskussion, die Görres und Linde 1982/83 in den Jahrbüchern für Nationalökonomie und Statistik geführt haben. Eine neuere allgemein verständliche Übersicht bietet:

- W. Franz (1997), Wettbewerbsfähige Beschäftigung schaffen statt Arbeitslosigkeit umverteilen, Gütersloh (Verlag Bertelsmann Stiftung).

5.3.2 Technischer Fortschritt und Beschäftigung

Theoretische Analysen der Wirkungen des technischen Fortschritts finden sich so gut wie in jedem Lehrbuch zur Wachstumstheorie. Speziell beschäftigt sich damit:

- P. Stoneman (Hrsg.)(1995), Handbook of the Economics of Innovation and Technological Change, Oxford (Basil Blackwell).

In diesem Band ist insbesondere ein Übersichtsbeitrag von P. Petit über die Beschäftigungswirkungen des technischen Fortschritts enthalten.
Eine Übersicht auf nicht–technischem Niveau bietet:

- W. Klauder (1986), Technischer Fortschritt und Beschäftigung, Mitteilungen aus der Arbeitsmarkt– und Berufsforschung 19, 1–19.

Eine breite Übersicht über frühere Ergebnisse der empirischen Forschung enthält eine Serie von insgesamt 8 Bänden über "Arbeitsmarktwirkungen moderner Technologien", die im Rahmen eines vom Bundesminister für Forschung und Technologie geförderten Projektes erstellt wurden. Der erste Band fasst die Untersuchungsergebnisse zusammen:

- R. Schettkat und M. Wagner (Hrsg.) (1989), Technologischer Wandel und Beschäftigung. Fakten, Analysen, Trends, Berlin (de Gruyter).

Übersichtliche Darstellungen von neueren Untersuchungsergebnissen bieten:

- H. König (1997), Innovation und Beschäftigung, in H.–J. Vosgerau (Hrsg.), Zentrum und Peripherie – Zur Entwicklung der Arbeitsteilung in Europa, Schriften des Vereins für Socialpolitik, zugleich: Zeitschrift für Wirtschafts– und Sozialwissenschaften, Beiheft 5, S. 149–176.
- F. Meyer–Krahmer (1992), The Effects of New Technologies on Employment, Economics of Innovation and New Technology 2, 131-149.

Teil IV

Die Koordination von Arbeitsangebot und –nachfrage auf dem Arbeitsmarkt

Kapitel 6

Matching und Mobilität

Die beiden vorhergehenden Teile dieses Buches beschäftigten sich mit einer theoretischen und empirischen Analyse des Arbeitsangebotes und der Arbeitsnachfrage. Der Arbeitsmarkt hat nun die Aufgabe, beide Seiten möglichst reibungslos zusammenzubringen. Ein solcher Matching–Prozess hat mehrere Aspekte. Er beginnt zunächst mit dem Suchprozess der Arbeitnehmer und der Firmen: Beschäftigte oder arbeitslose Personen sehen sich nach einem (neuen) Arbeitsplatz um, während Firmen nach Arbeitskräften für unbesetzte Arbeitsplätze Ausschau halten. Die in den *Abschnitten 6.2.1* und *6.2.2* behandelte Frage lautet dann, unter welchen Voraussetzungen kommen die beiden Parteien in Kontakt, welche Faktoren bestimmen die Länge und die Effizienz der Suchprozesse? Neben dieser "Kontaktwahrscheinlichkeit" stellt sich das Problem der "Kontraktwahrscheinlichkeit". Jetzt lautet die Frage: Vorausgesetzt, ein Kontakt zwischen Arbeitnehmer und Firma wurde hergestellt, unter welchen Bedingungen wird ein Arbeitsvertrag abgeschlossen, ein "Match" eröffnet? Selbst wenn ein Match zu Stande kommt, ist er selten perfekt. Bekanntlich werden nicht einmal alle Ehen im Himmel geschlossen, erst recht nicht alle Arbeitsverträge. Wann werden welche Vertragsverhältnisse gelöst? Beginn und Ende eines Match sind Gegenstand des *Abschnitts 6.3.* Matching–Probleme und die Mobilität von Arbeitskräften stellen offenkundig miteinander verbundene Aspekte dar. Dabei geht es sowohl um die berufliche wie auch um die regionale Mobilität, wobei Fragen der internationalen Mobilität in Form von Migration eine besondere Bedeutung zukommt. Deshalb widmet sich *Abschnitt 6.4* der Immigration von Arbeitskräften nach Deutschland.

6.1 Fakten zum Matching–Prozess und zur Mobilität: Was soll erklärt werden?

Welches Ausmaß nimmt der Matchingprozess an und wie gut funktioniert er? Beginn und Ende von Arbeitsverträgen und die damit einhergehenden Einstellungen und Entlassungen begründen die Fluktuation von Arbeitskräften. *Tabelle 6.1* gibt Auskunft über die Arbeits*kräfte*fluktuationsrate. Sie ist wie folgt definiert:[1]

$$LT = \frac{0.5 \cdot \sum_i (H_i + S_i)}{\sum_i N_i} \tag{6.1}$$

mit H_i : Einstellungen im Betrieb i

mit S_i : Entlassungen im Betrieb i

mit N_i : Beschäftigte im Betrieb i

Tabelle 6.1 : Arbeitskräftefluktuationsrate (Westdeutschland) 1985 bis 1997[a)]

Jahr	Beschäftigungsverhältnisse Tsd. Personen		Arbeitskräfte–fluktuations–rate v.H.
	begonnen	beendet	
1985/89[b)]	6155	5820	0.284
1990/94[b)]	6801	6641	0.292
1995	5993	6181	0.270
1996	6146	6477	0.283
1997	6300	6385	0.287

a) Vgl. Text für Erläuterungen; sozialversicherungspflichtig Beschäftigte.
b) Jahresdurchschnitte.

Quelle: Bundesanstalt für Arbeit, Amtliche Nachrichten; eigene Berechnungen.

Bei der jährlichen Betrachtungsweise gehen somit alle Einstellungen und Entlassungen eines Jahres in die Formel ein, wobei sie auf die Jahresdurchschnittszahl aller Beschäftigten bezogen werden. Ein Wert von rund 0.3 im Zeitraum der Jahre 1990 bis 1997 besagt dann, dass etwa 30 v.H. aller Beschäftigten entweder den Arbeitsplatz gewechselt oder ein Beschäftigungsverhältnis aufgenommen oder beendet haben, letzteres weil sie in den Arbeitsmarkt neu eintraten oder diesen verließen.[2] Ein Teil von LT kommt durch den Wegfall und das Hinzukommen von Arbeitsplätzen zu Stande. Dieser Umschlagsprozess kann durch die Arbeits*plätze*fluktuationsrate gemessen werden.[3]

[1] Vgl. zum Folgenden auch Cramer und Koller (1988) und Schettkat (1995).

[2] Beachte, dass *Tabelle 6.1* nur sozialversicherungspflichtige Arbeitnehmer enthält.

[3] Den Begriffen Arbeitskräfte– und Arbeitsplätzefluktuationsrate entsprechen die englischen Ausdrücke "Labour Turnover" und "Job Turnover".

Die Arbeitsplätzefluktuationsrate lässt sich in verschiedene Komponenten zerlegen, die in *Tabelle 6.2* quantitativ dargestellt sind:[4]

- Die Gründungsrate gibt an, um wieviel Prozent die Beschäftigung auf Grund von neuerrichteten Betrieben steigt.
- Die Expansionsrate zeigt den entsprechenden Beschäftigungsgewinn in bestehenden Betrieben an.
- Die Schließungsrate misst die prozentualen Beschäftigungsverluste auf Grund von Betriebsschließungen.
- Die Schrumpfungsrate spiegelt diese Abnahme von Beschäftigungsverhältnissen in bestehenden Betrieben wider.

Wie *Tabelle 6.2* zeigt, vollzieht sich der überwiegende Teil der Arbeitsplätzefluktuation in bestehenden Betrieben über deren Expansion oder Schrumpfung, wobei in dem betrachteten Zeitraum die Expansionsrate etwas gestiegen, die Schrumpfungsrate hingegen gefallen ist. Die Arbeitsplätzefluktuationsrate insgesamt ist im Wesentlichen konstant geblieben; sie weist eine erhebliche sektorale Variation auf. Es muss beachtet werden, dass in *Tabelle 6.2* nur sozialversicherungspflichtig Beschäftigte erfasst sind. Eine Veränderung der Anzahl von Beschäftigten entspräche nur dann einer gleich großen Veränderung der Anzahl von Arbeitsplätzen, wenn sich nicht mehrere Beschäftigte einen Arbeitsplatz teilten. Insoweit ist der Ausdruck "Arbeitsplätzefluktuationsrate" etwas unscharf. Ein Wert von 8 v.H. besagt, dass sich im Verlauf von 12.5 Jahren alle Stellen im Durchschnitt einmal erneuern würden, wenn deren Gesamtzahl konstant bliebe. Unter der Stationaritätsannahme beläuft sich die durchschnittliche Verweilzeit einer besetzten Stelle (also die "Lebensdauer eines Arbeitsplatzes") somit auf 12.5 Jahre.

Ein Teil der beendeten und begonnenen Beschäftigungsverhältnisse betreffen denselben Arbeitsplatz, das heißt, es handelt sich um Rückrufe von Arbeitnehmern in den Betrieb, in dem sie vor einer Entlassung beschäftigt waren.[5] Die Wiederbeschäftigung im alten Betrieb ist auch in Deutschland keine vernachlässigbare Größe: Im Jahre 1989 machten in Westdeutschland solche Rückrufe rund 12 v.H. aller begonnenen Beschäftigungsverhältnisse aus, etwa 821 Tsd. Personen wurden im alten Betrieb wiederbeschäftigt (gegebenenfalls mehrfach) und dies betraf überwiegend saisonabhängige Wirtschaftszweige und Außenberufe.[6] So verteilten sich die Rückrufe bei Frauen zu 60 v.H. auf Aushilfen, bei den Männern zu je 30 v.H. auf saisonale Beschäftigungsverhältnisse und auf Aushilfstätigkeiten.

Zu gravierenden Fehlschlüssen kann der oben genannte Wert von $LT = 0.3$ führen, wenn er mit einer für alle Arbeitnehmer gleichen Dauer des Beschäftigungsverhältnisses in Höhe von etwa 3 Jahren gleichgesetzt würde. Tatsächlich herrschen langfristig stabile Betriebszugehörigkeiten vor, nicht nur in der Bundesrepublik Deutschland, sondern auch beispielsweise in den Vereinigten Staaten.[7] Dies hat bereits Hall (1982)

[4] Sachverständigenrat (1994), S. 254.

[5] In den USA sind solche "recalls" insbesondere in der Automobilindustrie üblich.

[6] Vgl. zu diesen und den folgenden Angaben Mavromaras und Rudolph (1995).

[7] Analysen für die Vereinigten Staaten finden sich im Sonderheft des Journal of Labour Economics, Band 17, Nummer 4, Teil 2 vom Oktober 1999.

Tabelle 6.2 : Arbeitsplätzefluktuationsrate (Westdeutschland)[a)] 1981/85 und 1991/95

Sektor	Gründungsrate[b)]		Expansionsrate[c)]		Schließungsrate[d)]		Schrumpfungsrate[e)]		Arbeitsplätzefluktuationsrate[f)]	
	81/85	91/95	81/85	91/95	81/85	91/95	81/85	91/95	81/85	91/95
Energie, Grundstoffe	0.9	1.4	3.4	3.4	0.6	0.7	5.3	6.6	5.1	6.0
Investitionsgüter	1.1	1.6	4.8	3.8	0.8	0.9	6.2	7.2	6.4	6.7
Konsumgüter	1.5	1.5	4.9	5.1	1.7	1.7	7.4	6.9	7.7	7.6
Bau	2.8	3.1	6.8	8.0	3.0	2.5	9.6	6.9	11.1	10.3
Handel	3.2	3.4	6.3	7.3	2.7	2.5	7.7	6.9	10.0	10.1
Verkehr	2.7	3.2	6.1	8.1	2.2	2.5	6.6	7.6	8.8	10.8
Kreditinstitute, Versicherungen, Makler	1.6	1.8	4.6	5.7	1.3	1.3	3.8	4.3	5.7	6.6
Insgesamt[g]	2.2	2.5	5.6	6.0	1.8	1.7	6.6	6.5	8.1	8.4

a) Anteil an der Entwicklung der sozialversicherungspflichtigen Gesamtbeschäftigung in v.H.
b) Anstieg der Beschäftigtenzahl durch Neugründung von Unternehmen.
c) Anstieg der Beschäftigtenzahl in bestehenden Unternehmen.
d) Rückgang der Beschäftigtenzahl durch Unternehmensschließungen.
e) Rückgang der Beschäftigtenzahl in bestehenden Unternehmen.
f) Summe der einzelnen Raten dividiert durch zwei.
g) Neben den aufgeführten Sektoren sind auch private und unternehmensbezogene Dienstleistungen enthalten.

Quelle: Bundesanstalt für Arbeit; eigene Berechnungen.

festgestellt. Da man bei einer Erhebung nur die bisherige Beschäftigungsdauer am Stichtag, nicht aber die abgeschlossene Dauer, an der man eigentlich interessiert ist, ermitteln kann, versucht man zu schätzen, wie lange der Betreffende bei gegebener und bekannter bisheriger Betriebszugehörigkeitsdauer noch im derzeitigen Betrieb beschäftigt sein wird.[8] Konkret wird die Wahrscheinlichkeit geschätzt, dass jemand, der bereits eine Betriebszugehörigkeit von x Jahren aufweist, insgesamt y und mehr Jahre im derzeitigen Beschäftigungsverhältnis verbleibt.[9] *Tabelle 6.3* enthält die Schätzergebnisse für Männer und Frauen verschiedener Altersgruppen.[10]
Mindestens die folgenden drei erklärungsbedürftigen Fakten sind erkennbar:

(i) Mit Ausnahme der jungen Beschäftigten mit kurzer bisheriger Betriebszugehörigkeitsdauer weist ein beträchtlicher Teil insbesondere der männlichen Erwerbstätigen eine hohe Wahrscheinlichkeit auf, 15 Jahre und mehr im gleichen

[8]Die Methodik ist ziemlich analog zur Berechnung der "vollendeten" Dauer der Arbeitslosigkeit und wird in dem Zusammenhang in *Abschnitt 9.1.2* erläutert.

[9]Datengrundlage ist die 1. Welle des Sozio-oekonomischen Panels aus dem Jahr 1984.

[10]Um es an einem Beispiel aus *Tabelle 6.3* zu erläutern, so ist der 3. Wert in der Spalte der 30–34jährigen in Höhe von 71.8 v.H. wie folgt zu interpretieren: Die Wahrscheinlichkeit, dass ein Mann in der Altersgruppe 30–34 Jahre, der bereits eine Zugehörigkeitsdauer von 5 bis unter 10 Jahren in diesem Betrieb aufweist, insgesamt 15 und mehr Jahre dort beschäftigt sein wird, beträgt 0.718.

Tabelle 6.3 : Wahrscheinlichkeit, im Jahre 1984 eine Dauer der Betriebszugehörigkeit von 15 Jahren und mehr zu erreichen (in v.H.)[a)] (Westdeutschland)

Altersgruppe → / bisherige BZD[b)] ↓	20–24	30–34	40–44	45–49
Männer				
0 – 1	15.1	33.7	65.8	–
1 – 3	34.5	52.3	52.7	60.8
5 – 10	59.9	71.8	85.2	43.7
10 – 15	–	65.8	68.7	77.8
Frauen				
0 – 1	7.7	15.4	50.3	–
1 – 3	10.2	23.4	41.0	–
5 – 10	33.5	45.1	45.3	60.2
10 – 15	–	51.0	46.6	32.3

a) Vgl. Text für Erläuterungen; – : sehr geringe Fallzahlen;
b) Bisherige Betriebszugehörigkeitsdauer (BZD) von ... bis unter ...

Quelle: Schasse (1991), Tabelle 4.4.

Betrieb zu verbleiben. Mehr als zwei Drittel (die Hälfte) aller Männer (Frauen) mit mindestens 5 Jahren bisheriger Betriebszugehörigkeitsdauer können davon ausgehen, auch nach 15 Jahren noch diesem Betrieb anzugehören.

(ii) In nahezu allen Altersgruppen besteht ein positiver Zusammenhang zwischen der bisherigen und der erwarteten gesamten Betriebszugehörigkeitsdauer. Wer bereits längere Zeit in einem Betrieb verbracht hat, dessen Kündigungswahrscheinlichkeit nimmt ab.

(iii) Hohe Beschäftigungsfluktuationen sind bei den jüngeren Erwerbstätigen und dort insbesondere bei den Arbeitnehmerinnen sowie in kleineren Betrieben[11] auszumachen.

Diese Beobachtungen sprechen dafür, dass das Matching umso perfekter wird, je älter und erfahrener der Arbeitnehmer ist,[12] und dass Matches verlängert werden, wenn erst einmal die Anfangsphase erfolgreich überwunden ist.

Die Zeitpunktbetrachtung des Jahres 1984 in *Tabelle 6.3* ist von Bergemann und Schneider (1998) mit einer ähnlichen Methodik erweitert worden, um den zeitlichen Verlauf der Betriebszugehörigkeitsdauer zu ermitteln, wobei als Datengrundlage ebenfalls das Sozio-oekonomische Panel dient. Aggregiert über alle Altersgruppen sinkt

[11] Nicht in *Tabelle 6.3* enthalten; vgl. Schasse (1991), Tabellen 4.7 und 4.8. Zu geschlechtsspezifischen Unterschieden bei der Dauer der Betriebszugehörigkeit vgl. auch Bellmann und Schasse (1990).

[12] Dies ist ein auch im internationalen Vergleich zu beobachtendes Phänomen; vgl. dazu OECD (1984).

für Männer (Frauen) der Medianwert der Betriebszugehörigkeitsdauer von 54 (39) Monaten im Durchschnitt der Jahre 1984/85 – das ist in etwa der Zeitpunkt, der *Tabelle 6.3* zu Grunde liegt – auf 41 (35) Monate im Zeitraum 1988/89 und auf 33 (32) in den Jahren 1993/95.[13]

Eine Einschätzung über die quantitative Größenordnung der Höhe und zeitlichen Entwicklung eines möglichen Mismatch liefert die Beveridge–Kurve.[14] Sie ist eine Relation, welche die Arbeitslosenquote und die Quote der offenen Stellen (hier jeweils bezogen auf die Erwerbspersonen) in Beziehung setzt.[15] *Schaubild 6.1* zeigt die Kombination beider Variablen für Westdeutschland für jedes Jahr des Zeitraums 1961 bis 2000, wobei die registrierten offenen Stellen um den Einschaltungsgrad der Arbeitsämter korrigiert wurden.[16] Zwei Phänomene sind unmittelbar ersichtlich:

(i) In jedem Zeitpunkt steht einer bestimmten Zahl von Arbeitslosen eine gewisse Zahl an offenen Stellen gegenüber. Dies deutet auf einen Mismatch hin, denn die beiden Seiten sind offenbar (noch) nicht "zusammengekommen". Dabei scheinen sich diese Diskrepanzen im Zeitablauf vergrößert zu haben.

(ii) Davon abgesehen geht eine Abnahme der Arbeitslosigkeit in der Regel mit einer Zunahme der offenen Stellen einher.

Während (ii) ein konjunkturelles Phänomen repräsentiert,[17] interessiert im vorliegenden Zusammenhang der Aspekt (i). Vergleichen wir die Jahre 1967 und 1980. Im erstgenannten Jahr belaufen sich beide Quoten auf gut 2 v.H., 1980 auf etwa 4 v.H. In jedem der beiden Jahre entsprechen sich die Quoten in etwa, jedoch befinden sie sich beide 1980 auf einem doppelt so hohen Niveau im Vergleich zu 1967. Im Jahre 1980 konnten also doppelt soviele Arbeitslose und offene Stellen nicht zusammengeführt werden wie 1967. Vergleicht man die Jahre 1980 und 1990, so ist die Quote der offenen Stellen in etwa gleich hoch, jedoch hat sich die Arbeitslosenquote ungefähr verdoppelt. Alle diese Beobachtungen sprechen in der Tat für die eben erwähnte Einschätzung, dass der Matchingprozess einiges an Effizienz eingebüßt hat.[18] Welche Tatbestände halten mithin Arbeitslose und Unternehmen davon ab, einen Match zu eröffnen, und warum ist das Zusammenkommen schwieriger geworden?
Matching–Probleme können bei hoher beruflicher und regionaler Mobilität von Arbeitskräften wesentlich leichter gelöst werden als bei Immobilität. Im vorliegenden Zusammenhang soll der Mobilitätsaspekt auf den beiden folgenden Ebenen kurz empirisch beleuchtet werden:

(i) Wie hoch ist die Mobilität der inländischen Arbeitskräfte in beruflicher Hinsicht und innerhalb Deutschlands?

---

[13]Bei der letzten Zahlenangabe handelt es sich um eine Aktualisierung, die von A. Bergemann (Universität Mannheim) zur Verfügung gestellt wurde.

[14]Benannt nach William H. Lord Beveridge (1879–1963), einem britischen Ökonomen und Regierungsberater.

[15]Die folgenden Ausführungen basieren auf Franz (1987a).

[16]Zur Diskussion der (um den Einschaltungsgrad der Arbeitsämter korrigierten Zahl der) offenen Stellen vgl. ausführlich *Abschnitt 4.1*.

[17]Im Konjunkturaufschwung steigt die Zahl der offenen Stellen und die der Arbeitslosen nimmt ab (und vice versa in der Rezession). Für eine einfache formale Herleitung dieses durch (ii) implizierten, streng konvexen Verlaufs der Beveridge–Kurve vgl. Franz (1987a).

[18]Dies trifft auf einige andere Länder ebenfalls zu. Vgl. Christl (1992) für Österreich und die in Padoa–Schioppa (1990) enthaltenen Länderstudien.

Schaubild 6.1 : Arbeitslosenquote und Quote der offenen Stellen für Westdeutschland 1961–2000[a)]

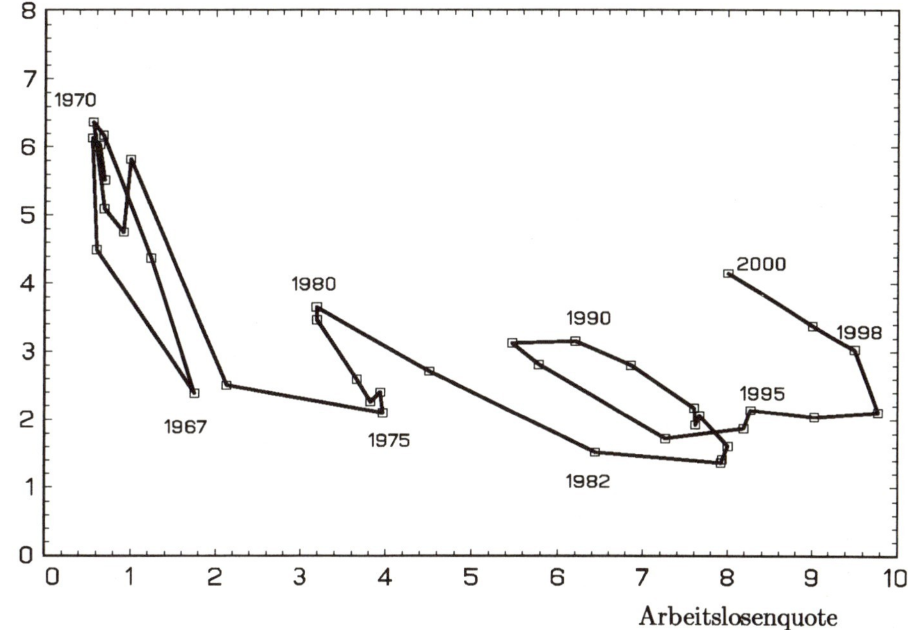

a) Vgl. Text für Erläuterungen; korrigierte offene Stellen beziehungsweise Arbeitslose bezogen auf die Erwerbspersonen.

(ii) In welchem Umfang hatte Deutschland Einwanderungen zu verzeichnen, und welche Immigranten kamen aus welchen Ländern?

Was den unter (i) genannten Aspekt anbelangt, so sind diesbezügliche Beobachtungen insbesondere über einen längeren Zeitraum etwas spärlich. Aus Befragungen von etwa 34 Tsd. Deutschen in Westdeutschland in den Jahren 1991/92 geht hervor, dass bei 30 v.H. aller Befragten sich deren berufliche Tätigkeit seit Abschluss der Schul– und Berufsausbildung ein– oder mehrmals so geändert hat, dass man von einem Berufswechsel sprechen kann.[19] Im Jahre 1979 gaben diese Einschätzung 36 v.H. der Befragten an. Die Werte für Ausländer in Westdeutschland lagen in den Jahren 1991/92 mit 41 v.H. höher, wurden aber noch von Erwerbstätigen und Arbeitslosen in Ostdeutschland mit 43 beziehungsweise 44 v.H. übertroffen.

Einen ersten Eindruck von der regionalen Mobilität innerhalb Deutschlands liefert die Statistik über Binnenwanderungen, die für das Jahr 1999 eine Wanderung von gut 1 Mill. Personen zwischen den 16 Bundesländern und von weiteren 2.9 Mill. Menschen

[19] Diese Formulierung basiert auf dem Text der gestellten Frage. Für Quellenangaben und weitere Erläuterungen vgl. Entorf (1996).

innerhalb der Bundesländer verzeichnet.[20] Etwa 4 Mill. Personen, rund 5 v.H. der Bevölkerung in Deutschland (rund 82 Mill.), wechselten also in diesem Jahr ihren Wohnort, wobei Umzüge innerhalb der Gemeinden ("Ortsumzüge") nicht mitgerechnet wurden.

Nicht alle Wohnsitzwechsler bieten Arbeit an. Die individuelle regionale Mobilität der Beschäftigten in Westdeutschland ist für die Jahre 1970 und 1985 in größeren Stichproben quantifiziert worden. Erhoben wurde der Anteil der abhängig Beschäftigten, die in den vergangenen 15 Jahren (also in der Periode 1955 bis 1970 beziehungsweise 1971 bis 1985) mindestens einmal umgezogen sind.[21] Dabei ergaben sich folgende Beobachtungen:[22]

- Zwischen beiden Zeitperioden hat sich die regionale Mobilität der Männer von 16 auf 9 v.H. verringert.[23]
- Die Mobilität steigt mit höherem Ausbildungsstand: Für 1985 betrugen die Prozentzahlen 20 v.H. für gehoben und leitend beschäftigte männliche Angestellte und 5 v.H. für Hilfsarbeiter und angelernte Arbeiter; die beiden Ziffern für Frauen belaufen sich auf 15 und 3 v.H.
- Die Mobilität ist bei Arbeitslosen in beiden Zeitperioden durchweg und teilweise beträchtlich höher. Im Jahre 1985 lag der Prozentsatz für arbeitslose männliche Facharbeiter bei 11 v.H. im Gegensatz zu 5. v.H. für beschäftigte Facharbeiter. Bei Hilfsarbeitern betrug die Relation sogar 14 v.H. zu 5 v.H.[24]

Der zweite Aspekt befasst sich mit der internationalen Migration. Sie ist seit Anfang dieses Jahrzehnts im Rahmen der Überlegungen zu einer veränderten deutschen Einwanderungspolitik, die einen quantitativ gesteuerten Zuzug ausländischer Fachkräfte vorsieht, Gegenstand lebhafter und teilweise kontroverser Diskussionen. Im Vorgriff auf eine neue Gesetzesgebung hat die Bundesregierung im Jahre 2000 besondere Arbeitserlaubnisse für ausländische Fachkräfte des Informations– und Kommunikationstechnologiesektors bewilligt ("Green Card Verordnungen", vgl. Fallbeispiel "Green Card" in *Abschnitt 4.1*). Die Kontroverse entzündete sich – vor allem im politischen Raum – an der Sinnhaftigkeit eines (zukünftigen) Fachkräftemangels, der mit Hilfe einer selektiven Einwanderungspolitik verringert werden soll, bei gleichzeitiger Arbeitslosigkeit selbst bei solchen Fachkräften.[25] Im Folgenden sollen in aller Kürze die empirische Evidenz im Hinblick auf Umfang und Struktur von Wanderungsströmen aufgearbeitet werden und danach der rechtliche Rahmen dagestellt werden.

Die Erfahrungen mit Außenwanderungen lassen sich beispielhaft anhand der Zu– und Abwanderungen von Gastarbeitern verdeutlichen. Daher zeigen die beiden folgenden Schaubilder einerseits die zeitliche Entwicklung der Zu– und Abwanderungen von Ausländern (ohne Berücksichtigung ihres Erwerbsstatus) und andererseits die

[20] Quelle: Statistisches Jahrbuch für die Bundesrepublik Deutschland 2001, S. 78f.

[21] Quelle für die folgenden Angaben: Institut für Arbeitsmarkt– und Berufsforschung (Hrsg.), Zahlen–Fibel 1989/90, Nürnberg, S. 125.

[22] Die Zahlen geben den Anteil von Ortswechslern an allen Befragten an.

[23] Für Frauen liegen nur Angaben für das Jahr 1985 vor.

[24] "Arbeitslos" heißt, dass der Betreffende in dem Zeitraum eine zeitlang arbeitslos gewesen ist.

[25] Vgl. Zimmermann et al. (2002) für eine empirische Studie zu diesem Thema.

Schaubild 6.2 : Jährliche Zu– und Abwanderungen von Ausländern 1960–1999 (Westdeutschland)

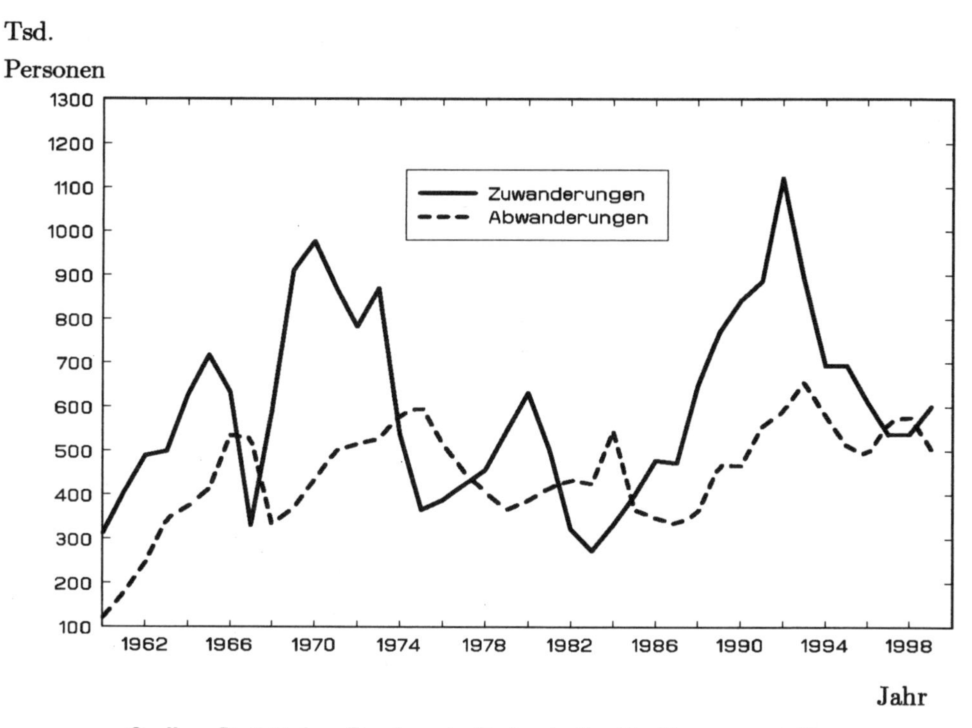

Quelle: Statistisches Bundesamt, Fachserie 1: Bevölkerung und Erwerbstätigkeit, Reihe 2.3: Wanderungen.

Bestandsentwicklung ausländischer Arbeitnehmer (genauer: ausländischer sozialversicherungspflichtiger Arbeitnehmer). Zunächst ist aus *Schaubild 6.2* ersichtlich, dass mit kurzen Unterbrechungen die Einwanderungsströme die Auswanderungen übertrafen, das heißt, die Bundesrepublik Deutschland ist zumindest seit dem Jahr 1960 ein Einwanderungsland. So betrachtet, ist die mitunter vorgetragene Auffassung, Deutschland sei kein Einwanderungsland, mit den Daten nicht vereinbar. Sie kann daher nicht als Tatsachenbeschreibung, sondern nur als Forderung nach einer irgendwie zu begrenzenden Immigration verstanden werden. Mit der Stromgrößenbetrachtung korrespondiert in *Schaubild 6.3* die Bestandsentwicklung ausländischer Arbeitnehmer: Die Zahl dieser "Gastarbeiter" stieg in Westdeutschland von 330 Tsd. Personen im Jahre 1960 auf rund 2.3 Mio. Personen im Jahre 1973 und beläuft sich im Jahre 2000 auf rund 1.9 Mio. Personen (Ostdeutschland: 40 Tsd. Personen im Jahre 2000). Ihr Anteil an den sozialversicherungspflichtig Beschäftigten erhöhte sich in Westdeutschland von 1.5 v.H. (1960) über 11.6 v.H. (1973) auf nunmehr 8.4 v.H. (2000) (Ostdeutschland: 8.0 v.H.).[26]

In beiden Schaubildern kommt auch zum Ausdruck, dass es sich nicht um eine stetige Entwicklung handelt, sondern dass sie durch ein konjunkturelles Muster ge-

[26] Quelle: Amtliche Nachrichten der Bundesanstalt für Arbeit (ANBA), verschiedene Jahrgänge.

Schaubild 6.3 : Sozialversicherungspflichtig beschäftigte Ausländer 1960–2000 (Westdeutschland)

Tsd.
Personen

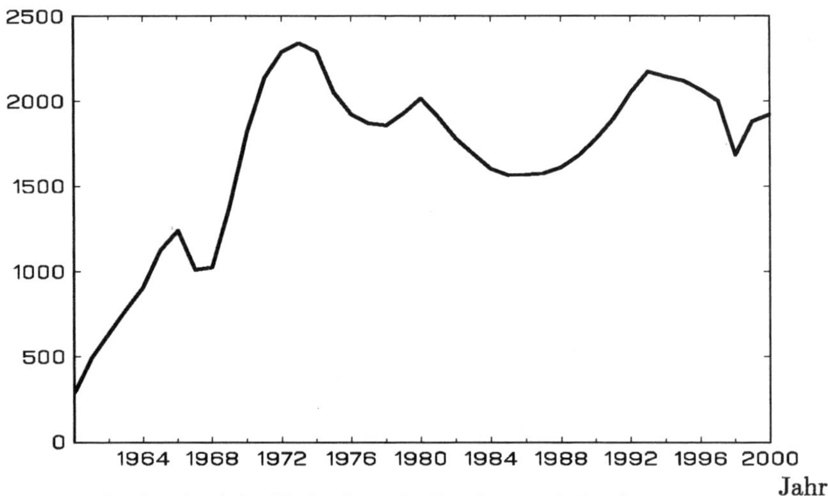

Quelle: Amtliche Nachrichten der Bundesanstalt für Arbeit (ANBA).

kennzeichnet ist. Die Einwanderungen in *Schaubild 6.2* sacken deutlich in den Rezessionsjahren 1967, 1974/75, 1983 und 1993 ab, wobei auf den 1973 erlassenen Einwanderungsstopp für Gastarbeiter aus Nicht–EG–Staaten ergänzend hinzuweisen ist. Ein ähnliches Muster schlägt sich – wenn auch in abgeschwächter Form – in den Bestandszahlen des *Schaubilds 6.3* nieder.

Das Migrationsgeschehen hat sich zumindest zeitweilig auf die Ost–West–Wanderungen verlagert, sodass auch dafür die quantitativen Größenordnungen darzustellen sind. *Tabelle 6.4* zeigt zunächst die Netto–Einwanderungen nach Westdeutschland aus Osteuropa im Zeitraum 1980/93, wobei zwischen Deutschen und Ausländern unterschieden wird.[27] Allein die Tatsache, dass – beide Gruppen zusammengenommen – im Jahre 1990 netto rund 1.5 mal soviele Einwanderer aus Osteuropa zu verzeichnen sind wie im gesamten Fünfjahreszeitraum 1980/84, verdeutlicht die Dramatik der Entwicklung. Der Anstieg von ausländischen Einwanderern insgesamt im Jahre 1991 ist auf den hohen Netto–Zuzug aus dem ehemaligen Jugoslawien zurückzuführen, der sich auf 167 Tsd. Personen belief. Hingegen handelt es sich bei den deutschen Zuwanderern insbesondere aus der ehemaligen UdSSR in der Regel um Aussiedler.

Tabelle 6.5 gibt einige arbeitsmarktrelevante Strukturmerkmale in Deutschland lebender Ausländer wieder, und zwar im Vergleich zu Westdeutschland, da sich nur rund 3 v.H. der Ausländer Ende des Jahres 1993 in Ostdeutschland aufhielten.[28] Im ganzen gesehen sind Ausländer jünger als Westdeutsche und der Anteil der Männer

[27] Hinweis: Hier und in den folgenden Darstellungen wird auf die politischen Verhältnisse des jeweiligen Berichtszeitraums Bezug genommen, das heißt es wird nicht jedesmal erwähnt, dass es beispielsweise die DDR oder die UdSSR heute nicht mehr gibt.

[28] Quelle: Velling (1995), Kap. 3.

Tabelle 6.4 : Einwanderungsüberschuss nach Westdeutschland pro Jahr aus Osteuropa (1000 Personen)[a)]

Herkunfts–	80/84		85/88		1989		1990		1991		92/95		1999	
land	D	A	D	A	D	A	D	A	D	A	D	A	D	A
Polen	24	16	45	48	191	118	95	43	14	16	6	6	7	14
Rumänien	12	3	11	5	15	11	96	62	21	29	5	6	1	4
UdSSR	3	1	13	2	88	22	155	26	145	24	65	29	39	18
Osteuropa[b)]	40	26	70	63	297	163	348	146	181	237	76	107	47	38

a) D=Deutsche, A=Ausländer, 1980/84 und 1985/88 Jahresdurchschnitte.
b) Einschließlich Bulgarien, (ehemalige) Tschechoslowakei, Ungarn; ab 1999: Russische Föderation.

Quellen: Hönekopp (1991), S. 127f.; Statistische Jahrbücher 1992-2001, Tabelle 3.38; eigene Berechnungen.

ist höher. Die Erwerbsquote der Männer aus dem europäischen Ausland nimmt im Vergleich zu westdeutschen Männern höhere Werte an, bei Frauen ist kein einheitliches Bild auszumachen. Im Verlauf der beiden letzten Dekaden haben sich die Erwerbsquoten von Ausländern und Deutschen aber angenähert, dabei vollzog sich die Angleichung bei verheirateten Frauen von sehr unterschiedlichen Niveaus aus: fallende Erwerbsquoten bei den Ausländerinnen, steigende bei den Deutschen.[29] Die Arbeitslosenquote der Ausländer liegt teilweise beträchtlich höher; ein Grund dafür dürfte in der vergleichsweise geringeren beruflichen Qualifikation liegen.

Die Entwicklung der Ausländerbeschäftigung in Deutschland muss vor dem Hintergrund des rechtlichen Rahmens gesehen werden, der die Erlaubnis zur Einwanderung und Arbeitsaufnahme regelt. Bei der rechtlichen Stellung der Einwanderer ist grundsätzlich danach zu unterscheiden, ob es sich um Bürger der Europäischen Union (EU) oder um Ausländer aus Drittstaaten handelt. Beide Tatbestände werden ab dem 1.1.2003 in einem neuen Gesetz geregelt, welches zwar am 20.6.2002 vom Bundespräsidenten unterzeichnet wurde und damit Rechtskraft erhielt, gegen das beim gegenwärtigen Stand der Diskussion (September 2002) jedoch im Hinblick auf einige Einzelbestimmungen politische und – was sein Zustandekommen im Bundesrat anbelangt – verfassungsrechtliche Einwände erhoben werden. Dieses Zuwanderungsgesetz ("Gesetz zur Steuerung und Begrenzung der Zuwanderung und zur Regelung des Aufenthalts und der Integration von Unionsbürgern und Ausländern") gliedert sich in mehrere Artikel. Der erste Artikel beinhaltet das Aufenthaltsgesetz ("Gesetz über den Aufenthalt, die Erwerbstätigkeit und die Integration von Ausländern im Bundesgebiet", AufenthG) und bezieht sich auf Ausländer aus Drittstaaten. Mit EU-Bürgern befasst sich in Artikel 2 das Freizügigkeitsgesetz/EU ("Gesetz über die allgemeine Freizügigkeit von Unionsbürgern", FreizügG/EU).[30] Weitere Artikel haben

[29] Entsprechende Zahlenangaben finden sich in: Statistisches Bundesamt, Fachserie 1, Reihe 4.1.1.
[30] Im Rahmen des Assoziationsverhältnisses zwischen der EU und der Türkei gelten für die

Tabelle 6.5 : Arbeitsmarktrelevante Struktur der ausländischen Bevölkerung in Deutschland im Jahre 1993

Herkunfts-land	Bestand	Median-alter	Anteil Männer	Erwerbs-quote[a] v.H.		Arbeitslosen-quote[b] v.H.		Anteil Beschäftigter[c] mit Berufsausbildung, v.H.	
	Tsd. Personen	Jahre	v.H.	Männer	Frauen	Männer	Frauen	Männer	Frauen
Türkei	1918	24	55	82.4	43.7	9.8	12.4	26	20
Jugoslawien	1238	29	55	86.0	66.6	6.6	7.6	47	28
Italien	563	32	60	88.9	54.0	5.7	8.1	36	28
Griechenland	352	32	55	83.7	60.4	8.8	8.5	27	19
Osteuropa	713	31	62	79.7	55.7	16.0	27.3	54	48
Hinterasien[d]	422	29	58	71.4	47.7	22.3	32.8	33	52
Westdeutschland	58824	39	48	81.8	59.0	4.0	6.0	72	71

a) Erwerbspersonen bezogen auf die entsprechende Bevölkerung im Alter zwischen 15 und 65 Jahren, 1991.
b) Arbeitslosigkeit 1991 auf der Basis des Mikrozensuskonzepts (nicht mit den von der Bundesanstalt für Arbeit publizierten Daten vergleichbar, vgl. *Abschnitt 9.1*).
c) Sozialversicherungspflichtig Beschäftigte (ohne Beschäftigte mit Fachhochschul– beziehungsweise Universitätsabschluss).
d) Östliches Asien ab Afghanistan und Pakistan ohne Japan, ohne Sowjetunion und Nachfolgestaaten.

Quelle: Velling (1995), Tabellen 3.3, 3.4, 3.8 und 3.14.

Änderungen bestehender Gesetze zum Inhalt (unter anderem des Asylverfahrensgesetzes.)

EU–Bürger haben das Recht auf Einreise, Aufenthalt und Aufnahme einer Erwerbstätigkeit in Deutschland, es sei denn, sie lassen sich eine "tatsächliche und hinreichend schwere Gefährdung der öffentlichen Ordnung" (§ 6 Abs. 2 FreizügG/EU) zu Schulden kommen. "Gemeinschaftsrechtlich freizügigkeitsberechtigt" sind unter anderem Arbeitnehmer und Selbstständige, sofern sie zur Ausübung einer selbstständigen Erwerbstätigkeit berechtigt sind, und Empfänger und Erbringer von Dienstleistungen (§ 2 Abs. 2 FreizügG). Dieses Recht erlischt nicht bei "unfreiwilliger Arbeitslosigkeit", wenn diese Zeiten vom zuständigen Arbeitsamt bestätigt werden, oder bei einer Beendigung der selbstständigen Tätigkeit "infolge von Umständen, auf die der Selbstständige keinen Einfluss hatte" (§ 2 Abs. 3 FreizügG/EU).

Die gesetzliche Grundlage für den Aufenthalt und die Erwerbstätigkeit von Ausländern aus Drittstaaten schafft ab dem Jahre 2003 das Aufenthaltsgesetz (Artikel 1 des Zuwanderungsgesetzes). Es soll "der Steuerung und Begrenzung des Zuzugs

in der Gemeinschaft ordnungsgemäß beschäftigten türkischen Staatsangehörigen im Vergleich zu Nicht–EU–Angehörigen Vergünstigungen (Bundesgesetzblatt II, S. 509, "Assoziationsabkommen EWG/Türkei").

Fallbeispiel: Das Arbeitnehmer–Entsendegesetz

Der Deutsche Bundestag hat im Februar 1996 das "Arbeitnehmer–Entsendegesetz" beschlossen. Nach diesem Gesetz werden Bauunternehmen und Montagebetriebe aus den anderen EU–Staaten verpflichtet, ihren auch nur temporär nach Deutschland entsandten Beschäftigten die in Deutschland herrschenden Löhne zu bezahlen, sofern diese für allgemeinverbindlich erklärt wurden.
Den Anlass bildeten Beschwerden insbesondere der Gewerkschaft IG Bau, Steine, Erden und Teilen der deutschen Bauindustrie über einen angeblich unfairen Wettbewerb auf dem deutschen Markt für Bauleistungen, weil temporär im Inland beschäftigte ausländische Arbeitnehmer, die von Arbeitgebern in anderen EU–Staaten entsandt wurden, in Anlehnung an die Verdienste ihres Heimatlandes und nicht nach den teilweise beträchtlich höheren Entgelten in Deutschland entlohnt wurden. Schätzungsweise hielten sich im Jahre 1995 rund 150 Tsd. Bauarbeiter aus der EU in Deutschland auf, während eine etwa gleich hohe Anzahl deutscher Bauarbeiter arbeitslos war. Damit wird deutlich, dass im europäischen Binnenmarkt auch die Arbeitsplätze stärker im direkten Wettbewerb stehen. Gleichwohl ist es verfehlt, von "Lohndumping am Bau" zu sprechen, denn die ausländischen Arbeitnehmer werden nicht zu geringeren Löhnen als in ihrem Heimatland bezahlt. Man bezichtigt ausländische Exporteure von Gütern ebensowenig eines Preisdumping, nur weil sie preisgünstiger sind als inländische Produzenten.
Häufig wird in diesem Zusammenhang die Forderung erhoben: "Gleicher Lohn für gleiche Arbeit am gleichen Ort". Dieses Prinzip gilt schon innerhalb Deutschlands nicht. Ein Unternehmer kann mit einem Arbeitnehmer, der keiner Gewerkschaft angehört, vom Tarifvertrag abweichende Entgeltvereinbarungen treffen, sofern die Tariflöhne nicht für allgemeinverbindlich erklärt wurden. Außerdem: Ein sächsisches Bauunternehmen ist nicht verpflichtet, hessische Tariflöhne zu zahlen, wenn es einen Auftrag in Hessen ausführt.
Wenn auch von der Politik nicht beabsichtigt, so wären Einfuhrzölle die logische Konsequenz solcher Arbeitnehmer–Entsendegesetze, wenn Unternehmen sich durch Standortverlagerungen ins kostengünstigere Ausland den höheren deutschen Lohnkosten entziehen. Der einzige Unterschied zur Bauindustrie besteht darin, dass deren Produkte in der Regel nicht transportfähig sind. Dies stellt indessen keinen Grund für eine besondere sektorale Schutzmaßnahme dar. Sind die Güter immobil, dann wandern die Arbeitskräfte.
Seit dem 1.1.1999 kann der Bundesminister für Arbeit und Sozialordnung allein auf dem Weg einer Rechtsverordnung Rechtsnormen eines Tarifvertrages des Baugewerbes über Mindestentgelte für allgemeinverbindlich erklären, während vorher dazu die Zustimmung des paritätisch mit Arbeitgeber– und Gewerkschaftsvertretern besetzten "Tarifausschuss" erforderlich war. Des Weiteren gilt das Arbeitnehmer–Entsendegesetz seitdem unbefristet. Die für allgemeinverbindlich erklärten Mindestlöhne im Baugewerbe belaufen sich ab dem 1.9.2002 (2003) auf 10.12 (10.36) € (Westdeutschland) und 8.76 (8.97) € (Ostdeutschland).

Quellen: Sachverständigenrat (1995), Ziffern 390 ff.; Jahreswirtschaftsbericht der Bundesregierung 1999, Ziffer 78.

von Ausländern" dienen und dabei die "Zuwanderung unter Berücksichtigung der Integrationsfähigkeit sowie der wirtschaftlichen und arbeitsmarktpolitischen Interessen der Bundesrepublik Deutschland" ermöglichen und gestalten (§ 1 Abs. 1 AufenthG). Für die Einreise und den Aufenthalt bedarf es eines "Aufenthaltstitels", der als Visum (für die Durchreise oder einen kurzzeitigen Aufenthalt), Aufenthaltserlaubnis oder Niederlassungserlaubnis erteilt werden kann, sofern der Lebensunterhalt gesichert ist und kein Ausweisungsgrund vorliegt. Ein solcher ist gegeben, wenn "der Ausländer die freiheitliche demokratische Grundordnung oder die Sicherheit der Bundesrepublik Deutschland gefährdet oder sich bei Verfolgung politischer Ziele an Gewalttätigkeiten beteiligt oder öffentlich zu Gewaltanwendung aufruft, oder mit Gewaltanwendung droht oder wenn Tatsachen belegen, dass er einer Vereinigung angehört, die den internationalen Terrorismus unterstützt oder er eine derartige Vereinigung unterstützt" (§ 5 Abs. 4 AufenthG). Bezogen vor allem auf eine Erwerbstätigkeit lässt sich der Unterschied zwischen Aufenthaltserlaubnis und Niederlassungserlaubnis wie folgt charakterisieren:

(i) Die Aufenthaltserlaubnis ist auf längstens drei Jahre befristet, kann aber verlängert werden. Die Ausübung einer Beschäftigung setzt die Zustimmung der Bundesanstalt für Arbeit (BA) voraus. Diese kann nach § 39 Abs. 2 AufenthG erteilt werden, wenn sich durch die Beschäftigung von Ausländern keine nachteiligen Wirkungen auf den Arbeitsmarkt ergeben, für diese Beschäftigung deutsche oder ihnen rechtlich gleichgestellte ausländische Arbeitnehmer nicht zur Verfügung stehen oder von den Arbeitsämtern festgestellt worden ist, "dass die Besetzung der offenen Stellen mit ausländischen Bewerbern arbeitsmarkt– und integrationspolitisch verantwortbar ist". Ferner darf der Ausländer nicht zu ungünstigeren Arbeitsbedingungen als vergleichbare deutsche Arbeitnehmer beschäftigt werden. Nach § 21 AufenthG "kann eine Aufenthaltserlaubnis zur Ausübung einer selbstständigen Tätigkeit erteilt werden, wenn ein übergeordnetes wirtschaftliches Interesse oder ein besonderes regionales Bedürfnis besteht, die Tätigkeit positive Auswirkungen auf die Wirtschaft erwarten lässt und die Umsetzung durch Eigenkapital oder durch eine Kreditzusage gesichert ist". Ein übergeordnetes wirtschaftliches Interesse ist in der Regel anzunehmen, wenn die Investition mindestens 1 Mio € beträgt und mindestens zehn Arbeitsplätze geschaffen werden (§ 21 Abs. 1 AufenthG). Schließlich dürfen ausländische Studierende, die im Besitz einer Aufenthaltserlaubnis sind, Vollzeitbeschäftigungen von bis zu 90 Tagen im Jahr sowie studentischen Nebentätigkeiten nachgehen (§ 16 Abs. 3 AufenthG).

(ii) Die Niederlassungserlaubnis ist ein unbefristeter Aufenthaltstitel und berechtigt zur Ausübung einer zeitlich und räumlich unbeschränkten Erwerbstätigkeit. Allgemein ist einem Ausländer nach § 9 AufenthG die Niederlassungserlaubnis zu erteilen, wenn er unter anderem seit fünf Jahren die Aufenthaltserlaubnis besitzt, sein Lebensunterhalt gesichert und er im Besitz der für eine Erwerbstätigkeit erforderlichen Erlaubnisse ist, er über ausreichende Kenntnisse der deutschen Sprache und über Grundkenntnisse der deutschen Rechts– und Gesellschaftsordnung und Lebensverhältnisse sowie über ausreichenden Wohnraum verfügt. Spezielle Regelungen betreffen "Hochqualifizierte" und erfolgreiche "Zuwanderer im Auswahlverfahren", die abweichend von obigen Regelungen eine Niederlassungserlaubnis erhalten können. "Hochqualifizierte" sind insbesondere Wissenschaftler mit besonderen fachlichen Kenntnissen, Lehrpersonen oder wissenschaftliche Mitarbeiter in herausgehobenen Funktionen oder Spezialisten und leitende Angestellte mit besonderer Berufserfahrung, die ein Gehalt in Höhe von mindestens dem Doppelten der Beitragsbemessungsgrenze der gesetzlichen

Krankenversicherung erhalten.[31] Das "Auswahlverfahren" dient der Zuwanderung qualifizierter Erwerbspersonen und beruht auf einem Punktesystem, welches unter anderen folgende Kriterien im Hinblick auf den "Zuwanderungsbewerber" heranzieht: Alter, schulische und berufliche Qualifikation und Sprachkenntnisse. Für die Zuwanderungen im Auswahlverfahren werden Höchstgrenzen festgesetzt (§ 20 Abs. 4 AufenthG).

Für einige Beschäftigungsverhältnisse gelten weiterhin Sonderregelungen. Diese betreffen folgende Personengruppen:[32]

- Saisonarbeitnehmer mit Wohnsitz im Ausland: Die Vermittlung erfolgt durch die Bundesanstalt für Arbeit und ist auf maximal drei Monate im Jahr und saisontypische Arbeiten beschränkt (Land– und Forstwirtschaft, Hotel–, Gaststätten– und Schaustellergewerbe).

- Werkvertragsarbeitnehmer: Ihre Beschäftigung unterliegt der Genehmigungspflicht des zuständigen Landesarbeitsamtes und zwischenstaatlichen Kontingenten. Seit 1994 drängen verstärkt Werkvertragsarbeitnehmer aus Portugal, Spanien, Griechenland und Großbritannien insbesondere auf den Markt für Bauleistungen (vgl. Fallbeispiel über das Arbeitnehmer–Entsendegesetz).

Die Beschäftigung ohne eine erforderliche Erlaubnis ist illegal und wird bei ihrer Aufdeckung mit Geldbußen geahndet.

6.2 Such– und Matchingprozesse

Im Mittelpunkt dieses Abschnitts steht der eingangs beschriebene erste Teil des Matching–Prozesses, nämlich die Suche nach einem Partner auf dem Arbeitsmarkt. Wie lange suchen Arbeitnehmer und Firmen nach einem Arbeitsplatz beziehungsweise nach einer Arbeitskraft, und welche Vorstellungen über die Qualität des Vertragsabschlusses liegen dieser Aktivität zu Grunde? Suchprozesse finden unter unvollständiger Information statt und verursachen Kosten. Es gibt keine zentrale Agentur oder einen (Walrasianischen) Auktionator, die alle Informationen zur Verfügung stellen und die Arbeitskontakte und –kontrakte überwachen, sondern die Akteure auf dem Arbeitsmarkt handeln selbstständig.

6.2.1 Der Arbeitnehmer als Sucher

Arbeitsanbieter auf der Suche nach einem Arbeitsplatz haben eine Reihe von Entscheidungen zu fällen, wie sie den Suchprozess gestalten. Sie müssen darüber befinden, welche Suchmethoden sie einsetzen wollen, wie hoch die Intensität der Suche sein soll, in welcher Reihenfolge sie die Firmen mit Vakanzen (wenn überhaupt vorhanden) kontaktieren sollen, wie viele Angebote sie einholen wollen, bevor eine Wahl getroffen

[31] Diese Beitragsbemessungsgrenze beläuft sich im Jahr 2002 auf monatlich 3375 €.

[32] Vgl. Velling (1995), Kap. 2; Amtliche Nachrichten der Bundesanstalt der Arbeit (ANBA), Sonderheft "Arbeitsmarkt 1997", Juni 1998, S.114.

wird, und schließlich anhand welchen Kriteriums beurteilt werden soll, ob ein Angebot akzeptiert wird oder nicht.

Wie in *Abschnitt 6.4* dargelegt werden wird, kommen die meisten neu geschaffenen Arbeitsverhältnisse dadurch zu Stande, dass die Beschäftigten von einem Arbeitsplatz unmittelbar, ohne eine dazwischen geschaltete Arbeitslosigkeitsperiode in ein anderes Beschäftigungsverhältnis wechseln. Es muss deshalb gute Gründe dafür geben, dass Arbeitnehmer *nicht* von der Option Gebrauch machen, zu kündigen und sich erst dann nach einem neuen Arbeitsplatz umzusehen. Diese Gründe sind keineswegs trivial, denn es muss abgewogen werden zwischen dem Einkommensverlust auf Grund einer solchen Kündigung und den Erträgen einer bei Arbeitslosigkeit höheren Suchintensität einerseits und dem Freizeitverlust bei einer Suche während eines bestehenden Beschäftigungsverhältnisses andererseits.[33] Der genannte Einkommensverlust reduziert sich bei einer Anspruchsberechtigung auf Arbeitslosenunterstützung, wobei jedoch Sperrfristen bei Eigenkündigungen zu beachten sind. Ein wichtiger Grund, als Beschäftigter zu suchen, liegt auch in der mangelnden Bereitschaft, das Risiko auf sich zu nehmen, längere Zeit als geplant suchen zu müssen, wenn unvollständige Information über die Anzahl und Qualität der Stellenangebote herrscht. Schließlich kann auch eine Rolle spielen, dass sich ein arbeitsloser Sucher in einer schlechteren Position befindet, sei es, dass ihm von der Firma niedrigere Lohnangebote gemacht werden in der Annahme, der Sucher habe als Arbeitsloser ohnehin keine Alternativen, sei es, dass Arbeitslosigkeit "stigmatisierend" wirkt, weil die Firma diese Eigenschaft als ein Negativkriterium bei der Beurteilung der ihr unbekannten Produktivität des Bewerbers benutzt.[34]

Obwohl die empirische Evidenz dafür spricht, dass die meisten Neueinstellungen Betriebswechsler sind, unternehmen vor allem auch die Arbeitslosen zum Teil erhebliche Suchanstrengungen, denn es ist unwahrscheinlich, dass allen Arbeitslosen, die eine Beschäftigung aufnehmen, die Arbeitsplätze ohne eigene Initiative offeriert wurden. Ein Teil der Arbeitslosigkeitsperiode wird für Suchaktivitäten benutzt, und es stellt sich die Frage, ob eine etwas längere suchbedingte Arbeitslosigkeitsdauer nicht effizient sein kann. Dies gilt nämlich dann, wenn sie bewirkt, dass ein Arbeitsplatz gefunden wird, auf dem sich die Produktivität des Suchers besser entfalten kann, was aus der Sicht des Suchers in der Regel mit einem vergleichsweise höheren Lohn verbunden ist. Dabei wird im Moment einmal von nicht–pekuniären Eigenschaften des Arbeitsplatzes abgesehen.[35] Die Analyse von Suchprozessen verfolgt nun gerade das Ziel herauszufinden, wie lange eine optimale Suche dauern sollte. Sie liefert damit einen Beitrag zur Erklärung einer friktionellen Arbeitslosigkeit, welche durch eben

[33]Dieser Aspekt macht deutlich, dass der Suchprozess prinzipiell eine Teilaktivität eines Individuums neben Freizeit, Arbeit und Humankapitalbildung darstellt, sodass es von daher auch gerechtfertigt gewesen wäre, die folgenden Überlegungen als integralen Bestandteil des Teils 2 über die optimale Zeitallokation abzuhandeln. Versuche, ein solches Modell zu konzipieren, stammen zum Beispiel von Seater (1977) und Franz (1982a).

[34]Vgl. dazu *Abschnitt 6.2.2*. Ein Beleg dafür sind die vielen Stellengesuche, in denen der Inserent auf seine bisher "ungekündigte Stelle" hinweist. Vgl. Vishwanath (1989) für eine theoretische Analyse dieses Stigma–Effektes im Rahmen eines Suchmodells. Blau und Robins (1990) kommen für die USA zu dem Ergebnis, dass "on the job"–Suche erfolgreicher ist als bei Arbeitslosigkeit. Sie begründen dies unter anderem mit einer besseren Suchtechnologie der Beschäftigten (beispielsweise auf Grund von Kontakten zu anderen Erwerbstätigen).

[35]Vgl. dazu auch *Abschnitt 2.2.5*.

diese Umschlagprozesse auf dem Arbeitsmarkt gekennzeichnet ist und zeigt, dass ein bestimmtes Maß an Sucharbeitslosigkeit aus dem oben genannten Grund effizient sein kann.[36] Dieses Forschungsanliegen erklärt, warum in den meisten Suchmodellen der arbeitslose Sucher thematisiert wird. Hinzu kommt, dass sich zahlreiche prinzipielle Ergebnisse einer solchen Analyse auf den Fall des beschäftigten Suchers übertragen lassen, aber der Einstieg in die Argumentation für das Beispiel der Sucharbeitslosigkeit wesentlich erleichtert wird.

Beginnen wir mit der theoretischen Analyse des Suchverhaltens eines Arbeitslosen. In der ersten Generation von Suchmodellen legt der Sucher zunächst die optimale Anzahl aller Suchschritte n^* fest, wählt danach zufällig n Firmen aus und akzeptiert das höchste Lohnangebot.[37] Dabei ergibt sich n^* aus der Bedingung, dass im Optimum die Grenzkosten und der Grenzerlös eines weiteren Suchschritts gleich sein müssen. Diese Vorgehensweise ist jedoch einer anderen Suchstrategie unterlegen, welche eine sequenzielle Suche vorsieht.[38] In dieser zweiten Generation von Suchmodellen[39] kontaktiert der Sucher je Zeiteinheit eine Firma und entscheidet nach *jedem* Suchschritt, ob er das Lohnangebot – falls ein solches gemacht wurde – akzeptiert oder weitersucht.[40] Die Entscheidung erfolgt anhand eines Vergleichs der Lohnofferte w mit einem Anspruchslohn w^R, wobei akzeptiert wird, wenn $w \geq w^R$, und weitergesucht wird, solange $w < w^R$. Dieser Anspruchslohn stellt das zentrale Kriterium dar und soll daher einer näheren Betrachtung unterzogen werden.

Der Arbeitslose besitzt nur unvollständige Informationen in Bezug auf die zu erwartenden Lohnangebote. Die Arbeitsplätze lassen sich ausschließlich durch das Merkmal "Lohnsatz" kennzeichnen. Andere, nicht–pekuniäre Eigenschaften bleiben zunächst außer Betracht, um die Darstellung zu Beginn einfach zu halten. Solche Charakteristika und insbesondere die Unsicherheit darüber spielen dann im nächsten Abschnitt eine Rolle, wenn es um die Diskussion "erfolgreiche versus misslungene Arbeitskontrakte", also um die Analyse von Kündigungen, geht. Der Sucher kennt zwar in diesen Modellen die zeitinvariante Dichtefunktion der Löhne $f(w)$, aber er weiß nicht, welches Lohnangebot eine bestimmte Firma machen wird. Das ist die Quelle seiner Unsicherheit, denn er muss nun abwägen zwischen den bekannten Kosten eines weiteren Suchschritts (nämlich dem entgangenen Einkommen, welches er bei Annahme des Lohnangebots erhalten hätte, plus den Suchkosten und gegebenenfalls vermindert um den Betrag der Arbeitslosenunterstützung) und dem *erwarteten* Erlös der nächsten Bewerbung, den er nur mit Wahrscheinlichkeit kennt. Bei dieser Entscheidung ist es außerdem essenziell, dass der Sucher Bewegungen auf der Dichtefunktion $f(w)$ von

[36] Hier erfolgt bereits der Hinweis, dass Suchmodelle nicht in der Lage sind, "die" Arbeitslosigkeit zu erklären.

[37] Dies ist der Grundgedanke des Modells von Stigler (1962).

[38] Wesentliche Ansätze stammen originär von McCall (1970) und Mortensen (1970). Morgan und Manning (1985) haben in einer formal anspruchsvollen Analyse die Bedingung einer "optimalen" Suche hergeleitet, welche Elemente beider "Generationen" enthält. In diesem Fall bestehen die einzelnen sequenziellen Suchschritte aus einer bestimmten Anzahl von Bewerbungen.

[39] Der Vollständigkeit halber sei erwähnt, dass eine dritte Generation von Suchmodellen eine Synthese mit der Theorie impliziter Kontrakte (vgl. dazu *Abschnitt 8.4*) anstrebt. Ein richtungsweisender Beitrag dazu ist Burdett und Mortensen (1980).

[40] Voraussetzung für die Überlegenheit einer reinen sequenziellen Suche ist, dass die Dichtefunktion der Lohnangebote (vgl. dazu weiter unten) dem Sucher bekannt ist. Falls dies nicht der Fall ist, kann eine gemischte Strategie vorteilhafter sein, bei der höchstens n^* Firmen sequenziell kontaktiert werden. Vgl. dazu Pissarides (1985), Fußnote 2.

Verschiebungen dieser Funktion auseinanderhält: Bei einem niedrigeren Lohnangebot als erwartet muss er also wissen, ob das ein Zufallswert aus der angenommenen Dichtefunktion ist, oder ob der Erwartungswert aller Lohnofferten gesunken ist (die Dichtefunktion sich nach links verschoben hat). Auf diesen Aspekt werden wir später zurückkommen.

Unterstellen wir zunächst, dass der Arbeitslose mit Wahrscheinlichkeit q überhaupt eine Lohnofferte (das heißt ein Arbeitsplatzangebot) erhält. Diese Wahrscheinlichkeit werde sowohl von der Arbeitsmarktsituation, mit der sich der Arbeitslose im Hinblick auf seine berufs– und branchenmäßige sowie regionale Zugehörigkeit konfrontiert sieht, als auch von seinen individuellen Charakteristika wie Schul– und Berufsausbildung, Berufserfahrung etc. bestimmt. Alle genannten Variablen seien in einem Vektor z zusammengefasst. Weiterhin werde q auch von der Höhe des mit dem Arbeitsplatz verbundenen Lohnsatzes determiniert: Je höher dieser Lohn, desto größer ist ceteris paribus die Anzahl der Bewerber, die ein etwaiges Stellenangebot annehmen, und damit umso geringer die *individuelle* Chance q, den Arbeitsplatz angeboten zu bekommen.[41] Mithin ist $q(z,w)$ die Wahrscheinlichkeit, dass der Sucher eine Lohnofferte *erhält*, und $p(z,w^R)$ bezeichne die Wahrscheinlichkeit, dass er sie *annimmt*:

$$p\,(z,w^R) = \int_{w^R}^{\infty} q\,(z,w)\cdot f(w)\,dw\,. \tag{6.2}$$

Hierbei ist $q(\cdot)\cdot f(w)$ die Wahrscheinlichkeit, ein bestimmtes Lohnangebot zu erhalten. Das Integral erfasst alle Lohnangebote soweit sie nicht unterhalb von w^R liegen und damit abgelehnt werden. Damit bestimmt sich der erwartete Lohnsatz eines im nächsten Suchschritt akzeptierten Angebotes als:[42]

$$E(w \mid w \geq w^R) = \frac{\int_{w^R}^{\infty} w\cdot q\,(z,w)\cdot f(w)\,dw}{\int_{w^R}^{\infty} q\,(z,w)\cdot f(w)\,dw}\,. \tag{6.3}$$

Wie bestimmt sich die Höhe von w^R ? Im Optimum müssen der Gegenwartswert des Ertrages der Annahme der Lohnofferte und der einer weiteren Suche übereinstimmen. Da der Sucher ein Angebot ab einem Lohnangebot w^R akzeptiert, beträgt dessen Gegenwartswert ($1/(1+r)$ ist der Diskontierungsfaktor):

$$\sum_{t=0}^{\infty} \frac{w^R}{(1+r)^t} = \frac{(1+r)\cdot w^R}{r}\,. \tag{6.4}$$

Akzeptiert der Arbeitslose nicht, sondern sucht er weiter, ergibt sich folgende Berechnung, wobei u die Arbeitslosenunterstützung und c die ebenfalls festen Suchkosten pro Zeitperiode bezeichnen. Der Gegenwartswert des unmittelbar nächsten Suchschritts

[41]Vgl. Nickell (1979). Wir vernachlässigen hier zunächst die Möglichkeit, dass q auch von der Suchintensität des Arbeitslosen abhängen kann, also beispielsweise wieviel Zeit aufgewendet wird oder wieviel Inserate aufgegeben werden. Vgl. dazu auch die Ausführungen weiter unten.

[42]Beachte, dass für den Erwartungswert einer Variable x einer bei c gestutzten Verteilung gilt:

$$E(x \mid x \geq c) = \int_c^{\infty} \frac{x\cdot f(x)}{1-F(c)}\,dx = \frac{1}{1-F(c)}\int_c^{\infty} x\cdot f(x)\,dx\,.$$

$F(c)$ ist die Fläche unter der Dichtefunktion bis zum Wert c, $1-F(c)$ entspricht mithin $p(\cdot)$ in Gleichung (6.2). Vgl. Maier und Weiss (1990), S. 74f.

beläuft sich auf:

$$u - c + \sum_{t=1}^{\infty} \frac{p(z, w^R) \cdot E(w \mid w \geq w^R)}{(1+r)^t}, \tag{6.5}$$

wobei der dritte Term den Gegenwartswert aller zukünftigen Einkommen angibt, vorausgesetzt, der Sucher akzeptiert in $t = 1$. Ist dies nicht der Fall, sondern wird die Suche abermals fortgesetzt, so ergibt sich in der folgenden Zeitperiode folgendes erwartetes Einkommen:

$$[1 - p(z, w^R)] \cdot \left[\frac{u-c}{1+r} + \sum_{t=2}^{\infty} \frac{p(z, w^R) \cdot E(w \mid w \geq w^R)}{(1+r)^t}\right] \tag{6.6}$$

Der Ausdruck für die Zeitperiode $t = 2$ unterscheidet sich von dem der Zeitperiode $t = 1$ hauptsächlich durch den Faktor $[1 - p(z, w^R)]$, das heißt durch die Wahrscheinlichkeit, dass der Sucher das Lohnangebot der Zeitperiode $t = 1$ nicht annimmt. Analog erhält man für die Zeitperiode $t = 3$:

$$[1 - p(z, w^R)]^2 \cdot \left[\frac{u-c}{(1+r)^2} + \sum_{t=3}^{\infty} \frac{p(z, w^R) \cdot E(w \mid w \geq w^R)}{(1+r)^t}\right]. \tag{6.7}$$

Summiert man die erwarteten Einkommen aller künftigen Zeitperioden, so ergibt sich nach einigen Umformungen:

$$\frac{(u-c) \cdot (1+r)}{r + p(z, w^R)} + p(z, w^R) \cdot E(w \mid w \geq w^R) \cdot \frac{1+r}{r\,[r + p(z, w^R)]} \tag{6.8}$$

Gleichsetzen des Ausdrucks (6.8) mit $w^R \cdot (1+r)/r$ [vgl. Gleichung (6.4)] liefert dann den optimalen Anspruchslohn:

$$w^R = \frac{r \cdot (u-c) + p(z, w^R) \cdot E(w \mid w \geq w^R)}{r + p(z, w^R)}. \tag{6.9}$$

Der Anspruchslohn steigt mit höherer Arbeitslosenunterstützung (immer vorausgesetzt, dass der Arbeitslose anspruchsberechtigt ist), weil damit das entgangene Einkommen bei weiterer Suche geringer wird. Denselben positiven Einfluss auf den Anspruchslohn hat der bedingte Erwartungswert des Lohnangebotes. Je größer der Sucher seine Chance einschätzt, Lohnofferten in Höhe von w zu erhalten, desto höher ist sein Anspruchslohn. Die Diskontrate r bringt den Investitionscharakter der Arbeitsplatzsuche zum Ausdruck.[43] Eine höhere Gegenwartsvorliebe bedeutet einen niedrigeren Anspruchslohn oder – anders formuliert – je höher sich die Suche insgesamt verzinsen muss, umso geringer ist die Investition in einen jetzigen, neuen Suchschritt. Im übrigen lässt sich zeigen, dass eine Berücksichtigung der Suchintensität bei der Spezifikation der Wahrscheinlichkeit q zu ähnlichen Schlussfolgerungen geführt hätte, mit

[43] Differenziation von w^R nach r ergibt

$$\frac{p(z, w^R) \cdot \left[u - c - E(w \mid w \geq w^R)\right]}{[r + p(z, w^R)]^2}.$$

Für $(u-c) < E(w \mid w \geq w^R)$ sinkt w^R mit steigendem r.

dem Unterschied, dass der Sucher neben w^R noch eine Entscheidung über eben diese Anstrengungen in Abhängigkeit derselben Variablen wie bei w^R fällen muss.[44] Eine variable Suchintensität ist bei geringer Lohnvariabilität dominierend. In einem solchen Fall verliert w^R an Bedeutung, weil alle Arbeitnehmer einen nahezu einheitlichen Lohn erhalten.[45] Da jedoch nicht alle Firmen Vakanzen haben, verbleibt dann die Suchintensität als die eigentliche Entscheidungsvariable, durch die der Matching–Prozess beeinflusst wird.

Mit diesen Determinanten des Anspruchslohnes sind bei gegebener Verteilungsfunktion der Lohnofferten gleichzeitig die Bestimmungsfaktoren der Suchdauer und damit der Dauer der Arbeitslosigkeit beschrieben. Letztere hängt nicht nur von der Arbeitsmarktsituation und Arbeitslosenunterstützung, sondern auch von individuellen Einschätzungen des arbeitslosen Suchers über seine "Chancen" auf dem Arbeitsmarkt ab.[46] Überschätzt der Sucher den Erwartungswert von w und nimmt er in einer Rezession an, er habe [bei gegebener Dichtefunktion $f(w)$] zufällig ein niedriges Lohnangebot bekommen, während sich in Wahrheit die Dichtefunktion nach links verschoben hat, so impliziert dies eine längere Arbeitslosigkeitsdauer. Dadurch ergibt sich ein antizyklisches Kündigungsverhalten: Er glaubt in der Rezession, sich auf dem "linken Teil der Dichtefunktion" zu befinden, während sich in Wahrheit die Dichtefunktion insgesamt nach links verschoben hat. Warum in der Realität ein prozyklisches Kündigungsverhalten zu beobachten ist, liegt daran, dass – wie mehrfach betont – die wenigsten Arbeitnehmer kündigen, um sich dann auf die Suche zu begeben, und solchen Irrtümern vermutlich keine große empirische Relevanz zukommt.

Es ist argumentiert worden, zumindest ein Teil der Arbeitslosigkeit sei vom Arbeitslosengeld induziert ("sozialleistungsinduzierte Arbeitslosigkeit") und auf zu hohe Lohnansprüche zurückzuführen. Einer pauschalen Zustimmung zu dieser Behauptung stehen aus theoretischer Sicht jedoch folgende Vorbehalte im Wege. Das Argument hat zunächst zur Voraussetzung, dass der Arbeitslose in jeder Zeitperiode ein Arbeitsplatzangebot erhält. Insbesondere für "Problemgruppen" des Arbeitsmarktes (beispielsweise ältere Arbeitslose oder solche ohne Ausbildung) wird das oft nicht der Fall sein, und selbst eine Reduktion des Anspruchslohns kann bei tariflich vereinbarten und daher kaum unterschreitbaren Mindestlöhnen erfolglos sein.

Der behauptete Zusammenhang zwischen Arbeitslosigkeit und Arbeitslosenunterstützung setzt voraus, dass der Betreffende anspruchsberechtigt ist.[47] Ist dies nicht der Fall, so kann gezeigt werden, dass eine negative Beziehung zwischen diesen Variablen bestehen kann, weil es für Arbeitslose lohnend sein kann, möglichst schnell Arbeit aufzunehmen, um die Arbeitslosenunterstützung dann später in Anspruch nehmen zu können. Somit ist bereits in der theoretischen Analyse die behauptete Kausalität nicht eindeutig.[48]

Die Annahme, der Sucher kenne die Verteilungsfunktion der Lohnofferten, ist nicht sehr realistisch. Zwar gibt es für gleiche Qualifikationen von Arbeitern sektoral und regional differenzierte Lohnsätze, sodass die Existenz einer Verteilungsfunktion unter-

[44] Vgl. dazu Burdett und Mortensen (1980) und Stern (1989).

[45] Sie hätten dann die Alternative: Akzeptieren oder den Arbeitsmarkt verlassen. Vgl. dazu Pissarides (1985), S. 163.

[46] Dies ergibt sich durch Einsetzen von (6.3) in (6.9).

[47] Vgl. dazu *Abschnitt 7.4*.

[48] Vgl. dazu Mortensen (1976) und Burdett (1979).

stellt werden kann,[49] indessen ist anzunehmen, dass der Sucher nur unvollständige Informationen über die Form der Verteilungsfunktion besitzt. Irrtümer über die Verteilungsform haben aber beträchtliche Konsequenzen auf die optimale Anzahl von Suchschritten.[50] Damit ist der Erklärungswert dieser Modelle eingeschränkt, da nicht mehr unterschieden werden kann, ob eine veränderte Suchdauer tatsächlich auf verschieden hohen Anspruchslöhnen oder nur auf Irrtümern über die Verteilungsfunktion beruht.[51]

Die hier vorgetragene, trotz des formalen Aufwandes sehr einfache Version eines Arbeitsplatz–Suchmodells ist in zahlreichen Beiträgen in vielfältiger Weise erweitert worden.[52] Zu den wichtigsten Modifikationen gehört, dass der Anspruchslohn noch aus anderen als den bei der Interpretation von Gleichung (6.9) genannten Gründen variieren, insbesondere mit zunehmender Suchdauer fallen kann. Begründungen dafür lauten unter anderem, dass die in Frage kommenden Firmen immer weniger werden können und die verbleibende Zeit einer Erwerbsphase, in der sich die verlängerte Suche auszahlen soll, immer kürzer wird, ein Argument, welches am ehesten für ältere Arbeitslose von Bedeutung sein könnte. Möglicherweise nimmt die Risikobereitschaft mit zunehmender Suchdauer ab. Aus diesen Gründen ist es nicht unrealistisch anzunehmen, dass Langzeitarbeitslose einen niedrigeren Anspruchslohn haben als andere Sucher. Wieso sie trotzdem erfolgloser bei der Suche sind, kann auf eine nachlassende Suchintensität auf Grund von Entmutigung oder auf ihren vermeintlichen oder tatsächlichen Verlust an Humankapital zurückzuführen sein. Der Suchprozess kann – im Vorgriff auf Argumente des nächsten Abschnitts – auch dadurch behindert werden, dass Sucher und Vakanzen regional getrennt angesiedelt, die gegenseitigen Informationen jeweils spärlich und die Mobilitätsanstrengungen der Arbeitslosen gering sind.[53] Aber selbst hier sind die Effekte zum Teil gegenläufig. Wenn eine größere regionale Dispersion zwischen Arbeitslosen und offenen Stellen damit einhergeht, dass nun mehr Arbeitsplätze in bevorzugten Regionen angeboten werden, kann das zu einer höheren Annahmewahrscheinlichkeit führen, wenn der Sucher die nicht–pekuniären Eigenschaften dieser Regionen in einen geringeren Anspruchslohn umsetzt.

Betrachten wir abschließend nochmals den Fall des Suchers, der beschäftigt ist und den Arbeitsplatz wechseln möchte. Die bisherigen Ausführungen für den arbeitslosen Sucher können dabei als Spezialfall aufgefasst werden, nämlich dass der Beschäftigte die Option "kündige und suche" an Stelle von "arbeite und suche" realisiert hat.[54] Die Determinanten dieser Alternativen wurden eingangs aufgezeigt. Formal lässt sich ihre Analyse mit der Annahme zweier Anspruchslöhne durchführen,[55] nämlich w_1^R, der bei gegebenen Suchkosten die Suche während des Beschäftigungsverhältnisses nahelegt,

---

[49] Vgl. dazu *Abschnitt 8.1* und *Abschnitt 8.7*.

[50] Zu diesem Problemkreis und zu weiterführenden Berechnungen vgl. Gastwirth (1976).

[51] Realistisch, aber formal schwierig ist die Berücksichtigung der Möglichkeit, dass der Arbeitslose seine subjektive Einschätzung während der Suche im Lichte der gemachten Erfahrungen revidiert; vgl. dazu Rothschild (1974).

[52] Vgl. dazu die Übersichtsartikel in der Literaturauswahl in *Abschnitt 6.5*.

[53] Zur Vermeidung von Missverständnissen sei bereits jetzt betont, dass hier nicht einer unbedingten regionalen Mobilität der Arbeitslosen das Wort geredet wird, etwa mit der Folge, dass Ostfriesland zur völligen Einödregion degeneriert.

[54] Vgl. van den Berg (1990) für eine Analyse der zusätzlichen Option, in die "Stille Reserve" abzuwandern. Der Begriff der "Stillen Reserve" wird in *Abschnitt 9.1.1* erläutert.

[55] Vgl. Burdett (1979) und Burdett und Cunningham (1998).

und einem zweiten, höheren w_2^R, der sie in einer Arbeitslosigkeitsperiode optimal erscheinen lässt. Der Unterschied zwischen w_1^R und w_2^R wird mit den bereits diskutierten Kostendifferenzialen beider Optionen begründet. Lohnangebote, die unterhalb von w_1^R und w_2^R liegen, werden abgelehnt, solche zwischen w_1^R und w_2^R zwar akzeptiert, aber der Betreffende sucht auf dem neuen Arbeitsplatz weiter, während Offerten oberhalb von w_2^R ebenfalls zur Annahme, jedoch auch zur Beendigung der Suche führen.

6.2.2 Der Arbeitgeber als Sucher

Der Suchprozess der Firma beinhaltet zwei Komponenten, nämlich die Suche nach potenziellen Kandidaten und das Ausleseverfahren zur Ermittlung des produktivsten Bewerbers.

Im Vergleich zum Suchprozess des Arbeitnehmers bietet die formale Analyse der ersten Komponente keine essenziell neuen Aspekte, mit dem Unterschied, dass die Überlegungen nun aus dem Blickwinkel der Firma angestellt werden. Auch hier begrenzen Suchkosten die Anzahl der Suchschritte, also wie viele Anzeigen geschaltet und Bewerber zum Vorstellungsgespräch eingeladen werden. An Stelle des Anspruchslohnes des Suchers tritt nun eine Mindestqualifikation, welche die Firma fordert und die in analoger Weise hergeleitet wird[56] wie der optimale Anspruchslohn: Im Gewinnmaximum müssen die Suchkosten gleich dem erwarteten, diskontierten Nettozusatzgewinn aller erwarteten zukünftigen Beschäftigungsperioden des Arbeiters sein, vorausgesetzt er erfüllt eine Mindestanforderung v^R. Diese ist (wie w^R) die untere Integralgrenze für $s \cdot g(v)dv$, wobei v die Qualifikation mit bekannter Dichtefunktion $g(v)$ ist, und s die hier unterstellte exogene Wahrscheinlichkeit darstellt, dass ein Bewerber bei der Firma vorspricht. Das Optimierungsproblem für die Firma besteht darin, dass eine höhere Mindestqualifikation zwar den erwarteten Nettoertrag eines Neueingestellten ansteigen lässt, andererseits aber die Wahrscheinlichkeit reduziert, dass ein Bewerber gefunden wird. Der Integralausdruck bezeichnet [analog zu Gleichung (6.2)] diese Wahrscheinlichkeit, dass die Firma dem Kandidaten einen Arbeitsplatz anbietet, nämlich dann, wenn $v \geq v^R$. Bei Grenzproduktivitätsentlohnung ist dann mit $v \geq v^R$ auch eine bestimmte Lohnofferte verbunden. Wie beim Arbeitssuchenden muss das Anspruchsniveau der Firma während der Suchdauer nicht konstant bleiben, weil eine Vakanz umso höhere Kosten verursacht, je länger die Firma auf die mit ihrer Besetzung verbundenen Zusatzgewinne verzichten muss.

Ist ein Arbeitsplatz mit einem festen Lohnsatz verbunden (wie für viele Arbeitsplätze in großen Unternehmen oder im staatlichen Sektor), dann geht es für die Firma darum, bei gegebener Lohnofferte den produktivsten Bewerber ausfindig zu machen.[57] Schließlich muss die Wahrscheinlichkeit s nicht, wie oben angenommen, für die Firma eine exogene Größe darstellen, also nur durch die Anzahl der (arbeitslosen) Sucher determiniert sein. Wenn die Sucher unterschiedliche Anspruchslöhne besitzen, dann kann die Firma durch Bekanntmachung höherer Lohnofferten Bewerber auf sich aufmerksam

[56] Vgl. dazu König (1979), S. 87ff.

[57] Dieser ist nicht unbedingt der Bewerber mit der höchsten (formalen) Qualifikation. Firmen scheuen aus guten Gründen vor der Einstellung "überqualifizierter" Bewerber zurück, beispielsweise weil sich eine mögliche Unzufriedenheit eines solchen Beschäftigten negativ auf seine Produktivität (und vielleicht auf die anderer Arbeitnehmer) auswirken kann und er eine hohe Kündigungswahrscheinlichkeit aufweisen mag.

machen und zur Annahme ihres Angebots bewegen.[58]

Essenziell ist es für die Firma, Aufschluss über die Produktivität der Bewerber zu bekommen. Formale Qualifikationen wie "abgeschlossene Lehre" oder "Diplom" können dazu nur bedingt herangezogen werden, insbesondere dann, wenn sich weniger produktive Kandidaten auf Grund einer besseren schulischen Ausbildung bei der Bewerbung nur "besser verkaufen" können,[59] nicht zu reden davon, dass ungünstige Eigenschaften ohnehin möglichst verschwiegen werden. Dieses Informationsproblem ähnelt der Unsicherheit des Suchers über die Nicht–Lohn–Eigenschaften des Arbeitsplatzes, die er in der Regel erst bei einer Beschäftigung kennenlernt. Die Firma kann eine solche Methode des "Ausprobierens" diverser Bewerber häufig nicht oder nur mit erheblichem Aufwand durchführen, indem sie die Kandidaten zunächst ein Trainee–Programm durchlaufen lässt oder weit mehr Auszubildende einstellt als später als Facharbeiter benötigt werden.[60] Aber selbst hier wenden Unternehmen zum Teil kostspielige Testverfahren an, um den geeignetsten Bewerber "herauszufiltern".[61] Eine Möglichkeit, diese Kosten einzudämmen, besteht in der Schichtung von Bewerbern nach leicht identifizierbaren Merkmalen wie Alter, Geschlecht, Nationalität und Schulbildung und bei gleich hohen Suchkosten führt dies dazu, dass zunächst nur die aus der Sicht der Firma vielversprechendste Gruppe in die engere Wahl kommt und die restlichen Bewerber abgewiesen oder zumindest "vertröstet" werden. Erst wenn das Reservoir dieser Kategorie ausgeschöpft ist, wendet sich die Firma der nächstbesten zu. Dies liefert die theoretische Begründung für den Vorwurf (berechtigt oder nicht), dass die Unternehmen in Rezessionszeiten "olympiareife Mannschaften" wünschten, und erklärt bestimmte Aspekte der Diskriminierung. Im ersten Fall bei (vermeintlich) hohem Bewerber–Potenzial kommen nur Kandidaten mit einer hohen Qualifikation in Betracht, während bei der "statistischen Diskriminierung"[62] bestimmte Gruppen wie Frauen, Ausländer oder (Langzeit–) Arbeitslose geringere Chancen eines Arbeitsplatzangebotes haben.

Gerade anhand der zuletzt genannten Gruppe kann die Ambivalenz bestimmter Effekte nochmals verdeutlicht werden. Langzeitarbeitslosigkeit kann zur Folge haben, dass der Anspruchslohn sinkt, sodass ceteris paribus die Einstellungschancen steigen. Andererseits ist ein gegenläufiger Effekt wirksam, wenn eine diesbezügliche Diskriminierung betrieben wird. Schlimmer noch, eine Senkung der Lohnforderung kann auf die Firma wie ein ungünstiges Signal im Sinne einer "negativen Selbstauslese" wirken, weil sie daraus schließt, dass der Bewerber sich selbst entsprechend einschätzt.[63]

6.2.3 Vertragsabschluss und Kündigung

In dem vorangegangenen Abschnitt wurden die Suchprozesse von beschäftigten oder arbeitslosen Arbeitnehmern und von Firmen diskutiert. Offen blieb indessen, unter

[58] Wie es zum Beispiel durch Aussagen in Stellenanzeigen des Typs: "Unsere überdurchschnittliche Bezahlung und großzügigen Sozialleistungen werden Sie zufriedenstellen" zum Ausdruck kommt.

[59] Auf diesen Aspekt der Ausbildung als "Signal" hat insbesondere Spence (1973) hingewiesen.

[60] Vgl. *Kapitel 3* für eine Analyse des Ausbildungsstellenangebotes.

[61] In der angelsächsischen Literatur firmiert dies unter "screening". Zum Zusammenhang zwischen Screening, dessen Kosten und der Firmengröße vgl. Garen (1985).

[62] Vgl. dazu ausführlicher *Abschnitt 8.7.*

[63] Das ist der Grundgedanke der "adverse selection"–Ansätze, die im Rahmen der Effizienzlohntheorie in *Abschnitt 8.5* diskutiert werden.

welchen Voraussetzungen es zu einem Vertragsabschluss kommt und ob das Beschäftigungsverhältnis erfolgreich ist oder beendet wird. Gerade der Fall des suchenden Beschäftigten spricht eher für einen Mismatch.

Bei gegebener Kontaktwahrscheinlichkeit, welche der Sucher durch eine höhere Suchintensität und die Firma durch höhere Lohnangebote vergrößern können, kommt ein Match dann zu Stande, wenn der Sucher die Mindestanforderungen der Firma erfüllt und die Lohnofferte der Firma oberhalb des Anspruchslohnes liegt. Ist dies nicht der Fall, dann benötigt der Matching–Prozess mehr Zeit, weil weiter gesucht wird, wobei jedoch mit zunehmender Suchdauer sowohl der Anspruchslohn des Suchers sinken, wie auch das Lohnangebot der Firma steigen kann.[64] Die Gründe für diese möglichen Reaktionen wurden im vorangegangenen Abschnitt dargelegt. Ob alle Suchprozesse letztlich in Beschäftigungsverhältnisse münden, hängt von der Flexibilität dieser Reaktionen ab.[65] Eine sehr hohe Arbeitslosenunterstützung und Freizeitpräferenz bedeuten ceteris paribus eine höhere Sucharbeitslosigkeit, ebenso wie inflexible Lohnangebote beziehungsweise Einstellungsstandards die Laufzeit der Vakanzen erhöhen. Lohndispersionen werden durch den Suchprozess nicht notwendigerweise eingeebnet, denn selbst homogene Arbeiter (für die sich ansonsten nur *ein* Lohnsatz auf dem Markt ergeben würde) können auf unterschiedlichen Arbeitsplätzen (mit differierender Kapitalausstattung) eine verschieden hohe Produktivität aufweisen. Außerdem wissen Firmen bei Lohnflexibilität zu Anfang einer Zeitperiode nicht genau, welcher Lohn auf "ihrem" Arbeitsmarkt ausgehandelt wird.[66]

Die unvollständige Information ist bei Vertragsabschluss nicht beendet. Weder kennt der neu eingestellte Beschäftigte exakt alle Eigenschaften des Arbeitsplatzes wie Aufstiegschancen, soziales Umfeld ("Betriebsklima"), Kontrollstrategie der Firma oder Spezifika der zu verrichtenden Tätigkeiten, noch weiß die Firma genau, welche Produktivität er auf dem Arbeitsplatz entfalten wird.[67] Erst durch Erfahrung in einem Beschäftigungsverhältnis kann die Qualität eines Match mit Sicherheit eingeschätzt werden.[68] Da diese Informationen in der Anfangsphase gesammelt werden, steigt zunächst die Wahrscheinlichkeit an, dass eine der beiden Parteien kündigt und das Match beendet wird.[69] Nach dieser Phase sinkt das Kündigungsrisiko, da nur noch gute Matches mit hoher Produktivität und Entlohnung fortgesetzt werden und sich immer weniger Matches als schlecht herausstellen. So betrachtet ähnelt der Verlauf der Kündigungswahrscheinlichkeit in Abhängigkeit von der Betriebszugehörigkeitsdauer mithin einem umgekehrten U. Wenn andererseits die Entlohnung in Abhängigkeit des Ergebnisses des Beschäftigungsverhältnisses erfolgt und die Unsicherheiten zum

---

[64] Suchprozesse sind mithin in der Lage, die bereits von Arrow (1959), S. 43 gestellte Frage zu beantworten, wieso es auf kompetitiven Märkten, auf denen sich alle Marktteilnehmer als Mengenanpasser verhalten, zu Preisanpassungen kommen kann.

[65] Die Herleitung eines Gleichgewichtes im Matching–Prozess ist formal schwierig. Hosios (1990) enthält eine Darstellung, wobei zusätzlich zum Ein–Sektor–Fall auch der Zwei–Sektor–Fall diskutiert wird.

[66] Vgl. dazu das Modell von Mortensen (1976) und die Diskussion in König (1979), S. 92ff.

[67] Deshalb wird im Vertrag in der Regel eine "Probezeit" mit kurzen Kündigungsfristen vereinbart.

[68] Vgl. Ramser (1981), S. 174ff. für eine ausführliche Diskussion über "Experience–Eigenschaften" von Arbeitsplätzen (im Gegensatz zur "inspection–Eigenschaft" eines Lohnangebotes, die bei Abgabe der Offerte bekannt ist).

[69] "Kündigung" umfasst im hier verwendeten Sprachgebrauch die Auflösung des Beschäftigungsverhältnisses vom Arbeitnehmer und/oder Arbeitgeber, also auch Entlassungen. Aus dem Text geht hervor, welcher Vertragspartner ggf. gemeint ist.

Beispiel bezüglich Aufstiegschancen mit der Zeit schwinden, dann hat der Beschäftigte auch genauere Vorstellungen über zukünftige Lohnsteigerungen, sodass er bei Risikofreude kündigt, um auf einem anderen Arbeitsplatz ein neues "Spiel" mit der Chance auf Lohnzuwächse zu beginnen, allerdings mit dem Risiko von Verlusten.[70] Damit bleibt im Matching-Modell der Verlauf der Kündigungswahrscheinlichkeit offen.

Die Unsicherheit auf Seiten des Suchers kann insbesondere zu Beginn des Erwerbslebens darin bestehen, dass er seine Tätigkeiten nicht kennt, bevor er nicht verschiedene Arbeitsplätze "ausprobiert" hat. Die Unsicherheit liegt in diesem Fall nicht nur in den unbekannten Attributen des Arbeitsplatzes, sondern auch in der Unerfahrenheit, seine eigenen Kenntnisse und Fähigkeiten und damit die Produktivität richtig einzuschätzen. In diesem Fall kann es sich für den Jugendlichen auszahlen, eine Experimentierphase mit verschiedenen Arbeitsplätzen einzuplanen.[71] Mit zunehmendem Alter der Arbeitnehmer nimmt deren Firmenwechsel (pro Zeiteinheit) ab, denn im Laufe des Berufslebens (verbunden mit Betriebswechseln) sind der Lernprozess ausgereift, die Unsicherheit reduziert und das Match kalkulierbarer geworden. Des Weiteren besitzt der nunmehr ältere Arbeitnehmer einen näher liegenden Planungshorizont. Dann müssen sich die Mobilitätskosten bei einem Wechsel in kürzerer Frist amortisieren.[72]

Zu demselben Ergebnis bezüglich der mit der Firmenzugehörigkeit variierenden Kündigungswahrscheinlichkeit kommen die in *Kapitel 3* diskutierten Humankapitalansätze. Dort wurde dargestellt, dass Arbeitnehmer während ihrer Betriebszugehörigkeit zumindest betriebsspezifisches Humankapital akkumulieren.[73] Tragen Arbeitnehmer und die Firma die Kosten dieser Aktivität, dann verringern sich die Kündigungswahrscheinlichkeit des Arbeitnehmers und die Entlassungswahrscheinlichkeit seitens der Firma, denn beide würden bei einem Firmenwechsel die fixen Kosten dieser Investitionen nicht weiter in Erträge umsetzen können. Insoweit stabilisiert die Akkumulation von betriebsspezifischem Humankapital mithin das Beschäftigungsverhältnis.[74] Wenn andererseits diese Phase weitgehend abgeschlossen und/oder auch für solche Investitionen das Gesetz fallender Ertragszuwächse zutreffend ist, dann sinken die zukünftig zu erwartenden Lohnsteigerungen auf diesem Arbeitsplatz und die Wahrscheinlichkeit steigt, dass der Arbeitnehmer auf einem anderen Arbeitsplatz (mit demselben Anfangslohn) wiederum in betriebsspezifisches Humankapital investiert, um so sein Lebenseinkommen zu maximieren. Wie der Matching-Ansatz liefert also die Humankapitaltheorie ebenfalls keine eindeutige Aussage über den Verlauf der Kündigungswahrscheinlichkeit in Abhängigkeit von der Firmenzugehörigkeitsdauer.[75] Der prinzipielle Unterschied zwischen beiden Modellen liegt daher nicht im Ergebnis, sondern eher darin, dass die Produktivität beim Humankapitalansatz steigt, während sie im Matching-Ansatz unverändert bleibt und nur die Unsicherheit bezüglich der zu er-

---

[70] Vgl. dazu Mortensen (1988).

[71] Das ist der Grundgedanke der "Job Shopping"-Theorie. Vgl. dazu Johnson (1978) und Viscusi (1980). Zusammen mit den "Matching-Modellen" werden diese Ansätze auch "Sortiermodelle" genannt.

[72] Vgl. dazu Harris und Weiss (1984), die neben dem Planungshorizont auch die Rolle der Risikoaversion diskutieren.

[73] Vgl. Jovanovic (1979) für eine theoretische Analyse des Zusammenhangs zwischen Kündigungen beziehungsweise Entlassungen und betriebsspezifischem Humankapital.

[74] Vgl. dazu auch die ausführliche und informative Diskussion in Schasse (1991).

[75] Vgl. dazu Mortensen (1988).

wartenden Produktivität abnimmt.[76]

Wie aus den bisherigen Ausführungen erkennbar, spielt die relative Entwicklung des Lohnes im bestehenden Beschäftigungsverhältnis (im Vergleich zu der auf anderen Arbeitsplätzen) eine wichtige Rolle als Determinante der Kündigungswahrscheinlichkeit seitens des Arbeitnehmers. Nicht nur haben ältere Arbeitnehmer eine längere Suche mit entsprechenden Erfahrungen hinter sich, sodass für sie die Wahrscheinlichkeit, den Arbeitsplatz mit dem optimalen Lohn[77] gefunden zu haben, höher ist als für jüngere Arbeitnehmer, sondern aus den Überlegungen zur Humankapitaltheorie können sich in Verbindung mit der Senioritätsentlohnung ein mit dem Alter steigendes Verdienstprofil[78] und somit eine geringere Kündigungswahrscheinlichkeit ergeben. Die Firma hat mithin die Möglichkeit, durch höhere Lohnangebote Arbeitnehmer von einer Kündigung abzuhalten. Auf diese Möglichkeit wird im Rahmen der Effizienzlohntheorie näher eingegangen.[79] Zusätzlich zu dem Lohnsatz spielen die Lohnnebenleistungen und die nicht–pekuniären Arbeitsplatzeigenschaften eine wichtige Rolle, wobei letztere bei Arbeitsplatzangeboten in der Regel mit geringerer Sicherheit einzuschätzen sind, also die Eigenschaft eines "Erfahrungsgutes" haben.[80] Kosten der Mobilität sind ein weiterer Faktor, der die Entscheidung eines Arbeitnehmers, zu kündigen, beeinflusst.[81] Dazu rechnen die unmittelbaren Mobilitätskosten (wie Umzugskosten, falls sie nicht vom Arbeitgeber ersetzt werden), und der Verlust bisheriger sozialer Kontakte. Außerdem entstehen diese Kosten nicht nur bei dem Betriebswechsler selbst, sondern auch (und vielleicht in einem größeren Umfang), wenn der Ehepartner daraufhin ebenfalls einen neuen Arbeitsplatz suchen und die Kinder einen nicht immer problemlosen Schulwechsel auf sich nehmen müssen. Anders als vielleicht in den USA wirken darüber hinaus der Besitz von (selbsterbauten) Eigenheimen und ausgeprägte Heimatverbundenheit eher mobilitätshemmend. Abgesehen von Stellenwechseln, die keinen Wohnortwechsel notwendig machen, müssen dann unter Berücksichtigung dieser Determinanten schon erhebliche Lohndifferenziale oder eine anderweitig bedingte hohe Abneigung gegenüber dem bestehenden Arbeitsverhältnis vorliegen, um eine Kündigung zu initiieren.[82]

Institutionelle Regelungen bezüglich des Arbeitnehmerschutzes gegen Entlassungen ("Kündigungsschutzregelungen") sowie Vorschriften über Abfindungen zum Beispiel im Rahmen von Sozialplänen können ebenfalls einen Einfluss auf die Betriebszugehörigkeitsdauer haben. Die entsprechenden Regelungen sind in mehreren Fallbeispielen erläutert.[83] Problematisch sind beim Kündigungsschutz erstens die hohe Unsicherheit über den Ausgang von Arbeitsgerichtsprozessen, welche dazu geführt hat,

---

[76]Vgl. dazu ausführlicher Franz (1982b).

[77]Das ist unter Berücksichtigung von Nicht–Lohn–Charakteristika eines Arbeitsplatzes nicht unbedingt der maximale Lohn.

[78]Senioritätsentlohnung heißt, dass der Betreffende zunächst unterhalb und dann oberhalb seines Wertgrenzproduktes entlohnt wird, um die Betriebstreue und damit für die Firma die Erträge ihrer Investitionen in das Humankapital sicherzustellen; vgl. dazu ausführlicher *Abschnitt 2.3.2.*

[79]Vgl. dazu *Abschnitt 8.5.2* und Schlicht (1978).

[80]Vgl. Holmlund und Lang (1985) und Schasse (1991) für eine ausführliche Diskussion von Lohnnebenleistungen und Nichtlohnelementen im Rahmen der Analyse der Kündigungswahrscheinlichkeit.

[81]Vgl. dazu die theoretische Analyse von Hey und McKenna (1979).

[82]Die Themen werden auch in der Literatur zur Migration von Arbeitskräften ausführlich diskutiert; vgl. dazu Berninghaus und Seifert–Vogt (1987) und Straubhaar (1988).

[83]Vgl. dazu die Fallbeispiele in *Abschnitt 4.3.1* und *Abschnitt 7.2.1.*

dass sie in vielen Fällen zu einem Abfindungshandel degeneriert sind,[84] und zweitens der besondere Kündigungsschutz (für ältere Arbeitnehmer, Schwangere), wobei nicht von vornherein klar ist, ob dieser Personenkreis davon insgesamt einen Nutzen hat. Möglicherweise sinkt für diese Leute auf Grund dieser Vorschriften die Wahrscheinlichkeit, überhaupt oder wieder ein Arbeitsplatzangebot zu erhalten.[85] Als Ausweg aus dem Dilemma eines restriktiven Kündigungsschutzes bietet sich der Abschluss zeitlich befristeter Arbeitsverträge an. Im Anschluss an das Ende des Jahres 2000 ausgelaufene Beschäftigungsförderungsgesetz aus dem Jahre 1985, welches prinzipiell die Möglichkeit befristeter Arbeitsverträge bis zu zwei Jahren vorsah,[86] ist die Möglichkeit, Arbeitsverträge nur auf bestimmte Zeit abzuschließen, seit 1.1.2001 im "Gesetz über Teilzeitarbeit und befristete Arbeitsverträge" (Teilzeit– und Befristungsgesetz TzBfG) geregelt. Danach bedarf die Befristung grundsätzlich eines sachlich gerechtfertigten Grundes, dazu rechnen ein nur vorübergehender konkreter betrieblicher Bedarf (nicht aber eine allgemeine Unsicherheit über die künftige Entwicklung), eine Anschlussbeschäftigung nach einer Ausbildung (auch bei Werkstudenten) oder die Eigenart der Arbeitsleistung (Künstlerengagement, Bearbeitung von Forschungsprojekten, deren Finanzierung haushaltsrechtlich begrenzt ist). Die Arbeitsverträge können bis zu einer Gesamtdauer von zwei Jahren befristet und höchstens dreimal verlängert werden, es sei denn, dass mit demselben Arbeitgeber bereits irgendwann zuvor ein befristetes oder unbefristetes Arbeitsverhältnis bestanden hat (dieses Verbot gilt mithin "lebenslänglich"). Im Jahre 2000 betrug der Anteil der abhängigen Erwerbstätigen mit einem befristeten Arbeitsvertrag 8.8 v.H. im Gegensatz zu 7.5 v.H. im Jahre 1991, wobei diese Anteile mit zunehmenden Alter der Erwerbstätigen sinken.[87]

6.3 Internationale Migration

Die ökonomische Analyse der Migrationsentscheidung hat eine Fülle von Aspekten zu berücksichtigen. Sie verdeutlichen die große und interdisziplinäre Spannweite des Themas, und lassen erkennen, in welchem Ausmaß die später zu diskutierenden Ansätze nur Einzelaspekte behandeln.

(i) Die Motive potenzieller Migranten sind unterschiedlich. Sie reichen von ökonomisch motivierter Migration über den Wunsch nach einer Familienzusammenführung (im weiteren Sinne) bis hin zu politisch bedingten Wanderungsphänomenen.

(ii) Die Migrationsentscheidung ist häufig nicht allein das Ergebnis individueller Überlegungen, sondern ist im Kontext familialer Entscheidungen zu sehen. Es mag sehr wohl sein, dass der Alleinverdiener in einer Familie aus ökonomischen Gründen eine Migration präferiert, dass aber für die übrigen Familienmitglieder die damit verbundenen Transaktionskosten als zu hoch eingestuft werden (Verlust der sozialen Umwelt und Schulprobleme). Das erklärt, wieso häufig (zu-

[84] Vgl. dazu Franz und Rüthers (1999).
[85] Vgl. dazu ausführlicher *Abschnitt 4.3.2* und für den Fall älterer Arbeitnehmer Weis (1983).
[86] Für eine Evaluation der Wirkungen dieses Beschäftigungsförderungsgesetzes vgl. Büchtemann (1993) und Hunt (2000).
[87] Der Anteil belief sich im Jahre 2000 in der Altersgruppe 20 bis 25 (55 bis 60) Jahre auf 27.8 (4.8) v.H. Quelle: Statistisches Bundesamt, Leben und Arbeiten in Deutschland, Wiesbaden 2001, S. 15.

nächst) nur der Ehemann als Gastarbeiter wandert und die Familie gegebenenfalls später nachzieht oder der Ehemann wieder in das Heimatland zurückkehrt.

(iii) Daraus folgt die wichtige Unterscheidung zwischen temporärer und permanenter Migration. Ziel des temporären Migranten ist häufig die Erreichung eines festen Sparziels in möglichst kurzer Zeitspanne, um sich beispielsweise danach eine Existenz im Heimatland aufzubauen ("target saver"). Natürlich können sowohl die temporäre wie auch die permanente Migrationsentscheidung im Verlauf des Aufenthaltes im Gastland revidiert werden, das heißt, aus der als temporär geplanten Migration kann eine permanente Migration werden und vice versa.

(iv) Damit ist der besonders wichtige Aspekt der Unsicherheit angesprochen, unter der eine Migrationsentscheidung gefällt wird. Der Extremfall ist der einer "spekulativen Migration". Der Migrant muss in dem Zielland erst einen Arbeitsplatz suchen und ist über die Verhältnisse dort nur unvollständig informiert. Etwas mehr Sicherheit hat der "vertragliche Migrant". Er besitzt bereits vorher einen Arbeitsplatz – wie der Gastarbeiter (aus einem Nicht–EU–Land), welcher von der deutschen Arbeitsverwaltung auf Anforderung eines heimischen Unternehmens angeworben wurde. Der Informationsstand dieses "vertraglichen Migranten" über das Gastland kann sehr unterschiedlich sein – bis hin zu nahezu vollständiger Information bei erneuter Migration in dasselbe Land. Mithin hängt die Migrationsentscheidung bei unvollständiger Information von der Risikobereitschaft des Migranten ab.

(v) Eine ökonomisch motivierte Migrationsentscheidung hat zwischen den ökonomischen Bedingungen des Heimatlandes und denen des Gastlandes unter Berücksichtigung der Transaktionskosten abzuwägen. Beispiele dafür sind erwartete Einkommensdifferenziale (also Lohndifferenziale gewichtet mit den Wahrscheinlichkeiten, einen Arbeitsplatz zu erhalten) und Mobilitätskosten einschließlich von Differenzialen in den Lebenshaltungskosten und solchen nicht–pekuniärer Art. Gerade die Transaktionskosten sind in ihrer Bedeutung bei der befürchteten Migrationswelle von Ost– nach Westdeutschland wohl unterschätzt worden.

(vi) Eine besonders enge Verzahnung besteht zwischen den eben genannten Transaktionskosten und dem Wohnungsmarkt des Gastlandes. Mieten beziehungsweise Hauspreise können bekanntlich nahezu prohibitiv hoch sein. Hinzu kommt für die ökonomische Analyse, dass eine wechselseitige Kausalität zwischen Migration und Wohnungsmarkt besteht, weil beispielsweise die Mietpreise nicht unabhängig von den Zuzügen sind und vice versa.

(vii) Eine gewünschte Migration kann an institutionellen Gegebenheiten des Heimat– und Gastlandes scheitern, seien diese nun gesetzlich verankert oder durch faktisches Verhalten gegeben. Das Heimatland kann die Ausreise genehmigen oder nicht oder sie durch Schikanen fast aussichtslos machen; das Gastland kann volle Freizügigkeit (zum Beispiel für EU–Angehörige) gewähren, den Zuzug plafondieren (Beispiel: Schweiz) oder generell stoppen (Beispiel: Anwerbestopp in Deutschland 1973 für Gastarbeiter aus Nicht–EG–Ländern bei beschränkter Erlaubnis der Familienzusammenführung); die Berufsausübung kann im Gastland durch fehlende Anerkennung von Ausbildungsgängen und Diplomen erschwert oder unmöglich gemacht werden, selbst wenn gesetzlich "Freizügigkeit" herrscht; die Bevölkerung kann sich abweisend gegen Ausländer verhalten.

Es wurde einleitend bereits darauf hingewiesen, dass die einzelnen theoretischen Modelle des Migrationsverhaltens nur Ausschnitte aus den eben vorgetragenen Aspekten behandeln. Sie können – wiederum in aller Kürze – wie folgt dargestellt werden.[88]

(i) Humankapitalansatz: Der potenzielle Migrant basiert in diesem Modell seine Entscheidung auf einem Vergleich alternativer erwarteter Nutzen- und Kostenströme bei verschiedenen Wohnsitzen.[89] Er wählt den Ort mit dem höchsten erwarteten Nettonutzen. Erweiterungen des Humankapitalansatzes beziehen sich insbesondere auf die Berücksichtigung der Risikotheorie. Trotzdem wird gegen diesen Ansatz kritisch eingewandt, dass die Behandlung der Informationsbeschaffung und –verarbeitung viel zu oberflächlich sei, um tatsächliches Migrationsverhalten erklären zu können.

(ii) Suchtheorie: Hier wird die Theorie der Suche nach einem Arbeitsplatz auf das Migrationsverhalten übertragen, wobei indessen beachtliche Modifikationen vorgenommen werden.[90] Im Fall der oben genannten spekulativen Wanderung ist die Migration ein integraler Bestandteil des Suchprozesses, denn die Migration erfolgt auf "gut Glück", das heißt in der Hoffnung auf einen akzeptablen Wohn– und Arbeitsplatz. Bei der vertraglichen Migration ist dagegen die Migration das Ergebnis eines Suchprozesses, denn sie wird erst dann unternommen, wenn die neue Existenz gesichert ist.

Eine wesentliche Modifikation der Suchtheorie erfolgt durch eine stärkere Berücksichtigung informationstheoretischer Aspekte im Rahmen einer sequenziellen Entscheidungstheorie.[91] Im Mittelpunkt dieser Arbeiten – insbesondere im Rahmen der "Multi–Armed–Bandit"–Modelle (MABM) – steht der "Entscheidungsbaum" ("decision tree"). Am Beispiel der vertraglichen Migration könnte dieser in seiner einfachsten Form folgende hierarchisch angeordnete Wahrscheinlichkeiten beinhalten: (i) die Wahrscheinlichkeit während einer bestimmten Zeitperiode in einem gegebenen Gebiet aktiv zu suchen, (ii) die bedingte Wahrscheinlichkeit – konditional zur Suche – zu einem bestimmten Zeitpunkt und Ort etwas angeboten zu bekommen (einen Arbeitsplatz oder eine Wohnung), (iii) die bedingte Wahrscheinlichkeit – konditional in Bezug auf dieses Angebot – dieses Angebot zu akzeptieren und zu wandern. Für den speziellen MABM–Typ sind in den letzten Jahren, ausgehend von Arbeiten des Statistikers J. Gittins, eine Reihe von Methoden entwickelt worden, das optimale Entscheidungsverhalten

[88] Übersichten finden sich zum Beispiel bei Borjas (1994), Delbrück und Raffelhüschen (1993), Stark (1991) und Straubhaar (1988).

[89] Ein Prototyp eines solchen Modells ist in Sjaastad (1962) enthalten. Die Humankapitaltheorie ist Gegenstand des *Abschnitts 3*.

[90] Vgl. McCall und McCall (1987) für eine neuere Version eines integrierten Migrations– und Suchmodells. Die Suchtheorie wird in *Abschnitt 6.2* dargestellt.

[91] Stellvertretend für diese Modelle sei auf das Buch von Berninghaus und Seifert–Vogt (1991) verwiesen.

durch Berechnung von bestimmten Indizes (den "Gittins–Indizes") nachzuzeichnen. Ein anderer Zweig dieser Literatur bedient sich der auf dem Bellman'schen Optimalitätsprinzip basierenden Methode der Rückwärtsprogrammierung.

Schließlich wird zur Lösung des Entscheidungsproblems auf angewandte Methoden der Spieltheorie zurückgegriffen. Insbesondere im Rahmen von Familien–Migrations–Entscheidungen spielt die Ermittlung "teilspielperfekter Gleichgewichtspunkte" eine wichtige Rolle. Grob vereinfacht formuliert geht es darum, individuell optimale Entscheidungen der einzelnen Familienmitglieder so konsistent zu machen, dass eine gesamtoptimale Familienentscheidung zu Stande kommt.

Alle Entscheidungen erfolgen unter Unsicherheit, da die Informationen in der Regel unvollständig sind. Eine als permanent geplante Migration kann dann durch vorzeitige Remigration revidiert werden und vice versa.

(iii) Gravitäts–Modelle: Dieser Modelltyp, dessen wichtigste Ausprägung in der Literatur in den "spatial interaction models" zu finden ist, behandelt Bruttomigrationsströme in einem räumlichen Netzwerk.[92] Ihre Bestimmungsfaktoren sind dann "push–Faktoren" und "pull–Faktoren" der zur Rede stehenden Regionen (also beispielsweise Bedingungen auf den Arbeits– und Wohnungsmärkten). Diese Determinanten werden – um die Migrationsströme zu erklären – mit der Entfernung der zur Auswahl stehenden Regionen multipliziert. Diese Modelle haben sich für die Erklärung einer internen Migration (etwa in Form des Pendler– oder Einkaufsverhaltens) als ziemlich leistungsfähig erwiesen. Sie sind am ehesten auf der aggregierten Ebene angewandt worden. Aus theoretischer Sicht sind sie deshalb unbefriedigend, weil der Entscheidungsprozess einschließlich der informationstheoretischen Aspekte vernachlässigt wird. Das führt dazu, dass die häufig zu beobachtenden wechselseitigen Migrationsströme zwischen den Regionen nicht erklärt werden können und man sich mit der Analyse von Nettoströmen begnügt.

6.4 Empirische Analyse von Matching und Mobilität

6.4.1 Matching–Prozesse

Die erste Stufe des Matching–Prozesses besteht aus den Suchaktivitäten. Im Jahre 1980 wurden im Rahmen einer repräsentativen Querschnittsbefragung der erwachsenen deutschen Bevölkerung als Arbeitnehmer beschäftigte Personen unter anderem danach gefragt, ob dem Beginn ihres gegenwärtigen Beschäftigungsverhältnisses ein aktiver Suchprozess vorausging, ob sie die Stelle bereits vor der Kündigung der letzten in Aussicht hatten und auf welche Weise sie ihren Arbeitsplatz gefunden haben.[93] In einer empirischen Untersuchung auf dieser Datenbasis kommt Noll (1985) zu dem für die Suchtheorie etwas ernüchternden Resultat, dass die Mehrheit (nämlich 60 v.H.)

[92] Für eine solche Vorgehensweise vgl. zum Beispiel Burridge und Gordon (1981).
[93] Noll (1985), S. 285.

der Arbeitnehmer angegeben hat, nicht aktiv nach ihrem gegenwärtigen Arbeitsplatz gesucht zu haben, dies habe sich vielmehr "so ergeben". Schon gar nicht wurde erst gekündigt und dann gesucht. Unabhängig davon, ob der Arbeitsplatz "gesucht" oder "gefunden" wurde, hatten über 80 v.H. aller männlichen Arbeitnehmer, deren letztes Beschäftigungsverhältnis aus eigener Initiative oder im Einvernehmen mit ihrem Arbeitgeber aufgelöst wurde, bereits *vor* der Kündigung eine neue Stelle in Aussicht.[94] Dies entspricht den Überlegungen zu Beginn des *Abschnitts 6.2.1*. Was die "Suchtechnologie" anbelangt, so sind nach den Ergebnissen von Noll (1985) mehr als 40 v.H. der Arbeitsplätze auf informellem Wege gefunden worden. Dies bestätigt auch eine Untersuchung von Blaschke (1987). Als ein Ergebnis dieser Studie zeigt *Tabelle 6.6*, wie Beschäftigte ihren neuen Arbeitsplatz gefunden haben,[95] wobei nur die häufigsten Antwortmöglichkeiten aufgeführt werden.[96] Die erste Zeile zeigt zunächst für alle interviewten Beschäftigten,[97] dass der Kontakt zum Betrieb über Verwandte, Bekannte, Freunde oder Arbeitskollegen der erfolgreichste Weg zum neuen Arbeitsplatz war, gefolgt von Bewerbungen auf Stellenausschreibungen oder "auf Verdacht" (ohne dass die Firma eine Vakanz veröffentlicht hat) und – mit weitem Abstand – durch das Arbeitsamt. Letzteres gewinnt bei der Stellensuche an Bedeutung, wenn – im Gegensatz zur ersten Zeile – bereits mindestens einmal der Arbeitgeber gewechselt wurde *und* wenn der oder die Betreffende unmittelbar vor Antritt der jetzigen Stelle arbeitslos war. In diesem Fall führten soziale Kontakte und solche, die über das Arbeitsamt laufen, gleichermaßen zum Erfolg. Im übrigen bestätigen die Besetzungszahlen die erwähnten Ergebnisse von Noll (1985): Von den 8091 Betriebswechslern führten über 80 v.H. (nämlich 6590) den Arbeitgeberwechsel ohne Arbeitslosigkeit (weder unmittelbar vor der jetzigen Beschäftigung noch irgendwann früher) durch. Nur knapp 20 v.H. waren irgendwann und 13 v.H. (=1052) unmittelbar vorher arbeitslos. Die theoretische Analyse im *Abschnitt 6.2.1* hob den Anspruchslohn w^R als die zentrale Entscheidungsvariable des Suchers nach einem Arbeitsplatz hervor. Quantitative Angaben darüber existieren nur in Form eines "gewünschten" Arbeitsverdienstes auf der Basis von Befragungen vor einer Arbeitsaufnahme. So beruht die Studie von Christensen (2001) auf der Beantwortung der im Sozio–oekonomischen Panel gestellten Frage: "Wie hoch müsste der Nettoverdienst mindestens sein, damit Sie eine angebotene Stelle annehmen würden?". Ausgewertet wurden in dieser Studie die Antworten der Personen im Alter unter 59 Jahre in Westdeutschland und im Jahre 1998, die angaben, keine Arbeit zu haben, aber eine solche zu wünschen. Christensen (2001) erhält für die rund 650 Personen in seiner verwendeten Stichprobe einen Anspruchslohn, der im Mittelwert 20.5 v.H. über dem letzten Nettoverdienst liegt, allerdings beläuft sich der entsprechende Median lediglich auf 4 v.H., woraus eine sehr schiefe Verteilung im Hinblick auf spezielle Personengruppen mit sehr hohen Ansprüchen zu schliessen ist. Im Gegensatz zu einigen theoretischen Ergänzungen im *Abschnitt 6.2.1* sinkt der

---

[94] Noll (1985), S. 286. Zahlen für Arbeitnehmerinnen sind wegen der häufig unterbrochenen Erwerbsbiographien in diesem Zusammenhang weniger aussagekräftig. Die entsprechende Ziffer beläuft sich auf 44 v.H.

[95] Wichtig ist, dass die *Tabelle 6.6* nicht die Suchaktivitäten allgemein beschreibt, sondern nur, wie die neue Arbeitsstelle gefunden wurde.

[96] Andere Gründe waren beispielsweise Übernahme nach Ausbildung beziehungsweise Umschulung.

[97] Das sind auch die Beschäftigten, die noch nie den Arbeitgeber gewechselt haben, zum Teil auch deshalb, weil sie nach der Ausbildung von ihrem gegenwärtigen Arbeitgeber übernommen worden sind.

Tabelle 6.6 : Arten der Stellenfindung 1985 (in v.H.)[a] (Westdeutschland)

Personengruppe	Stellenfindung über			
	soziale Kontakte[b]	Stellenaus–schreibung	Bewerbung auf Verdacht	Arbeits–amt
	(1)	(2)	(3)	(4)
Abhängig Beschäftigte insg. (N=12249)	40.1	21.9	15.3	10.7
davon:				
– mindestens einmal Arbeitgeberwechsel ($N = 8091$)	43.5	25.7	15.4	11.7
– Arbeitgeberwechsel ohne Arbeitslosigkeit ($N = 6590$)	45.2	26.6	15.7	7.9
– Arbeitgeberwechsel und Arbeitslosigkeit[c] ($N = 1052$)	34.4	18.6	13.8	33.2

a) Vgl. Text für Erläuterungen. Ergebnisse von Interviews bei abhängig Beschäftigten (ohne Beamte) 1985; Mehrfachnennungen waren möglich; die Tabelle enthält nur die vier am häufigsten genannten Arten.

b) Über Verwandte, Bekannte, Freunde, Arbeitskollegen.

c) Arbeitslosigkeit nur unmittelbar vor Antritt der jetzigen Stelle, also ohne frühere Arbeitslosigkeitsperioden.

Quelle: Blaschke (1987), Tabelle 1, S. 165.

Anspruchslohn nach den Ergebnissen dieser Studie weder mit der bisherigen Dauer der Arbeitslosigkeit, noch konnte ein signifikanter Einfluss der Arbeitslosenunterstützung ermittelt werden. Die Studie von Prasad (2001) beruht ebenfalls auf den Daten des Sozio–oekonomischen Panels, nutzt indessen den Panelcharakter dieses Datensatzes aus. Da die eben zitierte Frage in mehreren Jahren gestellt wurde, lässt sich die Entwicklung des gewünschten Nettoverdienstes für dieselbe Person im Zeitablauf verfolgen, vorausgesetzt, der Betreffende hat zwischenzeitlich die Suche nicht beendet. Jedoch zentrieren sich Änderungen des Anspruchlohnes nach den Ergebnissen dieser Studie sehr stark um den Wert null, ebenso wie die Differenz zwischen Anspruchslohn und späterem Verdienst derselben Person.

Als wesentliche Erklärungsvariable für die Länge der Suchdauer eines Arbeitslosen nach einem Arbeitsplatz wird vor allem in der öffentlichen Diskussion die Höhe der Arbeitslosenunterstützung in Form von Arbeitslosengeld und –hilfe thematisiert.[98] In der theoretischen Analyse wurde gezeigt, dass die Effekte einer längeren Anspruchsberechtigung auf Arbeitslosenunterstützung sowie die eines höheren Betrages auf die Länge der Suchdauer nicht eindeutig sind, wenn auch insgesamt gesehen eher ein die Dauer der Arbeitslosigkeit verlängernder Einfluss zu vermuten ist. Damit stellt sich für die empirische Analyse nicht nur die Frage, ob ein solcher Effekt überhaupt vorhan-

[98] Zur institutionellen Ausgestaltung der Arbeitslosenunterstützung vgl. *Abschnitt 7.4*.

den ist, sondern auch das Problem herauszufinden, wie bedeutsam dieser Einfluss ist. Gerade der zuletzt genannte Aspekt verdient Beachtung, weil in der Öffentlichkeit den Lohnersatzleistungen eine ganz erhebliche Bedeutung für die Höhe und Persistenz der Arbeitslosigkeit beigemessen wird.

Die Schwierigkeit einer solchen empirischen Analyse liegt darin, dass die genannten Effekte nur indirekt ermittelt werden können, weil diesbezügliche Befragungen bei Arbeitslosen vermutlich kein wahrheitsgemäßes Bild ergeben würden, eine Antwortbereitschaft überhaupt einmal vorausgesetzt. Als Vorgehensweise bietet sich deshalb an, auf der Basis von Individualdaten zu untersuchen, ob sich die Dauer der Arbeitslosigkeit *ceteris paribus* mit der Höhe und Dauer des Bezugs von Arbeitslosenunterstützung verändert. Das Problem liegt in der ceteris paribus-Restriktion, denn alle sonstigen individuellen und externen Einflussfaktoren müssen angemessen berücksichtigt und herausgerechnet werden. Diesem Erfordernis Rechnung zu tragen ist außerordentlich schwierig und deshalb ist es nicht erstaunlich, dass unterschiedliche Studien zu sehr divergierenden Resultaten gelangen.[99]

Für Deutschland sind in jüngerer Zeit eine Reihe von ökonometrischen Studien erschienen, deren Datenbasis in der Regel das Sozio–oekonomische Panel darstellt, wie beispielsweise in der Studie von Hujer und Schneider (1996), die die ersten zehn Wellen des Sozio–oekonomischen Panels und damit den Zeitraum 1983 bis 1992 zur Datengrundlage ihrer mikroökonometrischen Analyse machen. Sie schätzen Übergangswahrscheinlichkeiten vom Status der Arbeitslosigkeit unter anderem in den Status der Erwerbstätigkeit unter Verwendung des Konzepts der Hazard–Funktion.[100] Erklärende Variable dieser Übergangswahrscheinlichkeiten – und damit der Dauer[101] der Arbeitslosigkeit – sind, neben einer Vielzahl von anderen Faktoren, die absolute Höhe der Arbeitslosenunterstützung (Arbeitslosengeld und -hilfe), der Anteil dieser Unterstützung am vorher erzielten Einkommen (die Lohnersatzleistungsquote) und die Dauer der Anspruchsberechtigung auf Arbeitslosengeld.[102] Als Ergebnis erhalten die Autoren für den Übergang aus der Arbeitslosigkeit in die Erwerbstätigkeit zwei gegenläufige Effekte: Zwar vermindert eine höhere Lohnersatzleistungsquote diese Übergangswahrscheinlichkeiten, aber das Niveau der Lohnersatzleistungen hat einen positiven Einfluss. Beide Effekte zusammengenommen neutralisieren sich nahezu, sodass für Männer letztlich kein nennenswerter Einfluss der Zahlung von Arbeitslosenunterstützung auf die Dauer der Arbeitslosigkeit (mit anschließendem Übergang in Erwerbstätigkeit) festgestellt werden konnte. Bei Frauen besaßen in einer analogen Analyse beide Variablen keinen signifikanten Einfluss. Dieses Ergebnis steht nicht im Einklang mit einer Studie von Steiner (1997), der neben einer Reihe weiterer Modifikationen auch das Erwerbseinkommen des Ehepartners und das sonstige Haushaltseinkommen als erklärende Variable berücksichtigt. Seine Resultate beziehen sich auf Personen im Alter zwischen 44 und 48 Jahren, die zwischen Juli 1987 und Dezember 1992 arbeitslos geworden sind. Für arbeitslose Männer ohne Anspruch auf Arbeitslosenhilfe springt die Abgangsrate aus der Arbeitslosigkeit zum Zeitpunkt des Auslaufens ihres Anspruchs auf Arbeitslosengeld auf einen deutlich höheren Wert als in den vorangegangenen Monaten; das lässt auf Mitnahmeeffekte schließen: Nach

[99] Vgl. die internationale Übersicht bei Atkinson und Micklewright (1991) und Meyer (1995).
[100] Vgl. dazu *Abschnitt 9.1.*
[101] Vgl. dazu ebenfalls *Abschnitt 9.1.*
[102] Der Bezug von Arbeitslosenhilfe ist zeitlich nicht befristet, vgl. *Abschnitt 7.4.*

Tabelle 6.7 : Suchwege der Unternehmen zur Stellenbesetzung 2000 (in v.H.)[a)]

	Westdeutschland		Ostdeutschland	
	beschrittener Suchweg	erfolgreicher Suchweg	beschrittener Suchweg	erfolgreicher Suchweg
Externe Suchwege	136	60	95	50
– Eigene Inserate	57	42	27	17
– Arbeitsamt	38	12	48	29
– Internet	28	4	12	1
Interne Suchwege	80	31	60	36
– Mitarbeiterhinweise	33	17	32	21
– Auswahl aus Initiativbewerbungen	25	12	18	13
– Interne Stellenausschreibungen	22	2	10	2

a) Vgl. Text für Erläuterungen, bei beschrittenen Suchwegen Mehrfachnennungen möglich.

Quelle: Institut für Arbeitsmarkt- und Berufsforschung, IAB-Werkstattbericht Nr. 12 v. 18.10.2001, Nürnberg, S. 20.

den berechneten Simulationsergebnissen erhöht sich die Verbleibswahrscheinlichkeit in der Arbeitslosigkeit nach einem halben Jahr ihrer Dauer um 66 v.H., wenn ein Leistungsanspruch auf Arbeitslosengeld beziehungsweise –hilfe besteht. Für Frauen ergeben sich hingegen keine Effekte von größerer Bedeutung.

Einen etwas modifizierten Ansatz wählt Hunt (1995). Sie basiert ihre Analyse auf verschiedenen institutionellen Änderungen im System der Arbeitslosenversicherung in den achtziger Jahren für bestimmte Personengruppen und untersucht, ob und in welchem Ausmaß diese Änderungen die Dauer der individuellen Arbeitslosigkeit beeinflusst haben. Wie Hujer und Schneider (1996), aber im Gegensatz zu Steiner (1997), kommt sie zu dem Ergebnis, dass die Höhe des Arbeitslosengeldes kaum einen Einfluss auf die Dauer der Arbeitslosigkeit besitzt. Wohl aber ermittelt Hunt (1995) einen negativen Effekt der Dauer der Anspruchsberechtigung auf Arbeitslosengeld auf die Übergangswahrscheinlichkeiten: Nach ihren Schätzergebnissen sank die Übergangswahrscheinlichkeiten für Arbeitslose im Alter zwischen 44 und 48 Jahre, deren maximale Bezugsdauer von Arbeitslosengeld in den Jahren 1986 und 1987 von 12 auf 22 Monate erhöht worden war, um 46 v.H., wenn diese Arbeitslosen dann ein Beschäftigungsverhältnis aufnahmen, und sogar um 63 v.H. für solche Arbeitslose, die dann den Arbeitsmarkt verließen.

Die empirische Evidenz über Suchaktivitäten, die von den Firmen unternommen werden, beleuchtet *Tabelle 6.7.* Die Daten stammen aus einer repräsentativen Stichprobe von Betrieben und Verwaltungen aus allen Wirtschaftsbereichen im vierten Quartal 1997 (Stichprobenumfang ca. 8000 Unternehmen). *Tabelle 6.7* enthält die am häufigsten beschrittenen Suchwege (Mehrfachnennungen waren möglich) und weist in der daneben stehenden Spalte den Anteil der Fälle aus, in denen der jeweils beschrittene Suchweg zu einer Stellenbesetzung führte, sodass – getrennt für West- und Ostdeutschland – der Quotient aus der zweiten und der ersten Spalte die "Erfolgsquote" des betreffenden Suchweges anzeigt. Die beiden ersten Spalten für West- beziehungsweise Ostdeutschland addieren sich zu Prozentzahlen von 171 v.H. beziehungsweise 132 v.H., das heißt, im Durchschnitt benutzten die Unternehmen 1.7 beziehungsweise 1.3 Wege, um eine Stelle zu besetzen (im vierten Quartal des Jahres 1997). Bedeutender sind die externen Suchwege und hier nahezu ausschließlich die Inserate und Arbeitsämter, während bei den internen Suchwegen vor allem Mitarbeiterhinweise genutzt werden. In Ostdeutschland übertrifft die Erfolgsquote des Suchweges "Arbeitsamt" mit 70 v.H. deutlich die der Schaltung von Inseraten (58 v.H.), während das Verhältnis in Westdeutschland umgekehrt ist (38 v.H. zu 78 v.H.). In beiden Teilgebieten Deutschlands hat sich das hier aufgezeigte Bild im Vergleich zu den Vorjahren kaum geändert.

Nach der Diskussion der Empirie zu Such– und Rekrutierungsstrategien stellt sich die Frage nach der quantitativen Bedeutung von Hindernissen auf dem Weg zur Bildung eines Match. Aus der theoretischen Analyse können im Wesentlichen die drei folgenden Ursachen herausgefiltert werden:

(i) Es bestehen Informationsdefizite. Die Sucher kennen die für sie geeigneten und auch vorhandenen Vakanzen nicht, und Firmen gelingt es nicht, die ebenfalls existenten und passenden Kandidaten für ihre freien Arbeitsplätze ausfindig zu machen.

(ii) Das qualitative Profil zwischen Sucher und Vakanz stimmt nicht überein, möglicherweise wird diese Inkongruenz durch höhere Ansprüche der Firmen an die Qualifikation oder durch zu hohe Einkommensvorstellungen der Bewerber verschärft.

(iii) Sucher und Firmen sind in unterschiedlichen Regionen beheimatet und immobil.

Diese drei Ursachen sind nicht als ausschließlich zu sehen, sondern der qualifikationsbedingte und regionale Mismatch, (ii) beziehungsweise (iii), können durchaus zusammen auftreten. Sie spielen insbesondere bei der Diskussion der "strukturellen Arbeitslosigkeit" eine Rolle, das heißt einer Arbeitslosigkeit, die auf die erwähnten drei Mismatchfaktoren zurückzuführen ist.[103] Im Hinblick auf die wirtschaftspolitische Relevanz beschränken sich die folgenden Ausführungen deshalb auf arbeitslose Sucher, unbeschadet der oben dargelegten Tatsache, dass beschäftigten Suchern ebenso eine hohe quantitative Relevanz zukommt. Insbesondere stehen Erklärungen für die in *Abschnitt 6.1* diskutierte mögliche Verschiebung der Beveridge–Kurve nach außen im Mittelpunkt der folgenden Ausführungen, also ob der Mismatch im Zeitablauf zugenommen hat.

Tabelle 6.8 beleuchtet zunächst einige wichtige Hinderungsgründe für Einstellungen, wie sie im Rahmen des IAB–Betriebspanels im Jahre 1993 von den Unternehmen angegeben wurden. Wenn es sich aus der Sicht der Bewerber auch anders dargestellt haben mag, so fällt doch der große Anteil von Bewerbern mit "zu hohen Einkommensvorstellungen" gerade bei ungelernten und angelernten Arbeitern und Arbeiterinnen auf.

---

[103] Vgl. dazu die *Abschnitte 9.2.2* und *9.2.6*.

Tabelle 6.8 : Hinderungsgründe für Einstellungen 1993 aus der Sicht der Unternehmen (v.H.)[a)]

Gründe	ungelernte oder angelernte Arbeiter	Facharbeiter
Bewerber		
– waren auf Grund ihrer Persönlichkeit nicht geeignet	66	31
– hatten zu hohe Einkommensvorstellungen	50	27
– hatten nicht die erforderlichen Kenntnisse	30	47
– hatten unvereinbare Arbeitszeitwünsche	29	10
– hatten zu wenig Berufserfahrung	15	32
– hatten keine oder keine geeignete Berufsausbildung	10	33

a) Angaben der befragten Unternehmen, die den entsprechenden Grund nannten, in v.H., Mehrfachnennungen waren möglich.

Quelle: Projektgruppe Betriebspanel, Das IAB–Betriebspanel – Ergebnisse der ersten Welle 1993, Mitteilungen aus der Arbeitsmarkt– und Berufsforschung 27 (1994), S. 31.

Daten über die in (i) aufgeführten Informationsdefizite sind vor allem in Zeitreihenform nicht vorhanden. Nicht ganz so aussichtslos sieht es für die regionalen und qualifikationsbedingten Mismatchfaktoren aus, selbst wenn man sich einiger Hilfsgrößen bedienen muss. Ihre Konstruktion sei am Beispiel des regionalen Mismatchindikators *MR* erläutert, welcher wie folgt gemessen wird:

$$MR = \sum_{i}^{R} \mid u_i - v_i \mid , \qquad (6.10)$$

wobei $u_i(v_i)$ den Anteil der Arbeitslosen (Vakanzen) in einer Region i an allen Arbeitslosen (Vakanzen) der R Regionen darstellt.[104] Wenn $u_i = v_i$, dann stehen bei gleichen Werten für die Nenner offenbar in *einer* Region i den Arbeitslosen gleich viele Vakanzen gegenüber, sodass die Diskrepanz *nicht* darin besteht, dass Arbeitslose und offene Stellen in unterschiedlichen Regionen beheimatet sind, sondern darin, dass sie innerhalb derselben Region nicht zusammengeführt werden können. Folglich nimmt *MR* dann den Wert null an. Regionaler Mismatch heißt also, dass die Parteien in *unterschiedlichen* Regionen lokalisiert sind. Natürlich kann es auch einen Mismatch innerhalb einer Region geben, zum Beispiel aus den unter (ii) genannten Gründen. Zur Messung dieses qualifikationsbedingten Mismatch würde i in Gleichung (6.10) durch eine Kategorie innerhalb eines Klassifikationsschemas unterschiedlicher Qualifikationsmerkmale von Arbeitslosen und offenen Stellen ersetzt werden. In Erman-

[104]Berechnet jeweils für die 141 Arbeitsamtsbezirke 1976–1988: Angaben vor 1976 sind in dieser Klassifikation nicht erhältlich. Quelle: Amtliche Nachrichten der Bundesanstalt für Arbeit (ANBA), verschiedene Jahrgänge.

Tabelle 6.9 : Indikatoren für den regionalen und beruflichen Mismatch (Westdeutschland), Jahresdurchschnitte

	1976	1982	1989	1993	1994	1995	1996	2001
Regionaler Mismatch[a)]	0.36	0.46	0.53	0.45	0.44	0.44	0.53	0.48
Beruflicher Mismatch[a)]	0.48	0.45	0.41	0.61	0.65	0.61	0.60	0.53
Anteil der Langzeit-arbeitslosen (v.H.)	17.9	17.8	29.0	26.0	32.5	32.7	31.8	37.0
nachrichtlich:								
Arbeitslose (Tsd.)	1060	1833	2038	2270	2556	2565	2796	2483
Offene Stellen (Tsd.)	235	105	251	243	234	267	270	437

a) Summe der folgenden absoluten Beträge für die 142 Arbeitsamtsbezirke (regionaler Mismatch) beziehungsweise 40 Berufsabschnitte (beruflicher Mismatch): Anzahl der Arbeitslosen in einer Kategorie in Relation zur Summe aller Arbeitslosen abzüglich der Anzahl offener Stellen in einer Kategorie in Relation zur Summe aller offenen Stellen; vgl. Text für weitere Erläuterungen dieser Formeln.

Quellen: Sachverständigenrat (1994), S. 253; Amtliche Nachrichten der Bundesanstalt für Arbeit (ANBA), verschiedene Jahrgänge; eigene Berechnungen.

gelung geeigneter Daten muss man sich mit Berufen behelfen,[105] wobei das Problem besteht, dass nicht immer eine enge Korrespondenz zwischen Qualifikation und Beruf vorhanden sein muss, oder ein und derselbe Beruf mit unterschiedlichen Qualifikationen verbunden sein kann. Als zusätzlicher Indikator dient der Anteil der Langzeitarbeitslosen. Er kann auch der im vorigen Abschnitt diskutierten Möglichkeit Rechnung tragen, dass Unternehmen (Langzeit–)Arbeitslosigkeit als Testkriterium bei der Schichtung der Bewerber verwenden.

Die Konstruktion von Mismatch–Indikatoren ist nicht unproblematisch, insbesondere wenn die Zeitreihen, welche in den Indikator eingehen, trendbehaftet sind. So lässt sich mit Hilfe der Zeitreihenanalyse zeigen, dass zufällig und unabhängig voneinander wachsende Zeitreihen von Arbeitslosigkeit und offenen Stellen zu fallenden Werten des Mismatch–Indikators führen können, obwohl keine Strukturveränderung vorliegt.[106] Diese Einschränkung macht die Mismatch–Indikatoren nicht wertlos, mahnt gleichwohl zu einer vorsichtigen Interpretation.

Unter diesem Vorbehalt weist *Tabelle 6.9* die Werte einiger Mismatch–Indikatoren auf. Vergleicht man die Jahre 1976 und 2001 miteinander, so lässt sich keine eindeutige trendmäßige Entwicklung ausmachen, zumal die Zeitreihen durch einige sprunghafte Entwicklungen gekennzeichnet sind, welche nicht leicht zu erklären sind. Für das Jahr 1994 schätzt der Sachverständigenrat auf der Basis einer überschlägigen Berechnung die Höhe der Mismatch–Arbeitslosigkeit in Westdeutschland in der Größenordnung

[105] So zum Beispiel in Franz und König (1986) oder Franz (1987a).
[106] Vgl. dazu Entorf (1996).

von rund 500 Tsd. Personen, das heißt rund einem Fünftel aller Arbeitslosen.[107] Zu einem ähnlichen Resultat kommt Börsch–Supan (1990), der regionale und sektorale Diskrepanzen auf Arbeitsmärkten in einer tiefen Gliederung untersucht und zu dem Schluss kommt, dass seine Analyse deutlich die These widerlegt, "dass Arbeitsmarktdiskrepanzen zwischen regionalen und sektoralen Teilmärkten wichtige Ursache der Massenarbeitslosigkeit in der Bundesrepublik Deutschland ist" (S. 68).

Eine andere Vorgehensweise zur quantitativen Bestimmung des Ausmaßes eines Mismatch besteht in der Schätzung von "Matching–Funktionen" etwa folgenden Typs:

$$VM_t = m_t \cdot f(U_t, V_t). \tag{6.11}$$

Die Vermittlungen VM zum Zeitpunkt t hängen von der Anzahl der Arbeitslosen U_t und offenen Stellen V_t ab, wobei für die Funktion $f(\cdot)$ in der Regel eine Cobb–Douglas–Funktion unterstellt wird. Eine weitere Determinante stellt die zeitvariable "Matching–Effizienz" m_t dar. Wenn sich die Matching–Funktion nur auf Größen bezieht, die in den Wirkungsbereich der Arbeitsämter fallen, dann könnte diese Beziehung als Produktionsfunktion der Arbeitsämter im Hinblick auf die Vermittlungstätigkeit und m als die diesbezügliche Effizienz der Arbeitsämter interpretiert werden.

Für eine gegebene Anzahl von Vermittlungen liefert die Matching–Funktion die in *Abschnitt 6.1* angesprochene Beveridge–Kurve, wenn in Gleichung 6.11 eine spezielle Funktion unterstellt und nach V aufgelöst wird (wobei U und V dann noch zu entsprechenden Quoten normiert werden). Schätzungen der Beveridge–Kurve für Westdeutschland werden in dem Sammelband von Franz (1991) sowie in Franz und Smolny (1994a) vorgestellt. Bei allen Problemen mit der ökonometrischen Analyse der Beveridge–Kurve gibt es hinreichend Evidenz dafür, dass sie sich nach außen verschoben hat, das heißt, die Matching–Probleme sind im Zeitablauf gravierender geworden. Ähnliche Resultate erhält Christl (1992) für Österreich. Schätzungen der Matching–Funktion für verschiedene europäische Länder (einschl. Westdeutschland) finden sich in Burda und Wyplosz (1994), während Burda (1994) Schätzungen für West– und Ostdeutschland vorstellt. Im Ergebnis erhält Burda (1994) für West– und Ostdeutschland einen signifikant negativen Zeittrend für m_t, das heißt, die Matching–Effizienz hat im Zeitablauf abgenommen. In einer detaillierten Studie auf der Basis von Paneldaten untersucht Entorf (1996) die Bestimmungsgründe von m_t im Hinblick auf einen qualifikatorischen Mismatch unter Verwendung von 40 Berufsgruppen im Zeitraum 1972 bis 1992. Die endogenisierte Matching–Effizienz ist in dem genannten Zeitraum deutlich fallend. In einer isolierten Betrachtungsweise kann nach den Berechnungen von Entorf (1996) der zunehmende berufliche Mismatch für einen Rückgang der Anzahl der Vermittlungen in Höhe von 19 v.H. verantwortlich gemacht werden.

Unter der Annahme, dass ein Match zu Stande kommt, wurden bereits in *Abschnitt 6.1* einige Fakten über die Länge der Betriebszugehörigkeitsdauer dargestellt und die theoretischen Argumente in *Abschnitt 6.2.3* diskutiert. Auf der Grundlage der Daten der ersten vier Wellen des Sozio–oekonomischen Panels (1984–1987) hat Schasse (1991) mehrere der genannten Hypothesen ökonometrisch überprüft. Resultate dieser umfangreichen Studie sind unter anderem, dass die Beschäftigungsstabilität mit der Berufserfahrung vor Eintritt in den Betrieb und mit der Betriebsgröße steigt. Sie ist außerdem für Männer höher als für Frauen, und dies gilt auch für solche Beschäftigte,

[107] Sachverständigenrat (1994), Ziffer 433.

die Führungspositionen im Unternehmen einnehmen. Je höher das Einkommen und je stärker die familiären Bindungen sind, desto geringer ist die Wahrscheinlichkeit der Beendigung des Beschäftigungsverhältnisses, welches andererseits durch eine unstetige frühere Erwerbsbiographie (Arbeitslosigkeit, viele Jobs) instabiler wird.

6.4.2 Mobilität

Zur beruflichen und regionalen Mobilität hat Entorf (1996) Ergebnisse einer mikroökonometrischen Untersuchung vorgelegt, von denen einige in Form von Mobilitätswahrscheinlichkeiten in *Tabelle 6.10* enthalten sind. Diese Wahrscheinlichkeiten beruhen auf Probit–Schätzungen unter Verwendung von Individualdatensätzen über deutsche Erwerbstätige in Westdeutschland. Die aufgeführten Zahlen geben die Wahrscheinlichkeit an, dass eine Person mit den in der Tabelle genannten Charakteristika jeweils die beiden Fragen bejaht:

(i) Berufliche Mobilität: "Hat sich seit Abschluss Ihrer Schul– beziehungsweise Berufsausbildung Ihre berufliche Mobilität ein– oder mehrmals so geändert, dass man von einem Berufswechsel sprechen kann?"

(ii) Regionale Mobilität: "Sind Sie im Laufe des Berufslebens ein– oder mehrmals umgezogen, weil Sie an einem anderen Ort eine Arbeit aufgenommen haben?"

Befragt wurden jeweils rund 25 Tsd. Erwerbstätige. Bei Frage (i) ist besonders zu beachten, dass es sich hier um Selbsteinschätzungen handelt, die zwischen den Befragten variieren können.

Die Ergebnisse in *Tabelle 6.10* verdeutlichen zunächst die Abnahme der beruflichen Mobilität bei allen Personengruppen im Verlauf der achtziger Jahre. Mit Ausnahme der Facharbeiter in der Industrie im Jahre 1979 übertreffen die Mobilitätswahrscheinlichkeiten der Männer die der Frauen. Für Männer liegt die berufliche Mobilität bei den Angestellten im Handels– und Dienstleistungssektor höher als bei den Facharbeitern in der Industrie.

Die Studie von Bender et al. (1999) auf der Basis der IAB–Beschäftigtenstichprobe des Zeitraums 1985 bis 1995 kommt für Westdeutschland zu dem Ergebnis, dass bei den Erwerbstätigen die innerbetrieblichen Berufswechsel abgenommen haben, wohingegen *innerhalb* der Gruppe der Arbeitslosen, die einen Arbeitsplatz erhalten haben, der Anteil zugenommen hat, die dafür einen Berufswechsel in Kauf genommen hat.

Für die regionale Mobilität kann sich der zeitliche Vergleich aus Datengründen nur auf die Jahre 1985/86 und 1991/92 beziehen, er zeigt freilich einen deutlichen Anstieg der Mobilitätswahrscheinlichkeiten mit geringeren Unterschieden zwischen den einzelnen Personengruppen im Vergleich zur beruflichen Mobilität.

Unter dem Vorbehalt eines nur eingeschränkt möglichen Vergleichs bestätigen diese Resultate, dass in den achtziger Jahren in der Tat auf Grund relativ niedriger Mobilitätswahrscheinlichkeiten ein Mobilitäts– und damit ein Matching–Problem bestanden hat. Davon abgesehen zeigen weitere Schätzungen in Entorf (1996), dass

- die Umzugsneigung bei Wohneigentum erheblich eingeschränkt wird,
- die Neigung zu beruflicher und regionaler Mobilität mit zunehmendem Alter abnimmt,

- zwar die unterste Einkommensklasse eine vergleichsweise hohe regionale Mobilität aufweist – etwa auf Grund der Unzufriedenheit mit dem Arbeitsplatz –, aber ansonsten die Umzugsneigung mit höherem Einkommen zunimmt,
- gering qualifizierte Arbeitskräfte mit geringer schulischer Bildung zwar häufige Berufswechsler sind, diese Wechsel jedoch auf regional eng begrenztem Raum stattfinden.

Tabelle 6.10 : Mobilitätswahrscheinlichkeiten[a)]

Charakteristika[b)]	Berufliche Mobilität		Regionale Mobilität	
	1979	1991/92	1985/86	1991/92
Facharbeiter in der Industrie				
- Männer	0.39	0.27	0.17	0.28
- Frauen	0.48	(0.19)[c)]	0.15	0.32
Angestellte im Handels- und Dienstleistungssektor				
- Männer	0.56	0.40	0.23	0.32
- Frauen	0.40	0.28	0.21	0.30

a) Vgl. Text für Erläuterungen.
b) Alle Personengruppen beziehen sich auf Personen im Alter zwischen 38 und 42 Jahren mit mittlerem Einkommen.
c) Nicht signifikant.

Quelle: Entorf (1996).

Empirische Studien zur internationalen Mobilität befassen sich mit mehreren Aspekten. Ökonometrische Analysen, welche die theoretischen Modelle zur Migrationsentscheidung als solche empirisch überprüfen, sind dabei vergleichsweise selten. Dies liegt hauptsächlich an dem Mangel geeigneter Datensätze, denn bei der dazu notwendigen Betrachtung auf der Individualdatenebene fehlt in der Regel die Personengruppe der Nicht–Migranten, also der Personen, die in den betreffenden Herkunftsländern geblieben sind. Studien auf der Basis aggregierter Zeitreihendaten stellen nur einen Behelf dar, kommen unter diesem Vorbehalt jedoch zu dem Ergebnis, dass erwartete Einkommensdifferenziale und Beschäftigungschancen im Zielland den hauptsächlichen Erklärungsbeitrag liefern.[108] Die Datenlage sieht wesentlich besser aus, wenn es um eine ökonometrische Analyse der Rückkehrentscheidung von ausländischen Arbeitnehmern geht, weil in der Regel bei einer Analyse auf der Individualdatenebene die Kontrollgruppe in Form der Ausländer, die (noch) nicht in ihre Heimatländer zurückkehren, im Datensatz erfasst ist.[109] Eine solche Rückkehrentscheidung hängt nach den Resultaten dieser Studien entscheidend von der familiären Situation und der Assimilation der Ausländer im Gastland ab.

[108] Vgl. die Übersicht bei Bauer und Zimmermann (1995).
[109] Diesbezügliche Studien sind beispielsweise Brecht (1995), Dustmann (1996), Schmidt (1994) und Steiner und Velling (1994).

Ein dritter Aspekt beschäftigt sich mit der Situation der Ausländer in Deutschland, also beispielsweise den Fragen, wie weit sie assimiliert und ob sie mit einem höheren Arbeitslosigkeitsrisiko konfrontiert sind oder inwieweit eine Lohndiskriminierung besteht.[110] Was den zuletzt genannten Aspekt anbelangt, so kommen Diekmann et al. (1993) zu der Schlussfolgerung, dass eine geschlechtsspezifische Diskriminierungskomponente sich dabei als stärker erweist als das Ausmaß der Diskriminierung nach Nationalität.[111] Nach Velling (1995) lässt sich für Ausländer insgesamt nahezu keine Lohndiskriminierung nachweisen, während sie für bestimmte Ausländergruppen nicht ausgeschlossen werden kann. Vor allem in atypischen und illegalen Beschäftigungsverhältnissen werden an ausländische Zuwanderer zum Teil deutlich geringere Löhne gezahlt.

Eine letzte Gruppe von empirischen Studien hat schließlich die Arbeitsmarkteffekte einer Immigration zum Gegenstand. Dazu gehören unter anderem Aspekte der Wirkungen auf die inländische Arbeitslosigkeit und Lohnentwicklung einschließlich der Frage, ob Zuwanderungen im Rahmen einer selektiven Einwanderungspolitik geeignet sind, einen bestehenden und/oder künftigen Mangel an Fachkräften zu beheben. So kommt die empirische Analyse von Zimmermann et al. (2002) zu dem Ergebnis, dass in Deutschland für die Jahre 2000 bis 2030 sowohl kurzfristige Arbeitskräftebedarfe vor allem in den Sektoren Gesundheit, unternehmensbezogene Dienstleistungen und Erziehung bestünden, als auch mittelfritig zwecks Kompensation des demografischen Schrumpfungsprozesses hier zu Lande ein jährlicher Wanderungsüberschuss in der Größenordnung von gut 100 Tsd. Personen im Jahre 2000 bis zu über 400 Tsd. Personen im Jahre 2030 vonnöten ist. Dieser macht auf Grund von Fortzügen eine jährliche Bruttozuwanderung von gut 300 Tsd. Personen im Jahre 2000 bis zu knapp 900 Tsd. im Jahre 2030 erforderlich, unterbrochen von vergleichsweise niedrigen Werten im Zeitraum 2007 bis 2012.[112] Ein Teil dieser Einwanderungen behebt einen qualifikatorischen Mismatch, worauf ebenso Velling (1995) hinweist. Gesamtwirtschaftliche Effekte können zudem mit Hilfe von makroökonometrischen Modellen quantifiziert werden. So kommen Franz, Oser und Winker (1994) auf der Grundlage eines makroökonometrischen Rationierungsmodells zu dem Resultat, dass solche Wirkungen entscheidend davon abhängen, in welchem "Rationierungsregime" Überschussnachfrage nach Arbeit besteht (wie in Westdeutschland in den sechziger Jahren) oder ein Überschussangebot (wie in den achtziger und neunziger Jahren).[113] Dem Einfluss der Migration auf die Lohnentwicklung widmet sich die Studie von Bauer (1998). Das Ausmaß der berechneten Lohneffekte erwies sich in allen untersuchten Fällen als vernachlässigbar klein, sodass auf der Grundlage dieser und anderer Studien wie Haisken-DeNew und Zimmermann (1999) mitunter geäußerte Befürchtungen im Hinblick auf einen Lohndruck als übertrieben erscheinen.

[110]Vgl. dazu beispielsweise Licht und Steiner (1994), Pischke (1992) und Velling (1995).
[111]Zur Lohndiskriminierung vgl. auch *Abschnitt 8.7.2*.
[112]Zimmermann et al. (2002), Abbildung 4.10, S. 128.
[113]Vgl. dazu auch Smolny (1992). Barabas et al. (1992) führen ähnliche Untersuchungen mit dem RWI–Konjunkturmodell durch.

6.5 Literaturauswahl

Übersichten über die Literatur zu Suchmodellen sind bereits so zahlreich, dass schon eine Übersicht darüber geschrieben werden könnte. Eine theoriegeleitete, aber rein verbale Einführung bietet:

- C.A. Pissarides, (1985), Job Search and the Functioning of Labour Markets, in: D. Carline et al., Labour Economics, London (Longman), S. 159–185.

Auf technisch höherem Anspruchsniveau wird das Gebiet in:

- H. König, (1979), Job–Search–Theorien, in: G. Bombach, B. Gahlen u. A.E. Ott (Hrsg.), Neuere Entwicklungen in der Beschäftigungstheorie und –politik, Tübingen (Mohr u. Siebeck), S. 63–115.

- C.J. McKenna, (1987), Theories of Individual Search Behavior, in: J.D. Hey u. P.J. Lambert (Hrsg.), Surveys in the Economics of Uncertainty, Oxford (Basil Blackwell), S. 91–109.

abgehandelt. Neuere Beiträge zur Theorie und Empirie von Suchprozessen finden sich insbesondere im Journal of Labor Economics. Eine Übersicht über Matching–Modelle (mit starken Bezügen auch zum Heiratsmarkt) enthält:

- D.T. Mortensen, (1988), Matching: Finding a Partner for Life or Otherwise, American Journal of Sociology 94 (Supplement), S. 215–240.

Empirisch orientierte Beiträge zum Matching-Prozess finden sich in:

- W. Franz (Hrsg.) (1992), Structural Unemployment, Heidelberg (Physica).

- J. Muysken (Hrsg.) (1994), Measurement and Analysis of Job Vacancies. An International Comparison, Aldershot (Avebury).

- F. Padoa–Schioppa (Hrsg.) (1991), Mismatch and Labour Mobility, Cambridge (University Press).

Umfassende Darstellungen der Migration und ihrer Arbeitsmarktwirkungen bieten:

- G.J. Borjas (1994), The Economics of Immigration, Journal of Economic Literature 32, S. 1667–1717.

- O. Stark (1991), The Migration of Labor, Cambridge (Basil Blackwell).

- T. Straubhaar (1988), On the Economics of International Migration, Bern (Haupt).

- J. Velling (1995), Immigration und Arbeitsmarkt – Eine empirische Analyse für die Bundesrepublik Deutschland, Baden–Baden (Nomos).

- K.F. Zimmermann (Hrsg.) (1992), Migration and Economic Development, Berlin (Springer).

Beiträge von internationalen Symposien zur Migration sind abgedruckt in:

- Journal of Economic Perspectives 9, Heft 2, 1995.

- Journal of Population Economics 7, Heft 2, 1994.

Teil V

Arbeitsmarktinstitutionen und Lohnbildung

Kapitel 7

Arbeitsmarktinstitutionen und –organisationen

Dieser Abschnitt stellt einige wichtige Arbeitsmarktinstitutionen und –organisationen in der Bundesrepublik Deutschland vor, wobei der begrifflichen Trennung folgende Aspekte zu Grunde liegen.[1] Institutionen sind normative Regelwerke oder dauerhafte Muster sozialer Beziehungen, im Bereich des Arbeitsmarktes etwa der individuelle und kollektive Arbeitsvertrag, die Tarifautonomie oder die Mitbestimmung. Organisationen des Arbeitsmarktes sind dagegen zielgerichtete Zusammenschlüsse von Menschen zu geplanten und koordinierten Handlungseinheiten, wie Arbeitgeberverbände, Gewerkschaften, Unternehmen oder die Arbeitsverwaltung. Am Beispiel des Betriebsrates wird deutlich, dass Doppeldeutigkeiten auftreten können, weil er sowohl als Institution des Betriebsverfassungsgesetzes als auch als Organisation innerhalb des Unternehmens interpretiert werden kann.

Dieses Kapitel soll hauptsächlich die Rahmenbedingungen erläutern, innerhalb derer sich der Lohnbildungsprozess abspielt, welcher im *Abschnitt 8.2* diskutiert wird. Mithin erfolgte die Auswahl der Arbeitsmarktorganisation und –institution hauptsächlich, aber nicht ausschließlich, unter diesem Aspekt. Gemeinsames Thema ist die Frage nach der Effizienz beider Einrichtungen: Unter welchen Voraussetzungen sind sie – wenn überhaupt – einer reinen Koordination der Arbeitsbeziehungen über den Preismechanismus überlegen, etwa in dem Sinne, dass sie Transaktionskosten ersparen? Mit anderen Worten, wäre "mehr Markt auf dem Arbeitsmarkt" immer besser?[2]

7.1 Tarifautonomie und Tarifvertrag

Unter Tarifautonomie versteht man das Recht, unbeeinflusst von Dritten, insbesondere vom Staat, Arbeitsvertragsbedingungen zu vereinbaren.[3] In der Bundesrepublik

---

[1] Vgl. zum Folgenden Buttler (1987).

[2] So lautet der Titel des Buches von Soltwedel (1984).

[3] Dieses Recht folgt aus dem Grundrecht der Koalitionsfreiheit nach Artikel 9 Absatz 3 des Grundgesetzes (GG). Natürlich dürfen Tarifverträge nicht gegen geltendes Recht verstoßen. Sie dürfen beispielsweise nicht etwa niedrigere Löhne für Frauen vereinbaren, was gegen das Diskriminierungsver-

Deutschland findet die rechtliche Ausgestaltung der Tarifautonomie ihren Niederschlag im Tarifvertragsgesetz (TVG). Nach diesem Gesetz können tariffähige Parteien die Gewerkschaften, nicht aber der einzelne Arbeitnehmer, und die Arbeitgebervereinigungen sowie einzelne Arbeitgeber sein.[4] Nicht jeder Zusammenschluss von Arbeitnehmern oder Arbeitgebern gilt als tariffähig und damit als Gewerkschaft beziehungsweise Arbeitgeberverband. Voraussetzungen für eine "Tariffähigkeit" sind unter anderem, dass die Vereinigungen freiwillig gebildet, von der Gegenseite unabhängig ("Gegnerfreiheit"),[5] parteipolitisch, kirchlich und vom Staat unabhängig sowie demokratisch und überbetrieblich[6] organisiert sind. Dagegen ist eine freiwillige Unterstützung von Parteien und Kirchen nicht verboten ("Richtungsgewerkschaften").

Ein Tarifvertrag besteht aus juristischer Sicht aus einem normativen und einem schuldrechtlichen (oder auch "obligatorisch" genannten) Teil. Der normative Teil enthält Normen über Entgelte, Arbeitszeit etc., während der schuldrechtliche Teil die arbeitsrechtlichen Rechte und Pflichten beider Parteien (zum Beispiel Durchführungspflicht, Friedenspflicht) regelt. Ein Tarifvertrag gilt zunächst nur für Mitglieder der Tarifvertragsparteien, mithin für die Arbeitgeber, die Mitglied des tarifschließenden Verbandes sind, und für die Arbeitnehmer, sofern sie der tarifschließenden Gewerkschaft angehören. Mit anderen Worten, selbst tarifgebundene Arbeitgeber können mit Nicht–Gewerkschaftsmitgliedern Löhne vereinbaren, die unterhalb des Tariflohnes liegen. Sie unterliegen in diesem Zusammenhang allerdings den restriktiven Regelungen des §77 Abs. 3 Betriebsverfassungsgesetz ("Tarifvorbehalt"). Danach können Arbeitsentgelte und sonstige Arbeitsbedingungen, die üblicherweise durch einen Tarifvertrag geregelt sind, nicht Gegenstand einer Betriebsvereinbarung sein, es sei denn, der Tarifvertrag lässt solche Abschlüsse ausdrücklich zu. Sieht der Tarifvertrag dies nicht vor, muss das Unternehmen mit jedem einzelnen Arbeitnehmer eine Vereinbarung treffen, es kann mit dem Betriebsrat allenfalls eine Betriebsabsprache ("Regelungsabrede") über die Vorgehensweise treffen.[7] Verlassen bisher tarifgebundene Arbeitgeber den Arbeitgeberverband, so gelten die Rechtsnormen des Tarifvertrages selbst für diese Unternehmen weiter, bis er durch eine andere Abmachung ersetzt wird ("Nachwirkung" gemäß §4 Abs. 5 TVG), allerdings nur für solche Arbeitsverhältnisse, die bereits vor Ablauf des Vertrages bestanden haben ("Nachhaltigkeitsprinzip" gemäß TVG §3 Abs. 3). Analoges gilt für den Arbeitnehmer, der aus der Gewerkschaft austritt. Auf Grund der Nachwirkung behält also der Tarifvertrag zwar weiterhin seine unmittelbare Wirkung, vor allem um Rechtssicherheit zu gewährleisten, er verliert hingegen seine zwingende Geltung.[8] Zulässig sind nunmehr auch arbeitsvertragliche Abmachungen, die zu *Un*gunsten des Arbeitnehmers vom Tarifvertrag abweichen, während Regelungen zu Gunsten des Beschäftigten dem

---

bot des Artikels 3, Absatz 3 GG verstoßen würde. Sie dürfen auch nicht in die Individualsphäre des einzelnen Arbeitnehmers eingreifen, also etwa die Verwendung des Arbeitsentgeltes regeln. Auch eine Änderung der Unternehmensverfassung ist unzulässig, etwa die Einführung oder Abschaffung einer paritätischen Mitbestimmung. Vgl. dazu auch Hromadka (1995).

[4]Vgl. *Abschnitte 7.2* und *7.3* für eine Darstellung der institutionellen Regelungen bezüglich Gewerkschaften und Arbeitgeberverbände.

[5]Vgl. dazu auch die Ausführungen in *Abschitt 7.3*.

[6]Reine "Werkvereine" sind damit keine Gewerkschaften und nicht tariffähig.

[7]Vgl. Brox und Rüthers (2002), Randziffer 408.

[8]Vgl. Brox und Rüthers (2002), Randziffer 280.

"Günstigkeitsprinzip" nach §4 Abs. 3 TVG zufolge rechtlich immer möglich sind.[9]

In der Praxis ist der nach dem TVG fehlende Rechtsanspruch der Nicht–Gewerkschaftsmitglieder auf Erhalt der vereinbarten Leistungen indessen ohne Bedeutung.[10] Zum einen wird in vielen Arbeitsverträgen nämlich auf die Tarifverträge Bezug genommen, sodass ein Anspruch der nichtorganisierten Arbeitnehmer auf die tariflich vereinbarten Leistungen zwar nicht durch das TVG, wohl aber durch den individuellen Arbeitsvertrag entsteht. Zum anderen können der Bundesminister für Arbeit und Sozialordnung oder in dessen Auftrag die Landesarbeitsministerien auf Antrag einer tarifschließenden Partei eine "Allgemeinverbindlicherklärung" nach §5 TVG abgeben, wonach die Tarifvertragsregelungen auch für nicht tarifgebundene Arbeitgeber und –nehmer verbindlich sind. Dazu bedarf es der Zustimmung eines paritätisch aus Arbeitgeber– und Arbeitnehmervertretern besetzten Tarifausschusses. Diese wird nur erteilt, wenn die tarifgebundenen Arbeitgeber mindestens die Hälfte der unter den Geltungsbereich des Tarifvertrages fallenden Arbeitnehmer beschäftigen, und sofern ein "öffentliches Interesse" vorliegt.[11] Dies trifft aus sozialpolitischen Erwägungen im Hinblick auf einheitliche (Mindest–) Arbeitsbedingungen am ehesten auf Branchen mit vielen kleinen, schwer organisierbaren Arbeitgebern zu.[12]

Für rund 90 v.H. aller Arbeiter und Angestellten gelten direkt oder indirekt Tarifverträge, direkt, weil das betreffende Unternehmen der Tarifbindung unterliegt, indirekt, weil auch nicht tarifgebundene Unternehmen in den Arbeitsverträgen häufig auf tarifvertragliche Regelungen Bezug nehmen.[13] Seit In–Kraft–Treten des Tarifvertragsgesetzes im Jahr 1949 haben die Tarifvertragsparteien in West– und Ostdeutschland bis Ende des Jahres 2001 gut 330 000 Tarifverträge abgeschlossen, von denen derzeit etwa 57 500 gültig sind. Im Durchschnitt der letzten Jahre wurden jährlich etwa 7000 neue Tarifverträge abgeschlossen, die zum großen Teil vorherige Tarifverträge ersetzten.[14] Im Jahre 2001 wurden in Deutschland rund 6700 neue Tarifverträge abgeschlossen, davon 5400 in den alten und 1300 in den neuen Bundesländern.

Tarifverträge zwischen einem Arbeitgeberverband und einer Gewerkschaft werden auch "Verbandstarife" genannt. In Westdeutschland waren von den etwa 48 600 gültigen Tarifverträgen im Jahre 2001 rund 30 000 Verbandstarifverträge, unter denen etwa 20 Millionen Arbeitnehmer arbeiteten. In Ostdeutschland waren 2001 8900 Tarifverträge gültig, davon jedoch nur 4486 Verbandstarifverträge. Von den 2001 gültigen Tarifverträgen sind 534 allgemeinverbindlich. In Westdeutschland erfassten Mitte der neunziger Jahre die allgemeinverbindlichen Tarifverträge etwa 5.5 Mio. Arbeitnehmer,[15] von denen indessen bei rund 4.3 Mio. Arbeitnehmern die Tarifverträge ohne-

---

[9] Vgl. weiter unten und *Abschnitt 10.2.2.2.*

[10] Frühere Bemühungen der Gewerkschaften, tarifliche Regelungen ausschließlich für Gewerkschaftsmitglieder wirksam werden zu lassen, scheiterten am "Recht der negativen Koalitionsfreiheit", das heißt dem Verbot eines Organisationszwanges.

[11] Dies ist dann gegeben, wenn dadurch unsoziale Lohn– und Arbeitsbedingungen beseitigt werden sollen.

[12] Vgl. dazu ausführlich Clasen (1988) und auch Hromadka (1995).

[13] Vgl. *Abschnitt 7.3* und die dortigen empirischen Angaben über die Tarifbindung von Betrieben und Beschäftigten.

[14] Quellen: Bundesministerium für Arbeit und Sozialordnung, Tarifvertragliche Arbeitsbedingungen im Jahre 2001, Bonn, Februar 2002; Institut der deutschen Wirtschaft, iwd Heft 40 v. 7.10.1993, S. 1.

[15] Ohne die Beschäftigten des öffentlichen Dienstes, weil die Wirkung der Tarifverträge dort faktisch ohnehin alle Beschäftigten erfasst.

hin angewandt wurden, da sie bei tarifgebundenen Arbeitgebern beschäftigt waren. Somit entstand für 1.2 Mio. Arbeitnehmer (das sind etwa 3.5 v.H. aller sozialversicherungspflichtig beschäftigten Arbeitnehmer) auf Grund einer Allgemeinverbindlicherklärung eine faktische Ausdehnung des Geltungsbereichs des eigentlichen Tarifvertrages.

Im Gegensatz zu Verbandstarifen werden Firmentarife[16] zwischen einem Arbeitgeber und einer Gewerkschaft abgeschlossen. Neben den bereits erwähnten Verbandstarifverträgen existierten im Jahre 2001 in Westdeutschland etwa 18 600 Firmentarifverträge, während sie in Ostdeutschland mit 4480 fast die gleiche Bedeutung besitzen wie Verbandstarife (4446).

Tarifverträge werden auch nach persönlichen Gruppenzugehörigkeiten getrennt abgeschlossen, beispielsweise für Angestellte und Arbeiter. Allerdings werden Angestellte in gehobener Stellung häufig vom Geltungsbereich des Tarifvertrages ausgenommen. Diese "außertariflichen Angestellten" (AT-Angestellten) sind nicht identisch mit den "leitenden Angestellten"; letztere beschreiben Personen, die nicht vom Betriebsrat vertreten werden.[17]

Die Vielzahl der gültigen Tarifverträge erklärt sich daraus, dass bei den Verbandstarifen nach sektoral und regional unterschiedlichen Tarifbereichen unterschieden wird (rund 850 in Westdeutschland und rund 250 in Ostdeutschland) und außerdem etwa 4800 beziehungsweise 2000 Unternehmen in West- oder Ostdeutschland Firmentarifverträge abschließen (alle Angaben für 2001). Sowohl bei den Verbandstarifen als auch bei den Firmentarifverträgen bestehen einzelne Tarifverträge unterschiedlicher Art nebeneinander. *Tabelle 7.1* zeigt für das Jahr 2001, dass nur ein Teil der jährlich neu abgeschlossenen Tarifverträge "Entgelttarifverträge" sind, in denen die Entlohnung geregelt ist. Im "Lohn- und Gehaltsrahmentarifvertrag" werden vor allem Lohnarten und Lohngruppen vereinbart, während alle übrigen Arbeitsbedingungen (Urlaub, Arbeitszeit) Gegenstand eines "Manteltarifvertrages" sind. Hinzutreten können Tarifverträge über vermögenswirksame Leistungen, Ausbildungsvergütungen, Jahresabschlusszahlungen oder Rationalisierungsschutz- und Schlichtungsabkommen. Die Existenz dieser unterschiedlichen Verträge erklärt sich hauptsächlich aus unterschiedlichen Laufzeiten der Vereinbarungen und verschiedenen räumlichen Geltungsbereichen. Das letztgenannte Kriterium folgt aus der Tatsache, dass Tarifverhandlungen in der Regel nicht nur auf Branchenebene geführt werden – also etwa zwischen dem metallindustriellen Arbeitgeberverband "Gesamtmetall" und der IG Metall –, sondern auch auf regionaler Basis, also – um im Beispiel zu bleiben – für das Tarifgebiet Nordwürttemberg/Nordbaden zwischen dem "Verband der Metallindustrie Baden-Württemberg" und der "IG Metall für die Bundesrepublik Deutschland, Bezirksleitung Stuttgart". Jeder Tarifvertrag muss dem Bundesministerium für Arbeit und Sozialordnung bekannt gegeben werden, welches ihn in das "Tarifregister" einträgt.

Ein aus juristischer Sicht wesentliches Charakteristikum von Tarifverträgen ist die Festsetzung von Mindeststandards für die Arbeitsbedingungen. Allein aus rechtlicher Sicht kann auf der betrieblichen Ebene zwar zu Gunsten, nicht aber zu Lasten des Arbeitnehmers von den tariflichen Abmachungen abgewichen werden ("Günstigkeits-

[16]Sie werden oft auch Haustarifvertrag, Werkstarifvertrag oder Unternehmenstarifvertrag genannt.
[17]Vgl. dazu Paragraph 5 Betriebsverfassungsgesetz und *Abschnitt 7.2.1.*

prinzip" gemäß §4 Abs. 3 TVG).[18] Der Abschluss von solchen Betriebsvereinbarungen darf jedoch nicht durch Arbeitskampfmaßnahmen erzwungen werden, denn während der Laufzeit eines Tarifvertrages herrscht "Friedenspflicht", welche den Tarifparteien untersagt, im Hinblick auf einen im Vertrag normativ geregelten Tatbestand einen Arbeitskampf vorzubereiten, einzuleiten oder durchzuführen ("relative Friedenspflicht"), wohingegen dies zugelassen ist, wenn sich die Arbeitskampfmaßnahmen nicht gegen den laufenden Tarifvertrag richten, es sei denn, auch das ist durch Tarifvertrag ausgeschlossen ("absolute Friedenspflicht").

Tabelle 7.1 : Systematik von Tarifverträgen im Jahre 2001[a)]

Art der Tarifverträge	Westdeutschland		Ostdeutschland	
	Verbands-tarif-verträge	Firmen-tarif-verträge	Verbands-tarif-verträge	Firmen-tarif-verträge
Manteltarifverträge	79 (1168)	403 (4229)	13 (278)	96 (1305)
Tarifverträge mit "Mantelbestimmungen"	722 (6267)	1074 (7159)	144 (782)	176 (1348)
Lohn-, Gehalts-, Entgelts- und Ausbildungstarifverträge	812 (2281)	923 (3647)	135 (478)	178 (1055)
Änderungs-, Parallel- und Anschlusstarifverträge	1014 (20275)	416 (3643)	475 (2908)	92 (772)
Tarifverträge	2627 (29991)	2816 (18678)	767 (4446)	542 (4480)
insgesamt	5443 (48669)		1309 (8926)	

a) Zahlen vor Klammern: Anzahl der neu registrierten Tarifverträge im Jahre 2001;
Zahlen in Klammern: Anzahl der insgesamt gültigen Tarifverträge am Jahresende 2001.

Quelle: Bundesministerium für Arbeit und Sozialordnung, Tarifvertragliche Arbeitsbedingungen im Jahre 2001, Februar 2002, S. 6f.

In den letzten Jahren ist jedoch in zunehmendem Maße zu beobachten, dass auf Grund von wirtschaftlichen Schwierigkeiten auch tarifgebundene Betriebe – teilweise mit (stillschweigender) Billigung durch den Betriebsrat – unter Tarif entlohnen, insbesondere in Ostdeutschland.[19] Diese Unternehmen müssen einen Vertragsbruch begehen, um das wirtschaftliche Überleben des Unternehmens zu sichern. Dies kann offenkundig nicht der Sinn von Flächentarifverträgen sein, die – unbeschadet aller bisherigen Bemühungen – weiterhin flexibilisierungsbedürftig sind.[20]

[18]Rechtlich unzulässig (wenn auch in der Praxis mitunter zu beobachten) sind Effektivklauseln, nach denen Tarifverbesserungen auf bisherige Effektivlöhne aufgestockt werden sollen (vgl. auch *Abschnitt 8.1* und *Abschnitt 8.2.3* für den damit angesprochenen Unterschied zwischen Tarif- und Effektivverdiensten).

[19]Zur Empirie vgl. *Abschnitt 10.*

[20]Vgl. *Abschnitt 7.3* (insbesondere *Tabelle 7.7*), *Abschnitt 10.2.2.2*, sowie Fallbeispiel: Die Diskussion um den Flächentarifvertrag.

Daneben existiert noch ein Gesetz über die Festlegung von Mindestarbeitsbedingungen aus dem Jahre 1952, in welchem "die unterste Grenze der Entgelte und sonstigen Arbeitsbedingungen" (§4) festgelegt wird. Da tarifvertragliche Regelungen Vorrang vor einer gesetzlichen Regelung gemäß diesem Gesetz haben sollen und diese auch tatsächlich erfolgt sind, ist dieses Gesetz bisher noch nie zur Anwendung gekommen. Eine andere untere Grenze der Entlohnung wird durch §138 BGB gezogen, wonach ein Rechtsgeschäft gegen die guten Sitten verstößt, wenn unter Ausbeutung einer Zwangslage Leistungen vereinbart werden, die in auffälligem Missverhältnis zur Gegenleistung stehen ("Lohnwucher–Paragraph"). Einen verlässlichen, wissenschaftlich begründbaren Maßstab, wann ein solches Missverhältnis vorliegt, gibt es nicht. Von diesem Gesetz abgesehen gibt es in Deutschland keine gesetzlichen Mindestlohnregelungen wie beispielsweise in Frankreich oder den USA.[21] Wenn überhaupt, dann könnten die untersten tariflichen Lohngruppen für den betroffenen Personenkreis am ehesten den Charakter von Mindestlöhnen annehmen.

7.2 Gewerkschaften, Betriebsräte und Mitbestimmung

In diesem Abschnitt sollen zwei wesentliche institutionelle Ausgestaltungen der Arbeitnehmervertretung behandelt werden, nämlich Gewerkschaften und Betriebsräte. Nach einer kurzen Darlegung der institutionellen Regelungen und ihrer quantitativen Größenordnung erfolgt dann eine ökonomische Analyse dieser Institutionen beziehungsweise Organisationen.

7.2.1 Institutioneller und organisatorischer Rahmen

Ganz allgemein betrachtet sind Gewerkschaften frei gebildete und auf Dauerhaftigkeit angelegte Interessenverbände, welche die wirtschaftlichen und sozialen Belange ihrer Mitglieder absichern und verbessern wollen, und die das Recht zum Abschluss von Tarifverträgen haben.[22] Sie sind nach unterschiedlichen Prinzipien organisiert, nämlich entweder nach dem Prinzip der "Berufsgewerkschaften" oder dem der "Industriegewerkschaften". Im erstgenannten Fall sind Arbeitnehmer jeweils eines bestimmten Berufs in einer Gewerkschaft organisiert, unabhängig davon, in welchem Wirtschaftszweig sie beschäftigt sind.[23] Die klassische Aufgabe von (früheren) Berufsverbänden waren unter anderem die Kontrolle des fachspezifischen Arbeitsmarktes durch Zugangsbeschränkungen, der Aufbau eines eigenen Unterstützungssystems zur Absicherung der Mitglieder vor sozialen Risiken und die Durchführung der beruflichen Weiterbildung. Die Organisationsform einer Gewerkschaft nach Berufen kann dazu führen, dass die Arbeitnehmer eines größeren Unternehmens in mehreren Berufsgewerkschaften organisiert sind, mit der Konsequenz, dass für jede Berufsgruppe Tarif-

[21] Für eine umfassende Analyse der Wirkung von Mindestlöhnen in den USA vgl. Card und Krüger (1995).

[22] Vgl. dazu *Abschnitt 7.1*.

[23] Die ersten Gewerkschaftsgründungen gingen aus beruflichen Zusammenschlüssen hervor, wie beispielsweise schon vor 1848 in Deutschland auf lokaler Basis für Buchdrucker und Tabakarbeiter. Diese beiden Berufsgruppen unternahmen auch später erste Versuche zu nationalen Koalitionen. Vgl. dazu Müller–Jentsch (1985), S. 370ff.

verträge ausgehandelt werden. Neben der damit verbundenen größeren Unsicherheit der Firmen über die zukünftig zu erwartende Lohnkostenentwicklung weist eine Berufsgewerkschaft häufig den Nachteil auf, dass die Streikhäufigkeit, mit der die Firma konfrontiert ist, groß ist, wobei Berufe mit einer Schlüsselstellung den gesamten Betriebsablauf unterbrechen oder zumindest beträchtlich stören können. Schließlich tendieren Berufsgewerkschaften dazu, dass ihre Mitglieder nur ihnen adäquate Tätigkeiten verrichten, für die sie "zuständig" sind, welche andererseits dann von Angehörigen anderer Berufe nicht ausgeübt werden dürfen. Die damit einhergehenden Inflexibilitäten behindern ebenfalls den Produktionsprozess. Im äußersten Fall setzen Berufsgewerkschaften die Beschäftigung zusätzlicher Arbeitnehmer dieses Berufsstandes durch, die eigentlich nicht (mehr) benötigt werden.[24]

Eine industriegewerkschaftliche Organisationsform vermeidet einige dieser Nachteile. Hier schließen sich alle Arbeitnehmer gleich welchen Berufs zu einer Gewerkschaft zusammen nach dem Grundsatz: ein Betrieb, eine Gewerkschaft. Diese Industriegewerkschaften schließen dann entweder mit einzelnen Unternehmen Firmentarifverträge ("Haustarifverträge") oder mit entsprechend organisierten Arbeitgeberverbänden regionale oder nationale Branchentarifverträge ab.[25] Diese Gliederungsform der Gewerkschaften entwickelte sich seit dem ausgehenden 19. Jahrhundert. So bildeten sich ab 1890 erstmals Gewerkschaftsorganisationen in Form eines Verbandes der Fabrikarbeiter, weil die wachsende Zahl der Hilfsarbeiter und Angelernten in den bestehenden beruflichen Organisationen keine Aufnahme fanden.[26] Hinzu kam die um die Jahrhundertwende verstärkte Organisation der Arbeitgeber in zentralen Verbänden, sodass die Gewerkschaften an einer nachhaltigeren Interessendurchsetzung interessiert waren. Diese ließ sich durch gewerkschaftliche Zusammenschlüsse und Bildung einheitlicher Organisationen erreichen. Insgesamt war jedoch die Zeit von 1890 bis 1933 durch die Koexistenz von Berufsverbänden und Industriegewerkschaften gekennzeichnet, welche auch politisch im Sinne von "Richtungsgewerkschaften" orientiert waren.

Beim Wiederaufbau des Gewerkschaftswesens in der Bundesrepublik Deutschland nach dem Zweiten Weltkrieg wurde im Wesentlichen das Prinzip der Industriegewerkschaft verfolgt. 1949 konstituierten sich die bisherigen Neugründungen von Gewerkschaften seit 1945 auf Orts–, Landes– und Zonenebene als "Deutscher Gewerkschaftsbund" (DGB). Die im Jahre 1945 gegründete "Deutsche Angestelltengewerkschaft" (DAG) schloss sich ebenfalls 1949 als bundesweite Organisation zusammen. Der DGB verweigerte ihre Aufnahme als Angestelltenverband, weil damit eine Verletzung des Prinzips der Industriegewerkschaft einhergegangen wäre. Die Alternative einer Auflösung der DAG wurde verworfen, da eine wirksame gemeinsame Interessenvertretung der Angestellten mit den Arbeitern für nicht durchführbar gehalten und eine Nivellierung der Statusunterschiede befürchtet wurde.[27] Im Jahre 1950 erfolgte die Gründung des "Deutschen Beamtenbundes" (DBB), welcher seit 1976 zusammen mit der DAG und dem "Marburger Bund" (Verband der angestellten und beamteten Ärzte Deutschlands) die Tarifgemeinschaft für Angestellte im öffentlichen Dienst bildet. Eine Gruppe christlicher Gewerkschaftler sah in dem Aufruf des DGB, bei der Bun-

[24] Vgl. Filer, Hamermesh und Rees (1996) für einige Beispiele dieses Tatbestandes, der in den USA als "restrictive working practices" oder als "featherbedding" bezeichnet wird.

[25] Vgl. dazu *Abschnitt 7.1.*

[26] Vgl. ausführlicher Müller–Jentsch (1985), S. 370ff.

[27] Vgl. dazu ausführlicher Armingeon (1988), S. 31f.

Tabelle 7.2 : Mitglieder deutscher Gewerkschaften im Jahre 2000

Gewerkschaft	Mitglieder in 1000 Personen
Deutscher Gewerkschaftsbund (DGB)	7 773
darunter u.a.:	
– IG Metall	2 763
– Gewerkschaft öffentliche Dienste, Transport und Verkehr (ÖTV)	1 477
– IG Bergbau, Chemie, Energie	892
– IG Bauen, Agrar, Umwelt	540
– nachrichtlich: ver.di (vgl. Text)	2988
Deutsche Angestelltengewerkschaft (DAG)	450
Deutscher Beamtenbund (DBB)	1 205
Gewerkschaften insgesamt$^{a)}$	9 733

a) Einschl. Christlicher Gewerkschaftsbund (CGB) mit 305 Tsd. Mitgliedern.

Quelle: Institut der deutschen Wirtschaft, Deutschland in Zahlen 2002, S. 109.

destagswahl einen anderen Bundestag zu wählen, eine offensichtliche Verletzung des Gebots der parteipolitischen Neutralität und gründete im Jahre 1954 die "Christliche Gewerkschaftsbewegung Deutschlands" (CGD), welche 1959 mit anderen kleineren Gewerkschaften den "Christlichen Gewerkschaftsbund Deutschlands" (CBG) bildete. Daneben existieren eine Reihe weiterer, jedoch oft nicht tariffähiger Arbeitnehmerverbände wie etwa die "Union der Leitenden Angestellten" (ULA), der "Deutsche Richterbund" (DRB) oder der "Deutsche Bundeswehrverband" (DBwV), um nur einige zu nennen, bis hin zum "Bundesverband der Tierzucht– und Besamungstechniker".

Tabelle 7.2 gibt eine Vorstellung von der quantitativen Größenordnung einiger Gewerkschaften anhand ihrer Mitgliederzahlen in West– und Ostdeutschland und verdeutlicht, dass das Gewerkschaftswesen in der Bundesrepublik Deutschland eindeutig vom DGB dominiert wird, der sich im Jahre 1998 seinerseits aus 13 Einzelgewerkschaften zusammensetzte. Letztere sind ganz überwiegend nach dem Prinzip einer Industriegewerkschaft (IG) organisiert.

Eine Ausnahme bildet der Bereich von Bildung und Wissenschaft, wo die Gewerkschaft Erziehung und Wissenschaft (GEW) nur die Angestellten und Beamten organisiert, während die Arbeiter zur Gewerkschaft Öffentliche Dienste, Transport und Verkehr (ÖTV) gehören.[28] Der DGB ist lediglich der Dachverband der selbstständigen

[28] Im Jahr 2001 haben sich der ÖTV, DAG, HBV (Gewerkschaft Handel, Banken, Versicherungen), DPG (Deutsche Postgewerkschaft) und die IG Medien zur "Vereinte Dienstleistungsgewerkschaft"

Tabelle 7.3 : Gewerkschaftliche Brutto- und Nettoorganisationsgrade nach Sektoren im Jahre 1990 (Westdeutschland)[a)]

Sektor	Brutto–organisations–grad	Netto–organisations–grad
Bergbau	0.694	0.431
Chemische Industrie	0.359	0.385[b)]
Baugewerbe	0.243	0.166
Maschinenbau	0.543	0.450
Elektrotechnik	0.543	0.290

a) Vgl. Text für Erläuterungen. Bruttoorganisationsgrad: Verhältnis der Anzahl von Gewerkschaftsmitgliedern zur Anzahl aller abhängig Beschäftigten (des betreffenden Sektors). Nettoorganisationsgrad: Verhältnis der Anzahl der *beschäftigten* Gewerkschaftsmitglieder zur Anzahl aller abhängig Beschäftigten (des betreffenden Sektors).

b) Die eigentlich nicht plausible positive Differenz zwischen Netto– und Bruttoorganisationsgrad ist allein schätztechnisch auf Grund von Ungenauigkeiten bei der Hochrechnung bedingt.

Quelle: Fitzenberger, Haggeney und Ernst (1999), Tabelle 7.

Einzelgewerkschaften. Hauptsächlich fungiert er als Koordinationsorgan zwischen den einzelnen Mitgliedsgewerkschaften und nimmt vor allem Repräsentationsaufgaben gegenüber Staat und Öffentlichkeit wahr. Insgesamt gesehen sind seine Kompetenzen gering, er ist finanziell von seinen Mitgliedsgewerkschaften abhängig, und alle Versuche zur Stärkung des DGB sind vor allem am Widerstand der mitgliedsstärksten Gewerkschaften gescheitert.[29]

Tabelle 7.3 vermittelt einen Eindruck über die Höhe des gewerkschaftlichen Organisationsgrades in Westdeutschland. Prinzipiell lässt sich diese Größe als Anteil der Gewerkschaftsmitglieder an den abhängig Beschäftigten berechnen. Diese auch als Bruttoorganisationsgrad bezeichnete Messziffer ist für bestimmte Fragestellungen verzerrt, weil ihr Zähler auch nicht aktiv am Erwerbsleben teilnehmende Mitglieder enthält (Rentner, Studenten, Wehrdienstleistende, Arbeitslose). Wenn es um die Quantifizierung der "aktiven" Gewerkschaftsmitglieder als Repräsentanten der Arbeitnehmer in Tarifauseinandersetzungen geht,[30] stellt der Nettoorganisationsgrad einen zuverlässigeren Indikator dar, bei dem im Zähler nur die beschäftigten Gewerkschaftsmitglieder enthalten sind. Die in *Tabelle 7.3* ausgewiesenen Organisationsgrade folgen jedoch nicht der Abgrenzung nach Gewerkschaften, sondern nach ausgewählten Wirtschaftszweigen. Grundlage der Berechnungen ist das Sozio-oekonomische Panel. Die Ergebnisse für den Nettoorganisationsgrad wurden dann unter Verwendung der

(ver.di) zusammengeschlossen (2.988 Millionen Mitglieder im Jahre 2000). Ver.di besitzt verschiedene Fachbereiche, denen je nach Zuständigkeit die Tarifverhandlungen obliegen.

[29] Vgl. Bergmann (1985), S. 90. Eine sehr ausführliche Darstellung findet sich in Armingeon (1988).

[30] Vgl. auch *Abschnitt 7.2.4* und das dort aufgeführte Fallbeispiel: Altersstruktur der Gewerkschaftsmitglieder.

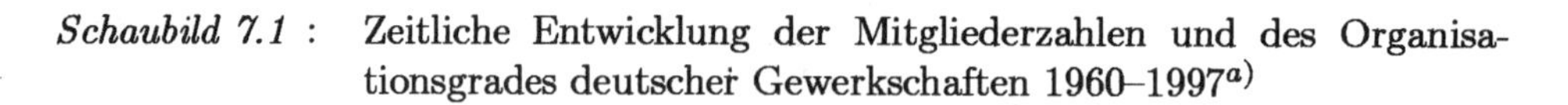

Schaubild 7.1 : Zeitliche Entwicklung der Mitgliederzahlen und des Organisationsgrades deutscher Gewerkschaften 1960–1997[a)]

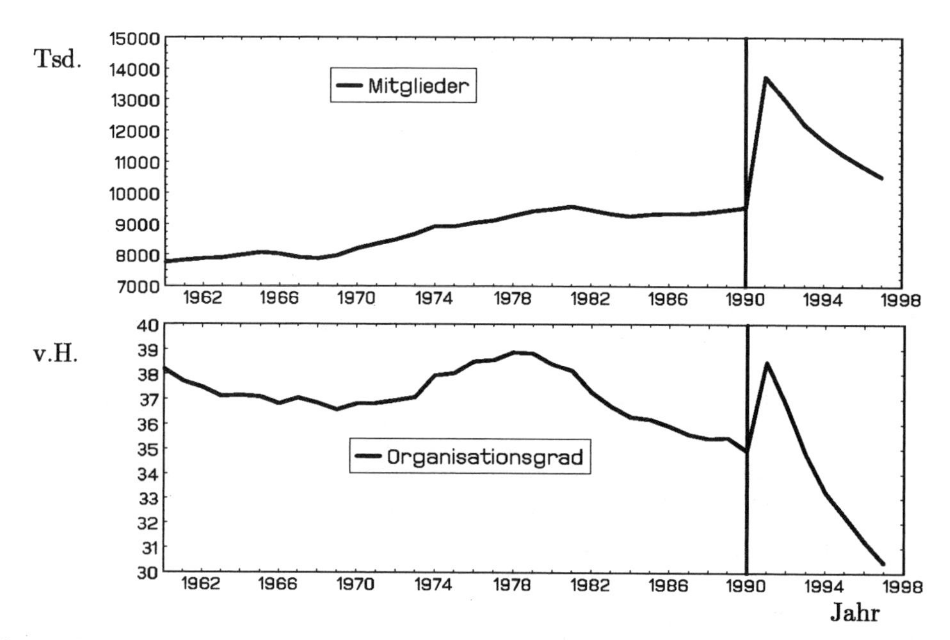

a) Vgl. Text für Erläuterungen; Organisationsgrad: Anteil der Gewerkschaftsmitglieder an den beschäftigten Arbeitnehmern und den Arbeitslosen.

Quelle: Statistische Jahrbücher, lfd. Jahrgänge, Jahresgutachten des Sachverständigenrats (für beschäftigte Arbeitnehmer und Arbeitslose).

IAB–Beschäftigtenstichprobe des Instituts für Arbeitsmarkt- und Berufsforschung der Bundesanstalt für Arbeit auf die Sektorebene gemäß der Klassifikation der Volkswirtschaftlichen Gesamtrechnung hochgerechnet. Die ausgewählten Angaben in *Tabelle 7.3* belegen bereits die große Spannweite der Organisationsgrade zwischen den Sektoren und die teilweise beträchtlichen Unterschiede zwischen dem Brutto- und Nettoorganisationsgrad in einzelnen Sektoren; noch größere Differenzierungen ergeben sich, wenn alle Sektoren der Studie ins Blickfeld genommen werden.

Die zeitliche Entwicklung der Gewerkschaftsmitglieder und des gewerkschaftlichen Bruttoorganisationsgrades wird in *Schaubild 7.1* dargestellt. Die Zahlen beziehen sich bis zum Jahre 1990 auf Westdeutschland, ab 1991 auf Deutschland. Durch die Wiedervereinigung stieg die Anzahl der Gewerkschaftsmitglieder sprunghaft an: Allein der DGB verzeichnete zwischen den Jahren 1991 und 1990 netto etwa 3.9 Mio. Mitglieder mehr. Danach zeigt *Schaubild 7.1* allerdings auch den beträchtlichen Rückgang der Mitgliederzahlen von ihrem Hochpunkt im Jahre 1991 mit 13.8 Mio. Mitgliedern bis 10.5 Mio. im Jahre 1997. Beim Bruttoorganisationsgrad in *Schaubild 7.1* enthält die Nennergröße auch die Arbeitslosen, um somit die Gesamtzahl aller "organisierbaren" Arbeitnehmer zu erhalten. Der Organisationsgrad in Westdeutschland verharrte in den sechziger Jahren im Wesentlichen auf 36 v.H., stieg dann ab 1972 an, um Ende der achtziger Jahre wieder auf etwa 35 v.H. zurückzufallen. In Deutschland sank der Organisationsgrad allein in der Zeitperiode 1991 bis 1997 um rund acht Prozentpunkte

Tabelle 7.4 : Gewerkschaftliche Organisationsgrade im internationalen Vergleich[a)]

Land	1985	1995
1. Länder mit ansteigendem Organisationsgrad		
Finnland	68.3	79.3
Schweden	83.8	87.6
2. Länder mit fallendem oder konstantem Organisationsgrad		
Bundesrepublik Deutschland (West)	35.3	28.9
Dänemark	78.3	78.3
Frankreich	14.5	9.1
Italien	47.6	43.3
Japan	28.8	24.0
Niederlande	28.7	25.6
Österreich	51.0	41.2
Schweiz	28.8	22.0
Vereinigtes Königreich	45.5	32.9
Vereinigte Staaten	18.0	14.2

a) In v.H. aller Beschäftigten.

Quelle: Institut der deutschen Wirtschaft, iwd Nr. 21 v. 21.5.1998, S. 8 auf der Basis der Berechnungen ILO World Labour Report 1997/98 und von J. Visser (Max-Planck-Institut Köln).

auf 30 v.H. Ende 1997 ab.

Was den internationalen Vergleich des gewerkschaftlichen Organisationsgrades anbelangt, so zeigt *Tabelle 7.4*, dass die Bundesrepublik Deutschland im unteren Drittel der Skala der aufgeführten Länder liegt.[31] Besonders hoch ist der Organisationsgrad in den skandinavischen Ländern, in denen die Lohnverhandlungen auf nationaler Ebene geführt werden. Ein geringer Organisationsgrad findet sich hingegen in Frankreich und Japan. Es sollten bei diesen internationalen Vergleichen indessen stets die unterschiedlichen institutionellen Regelungen bezüglich des durch Tarifverhandlungen umfassten Personenkreises berücksichtigt werden.[32]

Der tarifpolitische Willensbildungsprozess wird durch die Tarifkommissionen institutionalisiert, welche – je nach Satzung der Einzelgewerkschaft – mehr oder weniger autonom über Forderungen, Verhandlungstaktik und Annahme oder Ablehnung eines Verhandlungsergebnisses entscheiden.[33] In der Regel besteht die Mehrheit der Kom-

[31] Wegen unterschiedlicher Definition der Nennergröße ist die Zahl für die Bundesrepublik mit der in *Schaubild 7.1* nicht vergleichbar. Vgl. auch Zahlenangaben für die siebziger Jahre bei Streeck (1981), S. 471.

[32] Vgl. dazu für die Bundesrepublik Deutschland *Abschnitt 8.2.1.*

[33] Die Stellung der Tarifkommissionen ist in den Einzelgewerkschaften sehr unterschiedlich (zum Teil nur durch "Richtlinien") geregelt.

missionsmitglieder aus Betriebsratsmitgliedern aus Großbetrieben. Zwar ist dadurch ein informeller Kontakt mit der Gewerkschaftsbasis gegeben, jedoch bestehen keine Verpflichtungen, die Mitglieder in die Meinungsbildung einzubeziehen. Wohl aber werden der Tarifkommission "Empfehlungen" seitens der Führung der Einzelgewerkschaft gegeben. Die Mitglieder der eigentlichen Verhandlungskommission werden aus der Tarifkommission gewählt und/oder vom Verhandlungsleiter (häufig der Bezirksleiter bei regional geführten Tarifrunden) bestimmt.[34]

Der Formulierung der (Lohn–)Forderungen geht ein längerer Informations– und Beratungsprozess voraus. Eine Tarifkündigung bedarf der Genehmigung durch den Gewerkschaftsvorstand, welcher dann im Benehmen mit den Bezirksleitern vor der Kündigung eine lohnpolitische Richtlinie beschließt, wobei die Bezirksleiter Informationen über die wirtschaftliche Situation der Betriebe und die Meinung der "Basis" mit einbringen. Diese Vorschläge werden dann in der Regel in den Betrieben und Ortsverbänden erneut diskutiert, bevor dann die Tarifkommission über die Forderungen gegenüber den Arbeitgebern beschließt.

Die Gewerkschaften nehmen die überbetriebliche Interessenvertretung nicht nur dadurch wahr, dass sie Kollektivverträge über Entlohnung sowie Arbeitsbedingungen und –zeit für einzelne Branchen oder ganze Industriezweige abschließen, sondern zudem durch ihre Einflussnahme auf unternehmerische Entscheidungen, die ihnen die Gesetze über die Mitbestimmung ermöglichen. Im Wesentlichen sind dies das "Gesetz über die Mitbestimmung der Arbeitnehmer in den Aufsichtsräten und Vorständen der Unternehmen des Bergbaus und der Eisen und Stahl erzeugenden Industrie", welches 1951 verabschiedet wurde ("Montan–Mitbestimmungsgesetz"), und das "Mitbestimmungsgesetz" aus dem Jahre 1976. Beide Gesetze beinhalten Regelungen über die Besetzung der Aufsichtsräte. Das erste Gesetz gilt für Kapitalgesellschaften der genannten Branchen mit über 1000 Beschäftigten und sieht vor, dass von den 11 Aufsichtsratsmitgliedern[35] fünf von den Anteilseignern und fünf von den Arbeitnehmern gestellt werden, wobei von der letzteren Gruppe zwei (je ein Arbeiter und Angestellter des Unternehmens) von den Betriebsräten, die anderen drei von den Gewerkschaften vorgeschlagen und von der Eignerversammlung gewählt werden müssen. Diese Versammlung wählt alle Aufsichtsratsmitglieder, einschließlich des elften Mitglieds, welches mit der Mehrheit der Stimmen des Aufsichtsrats vorgeschlagen wird.[36] Die Regelungen des "Mitbestimmungsgesetzes" unterscheiden sich im Wesentlichen dadurch, dass sie nur für Kapitalgesellschaften mit mehr als 2000 Beschäftigten gelten[37] und eine gerade Zahl von Aufsichtsratsmitgliedern vorschreiben, wobei nunmehr der Aufsichtsratsvorsitzende bei Stimmengleichheit ein doppeltes Stimmrecht innehat. Je nach Unternehmens– und damit nach Aufsichtsratgröße stehen den Arbeitnehmern 6, 8 oder 10 Sitze zu, wobei Arbeiter, Angestellte und leitende Angestellte gemäß ihres Anteils im Unternehmen, mindestens jedoch mit je einem Sitz vertreten sind. Die

[34]Eine sehr detaillierte Schilderung (früherer) Verhandlungen ist in Himmelmann (1971) enthalten.

[35]Das ist der Regelfall für diese Unternehmen, im Ausnahmefall können Aufsichtsräte auch aus 15 oder 21 Mitgliedern bestehen.

[36]Dabei müssen je drei Vertreter der Anteilseigner und der Arbeitnehmer ihre Zustimmung geben.

[37]Sog. "Tendenzunternehmen", welche politischen, konfessionellen, karitativen, erzieherischen, wissenschaftlichen, künstlerischen oder journalistischen Zwecken dienen, fallen nicht unter dieses Gesetz. In Unternehmen mit weniger als 2000 Beschäftigten gilt die mit dem BetrVG von 1952 eingeführte Ein–Drittel–Beteiligung der Arbeitnehmer in den Aufsichtsräten.

Fallbeispiel: Die Diskussion um den Flächentarifvertrag

Im Jahre 1995 entbrannte mit bis dahin nicht gekannter Vehemenz eine Diskussion über die institutionelle Verankerung des Lohnbildungsprozesses in Deutschland, wobei im Mittelpunkt der Kritik der Flächentarifvertrag stand.[a] In ihm sehen viele Kommentatoren die Wurzel vieler, wenn nicht sogar aller Arbeitsmarktprobleme, weil er bei weitem zu inflexibel sei, den betrieblichen Erfordernissen Rechnung zu tragen, sodass eine Verlagerung der Lohnfindung rein auf die betriebliche Ebene ein probates Mittel zur Erhöhung des Beschäftigungsstandes sei. Unbestritten ist der Flächentarifvertrag in einigen Aspekten überholungsbedürftig. Zwar mag der Flexibilitätsspielraum nicht ausreichend sein, aber die bestehende Ausgestaltung des Flächentarifvertrages bietet ein – bislang nicht immer genutztes – Flexibilitätspotenzial. Als Beispiel kann unter anderem die häufig beträchtliche Lohnspanne in einzelnen Unternehmen und Branchen dienen. Eine teilweise oder vollständige Verrechnung mit Tariflohnerhöhungen kann als Mittel einer betriebsnäheren Lohndifferenzierung genutzt werden. Zusätzliche Flexibilisierungsmöglichkeiten könnten dadurch geschaffen werden, dass die Tariflohnabschlüsse bewusst niedriger angesetzt werden, um der Lohnspanne einen noch stärkeren Raum zu gewähren. Auch Einsteigertarife für Problemgruppen auf dem Arbeitsmarkt – beispielsweise für Langzeitarbeitslose – und Härte– oder Krisenklauseln für Ausnahmesituationen stellen ein Instrument zur Flexibilisierung dar.

Allerdings erscheint die Vorstellung irrig, mit der Verlagerung von Lohnverhandlungen auf die betriebliche Ebene seien problemlos sichere Beschäftigungsgewinne zu erzielen. Lohnverhandlungen auf der betrieblichen Ebene bedeuten keineswegs, dass die Lohnabschlüsse niedriger als beim Flächentarif liegen, häufig ist genau das Gegenteil zu beobachten. Beim Abschluss von Firmentarifen lotet der Betriebsrat die wirtschaftliche Situation des Unternehmens genau aus. Ein solcher "Tarif der gläsernen Taschen" gewährt konkurrierenden Unternehmen, Kunden und Lieferanten einen tiefen Einblick in die Lage des Unternehmens. Weiterhin liegt es nicht auf der Hand, dass nunmehr der Betriebsrat beim Abschluss von Firmenverträgen williger Lohnzugeständnisse macht. Außerdem gibt es Grund zu der Annahme, dass bei einer positiven Geschäftsentwicklung Lohnerhöhungen dann schneller und nachhaltiger ausfallen als beim Flächentarifvertrag, mit nachteiligen Folgen für die Beschäftigung. Ohne die Verhältnisse in den USA unbesehen auf Deutschland übertragen zu wollen, mahnt das Ergebnis einer amerikanischen Studie zur Vorsicht, nach der die dortige flexible betriebliche Anpassung der Industrielöhne an die Produktivität für die Beschäftigung in diesem Sektor per saldo schädlich gewesen sei.[b]

[a] Vgl. beispielsweise die Diskussionsbeiträge in den Zeitschriften "Wirtschaftsdienst" (Heft 9, 1995) oder "Zeitschrift für Wirtschaftspolitik" (Heft 1, 1996).

[b] Vgl. Bell und Freeman (1987).

über die zuletzt genannten Arten von drei Unternehmensangehörigen hinausgehenden Arbeitnehmer sind Gewerkschaftsvertreter.[38] Sie haben in Unternehmen mit 12– beziehungsweise 16–köpfigem Aufsichtsrat zwei Sitze, in einem 20–köpfigen Aufsichtsrat stellen sie drei Vertreter. Die Zahl der Unternehmen, die unter das Mitbestimmungsgesetz fallen, ist in den achtziger Jahren gestiegen und belief sich im Jahre 1996 auf rund 800 Unternehmen mit größenordnungsmäßig rund 5 Millionen Beschäftigten (Montan-

[38] Ihre Aufsichtsrats–Tantiemen müssen sie an die Gewerkschaften abführen. Das Volumen dieser Einkünfte erreichte 1989 mit etwa 22 Mio. DM etwa 10 v.H. des DGB–Jahresetats. Quelle: Institut der deutschen Wirtschaft, iwd Heft 19 v. 10.5.1990, S. 8.

mitbestimmung und Mitbestimmung nach dem Mitbestimmungsgesetz).[39]

Beide Gesetze sehen die Bestellung eines "Arbeitsdirektors" vor, welcher rechtlich (Montanmitbestimmung) oder faktisch nicht gegen die Stimmen der Arbeitnehmer (ab-)berufen wird, und der als Vorstandsmitglied hauptsächlich für Personal- und Sozialfragen zuständig ist.

Wenn durch die Mitbestimmungsgesetze die Rechte der Eigentümer zu Gunsten der Arbeitnehmer auch erheblich eingeschränkt wurden, so ist bei der Beurteilung ihrer ökonomischen Wirkungen darauf hinzuweisen, dass die Mitbestimmung zunächst nur einen gesetzlichen Rahmen liefert, dessen konkrete wirtschaftliche Auswirkungen sich in der betrieblichen Ausführungspraxis erweisen müssen. Hierbei kann an die Befugnisse des Aufsichtsrats angeknüpft werden. Er überwacht und berät den Vorstand, bestellt dessen Mitglieder und muss – je nach Satzung des Unternehmens – zu größeren Investitionen oder Beteiligungen seine Zustimmung geben. Damit kann eine nicht unbeträchtliche Mitwirkung der Arbeitnehmer und Gewerkschaften insbesondere an langfristigen Unternehmensentscheidungen verbunden sein. Nachteilige Wirkungen auf die Flexibilität des Unternehmens gehen dann damit einher, wenn durch die Arbeitnehmervertreter die Anpassungsfähigkeit an veränderte Marktbedingungen (Nachfrageverschiebungen, Faktorpreisrelationen, Technologien) beeinträchtigt wird.[40] Andererseits sollte nicht übersehen werden, dass mit der Mitbestimmung ein Beitrag zu dem auch ökonomisch wichtigen sozialen Konsens in der Bundesrepublik Deutschland geleistet wird.

Theoretische Untersuchungen über Effizienz und Effekte mitbestimmter Unternehmen verwenden – grob vereinfacht – entweder einen spieltheoretischen Ansatz, in dem "Arbeit" und "Kapital" gemeinsam die Firma kontrollieren, allerdings mit unterschiedlichen Zielen, oder ein Modell gemeinsamer Investitionstätigkeit beider Parteien, in dem die Arbeiter in betriebsspezifisches Humankapital investieren.[41] Die Ergebnisse bezüglich der Effizienz der Mitbestimmung sind sehr unterschiedlich, wie die Übersicht von Sadowski (1997) nahelegt. Die theoretischen Ansätze zeigen, dass Mitbestimmung zwar unter bestimmten Voraussetzungen superior (oder zumindest nicht inferior) im Vergleich zu einer Verhandlungslösung sein kann,[42] dass aber andererseits Ineffizienzen auf Grund höherer Transaktionskosten und Inflexibilitäten auftreten, sodass der Nettoeffekt unbestimmt bleibt.

Ökonometrische Untersuchungen zu den Auswirkungen der Mitbestimmung sind spärlich und leiden unter unzureichenden Daten.[43] So schätzt Svejnar (1981) unter Verwendung ökonometrisch geschätzter Lohnfunktionen[44] des Zeitraums der Jahre 1935 bis 1938 und 1949 bis 1976, dass die Montanmitbestimmung in der Eisen- und Stahlindustrie relativ zu einer 6.5 v.H. höheren Lohnwachstumsrate (im Vergleich zur Textilindustrie als Referenzindustrie) führt. Angesichts der Tatsache, dass der Aufsichtsrat kaum Einfluss auf die Lohnhöhe besitzt, ist nicht klar, was mit der

[39]Quelle: Bertelsmann Stiftung und Hans-Böckler-Stiftung (1998), S. 43ff.

[40]Vgl. dazu Gäfgen (1981), S. 33ff.

[41]Stellvertretend für die beiden Ansätze seien der Ansatz von Furubotn (1985) und die Modelle in dem von Nutzinger und Backhaus (1989) herausgegebenen Sammelband genannt.

[42]Arbeitnehmer in mitbestimmten Betrieben identifizieren sich nach dieser Hypothese stärker mit der Firma und sind daher produktiver.

[43]Vgl. dazu auch die Übersicht von Kraft (1989a) mit einer ausführlichen Kommentierung.

[44]Vgl. dazu ausführlicher *Abschnitt 8.2.4*.

Fallbeispiel: Kündigungsschutz für Arbeitnehmer

Die Regelungen bezüglich des Kündigungsschutzes bestehen aus einem kaum noch überschaubaren Konglomerat aus Gesetzesrecht, Vereinbarungen in Tarifverträgen und Richterrecht. Gerade die richterliche Fortentwicklung des Kündigungsschutzes hat in den vergangenen Jahren deutlich zugenommen. Dies liegt zum Teil daran, dass das Rechtsgebiet des Kündigungsschutzes von seinem Gegenstand her gesetzlich nicht in präzisen Tatbeständen und nach feststehenden Beurteilungsmaßstäben regelbar ist. Der Gesetzgeber hat sich folglich auf Generalklauseln beschränkt, die erst vom Richter auf den Einzelfall hin konkretisiert werden.[a]
So legt das Kündigungsschutzgesetz in der Fassung in §1 fest, dass eine Kündigung nur wirksam ist, wenn sie durch bestimmte Gründe "sozial gerechtfertigt" ist, wobei der Arbeitgeber soziale Gesichtspunkte umfassend berücksichtigen muss. Davon ausgenommen bleiben fristlose Kündigungen aus "wichtigem Grund" gemäß §626 BGB. Eine Kündigung gilt als sozial gerechtfertigt, wenn sie

- durch Gründe bedingt ist, die in der Person des Arbeitnehmers (zum Beispiel Krankheit, mangelnde Eignung) oder in dessen Verhalten (zum Beispiel Pflichtverletzung) liegen,
- durch dringende betriebliche Erfordernisse bedingt ist (zum Beispiel Auftragsmangel, Freisetzung auf Grund veränderter Produktionstechnik).

Die Beweispflicht liegt beim Arbeitgeber. Ein "wichtiger Grund" ist beispielsweise die Vornahme strafbarer Handlungen oder eine "gröbliche Pflichtverletzung". Besondere Kündigungsvorschriften gelten für Schwerbehinderte, werdende Mütter, Wehr– und Zivildienstleistende und Betriebsratsmitglieder. Vor jeder Kündigung ist der Betriebsrat zu hören, und bei Entlassungen größeren Umfangs (im Vergleich zur Gesamtbelegschaft) muss dem Arbeitsamt schriftlich Anzeige erstattet werden, wobei das Landesarbeitsamt bestimmen kann, dass die Entlassungen nicht vor Ablauf von längstens 2 Monaten nach Eingang der Anzeige wirksam werden. Der Arbeitnehmer, der die Kündigung für sozial ungerechtfertigt hält, kann sich dagegen mit einem Widerspruch beim Betriebsrat und der Anrufung des Arbeitsgerichtes wehren. Die Kündigung ist an Fristen gebunden, die zwar gesetzlich festgelegt, aber in zahlreichen Tarifverträgen zu Gunsten des Arbeitnehmers verbessert worden sind. Sie richten sich nach Alter und Betriebszugehörigkeitsdauer, wobei die bislang gültige, für Arbeiter im Vergleich zu Angestellten ungünstigere Regelung vom Bundesverfassungsgericht am 19.7.1990 für verfassungswidrig erklärt wurde. Nunmehr gelten für Arbeiter und Angestellte gleichlautende Kündigungsfristen. Sofern im Arbeits– beziehungsweise Tarifvertrag keine längeren Fristen vereinbart werden, betragen sie beispielsweise bei einer Betriebszugehörigkeitsdauer von 2 Jahren einen Monat zum Monatsende, bei 5 Jahren (10 Jahren) zwei (vier) Monate und steigen bis auf 7 Monate nach einer Betriebszugehörigkeitsdauer von 20 Jahren, wobei bestimmte Zeiten nicht zur Betriebszugehörigkeitsdauer rechnen. Seit dem 1.1.1999 unterliegen Betriebe ab einem Schwellenwert von 5 Beschäftigten Arbeitnehmern (zuvor 10) dem Kündigungsschutzgesetz.
Die Weiterentwicklung des Kündigungsschutzes durch Richterrecht wird besonders deutlich an dem Erfordernis der "sozialen Auswahl" bei Kündigung und an der Schaffung eines allgemeinen Weiterbeschäftigungsanspruches. Der erste Aspekt bedeutet, dass eine betriebsbedingte Kündigung unwirksam ist, wenn bei der Auswahl unter mehreren Beschäftigten soziale Gründe nicht (ausreichend) berücksichtigt wurden (zum Beispiel Alter, Familienstand), während auf Grund des zweiten Tatbestandes das Arbeitsverhältnis praktisch nicht durch die Kündigung des Arbeitgebers, sondern erst durch ein rechtskräftiges Urteil beendet wird.

[a] Vgl. Rüthers (1986).

Dummy-Variablen "Mitbestimmung" tatsächlich gemessen wird. Da es sich jeweils um relative Lohnwachstumsraten handelt, scheidet die betriebliche Mitbestimmung gemäß Betriebsverfassungsgesetz (BetrVG) vermutlich als Erklärung aus. Dem entspricht, dass Benelli, Loderer und Lys (1987) in einer ökonometrischen Studie keine signifikanten Effekte des Mitbestimmungsgesetzes aus dem Jahre 1976 unter anderem auf Lohnsumme, Dividenden und Aktienkurswert fanden. Hier wäre am ehesten – wenn überhaupt – ein Einfluss von der betrieblichen Mitbestimmung seit dem Jahre 1952 (siehe unten) zu vermuten. Dies trifft ebenso auf die ökonometrische Untersuchung von Kraft und Nutzinger (1989) zu, in der festgestellt wird, dass größere Unternehmen höhere Löhne als kleine zahlen, ein Ergebnis, welches (im Gegensatz zum Titel jenes Beitrags) andere Ursachen als die Mitbestimmung haben kann.[45] Schmid und Seger (1998) untersuchen den Einfluss der Mitbestimmung auf den Marktwert von börsennotierten Unternehmen für verschiedene Jahre und kommen zu dem Ergebnis, dass die Arbeitnehmermitbestimmung eine Reduktion des Marktwertes um 18 v.H. zur Folge habe.

Die genannten empirischen Resultate, welche kaum nennenswerte "Erträge" der Mitbestimmung zu Tage fördern, können eigentlich nicht sehr überraschen. Wenn die Mitbestimmung tatsächlich die ihr zugeschriebenen Wohlfahrtsgewinne für Arbeitnehmer *und* Anteilseigner hat, wieso wird sie dann nicht freiwillig vereinbart, sondern muss per Gesetz verordnet werden? Einer gesetzlichen Regelung könnte dann im Wesentlichen nur der Vorteil einer höheren Planungssicherheit zugerechnet werden. Eine "mitbestimmungsfreie Zone" bedeutet schließlich nicht, dass Arbeitnehmern keine Partizipation im Unternehmen zugestanden würde; vielmehr existieren zahlreiche weitere Formen, etwa in Form der Gruppenarbeit in teilautonomen, flexiblen Teams mit erweiterten Entscheidungsbefugnissen und erhöhter Verantwortung.[46]

Wie bereits erwähnt, existiert neben der überbetrieblichen auch eine betriebliche Interessenvertretung, welche durch das BetrVG rechtlich geregelt ist und im Wesentlichen von den Betriebsräten wahrgenommen wird.[47] Sie werden von allen über 18jährigen abhängig Beschäftigten eines privaten Betriebes mit mindestens fünf Arbeitnehmern über 18 Jahre in geheimer und unmittelbarer Wahl im Turnus von vier Jahren gewählt.[48] In Betrieben mit mindestens 5 Jugendlichen werden von den Arbeitnehmern unter 18 Jahren Jugendvertreter gewählt. Die Mitglieder des Betriebsrates genießen einen besonderen Kündigungsschutz.[49] Sie arbeiten zwar ehrenamtlich, jedoch während der betrieblichen Arbeitszeit ohne Minderung des Arbeitsentgeltes. Soweit erforderlich, müssen sie von ihrer beruflichen Tätigkeit freigestellt werden (zum Beispiel für spezifische Schulungs- und Bildungsveranstaltungen). Die Kosten der Tätigkeit des Betriebsrates trägt der Arbeitgeber. Die Aufgaben des Betriebsrates

---

[45] Zum Zusammenhang zwischen Entlohnung und Firmengröße vgl. *Abschnitt 8.7.*

[46] Addison, Schnabel und Wagner (2000).

[47] Das BetrVG ist zuletzt im Jahre 2001 novelliert worden. Unter anderem wurden das Wahlverfahren neu geregelt, die Anzahl der Betriebsratsmitglieder erhöht und die Schwellenwerte im Hinblick auf die Anzahl der Beschäftigten eines Betriebes, ab deren Erreichen Betriebsratsmitglieder von der Arbeit freizustellen sind, gesenkt (beispielsweise bei 200 bis 500 Beschäftigten 1 Mitglied). Außerdem wurden Zuständigkeitsbereiche erweitert (Weiterbildungsmaßnahmen, Umweltschutz, Frauenförderung, Bekämpfung ausländerfeindlicher Tendenzen im Betrieb). Die Novellierung des BetrVG trat am 1.1.2002 in Kraft.

[48] Im öffentlichen Dienst übernimmt der Personalrat die Aufgaben des Betriebsrates.

[49] Einem Betriebsratsmitglied kann nur aus einem Grund gekündigt werden, der ansonsten eine fristlose Entlassung rechtfertigt.

liegen im Bereich (i) der Arbeitsbedingungen (Arbeitszeitregelungen, Urlaubspläne, Regelungen über die Verhütung von Arbeitsunfällen und Berufskrankheiten), (ii) der Entlohnung (Fragen der betrieblichen Lohngestaltung, Festsetzung der Akkord– und Prämiensätze), (iii) der personellen Angelegenheiten (personelle Auswahl bei Einstellungen, Versetzungen, Umgruppierungen, Kündigungen und Weiterbildungsmaßnahmen) und (iv) Umweltschutz. In einem Betrieb mit mehr als 100 ständigen Arbeitnehmern stehen einem "Wirtschaftsausschuss" umfassende Informations– und Beratungsrechte bei wirtschaftlichen Angelegenheiten des betreffenden Unternehmens zu. Die Rechte der Betriebsräte umfassen das Informations–, Beratungs– und Mitbestimmungsrecht für festgelegte Bereiche. Das Mitbestimmungsrecht umfasst unter anderem die in (i) und (ii) beispielhaft genannten Bereiche, des Weiteren ist bei Kündigungen vorher der Betriebsrat zu hören, welcher der Kündigung widersprechen kann. Dem Arbeitgeber bleibt dann die Möglichkeit der Anrufung des Arbeitsgerichts. Ansonsten entscheidet bei Streitigkeiten eine Einigungsstelle, die aus einer gleichen Anzahl von Beisitzern (jeweils von Arbeitgeber und Betriebsrat gestellt) sowie einem unparteiischen Vorsitzenden besteht. Beide Parteien dürfen keine Arbeitskampfmaßnahmen gegeneinander führen. Betriebsräte sind gegenüber den Gewerkschaften formal institutionell und rechtlich selbstständige Organe. Dem steht nicht im Wege, dass in der Praxis ganz erhebliche personelle Verflechtungen bestehen.[50] Die Gewerkschaften haben verschiedene Einflussmöglichkeiten (beispielsweise bei der Aufstellung der Kandidaten, durch Hilfestellung bei der Wahlwerbung oder durch die oben angeführten Schulungs– und Bildungsveranstaltungen), während die Betriebsratsmitglieder andererseits die Willensbildungsorgane der Gewerkschaften beherrschen. So stellen Betriebsratsmitglieder über 70 v.H. der Mitglieder von Tarifkommissionen.[51]

Gewerkschaften werden von den Betriebsratsmitgliedern über die wirtschaftliche Situation der Betriebe sowie über die Erwartungen und den Kampfeswillen der Mitglieder bezüglich bevorstehender Lohnverhandlungen informiert. Andererseits kontrollieren sie nicht nur die Einhaltung tariflicher Vereinbarungen in den Betrieben, sondern erzielen in wirtschaftlich starken Unternehmen außertarifliche Zuschläge und Nebenleistungen.[52] Die gegenseitige personelle und organisatorische Verflechtung schließt nicht aus, dass es gelegentlich zu Spannungen zwischen starken Betriebsräten (zum Beispiel von Großunternehmen) und Gewerkschaften kommt, weil es Konflikte zwischen dem betrieblichen Eigeninteresse und der überbetrieblich–gewerkschaftlichen Solidarität geben kann.[53]

7.2.2 Wieso gibt es Gewerkschaften, und was tun sie?

Nach den vorangegangenen Ausführungen über die institutionelle Ausgestaltung des deutschen Gewerkschaftswesens dürfte offenkundig sein, was eine ökonomische Theorie der Gewerkschaften leisten muss, wenn sie diesen Namen verdienen will. Sie soll erklären, wieso es Branchengewerkschaften ohne Zwangsmitgliedschaft gibt, welche Tarifverträge abschließen, die mitunter für allgemeinverbindlich erklärt werden, um

[50] Nach Angaben von Niedenhoff (1990, S. 11ff.) sind etwa drei Viertel aller Betriebsräte Gewerkschaftsmitglieder.

[51] Kotthoff (1985), S. 82.

[52] Vgl. dazu *Abschnitt 8.2.3.*

[53] Vgl. dazu Kotthoff (1985), S. 82.

nur einen groben Umriss der Anforderungen an eine solche Theorie zu geben.

Es ist wohl nicht übertrieben zu konstatieren, dass es eine solche ökonomische Theorie nicht gibt und bestenfalls skizzenhaft erkennbar ist, welche Elemente sie später vielleicht einmal enthalten könnte. Dies heißt nicht, dass es aus ökonomischer Sicht an Gewerkschaftstheorien mangelte, sie werden allerdings von Beiträgen aus dem angelsächsischen und skandinavischen Raum dominiert, deren andersartige Geschichte und institutionelle Rahmenbedingungen es – von Einzelaspekten abgesehen – verbieten, sie auf deutsche Verhältnisse zu übertragen.

Dabei sind zwei Aspekte einer Gewerkschaftstheorie zu unterscheiden: Bei dem ersten steht die Frage im Mittelpunkt, wieso und für wen die Aushandlung kollektiver Verträge im Vergleich zu individuell vereinbarten Lohnabschlüssen vorteilhafter ist. Damit wird unmittelbar das Problem der Rechtfertigung von Gewerkschaften aus ökonomischer Sicht angesprochen. Bei dem zweiten Aspekt – mit dem wir beginnen wollen – geht es darum, das Handeln von Gewerkschaften verhaltenstheoretisch zu analysieren und dessen Auswirkungen unter anderem auf Lohnhöhe und Beschäftigung zu evaluieren. Da dieser Sachverhalt Thema des nächsten *Kapitels 8* ist, genügen hier einige kurze Bemerkungen.

Die beiden wichtigsten Erklärungsansätze gewerkschaftlichen Handelns bilden das "Monopolmodell" und das "Modell der effizienten Verhandlungen".[54] Das Monopolmodell geht davon aus, dass eine Gewerkschaft in erster Linie an möglichst hohen Löhnen und an Vollbeschäftigung interessiert ist. Sie sieht sich jedoch auf Grund der mit dem Reallohn sinkenden Arbeitsnachfrage mit einem Zielkonflikt konfrontiert. Dieser "tradeoff" zwischen Lohnhöhe und Beschäftigung ist die Nebenbedingung, unter der die Zielfunktion maximiert wird.

Im Ergebnis besagt diese Theorie dann, dass die Gewerkschaft einen nutzenmaximalen Lohnsatz durchsetzt, der oberhalb des Wertes liegt, der sich bei vollständiger Konkurrenz auf allen Märkten ergeben hätte, und welcher deshalb mit Unterbeschäftigung und mithin mit einem Wohlfahrtsverlust verbunden ist. Wichtig ist, dass dieser Wohlfahrtsverlust dadurch entsteht, dass die Gewerkschaft zwar auf Grund der o.a. Überlegungen den Lohnsatz fixiert, die Höhe des Beschäftigungsvolumens indessen den Unternehmen überlässt. Diese fällen ihre Entscheidung auf der Basis ihres Optimierungskalküls bezüglich des Einsatzes aller Produktionsfaktoren; sie befinden sich also in diesem Fall *auf* der Arbeitsnachfragekurve.

Das Konkurrenzmodell der effizienten Verhandlungen zeigt nun, dass es Lohn–Beschäftigungs–Kombinationen gibt, die für *beide* Parteien mit einer höheren Wohlfahrt verbunden sind. In diesem Fall verhandelt die Gewerkschaft über Lohnhöhe *und* Beschäftigung und schließt darüber einen Vertrag ab, um diese effiziente Kombination zu realisieren. Es zeigt sich dabei, dass die Arbeitgeber sich *nicht* auf ihrer Arbeitsnachfragekurve befinden, weil sie bei dem ausgehandelten Lohnsatz mehr Leute beschäftigen, als diese Funktion beschreiben würde.[55]

Abgesehen davon, dass sich diese Ansätze nicht notwendigerweise diametral gegenüberstehen müssen, sondern sich möglicherweise in einem Ansatz integrieren lassen,[56]

[54]Für eine leicht verständliche Einführung vgl. Schnabel (1990). Ausführlichere und formal anspruchsvollere Darstellungen bieten zum Beispiel Addison (1989), Farber (1986) und Oswald (1985).

[55]Vgl. *Abschnitt 8.2.2.2* für eine ausführlichere Darstellung.

[56]Einen solchen Versuch hat beispielsweise Manning (1987) unternommen.

bleiben als wesentliche Kritikpunkte die Vernachlässigung institutioneller Regelungen sowie das Fehlen einer adäquaten Modellierung des Verhandlungsprozesses selbst.[57]

Selbst wenn man von diesen Kritikpunkten absieht, ist damit noch nicht die Frage beantwortet, warum kollektives Aushandeln der Verträge vorteilhafter sein soll als individuell vereinbarte Arbeitskontrakte. Anders gefragt: Wozu brauchen Arbeitnehmer Gewerkschaften?

So gefragt, lassen sich als Rechtfertigung für Gewerkschaften im Wesentlichen zwei Gründe anführen. Kollektive Verhandlungen bringen den Arbeitnehmern deshalb Vorteile, weil die Gewinnung der relevanten Informationen seitens jedes einzelnen Arbeitnehmers mit zusammengenommen hohen Kosten verbunden wäre, und weil in Gewerkschaften organisierte Arbeitnehmer eine bessere Verhandlungsposition in Form eines glaubwürdigeren Drohpotenzials besitzen.[58] Gewerkschaften dienen dazu, die Transaktionskosten zu vermindern, die mit dem Abschluss von Arbeitsverträgen verbunden sind.

Das erste Argument sieht die Gewerkschaften als "Informationsagentur". Dabei erhebt sich die Frage, unter welchen Voraussetzungen Gewerkschaften zur Informationsbeschaffung benötigt werden. Informationen über Preis– und Produktivitätsentwicklungen, die für Lohnforderungen relevant sind, werden zwar von amtlichen Institutionen kostenlos zur Verfügung gestellt, jedoch erfordert die Beurteilung dieser Informationen in einer sich ständig ändernden ökonomischen Umwelt erhebliche Sachkenntnisse, deren Erwerb und Umsetzung in aktuelle Fragestellungen den einzelnen Arbeitnehmer überfordern würde. Allerdings rechtfertigt dieses Argument für sich genommen noch nicht die Existenz von Gewerkschaften in ihrer gegenwärtigen Form, da die Aufgaben einer solchen Informationsagentur auch Unternehmen übertragen werden könnten. Eine solche Rechtfertigung ergibt sich jedoch aus folgender Überlegung. Der einzelne Arbeitnehmer befindet sich gegenüber Firmen in einer schwächeren Verhandlungsposition, da er in der Regel darauf angewiesen ist, durch Arbeit seinen Lebensunterhalt zu verdienen. Dies gilt insbesondere dann, wenn er – im Gegensatz zur Firma – bereits Investitionen in sein Humankapital vorgenommen hat. Die Firma ist andererseits meistens nicht von der Einstellung einer ganz bestimmten Einzelperson abhängig, sondern kann häufig unter mehreren Bewerbern auswählen, mit der Folge, dass sie diese bei individuellen Verhandlungen gegeneinander ausspielen kann. Das fehlende individuelle Drohpotenzial in Form einer Ablehnung einer Arbeitsplatzofferte wird durch die Existenz von Gewerkschaften in ein wirksames kollektives Drohpotenzial umgewandelt, etwa in der Gestalt, dass Gewerkschaften glaubwürdig mit Streik drohen. Da die ökonomische Analyse von Arbeitskampfmaßnahmen Gegenstand des *Abschnitts 8.2.1* ist, wird hier darauf nicht näher eingegangen.

Gewerkschaften agieren in einem politischen Umfeld, sie haben bei ihren Entscheidungen die Aktionen und Reaktionen der Regierung und – allgemeiner – der politischen Parteien zu berücksichtigen. Mitunter bestehen auch enge Bindungen an eine Partei.[59] Es liegt daher nahe, politisch–ökonomische Determinanten des gewerkschaftlichen Handelns mit zu berücksichtigen. Für die Bundesrepublik Deutschland stammt eine solche Analyse von Gärtner (1980). Er ergänzt die Zielfunktion der

[57] Vgl. dazu ausführlich *Abschnitt 8.2.1.*

[58] Vgl. zu diesen Aspekten den Beitrag von Althammer (1989).

[59] Vgl. dazu für die Bundesrepublik Deutschland *Abschnitt 7.2.4.*

Gewerkschaften[60] um folgende Überlegung: Gewerkschaften versuchen, den Gegenwartswert der in der nächsten Wahlperiode zu erwartenden Leistungen zu maximieren. Dazu müssen die von Regierung und Opposition zu erwartenden Leistungen mit den entsprechenden "Siegwahrscheinlichkeiten" gewichtet werden. Aus dieser Theorie folgt ein aus gewerkschaftlicher Sicht optimales Verhalten im Wahlzyklus, etwa in der Form, dass Gewerkschaften mit zunehmendem Näherrücken des Wahltermins immer mehr dazu neigen, auf den vollen Einsatz ihrer aus der konjunkturellen Lage resultierenden Macht zu verzichten, wenn die bevorzugte Partei(engruppe) an der Regierung ist.[61]

7.2.3 Wohlfahrtseffekte gewerkschaftlichen Handelns

Im Mittelpunkt dieses Abschnitts steht die Frage nach den Effizienzwirkungen gewerkschaftlichen Handelns. Eine solche Wohlfahrtsanalyse besitzt zumindest die beiden folgenden, gegensätzlichen Aspekte, weshalb mitunter von den "two faces of unionism" die Rede ist.[62]

Die preistheoretische Analyse von (In-)Effizienzen betont – wie in *Abschnitt 7.2.2* ausgeführt – vor allem den Tatbestand, dass auf Grund kollektiver Lohnverhandlungen die Löhne oberhalb des Niveaus liegen, welches sich bei vollständiger Konkurrenz einstellen würde. Dies führt zu geringerem Arbeitseinsatz, es tritt eine allokative Ineffizienz in Form von Unterbeschäftigung auf. Auf Grund eines (höheren) "Gewerkschaftszuschlages" auf den Lohn in einigen Branchen wird die intersektorale Lohnstruktur in dem Sinn verzerrt, dass für sonst gleiche Arbeit (also für gleiche Grenzwertprodukte) unterschiedliche Löhne gezahlt werden. Dies widerspricht den Voraussetzungen einer gesamtwirtschaftlichen Effizienz. Weiterhin suchen die in den gewerkschaftlich organisierten Branchen entlassenen Arbeitskräfte in anderen Sektoren Arbeit, erhöhen mithin dort das Arbeitsangebot, mit der Folge reduzierter Lohnsätze im nichtorganisierten Sektor. Gewerkschaftlich organisierte Arbeitnehmer bereichern sich – nach diesem Argument – auf Kosten der nichtorganisierten Erwerbspersonen.

Abgesehen davon, dass dieses Argument schon aus preistheoretischer Sicht nicht immer haltbar ist – bei Monopolen auf den Gütermärkten können gewerkschaftliche Lohnerhöhungen zu einer Verringerung der Monopolgewinne als einzigem Effekt führen –, liegen in Deutschland schon deshalb andere institutionelle Regelungen vor, weil in vielen Arbeitsverträgen von nicht tarifgebundenen Unternehmen auf Tarifverträge Bezug genommen wird. Von den oben vorgetragenen Argumenten kann am ehesten die These eines allgemeinen gewerkschaftlichen Lohnzuschlages mit den damit verbundenen Ineffizienzen als plausibel erscheinen.

Weitere Effizienzverluste gewerkschaftlichen Handelns werden einigen restriktiven Arbeitspraktiken zugeschrieben, welche einen effizienten Einsatz des Faktors Arbeit verhindern: Der berühmt-berüchtigte Heizer auf einer Elektrolokomotive verdeutlicht am besten, worum es bei diesem Argument geht.[63] Heutige Beispiele reichen von einer Verlangsamung der Entscheidungsprozesse durch vorgeschriebene Einschaltungen des

---

[60] Sie enthält darüberhinaus den oben angesprochenen Zusammenhang zwischen Lohnhöhe und Beschäftigung.

[61] Gärtner (1980), S. 53f.

[62] Dies ist der Titel eines bekannten Beitrages von Freeman und Medoff (1979).

[63] Addison, Genosko und Schnabel (1989) stellen ohne Umschweife fest: "Gewerkschaftlich organisierte Unternehmen haben niedrigere Produktivitätsniveaus bei gegebenen Input-Niveaus" (S. 114).

Betriebs– oder Personalrats über exakt festgelegte Tätigkeitsbereiche, welche die Flexibilität des Arbeitseinsatzes behindern, bis hin zu tatsächlich oder vermeintlich unsinnigen Arbeitszeitregelungen. Häufig werden die Gewerkschaften auch für Effizienzverluste verantwortlich gemacht, die durch eine von ihnen verursachte Verlangsamung des technischen Fortschritts entstehen, also beispielsweise durch den zeitweiligen Widerstand gegen die Einführung neuer Technologien in der Druckindustrie.

Das Urteil über die effizienzmindernden Effekte gewerkschaftlichen Handelns steht für viele Leute vollends fest, wenn längere Zeit gestreikt wird. In der Tat haben Streiks temporäre Outputverluste zur Folge, welche indessen häufig und binnen kurzer Frist wieder aufgeholt werden. Hinzu kommt, dass die Streikaktivität in der Bundesrepublik Deutschland – wie in *Abschnitt 8.1* genauer quantifiziert wird – nach allen internationalen Standards als sehr gering eingestuft werden muss.

So bedeutsam die genannten Effizienzverluste im Einzelfall sein mögen, es sollte nicht außer Acht gelassen werden, dass der Effizienzbegriff sich auf rein ökonomische Sachverhalte beschränkt und daher nur einen Teilaspekt berücksichtigt. Er beinhaltet nicht die "Effizienzgewinne" in Form eines (höheren) sozialen Friedens oder humanerer Arbeitsplätze. Er vernachlässigt einige Besonderheiten des Arbeitsmarktes, insbesondere, dass die Arbeit personenbezogen und damit wesentlicher Lebensinhalt ist, von dem viele Leute eben nicht wünschen, dass er rein ökonomischen Gesetzmäßigkeiten untergeordnet ist. Wenn es vielleicht auch schwer zu messen ist, so steht zu vermuten, dass einige gewerkschaftliche Aktivitäten, die vordergründig Ineffizienzen hervorrufen, letztlich produktivitätssteigernde Effekte haben mögen, indem sie ein soziales Klima im Betrieb oder einen sozialen Frieden in der Gesellschaft sichern und verbessern.

Produktivitätssteigernde Wirkungen gewerkschaftlicher Aktivität werden zudem auf Grund einer anderen Überlegung behauptet, wobei ebenfalls soziale Beziehungen eine entscheidende Rolle spielen. Unzufriedenheit im Unternehmen kann aus individueller Arbeitnehmersicht prinzipiell durch "Abwanderung", das heißt Kündigung, oder durch "Widerspruch" zum Ausdruck gebracht werden.[64] Letzterer ist für den einzelnen Arbeitnehmer häufig riskant, weil Sanktionsmaßnahmen drohen. Die Abwanderung ist für beide Seiten nachteilig, wenn beiderseitige Investitionen in das Humankapital getätigt wurden und somit Arbeitgeber und –nehmer an langfristigen Beschäftigungsverhältnissen interessiert sind. Durch die Institution "Gewerkschaft" erhalten die Beschäftigten nun die weniger riskante Möglichkeit, Unzufriedenheit gegenüber der Firmenleitung zu artikulieren, wobei sie dieser und sich selbst die kostenträchtigere Alternative einer Kündigung ersparen.[65] Hinzu kommt, dass ein Widerspruch zu Verbesserungen führt, die den Charakter eines öffentlichen Gutes in dem Sinn haben, dass auch andere Arbeitnehmer Nutzen daraus ziehen (beispielsweise wenn Raumklima oder Lärmschutz verbessert werden). Bei individuellem Widerspruch fielen die (Entlassungs–)Kosten allein dem fordernden Arbeitnehmer zu, während der Nutzen zum Teil sozialisiert wird. In diesem Fall würde der unzufriedene Arbeitnehmer gleich kündigen.

[64] Vgl. dazu in der deutschsprachigen Literatur bereits Teichmann (1977, S. 621). Diesem Begriffspaar entsprechen die Termini "exit" und "voice" in der angelsächsischen Literatur. Diese Theorie wird deshalb auch häufig "Exit–Voice–Ansatz" genannt.

[65] Das Argument hat eine lange Tradition und wurde von Freeman (1976) explizit im Rahmen der Gewerkschaftsanalyse eingeführt. Übersichten finden sich bei Addison und Gerlach (1983), Hirsch, Addison und Genosko (1990) und Schnabel (1989).

Wenn diese Überlegungen auf deutsche Verhältnisse übertragen werden sollen, dann müssen Betriebsräte und Mitbestimmungsorgane als Institutionen kollektiven Widerspruchs besondere Berücksichtigung finden, wobei allerdings faktisch eine zumeist hohe Interaktion mit den Gewerkschaften besteht. Gerade der Betriebsrat manifestiert durch seine Mitspracherechte die Institution eines kollektiven Widerspruchs.

Empirische Untersuchungen für Deutschland über die Bestimmungsgründe und Effekte von Betriebsräten kommen zu unterschiedlichen Ergebnissen, die in Frick und Sadowski (1995) übersichtlich zusammengefasst sind. Eine Untersuchung von Addison, Schnabel und Wagner (2001) basiert auf dem "Hannoveraner Firmenpanel", welches über tausend niedersächsische Industriebetriebe mit mindestens fünf Beschäftigten enthält und dessen erste Welle aus dem Jahre 1994 ausgewertet wurde. Nach den Resultaten dieser Studie steigt die Wahrscheinlichkeit der Existenz eines Betriebsrates mit der Größe und dem Alter des Betriebes, und sie nimmt mit steigendem Anteil von Schichtarbeitnehmern und nicht nach Arbeitszeit entlohnten Arbeitern zu, weil für diese Beschäftigten die Mitspracherechte des Betriebsrates von höherer Bedeutung sein mögen. Im Hinblick auf die Effekte des Betriebsrates kommen die Autoren zu dem Ergebnis, dass erstens mit der Existenz eines Betriebsrates eine Verringerung der Personalfluktuation einhergeht, was mit der Hypothese eines kollektiven Widerspruchs vereinbar ist.[66] Zweitens ergibt sich keine Beeinflussung der Wahrscheinlichkeit von Produkt- oder Prozessinnovationen durch die Existenz eines Betriebsrates. Zwar mag drittens die Existenz eines Betriebsrates wohl zu einem höheren Niveau der Arbeitsproduktivität führen– dieses Resultat ist jedoch nicht robust und steht im Widerspruch zu früheren Studien von FitzRoy und Kraft (1985) und Kraft (1986) –, jedoch ergeben sich signifikante negative Auswirkungen auf die Ertragslage des Unternehmens, da die Existenz des Betriebsrates zu höheren Löhnen führt. Es bleibt indessen eine offene Frage, inwieweit sich die Resultate dieser ökonometrischen Arbeit verallgemeinern lassen.

7.2.4 Mitgliedschaft und Organisationsgrad

Anders als in Ländern wie den USA oder Großbritannien liegen in der Bundesrepublik Deutschland ökonomische Gründe für eine Gewerkschaftsmitgliedschaft nicht auf der Hand. Das liegt daran, dass den Kosten einer solchen Mitgliedschaft in Form von Beiträgen vordergründig geringe Erträge gegenüberstehen, weil die von den Arbeitgebern und Gewerkschaften ausgehandelten Leistungen auch für nicht–organisierte Beschäftigte gelten müssen und außerdem für zusätzliche Bereiche als allgemeinverbindlich erklärt werden können.[67] Mit anderen Worten, die von den Gewerkschaften ausgehandelten Lohnerhöhungen und Verbesserungen der Arbeitsbedingungen haben den Charakter eines öffentlichen Gutes. Gewerkschaften versuchen daher auch, Arbeitnehmer mit Hinweis auf das ihrer Ansicht nach verwerfliche "Trittbrettfahrer–Verhalten" zum Eintritt in die Gewerkschaft zu bewegen.

Am ehesten könnten aus ökonomischer Sicht unmittelbar zurechenbare Erträge in Form von Versicherungsleistungen in Frage kommen.[68] Hauptsächlich wären hier die

[66] Vgl. Frick (1997) für eine Untersuchung des Zusammenhangs zwischen Mitbestimmung und Personalfluktuation.

[67] Vgl. *Abschnitt 7.1* für Einzelheiten.

[68] Vgl. dazu ausführlicher Lorenz und Wagner (1991) und Schnabel (1989).

Streikgelder im Fall eines Arbeitskampfes zu nennen. Daneben bieten Gewerkschaften selektive Dienste in Form von Rechtsvertretung, Beratung und Vergünstigungen (zum Beispiel bei kulturellen Veranstaltungen). Je höher das tarifpolitische Konfliktniveau, desto größer ist ceteris paribus die Nachfrage nach den von den Gewerkschaften angebotenen Versicherungsleistungen. Angesichts des nach internationalen Maßstäben vergleichsweise geringen Streikvolumens in der Bundesrepublik Deutschland muss indessen getestet werden, wie weit die Erklärungskraft einer solchen Variablen auf den Organisationsgrad reicht.

Abgesehen von diesen ökonomisch motivierten Gründen ist es unerlässlich, eher soziologisch und psychologisch orientierte Erklärungsansätze zur Entwicklung des Organisationsgrades heranzuziehen.[69] Grob vereinfachend steht im Mittelpunkt dieser Hypothesen das Ausmaß der Identifikation der Arbeitnehmer mit "ihrer" Gewerkschaft (beziehungsweise dessen Veränderung). Argumente in dieser Richtung lassen sich wie folgt formulieren:

(i) Traditionell stehen in der Bundesrepublik Deutschland die Gewerkschaften der SPD näher als anderen politischen Parteien. Mit einer wachsenden politischen Anerkennung dieser Partei – beispielsweise seit der Regierungsbeteiligung in den siebziger Jahren – steigt auch das Ansehen der Gewerkschaften, welches für sie zusätzliche Rekrutierungsmöglichkeiten eröffnet.[70]

(ii) Je höher die Beschäftigten in der Hierarchie der Unternehmung stehen, in desto größerem Umfang nehmen sie Leitungsfunktionen wahr, sodass sich ihr Rollenverständnis in dem Sinne ändert, dass sie sich nunmehr der Arbeitgeberseite zugehörig fühlen. Diese Haltung kann verstärkt werden, wenn die Firmenleitung von vorneherein eine Gewerkschaftsmitgliedschaft als Hindernis einer betriebsinternen Karriere ansieht.[71]

(iii) Traditionelle Bindungen oder Antipathien beeinflussen die Entscheidung über eine Gewerkschaftsmitgliedschaft. Erfahrungen älterer Arbeitnehmer über frühere unzureichende Arbeitsbedingungen und deren mühsame und zum Teil leidvolle Änderung mögen ein gewerkschaftliches Bewusstsein selbst bei einer wesentlich verbesserten Arbeitswelt ebenso prägen wie die Weitergabe dieser Erfahrungen an die nächste Generation, deren Angehörige daraufhin ebenfalls Gewerkschaftsmitglieder werden, insbesondere dann, wenn der Freundes– oder Kollegenkreis einen hohen gewerkschaftlichen Organisationsgrad aufweist.[72] Andererseits haftet Gewerkschaften und deren Mitgliedern aus der Sicht (insbeson-

[69] Als weitere Möglichkeit für die Erklärung insbesondere des Anstiegs des Organisationsgrades in den siebziger Jahren werden administrative Rationalisierungsmaßnahmen der Gewerkschaften angeführt (zum Beispiel EDV–gestütztes Bankeinzugsverfahren der Mitgliedsbeiträge). Nach Ansicht von Streeck (1981, S. 428) konnten damit die Fluktuation verringert und die Mitglieder in der Organisation "gehalten" werden.

[70] Vgl. dazu ausführlicher Armingeon (1988), S. 123ff.

[71] Dieses Hindernis kann auch für Arbeitnehmer in unteren Hierarchieebenen vorhanden sein, wenn etwa in patriarchalisch geführten (Klein– und Mittel–)Betrieben mit persönlichen Kontakten zur Firmenleitung eine Gewerkschaftsmitgliedschaft missbilligt und mit (subtilen) Sanktionsmaßnahmen geahndet wird, vgl. Müller–Jentsch (1986), S. 80ff.

[72] Dies kann auch soweit gehen, dass im Betrieb von den Gewerkschaftsmitgliedern ein normativer Gruppendruck auf einzelne nicht–organisierte Arbeitnehmer ausgeübt wird, vgl. dazu auch Streeck (1981), S. 69.

dere gehobener Schichten) des Bürgertums häufig das Etikett einer "Proleten–Vereinigung" an, mit der sich zu identifizieren vermieden wird. Mit dem Wandel der Gesellschaft zu "nach–industriellen" Formen schrumpft das Potenzial des "geborenen Gewerkschaftlers"; an die Stelle des "klassenbewussten Arbeiters" tritt der qualifizierte und besser verdienende Angestellte mit Aufstiegschancen und –wünschen, der sich von den Gewerkschaften nicht repräsentiert fühlt.[73]

(iv) Gruppen von Beschäftigten, die keine längerfristigen Beschäftigungsverhältnisse (auf dem deutschen Arbeitsmarkt) einzugehen planen, werden weniger enge Bindungen zu Arbeitsmarktinstitutionen eingehen wollen. Dies dürfte in erster Linie für ausländische Arbeitnehmer zutreffen.[74]

Einige dieser Hypothesen lassen sich empirisch überprüfen, wobei im Mittelpunkt des Interesses eine Erklärung des in *Abschnitt 7.2.1* dargestellten zeitlichen Verlaufs des gewerkschaftlichen Organisationsgrades in der Bundesrepublik Deutschland steht. Armingeon (1988) untersucht in einer empirischen Analyse, deren datenmäßige Grundlage auf der Auswertung von Publikationen und Materialien der Gewerkschaften beruht, die Bedeutung von Klassenbewusstsein, politisch–sozialer Machtverteilung und institutioneller Kontinuitäten für die Entwicklung der gewerkschaftlichen Mitgliedschaft. Er kommt zu dem Ergebnis, dass nach wie vor eine fortdauernde Prägekraft des sozialen Gegensatzes zwischen Arbeitnehmern und –gebern besteht, wobei jedoch auf Grund der Rekrutierungsschwierigkeiten der Gewerkschaften in der Gruppe der Angestellten zukünftig eher mit einem rückläufigen Gesamtorganisationsgrad zu rechnen ist. Als zweite Determinante der Mitgliederstärke identifiziert er die Machtverteilung im politischen und ökonomischen System, wobei als Beleg der Machtzuwachs der Gewerkschaften auf der erweiterten parlamentarischen Basis der SPD in den siebziger Jahren dient. Als dritten Erklärungsfaktor führt er eine weitgehende Kontinuität der institutionellen Regelung bezüglich Betriebsverfassung und Kollektivverhandlungen an. Ökonometrische Untersuchungen können diese Hypothesen nur zum Teil überprüfen, weil geeignete Daten oft nicht zur Verfügung stehen. Lorenz und Wagner (1991) haben eine mikroökonometrische Untersuchung über die individuelle Gewerkschaftsmitgliedschaft vorgelegt, deren Datenbasis die beiden ersten Wellen des Sozio–oekonomischen Panels 1984 und 1985 sind. Mit Hilfe einer Logit–Schätzung[75] ermitteln sie die individuelle Wahrscheinlichkeit einer Gewerkschaftszugehörigkeit in Abhängigkeit individueller Charakteristika. *Tabelle 7.5* enthält einige Beispiele für die Veränderung dieser Wahrscheinlichkeit, wenn hypothetisch bestimmte individuelle Merkmale verändert werden.

Die meisten der oben angeführten Hypothesen stehen nicht im Widerspruch zu den Ergebnissen der *Tabelle 7.5*. Die höhere Wahrscheinlichkeit für Facharbeiter ist indessen ebensowenig statistisch signifikant wie der Unterschied bezüglich der Nationalität. Nicht ausgewiesen ist in der *Tabelle 7.5* der positive Einfluss, der von der Betriebsgröße auf die Wahrscheinlichkeit, Gewerkschaftsmitglied zu sein, ausgeht. Die Autoren begründen dieses Ergebnis mit Skaleneffekten bei der Mitgliederwerbung in

[73] Vgl. dazu ausführlicher Müller–Jentsch (1987), S. 173ff. und Armingeon (1988), S. 91ff.

[74] Dies gilt möglicherweise auch für Ungelernte, bei denen "der Charakter ihrer Tätigkeit ein äußeres, instrumentelles Verhältnis zur Arbeit nahelegt" (Müller–Jentsch (1986), S. 87).

[75] Diese Methodik wurde in *Abschnitt 2.5.1.1* dargestellt.

Großbetrieben im Vergleich zu Kleinbetrieben. Es kann aber auch zum Ausdruck bringen, dass die Herausbildung kollektiver Orientierungen bei den Beschäftigten in Großbetrieben gefördert wird, weil sie vom Management in höherem Maße als Mitglieder von Arbeitsgruppen und –kollektiven betrachtet werden, mit denen die Firmenleitung eine möglichst reibungslose Zusammenarbeit anstrebt.[76]

Tabelle 7.5 : Veränderung der individuellen Wahrscheinlichkeiten der Gewerkschaftszugehörigkeit (in Prozentpunkten)[a] (Westdeutschland)

Veränderung eines individuellen Charakteristikums	Veränderung der Wahrscheinlichkeit
Männer statt Frauen	+5
Universitätsabschluss	–11
Angestellte statt Arbeiter	–18
Deutsche statt Ausländer	+1
Facharbeiter statt Arbeiter	+2
SPD–Wähler	+16

a) Vgl. Text für Erläuterungen.

Quelle: Lorenz und Wagner (1991).

Zu ähnlichen Ergebnissen kommen Fitzenberger, Haggeney und Ernst (1998), ebenfalls auf der Basis einer mikroökonometrischen Analyse, nunmehr aber als Panelanalyse für die Jahre 1985, 1989 und 1993 und für Westdeutschland. Auf Grund der Panelanalyse kann die Studie Aussagen über die Stabilität der Mitgliedschaft machen. Als Resultat ergibt sich in der Tat eine zeitliche Stabilität, das heißt, Veränderungen in der Mitgliedschaft lassen sich nach den Resultaten dieses Beitrags nicht durch eine Veränderung der Mitgliedschaftsneigung (für gegebene sozio-ökonomische Charakteristika) erklären, sondern sind auf eine sich wandelnde Heterogenität der Arbeitnehmerschaft (insbesondere im Hinblick auf die Sektorzugehörigkeit) zurückzuführen. Im übrigen spielen in dieser Studie ein Hochschulabschluss, der Angestelltenstatus, die politische Nähe zur SPD, die Betriebsgröße und die Sektorzugehörigkeit, nicht aber das Geschlecht und die Nationalität, eine wichtige Rolle bei der Beantwortung der Frage, ob ein Arbeitnehmer Gewerkschaftsmitglied ist.

Um eine ökonometrische Analyse der Veränderung der Gewerkschaftsmitgliedschaft auf der Basis einer Zeitreihenanalyse hat sich vor allem Schnabel (1989, 1987) in mehreren Beiträgen verdient gemacht. In Carruth und Schnabel (1990) werden sowohl langfristige Trends der Gewerkschaftsmitgliedschaft als auch die Bedeutung kurzfristiger Fluktuationen um diesen Trend mit Hilfe eines Fehlerkorrektur–Modells unter-

[76] Müller–Jentsch (1986), S. 88.

sucht.[77] Die Datenbasis sind Jahreswerte 1956–1986 für die Bundesrepublik Deutschland. Nach den Ergebnissen dieser Studie führt ein Anstieg der Arbeitslosigkeit oder des Reallohns um 10 v.H. zu einer Erhöhung der Anzahl der Gewerkschaftsmitglieder um 0.6 beziehungsweise 2.8 v.H., während zwischen Beschäftigung und Gewerkschaftsmitgliederanzahl eine Elastizität in Höhe von 0.875 ermittelt wird. Kurzfristig ergeben sich indessen zum Teil umgekehrte Vorzeichen.[78] So führt kurzfristig eine Erhöhung der Wachstumsrate der Arbeitslosenquote zu einem Rückgang der Wachstumsrate der Gewerkschaftsmitgliedschaft. Dies könnte damit begründet werden, dass zunehmende Beschäftigungsprobleme die Eintritte in die Gewerkschaft reduzieren, weil dies den Arbeitnehmern angesichts der starken Stellung der Arbeitgeber in einer solchen Situation als mögliches Einstellungshindernis zu "riskant" erscheint. Langfristig jedoch schätzen die Arbeitnehmer bei höherem Niveau der Erwerbslosigkeit die Vorteile einer Gewerkschaftsmitgliedschaft.

Fallbeispiel: Altersstruktur der Gewerkschaftsmitglieder

Die Glaubwürdigkeit des Drohpotenzials der Gewerkschaften hängt entscheidend vom Organisationsgrad ab. Dabei ist bei einigen Gewerkschaften zu beobachten, dass der Anteil der nicht mehr am Erwerbsleben teilnehmenden Mitglieder sehr hoch ist, sei es, weil dort die Solidarität mit der Gewerkschaft auch über das Erwerbsleben hinaus überdurchschnittlich groß ist, oder weil sich diese Gewerkschaften mit unterdurchschnittlichen Rekrutierungserfolgen bei jungen Erwerbstätigen konfrontiert sehen. Wenn auch die abfällige Bezeichnung "Karteisoldaten" fehl am Platze sein mag, so leidet die Aussagekraft eines um die Rentner nicht korrigierten Organisationsgrades, sofern es beispielsweise um die Analyse der Durchsetzungskraft gewerkschaftlicher Forderungen geht.

Anteil der Rentner an der Gesamtzahl aller Mitglieder in Westdeutschland im Jahre 1992 (in v.H.)

IG Bergbau und Energie	36
Gewerkschaft der Eisenbahner Deutschlands	31
IG Bau–Steine–Erden	16
IG Chemie–Papier–Keramik	15
IG Metall	13
IG Medien	5
Deutscher Gewerkschaftsbund	14

Quelle: H.–U. Niedenhoff u. W. Pege (1996), Gewerkschaftshandbuch, 3. Aufl., Köln.

[77] Eine kurze Erläuterung dieser Methodik findet sich in *Abschnitt 4.4.1*.

[78] Der Anteil der Beschäftigten im Dienstleistungssektor erwies sich nur für die langfristige Entwicklung als signifikant.

7.3 Arbeitgeberverbände

Analog zur Definition der Gewerkschaften versteht man unter Arbeitgeberverbänden frei gebildete und auf Dauerhaftigkeit angelegte Interessenverbände, welche die wirtschaftlichen und sozialen Belange der Arbeitgeber vertreten und die das Recht zum Abschluss von Tarifverträgen haben.[79] Im Gegensatz zu den Gewerkschaften sind nicht Einzelpersonen Mitglieder, sondern Unternehmen.

In Deutschland entstanden bereits im letzten Drittel des 19. Jahrhunderts die ersten Arbeitgeberverbände als Reaktion auf die sich bildenden Gewerkschaften. 1869 wurde als erster Arbeitgeberverband in Deutschland der "Deutsche Buchdruckerverein" gegründet.[80] Aus der im Jahre 1947 gebildeten "Arbeitsgemeinschaft der Arbeitgeber der Westzonen" entstand im Jahre 1950 die "Bundesvereinigung der Deutschen Arbeitgeber" (BDA). Die BDA ist der Dachverband der privaten Arbeitgeber aus Industrie, Handwerk, Handel, Banken, Versicherungen, Landwirtschaft, Verkehr und Zeitungsverlagen.[81] Sie ist zuständig für alle Fragen im Rahmen des Arbeitseinsatzes und der Arbeitsbeziehungen.[82] Die öffentlichen Arbeitgeber, die zur "Tarifgemeinschaft der Deutschen Länder, Vereinigung der kommunalen Arbeitgeberverbände" gehören, sind ebensowenig Mitglieder wie der Arbeitgeberverband der Eisen– und Stahlindustrie. Die Begründungen für die Nicht–Mitgliedschaft lauten im ersten Fall, dass im öffentlichen Dienst das Beamtenrecht auf Grund der größeren Fürsorgepflicht des Staates gegenüber seinen Beschäftigten die Arbeitskampfmittel einschränkt (zum Beispiel keine Aussperrung), während bei der Eisen– und Stahlindustrie die "Gegnerfreiheit" wegen des Gewerkschaftseinflusses auf die Bestellung der Arbeitsdirektoren gemäß Montanmitbestimmungsgesetz nicht gewährleistet sei.[83]

Die einzelnen Unternehmen können nicht selbst, sondern nur über ihre Verbände Mitglied der BDA sein. Diese Verbände haben sich als Orts–, Bezirks– und/oder als Landesverbände konstituiert.[84] Die regionalen Verbände sind – soweit sie nicht ohnedies nur auf Landesebene organisiert sind – in der Regel zu Landesverbänden zusammengeschlossen. Diese sind nun ihrerseits Mitglied in zwei Verbänden:

(i) im Gesamtverband einer Branche auf Bundesebene, also beispielsweise in "Gesamtmetall" als dem Fachspitzenverband der metallindustriellen Arbeitgeberverbände,

(ii) im branchenübergreifenden Landesverband der Arbeitgeber, also zum Beispiel in der "Landesvereinigung der Arbeitgeberverbände Nordrhein–Westfalens".

Beide genannten Arbeitgeberverbände sind dann Mitglieder der BDA, die somit eine zweigleisige Struktur aufweist, nämlich einmal in Form der unter (i) genannten Fachverbände und zum anderen als Landesverbände, wie unter (ii) erwähnt. So gehören

[79] Vgl. *Abschnitt 7.1* zur "Tariffähigkeit".

[80] Vgl. *Abschnitt 7.2.1* zur parallelen Entwicklung die Vereinigung der Buchdrucker auf Arbeitnehmerseite.

[81] Vgl. dazu und zum Folgenden Hromadka (1995).

[82] Andere Aspekte der Interessenvertretung der Arbeitgeber werden unter anderem vom "Bundesverband der Deutschen Industrie" (BDI) und dem "Deutschen Industrie– und Handelskammertag" (DIHK) – vor dem 1.7.2001 der "Deutsche Industrie– und Handelstag" (DIHT) – wahrgenommen, wenngleich es Überschneidungen mit der BDA gibt.

[83] Vgl. auch *Abschnitt 7.2.1.*

[84] Vgl. Hromadka (1995) für Einzelheiten zu den folgenden Ausführungen.

Tabelle 7.6 : Geltungsbereich von Flächentarifverträgen im Jahre 2000 (v. H.)[a]

Wirtschafts- sektor	Betriebe[c] in Deutschland		Beschäftigte[d] in Deutschland	
	West	Ost	West	Ost
Bergbau u. Energie	67.9	52.6	80.1	79.8
Grundstoffverarbeitung	49.0	23.3	73.6	41.8
Investitionsgüter	41.7	16.8	65.7	35.1
Verbrauchsgüter	53.1	22.5	64.4	31.1
Baugewerbe	70.1	34.6	81.4	43.5
Handel	52.1	19.9	64.6	36.7
Verkehr u. Nachrichten	39.8	13.6	55.7	25.8
Kreditinstitute u. Versicherungen	64.6	51.2	87.8	89.9
Insgesamt[b]	45.4	23.2	62.8	45.5

a) Vgl. Text für Erläuterungen.
b) Einschließlich Organisationen ohne Erwerbszweck, Dienste für Unternehmen und private Haushalte und öffentlichen Dienst.
c) Anteil der Betriebe, die einem Branchentarifvertrag unterliegen.
d) Anteil der sozialversicherungspflichtigen Beschäftigten, für die ein Branchentarifvertrag gilt.

Quelle: S. Kohaut und C. Schnabel (2001), Tarifverträge – nein danke? Einflussfaktoren der Tarifbindung west- und ostdeutscher Betriebe, Universität Erlangen-Nürnberg, Lehrstuhl für Arbeitsmarkt- und Regionalpolitik, Diskussionspapier Nr. 8 (Dezember 2001) S. 6 und 8.

zur BDA beispielsweise unter der Rubrik "Fachverbände des Handels" unter anderem 12 Mitglieder zur "Hauptgemeinschaft des Deutschen Einzelhandels" oder zum "Bundesverband des Deutschen Groß- und Außenhandels". In fachlicher Gliederung stellen die Fachverbände der Industrie (einschl. Bergbau) die Mehrheit der Mitgliedsverbände, die vom "Hauptverband der Deutschen Bauindustrie" bis hin zum "Verband der Zuckerindustrie" reichen.

Der Organisationsgrad der Arbeitgeber kann auf unterschiedliche Weise gemessen werden. Zum einen kann als Strukturmerkmal der betreffende Arbeitgeberverband oder alternativ der Wirtschaftssektor dienen, wobei sich beide Klassifikationen nur teilweise entsprechen. Zum anderen kann die Grundlage der Betrachtung entweder die Anzahl der Unternehmen oder die der Beschäftigten sein. *Tabelle 7.6* beleuchtet den sektoralen Organisationsgrad der Arbeitgeber anhand des Geltungsbereichs von Flächentarifverträgen für Betriebe und Beschäftigte, weil Unternehmen in der Regel einem tarifschließenden Arbeitgeberverband angehören, wenn sie explizit die Löhne und Arbeitsbedingungen durch einen Branchentarifvertrag ("Flächentarifvertrag")

Tabelle 7.7 : Flexibilisierung von Flächentarifverträgen[a)]

Öffnungsklauseln ohne Zustimmungsvorbehalt der Tarifvertragsparteien		
Bauwirtschaft (Ost)	Abweichung von den Tarifentgelten um bis zu 10 v.H. nach unten möglich	1997
Druckindustrie (West und Ost)	Auszahlungszeitpunkt der Jahressonderzahlung kann bis zum 31. März des Folgejahres verschoben werden	1996
Textilindustrie (West)	Tariferhöhung kann bis zum Ende der Laufzeit des Tarifvertrages ganz oder teilweise ausgesetzt werden	1996
Öffnungsklauseln mit Zustimmungsvorbehalt der Tarifvertragsparteien		
Chemische Industrie (West und Ost)	Absenkung der tariflichen Grundentgelte um bis zu 10 v.H. möglich	1997
Lederindustrie (West)	Jahressonderzahlung und/oder Urlaubsgeld können für 1 Jahr ausgesetzt werden	1997
Wohnungswirtschaft (West und Ost)	Abweichungen vom Vergütungstarifvertrag sind auch nach unten zulässig (im Osten auch beim Urlaubsgeld)	1998
Härteklauseln		
Entsorgungswirtschaft (West und Ost)	Möglichkeit, zur Beschäftigungssicherung bei den Tarifvertragsparteien eine Absenkung der Entgelte zu beantragen	1997
Metall– und Elektro–Industrie (Ost)	Möglichkeit, im Härtefall bei den Tarifvertragsparteien eine Absenkung der Entgelte zu beantragen	1995
Papier, Pappe und Kunststoff verarbeitende Industrie (West und Ost)	Auszahlungszeitpunkt für Jahressonderzahlung kann bis zum 31. März des Folgejahres verschoben werden	1997
Kleinbetriebeklauseln		
Einzelhandel (Ost)	in Unternehmen mit bis zu 20 Beschäftigten dürfen tarifliche Mindestnormen für maximal 12 Monate um bis zu 12 v.H. unterschritten werden	1997
Groß– und Außenhandel (Sachsen)	In Unternehmen mit bis zu 20 Beschäftigten dürfen die tariflichen Löhne und Gehälter um 5 v.H. gesenkt werden	1991
Einstiegstarife		
Bauindustrie (West und Ost)	Einrichtung einer neuen Lohngruppe zwischen Mindestlohn und Bauwerkergruppe; Einstiegslöhne für Facharbeiter und Bauwerker nach 9–monatiger Arbeitslosigkeit	1997
Chemische Industrie (West und Ost)	Einstellungstarife für Neueingestellte und Langzeitarbeitslose erlauben Absenkung des Tarifniveaus um 5 bzw. 10 v.H.	1994
Entsorgungswirtschaft (West und Ost)	Für Neueingestellte kann das Entgelt im ersten Beschäftigungsjahr um bis zu 25 v.H. gesenkt werden.	2000
Papiererzeugende Industrie (West und Ost)	Einstellungstarife für Neueingestellte und Langzeitarbeitslose erlauben Absenkung des Tarifniveaus um 5 bzw. 10 v.H.	1994

a) Auswahl bestehender Vereinbarungen; Jahr des Beginns der Gültigkeit.

Quelle: Institut der deutschen Wirtschaft, iwd Nr. 13 v. 29.3.2001, S. 5.

festsetzen lassen. Davon abgesehen nehmen aber auch viele nicht tarifgebundene Unternehmen in den individuellen Arbeitsverträgen Bezug auf den Flächentarifvertrag. Wie aus *Tabelle 7.6* hervorgeht, streut die Tarifbindung ganz erheblich zwischen den einzelnen Sektoren und zwischen West- und Ostdeutschland.[85] Eine hohe Tarifbindung weist beispielsweise das Baugewerbe auf, im Gegensatz etwa zum Sektor Handel. In Ostdeutschland ist die Tarifbindung der Betriebe nur etwa halb so groß wie in Westdeutschland, weil – neben einer Verbandsflucht – viele neugegründete Unternehmen erst gar nicht in den Arbeitgeberverband eintreten. Insgesamt betrachtet hat sich die Tarifbindung in Deutschland in den letzten Jahren merklich verringert. Der Unterschied zwischen dem Bindungsgrad für Betriebe und dem für Beschäftigte erklärt sich daraus, dass Großbetriebe im Gegensatz zu kleinen Unternehmen überwiegend dem Flächentarifvertrag unterliegen.

Seit Mitte der neunziger Jahre schicken sich die Tarifvertragsparteien an, den Flächentarifvertrag mit Hilfe von Öffnungsklauseln, Härteklauseln und Kleinbetriebsklauseln zu flexibilisieren. *Tabelle 7.7* bietet eine Auswahl von tariflichen Vereinbarungen, bei denen selbst im Rahmen eines Flächentarifvertrages eine Senkung der Entgelte möglich ist. Wie in *Abschnitt 10.2.2.2* näher ausgeführt werden wird, sollte dieser Weg weiter beschritten werden.

7.4 Staatliche Arbeitsverwaltung

Der Staat greift über Gesetze und Verordnungen in vielfältiger Weise in das Arbeitsmarktgeschehen ein. Eine wichtige institutionelle Rolle spielt dabei die Bundesanstalt für Arbeit (BA). Sie ist eine Körperschaft des öffentlichen Rechts mit Selbstverwaltung[86] und unterliegt der Rechtsaufsicht des Bundesministers für Arbeit und Sozialordnung. Im Jahre 1952 wurde die seinerzeitige "Bundesanstalt für Arbeitsvermittlung und Arbeitslosenversicherung" als Nachfolgerin der im Jahre 1927 errichteten "Reichsanstalt" gleichen Namens gegründet. Im Rahmen einer Neudefinition ihrer Aufgaben erhielt diese Institution dann im Jahre 1969 ihren heutigen Namen "Bundesanstalt für Arbeit". Die BA besteht aus einer Hauptstelle mit Sitz in Nürnberg, 11 Landesarbeitsämtern und insgesamt 184 Arbeitsämtern sowie 647 Nebenstellen in West- und Ostdeutschland. Eine Abteilung der BA ist das "Institut für Arbeitsmarkt- und Berufsforschung" (IAB).

Die Aufgaben der BA sind im "Sozialgesetzbuch Drittes Buch" (SGB III) festgehalten und lauten grob umrissen und ohne Anspruch auf Vollständigkeit:[87]

(i) Arbeitsvermittlung und Arbeitsberatung. Seit dem Jahre 1994 sind jedoch auch private Arbeitsvermittler für alle Berufe und Personengruppen erlaubt,

---

[85]Bei den Zahlenangaben handelt es sich um eine Hochrechnung auf der Basis des IAB-Betriebspanels, welches eine jährliche Wiederholungsbefragung (seitens des Instituts für Arbeitsmarkt- und Berufsforschung (IAB) der Bundesanstalt für Arbeit) derselben Betriebe aller Wirtschaftszweige und Größenklassen mit mindestens einem sozialversicherungspflichtigen Beschäftigten ist.

[86]Neben dem Präsidenten und dem Vorstand der BA existiert ein Verwaltungsrat, der Haushalt, Satzungen und Anwendungen von Gesetzen festlegt. Er setzt sich aus einer gleich hohen Anzahl von Vertretern der Arbeitgeber, der Gewerkschaften und der öffentlichen Körperschaften zusammen.

[87]Eine ausführlichere Darstellung findet sich im SGB III selbst.

sofern bestimmte Mindestanforderungen unter anderem bezüglich der Qualifikation vorhanden sind. Dies wird von der BA geprüft, die dann eine Genehmigung ausspricht. Im Jahre 1998 waren rund 3300 private Arbeitsvermittler zugelassen.

(ii) Durchführung arbeitsmarktpolitischer Maßnahmen wie zum Beispiel die Förderung der beruflichen Weiterbildung (FbW), die Arbeitsbeschaffungsmaßnahmen (ABM) oder die Gewährung finanzieller Hilfen zur Arbeitsaufnahme (Zuschüsse zu Bewerbungs– und Umzugskosten, Trennungsbeihilfen).[88]

(iii) Berufsberatung (für Schulabgänger) und Vermittlung von Ausbildungsplätzen.

(iv) Auszahlung von Lohnersatzleistungen wie Arbeitslosengeld, Arbeitslosenhilfe, Kurzarbeiter–, Winterausfall– und Konkursausfallgeld sowie Zahlung des Kindergeldes.

Die BA finanziert sich im Wesentlichen aus Zwangsbeiträgen von Arbeitnehmern und Arbeitgebern,[89] Zwangsumlegungen bei Unternehmungen und Berufsgenossenschaften und Darlehen und Zuschüssen der Bundesrepublik Deutschland. Ein Teil ihrer Ausgaben wie die Arbeitslosenhilfe und das Kindergeld wird der BA vom Bund erstattet. Ihre Leistungen gibt die BA mit wenigen Ausnahmen ohne individuelles Entgelt ab.[90]

In Zeiten hoher Arbeitslosigkeit bildet die Zahlung des Arbeitslosengeldes den quantitativ wichtigsten Ausgabenposten der BA: Er belief sich im Jahre 2000 auf rund 55 v.H. aller Ausgaben der BA.[91] Diese Tatsache und die Bedeutung im Rahmen der Arbeitsplatzsuchtheorie[92] und der Erklärung von Arbeitslosigkeit[93] geben Anlass zu einer kurzen Darstellung der institutionellen Regelung bezüglich der Arbeitslosenunterstützung, welche aus den Komponenten "Arbeitslosengeld" und "Arbeitslosenhilfe" besteht.

Der Bezug von Arbeitslosengeld setzt voraus, dass sich der Arbeitslose beim Arbeitsamt als arbeitslos gemeldet hat und der Arbeitsvermittlung zur Verfügung steht, das heißt für mindestens 15 Stunden je Woche zu arbeiten fähig und willens ist. Darüber hinaus muss eine "Anwartschaftszeit" erfüllt sein, das heißt, der Arbeitslosenmeldung muss eine bestimmte Beschäftigungszeit vorangegangen sein, in der Beiträge zur Arbeitslosenversicherung entrichtet wurden, nämlich mindestens zwölf Monate innerhalb der letzten drei Jahre, der sogenannten "Rahmenfrist" (§§123, 124 SGB III). Die Dauer der Anspruchsberechtigung auf Arbeitslosengeld richtet sich nach der Dauer der bisherigen versicherungspflichtigen Beschäftigungsverhältnisse (innerhalb der um vier Jahre erweiterten "Rahmenfrist") und dem Lebensalter des Arbeitslosen.

Die Bezugshöchstdauer für ältere Arbeitslose kann – wie *Tabelle 7.8* zeigt – bis auf 32 Monate steigen.

---

[88] Vgl. *Abschnitt 10.3* für umfassendere Ausführungen.

[89] Diese betragen im Jahre 2002 in Westdeutschland 6.5 v.H. des Bruttoeinkommens eines Arbeitnehmers bis zu einer Höchstgrenze von 4500 € (Ostdeutschland: 3750 €) ("Beitragsbemessungsgrenze") und sind jeweils zur Hälfte von Arbeitnehmer und –geber zu zahlen. Ihr Anteil an den gesamten Einnahmen der BA belief sich im Jahre 2000 auf rund 90 v.H.

[90] Zu den Ausnahmen gehört beispielsweise die gebührenpflichtige Anwerbung ausländischer Arbeitnehmer.

[91] Quelle: Amtliche Nachrichten der Bundesanstalt für Arbeit.

[92] Vgl. *Abschnitt 6.1.*

[93] Vgl. *Abschnitt 9.2.*

Tabelle 7.8 : Anspruchsdauer auf Arbeitslosengeld

Mindestdauer der Versicherungspflicht Monate	Alter	Anspruchsdauer Monate
12		6
24		12
44	47	22
52	52	26
64	57	32

Quelle: §127 SGB III (Stand 1.1.2002).

Der Unterstützungssatz beträgt gemäß §129 SGB III für Arbeitslose mit mindestens einem Kind 67 v.H. des um die gesetzlichen Abzüge verminderten Arbeitsentgeltes bis zu einem wöchentlichen Höchstbetrag von 438 €. Für die übrigen Arbeitslosen reduzieren sich die Zahlen auf 60 v.H. beziehungsweise 392 €.[94] Bemessungsgrundlage des Arbeitslosengeldes und der –hilfe (siehe unten) ist das durchschnittliche, monatliche Netto–Arbeitsentgelt innerhalb der letzten 52 Wochen. Gibt der Arbeitnehmer seinen Arbeitsplatz freiwillig und ohne plausiblen Grund auf, so wird eine zwölfwöchige Unterstützungssperre verhängt. Ähnliche Maßnahmen greifen, wenn der Arbeitslose Meldetermine versäumt oder zumutbare Arbeitsplatzangebote ablehnt. In den ersten drei Monaten der Arbeitslosigkeit sind Beschäftigungen zumutbar, wenn das Bruttoarbeitsentgelt nicht mehr als 20 v.H. unter dem Entgelt liegt, nach dem das Arbeitslosengeld bemessen wird; dieser Minderungssatz erhöht sich auf 30 v.H. für die nächsten drei Monate, und nach sechs Monaten sind alle Beschäftigungen zumutbar, solange das daraus erzielbare Nettoeinkommen nicht niedriger ist als das Arbeitslosengeld, wobei mit der Beschäftigung zusammenhängende Aufwendungen berücksichtigt werden (§121 Absatz 3 SGB III). Eine Beschäftigung ist auch dann zumutbar, wenn sie nicht dem Ausbildungsstand oder der bisherigen Tätigkeit des Arbeitslosen entspricht (§121 Absatz 5 SGB III). Ebenfalls zumutbar sind Pendelzeiten bis unter zweieinhalb Stunden bei einer täglichen Arbeitszeit von mehr als sechs Stunden, es sei denn, in einer Region sind unter vergleichbaren Bedingungen noch längere Pendelzeiten üblich, dann bilden diese den Maßstab (§121 Absatz 4 SGB III). Streikende oder ausgesperrte Arbeitnehmer erhalten keine Unterstützung.[95]

Nach Ausschöpfung des Anspruchs auf Arbeitslosengeld können Arbeitslose "Arbeitslosenhilfe" erhalten,[96] wenn sie ihren Lebensunterhalt nicht auf andere Weise bestreiten können, wobei in einer "Bedürftigkeitsprüfung" etwaige sonstige Einkom-

[94] Die Angaben entsprechen dem Stand des Jahres 2002 und gelten für einen Arbeitslosen, der vorher in Steuerklasse 3 eingestuft war. Für andere Steuerklassen reduzieren sich diese Beträge.

[95] Vgl. dazu *Abschnitt 8.2.1*, Fallbeispiel: Arbeitslosengeld für Streikende?

[96] Dies gilt auch dann, wenn sie zwar bisher kein Arbeitslosengeld bezogen haben, jedoch innerhalb eines Jahres vor der Arbeitslosenmeldung 40 Wochen beschäftigt waren. Alle anderen Arbeitslosen müssen Sozialhilfe beantragen.

men die Höhe der Arbeitslosenhilfe nicht erreichen dürfen.[97] Diese wird dann im Gegensatz zum Arbeitslosengeld unbefristet gewährt, wobei der Unterstützungssatz 57 v.H. (beziehungsweise 53 v.H. für Arbeitslose ohne Kinder) beträgt. Außerdem wird der Bezug von Arbeitslosenhilfe für bestimmte Gruppen auf ein Jahr begrenzt, wie beispielsweise für Beamte und Soldaten, die bisher keine Sozialbeiträge zahlen und deshalb keinen Anspruch auf Arbeitslosengeld erwerben konnten. Nach dieser Frist können sie gegebenenfalls Sozialhilfe empfangen. Wie bereits erwähnt, erfolgt die Finanzierung der Arbeitslosenhilfe aus Bundesmitteln; die BA führt sie – ebenso wie die Auszahlung des Kindergeldes – nur als Auftragsangelegenheit des Bundes durch.

Fallbeispiel: MoZArT

Die Abkürzung MoZArT steht für "Modellprojekte zur Verbesserung der Zusammenarbeit von Arbeitsämtern und Trägern der Sozialhilfe". Die Modellvorhaben sollen neue Wege beschreiten, um einerseits durch Austausch personenbezogener Daten den Arbeitslosen unnötige Laufereien zwischen den Arbeitsämtern und Sozialämtern zu ersparen, andererseits die Vermittlung und Eingliederung von erwerbsfähigen Hilfebedürfigen in den regulären Arbeitsmarkt zu verbessern, etwa durch gemeinsame Planung und Durchführung von Eingliederungsprojekten seitens beider Ämter. Die Laufzeit der Modellvorhaben bezieht sich auf den Zeitraum 2001 bis 2002/2004.[a]
Im Zusammenhang mit der Vorstellung von MoZArT Ende April 2001 gab der Bundesminister für Arbeit und Sozialordnung seine Absicht zu erkennen, bis zum Jahre 2006 die Sozialhilfe und Arbeitslosenhilfe auf dem Niveau der Sozialhilfe zusammenzuführen. Die Schwierigkeiten bestehen nicht zuletzt darin, dass die Sozialhilfe von den Kommunen, die Arbeitslosenhilfe aus Bundesmitteln finanziert wird, wobei die Zahlungen des Bundes außerdem Überweisungen an andere Träger der Sozialversicherungssysteme enthalten.

[a]Quelle: http://www.bma-mozart.de

Auf Grund von Höchstgrenzen, Sperrfristen und anderen institutionellen Regelungen bei der Bemessung des relevanten Nettoeinkommens vor der Arbeitslosigkeit entsprechen die gesetzlichen Unterstützungssätze nicht der tatsächlich ausgezahlten Arbeitslosenunterstützung in v.H. des vorherigen Nettoeinkommens.[98] Für ökonomische Analysen – beispielsweise im Rahmen von Arbeitsplatzsuchmodellen[99] – stellt indessen die letztgenannte faktische Lohnersatzleistungsquote und deren zeitliche Entwicklung die maßgebliche Variable dar.[100] Dies gilt in besonderem Maße für internationale Studien, obwohl es schwierig ist, international vergleichbare, zuverlässige Angaben über

[97]Neben eigenem Einkommen rechnen dazu alle Zahlungen, die der Arbeitslose von unterstützungspflichtigen Personen gemäß §§1601ff. Bürgerliches Gesetzbuch (BGB) erhalten könnte (also beispielsweise vom Ehepartner, von Geschwistern oder Eltern). Auch das Vermögen muss der Arbeitslose einsetzen, bevor er Arbeitslosenhilfe beziehen kann, jedoch nur, soweit dies zumutbar ist, also nach einem Urteil des Bundessozialgerichts aus dem Jahre 1999 nicht das Vermögen, das für eine "angemessene" Alterssicherung bestimmt ist, d.h. das eine Beibehaltung des bisherigen Lebensstandards erlaubt.

[98]So wird beispielsweise bei der Berechnung des maßgeblichen, vorher bezogenen Arbeitseinkommens ein fiktives Einkommen gemäß der *tariflichen* Arbeitszeit ermittelt.

[99]Vgl. dazu *Abschnitt 6.1.*

[100]Dieser Terminus firmiert in der englischsprachigen Literatur unter "replacement ratio".

die faktische Lohnersatzleistungsquote zu ermitteln, weil die institutionelle Ausgestaltung bezüglich der Anspruchsberechtigung, der Höhe der Arbeitslosenunterstützung und der Dauer ihres Bezuges nicht nur zwischen den einzelnen Ländern erheblich differiert, sondern – wie in den Vereinigten Staaten – auch innerhalb eines Landes, sodass eine einzige Messzahl wenig aussagekräftig ist.[101] Die OECD (1997) hat in einer breiter angelegten Studie einen internationalen Vergleich der verschiedenen Aspekte der Arbeitslosenversicherungssysteme durchgeführt. Im Hinblick auf die Lohnersatzleistungsquote weist sie für Alleinstehende und gegebenfalls nach Besteuerung eine Schwankungsbreite für das Jahr 1994 zwischen 75 v.H. (Schweden) und 23 v.H. (Vereinigtes Königreich) aus. Deutschland wird mit einer Quote von 68 v.H. aufgeführt,[102] Frankreich liegt mit 67 v.H. geringfügig niedriger, die Vereinigten Staaten befinden sich mit 58 v.H. im unteren Drittel der 18 untersuchten Staaten.

In Ermangelung geeigneter Daten werden häufig *aggregierte* faktische Lohnersatzleistungsquoten berechnet, indem die durchschnittliche Arbeitslosenunterstützung eines Arbeitslosen auf das durchschnittliche Nettoeinkommen eines Beschäftigten der betreffenden Volkswirtschaft (je Zeiteinheit) bezogen wird. Es ist angesichts der dargestellten gesetzlichen Regelungen offenkundig, dass dieser Quotient wenig über eine *individuelle* faktische Lohnersatzleistungsquote aussagt und zu Fehlurteilen über das Suchverhalten eines "durchschnittlichen" Arbeitslosen führen kann, etwa indem anspruchsberechtigte und nicht anspruchsberechtigte Arbeitslose aggregiert werden: Die erste Gruppe sucht (vielleicht) länger, die zweite schneller nach einem Arbeitsplatz, sodass sich bei einer – hier hypothetisch angenommenen – Gleichverteilung und bei symmetrischen Verhaltensweisen kein Einfluss einer gestiegenen Lohnersatzleistungsquote auf die durchschnittliche Suchdauer feststellen lässt.

Tabelle 7.9 weist für die Jahre 1985 und 1997 Lohnersatzleistungsquoten aus, die auf der Basis von Individualdaten ermittelt und nach einer Reihe von Strukturmerkmalen gegliedert wurden. Ohne auf Einzelheiten einzugehen, ist zum einen erkennbar, dass die Lohnersatzleistungsquoten nahezu ausnahmslos gesunken sind, für Frauen teilweise sogar erheblich. Von daher gesehen kann der beobachtete Anstieg der Arbeitslosigkeit nicht mit einer angeblichen Zunahme von Lohnersatzleistungsquoten begründet werden. Zum anderen wird die erhebliche Streuung der Lohnersatzleistungsquoten zwischen Männern und Frauen und nach Familienstand deutlich: Im Jahre 1997 belief sich die durchschnittliche Lohnersatzleistungsquote beim Arbeitslosengeld insgesamt betrachtet auf 40.7 v.H. – das sind rund 200 € pro Woche – mit einer Spannweite von rund 8 Prozentpunkten.

"Kurzarbeitergeld" wird bei Unterbeschäftigung innerhalb des Betriebes gewährt, wenn der Arbeitsausfall vorübergehend ist, auf wirtschaftlichen Ursachen oder auf einem unabwendbaren Ereignis beruht und im jeweiligen Kalendermonat mindestens ein Drittel der in dem Betrieb beschäftigten Arbeitnehmer von einem Entgeltausfall von jeweils mehr als 10 v.H. ihres monatlichen Bruttoentgelts betroffen ist (§169ff.

[101]Ein Ausweg sind international vergleichende Modellrechnungen für bestimmte Kategorien von Arbeitnehmern; vgl. dazu und für Deutschland, das Vereinigte Königreich und die Vereinigten Staaten im Jahre 1998: Institut der deutschen Wirtschaft, iwd Nr. 6 v. 11.2.1999, S. 6f.

[102]Vgl. die Berechnungsmethode für Deutschland im Anhang 2 (S. 83f.) der OECD–Studie.

Tabelle 7.9 : Individuelle Lohnersatzleistungsquoten (v.H.)[a]

Personengruppe	Arbeitslosengeld[b]		Arbeitslosenhilfe[c]	
	1985	1997	1985	1997
Insgesamt	42.5	40.7	35.3	34.0
Männer				
insgesamt	42.8	41.9	35.5	35.0
mit Kind	45.9	46.1	37.4	38.1
ohne Kind	41.5	40.2	34.8	33.5
im Alter				
– unter 40 Jahre[d]	42.8	41.3	35.7	35.8
– 55 bis 59 Jahre[e]	42.8	42.0	33.9	33.0
Frauen				
insgesamt	41.8	38.8	34.7	32.3
mit Kind	42.5	40.9	36.4	34.6
ohne Kind	41.3	37.8	34.1	30.1
im Alter				
– unter 40 Jahre[d]	42.0	39.7	35.2	34.7
– 55 bis 59 Jahre[e]	41.5	38.2	32.2	26.4

a) Durchschnittliche wochentägliche Leistungssätze in v.H. der Bemessungsentgelte (in der Regel (Brutto–)Arbeitsentgelte) am 30.08.1985 (Westdeutschland) beziehungsweise 31.07.1997 (Deutschland).
b) Gemäß §§ 127, 129 und 132ff. SGB III.
c) Gemäß § 190 SGB III und §195 SGB III, einschl. Arbeitslosenhilfe nach dem Soldatenversorgungsgesetz.
d) 1994: unter 42 Jahre.
e) 1997: 54 bis 59 Jahre.

Quelle: Bundesanstalt für Arbeit; eigene Berechnungen.

SGB III). Die Sätze entsprechen denen des Arbeitslosengeldes.

"Winterausfallgeld" wird an Stelle des früheren "Schlechtwettergelds" bezahlt und zwar seit 1.1.1999 ab der 31. Stunde eines witterungsbedingten Arbeitsausfalls, wobei es bis zur 100. Stunde aus der Winterbauumlage der Bauunternehmen und ab der 101. Stunde aus dem allgemeinen Beitragsaufkommen der BA finanziert wird (§§209ff. SGB III). In den genannten ersten 30 Ausfallstunden erhalten die Bauarbeiter gemäß den tarifvertraglichen Regelungen ein festes Monatseinkommen und sollen Ausfallstunden durch vorher geleistete Überstunden in Rahmen eines Arbeitszeitkontos ausgleichen. Die Winterbauumlage wird von den Unternehmen der Bauwirtschaft in Form einer Abgabe von 1.7 v.H. auf die Bruttolohnsumme aufgebracht. Die Lohnersatzleistungen im Rahmen des Winterausfallgeldes ab der 31. Stunde des Arbeitsausfalls entsprechen in ihrer Höhe dem Arbeitslosengeld.

"Insolvenzgeld" sichert Ansprüche der Arbeitnehmer auf Arbeitsentgelt an Arbeitgeber, über deren Vermögen ein Insolvenzverfahren eröffnet wurde (§§183ff. SGB III). Ein rückständiger Nettolohn der letzten drei Monate wird von der BA ausgezahlt, und die Sozialversicherungsbeiträge werden von ihr entrichtet.

7.5 Arbeitsgerichtsbarkeit

Ein wesentliches Steuerungsinstrument des Arbeitsmarktgeschehens stellt das Arbeitsrecht dar, wenn etwa die Beziehungen zwischen Arbeitgebern und Arbeitnehmern oder zwischen den Tarifvertragsparteien zur Rede stehen. Eine zusätzliche Bedeutung kommt der Arbeitsgerichtsbarkeit zu, weil sie im Rahmen der Auslegung bestehenden Gesetzesrechtes und der Schaffung von Richterrecht ebenfalls Einfluss auf das Verhalten der Akteure auf dem Arbeitsmarkt nimmt. Denn die Arbeitgerichtsbarkeit wendet das Arbeitsrecht nicht nur an, sondern befleißigt sich zudem einer rechtspolitischen Gestaltung, indem sie vorhandenes Gesetzesrecht weiter fortbildet und unbestimmte Rechtsbegriffe oder Lücken im Gesetz durch eigene Rechtsschöpfung schließt. Ob dabei ökonomische Einsichten hinreichend zur Geltung kommen, ist Gegenstand kontroverser Diskussionen.[103] Jedenfalls befremdet bereits die Wortwahl der höchstrichterlichen Rechtssprechung, wenn das Bundesarbeitsgericht in der Begründung seines Urteils zum Günstigkeitsprinzip meint, die ökonomisch sinnvolle, wenn mitunter nicht sogar gebotene Abwägung eines Arbeitnehmers zwischen Arbeitsplatzsicherung und temporärer Lohnmoderation mit einem Vergleich von "Äpfeln und Birnen" diskreditieren zu müssen,[104] oder bei anderer Gelegenheit die Suche nach einem "leidensgerechten Arbeitsplatz" anregt.[105]

Die Zuständigkeiten der Arbeitsgerichtsbarkeit regelt das Arbeitsgerichtsgesetz (ArbGG).[106] Sie erstrecken sich im Zusammenhang mit Arbeitsverhältnissen auf unerlaubte Handlungen und bürgerliche Rechtsstreitigkeiten zwischen Arbeitgebern und Arbeitnehmern (Lohnzahlungen, Wirksamkeit einer Kündigung), zwischen Arbeitnehmern (Streit unter den Mitgliedern einer Arbeitsgruppe über die Verteilung des Lohnes, Mobbing am Arbeitsplatz), zwischen Tarifvertragsparteien oder diesen und Dritten aus Tarifverträgen oder über das Bestehen von Tarifverträgen (Auslegung von Klauseln im Tarifvertrag, Schadenersatzansprüche wegen rechtswidriger Streiks)[107] sowie auf Streitigkeiten über die Tariffähigkeit und Tarifzuständigkeit einer Vereinigung und schließlich auf Angelegenheiten aus dem Beriebsverfassungsgesetz (Notwendigkeit

[103]Vgl. dazu Franz (1994) und Franz und Rüthers (1999).

[104]Beschluss des Bundesarbeitsgericht v. 20.4.1999 – 1 ABR 72/98 (Abschnitt B III 16); zum Günstigkeitsprinzip vgl. *Abschnitt 7.1.*

[105]Franz und Rüthers (1999), S. 36.

[106]Vgl. Brox und Rüthers (2002), Randziffer 415ff.

[107]Für Streitigkeiten zwischen einer Tarifvertragspartei und ihrem Mitglied ist hingegen das ordentliche Gericht zuständig, da in diesem Fall das Vereinsrecht maßgeblich ist; vgl. ebenda Randziffer 418.

der Errichtung eines Betriebsrates oder der vom Arbeitgeber zu tragenden Kosten) und dem Mitbestimmungsgesetz, soweit sie die Wahl oder Abberufung von Arbeitnehmervertretern im Aufsichtsrat betreffen.

Die Arbeitsgerichtsbarkeit ist ein eigenständiger Gerichtszweig und wird durch die Arbeitsgerichte, die Landesarbeitsgerichte und das Bundesarbeitsgericht ausgeübt. Rechtsgrundlagen hierfür sind Artikel 95 Abs. 1 des Grundgesetzes (für das Bundesarbeitsgericht) und das Arbeitsgerichtsgesetz (insbesondere für die Arbeitsgerichte und Landesarbeitsgerichte, die Gerichte der Länder sind). Die Dienstaufsicht über das Bundesarbeitsgericht mit Sitz in Erfurt führt der Bundesminister für Arbeit und Sozialordnung im Einvernehmen mit dem Bundesminister für Justiz. Die Berufsrichter des Bundesarbeitsgerichtes werden auf Lebenszeit von einem Richterwahlausschuss gewählt, der zu gleichen Teilen aus Abgeordneten des Deutschen Bundestages einerseits und Vertretern der obersten Arbeitsbehörden der Länder (in der Regel Landesarbeitsministerien) andererseits besteht, und vom Bundespräsidenten ernannt (§42 Absatz 1 ArbGG). Die Bestellung der Berufsrichter der 16 Landesarbeitsgerichte erfolgt entsprechend den landesrechtlichen Bestimmungen auf Vorschlag der obersten Arbeitsbehörde des Landes im Benehmen mit der Landesjustizverwaltung nach Anhörung der in §14 Absatz 1 ArbGG genannten Tarifvertragsparteien und ebenfalls auf Lebenszeit; weitgehend analog wird bei der Auswahl der Berufsrichter an den 123 Arbeitsgerichten verfahren. Neben den rund 1200 Berufsrichtern können an allen Arbeitsgerichten ehrenamtliche Richter für die Dauer von 4 Jahren berufen werden.

Bei den Verfahren der Arbeitsgerichtsbarkeit sind zwei Arten zu unterscheiden. Das "Urteilsverfahren" findet in bürgerlichen Rechtsstreitigkeiten statt, während das "Beschlussverfahren" im Wesentlichen in Angelegenheiten des Betriebsverfassungsgesetzes und bei Streitigkeiten über die Tariffähigkeit und die Tarifzuständigkeit einer Vereinigung zum Zuge kommt. Die überwältigende Mehrheit der im Jahre 1999 eingereichten 569 Tsd. Klagen vor Arbeitsgerichten stammen von Arbeitnehmern, Gewerkschaften und Betriebsräten (547 Tsd.), Streitgegenstände betreffen jeweils zu rund 40 v.H. Kündigungen beziehungsweise Arbeitsentgelte.[108] Gegen ein Endurteil des Arbeitsgerichtes ist eine Berufung an das Landesarbeitsgericht statthaft, wenn sie in dem Urteil zugelassen ist und der Streitwert oberhalb einer Geringfügigkeitsgrenze liegt (§64 Absatz 2 ArbGG). Gegen das Berufungsurteil des Landesarbeitsgerichtes kann Revision beim Bundesarbeitsgericht eingelegt werden, wenn sie in dem betreffenden Urteil oder durch Beschluss des Bundesarbeitsgerichts zugelassen worden ist (§72 Absatz 1 ArbGG). Zulässigkeit ist vor allem zu gewähren, wenn die Rechtssache eine grundsätzliche Bedeutung besitzt oder das Berufungsurteil von bestimmten ober– oder höchstrichterlichen Entscheidungen abweicht. Grundsätzlich ist der Instanzenweg einzuhalten, Ausnahmen in Form einer Sprungrevision vom Arbeitsgericht zum Bundesarbeitsgericht sind indes möglich (§76 ArbGG).

7.6 Literaturauswahl

Über die institutionellen Regelungen auf dem Arbeitsmarkt hauptsächlich der Bundesrepublik Deutschland, aber auch Österreichs und der Schweiz, informieren:

[108] Quelle: Bundesarbeitsblatt 12/2000, S. 94ff.

- G. Endruweit, E. Gaugler, W.H. Staehle und B. Wilpert (Hrsg.) (1985), Handbuch der Arbeitsbeziehungen, Berlin (de Gruyter).
- B. Keller (1997), Einführung in die Arbeitspolitik, 5. Auflage, München (Oldenbourg).

Daneben enthalten Monographien über Sozialpolitik oder die Sozialordnung zum Teil detaillierte Angaben, wie zum Beispiel

- H. Lampert und J. Althammer (2001), Lehrbuch der Sozialpolitik, 6. Auflage, Berlin (Springer).

Darstellungen des deutschen Gewerkschaftswesens und seiner Entwicklung finden sich in:

- K. Armingeon (1988), Die Entwicklung der westdeutschen Gewerkschaften 1950–1985, Frankfurt/M. (Campus).
- H.-U. Niedenhoff, und W. Pege (1996), Gewerkschaftshandbuch, 3. Auflage, Köln (Deutscher Institutsverlag).

Der Sammelband

- Ökonomie und Gesellschaft (1989), Jahrbuch 7: Die Gewerkschaft in der ökonomischen Theorie, Frankfurt/M. (Campus).

enthält einige Beiträge zur Ökonomik der Gewerkschaften. Einige Beiträge zur theoretischen und empirischen Forschung zur Mitbestimmung liefern

- H.G. Nutzinger und J. Backhaus (Hrsg.) (1989), Codetermination. A Discussion of Different Approaches, Berlin (Springer).

Eine Standortbestimmung aus der Sicht des Jahres 1998 findet sich in:

- Bertelsmann Stiftung und Hans-Böckler-Stiftung (Hrsg.)(1998), Mitbestimmung und neue Unternehmenskulturen – Bilanz und Perspektiven. Bericht der Kommission Mitbestimmung. Verlag Bertelsmann Stiftung, Gütersloh.

Eine Darstellung der Arbeitsgerichtsbarkeit mit weiterführender Literatur enthält:

- H. Brox und B. Rüthers (2002), Arbeitsrecht, 15. Auflage, Kohlhammer, Stuttgart.

Kapitel 8

Lohnbildung, Lohnrigiditäten und Lohnstrukturen

Im Mittelpunkt dieses Kapitels stehen Löhne. Der Satz sagt sich leicht und das Thema wäre schnell abzuhandeln, wenn folgendes Bild die Realität zumindest approximativ zutreffend beschreiben könnte: Die einzelnen Arbeitsmärkte (beispielsweise für bestimmte Qualifikationen oder Regionen) sind durch vollständige Information und volle Flexibilität von Löhnen und Preisen gekennzeichnet. Arbeitsanbieter und Arbeitsnachfrager, deren gewünschte Transaktionsmengen von der Höhe des Reallohnes bestimmt werden, fungieren als Mengenanpasser, sodass sich auf jedem Arbeitsmarkt ein markträumender Gleichgewichtslohn einstellt, der sich geometrisch sofort durch den Schnittpunkt von Arbeitsangebots– und –nachfragekurve ermitteln lässt.

Die Realität unterscheidet sich fundamental von diesem Bild: Löhne werden zum überwiegenden Teil in Tarifverhandlungen vereinbart und zum Teil für allgemeinverbindlich erklärt. Es kann keine Rede davon sein, dass sie voll flexibel sind; möglicherweise sind Firmen und/oder Arbeitnehmer gar nicht daran interessiert, sondern präferieren bestimmte Lohnrigiditäten. Unternehmen nutzen die Möglichkeit, über den Tariflohn hinausgehende freiwillige Zahlungen zu leisten. Warum tun sie das? Werden die Beschäftigten nach ihrem Grenzwertprodukt entlohnt, so wie es die Gewinnmaximierungsregeln bei der Herleitung der optimalen Arbeitsnachfrage unterstellt haben? Innerhalb der Firma bestehen oft festgefügte Lohnstrukturen, und es ist zumindest auf den ersten Blick nicht unmittelbar einsichtig, worauf die herrschenden Lohndifferenziale beruhen. Häufig wird beklagt, dass Frauen diskriminiert werden, weil ihnen bei gleicher Produktivität eine geringere Entlohnung im Vergleich zu ihren männlichen Kollegen zuteil wird. Den "Arbeitsplatzbesitzern" (vertreten durch ihre Gewerkschaften) wird mitunter vorgeworfen, sie hätten nur ihre eigene Arbeitsplatzsicherheit bei den Lohnverhandlungen im Auge und dächten nicht an die Millionen von Arbeitslosen, die ebenfalls erwerbstätig sein möchten. Warum – so kann man in diesem Zusammenhang fragen – verhandeln Gewerkschaften mit den Arbeitgebern nicht über Lohnhöhe *und* Beschäftigung? Andererseits, wieso finden sich die Arbeitslosen mit ihrem Schicksal ab, anstatt durch Lohnunterbietung an die begehrten Beschäftigungsverhältnisse zu kommen?

Dies sind einige Aspekte, welche in diesem Kapitel behandelt werden. Zunächst bietet *Abschnitt 8.1* eine kurze quantitative Übersicht über die Fakten, die erklärt werden sollen. *Abschnitt 8.2* befasst sich mit einer theoretischen und ökonometrischen Analyse kollektiver Lohnverhandlungen. Er versucht zunächst anhand eines typischen Ablaufs solcher Lohnverhandlungen aufzuzeigen, warum sich die ökonomische Theorie so schwer mit der Erklärung des Lohnbildungsprozesses tut. Es wird in diesem Abschnitt zudem der Frage nachgegangen, wieso rational handelnde Tarifparteien eigentlich zu Kampfmaßnahmen greifen, worüber sie verhandeln sollten und warum Unternehmen freiwillig mehr als die tariflich vereinbarte Entlohnung zahlen.

Die drei folgenden Abschnitte beleuchten aus unterschiedlicher Perspektive die Frage, ob und unter welchen Voraussetzungen es rational sein kann, die Entlohnung zumindest kurzfristig vom Grenzwertprodukt abzukoppeln und den Lohnsatz nicht ständig sich ändernden Geschäftslagen anzupassen. Als Vorbereitung auf die Analyse der Arbeitslosigkeit im folgenden *Kapitel 9* wird damit die Frage aufgeworfen, wieso der Arbeitsmarkt nicht wie ein Spot–Auktionsmarkt funktioniert, der auf Grund einer völligen Lohnflexibilität ständig geräumt ist. Unterschiedliche Antworten geben die "Theorie impliziter Kontrakte" (*Abschnitt 8.3*), die "Insider–Outsider"–Theorie (*Abschnitt 8.4*) und die "Effizienzlohntheorie" (*Abschnitt 8.5*). Diese theoretischen Ansätze und ihre empirische Evidenz für die deutsche Arbeitsmarktentwicklung werden in den genannten Abschnitten diskutiert. Die Resultate fließen dann in den *Abschnitt 8.6* ein, der sich mit Lohnrigiditäten befasst.

Der letzte *Abschnitt 8.7* ist der Analyse der Lohnstruktur und der Lohndiskriminierung gewidmet. Wieso existieren Lohndifferenziale, warum werden sie nicht durch den Marktprozess eingeebnet, wird man für schmutzige Arbeit entschädigt? Auch die Frage nach Rigiditäten der Lohnstruktur wird in diesem Abschnitt aufgegriffen. Am Beispiel der vielfach beklagten Benachteiligung von Frauen soll abschließend dem Problem der Diskriminierung nachgegangen werden. In welchem Umfang werden Frauen bei der Entlohnung diskriminiert und welche Erklärungen gibt es dafür aus ökonomischer Sicht?

8.1 Fakten über Lohnentwicklung und Arbeitskämpfe: Was soll erklärt werden?

Den leichtesten Einstieg in eine quantitative Übersicht zur Lohnentwicklung in der Bundesrepublik Deutschland gewährt *Schaubild 8.1*, in das zunächst die Wachstumsrate der gesamtwirtschaftlichen, nominalen Tarifverdienste (Löhne und Gehälter) eingezeichnet ist.[1] Mit Tariflohn wird der Lohnsatz bezeichnet, der im Tarifvertrag zwischen Arbeitgebern und Gewerkschaften für Arbeiter festgelegt wird, analoges gilt für das Tarifgehalt für Angestellte.

[1] Statistische Angaben über die Entwicklung der Tarifverdienste werden vom Statistischen Bundesamt in Form vierteljährlicher Indizes in der Fachserie 16, Reihe 4.1 u. 4.2 und von der Deutschen Bundesbank in Form monatlicher Indizes in ihren Monatsberichten, Tabelle IX. 9, publiziert (bis 1996 für Westdeutschland, ab 1991 für Deutschland; früher auch vom Deutschen Institut für Wirtschaftsforschung). Erläuterungen zur genauen Begriffsbestimmung, statistischen Abgrenzung und Berechnungsweise finden sich in der genannten Fachserie und im Monatsbericht der Deutschen Bundesbank vom August 1994, S.29–45.

Schaubild 8.1 : Lohnentwicklung in Deutschland 1961–2001 (Jahreswerte)[a)]

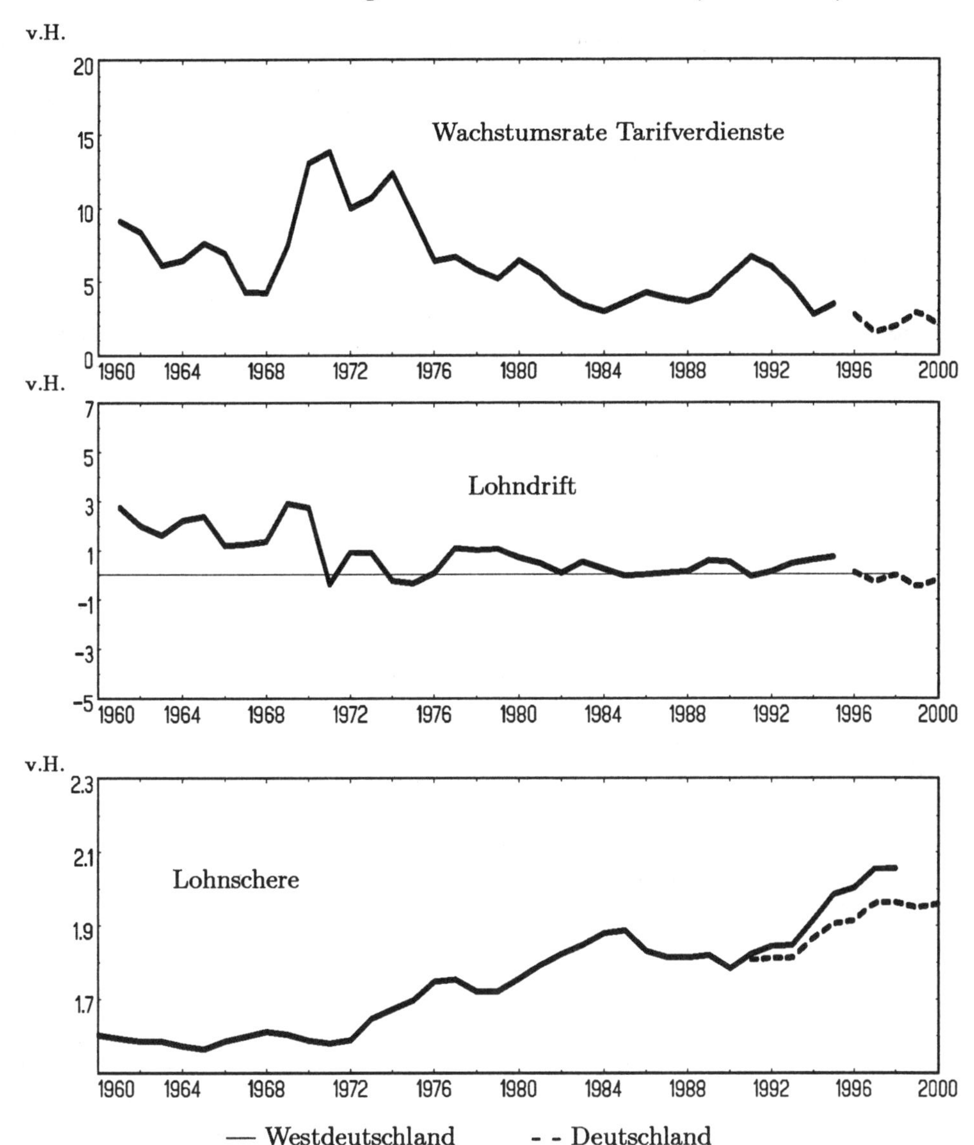

a) Vgl. Text für Erläuterungen.

Quellen: Deutsches Institut für Wirtschaftsforschung für Westdeutschland; Sachverständigenrat zur Begutachtung der gesamtwirtschaftlichen Entwicklung, lfd. Jahresgutachten (z.B. Tabelle 25 im Jahresgutachten 2001/02) für Deutschland (Tarifverdienste, Lohndrift); Deutsches Institut für Wirtschaftsforschung, Vierteljährliche volkswirtschaftliche Gesamtrechnung (Lohnschere); eigene Berechnungen.

Die gewichtete Summe beider Komponenten ergibt aggregiert über alle Wirtschaftszweige das gesamtwirtschaftliche Niveau der Tarifverdienste. Zunächst fällt auf, dass die Wachstumsraten der Tarifverdienste über die gesamte Beobachtungsperiode hinweg stets positiv waren. Die Tarifverdienste sind von Jahr zu Jahr immer gestiegen, wenn auch mit unterschiedlicher Dynamik: Vergleichsweise hohe Steigerungen fanden in den Jahren 1971 und 1974/75 statt. Die Zunahme im Jahr 1971 stellt hauptsächlich eine Reaktion auf die relativ niedrigen Wachstumsraten 1967–1969 dar, die Anlass zu einer "Nachschlagsforderung" der Gewerkschaften gaben, unterstützt durch den erheblichen Arbeitsnachfrageüberschuss und durch unverantwortliche "Vollbeschäftigungsgarantien" der seinerzeitigen sozialliberalen Regierungskoalition.[2] Der zweite Gipfel 1975 reflektiert den Versuch der Gewerkschaften, den Teil des Sozialproduktes, den die Rohstoffproduzenten (in erster Linie OPEC) über höhere Rohstoffpreise für sich beanspruchten, durch kräftige Verdienststeigerungen nochmals und zwar an die Arbeitnehmer zu verteilen; ein Unterfangen, dem die Arbeitgeber nicht genügend Widerstand entgegensetzten, um es zu verhindern, und das letztlich auch erfolglos blieb. In der Folge – beispielsweise nach dem zweiten Ölpreisschock im Jahre 1979 – wurden diese Fehler nicht wiederholt. Die Jahre ab 1982 zeichnen sich durch vergleichsweise moderate Zuwächse aus.

Von der Entwicklung der Tarifverdienste ist die der Effektivverdienste zu unterscheiden. Während für viele Unternehmen der Tarifverdienst den Charakter einer Mindestentlohnung aufweist, steht es ihnen frei, über die Tarifverdienste hinausgehende Zusatzleistungen zu gewähren. Diese Zusatzleistungen (in €) bezeichnet man als "Lohnspanne", während sich für die zeitliche Entwicklung des Auseinanderklaffens von Effektiv– und Tarifverdiensten der Begriff "Lohndrift" eingebürgert hat.[3] Der Effektivlohn ist die Summe aus Tariflohn und Lohnspanne, während sich die Wachstumsrate des Effektivlohnes additiv aus der Lohndrift[4] und der Wachstumsrate des Tariflohnes zusammensetzt.[5] Von dieser idealtypischen Unterscheidung in "tarifvertraglich vereinbart" und "freiwillig zusätzlich gewährt" unterscheiden sich die publizierten Angaben vor allem deshalb, weil einige Zulagen, wie Überstunden– und Feiertagszuschläge, sowie Akkordlöhne nur in den Statistiken für die Effektivverdienste, nicht aber auch in den Tarifverdiensten enthalten sind, obwohl sie tariflich vereinbart sind. Weiterhin leidet die Statistik darunter, dass sich in den Effektivverdiensten Veränderungen der Arbeitszeit widerspiegeln, sodass die statistisch gemessene Lohndrift auch das Ergebnis dieser Variationen sein kann. Daher wurden in der Literatur Anstrengungen unternommen, die unbereinigte Lohndrift ("Bruttolohndrift") um die aufgezeigten Verzerrungen zu bereinigen, deren Ergebnis dann häufig als "Nettolohndrift" firmiert.[6]

[2]Vgl. dazu Franz (1989a), S. 38f.

[3]Korrekterweise müsste es "Verdienstspanne" beziehungsweise "Verdienstdrift" heißen, solange beide Komponenten erfasst sind. Der Begriff "Lohndrift" hat sich jedoch auch für Gehälter fest eingebürgert.

[4]Die Lohndrift ist in dieser Definition nicht etwa die Wachstumsrate der Lohnspanne, sondern die Wachstumsrate eines Zuschlagsfaktors (1 + g) auf den Tariflohn: $W^e = W^T(1+g)$ mit W^e = Effektivlohn, W^T = Tariflohn.

[5]Die Terminologie bezüglich Lohndrift wird in der Literatur nicht einheitlich verwendet und kontrovers diskutiert. Für Übersichten über die Diskussion vgl. Bomsdorf (1972), Brinkmann (1984, 3. Band), Gerfin (1969) und Kleinhückelskoten und Spaetling (1980).

[6]Vgl. dazu ausführlicher Gerfin (1969) und Kleinhückelskoten und Spaetling (1980).

Unter diesen methodischen Vorbehalten kann nun das empirische Bild der Lohnspanne beziehungsweise Lohndrift vorgestellt werden. Da das Statistische Bundesamt seit dem Jahre 1962 keine Erhebung zur Lohn*spanne* mehr vorgenommen hat, lassen sich Erkenntnisse über das aktuelle Ausmaß der übertariflichen Entlohnung nur auf der Basis von Firmen- oder Arbeitgeberverbandsdaten gewinnen.[7] Eine breit angelegte Datenquelle ist das IAB-Betriebspanel, dessen fünfte Welle aus dem Jahre 1997 von Bellmann, Kohaut und Schnabel (1998) zur Analyse der Lohnspanne benutzt wurde.[8] Von den befragten rund 3800 Betrieben in Westdeutschland unterlagen 59 v.H. der Tarifbindung und von diesen tarifgebundenen Betrieben bezahlten 49 v.H. über Tarif. Die relative Lohnspanne – sie gibt an, um wieviel Prozent die Löhne und Gehälter über dem Tarif lagen (so lautete die Frage an die Betriebe) – betrug nach Schätzungen der Befragten bei allen übertariflich zahlenden Betrieben 11.4 v.H. (tarifgebundene Betriebe: 5.5 v.H.). Im übrigen war kein eindeutiger Zusammenhang zwischen Betriebsgröße und Höhe der Lohnspanne nachzuweisen. In Ostdeutschland wurden – ebenfalls im Jahre 1997 – rund 4000 Betriebe befragt. Von den etwa 41 v.H. tarifgebundenen Betrieben zahlten lediglich rund 17 v.H. über Tarif. Die relative Lohnspanne belief sich bei allen befragten Betrieben auf 11.4 v.H., bei den tarifgebundenen Betrieben auf 1.9 v.H. Während die relative Lohnspanne insgesamt in West- und Deutschland mithin identisch ist, entlohnen in Ostdeutschland weit weniger Unternehmen über Tarif als in Westdeutschland.

Was nun die Lohn*drift* anbelangt, so zeigt *Schaubild 8.1* die ausgewiesene Lohndrift als Differenz zwischen der Wachstumsrate des Effektivlohns und der Wachstumsrate des Tariflohns. Auffällig ist zunächst die Kompression der Variabilität dieser Zeitreihe in den achtziger Jahren. Die Lohndrift nimmt im Durchschnitt der sechziger Jahre positive Werte an, während sie in den siebziger und achtziger Jahren eher um den Wert null schwankt. Mitunter wirken Lohndrift und Wachstum der Tarifverdienste in die gleiche Richtung – so beispielsweise in den Jahren 1965/67, als im beginnenden Konjunkturabschwung die Wachstumsrate der Effektivverdienste im Vergleich zum Vorjahr um mehr zurückging als die der Tarifverdienste (aber positiv blieb). Andererseits zeigen die Daten für das Jahr 1971, dass der exorbitante Tariflohnanstieg offenbar von den Unternehmen durch Kürzung freiwilliger Leistungen (die Lohndrift ist 1971 negativ) in seiner Wirkung auf die Effektivverdienste nach unten korrigiert wurde. Während sich die Lohndrift im Zeitraum der Jahre 1994 bis 1996 in Westdeutschland im Durchschnitt auf –0.4 v.H. belief, beträgt der entsprechende Wert in Ostdeutschland –2.6 v.H.[9] Ostdeutsche Unternehmen korrigierten damit die hohen Tariflohnsteigerungen von durchschnittlich jährlich 7.6 v.H. zum Teil dadurch, dass selbst tarifgebundene Unternehmen – gegen bestehende Tarifverträge – unter Tarif entlohnten, um das wirtschaftliche Überleben des Unternehmens zu sichern.[10] Daher sind die jeweiligen Zeitreihen für Westdeutschland und Deutschland nur sehr bedingt miteinander vergleichbar.[11]

---

[7] Vgl. Schnabel (1997) für eine diesbezügliche Übersicht.

[8] Vgl. auch *Abschnitt 8.5.4.2.*

[9] Quelle: Monatsberichte der Deutschen Bundesbank 9 (1997), S. 67*.

[10] Vgl. dazu *Abschnitt 10.1.*

[11] Die Deutsche Bundesbank veröffentlicht die Daten für Westdeutschland nur bis einschließlich 1997, 2. Quartal (vgl. Monatsbericht 9 (1997), S. 67*). Danach werden nur noch Werte für Deutschland publiziert, die indessen quartalsweise bis 1996 und als Jahreswerte bis 1992 zurückgerechnet

Tabelle 8.1 : Personalzusatzkosten im produzierenden Gewerbe im Jahre 2001 (in v.H. des Entgelts für geleistete Arbeit)[a]

Kostenart	West–deutschland	Ost–deutschland
Insgesamt	81.2	68.3
Gesetzliche Personalzusatzkosten	37.1	37.8
darunter u.a.:		
- Sozialversicherungsbeiträge der Arbeitgeber	28.4	28.9
- Entgeltfortzahlung im Krankheitsfall	3.3	3.2
Tarifliche und betriebliche Personalzusatzkosten	44.1	30.5
darunter u.a.:		
- Urlaub, einschl. Urlaubsgeld	18.6	15.4
- Sonderzahlungen (13. Monatsgehalt, Gratifikationen, usw.)	8.3	4.0
- Betriebliche Altersversorgung	7.7	1.7

a) Vgl. Text für Erläuterungen. Angaben beziehen sich auf Unternehmen mit 10 und mehr Beschäftigten. Das Entgelt für geleistete Arbeit ist der/das um die Sonderzahlung und um das Entgelt für arbeitsfreie Tage verminderte Bruttolohn/–gehalt.

Quelle: Institut der deutschen Wirtschaft, iwd Heft 14 v. 4.4.2001, S. 8.

Anders als es die Benennung vielleicht nahelegen könnte, bezeichnen Effektivverdienste weder die Kosten, die dem Unternehmen durch den Einsatz des Faktors Arbeit "effektiv" entstehen, noch den Betrag, den der Arbeitnehmer schließlich "effektiv" zur Verfügung hat. Ausgehend von dem Entgelt für tatsächlich geleistete Arbeit muss das Unternehmen erhebliche Personalzusatzkosten aufbringen.[12] Andererseits unterliegt der Effektivverdienst der Besteuerung, es müssen Sozialabgaben abgeführt und auf die Ausgaben für Güter und Dienstleistungen eine Mehrwertsteuer entrichtet werden. Berücksichtigt man schließlich noch die Preissteigerungen, dann klafft eine erhebliche Lücke zwischen dem Effektivverdienst und dem Gegenwert an Gütern und Dienstleistungen, die der Arbeitnehmer nach eigenen Präferenzen erwerben kann.[13] Zusammengenommen wird mithin ein Keil zwischen die Personalkosten des Unternehmens je Beschäftigten und dem frei wählbaren Güterbündel des Arbeitnehmers geschoben, den wir als "Lohnschere" bezeichnen wollen.[14]

Im Hinblick auf die Personalzusatzkosten zeigt *Tabelle 8.1*, dass im produzierenden Gewerbe für je 100 € Entgelt für geleistete Arbeit (ohne Sonderzahlungen und bezahlte Ausfallzeiten) im Jahre 2000 insgesamt Zusatzkosten in Höhe von 81.30 €

werden (vgl. Monatsbericht 10 (1997), S. 67*).

[12]Sie werden häufig auch als "Lohnnebenkosten" oder "Lohnzusatzkosten" bezeichnet. Für eine Diskussion der Mess– und Definitionsprobleme vgl. Lipp (1989).

[13]Mit dem Terminus "nach eigenen Präferenzen" soll deutlich gemacht werden, dass den genannten Abgaben staatliche Leistungen gegenüberstehen, die jedoch nicht notwendigerweise den Präferenzen einzelner Arbeitnehmer entsprechen.

[14]In der englischsprachigen Literatur wird dieser Keil als "wedge" bezeichnet.

Tabelle 8.2 : Streiktage im internationalen Vergleich[a)]

Land	1970–79	1980–89	1990–99	1999
(West–)Deutschland[b)]	52	28	12	2
Frankreich	286	119	70	38
Großbritannien	569	332	29	10
Italien	1511	623	158	62
Japan	124	10	3	7
Österreich	11	2	4	0
Schweiz	2	0	2	1
USA	507	123	41	16

a) Ausfalltage durch Streiks und Aussperrungen je 1000 abhängig Beschäftigte pro Jahr, Jahresdurchschnitte.
b) Bis 1992 alte Bundesländer.

Quelle: Institut der deutschen Wirtschaft, Deutschland in Zahlen, Ausgabe 2001, Köln, Tabelle 12.8.

(Westdeutschland) und 68.20 € (Ostdeutschland) entstanden sind.

Neben den Steuern und Sozialabgaben, welche den Arbeitnehmern direkt von ihrem Bruttolohn oder –gehalt abgezogen werden, gibt es als weitere Ursache für die Lohnschere die unterschiedliche Deflationierung des Lohnes. Während die Unternehmen bei ihren Entscheidungen (zum Beispiel über den Einsatz des Faktors Arbeit) die Bruttolohnkosten mit dem Produktpreis deflationieren, ist für die Arbeitnehmer bei der Berechnung des Reallohnes der Konsumgüterpreis relevant. Daher spricht man häufig auch vom "Produktlohn" oder "Produzentenlohn" (product wage) beziehungsweise "Konsumlohn" oder "Konsumentenlohn" (consumption wage). Der Unterschied zwischen beiden Preisen entsteht unter anderem dadurch, dass Firmen einen Teil ihrer Güter exportieren und ein Teil der von den Arbeitnehmern gekauften Konsumgüter importiert wird. Nach Berechnungen des Sachverständigenrates ist im Fünfjahreszeitraum 1997 bis 2001 in Deutschland der "Produzentenlohn" um insgesamt 6.4 v.H. gestiegen, während sich die entsprechende Ziffer für den "Konsumentenlohn" auf 2.6 v.H. beläuft.[15] Der Quotient aus den absoluten €–Beträgen des "Produzentenlohns" und des "Konsumentenlohns" wird als Lohnschere bezeichnet. Das obige *Schaubild 8.1* enthält die zeitliche Entwicklung der Lohnschere.[16] Aus dem Ver-

[15] Vgl. Sachverständigenrat (2001), Tabelle 25.

[16] Die Lohnschere LS wird wie folgt gemessen: $LS = BLG/NLG$, wobei BLG die Bruttolohn– und –gehaltssumme plus Arbeitgeberbeiträge zur sozialen Sicherheit (in der Volkswirtschaftlichen Gesamtrechnung als "Arbeitnehmerentgelte" bezeichnet), deflationiert mit dem Preisindex des Bruttoinlandsproduktes und NLG die Nettolohn– und –gehaltssumme, deflationiert mit dem Preisindex des privaten Konsums darstellen.

lauf der Zeitreihe ist erkennbar, dass die Höhe der Lohnschere von 1.6 im Jahre 1960 bis auf rund 2.0 im Jahre 2001 angestiegen ist, also um rund ein Viertel, wobei der Anstieg seit dem Jahre 1990 besonders steil ausfällt.[17]

Tariflöhne sind das Ergebnis kollektiver Lohnverhandlungen. Bei erfolglosen Tarifverhandlungen greifen die Parteien mitunter zu Kampfmaßnahmen, die Gewerkschaften rufen zum Streik auf und die Arbeitgeber bedienen sich manchmal des Instruments der Aussperrung.[18] *Tabelle 8.2* zeigt in einem internationalen Vergleich das geringe Konfliktniveau in der Bundesrepublik Deutschland.

8.2 Lohnverhandlungen

Dieses Kapitel beschäftigt sich hauptsächlich mit kollektiven Lohnverhandlungen, greift aber auch einige Aspekte der Lohnbildung auf der betrieblichen Ebene auf. Die ökonomische Analyse des Lohnbildungsprozesses im Rahmen von Tarifverhandlungen hat eine lange Tradition, sie erwies sich jedoch als äußerst schwierig, sodass auch heute noch keine Rede von einem geschlossenen, theoretisch fundierten Ansatz sein kann, der zumindest in stilisierter Form den institutionellen Gegebenheiten in Deutschland gerecht wird.

Worin bestehen die Probleme einer adäquaten Modellierung oder, anders gefragt, warum lässt sich das Ergebnis kollektiver Lohnverhandlungen nicht analog zur Theorie des bilateralen Monopols in der Preistheorie ermitteln, in der ökonomische Faktoren Untergrenzen und Obergrenzen des Preises bestimmen und der verbleibende Spielraum durch Verhandlungsmacht und -geschick der beiden Monopolisten (Gewerkschaften und Arbeitgeber) ausgefüllt wird? Die folgende, unvollständige Liste von Einwendungen dient gleichzeitig der Charakterisierung des Lohnbildungsprozesses in Deutschland.

8.2.1 Anatomie der Tarifauseinandersetzung

Ausgangspunkt sei die fristgerechte Kündigung eines Tarifvertrages, meistens durch die Gewerkschaft, verbunden mit konkreten Forderungen.

– Im Gegensatz zum Modell des bilateralen Monopols sind in der Realität von Tarifverhandlungen mehr als zwei Parteien beteiligt, nämlich neben den Arbeitgeber- und Gewerkschaftsfunktionären die dem betreffenden Arbeitgeberverband angeschlossenen Unternehmen, die Mitglieder der beteiligten Gewerkschaft sowie die "Öffentlichkeit" und gegebenenfalls die Regierung. Gewerkschaften stehen häufig unter dem Druck ihrer "Basis", bestimmte Forderungen durchzusetzen, während andererseits Gewerkschaftsfunktionäre den Mitgliedern mitunter verständlich machen müssen, dass ein besseres Verhandlungsergebnis realistischerweise nicht erreichbar ist. Streikaktivitäten können unter diesem Gesichts-

[17] Für ähnliche Berechungen für Deutschland 1992–1999 vgl. Deutsche Bundesbank, Monatsbericht 52(7), Juli 2000, S. 15–27, wonach sich in dem genannten Zeitraum der Produzentenlohn um 1.6 v.H. erhöhte, während der Konsumentenlohn um 0.1 v.H. sank.

[18] Vgl. *Abschnitt 8.2.1* für eine ausführlichere Darstellung von Arbeitskampfmaßnahmen und Schnabel (1989) für quantitative Angaben über Arbeitskämpfe in der Zeitperiode 1950 bis 1985 in Westdeutschland.

punkt auch die Funktion haben, den Mitgliedern glaubhaft zu vermitteln, dass der Verhandlungsspielraum ausgeschöpft ist. Arbeitgeberfunktionäre stehen oft vor dem Problem, ihre Mitgliedsunternehmen, deren Ertragslage sehr unterschiedlich sein kann, von der Notwendigkeit eines bestimmten Verhandlungsergebnisses, welches dann für alle Firmen verbindlich ist, zu überzeugen. Die Öffentlichkeit – vertreten beispielsweise durch die Medien – und mitunter Regierungen oder wirtschaftspolitische Instanzen können das Verhandlungsergebnis beeinflussen: Tarifforderungen im öffentlichen Dienst werden regelmäßig als mit den Leistungen der dortigen Beschäftigten unvereinbar und für den Steuerzahler als zu teuer bezeichnet, während wirtschaftspolitische Instanzen vor "konjunkturschädigenden" Tarifabschlüssen warnen, die mit einer monetären Restriktionspolitik beantwortet werden müssten.

Fallbeispiel: Das Kaufkraftargument einer Lohnforderung

Insbesondere in rezessiven Konjunktursituationen begründen Gewerkschaften ihre Lohnforderungen gerne mit dem "Kaufkraftargument": Zur Überwindung der Rezession seien eine Stärkung der Kaufkraft der Arbeitnehmer und demzufolge Einkommenssteigerungen über eine expansive Lohnpolitik erforderlich.
Wenn tatsächlich ein gesamtwirtschaftliches Nachfragedefizit die Ursache einer Unterbeschäftigung darstellt – also eine keynesianische Situation vorliegt – , dann hilft in der Tat eine Ausweitung der gesamtwirtschaftlichen Nachfrage etwa mit einer expansiven Geld- und Fiskalpolitik, jedoch nicht mit einer Lohnpolitik zwecks Stärkung der Massenkaufkraft. Denn erstens versickert ein Teil dieser Einkommenszuwächse gemäß der marginalen Spar-, Steuer- und Importquote und trägt bestenfalls über zeitraubende Umwege zur Stärkung der inländischen gesamtwirtschaftlichen Nachfrage bei. Zweitens kann das einzelne Unternehmen nicht davon ausgehen, dass sich die Einkommenserhöhungen in einem entsprechenden Nachfrageanstieg nach seinen eigenen Produkten niederschlagen (und wenn es so wäre, dann könnte das Unternehmen seine Produkte – überspitzt formuliert – gleich an seine Beschäftigten verschenken, also etwa Autos). Jedoch wird drittens das Unternehmen unmittelbar mit einer höheren Kostenbelastung infolge der Lohnerhöhung konfrontiert. Wenn den Unternehmen eine volle Überwälzung auf die Verkaufspreise gelingt, steigen die Preise und die Arbeitnehmer gewinnen real nichts, während die Bezieher anderer Einkommen verlieren. Sind keine Überwälzungsspielräume beispielsweise auf Grund des internationalen Wettbewerbs vorhanden, dann kostet diese Strategie einer expansiven Lohnpolitik Arbeitsplätze, das heißt, es wird das Gegenteil von dem erreicht, was beabsichtigt worden war.

Vielfach wird die Forderung der Gewerkschaft nach Lohnerhöhung an einem speziellen Lohnsatz – dem "Ecklohn" – konkretisiert, zu dem die anderen Lohnsätze in einer festen Relation stehen. Häufig erstrecken sich Tarifverhandlungen aber auch auf Änderungen der Lohnstruktur – beispielsweise durch überproportionale Begünstigungen unterer Lohngruppen in Form höherer prozentualer Zuschläge oder einmaliger Zahlungen – und auf andere Aspekte der Arbeitsbedingungen wie Arbeitszeitregelung und Arbeitsplatzgestaltung. Dabei sind verschiedene Kompensationslösungen denkbar, wie es etwa in der Debatte um "Arbeitszeitverkürzung bei vollem, teilweisem oder keinem Lohnausgleich" zum Ausdruck kommt. Außerdem ist zu berücksichtigen, dass die ausgehandelten

Tariflöhne durch freiwillige Zusatzleistungen aufgestockt oder durch Kürzung einer bisher gewährten Lohnspanne von den Unternehmen nachträglich korrigiert werden können. Diese Aspekte entsprechen nicht dem üblichen Modell des bilateralen Monopols auf dem Gütermarkt, in dem über *einen* Preis *eines* bestimmten Gutes verhandelt wird.

Fallbeispiel: Grundsätze rechtmäßiger Arbeitskampfführung

Auf Grund von Gesetzes- und Richterrecht bestehen verbindliche Regeln, denen Arbeitskämpfe unterliegen. Ein Verstoß dagegen kann die Rechtswidrigkeit von Arbeitskämpfen zur Folge haben, selbst dann, wenn die Zielsetzung rechtmäßig ist. Folgende Grundsätze sind bindendes Recht:[a]

(1) Das Gebot der Kampfparität (Waffengleichheit)

Dies folgt aus den Funktionsbedingungen der Tarifautonomie, die einen tatsächlichen Macht- und Interessenausgleich zwischen beiden Parteien gewährleisten soll. Auf Grund der Schwierigkeit, "Parität" exakt zu definieren und zu messen, gibt es keine generelle Stellungnahme, sondern das Bundesarbeitsgericht hat seine Aussagen auf das Verhältnis von Schwerpunktstreiks und der Abwehraussperrungen dagegen beschränkt.

(2) Das Gebot staatlicher Neutralität im Arbeitskampf

Die Neutralitätspflicht des Staates ist gesetzlich in §146 SGB III (früher §116 Arbeitsförderungsgesetz) verankert.[b] Der Staat hat danach die Aufgabe, ein hinreichendes Verhandlungsgleichgewicht der Tarifparteien zu gewährleisten und einseitige Begünstigungen zu vermeiden.

(3) Das Verhältnismäßigkeitsgebot (Übermaßverbot)

Generell handelt es sich um ein Verbot solcher Kampfmaßnahmen, die zur Erreichung des Zieles ungeeignet, unnötig oder unverhältnismäßig sind. Speziell folgt daraus der "ultima-ratio"-Grundsatz, der besagt, dass ein Arbeitskampf erst dann begonnen werden darf, wenn alle Verständigungsmöglichkeiten (einschließlich Schlichtung) ausgeschöpft sind. Weiterhin müssen Arbeitskämpfe nach den Regeln eines fairen Kampfes geführt werden, sie dürfen insbesondere nicht auf die Existenzvernichtung des Gegners abzielen.

Allgemein gilt darüber hinaus, dass die Arbeitskampfgarantie des Grundgesetzes nur für den arbeitsrechtlichen Arbeitskampf gilt.[c] Demzufolge darf es sich nicht um einen politischen Streik handeln, der sich beispielsweise darauf richtet, auf den Gesetzgeber oder die Organe der Rechtsprechung oder der Verwaltung einzuwirken. Arbeitskämpfe sind verfassungswidrig, wenn sie zu einer Gefährdung der Versorgung der Allgemeinheit mit lebensnotwendigen Gütern und dadurch oder auf andere Weise zu einer Gefährdung der Verfassungsordnung führen.

[a] Die folgenden Ausführungen basieren auf Brox und Rüthers (2002), Kapitel 10.

[b] Vgl. dazu Fallbeispiel: Arbeitslosengeld für Streikende?

[c] Das Grundgesetz schützt den Arbeitskampf insoweit, als er für den Bestand und das Funktionieren der Tarifautonomie erforderlich ist. Ein Grundrecht auf Arbeitskampf lässt sich aus dem Grundgesetz nicht herauslesen. Grundlage und Umfang der Arbeitskampfgarantie ergeben sich aus dem Zusammenhang der Artikel 9 III, 20 I und 28 I des Grundgesetzes. Da die Tarifautonomie geschützt werden soll, erstreckt sich die Grundgesetzgarantie nur auf gewerkschaftlich organisierte Streiks.

– Hinzu kommt, dass Verhandlungsergebnisse unmittelbar vorausgegangener Tarifauseinandersetzungen nicht ohne Einfluss auf die laufenden Verhandlungen sind. Wie bereits dargestellt, haben in der Geschichte der Bundesrepublik Deutschland in den jährlichen Lohnrunden bestimmte Gewerkschaften – gewollt oder ungewollt – die Rolle eines "Lohnführers" übernommen[19] mit der Konsequenz, dass die in diesem Sektor erzielten Lohnzuwächse eine Richtschnur für sich daran anschließende Verhandlungen darstellten, von der nur auf Grund sektorspezifischer Gegebenheiten abgewichen wurde. Als Beispiel sei auf die Lohnverhandlungen im Organisationsbereich der IG Metall verwiesen, wo die Verhandlungen in den einzelnen Tarifbezirken häufig solange verzögert wurden, bis im Metalltarifbezirk Nordwürttemberg–Nordbaden eine Einigung erzielt und in den anderen Regionen dann weitestgehend übernommen wird.

Fallbeispiel: Rechtliche Grundsätze für Aussperrungen

Ob und inwieweit Aussperrungen ebenso wie Streiks verfassungsrechtlichen Schutz genießen, war lange Zeit Gegenstand lebhafter Kontroversen. Das Bundesarbeitsgericht (BAG) hat dazu 1980/81 entschieden, dass Abwehraussperrungen eingeschränkt zulässig sind. Angriffsaussperrungen sind bisher von der Rechtssprechung nicht ausgeschlossen und daher grundsätzlich zulässig.[a] Das heißt jedoch nicht, dass sie etwa vorrangig im Vergleich zur Abwehraussperrung zu sehen wären. Zusätzlich gelten natürlich die allgemeinen Grundsätze rechtmäßiger Arbeitskampfführung.
Die Begründung für die Zulässigkeit der Angriffsaussperrung erklärt sich daraus, dass Arbeitgebern in bestimmten Konjunktursituationen die Möglichkeit eingeräumt werden soll, die Reduktion tariflicher Leistungen auch per Arbeitskampf durchzusetzen, anstatt auf "kollektives Betteln" (1. Senat des BAG) angewiesen zu sein. Die Begrenzung der Abwehraussperrung nahm das BAG vor, weil es ein Übergewicht der Arbeitgeberseite oder eine Ausuferung des Kampfgeschehens befürchtete, und es legte daher zur Quantifizierung des Übermaßverbotes folgenden Zahlenschlüssel für das Verhältnis von Streikenden und Auszusperrenden fest, wobei die Bezugsgröße für die zulässigen Aussperrungsquoten die im Tarifgebiet insgesamt beschäftigten (also auch die nicht gewerkschaftlich organisierten) Arbeitnehmer sind:

- Werden weniger als 25 v.H. der Arbeitnehmer zum Streik aufgefordert, so dürfen höchstens weitere 25 v.H. ausgesperrt werden.
- Werden mehr als 25 v.H. zum Streik aufgerufen, so darf nach Aussperrung die Zahl der Streikenden und Ausgesperrten nicht mehr als 50 v.H. betragen.
- Beläuft sich die Zahl der zum Streik Aufgerufenen und der Ausgesperrten bereits auf 50 v.H. oder mehr, dann ist eine weitere Aussperrung unzulässig. An dieser Quotenregelung wurde auf Grund ihrer willkürlichen und undifferenzierten Pauschalierung Kritik geübt.

[a] Vgl. dazu Brox und Rüthers (2002), Randziffer 315, 320, die die Grundlage für diese Ausführungen bilden. Zwar ist die Aussperrung nach der Verfassung des Landes Hessen verboten (Art. 29 V), jedoch bricht in diesem Fall Bundesrecht das Landesrecht.

– Im Gegensatz zum Lehrbuchmodell des bilateralen Monopols sind die Reaktionskurven der Tarifgegner in der Regel nicht bekannt, und es wird versucht, ein Verhandlungsergebnis mit (der Androhung von) Kampfmaßnahmen beschleunigt zu

[19] Vgl. dazu Meyer (1990) und Beckord (1977).

erzwingen. Die Gewerkschaften drohen mit Streik, die Arbeitgeber mit Aussperrung. Damit stellt sich zunächst einmal das Problem einer Reaktionsverbundenheit unter unvollständiger Information. Eine Gewerkschaft, die eine Lohnforderung notfalls mit Hilfe eines Streiks durchsetzen will, muss dem Nutzen dieser Strategie (in Form zusätzlicher Lohneinkommen) die Kosten gegenüberstellen. Diese bestehen aus den Streikkosten einschließlich der Streikgelder, die ausgesperrte Gewerkschaftsmitglieder erhalten. Die Gewerkschaft kennt indessen nicht die Konzessionsbereitschaft der Arbeitgeber.[20] Sie weiß nicht, ob es überhaupt zu einem Streik kommt, wie lange dieser gegebenenfalls dauert und ob und in welchem Umfang die Arbeitgeber das Instrument der Aussperrung einsetzen. Die Konzessionsbereitschaft der Unternehmen hängt ihrerseits von der vermuteten Strategie und Durchhaltekraft der Gewerkschaften ab, die nun ihrerseits von den entsprechenden Variablen der Arbeitgeber beeinflusst werden. Schließlich sind beide Seiten bei härteren Kampfmaßnahmen zudem unsicher über das Ausmaß der Unterstützung seitens ihrer Mitglieder: Einzelne Unternehmen können ebenso aus dem Arbeitgeberverband austreten und individuell mit der Gewerkschaft abschließen, wie die Gewerkschaft fürchten muss, dass ihre Strategie durch Streikbrecher unterlaufen wird.[21]

- Kommt keine Einigung zwischen den Tarifparteien zu Stande, sehen viele Tarifverträge die Einsetzung eines Schlichters vor.[22] Die Einschaltung eines Schlichters kann aber auch in einem Schlichtungsabkommen geregelt sein oder ad hoc vereinbart werden.[23] Ein solches Schlichtungsverfahren soll eine freie Einigung beider Parteien im Rahmen einer Gesamtvereinbarung herbeiführen und damit Arbeitskämpfe verhindern oder beilegen. Gewerkschaften und Arbeitgeber verständigen sich auf die Person des Schlichters; es liegt auf der Hand, dass nur solche Personen in Frage kommen, die als unparteiisch und sachkundig angesehen werden.
- Bleibt die Schlichtung erfolglos,[24] erklärt eine Seite – in der Regel die Gewerkschaft – die Verhandlungen für gescheitert. Damit endet die "Friedenspflicht", die während der Verhandlung einschließlich der Schlichtung besteht und auf Grund deren keine Arbeitskampfmaßnahmen getroffen werden können. Gegen die Friedenspflicht verstoßende Arbeitskämpfe sind rechtswidrig und schadensersatzpflichtig.[25]

In einigen Tarifauseinandersetzungen kann die "besondere Schlichtung" zur Anwendung kommen. Sie unterscheidet sich von der Schlichtung dadurch, dass sie erst dann beginnt, wenn der Arbeitskampf bereits ausgebrochen ist. Streiks und

[20] Zum Beispiel weil die Gewerkschaft unvollständig über die Ertragslage der Firmen informiert ist.

[21] Auch zur Vermeidung von Streikbrecheraktivitäten bedienen sich die Gewerkschaften häufig des Instruments der "Wechselstreiks", bei dem abwechselnd unterschiedliche Firmen bestreikt werden.

[22] Vgl. Keller (1985) für eine weiterführende Darstellung.

[23] Haben die Parteien kein Schlichtungsverfahren vereinbart, so gilt das gesetzliche Schlichtungsverfahren (nach dem Kontrollratsgesetz Nr. 35 v. 20.8.1946, es sei denn, die Länder haben neue gesetzliche Regelungen geschaffen).

[24] Es besteht kein Zwang, den Spruch des Schlichters oder der Schlichtungsstelle anzunehmen ("Unterwerfungszwang"), weil dies mit der verfassungsrechtlich garantierten Arbeitskampffreiheit nicht vereinbar wäre.

[25] Dies gilt nicht für Warnstreiks (s.u.).

Aussperrungen stellen die Kampfmittel beider Kontrahenten dar.[26] Jedes Instrument ist nach herrschender Rechtsprechung nur als letztes Mittel ("ultima ratio") zulässig, nachdem alle Möglichkeiten zur friedlichen Einigung erschöpft sind.[27]

Fallbeispiel: Arbeitslosengeld für Streikende?

Im Befolgung der Grundsätze rechtmäßiger Arbeitskampfführung (vgl. Fallbeispiel) hat sich der Staat im Arbeitskampf neutral zu verhalten. So legt beispielsweise §146 SGB III, früher: §116, Abs. 1 Arbeitsförderungsgesetz (AFG), fest, dass durch die Gewährleistung von Arbeitslosengeld nicht in Arbeitskämpfe eingegriffen werden darf; ähnliches gilt für die Gewährung von Kurzarbeitergeld.
Unstrittig war, dass bei einer direkten Beteiligung an Arbeitskämpfen während der Dauer des Streiks beziehungsweise der Aussperrung die Leistungsansprüche an die Bundesanstalt für Arbeit (BA) ruhen.
Im Rahmen ihrer Taktik der "Neuen Beweglichkeit" haben die Gewerkschaften in den Arbeitskämpfen 1984 in der Metallindustrie und im Druckgewerbe verstärkt zum Mittel von zeitlich und regional eng begrenzten Schwerpunktstreiks gegriffen. Sie haben durch punktuell angesetzte Streikaktionen bei wichtigen Zulieferunternehmen massive Produktionsausfälle und -stilllegungen bei nicht bestreikten Unternehmen bewirkt. Darauf antworteten die Arbeitgeber mit umfangreichen Betriebsstilllegungen (von Gewerkschaftsseite als "kalte Aussperrung" bezeichnet). Der Streit entzündete sich nun daran, ob für diese mittelbar Betroffenen Arbeitslosen- beziehungsweise Kurzarbeitergeld oder Sozialhilfe gezahlt werden muss.[a]
Naturgemäß plädierten die Gewerkschaften für Zahlungen seitens der BA, da sie Streikgelder dann nur für die Mitglieder der wenigen direkt bestreikten Betriebe zahlen müssten, indessen eine beträchtliche Hebelwirkung für den gesamten Industriezweig erzielen könnten. Damit wäre das Gebot der Kampfparität verletzt. Andererseits wäre die Waffengleichheit auch nicht mehr gegeben, wenn bei Abwesenheit dieser Zahlungen die Arbeitgeber das Vorliegen von indirekten Streikfolgen behaupten und durch Betriebsstilllegungen die Gewerkschaften zum Einlenken veranlassen könnten.
Der Streit wurde im Jahre 1986 mit einer Neufassung des §116 AFG beendet. Das Bundesverfassungsgericht hat 1995 die Neuregelung des §116 AFG als verfassungskonform bestätigt. Danach erhalten mittelbar von einem Arbeitskampf betroffene Arbeitnehmer keine Lohnersatzleistungen der BA, wenn

- sie innerhalb des räumlichen und fachlichen Geltungsbereichs des umkämpften Tarifvertrags arbeiten,
- sie zwar nicht zum räumlichen, wohl aber zum fachlichen Geltungsbereich gehören und in ihrem räumlichen Bereich eine nach Art und Umfang annähernd gleiche Forderung wie in dem umkämpften Bereich erhoben und das Ergebnis dieser Tarifauseinandersetzung voraussichtlich übernommen wird.

Damit haben außerhalb des fachlichen Bereichs mittelbar Betroffene Anspruch auf Leistungen der BA. §116 AFG ist im Wortlaut unverändert als §146 in das Sozialgesetzbuch Drittes Buch (SGB III) übernommen worden.

[a] Für eine detaillierte Darstellung des Streits vgl. Rösner (1986).

[26] Für Beamte besteht Streikverbot, wohingegen Streiks der Arbeiter und Angestellten des öffentlichen Dienstes zulässig sind.

[27] Rüthers (1990) steht auf dem Standpunkt, dass durch die Rechtsprechung des Bundesarbeitsgerichtes bereits ein erheblicher Abbau des "ultima ratio"-Gebotes im Arbeitskampfrecht stattgefunden hat, beispielsweise indem Warnstreiks vor und während laufender Tarifverhandlungen aus dem Geltungsbereich des "ultima ratio"-Grundsatzes zeitweilig herausgenommen wurden.

Grundsätzlich gilt die Freiheit der Wahl der Kampfmittel, sie unterliegen indessen dem Grundsatz der Verhältnismäßigkeit, das heißt, sie müssen sich untereinander entsprechen und dürfen im Vergleich zum angestrebten Verhandlungsziel nicht übermäßig dimensioniert sein.[28]

Ein Streik wird von einer Gewerkschaft nach Maßgabe der von ihr aufgestellten Richtlinien beschlossen, die in der Regel eine Urabstimmung und ein positives Votum von mindestens 75 v.H. der Abstimmungsberechtigten vorsehen, wobei nur Gewerkschaftsmitglieder abstimmungsberechtigt sind. Nicht–Gewerkschaftsmitgliedern steht es grundsätzlich frei, sich an der Arbeitsniederlegung zu beteiligen oder weiter zu arbeiten (es sei denn, sie werden ausgesperrt). Wenn es sich in der Realität von Arbeitskämpfen auch mitunter anders verhält, so dürfen rechtlich gesehen die von der Gewerkschaft vor den Werktoren aufgestellten Streikposten allenfalls durch Zureden, nicht aber durch Drohung oder Gewaltanwendung, Arbeitswillige zurückhalten.

Die Gewerkschaften haben in den letzten Jahrzehnten bezüglich der Ausgestaltung von Streiks eine breite Palette abgestufter Strategien entwickelt.[29] Vor oder während der Verhandlungen werden oft "Warnstreiks" durchgeführt, die sehr kurz sind (oft nur wenige Stunden) und deren Befristung von vornherein feststeht. Sie dienen im Wesentlichen der Demonstration der Kampfbereitschaft.[30] Reguläre Streiks[31] können grundsätzlich alle Wirtschaftsbereiche einer Volkswirtschaft einschließen ("Generalstreik"), sie können regional begrenzt sein, sie können sich in Form von "Schwerpunktstreiks" auf für die gesamte Branche wichtige Betriebe beschränken (beispielsweise auf bestimmte Zulieferbetriebe in der Automobilindustrie), oder es werden sich ständig abwechselnde Betriebe bestreikt ("Wechselstreiks"), um die finanzielle Belastung der betroffenen Arbeitnehmer in Grenzen zu halten. Die erwähnten "Generalstreiks" sind indessen eher theoretisch denkbar, nämlich wenn alle Lohnverhandlungen zum selben Zeitpunkt geführt würden oder von dem im Artikel 20 Abs. 4 Grundgesetz verankerten Recht auf Widerstand in einer Notsituation Gebrauch gemacht würde.

Die Arbeitgeberseite hat in bestimmten Grenzen die Möglichkeit, sich des Kampfmittels der "Aussperrung" zu bedienen, also die von einem oder mehreren Arbeitgebern planmäßig erfolgende Arbeitsausschließung zur Erreichung eines Zieles.[32] Mit anderen Worten, den Arbeitnehmern wird ohne deren Einverständnis und ohne vorherige Kündigung die Beschäftigung verweigert. Auch bei der Aussperrung können unterschiedliche Varianten angewandt werden. Eine

[28]Vgl. auch die Fallbeispiele über rechtmäßige Arbeitskampfführung und Aussperrungen.

[29]Nicht zur Streikaktivität gehört der "Dienst nach Vorschrift". Er ist ex definitione legal, kann jedoch erhebliche Beeinträchtigungen des Betriebsablaufs zur Folge haben (wie zum Beispiel im Fluglotsendienst). Eine Zwitterstellung nimmt der "Bummelstreik" ein, bei dem die Beschäftigten zwar nicht ihre Arbeitsplätze verlassen, ihre Arbeitsintensität indessen stark und zum Teil rechtswidrig reduzieren (wie es beispielsweise mitunter beim italienischen Zolldienst gehandhabt wird).

[30]Warnstreiks werden von der Rechtsprechung als zulässig erachtet, vgl. dazu ausführlicher Brox und Rüthers (2002), Randziffer 319.

[31]Im Gegensatz zu "wilden Streiks", die von den Beschäftigten allein und mitunter gegen den Willen der Gewerkschaft durchgeführt werden.

[32]Vgl. dazu ausführlicher Brox und Rüthers (2002), Randziffer 315ff., worauf die folgenden Ausführungen basieren. Vgl. auch Fallbeispiel: Rechtliche Grundsätze für Aussperrungen.

Vollaussperrung betrifft alle Arbeitnehmer im ganzen Kampfgebiet, alle organisierten Arbeitnehmer oder alle Arbeitnehmer eines Betriebes. Bei einer Schwerpunktaussperrung werden nur bestimmte Arbeitnehmer eines Betriebes oder nur die Arbeitnehmer bestimmter Betriebe innerhalb des Kampfgebietes ausgesperrt. Geht der Aussperrung keine Kampfmaßnahme der Arbeitnehmerseite voraus, so handelt es sich um eine Angriffsaussperrung, während eine Abwehraussperrung eine Kampfmaßnahme der Arbeitnehmerseite abwehren soll.

- Anders als auf dem Gütermarkt, auf dem nicht notwendigerweise ein Vertragsabschluss zu Stande kommen muss – letztendlich gibt es bei Gütern fast immer irgendwelche Substitutionsmöglichkeiten –, haben die Tarifparteien nicht die Option, auf die Transaktion "Arbeitsleistung gegen Lohn" zu verzichten, weil der überwältigende Teil der Beschäftigten auf Erwerbseinkommen zwingend angewiesen ist und Betriebe in den seltensten Fällen Arbeit vollständig zu Gunsten von Sachkapital substituieren können. Dies ist in den Tarifverhandlungen bekannt, sodass es dort darauf ankommt, glaubhaft den Eindruck zu erwecken, man könne sehr lange auf diese Transaktion verzichten. Schließlich kommt es jedoch zu einer Einigung – möglicherweise unter (erneuter) Hinzuziehung eines Schlichters. Die Gewerkschaftsmitglieder stimmen über die Beendigung des Streiks (und damit implizit über die Annahme des Verhandlungsergebnisses) ab.[33]

8.2.2 Aspekte eines theoretischen Modellrahmens für den Tariflohnbildungsprozess

Wie bereits eingangs ausgeführt, existiert kein geschlossener theoretischer Modellrahmen, der dem Lohnbildungsprozess unter Berücksichtigung der im vorigen Abschnitt dargestellten institutionellen Regelungen für die Bundesrepublik Deutschland gerecht wird. Dies mag angesichts einer Fülle von theoretischen Modellen überraschen. Die folgenden Ausführungen haben sich daher zum Ziel gesetzt, an einigen ausgewählten theoretischen Aspekten die Schwierigkeiten einer solchen theoretischen Analyse zu illustrieren. Es ist indessen keineswegs beabsichtigt, einen (dogmengeschichtlichen) Überblick zu geben.[34]

Zunächst soll in aller Kürze versucht werden, einige Grundtypen von Lohntheorien anhand von sechs Kriterien einzuordnen und zu charakterisieren.

Ein erstes Merkmal, anhand dessen sich Lohntheorien klassifizieren lassen, stellt die Unterscheidung dar, ob überhaupt verhandelt wird. Dabei steht auf der einen Seite das "Monopolmodell", welches von einer einzigen Gewerkschaft ausgeht, die einseitig den Lohn festsetzt. Dies geschieht freilich unter Berücksichtigung der Arbeitsnachfrage der Unternehmen: Die Gewerkschaft maximiert eine Zielgröße – beispielsweise den Lohnsatz oder die Lohnsumme – unter der Nebenbedingung einer (ihr bekannten) Arbeitsnachfragefunktion.

[33] Der Arbeitskampf endet in der Regel, wenn sich 25 v.H. der abstimmungsberechtigten Mitglieder gegen eine Fortsetzung entscheiden.

[34] Diesbezügliche Übersichten liefern beispielsweise Brinkmann (1984, 3. Band), Farber (1986), Keller (1974), Kennan (1986), Külp (1977) und Meyer (1990).

Eine Variante einer gewerkschaftlichen Nutzenfunktion basiert auf der funktionalen Form einer Stone–Geary–Nutzenfunktion des Typs

$$U = (W - \overline{W})^{\theta} \cdot (N - \overline{N})^{1-\theta}, \tag{8.1}$$

wobei $\overline{W}$ und $\overline{N}$ bestimmte Minimumwerte bezeichnen, die bezüglich der Lohnhöhe W beziehungsweise der Beschäftigung N nicht unterschritten werden sollen. Der Parameter θ kennzeichnet das Gewicht, welches die Gewerkschaft bezüglich des Nutzens U der Lohnhöhe respektive dem Beschäftigungsumfang beimisst. Diese Nutzenfunktion enthält einige Spezialfälle; beispielsweise maximiert die Gewerkschaft für $\theta = 0.5$ und $\overline{W} = \overline{N} = 0$ die Lohnsumme $N \cdot W$. Alternativen zur Stone–Geary–Nutzenfunktion, welche sich nicht unmittelbar aus Axiomen über Präferenzen herleiten lässt, sind folgende Nutzenfunktionen:

$$U = \frac{N}{M} \cdot u\,(W) + \frac{M - N}{M}\, u\,(B) \tag{8.2}$$

und

$$U = N \cdot u(W) + (M - N) \cdot u\,(B)\;. \tag{8.3}$$

Hierbei bezeichnet M die Anzahl der Gewerkschaftsmitglieder, wobei meistens, aber für deutsche Verhältnisse unrealistischerweise $M \geq N$ unterstellt wird. Die $u(\cdot)$ sind nunmehr konkave Nutzenfunktionen eines individuellen Beschäftigten beziehungsweise arbeitslosen Gewerkschaftsmitgliedes, welches eine Arbeitslosenunterstützung in Höhe von B beanspruchen kann. Wenn die Anzahl der Gewerkschaftsmitglieder konstant ist, besitzen die Gleichungen (8.2) und (8.3) dieselben Eigenschaften.

Der entgegengesetzte Fall zum Monopolmodell ist ein Verhandlungsmodell, in dem die Unternehmen ihren Nutzen (in Abhängigkeit der Gewinnhöhe) und die Gewerkschaften den Nutzen ihrer Mitglieder, abhängig von Lohnhöhe und Beschäftigung, maximieren. Die Verhandlungslösung hängt dann entscheidend von den Machtpositionen beider Parteien ab, denn sie läuft in der Regel darauf hinaus, dass das gewichtete Produkt der beiderseitigen Nutzen maximiert wird, wobei die Gewichte eben die Verhandlungsstärke beider Parteien reflektieren. Sowohl das Monopolmodell als auch das Verhandlungsmodell werden in der (angelsächsischen) Literatur häufig unter dem Begriff "right to manage"–Modell zusammengefasst.

Ein zweiter Punkt bezieht sich auf die Doppelnatur des Lohnes. Sind Unternehmen einzig an möglichst geringen Löhnen interessiert, weil diese einen wichtigen Kostenfaktor darstellen, oder beachten sie, dass die Effizienz und Leistungsbereitschaft der Arbeitnehmer möglicherweise von der Lohnhöhe beeinflusst werden?

Ein drittes Kriterium zur Einordnung von Lohntheorien betrifft die Frage, wessen Nutzen die Gewerkschaften maximieren, mit anderen Worten, welche Variablen in der Zielfunktion der Gewerkschaften enthalten sind. Im "Insider–Outsider–Modell" wird aus der Sicht der Gewerkschaften eine Verhandlungslösung dergestalt angestrebt, dass die Arbeitsplatzbesitzer (die "Insider") beschäftigt bleiben, aber darüber hinaus keinerlei Lohnzugeständnisse gemacht werden, um den Arbeitslosen (den "Outsidern") Beschäftigungsmöglichkeiten zu eröffnen. Andere Modelle unterstellen, dass die Gewerkschaften durchaus die Interessen der Arbeitslosen berücksichtigen.

Viertens kann danach unterschieden werden, wer direkt oder indirekt das Verhandlungsergebnis beeinflusst. Neben Unternehmen – gegebenenfalls vertreten durch Arbeitgeberverbände – agieren natürlich die Gewerkschaften, möglicherweise ebenfalls die Gewerkschaftsmitglieder, deren Lohnerwartungen von den Verhandlungsführern der Gewerkschaft zwar nicht immer geteilt, gleichwohl aber erst einmal als Forderung vertreten werden, weil die Gewerkschaftsfunktionäre begreiflicherweise eine angestrebte Wiederwahl seitens der Mitglieder im Auge behalten.

Als fünfter Aspekt einer Klassifizierung von Lohntheorien dient der Verhandlungsgegenstand. Wird nur über die Lohnhöhe verhandelt oder wäre es nicht besser, gleichzeitig eine Vereinbarung über den Beschäftigungsumfang zu erzielen, gegebenenfalls unter Einbeziehung der Arbeitszeit? Schließlich können sechstens folgende Fragen angesprochen werden. Geht es nur über einen auszuzahlenden Barlohn oder können auch Gewinnbeteiligungsmodelle oder Kapitalbeteiligungsmodelle für die Arbeitnehmer ebenso zur Diskussion stehen? Inwieweit soll die Lohnhöhe tarifvertraglich geregelt werden, in welchem Umfang soll betrieblichen Vereinbarungen Raum gewährt werden?

In den folgenden Abschnitten werden ausgewählte Ansätze vorgestellt, allerdings nicht – wie bereits erwähnt – innerhalb eines geschlossenen theoretischen Modellrahmens, der noch nicht oder nur in Ansätzen zur Verfügung steht, sondern in Form einer Diskussion von Einzelaspekten.

8.2.2.1 Tariflohnbildung und Streikaktivität

Ein Spezifikum zahlreicher Ansätze ist ihr normativer Charakter in dem Sinn, dass sie dasjenige Ergebnis des Verhandlungsprozesses beschreiben, welches sich unter Optimalitätsgesichtspunkten – die noch näher zu erläutern sind – ergeben sollte, nicht aber notwendigerweise das, welches sich in der Realität tatsächlich einstellt. Dies trifft auf traditionelle wie auf neuere Ansätze zu, wie die beiden folgenden Beispiele zeigen.

Ein prominenter Ansatz ist das häufig zitierte Modell eines Zwei–Personen–Verhandlungsspiels von Nash (1953).[35] In seiner Quintessenz werden in diesem Ansatz eine Anzahl von Eigenschaften gefordert, denen die Verhandlungslösung genügen muss, und – darauf aufbauend – eine Einigung ermittelt. Diese ist Pareto–optimal, das heißt, keiner der beiden Spieler kann seinen Nutzen vergrößern, ohne den des anderen zu verringern. Das normative Element kommt darin zum Ausdruck, dass die Spieler aus der Menge aller möglichen Lösungspunkte denjenigen wählen sollen, der das Produkt ihrer jeweiligen Nutzen maximiert.[36] In einer solchen Modellwelt ist es schwierig, eine Rechtfertigung für Arbeitskämpfe zu finden, sie sind irrational.[37] Diese Pareto–Suboptimalität von Arbeitskämpfen bildet paradoxerweise auch den Hauptvorwurf gegen Theorien, die sich gerade zum Ziel gesetzt haben, Streikaktivitäten zu erklären.

---

[35] Nash lieferte damit die spieltheoretische Rechtfertigung des mehr auf Ad–hoc–Annahmen basierenden Modells von Zeuthen (1930).

[36] Dies setzt bei Nash (1953) voraus, dass jeder Spieler die Nutzenfunktion seines Gegenspielers kennt. Harsanyi und Selten (1972) führen unter anderem unvollständige Information über Elemente der Nutzenfunktion ein. Vgl. auch Güth (1978) zu einer spieltheoretischen Analyse kollektiver Lohnverhandlungen.

[37] Spieltheoretische Ansätze, die Streiks berücksichtigen, basieren auf nichtkooperativem Verhalten oder gemischten Strategien in wiederholten Spielen, vgl. dazu Tracy (1987) und weiter unten.

Beispielsweise sei die Pionierarbeit von Hicks (1963) genannt,[38] in der das Verhandlungsergebnis (der Tariflohn, auf den sich die Parteien einigen) durch den Schnittpunkt der Widerstandskurve der Gewerkschaften und der Konzessionskurve der Arbeitgeber ermittelt wird, wobei beide Kurven negative beziehungsweise positive Abhängigkeiten des Lohnsatzes von der erwarteten Streikdauer repräsentieren. Da ein Streik auch in diesem Ansatz bedeutet, dass die Verteilungsmasse in dem Umfang kleiner wird, in dem beide Parteien darum kämpfen, ist schwer einzusehen, wieso rational handelnde Tarifparteien nicht in der Lage sein sollten, das Pareto–optimale Ergebnis ohne Arbeitskampf zu erreichen.[39] Wenn diese Modelle mithin, wie sie behaupten, das Tariflohnergebnis theoretisch erklären und damit prognostizieren können, wieso bedienen sich rational handelnde Tarifparteien nicht eines solchen Modells und einigen sich von vornherein und ohne Arbeitskampf auf das Verhandlungsergebnis dieser Theorie?

Eine Antwort auf diese Frage wird bereits von Hicks (1963) selbst gegeben, indem er darauf hinweist, dass Waffen rostig werden, wenn sie nicht zum Einsatz kommen. Eine Gewerkschaft, die immer nur damit droht zu streiken, dies aber letztlich nie tut, wird bezüglich ihres Kampfwillens unglaubwürdig. Eine andere Begründung basiert auf der Hypothese eines asymmetrischen Informationsstandes, wie sie beispielsweise einer der prominentesten Streiktheorien zu Grunde liegt, nämlich dem Modell von Ashenfelter und Johnson (1969).[40] In diesem Ansatz agieren drei Gruppen: die Gewerkschaftsfunktionäre, die Arbeitgeber und die Gewerkschaftsmitglieder. Nur den beiden ersten Gruppen sind die gegenseitigen Reaktionsmuster vollständig bekannt und auch die Verhaltensweise der Gewerkschaftsmitglieder, die ihrerseits durch eine einfache Konzessionskurve beschrieben wird, nämlich: Lohnzugeständnisse in Abhängigkeit der Streikdauer. Die Gewerkschaftsfunktionäre vermeiden es aus wohlverstandenem Eigeninteresse, sich mit den Arbeitgebern auf einen Lohn zu einigen, der (noch) unterhalb des von den Mitgliedern momentan gewünschten Wertes liegt.[41] Vielmehr lassen sie es auf einen Streik ankommen, um die Lohnerwartungen der Mitglieder zu reduzieren. Nach Ansicht der Autoren erklärt diese Hypothese die in einigen Ländern beobachtete prozyklische Streikaktivität: In der Hochkonjunktur haben die Gewerkschaftsmitglieder übersteigerte Erwartungen über vermeintlich erreichbare Lohnzuwächse, die erst mit Hilfe eines Streiks auf realistische Größenordnungen gebracht werden müssen. Das Modell liefert mithin einen eindeutigen Wert für das Verhandlungsergebnis.

Ein Kritikpunkt des Ashenfelter–Johnson–Modells besteht darin, dass zwar nicht die Gewerkschaftsmitglieder, wohl aber die Arbeitgeber mit einer konsistenten Optimierungsstrategie agieren, indem sie die gewinnmaximale Streiklänge dadurch bestimmen, dass im Optimum die Grenzkosten der Fortführung eines Streiks (in Form entgangener Gewinne) gleich dem Grenzertrag (auf Grund der verringerten Lohnsumme) sein müssen. Damit werden zwar das Lohnergebnis und die Streiklänge erklärt, indessen unter Verzicht auf Aussagen über etwaige Konzessionen der Arbeitge-

[38]Die erste Auflage des Buches von Hicks, in dem die wichtigsten hier zur Rede stehenden Gedanken bereits enthalten sind, stammt aus dem Jahr 1932.

[39]Kennan (1986), S. 1091 nennt dies das "Hicks–Paradox".

[40]Das Modell wird von Gärtner (1989) als "Meilenstein in der ökonomischen Streikforschung" (S. 29) angesehen.

[41]Vgl. Gärtner (1989).

ber im Verlauf einer Verhandlungsrunde und über aktive eigene Kampfmaßnahmen in Form einer Aussperrung. Weiterhin ist kritisch anzumerken, dass die Beschäftigungssituation zwar die Konzessionskurve der Gewerkschaftsmitglieder beeinflusst, nicht jedoch die Strategie der Arbeitgeber. Man könnte sich jedoch vorstellen, dass bei einer Unterauslastung der Kapazitäten die Unternehmer in höherem Maße kampfbereit sind, weil sie die Produktionseinbußen durch eine vorübergehende höhere Kapazitätsauslastung später wieder ausgleichen können.[42]

Lässt man einige Schwächen dieses Ansatzes unberücksichtigt, so wird die Erklärung, wieso es zu Streiks kommt, mit einem für Ökonomen letztlich hohen Preis bezahlt, indem irrationales Verhalten einer ganzen Gruppe von Menschen unterstellt wird: Wenn das Streikmodell richtig ist, wieso verwenden es die Gewerkschaftsmitglieder nicht, indem sie das Resultat gleich und ohne kostspieligen Streik akzeptieren? Die gelieferte Begründung für Streiks mag nicht von vornherein völlig unplausibel sein, sie impliziert indessen, dass Streiks irrational sind und sich damit einer ökonomischen Rechtfertigung – soweit sie auf optimierendem Verhalten beruht – entziehen. Ersetzt man jedoch die permanente Lernunfähigkeit der Gewerkschaftsmitglieder im Ashenfelter–Johnson–Modell durch die Hypothese rationaler Erwartungen, so ergibt sich das wenig überraschende Resultat, dass die zeitliche Abfolge von Streiks einem Zufallsprozess unterliegt, weil sich die Gewerkschaftsmitglieder bei ihren Prognosen über die zu erwartende Lohnzuwachsrate zwar irren können, ihnen dabei aber – gemäß der Theorie rationaler Erwartungen – keine systematischen Fehler unterlaufen.[43]

Einen aussichtsreichen Versuch, Streiks mit rationalem Verhalten aller Beteiligten in Einklang zu bringen, unternehmen die Modelle, die Fortentwicklungen der eingangs angesprochenen spieltheoretischen Ansätze darstellen. Beim gegenwärtigen Stand der Diskussion können sie noch nicht abschließend beurteilt werden.[44] Auch sie greifen das Paradigma einer asymmetrischen Information auf, unterstellen im Gegensatz zum Ashenfelter–Johnson–Modell jedoch nicht irrationales Verhalten, sondern Unkenntnis der Gewerkschaften über die Geschäftslage der Firma, wobei letztere über ihre eigene Situation vollständige Information besitzt. Streiks haben in diesen Modellen die Funktion einer Informationsbeschaffung für die Gewerkschaften. Die Gewerkschaften sind unvollständig informiert über das, was es zu verteilen gilt, und die Arbeitgeber möglicherweise über die Kampfkraft der Gewerkschaften.[45] Ex post betrachtet ist natürlich auch unter diesen Annahmen ein Streik Pareto–suboptimal, jedoch ex ante, das heißt, unter Berücksichtigung unvollständiger Information, kann ein Streik Pareto–optimal sein, wenn er auf Grund der Informationsbeschaffung zu einer Aufteilung des Verteilungsspielraums führt, bei der sich mindestens eine Partei im Vergleich zum Ex–ante–Status verbessert. In der Regel kommen diese Modelle zu dem Schluss, dass Streiks in "schlechten Zeiten" auftreten, weil ansonsten die Arbeitgeber vergleichsweise schnell auf die höheren Lohnforderungen der Gewerkschaft eingehen. "Schlechte

[42] So gesehen ist das Ashenfelter–Johnson–Modell am ehesten auf die Situation einer Vollbeschäftigung anwendbar. Vgl. dazu Gärtner (1989), S. 39 ff.

[43] Vgl. dazu ausführlicher Gärtner (1989) und für empirische Tests *Abschnitt 8.2.4*.

[44] Für eine Übersicht vgl. Booth und Cressy (1990), Card (1990), Kennan (1986) und Tracy (1987).

[45] Das setzt voraus, dass es etwas (zusätzlich) zu verteilen gibt. Die Literatur verwendet in diesem Zusammenhang das Rentenkonzept beispielsweise im Sinne einer Monopolrente der Firma auf ihrem Absatzmarkt. Wenn es keine Renten – gleich welcher Art – gibt und die Gewerkschaften einen Bankrott der Firma vermeiden, wird nicht gestreikt.

Zeiten" sind dabei nicht mit Rezession oder ähnlichen beobachtbaren Zuständen gleichzusetzen (darüber herrscht keine asymmetrische Information), sondern als für die Gewerkschaften nicht erkennbare Entwicklungen der individuellen Geschäftslage der Firma zu betrachten. Auf Grund dieser Definition sind diese Modelle empirisch schwer zu überprüfen.[46] Einer Übertragung dieser Ansätze auf deutsche Verhältnisse steht zudem im Weg, dass die im Arbeitgeberverband zusammengeschlossenen Firmen unterschiedliche Gewinnsituationen und –aussichten aufweisen, sodass es nicht einfach ist, den Verteilungsspielraum zu modellieren. Unter diesen Vorbehalten liefern diese Ansätze indessen den bisher überzeugendsten Versuch, dem angesprochenen Hicks–Paradox zu entkommen.

8.2.2.2 Lohnhöhe und Beschäftigung als Verhandlungsgegenstand

Ein zweites normatives Element in Lohnverhandlungstheorien betrifft die Frage, worüber optimalerweise verhandelt werden sollte. Üblicherweise wird davon ausgegangen, dass nur die Lohnhöhe ausgehandelt wird und die Unternehmen dann einseitig die Beschäftigungshöhe festlegen. Indessen werden Modelle diskutiert, die zeigen, dass es effizienter sein kann, wenn in den Verhandlungen gleichzeitig über Lohnhöhe *und* Beschäftigung entschieden wird – unbeschadet der Tatsache, dass kaum Tarifverträge existieren, welche die Anzahl der beschäftigten Personen explizit festschreiben.[47]

Die erwähnte Überlegenheit kombinierter Verträge ist beispielsweise (neben anderen Aspekten) Thema des häufig zitierten Modells von McDonald und Solow (1981) und lässt sich sehr einfach mit Hilfe des *Schaubilds 8.2* im statischen Fall verdeutlichen.[48] Ausgangspunkt ist eine Schar von Isogewinnlinien, von denen drei Kurven G_1, G_2, G_3 stilisiert eingezeichnet sind. Sie sind der geometrische Ort aller Kombinationen von Lohn (W) und Beschäftigung (L), die diesselbe Gewinnhöhe (G) repräsentieren. Bezeichnet man mit $E(L)$ den Ertrag eines Monopolisten auf dem Gütermarkt, so ergibt sich der Gewinn als:

$$G = E(L) - W \cdot L \tag{8.4}$$

und die Isogewinnlinie für einen gegebenen Gewinn $\overline{G}$:

$$W = -\frac{\overline{G}}{L} + \frac{E(L)}{L}. \tag{8.5}$$

Die Steigung der Isogewinnlinie (8.5) berechnet sich als :

---

[46] Es muss dann mit Hilfsvariablen gearbeitet werden, wie zum Beispiel Tracy (1987) es tut, der Unsicherheiten der Gewerkschaften über die Geschäftslage der Firmen mit nicht–antizipierten Änderungen von Aktienkursen approximiert. Für eine Übersicht über empirische Studien zu Streiks in den USA vgl. Card (1990). Eine theoretische und empirische Studie für Großbritannien ist Booth und Cressy (1990).

[47] Die Betonung liegt auf den Wörtern "explizit" und "festschreiben". Möglicherweise gibt es "implizite" Kontrakte, welche die Beschäftigung innerhalb bestimmter Grenzen regeln. Sie sind Gegenstand des *Abschnitts 8.3.*

[48] Solche Modelle werden auch als "vertragstheoretische Ansätze" bezeichnet. Vgl. Kidd und Oswald (1987) für eine dynamische Version effizienter Arbeitsverträge.

Schaubild 8.2 : Effiziente Arbeitsverträge

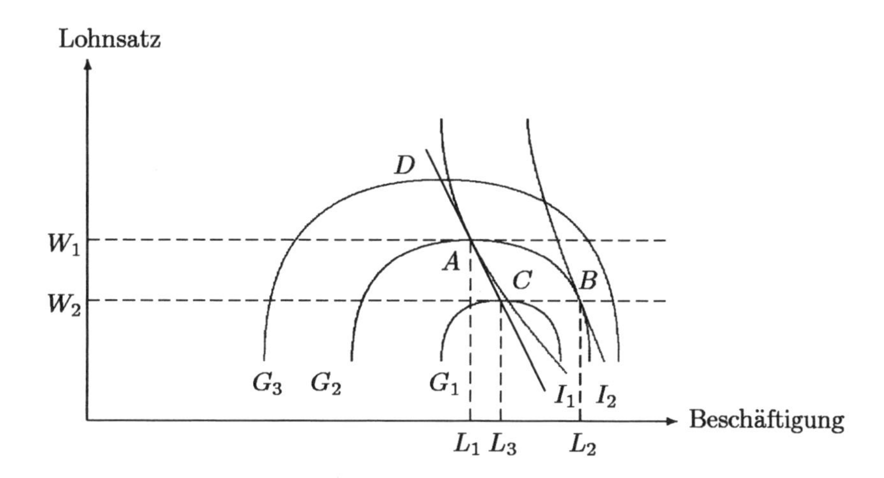

$$\frac{dW}{dL} = \frac{E'(L) - W}{L} \tag{8.6}$$

mit den Eigenschaften :

$$\frac{dW}{dL} \begin{cases} > 0 & \text{für} \quad E'(L) > W \\ = 0 & \text{für} \quad E'(L) = W \\ < 0 & \text{für} \quad E'(L) < W. \end{cases} \tag{8.7}$$

Außerdem ist aus Gleichung (8.4) ersichtlich, dass Isogewinnlinien ein umso höheres Gewinniveau repräsentieren, je weiter innen sie liegen. Wird nun ein Lohnsatz W_1 ausgehandelt und die Höhe der Beschäftigung L der Firma überlassen, so wählt sie die Kombination (W_1, L_1), die durch Punkt A gekennzeichnet ist. A ist der Tangentialpunkt der Horizontalen W_1 mit der Isogewinnlinie G_2, die dort ihr Maximum (das heißt eine Steigung in Höhe von null) aufweist [vgl. die 2. Eigenschaft in Gleichung (8.7)]. Die Gewerkschaft erreicht ein Nutzenniveau, welches durch die Indifferenzkurve I_1 beschrieben sei. Aus der Zeichnung ist offenkundig, dass beispielsweise der Punkt B im Vergleich zum Punkt A Pareto–superior ist: Die Firma verbleibt auf der bisherigen Isogewinnlinie G_2 (sie verschlechtert sich also nicht), während die Gewerkschaft die höhere Indifferenzkurve I_2 erreicht (sie verbessert sich mithin). Mit anderen Worten, für die Gewerkschaft wäre es optimal, einen Vertrag auszuhandeln, der den niedrigeren Lohn W_2 *und* gleichzeitig die höhere Beschäftigung L_2 festlegt. Keinesfalls darf die Gewerkschaft nur den geringeren Lohnsatz W_2 aushandeln und der Firma die Höhe der Beschäftigung überlassen, denn diese würde bei W_2 die niedrigere Beschäftigung L_3 wählen, weil sie damit eine niedrigere Isogewinnlinie (mit einem höheren Gewinn) erreicht. Allgemein sind effiziente Verträge mithin dadurch gekennzeichnet, dass sie auf der Verbindungslinie der Tangentialpunkte von Isogewinnlinien mit den Indifferenzkurven liegen, die häufig auch als Kontraktkurve bezeichnet wird.

Allerdings ist die Überlegenheit effizienter Verträge gegenüber reinen Lohnverträgen nicht unbestritten geblieben. Aus theoretischer Sicht argumentieren Layard und

Nickell (1990), dass diese unter bestimmten Voraussetzungen sogar mit einem geringeren Beschäftigungsstand verbunden sein können, insoweit die Gewerkschaften nunmehr eine größere Macht besitzen, wenn sie über die Lohnhöhe und die Beschäftigung verhandeln. Des Weiteren zeigen die Autoren, dass beide Verhandlungsmodelle die gleiche Arbeitslosenquote zum Ergebnis haben, sofern eine Cobb–Douglas–Produktionsfunktion sowie Konstanz der Preiselastizität der Produktnachfrage, der Nutzenelastizitäten der Arbeitnehmer und des Unterstützungssatzes des Arbeitslosengeldes vorliegen. Diese Bedingungen mögen häufig nicht erfüllt sein, warnen gleichwohl vor einer zu großzügigen Verallgemeinerung der Überlegenheit effizienter Verträge.

Insoweit kombinierte Verträge effizienter sind als solche, die nur die Lohnhöhe spezifizieren, wieso werden sie dann praktisch nie abgeschlossen? Dies kann mehrere Gründe haben.[49] Zum einen ist es möglich, dass die beschäftigten Gewerkschaftsmitglieder nicht an einer höheren Beschäftigung durch Neueinstellungen seitens der Firma interessiert sind, sondern mehr daran, bei eigener Beschäftigungsgarantie einen höheren Lohn zu erhalten.[50] Zum anderen mögen solche Verträge nicht praktisch durchführbar sein, da eine Firma bei unvorhersehbaren Nachfrageschwankungen die Möglichkeit haben muss, ihren Beschäftigtenstand auch nach unten zu korrigieren. Lassen die Verträge jedoch diese Möglichkeit zu, dann entsteht für die Gewerkschaften das Risiko, dass die Firma unter Vortäuschung eines angeblichen Nachfragerückgangs doch versucht, die Beschäftigung zu reduzieren, um bei dem ausgehandelten Lohn eine günstigere Isogewinnlinie zu erreichen. Schließlich besteht insbesondere bei Vollbeschäftigung die Gefahr, dass solche Verträge nicht (mehr) anreizkompatibel in dem Sinne sind, dass die Beschäftigten auf Grund der Arbeitsplatzgarantie ihre Arbeitsleistungen reduzieren.[51]

8.2.2.3 Lohnhöhe und Zentralisierungsgrad der Verhandlungen

Die in der jüngsten Vergangenheit neu aufgeflammte Diskussion um den Flächentarifvertrag hat die Rolle eines optimalen Zentralisierungsgrades der Lohnverhandlungen deutlich werden lassen.[52] In einer vielbeachteten Studie kommen Calmfors und Driffill (1988) zu dem Ergebnis, dass die beiden Extreme "völlige Dezentralisierung" und "völlige Zentralisierung" aus makroökonomischer Sicht die für die Reallohnhöhe und damit für die Beschäftigung besten Resultate erbringen. Der Zusammenhang zwischen Reallohn und Zentralisierungsgrad nimmt dann die Form eines umgekehrten U an.

Die Begründung für diesen Verlauf liegt in den beiden folgenden gegenläufigen Effekten.[53] Einerseits kann bei einer dezentralen Lohnbildung den firmenspezifischen Erfordernissen beispielsweise im Hinblick auf die Produktivitätsentwicklung stärker Rechnung getragen werden. Lohnerhöhungen sind nur in eingeschränktem Umfang möglich, wenn sich die Firma auf dem Absatzmarkt starkem Konkurrenzdruck aus-

---

[49] Zu beachten ist, dass die in Deutschland abgeschlossenen Tarifverträge mit einer Arbeitszeitverkürzung nicht in diese Kategorie fallen. Die Entscheidung, ob auf Grund der Arbeitszeitverkürzung mehr Personen (Arbeitslose) beschäftigt werden, bleibt weiterhin der Firma überlassen.

[50] Das ist der Grundgedanke der Insider–Outsider–Theorie, die in *Abschnitt 8.4* vorgestellt wird.

[51] Dies ist unter anderem Gegenstand der Effizienzlohntheorie, die in *Abschnitt 8.5* diskutiert wird.

[52] Vgl. Fallbeispiel "Zur Diskussion um den Flächentarifvertrag" in *Abschnitt 7.2.1.*

[53] Vgl. zum Folgenden Fitzenberger und Franz (1994); eine Übersicht über dieses Thema bieten auch Flanagan (1999) und Gerlach und Meyer (1995).

geliefert sieht. Mit zunehmendem Zentralisierungsgrad verliert dieser Aspekt an Bedeutung, weil die Gewerkschaften nun für mehrere oder sämtliche Unternehmen eines Industriezweiges Lohnerhöhungen durchsetzen können, sodass die erwähnte Wettbewerbseinbuße der Firma entfällt. Mit zunehmendem Zentralisierungsgrad der Lohnverhandlungen kontrolliert die Gewerkschaft überdies in größerem Umfang das für die Firmen relevante Arbeitsangebot. Im Ergebnis lässt dies einen positiven (negativen) Zusammenhang zwischen Zentralisierungsgrad und Lohnhöhe (Beschäftigung) vermuten.

Der gegenläufige Effekt entspringt der Überlegung, dass bei sehr dezentralen Lohnverhandlungen die Gewerkschaften davon ausgehen können, dass Nominallohnerhöhungen gleich hohe Reallohnzuwächse bedeuten, weil die Auswirkungen der eigenen Lohnerhöhung auf das aggregierte Konsumgüterpreisniveau vernachlässigbar gering sind, sich Lohnerhöhungen mithin nahezu vollständig in Steigerungen des Konsumlohns niederschlagen. Bei zunehmendem Zentralisierungsgrad hingegen vergegenwärtigen Gewerkschaften eher die mit der Teuerung einhergehenden Reallohneinbußen, sie mögen nunmehr in größerem Umfang die Inflationswirkungen von Lohnerhöhungen einkalkulieren und zu niedrigeren Lohnabschlüssen tendieren. Von daher gesehen könnte auf einen eher negativen (positiven) Zusammenhang zwischen Zentralisierungsgrad und Lohnhöhe (Beschäftigung) geschlossen werden.

Essenziell für eine direkte empirische Überprüfung der vorgestellten Hypothesen ist die Messung des Zentralisierungsgrades. Soweit überhaupt eine empirische Analyse vorgenommen wird, beschränkt sich die Quantifizierung des Zentralisierungsgrades hauptsächlich auf eine Rangordnung von Ländern nach ihrem (vermuteten) Zentralisierungsgrad. Kriterium ist dabei das Ausmaß der Kooperation innerhalb der Gewerkschaften und Arbeitgeberverbände bei den Lohnverhandlungen, wobei den institutionellen Besonderheiten einzelner Länder durch subjektive, wenn auch nicht unplausible Bewertungen Rechnung getragen wird. Im Ergebnis rangieren bei Calmfors und Driffill (1988) Österreich und die skandinavischen Länder an der Spitze des Zentralisierungsgrades, während die Schweiz, die USA und Kanada die Schlusslichter bilden. Deutschland führt das Mittelfeld an.

Allerdings stellen die verschiedenen Rangskalen alles andere als zuverlässige Indikatoren für den Zentralisierungsgrad dar. Abgesehen von unterschiedlichen subjektiven Bewertungen der Funktionsweise einzelner institutioneller Arrangements dürfte eine eindimensionale Abbildung des Zentralisierungsgrades ein aussichtsloses Unterfangen darstellen. Einen gegebenen Zentralisierungsgrad zunächst einmal unterstellt, muss das politische Umfeld, insbesondere die politische Ausrichtung der Regierungsparteien, ebenfalls in Rechnung gestellt werden. Dafür gibt es historische Beispiele, wobei in Westdeutschland der Übergang zur sozialliberalen Koalition im Jahre 1969 wohl am besten geeignet ist, wie die exorbitanten und ökonomisch nicht gerechtfertigten Lohnerhöhungen des Jahres 1970 belegen. Mit anderen Worten, ein und derselbe Zentralisierungsgrad, welcher sich zwischen den sechziger und siebziger Jahren nicht geändert hat, kann je nach Ausmaß einer Unterstützung durch die Regierung(-sparteien) unterschiedliche Lohnentwicklungen bewirken.

Des Weiteren ist bei der Evaluierung des Zentralisierungsgrades insbesondere in Deutschland zwischen institutionellen Arrangements und faktischen Abläufen zu differenzieren. Zwar finden Tarifverhandlungen auf regionaler und sektoraler Ebene statt, gleichwohl werden die Lohnabschlüsse einer Branche in der Regel völlig oder mit nur geringen Modifikationen in den anderen Tarifgebieten übernommen und besitzen somit einen ausgeprägten Pilotcharakter für die nachfolgenden Lohnverhandlungen anderer Branchen. Weiterhin ist der in die Berechnung der Rangskala meistens eingehende gewerkschaftliche Organisationsgrad für deutsche Verhältnisse nahezu, wenn nicht sogar völlig irrelevant, weil die Lohnabschlüsse auch für die nicht–organisierten Arbeitnehmer weitgehend gelten.[54]

Prima facie mögen diese Gegebenheiten für einen hohen deutschen Zentralisierungsgrad sprechen, jedoch steht dem eine nicht unerhebliche Differenzierung zwischen Effektiv– und Tariflöhnen im Wege. Diese Lohnspanne ist eine freiwillige übertarifliche Zusatzleistung, die meistens auf Unternehmensebene zusammen mit dem Betriebsrat vereinbart wird.[55] Sie weist eine beträchtliche negative Korrelation mit den Tariflohnzuwachsraten auf, dient mithin teilweise als Korrektur der Tarifabschlüsse. Die auf Unternehmensebene vereinbarte Lohndrift stellt angesichts ihrer quantitativen Bedeutung ein nicht vernachlässigbares dezentrales Element im deutschen Lohnbildungsprozess dar.

Schließlich ist als im Wesentlichen deutsches Spezifikum zu beachten, dass insbesondere in den achtziger Jahren sowohl über die Lohnhöhe als auch über die Arbeitszeit zum Teil mit einer für deutsche Verhältnisse eher ungewohnten Schärfe gestritten wurde, wie beispielsweise der Streik im Jahre 1984 in der Metallindustrie zeigte. Trotz gegenteiliger Beteuerungen der Gewerkschaften fand eine Arbeitszeitverkürzung mit vollem Lohnausgleich nicht statt, sondern nur partiell, gleichwohl beeinträchtigt diese Besonderheit den beobachteten Zusammenhang zwischen Zentralisierungsgrad und Lohnentwicklung.[56]

8.2.3 Lohndrift und Erfolgsbeteiligung

Im Mittelpunkt dieses Unterabschnitts steht zunächst das empirisch belegte Phänomen der Lohndrift,[57] verbunden mit der Frage, wieso es für Unternehmen rational ist, über die Tarifvereinbarung hinausgehende, freiwillige Lohnzahlungen zu gewähren. Wenn auch von einem geschlossenen theoretischen Ansatz in der Literatur zur Erklärung der Lohndrift (noch) keine Rede sein kann, so lassen sich doch einige wesentliche Bestimmungsgründe herausarbeiten.[58]

Zunächst muss in Erinnerung gerufen werden, dass mit Abschluss des Tarifvertrages die Gewerkschaft an den Vertrag gebunden ist. Insbesondere kann sie zusätzlichen oder nachträglichen Forderungen[59] nicht mit Kampfmaßnahmen, sondern höchs-

---

[54]Vgl. *Abschnitt 7.1.*

[55]Zur Lohnspanne vgl. *Abschnitt 8.1.*

[56]Zum Zusammenhang zwischen Arbeitszeitverkürzung und Lohnentwicklung vgl. Franz und Smolny (1994b).

[57]Vgl. *Abschnitt 8.1* für quantitative Angaben zur Lohndrift.

[58]Ein lesenswerter Beitrag zu diesem Thema ist nach wie vor Gerfin (1969), während Kleinhückelskoten und Spaetling (1980) eine breitere Übersicht zu diesem Thema (einschl. eigener empirischer Untersuchungen) bieten. Eine neuere Untersuchung mit einer Übersicht über die Literatur stammt von Schnabel (1997). Eine frühe empirische Untersuchung zur Lohndrift in der bundesdeutschen Industrie stammt von Bomsdorf (1972). Eine empirische Untersuchung für verschiedene Sektoren in der Bundesrepublik ist in Gahlen und Ramser (1987) enthalten.

[59]Diese können beispielsweise deshalb erhoben werden, weil die Gewinnsituation der individuellen Firma (erheblich) über dem Durchschnitt des Sektors liegt, für den der kollektive Lohnvertrag

tens mit einem "Dienst nach Vorschrift", also mit reduzierter Arbeitsintensität, Nachdruck verleihen. Die damit einhergehende Einbuße an Arbeitsproduktivität kann einzelne, rational handelnde Firmen[60] dazu veranlassen, über dem Tariflohn als Mindestlohn liegende Effektivlöhne zu zahlen. Dies folgt aus der Überlegung, dass die Arbeitsproduktivität positiv von der Lohnhöhe beeinflusst wird, mit anderen Worten, der Lohnsatz besitzt auch eine Anreizfunktion zu besseren Leistungen. Diese Hypothese liegt den Effizienzlohnmodellen zu Grunde, auf die ausführlicher in *Abschnitt 8.5* eingegangen wird.

In eine ähnliche Richtung zielt eine Begründung für die Lohndrift, welche darauf beruht, dass Unternehmen – tariflich nicht vereinbarte – Zuschläge zahlen, um ihre Beschäftigten zu einem höheren Arbeitsangebot in Form beispielsweise von Überstunden, Sonntags- oder Feiertagsarbeit zu veranlassen.[61]

Ein weiteres Argument zur theoretischen Rechtfertigung einer Lohndrift beruht auf den hohen Fluktuationskosten insbesondere von qualifizierten Arbeitskräften. Darauf wird in *Abschnitt 8.5* ebenfalls näher eingegangen.

In jüngerer Zeit werden im Rahmen der Diskussion über eine höhere Flexibilität der Lohnfindung erneut Vorschläge thematisiert, die einen teilweisen Ersatz der festen Entlohnung durch eine Gewinnbeteiligung der Beschäftigten vorsehen. In Deutschland existiert bereits eine Vielzahl von unterschiedlichen Gewinnbeteiligungssystemen.[62] Gewinnbeteiligungssysteme sind von Kapitalbeteiligungsmodellen zu unterscheiden. Im Gegensatz zu Kapitalbeteiligungen, beispielsweise in Form eines "Investivlohnes", erwerben die Beschäftigten bei einer Gewinnbeteiligung keine Eigentumsrechte an dem Unternehmen.[63] Beide Beteiligungsformen lassen sich aber kombinieren.

Von einer Gewinnbeteiligung der Beschäftigten verspricht man sich nicht nur produktivitätsfördernde Effekte über erhöhte Leistungsanreize, sondern auch einen Anstieg der Beschäftigung. Die Grundidee eines solchen Einflusses auf die Beschäftigung lässt sich leicht veranschaulichen. Das Gewinnmaximum des Unternehmens ist durch die Bedingung: Grenzerlös gleich Grenzkosten bestimmt. Daran ändert sich nichts, wenn ein Teil des Gewinns – ähnlich wie bei einer Gewinnsteuer – dem Unternehmen entzogen wird, das heißt, das Unternehmen ändert seinen Produktionsplan und damit die Beschäftigung zumindest kurzfristig nicht. Andererseits reagiert das Unternehmen mit einer Beschäftigungsausweitung, wenn auf Grund des nunmehr geringeren Lohnes die Grenzkosten sinken.[64] Zu bedenken ist freilich, dass die eingesetzte Kapitalrentabilität sinkt, sodass die Investitionstätigkeit negativ tangiert werden kann.[65]

Bei einer konkreten Ausgestaltung müssen eine Reihe von Fragen gelöst werden,

---

abgeschlossen wurde.

[60]Der Lohndrift liegen meistens individuelle Firmenverträge zu Grunde, die häufig vom Betriebsrat initiiert werden.

[61]Vgl. *Abschnitt 2.2.3.*

[62]Für eine Übersicht der institutionellen Regelungen von Gewinnbeteiligungsmodellen in Deutschland vgl. Carstensen et al. (1995).

[63]Der Investivlohn ist ein Teil des Lohnes, der direkt oder über Fonds investiven Zwecken im Unternehmensbereich zugeführt und den Arbeitnehmern als Forderung übereignet wird. Die Diskussion über Vor- und Nachteile des Investivlohnes geht weit zurück; die wirtschaftspolitisch orientierte Diskussion wird wieder in Köbele und Schütt (1992) und Sievert (1992) aufgegriffen.

[64]Möglicherweise reagiert das Unternehmen aber auch mit einer Verlängerung der Arbeitszeit.

[65]Weitzman (1984) diskutiert ausführlich die theoretischen Grundlagen einer Gewinnbeteiligung. Einen Überblick über den Diskussionsstand bieten Carstensen et al. (1995) und Schares (1993, 1995).

nämlich wie der zu verteilende Gewinn möglichst ohne (nachträgliche) Streitigkeiten berechnet werden soll, ob seine Aufteilung auf den einzelnen Beschäftigten lohnabhängig oder in Form eines für alle gleichen Betrages erfolgen soll, inwieweit sich die Beschäftigten an Verlusten beteiligen müssen oder ob bei einem haftungsbeschränkten Gewinnbeteiligungsmodell, welches eine Verlustbeteiligung ausschließt, im Gegenzug eine Begrenzung des gewinnabhängigen Lohnes in Gestalt eines Höchstwertes vorgenommen werden soll.

Inwieweit die erhofften Produktivitäts– und Beschäftigungseffekte tatsächlich eintreten, wird in einer Vielzahl von empirischen Studien zu diesem Thema untersucht. Für Westdeutschland kommt Hübler (1995) auf der Basis eines Datensatzes von rund 350 Unternehmen in Baden–Württemberg, Niedersachsen und Nordrhein–Westfalen zu dem Ergebnis, dass Betriebe mit einer Gewinnbeteiligung im Durchschnitt eine höhere Produktivität aufweisen als Nichtbeteiligungsbetriebe.[66] Die Schätzergebnisse von Jirjahn (1998) unter Verwendung des Hannoveraner Firmenpanels aus dem Jahre 1994 lassen darauf schließen, dass eine Erfolgsbeteiligung zwar keinen signifikanten Einfluss auf die Wertschöpfung besitzt, wohl aber auf die vom Management eingeschätzte Ertragslage und auf die Durchführung von Prozessinnovationen.[67] Weniger erfreulich ist die empirische Evidenz bezüglich der Beschäftigungseffekte. In einer internationalen Übersicht bestätigt die OECD (1995) zwar die produktivitätssteigernden Einflüsse von Gewinnbeteiligungssystemen, aber positive Beschäftigungseffekte sind kaum auszumachen.

8.2.4 Empirische Analyse zur Lohnentwicklung und Streikaktivität

Neben empirischen Studien, die sich ausschließlich mit der Lohnentwicklung beschäftigen, enthält nahezu jedes der zahlreichen makroökonometrischen Modelle Schätzungen von Lohnfunktionen,[68] sodass es von vornherein aussichtslos wäre, hier auch nur einen groben Überblick geben zu wollen. Stattdessen sollen im Folgenden einige wenige Ergebnisse referiert werden.

Theoretischen Überlegungen zufolge sollte sich die empirische Analyse auf eine simultane Überprüfung wesentlicher Bestimmungsfaktoren der Lohnhöhe und Streikaktivität beziehen. Für den Zeitraum der Jahre 1952 bis 1983 liegt eine entsprechende Studie von Gärtner (1989) vor, jedoch fehlen entsprechende einschlägige Forschungsergebnisse für die jüngere Vergangenheit in (West–)Deutschland, abgesehen von Arbeiten über Lohnbildungsprozesse, welche die Streikaktivität als eine der möglichen erklärenden Variablen untersuchen (vgl. weiter unten).

Ein wesentlicher Grund für diesen aus empirischer Sicht unbefriedigenden Forschungsstand ist das geringe Ausmaß an Arbeitskampfaktivitäten in Deutschland, welches sich darüber hinaus auf wenige einzelne Jahre konzentriert.[69] Dies macht auch ökonometrische Analysen ausschließlich über Streikaktivitäten zu einem äußerst schwierigen Unterfangen, wie es beispielsweise die Arbeit von Runde (1996) belegt. Der

[66] Carstensen et al. (1995) äußern sich jedoch zurückhaltender.

[67] Vgl. Jirjahn (1998), S. 291.

[68] Für Übersichten über ökonometrische Modelle und Diskussionen ihrer Resultate vgl. die Beiträge in Heilemann und Wolters (1998).

[69] Vgl. *Abschnitt 8.1.*

Autor versucht mit Hilfe einer Tobit–Analyse[70] sowohl die Wahrscheinlichkeit eines Arbeitskampfes wie auch den Umfang des Konfliktvolumens für das westdeutsche verarbeitende Gewerbe der Jahre 1951 bis 1992 ökonometrisch zu analysieren, wobei unter anderem die Lohnforderungen, die Arbeitsmarktsituation, die Arbeitsproduktivität sowie die parteipolitische Ausrichtung der Bundesregierung als erklärende Variable dienen. Allerdings sind die Schätzergebnisse nicht durchgängig ermutigend, was der Autor neben dem geringen Arbeitskampfvolumen auf die unzureichende Datenlage in Deutschland zurückführt.

Die ökonometrische Analyse der Tariflohnentwicklung auf gesamtwirtschaftlicher Ebene ist mit erheblichen Problemen konfrontiert, weil die sektorweise abgeschlossenen Tarifverträge zu verschiedenen Zeitpunkten (innerhalb eines Jahres) vereinbart werden und im Zeitablauf der letzten Dekaden unterschiedliche Laufzeiten aufgewiesen haben. Die Verwendung von Wachstumsraten auf Jahresbasis für die abhängige Variable wäre jedoch nur dann zulässig, wenn die jeweiligen Tarifabschlüsse in konstanten jährlichen Intervallen stattfänden und zusätzlich über das Jahr gleichmäßig verteilt wären. Davon kann nicht immer die Rede sein, sodass die zu einem bestimmten Zeitpunkt innerhalb eines Jahres beobachtete Lohnwachstumsrate stets das Ergebnis auch zeitlich überlappender Tarifverträge reflektiert und zwar mit der zusätzlichen Erschwernis, dass diese zeitliche Struktur auf Grund variierender Laufzeiten nicht konstant ist. Zur Lösung dieses schätztechnisch nicht unerheblichen Problems bietet die Literatur approximative Lösungen an, die meistens darauf hinauslaufen, dass für die erklärenden Variablen zeitliche Verzögerungen unterschiedlicher Länge unterstellt werden.[71] Approximativ sind diese Vorschläge deshalb, weil eine exakte Vorgehensweise die Kenntnis und Berücksichtigung der genauen Zeitpunkte aller in Frage kommenden Tarifabschlüsse, deren Laufzeit und des betroffenen Personenkreises erforderlich macht.

Eine Möglichkeit, der angesprochenen Dynamik bei der Tariflohnentwicklung zumindest teilweise Rechnung zu tragen, ist die Schätzung einer entsprechenden Gleichung als Fehler–Korrektur–Modell.[72] Diese Vorgehensweise liegt der Studie von Schnabel (1997) unter Verwendung von Jahresdaten für die Zeitperiode 1970 bis 1993 und für die Gesamtwirtschaft in Westdeutschland zu Grunde:[73]

$$\begin{aligned} \Delta \ln W_t^T = {} & \underset{(2.6)}{0.051} + \underset{(2.0)}{0.223} \cdot \Delta \ln W_{t-1}^T + \underset{(2.3)}{0.347 \cdot \Delta \ln P_t^*} + \underset{(2.2)}{0.289 \cdot \Delta \ln AP_{t-1}} \\ & \underset{(2.8)}{-0.008} \cdot AQ_{t-1}^K - \underset{(5.0)}{0.363 \cdot FKT} \end{aligned} \qquad (8.8)$$

$$\bar{R} = 0.936, \quad h = 0.720$$

[70]Vgl. dazu *Abschnitt 2.5.1.1*

[71]Vgl. Pauly (1978), S. 321ff. für eine ausführliche Darstellung dieses Problems und die dort angegebene Literatur.

[72]Vgl. dazu *Abschnitt 4.4.1.*

[73]Vgl. Schnabel (1997), Tabelle 5.2 (Gleichung 8) in Verbindung mit Tabelle 5.1. Gleichung 8 ist die von Schnabel "bevorzugte" Gleichung (S. 126). Die Daten für die Tariflöhne entsprechen denen in *Schaubild 8.1*, t–Werte in Klammern.

$$FKT = \ln W_t^T - \underset{(6.8)}{0.789} \cdot \ln P_t - \underset{(6.5)}{0.998} \cdot \ln AP_t + \underset{(25.3)}{2.842}$$

Die Schätzgleichung beschreibt die Wachstumsrate des Tariflohns ($\Delta \ln W^T$) in Abhängigkeit der erwarteten Inflationsrate ($\Delta \ln P^*$), der Fortschrittsrate der Arbeitsproduktivität ($\Delta \ln AP$), der Arbeitslosenquote für Kurzzeit–Arbeitslose (AQ^K) und eines Fehler–Korrektur–Terms FKT. Kurzfristig führt die Erwartung einer Preissteigerungsrate in Höhe von einem Prozentpunkt zu einer Tariflohnerhöhung um 0.35 Prozentpunkte, während sich der entsprechende Effekt für die Fortschrittsrate der Arbeitsproduktivität auf 0.29 beläuft. Da die Variablen im Fehler–Korrektur–Term logarithmiert sind, können die geschätzten Koeffizienten als Elastizitäten interpretiert werden[74], sodass eine einprozentige Steigerung der Arbeitsproduktivität langfristig mit einer gleich hohen Tariflohnerhöhung einhergeht, wohingegen die Elastizität des Preisniveaus für die Lebenshaltung mit 0.8 etwas geringer geschätzt wird. Von der Quote der Kurzzeit–Arbeitslosen geht eine lohndämpfende Wirkung aus: Ein Anstieg dieser Quote um einen Prozentpunkt – bei einem Durchschnittswert dieser Quote im Beobachtungszeitraum in Höhe von 3.6 v.H. – verringert den Tariflohnanstieg kurzfristig um 0.8 Prozentpunkte.

Als alternative Vorgehensweise kommt in Betracht, Tarifverträge individuell zu untersuchen und Lohnfunktionen auf dieser Basis ökonometrisch zu testen. Ein solcher Ansatz liegt der Studie von Meyer (1990) zu Grunde, deren Lohndaten neben amtlichen Quellen vor allem aus einer Auswertung der Tarifarchive der Gewerkschaften und den Tarifregistern der Bundesländer stammen. Angesichts der Tatsache, dass jährlich mehrere tausend Tarifverträge abgeschlossen werden, muss eine Auswahl getroffen werden.[75] Die folgende Regressionsgleichung basiert auf 1139 Tarifverträgen während der Zeitperiode 1963–1983:[76]

$$\hat{W}_t^T = \underset{(1.9)}{0.37} + \underset{(31.7)}{1.26} \cdot \hat{P}_t^* + \underset{(34.3)}{1.30} \cdot AMA_t \qquad \bar{R}^2 = 0.60 \qquad (8.9)$$

Hierbei bezeichnet $\hat{W}^T$ die Wachstumsrate des nominalen Tarifecklohnsatzes, $\hat{P}^*$ die erwartete Inflationsrate – gemessen durch die Inflationsprognose einiger wirtschaftswissenschaftlichen Forschungsinstitute – und die Variable AMA die "Arbeitsmarktanspannung" als Quotient aus offenen Stellen und Arbeitslosen.

Überraschend hoch ist der Koeffizient der erwarteten Inflationsrate $\hat{P}^*$ mit 1.26. Allerdings weist Meyer darauf hin, dass derselbe Koeffizient nicht mehr signifikant von eins verschieden ist, wenn an Stelle von $\hat{P}^*$ die tatsächliche Inflationsrate verwendet wird.[77] Die Arbeitslosigkeit hat einen nicht–linearen, negativen Einfluss auf die Tariflohndynamik, allerdings nur bei gegebenen offenen Stellen. Letztere Variable

[74] Vgl. Fußnote 150 in *Abschitt 4.4*.

[75] Die Auswahlkriterien sind in Meyer (1990), S. 65ff. ausführlich dokumentiert.

[76] t–Werte in Klammern.

[77] Meyer (1990), S. 95, Fn 1. Auch Heilemann (1988) stellt fest, dass die Inflationsrate einen dominanten, jedoch im Zeitablauf variierenden Einfluss auf die Tariflohnentwicklung hat, während die Bedeutung von Arbeitsmarktvariablen eher abgenommen hat.

eignet sich für eine Approximation der Arbeitsmarktsituation für Zeitabschnitte einer Hochkonjunktur, welche die Arbeitslosigkeit nur unvollständig repräsentieren kann.[78]

Die Untersuchungen von Meyer (1990) lassen auch Rückschlüsse auf die in *Abschnitt 8.2.1* geäußerte These einer Lohnführerschaft zu. Gibt es im Tariflohnbildungsprozess einen Lohnführer, dessen Verhandlungsergebnis von den anderen Tarifbereichen übernommen wird? Die Antwort lautet nach den Ergebnissen von Meyer, dass die Rolle eines Lohnführers wohl überschätzt wird. Am Beispiel der möglichen Führungsposition des Metalltarifbereichs Nordwürttemberg–Nordbaden wird deutlich, dass in der gesamten Untersuchungsperiode 1962–1983 die Tariflohnbewegung der Lohnfolger nur in wenigen Fällen vom Abschluss des Lohnführers determiniert wird. Der Arbeitsmarktanspannung und der erwarteten Inflationsrate kommt die entscheidende Bedeutung zu. Für die Zeitperiode 1975–1983 tritt die Lohnführerrolle indessen deutlicher zu Tage: In etwa der Hälfte der untersuchten Tarifbereiche erweist sich der Lohnführerabschluss als signifikant.

Den Übergang von der Tariflohnentwicklung zur Wachstumsrate der Effektivlöhne bildet die Lohndrift. Die empirische Analyse ihrer Bestimmungsfaktoren wird häufig dergestalt vorgenommen, dass die Veränderungsrate der Tariflöhne eine erklärende Variable für die der Effektivlöhne ist und die verbleibenden unabhängigen Variablen damit als Einflussgrößen der Lohndrift interpretiert werden können. Diese Vorgehensweise liegt beispielsweise der Arbeit von Schnabel (1997) zu Grunde. Analog zur oben dargestellten Vorgehensweise spezifiziert er die Schätzgleichung für die Effektivlohnentwicklung als Fehler–Korrektur–Modell für die westdeutsche Gesamtwirtschaft der Jahre 1971 bis 1993:[79]

$$\begin{aligned} \Delta \ln W_t^e = {} & \underset{(2.1)}{-0.08} + \underset{(16.8)}{0.97} \cdot \Delta \ln W_t^T + \underset{(2.2)}{0.001} \cdot KAP_t - \underset{(3.2)}{0.56} \cdot FKT \\ & \bar{R} = 0.931, \quad DW = 1.498 \\ FKT = {} & \ln W_t^e - \underset{(197.9)}{1.06} \cdot \ln W_t^T + \underset{(77.3)}{1.84} \end{aligned} \tag{8.10}$$

Die kurzfristige Reaktion des Effektivlohnes (W^e) auf Änderungen des Tariflohnes (W^T) fällt niedriger aus als die langfristige, aber rund die Hälfte der Abweichungen vom langfristigen Gleichgewicht – das ist der Fehler–Korrektur–Term FKT – werden bereits im ersten Jahr korrigiert. Die einzige Bestimmungsgröße der Lohndrift ist der Kapazitätsauslastungsgrad (KAP), die Arbeitslosenquote als zusätzliche erklärende Variable erwies sich als nur schwach signifikant, besaß aber den erwarteten negativen Einfluss auf die Lohndrift.

Damit ist noch nicht die Frage der Kausalität beantwortet: Führt eine ausgeprägte Lohndrift dazu, dass Gewerkschaften zu einer expansiven Tariflohnpolitik veranlasst werden (weil sonst die Legitimation gewerkschaftlicher Lohnpolitik zur Disposition ste-

[78] Arbeitslosigkeit kann keine negativen Werte annehmen. Entsprechendes gilt vice versa für die offenen Stellen in Zeiten einer Rezession.

[79] Vgl. Schnabel (1997), Tabelle 6.3, Gleichung 2, in Verbindung mit Tabelle 6.2. Zur Erläuterung der Vorgehensweise vgl. den vorhergehenden Text zur Tariflohnentwicklung und *Abschnitt 4.4.1*.

hen würde), oder beeinflusst die Lohndrift isoliert den Effektivlohn und nicht den Tariflohn? Die Studien können darauf in der Regel keine zuverlässige Antwort geben, weil zu vermuten ist, dass zwischen beiden Zeitreihen – insbesondere bei Jahresdaten als Grundzeitperiode – primär ein gleichzeitiger Zusammenhang besteht, die dominierende Einflussrichtung also nur schwer zu identifizieren ist. Schwächt man die Fragestellung jedoch dahingehend ab, dass nur die Stärke des Zusammenhanges zwischen Tarif– und Effektivlohn quantifiziert werden soll (unabhängig von der Kausalität), so können die zitierten Studien wichtige Hinweise geben.[80]

Die Beobachtung, dass Tariflohn– und Lohndriftentwicklungen in vielen Fällen von denselben erklärenden Variablen bestimmt werden und dass darüber hinaus die Daten zur Lohndrift zudem tarifvertraglich vereinbarte Elemente enthalten, hat zahlreiche ökonometrische Studien zur Lohnentwicklung dazu veranlasst, diese Unterscheidung bei der Schätzung fallen zu lassen und direkt auf die Effektivlohnentwicklung Bezug zu nehmen. Die folgende Schätzung dient gleichzeitig als Beleg, dass noch andere Determinanten die Lohnentwicklung beeinflussen können, wie in *Abschnitt 8.2.1* dargelegt wurde.

$$\begin{aligned}
\Delta \ln W_t^e = &-0.407 \cdot \Delta \ln W_{t-1}^e - 0.618 \cdot \Delta \ln W_{t-2}^e - 0.449 \cdot \Delta \ln W_{t-3}^e \\
&\quad (5.4) \qquad\qquad\qquad (7.7) \qquad\qquad\qquad (5.5) \\
&+0.317 \cdot \Delta \ln W_{t-4}^e + 0.103 \cdot \Delta^4 \ln Z_{t-1} + 0.377 \cdot \Delta \ln P_t \\
&\quad (3.9) \qquad\qquad\qquad (1.6) \qquad\qquad\qquad (2.7) \\
&+0.395 \cdot \Delta^4 \ln P_{t-1} + 0.221 \cdot \Delta \ln AP_t \\
&\quad (3.8) \qquad\qquad\qquad (3.2) \\
&-0.196 \cdot [\ln W_{t-1}^e - \ln P_{t-1} + 0.268 \cdot AQ_{t-1}] \\
&\quad (4.2) \qquad\qquad\qquad\qquad (6.9)
\end{aligned} \tag{8.11}$$

$$\bar{R} = 0.897$$

Auch diese Gleichung ist in Form einer Fehler–Korrektur–Gleichung geschätzt worden.[81] Der Ausdruck in eckigen Klammern ist der Fehler–Korrektur–Term und bestimmt die langfristige Entwicklung des nominalen Effektivlohnes (W^e) in Abhängigkeit des Preisniveaus (P), der Arbeitsproduktivität (AP) und der Arbeitslosenquote (AQ). Während die langfristigen Koeffizienten von $\ln P$ und $\ln AP$ nicht signifikant von eins verschieden sind,[82] beläuft sich der kurzfristige Einfluss der Fortschrittsrate der Arbeitsproduktivität nur auf 0.22. Die Variable Z ist die Lohnschere und misst die Kluft, die auf Grund steuerlicher und sonstiger gesetzlicher Regelungen zwischen den Bruttolohnkosten und dem Nettolohn besteht.[83] Sie hat einen positiven, aber nur kurzfristigen Einfluss auf W^e, weil Gewerkschaften sich in den Tarifverhandlungen oft

[80]Vgl. dazu ausführlicher *Abschnitt 4.4.1.*

[81]Quelle: Franz, Göggelmann und Winker (1998). Die Schätzung basiert auf Quartalswerten des Zeitraumes 1962–1994 (Westdeutschland), t–Werte in Klammern. Diese Gleichung wurde simultan mit einer Bestimmungsgleichung für die Inflationsrate nach der dreistufigen Methode der Kleinsten Quadrate geschätzt.

[82]Die Restriktion dieser Koeffizienten auf eins wurde getestet und konnte nicht verworfen werden.

[83]Vgl. *Abschnitt 8.1.* Z ist definiert als Bruttolohn– und –gehaltssumme plus Arbeitgeberbeiträge zur sozialen Sicherheit dividiert durch Nettolohn– und –gehaltssumme, jeweils deflationiert mit dem Preisindex des Bruttoinlandsproduktes beziehungsweise des privaten Konsums.

daran orientieren, was "netto" für die Arbeitnehmer verbleibt. Schließlich wird mit den verzögerten endogenen Variablen ($\Delta \ln W^e_{t-i}$) versucht, dem oben dargestellten Tatbestand sich jeweils zeitlich überlappender Tarifverträge Rechnung zu tragen.[84]

8.3 "Insider" und "Outsider" im Lohnbildungsprozess

Das in diesem Abschnitt zu behandelnde Insider–Outsider–Modell leitet bereits zum nächsten Kapitel über, in dem das Problem der Beschäftigungslosigkeit diskutiert wird. Insbesondere die Persistenz von Arbeitslosigkeit war in den achtziger und neunziger Jahren ein Phänomen, mit dem sich die Bundesrepublik Deutschland (wie andere westeuropäische Staaten auch) konfrontiert sah.

Das Insider–Outsider–Modell behauptet, über einige Spezifika des Lohnbildungsprozesses zur Erklärung der Persistenz von Arbeitslosigkeit beitragen zu können.[85] Die Grundidee dieses Modells ist einfach: Nehmen wir an, eine Firma muss auf Grund eines ungünstigen Angebots– oder Nachfrageschocks Beschäftigte entlassen, es entsteht Arbeitslosigkeit. Nun möge sich die Situation wieder verbessern. Jetzt nutzen die noch Beschäftigten – gegebenenfalls vertreten durch die Gewerkschaft – ihre Macht gegenüber der Firma in folgender Weise aus: Sie setzen Lohnerhöhungen für sich selbst und damit Gewinnreduktionen in der Firma in dem Ausmaß durch, dass es nunmehr für die Firma profitabel ist, bei dem niedrigeren Produktions– und Beschäftigungsniveau zu verbleiben. Mit anderen Worten, die Beschäftigten bleiben beschäftigt, die Arbeitslosen bleiben draußen.

Damit stellen sich sofort zwei Fragen. Worin besteht die angesprochene Macht der bereits Beschäftigten (der "Insider") und warum ist es den Arbeitslosen (den "Outsidern") nicht möglich, diese Strategie durch Lohnunterbietung zu durchkreuzen?

Wie bereits erwähnt, ist es das Ziel der Insider, mit der Firma einen möglichst hohen Lohn auszuhandeln, der indessen nicht so hoch sein darf, dass die Firma die Insider gegen Outsider auswechselt oder bei verbesserter Ertragslage Neueinstellungen von Outsidern vornimmt. Die Macht der Insider gründet sich dabei zunächst einmal auf die Fluktuationskosten, also die Kosten der Entlassung von Insidern (einschließlich der von der Firma getätigten Investitionen in das Humankapital der Insider) und die Einstellungs– und Einarbeitungskosten der Outsider. Je höher diese Fluktuationskosten sind, umso größer der Verhandlungsspielraum der Insider und umso höher können sie ihre Lohnforderung veranschlagen, ohne fürchten zu müssen, von der Firma durch arbeitswillige Outsider ersetzt zu werden. Diese Fluktuationskosten können von den Insidern in die Höhe getrieben werden, indem sie beispielsweise für den Fall, dass die Firma doch Outsider einstellt, jegliche Kooperation mit diesen verweigern und ihnen stattdessen das Leben so schwer wie möglich machen.[86] Die Firma wäre mit einer

[84] Die Summe der Koeffizienten der verzögerten endogenen Variablen ist betragsmäßig größer als eins und deutet auf eine instabile Beziehung hin. Simulationen zeigen jedoch, dass das System nach Störungen recht schnell wieder gegen seinen alten Pfad konvergiert, sodass insgesamt gesehen von einem stabilen System gesprochen werden kann.

[85] Vgl. Lindbeck und Snower (2001) für eine übersichtliche Einführung in das Modell.

[86] In der englischsprachigen Literatur spricht man in diesem Zusammenhang von "Harassment"

Produktionseinbuße konfrontiert, die sie davon abhält, den Gedanken, Outsider zu beschäftigen, in die Tat umzusetzen. Damit wird den Outsidern zugleich der Versuch erschwert, durch Lohnunterbietung die Insider von ihren Arbeitsplätzen zu verdrängen, ganz abgesehen von sozialen Normen, die ein solches Verhalten ohnehin als verachtenswert einstufen würden, und unabhängig von möglichen institutionellen Regelungen in Tarifverträgen, die es den Firmen verbieten, auf solche Angebote einzugehen.[87]

Zielsetzung der Insider ist mithin, einen möglichst hohen Lohnsatz unter der Nebenbedingung eines ungefährdeten Beschäftigungsverhältnisses zu erreichen. Die Gewerkschaften vertreten in diesem Modell nur die Interessen der beschäftigten Insider, nicht aber die der arbeitslosen Outsider. Aus theoretischer Sicht kann eine solche einseitige Orientierung der Gewerkschaften unter Rückgriff auf eine "politische Theorie" der Gewerkschaften begründet werden, etwa in Form eines Medianwähler–Modells, als dessen Resultat der Medianwähler ein beschäftigter Arbeitnehmer ist, es also letztlich auf den Egoismus des Einzelnen, nicht auf die Institution der Gewerkschaft hinausläuft, wenn es um die Adressaten einschlägiger Schuldzuweisungen geht.[88]

In seiner einfachsten Version unterstellt das Insider–Outsider–Modell drei als homogen angesehene Gruppen: die Insider L_I, die Outsider und Neubeschäftigten L_E ("new entrants"), also die Outsider, die von der Firma eingestellt werden und eine Einarbeitungsperiode durchlaufen, nach deren Beendigung sie dann zu Insidern werden.[89] Die Lohnsätze jedes Angehörigen der Gruppe L_I und L_E seien W_I beziehungsweise W_E, ihre Produktivität sei durch die Produktionsfunktion $y = f(L_I + L_E)$ mit $f' > 0$ und $f'' < 0$ erfasst. Die Zahl der in der Vorperiode beschäftigten Insider (die sog. "incumbent workforce") betrage m; mithin gilt $L_I \leq m$. Die Kosten der Entlassung von $(m - L_I)$ Insidern werden durch die Kostenfunktion $C_I(m - L_I)$ dargestellt, während die entsprechende Kostenfunktion für die Neueinstellungen $C_E(L_E)$ lautet, wobei die Grenzkosten in beiden Fällen positiv sind (das heißt $C_I' > 0$ und $C_E' > 0$) und für $L_I \rightarrow m$ und $L_E \rightarrow 0$ endlichen Grenzwerten $\tilde{c}_I$ beziehungsweise $\tilde{c}_E$ zustreben.

Weiterhin wird unterstellt, dass die Neubeschäftigten L_E genau in Höhe ihres Anspruchslohns W^R entlohnt werden $(W_E = W^R)$,[90] während der Lohn der Insider W_I das Ergebnis von Verhandlungen zwischen der Firma und den Insidern ist.

Damit resultiert das Arbeitsnachfrageverhalten der Firma aus der Lösung des folgenden Optimierungsproblems. Die Firma maximiere ihren Gewinn:

$$G(L_I, L_E) = P \cdot f(L_I + L_E) - W_I L_I - W_E L_E - C_I(m - L_I) - C_E(L_E) \qquad (8.12)$$

unter den Nebenbedingungen:

$$0 \leq L_I \leq m \quad \text{und} \quad L_E \geq 0. \qquad (8.13)$$

Die notwendigen und hinreichenden Bedingungen für die Lösung des Optimierungsproblems lauten (Kuhn–Tucker–Bedingungen):

(von to harass = belästigen, quälen); vgl. Lindbeck und Snower (1988).

[87] Vgl. zu einer Diskussion solcher sozialen Normen einschließlich eines "fairen" Verhaltens Solow (1990).

[88] Vgl. dazu Ramser (1988), S. 64f.

[89] Die folgenden Ausführungen basieren auf Lindbeck und Snower (1987) und Ramser (1988).

[90] Dies resultiert aus der Annahme einer vollständigen Konkurrenz unter den Outsidern.

$$\left.\begin{aligned} &P \cdot f'(\cdot) - W_I + C_I'(\cdot) \geq 0 \qquad (8.14)\\ &\frac{\partial G}{\partial L_I^*} \cdot (m - L_I^*) = 0 \ ; \ m - L_I^* \geq 0 \qquad (8.15) \end{aligned}\right\}$$

$$\left.\begin{aligned} &P \cdot f'(\cdot) - W_E - C_E'(\cdot) \leq 0 \qquad (8.16)\\ &\frac{\partial G}{\partial L_E^*} \cdot L_E^* = 0 \ ; \ L_E^* \geq 0. \qquad (8.17) \end{aligned}\right\}$$

Die optimalen Arbeitseinsatzmengen sind mit einem Stern gekennzeichnet. Sie lassen sich leicht berechnen und interpretieren, wenn folgende Überlegung angestellt wird: Wollen die Insider verhindern, dass einer von ihnen entlassen wird, so darf der Lohnsatz W_I nicht höher sein als der Lohnsatz eines Neubeschäftigten W_E plus den Grenzkosten der Fluktuation, das heißt den Grenzkosten der Entlassung eines Insiders C_I' plus den Grenzkosten der Einstellung und Einarbeitung eines Neubeschäftigten C_E'.

$$W_I \leq W_E + C_I'(\cdot) + C_E'(\cdot) \qquad (8.18)$$

oder

$$W_I - C_I'(\cdot) \leq W_E + C_E'(\cdot). \qquad (8.19)$$

Gleichung (8.19) ergibt sich unmittelbar aus den Bedingungen (8.14) und (8.16). Wir wollen uns auf die Frage konzentrieren, wann keine Outsider eingestellt werden und wie hoch die Anzahl der Insider ist. Für diesen Fall erhält man aus den Kuhn–Tucker–Bedingungen:

$$L_I^* = f'^{-1}\left[\frac{W_I - C_I'(\cdot)}{P}\right] \leq m \qquad (8.20)$$

$$L_E^* = 0\,. \qquad (8.21)$$

Dieses Resultat kommt wie folgt zu Stande. Für $\partial G/\partial L_I^* = 0$ in Gleichung (8.15) gilt in Gleichung (8.14) das Gleichheitszeichen und die Nebenbedingung in Gleichung (8.15), nämlich, dass $L_I^* \leq m$. Beide Überlegungen zusammengenommen ergeben unmittelbar Gleichung (8.20). Andererseits kann für Gleichung (8.16) nicht gleichzeitig auch das Gleichheitszeichen gelten, weil in Gleichung (8.16) der Term $(W_E + C_E')$ und in Gleichung (8.14) der Term $(W_I - C_I')$ jeweils von $P \cdot f'$ subtrahiert werden, wobei gemäß Gleichung (8.19) der erstgenannte Ausdruck den zweiten betragsmäßig übersteigt, daher kann für $\partial G/\partial L_I^* = 0$ in Gleichung (8.16) nur das Ungleichheitszeichen und somit gemäß Gleichung (8.17) nur $L_E^* = 0$ gelten, wie es in Gleichung (8.21) zum Ausdruck kommt. Wenn andererseits in Gleichung (8.17) $\partial G/\partial L_E^* = 0$ gilt, dann muss wegen Gleichung (8.19) in Gleichung (8.15) $\partial G/\partial L_I^* > 0$ und damit $m = L_I^*$ gelten, die Firma beschäftigt wiederum Insider in Höhe der Vorperiode, nämlich m Insider.

Das Resultat $L_E^* = 0$ einmal unterstellt, wie hoch können die Insider den Lohn setzen, damit sie *alle* beschäftigt bleiben? Die vorhergehenden Überlegungen beinhalten bekanntlich auch den Fall, dass nicht alle Insider der Vorperiode beschäftigt bleiben

($L_I^* < m$). Solange der Lohn der Insider genau dem Wert

$$W_I^* = P \cdot f'(m) + C_I'(0), \tag{8.22}$$

also dem Grenzwertprodukt plus den Entlassungsgrenzkosten entspricht, gilt nach den obigen Ausführungen $L_I^* = m$.

Abgesehen davon, dass dieses Modell in erster Linie die Aufteilung einer vorhandenen Arbeitsmenge auf Insider und Outsider und weniger die Höhe einer (unfreiwilligen) Arbeitslosigkeit erklärt, fehlt bisher eine explizite Behandlung der Frage, warum die Outsider nicht versuchen, durch Lohnunterbietung die Insider von ihren Arbeitsplätzen zu verdrängen. Wie bereits eingangs erwähnt, gibt es dafür eine Reihe von Gründen, von denen der Aspekt einer Verweigerung jeglicher Kooperation seitens der Insider mit den Neubeschäftigten explizit von Lindbeck und Snower (1988) in ein Modell eingebaut wurde. Formal geschieht das dadurch, dass die Produktionsfunktion nunmehr wie folgt spezifiziert wird:

$$y = f(a_I L_I + a_E L_E), \tag{8.23}$$

wobei a_I und a_E das Ausmaß der Kooperation zwischen den Insidern beziehungsweise zwischen Insidern und Neubeschäftigten symbolisieren. Mit anderen Worten, a_I und a_E repräsentieren Effizienzeinheiten und sind Entscheidungsvariablen der Insider: Neben ihrem Lohnsatz W_I fungiert noch das Ausmaß der Abneigung, die die Insider den Neubeschäftigten entgegenbringen, als Entscheidungsvariable. Damit sind die Insider in der Lage, nicht nur die Produktivität (über a_E) zu beeinflussen, sondern ebenso den Anspruchslohn der Outsider, die annahmegemäß wissen, welchen Anfeindungen seitens der Insider sie bei einer Beschäftigung ausgesetzt wären und die daraufhin ihren Anspruchslohn entsprechend erhöhen.

Auf Einzelheiten dieses Ansatzes kann hier nicht eingegangen werden, zumal das Modell durch eine theoretische Analyse von Fehr (1990) in Frage gestellt wurde. Neben konzeptionellen Mängeln in Form von inkompatiblen Annahmen macht Fehr darauf aufmerksam, dass das Drohpotenzial in Form einer Anfeindung der Neubeschäftigten dann an Wirksamkeit verliert, wenn diese Aktivitäten sich nutzenmindernd auf die Insider auswirken.

Neben den oben diskutierten Ansätzen liegt anderen Modellen ebenfalls eine Insider–Outsider–Dichotomie zu Grunde. Im Gegensatz zu den Modellen von Lindbeck und Snower, in denen die Firma prinzipiell die Möglichkeit hat, zu Beginn einer Periode alle Insider gegen Outsider ohne Produktivitätsverlust (wenn auch unter Inkaufnahme von Fluktuationskosten) auszutauschen, geht es in den Ansätzen von Solow (1985) sowie Blanchard und Summers (1986) darum, wie viele Outsider zusätzlich zu den Insidern eingestellt werden. Dabei steht in dem Solow–Modell das spezifische Humankapital, in dem Ansatz von Blanchard und Summers die Gewerkschaftszugehörigkeit im Mittelpunkt. Das betriebsspezifische Humankapital geht mit dem Ausscheiden eines Insiders aus der Firma gänzlich verloren und muss in einer jeweils einperiodigen Anlernphase bei entsprechend niedrigerer Produktivität neu erworben werden. Der daraus resultierende Produktivitätsvorsprung der Insider eröffnet den Gewerkschaften, die wiederum nur die Interessen ihrer Mitglieder (= Insider) vertreten, die Möglichkeit, eine (autonome) Verbesserung der Geschäftslage auf Grund einer höheren Güternachfrage oder Produktivität in Lohnerhöhungen umzusetzen, die es der Firma nicht als profitabel erscheinen lassen, mehr zu produzieren und daher Outsider einzustellen. In dem Modell von Blanchard und Summers (1986) ist der zentrale Punkt, ob Outsider ihren Status als Gewerkschaftsmitglied verlieren. Die Insider haben prinzipiell kein Interesse daran, dass bei einer wiederum unterstellten Verbesserung der Geschäftslage Outsider beschäftigt werden, da in "schlechten" Zeiten dann für die nunmehr vergrößerte Anzahl von Gewerkschaftsmitgliedern in der Firma entsprechend niedrige Lohnsätze akzeptiert werden müssen als ohne die Erweiterung der Belegschaft.

Mit anderen Worten, bei einem ungünstigen Schock kann die Firma Beschäftigte entlassen, die dann bestimmte Eigenschaften verlieren: die Möglichkeit, mit den Insidern zu kooperieren (Lindbeck und Snower), das betriebsspezifische Humankapital (Solow) oder die Gewerkschaftsmitgliedschaft (Blanchard und Summers). Es entsteht Arbeitslosigkeit, die dann auf Grund der Macht der Insider bei einer Verbesserung der Situation nicht wieder rückläufig ist, sondern persistent wird.

Welche empirische Relevanz kann den Insider–Outsider Ansätzen zur Erklärung faktischen Lohnsetzungsverhaltens zugebilligt werden? Zunächst ist kritisch anzumerken, dass – wie in den *Abschnitten 8.1* und *8.2* dargestellt – der Lohnbildungsprozess in Deutschland kaum in der modellierten dezentralen Weise abläuft, sondern sektoral organisiert ist. Einer Übertragung der Modellannahmen auf eine branchenmäßige "repräsentative" Firma stehen zum Teil erhebliche Kostendifferenziale zwischen den Firmen und der Tatbestand entgegen, dass bei einem einheitlichen sektoralen Lohnsatz die gemäß der modellmäßigen Zielvorstellung angestrebte Weiterbeschäftigung aller Insider nicht gewährleistet ist. Das wäre nur für den Fall approximativ gegeben, dass der gesamte Industriezweig aus einem oder wenigen (aber im Wesentlichen homogenen) Großunternehmen besteht.

Die Insider–Outsider Modelle weisen weiterhin auf die Möglichkeit hin, dass die Gewerkschaften vornehmlich die Interessen ihrer beschäftigten Mitglieder, nicht jedoch die der (Langzeit–) Arbeitslosen vertreten. Ob dies mit faktischem Verhalten übereinstimmt, ist schwierig zu beurteilen. Zwar besitzen Arbeitslose keinen direkten Einfluss auf die Tarifverhandlungen, da nicht sie, sondern Gewerkschaftsfunktionäre und Angehörige von Betriebsräten Mitglieder der Verhandlungskommissionen sind,[91] jedoch haben andererseits die Gewerkschaften zum Teil lange und kostspielige Streiks mit dem erklärten Ziel auf sich genommen, durch eine Arbeitszeitverkürzung Arbeitslosen eine größere Chance auf einen Arbeitsplatz einzuräumen.

Angesichts dieser, aus institutioneller Sicht diffusen Beurteilung überrascht es wenig, dass ökonometrische Tests ebenfalls wenig Klarheit bringen. Diese Studien beruhen im Wesentlichen auf einer Schätzung von Lohnfunktionen, von deren Ergebnissen man sich Aufschluss darüber verspricht, wie stark die Lohnsätze von der Macht der Insider determiniert sind.[92] Neben anderen Problemen besteht die entscheidende Schwierigkeit in der quantitativen Approximation der unbeobachteten Variablen "Insidereinfluss". Selbst wenn sich Hilfsgrößen wie sektorspezifische Produktivitäten und Produktpreisrelationen in den geschätzten Lohnfunktionen als signifikant erweisen, muss das nicht zwangsläufig auf Insiderkräfte hinweisen, sondern kann auch mit an-

[91] Vgl. dazu *Abschnitt 7.2*.

[92] Beispiele für solche Arbeiten, die auch Schätzungen für die Bundesrepublik Deutschland enthalten, sind Coe (1990), Fitzenberger und Franz (1994) und Holmlund und Zetterberg (1991). Nickell und Wadhwani (1990) testen das Modell für Großbritannien auf der Basis von Firmendaten.

deren Modellen des Lohnbildungsprozesses vereinbar sein.

8.4 Implizite Kontrakte

In diesem Abschnitt wird der bereits in der Einleitung angesprochene Tatbestand wieder aufgegriffen, dass nominale Lohnsätze in Rezessionsphasen weitgehend nach unten inflexibel sind und sich Unternehmen eher mit Entlassungen an die Nachfrageschwankungen auf den Gütermärkten anpassen. Anders und in Analogie zu Gütermärkten gefragt: Warum funktioniert der Arbeitsmarkt nicht wie ein Spot–Auktionsmarkt, der auf Grund einer vollständigen Flexibilität von Löhnen ständig geräumt ist? Die Antwort, die darauf gegeben werden kann, lautet, dass eine solche Parallele zu Gütermärkten unter anderem deshalb verfehlt ist, weil die "Ware" Arbeit nicht von den Menschen getrennt werden kann, die sie anbieten und das Risiko solcher Auktionsmärkte scheuen, weil sie in betriebsspezifisches Humankapital investiert haben, das ihnen bei einem Firmenwechsel verloren ginge. Anstatt einen Lohn zu erhalten, der in zeitlich nicht vorhersehbarer Weise mit der Arbeitsmarktsituation variiert, würden die Arbeitnehmer möglicherweise Festlohnkontrakte präferieren und eine verstetigte Lohnentwicklung anstreben, selbst wenn diese unterhalb der Werte liegt, die sie bei vollständiger und jederzeitiger Lohnflexibilität erzielen könnten.

Damit wird eine Reihe von Modellen angesprochen, die unter der Rubrik "implizite Kontrakte" firmieren.[93] Implizite Kontrakte sind Verträge, die aus zwei Teilvereinbarungen bestehen, nämlich einerseits aus dem üblichen Arbeitsvertrag, der Entlohnung und Arbeitszeit regelt, und andererseits aus einer Versicherungskomponente, die ein verstetigtes Arbeitseinkommen garantiert. Einige Modelle enthalten zusätzlich implizite Vereinbarungen über eine begrenzte Beschäftigungsgarantie. Die Firma verpflichtet sich, außer bei stark rückläufiger Geschäftslage, keine Entlassungen vorzunehmen.[94] Auf Grund dieser quantitativ schwierig zu fixierenden Zusage[95] ist zu vermuten, dass solche freiwilligen Verträge – wenn überhaupt – nur "implizit" abgeschlossen werden[96] und juristisch nicht einklagbar sind, obwohl die Frage, ob es sich um explizite oder implizite Verträge handelt, für den hier zur Diskussion stehenden zentralen Aspekt unerheblich ist. Der Arbeitnehmer verpflichtet sich, während der Laufzeit des Vertrages nicht zu kündigen, wohingegen die Unternehmung – wie gesagt – einem quantitativ und zeitlich begrenzten Produktionsrückgang nicht mit Entlassungen begegnet, sondern beispielsweise Lager aufbaut (vgl. *Abschnitt 4.3.4*) und/oder keine Neueinstellungen vornimmt, wobei beide Möglichkeiten mit Gewinnreduktionen verbunden sein können.

[93] Stellvertretend für zahlreiche Übersichten über die kontrakttheoretische Literatur seien Diekmann (1982), Ramser (1978) und Rosen (1985) genannt. Diese Ansätze wurden von Azariades (1975), Baily (1974) und Gordon (1974) nahezu gleichzeitig, aber unabhängig voneinander entwickelt und werden daher auch häufig ABG–Modelle genannt.

[94] Begriffe wie "rückläufige Geschäftslage" und dgl. werden in die Kontrakttheorie als (ungünstige) Umweltzustände eingeführt und formalisiert, deren Wahrscheinlichkeitsdichte in der Regel als beiden Vertragsparteien bekannt vorausgesetzt wird, es sei denn, es liegt asymmetrische Information vor. Vgl. dazu Wolfstetter (1985).

[95] Das Ausmaß der Versicherung wird häufig mit Beispielen illustriert, etwa dergestalt, dass Arbeitnehmer gegenüber Wetterumschwüngen, nicht aber gegenüber Klimaveränderungen versichert werden; vgl. Flanagan (1984).

[96] Okun (1981, S. 89) spricht in diesem Zusammenhang von "invisible handshakes".

Die Frage, wieso es dann Arbeitslose gibt, ist offenkundig. Die Anwort, dass nicht alle Arbeitnehmer unter diesen Versicherungsschutz fallen und man sich nicht gegen alles versichern kann, ist es ebenfalls. Keinesfalls schützt der Vertrag den Arbeitnehmer generell vor Entlassungen – beispielsweise in einem schweren Konjunktureinbruch –, mehr noch, die Möglichkeit von Entlassungen und späteren, fest zugesagten Wiedereinstellungen kann explizit im Vertrag festgelegt werden.[97] Damit hat der Arbeiter während der Laufzeit des Vertrages keine Entscheidungsmöglichkeit über sein Arbeitsangebot mehr. Er kann es nicht mehr in Abhängigkeit des dann herrschenden Marktlohnsatzes variieren (wie im traditionellen neoklassischen Modell), sondern er muss die jeweils vereinbarte, zustandsabhängige Arbeitsleistung erbringen, die durchaus Arbeitslosigkeit einschließen kann. Der Arbeiter mag in letzterem Fall den Vertragsabschluss bereuen – wie ein Spieler einen Zug, der sich im Nachhinein als falsch herausstellt –, aber er ist – wie der Spieler – an den Vertrag gebunden.

Der Vertrag kann so spezifiziert werden, dass – bei vorher vereinbarter Entlohnung – der Firma das Recht zugesprochen wird, einseitig Umfang und Zeitpunkt der zu erbringenden Arbeitsleistung festzulegen, ebenfalls innerhalb bestimmter Grenzen: Die Beschäftigten haben mehr zu arbeiten, wenn es viel zu tun gibt, und müssen ihre Arbeitszeit reduzieren (Urlaub, Kurzarbeit), wenn es die Auftragslage erforderlich macht. Somit braucht kein enger Zusammenhang zwischen momentan geleisteter Arbeit und dem monatlichen Einkommen zu bestehen. Dies ist typischerweise die Regelung für viele außertarifliche Angestellte (insbesondere in leitenden Positionen). Vielmehr wird im Extremfall eines solchen Kontraktes das Arbeitsentgelt für die gesamte Kontrahierungsperiode ausgehandelt und die jeweiligen Entlohnungen stellen reine Abschlagszahlungen dar, welche dazu dienen, keine Vertragsbrüche zu provozieren und größere Vermögenstransaktionen zu Beginn beziehungsweise am Ende der Vertragslaufzeit zu vermeiden.[98] Im Gegensatz zum traditionellen neoklassischen Modell kann die momentane Entlohnung von der entsprechenden Grenzproduktivität abgekoppelt sein.

Wenn Gewerkschaften und/oder einzelne tariflich nicht gebundene Arbeitnehmer solche impliziten Kontrakte in Erwägung ziehen, dann stellt sich die Frage, warum sie sich im Vergleich zum Auktionsmarktmodell des Arbeitsmarktes verbessern. Arbeitnehmer (gegebenenfalls vertreten durch ihre Gewerkschaften) müssen schon einen Nutzenzuwachs auf Grund dieser Kontrakte erzielen, weil die fest vereinbarte Entlohnung unter dem Erwartungswert des Lohnes liegt, der sich bei einem Auktionsmarkt ergäbe.[99] Dieser Nutzengewinn beruht im Wesentlichen auf der in diesen Verträgen vorgenommenen optimalen Risikoteilung in dem Sinne, dass in günstigen Zeiten die Arbeitnehmer auf eine Beteiligung an dem dann hohen Produktivitätsfortschritt verzichten, während in der gegenteiligen Situation die Firma die Differenz zwischen

---

[97] Darunter fallen die in den USA häufiger anzutreffenden "temporary layoffs" beispielsweise in der Automobilindustrie.

[98] Ansonsten gilt die Annahme, dass die Kontrakte strikt eingehalten werden, unabhängig von Form und Einklagbarkeit der Verträge. Dies kann damit begründet werden, dass die Kosten der Vertragsuntreue beispielsweise auf Grund von Reputationsverlusten prohibitiv hoch sind, sodass es sich für die Firma auch nicht lohnt, unwahre Zustände zu deklarieren. Vgl. zu diesem Aspekt Diekmann (1982), S. 157ff. und Ramser (1978).

[99] Damit liegt der Erwartungswert des Kontraktlohnes auch unterhalb des durchschnittlichen Wertgrenzproduktes während der Vertragslaufzeit, sodass sich von daher gesehen der Kontrakt für die Firma lohnt.

Kontraktlohn und niedrigerem Grenzprodukt trägt. Es wird unterstellt, dass die Beschäftigten in der Regel risikoavers und Firmen eher risikoneutral in Bezug auf die Einkommenserzielung sind.[100] Als Begründung für diese Hypothese kann angeführt werden, dass das betriebsspezifische, nicht diversifizierbare Humankapital den hauptsächlichen Teil des Arbeitnehmervermögens darstellt und dieses bei einem Ausscheiden aus der Firma überwiegend verloren geht. Im Gegensatz zu den Firmen haben Beschäftigte in der Regel nur einen beschränkten Zugang zum Kapitalmarkt und können daher auf Grund von Kreditrestriktionen Einkommens– und damit Konsumschwankungen kaum durch Verschuldung in größerem Umfang ausgleichen. Größere Firmen haben darüberhinaus die Möglichkeit der Kompensation von Risiken innerhalb der Unternehmung. Die risikomäßige Entlastung des Arbeitnehmers führt dazu, dass solche Kontrakte im Vergleich zu dem Ergebnis stets geräumter Arbeitsmärkte Pareto–superior sein können, selbst dann, wenn die Möglichkeit einer Unterbeschäftigung explizit vereinbart wird. Zwar werden risikoaverse Arbeitnehmer nach Lohn– und Beschäftigungssicherheit streben und einen Lohn akzeptieren, der es der Firma erlaubt, selbst bei temporär sehr ungünstiger Absatzlage die nicht benötigten Arbeitskräfte bei voller Bezahlung im Betrieb zu halten und zu horten, jedoch werden die Arbeitnehmer eine Arbeitslosigkeitsperiode dann vorziehen, wenn die Arbeitslosenunterstützung und die Freizeitpräferenz genügend hoch sind.[101]

Damit ist die Verbindung zu der eingangs gestellten Frage wieder hergestellt, wieso es für Arbeitnehmer und Arbeitgeber optimal sein kann, Festlohnkontrakte auszuhandeln, welche die Entlohnung punktuell von der Produktivität abkoppeln und Entlassungen an Stelle von Lohnsenkungen in Zeiten rezessiver Entwicklungen vorsehen. Im Rahmen dieses Abschnitts steht der dargestellte Lohnaspekt im Mittelpunkt.

Welche Relevanz kann der Theorie impliziter Kontrakte zugebilligt werden? Zunächst ist darauf hinzuweisen, dass sie zur Erklärung von Lohnrigiditäten im Rahmen von Lohnbildungsprozessen außerhalb kollektiver Vereinbarungen entwickelt wurde – also beispielsweise für den "non–union" Sektor der Vereinigten Staaten, der ungefähr 70 v.H. der gesamten Lohnsumme erfasst.[102] Solche Regelungen sind in Deutschland mit Ausnahme von reinen Saisonbetrieben unüblich. Davon unberührt bleibt die Idee einer Risikoteilung im Rahmen von Arbeitsverträgen als eine plausible Hypothese, wobei es denkbar ist, dass kollektive Lohnverträge ebenfalls implizit Versicherungskomponenten enthalten. In größerem Umfang dürfte die Kontrakttheorie auf den Kreis (außertariflich entlohnter) Arbeitskräfte mit hoher Qualifikation beziehungsweise Spezialisierung zutreffen. Zusammengenommen liefert die Theorie impliziter Kontrakte mithin für einen Teilbereich der Löhne eine Erklärung für Lohnrigiditäten.

Allerdings würde die Logik kontrakttheoretischer Überlegungen auf Grund der Risikoaversion der Arbeitnehmer eine Reallohn– statt einer Nominallohnstabilisierung erwarten lassen.[103] Über das Zusammenwirken von Lohn– und Preisbildung schweigen sich die meisten Ansätze indessen aus. Eine geeignete Erweiterung macht es konse-

[100]Vgl. *Abschnitt 4.3.5* für eine Erläuterung dieser Begriffe.

[101]Vgl. dazu detaillierter Solow (1979b). Für den institutionellen Rahmen der Bundesrepublik wäre ergänzend zu der Rolle der Arbeitslosenunterstützung auch die des Kurzarbeitergeldes zu diskutieren, vgl. dazu Helberger (1982).

[102]Vgl. Flanagan (1984), S. 345.

[103]Vgl. dazu Azariadis und Stiglitz (1983), Flanagan (1984) und Schultze (1985).

quenterweise erforderlich, implizite Vereinbarungen auch auf Gütermärkten zu berücksichtigen – zum Beispiel in Form einer Lohnindexierung. Eine solche Reallohnversicherung durch Lohnindexierung existiert in Deutschland zumindest nicht explizit (weil sie verboten ist) und stellt implizit durch "Nachschläge" in Lohnverhandlungen auf Grund einer Unterschätzung der Inflationsrate eher die Ausnahme dar.[104]

8.5 Effizienzlöhne

Wie das im *Abschnitt 8.3* vorgestellte Insider–Outsider–Modell, so steht auch in den Effizienzlohntheorien zwar die Lohnbildung im Mittelpunkt der Analyse, jedoch ist das eigentliche Ziel, einen Beitrag zur Erklärung des Phänomens der Arbeitslosigkeit – Gegenstand der nächsten Kapitel – zu liefern.[105]

In beiden Theorien sind die Löhne zu hoch, um markträumend zu sein. Wie bereits diskutiert, provoziert dieses Ergebnis die Frage, wieso die Arbeitslosen nicht versuchen, durch Lohnunterbietung die begehrten Arbeitsplätze zu erhalten. Während dies in den Insider–Outsider–Modellen durch die Macht der bereits Beschäftigten verhindert wird, sind es die Firmen, die es in den Effizienzlohntheorien nicht lohnend finden, den Lohnsatz auf ein markträumendes Niveau zu senken: Trotz Arbeitslosigkeit kann es für Firmen mit gewinnmaximalem Verhalten vereinbar sein, höhere Löhne zu zahlen, weil Löhne nicht nur einen Kostenfaktor darstellen, sondern zudem eine gewinnerhöhende Anreizfunktion für die Beschäftigten haben können. Diese Ambivalenz des Lohnes in Bezug auf den Gewinn ist der Kerngedanke der Effizienzlohntheorien, die sich in ihrer Vielfalt darin unterscheiden, welche aus der Sicht der Firma profitablen Effekte von einem höheren Lohnsatz ausgehen können: Erhöhung der Leistungsintensität, Verminderung der Fluktuation und Auslesefunktion bei der Begutachtung von Bewerbern.[106] Die Kritik aus theoretischer und empirischer Sicht erfolgt dann in *Abschnitt 8.5.4*. Allen Ansätzen gemeinsam ist die Abkoppelung der Entlohnung von der bloßen Grenzproduktivitätsbetrachtung. Damit geht der eindeutige Zusammenhang zwischen Reallohn und Arbeitseinsatz verloren.

8.5.1 Erhöhung der Leistungsintensität

Der Ausgangspunkt der Argumentation besteht darin, dass die Beschäftigten häufig die Möglichkeit haben, ihre Anstrengungen innerhalb bestimmter Grenzen zu variieren, ohne eine Entdeckung (und damit die Entlassung) fürchten zu müssen, sei es, weil ein Arbeitsvertrag nicht alle Einzelheiten der Verpflichtungen eines Arbeitnehmers bis ins letzte Detail regeln kann, oder weil es für die Firmen mit hohen Kosten verbunden ist, die Leistungsintensität ihrer Beschäftigten ständig zu kontrollieren ("Monitoring"). Folglich muss den Arbeitnehmern ein Anreiz geboten werden, selbst ohne Überwachung beziehungsweise ohne exakt spezifizierten Arbeitsvertrag

[104] Das mag für andere Länder mit einer teilweisen Lohnindexierung anders sein, obgleich das für die USA von Flanagan (1984) bestritten wird, wo es für einen Teil der Lohnverträge Gleitklauseln gibt, die sog. COLA–Klauseln (für "cost of living adjustment"). Vgl. auch *Abschnitt 8.6*.

[105] Für Übersichten über die Effizienzlohntheorien vgl. Gerlach und Hübler (1985), Scheuer (1987), Stiglitz (1987), Streissler (1988) und Yellen (1984).

[106] Die Liste ist nicht vollständig. So fehlen beispielsweise soziologisch orientierte Ansätze, die in Scheuer (1987), S. 134ff. ausführlich dargestellt und diskutiert werden.

keine "Drückebergerei" ("Shirking") zu betreiben. In den hier zur Diskussion stehenden Shirking–Ansätzen ist es nun ein höherer Lohn, der eine mögliche Leistungseinschränkung verhindert, indem er die Beschäftigten nicht nur zu größeren Anstrengungen anspornt, sondern auch die Strafkosten für solche Arbeitskräfte heraufsetzt, die dann doch beim Bummeln erwischt werden, weil ihnen dann gekündigt wird und sie mit Arbeitslosigkeit und deshalb – je nach Höhe der Arbeitslosenunterstützung – mit einer erheblichen Einkommensreduktion konfrontiert sind. Die Arbeitslosigkeit entsteht, weil Firmen Entgelte oberhalb des markträumenden Lohnniveaus als Leistungsanreiz zahlen und sie wird nicht etwa nur in Kauf genommen, sondern dient als nützliches Disziplinierungsmittel für (potenzielle) Bummelanten. Würde nämlich Vollbeschäftigung herrschen, so entstünden kaum Kosten einer Drückebergerei (bei für alle Firmen identischen Löhnen): Ein Firmenwechsel wäre das Schlimmste, was einem Bummelanten passieren könnte.[107]

Der Gedanke, dass die Leistungsintensität mit steigendem Lohnsatz erhöht werden kann, ist 1932 bereits von Hicks formuliert worden: "Higher wages may react favourable on a man's efficiency in several ways" (Hicks (1963), S. 94). Er findet sich ebenso in der Entwicklungsökonomik, in der eine Verbindung zwischen ausreichender Ernährung und der Höhe der Arbeitsproduktivität aufgezeigt wird.[108] Auch eher soziologisch orientierte Ansätze betonen diesen Zusammenhang, indem sie darauf verweisen, dass Arbeiter ihre Leistungsintensität reduzieren, wenn der tatsächlich gezahlte Lohn unterhalb eines als "fair" angesehenen Niveaus fällt ("fair–wage"–Hypothese).[109]

Im folgenden Modell soll der Zusammenhang zwischen Leistungsintensität e und Lohnsatz W für einen Arbeiter dargestellt werden, wobei der Einfachheit halber angenommen wird, dass ein bummelnder Beschäftigter mit einer minimalen Leistungsintensität $e = 0$ arbeitet, während sein eifriger Kollege ein fest fixiertes, positives Effizienzniveau $e > 0$ aufweist.[110] Die individuelle Nutzenfunktion sei durch folgende einfache Beziehung beschrieben:

$$U = W - e, \tag{8.24}$$

Damit wird Additivität und Separabilität unterstellt und der intertemporale Aspekt vernachlässigt. Der Nutzen eines nicht bummelnden Arbeiters U_N^+ hängt außerdem noch von der exogenen Wahrscheinlichkeit s ab, aus nicht von ihm zu vertretenden Gründen den Arbeitsplatz zu verlieren:

$$U_N^+ = W - e - s(U_N^+ - U_A), \tag{8.25}$$

wobei U_A den "Nutzen" der Arbeitslosigkeit (zum Beispiel auf Grund der damit verbundenen Freizeit) bezeichnet. Der bummelnde Arbeiter muss mit der exogenen Wahrscheinlichkeit q fürchten, dass seine Drückebergerei entdeckt und er entlassen wird, sodass seine Nutzenfunktion lautet:

$$U_N^- = W - (s + q) \cdot (U_N^- - U_A), \tag{8.26}$$

wobei – wie erwähnt – die Annahme getroffen wird, dass die effektiven Arbeitsleistungen eines Bummelanten gleich null sind. Der Arbeiter entscheidet sich für das

[107] Da in den meisten dieser Modelle alle Arbeiter homogen sind, ist eine Kündigung auch nicht mit einer Stigmatisierung des Betreffenden als Faulenzer verbunden.

[108] Vgl. dazu Leibenstein (1957) und Stiglitz (1974, 1976).

[109] Vgl. dazu Akerlof und Yellen (1990) sowie Solow (1990).

[110] Die folgenden Ausführungen stellen eine vereinfachte Version des Modells von Shapiro und Stiglitz (1984) dar, vgl. auch Spahn (1987) und die sich daran anschließende Kritik von Fehr (1988).

Nicht–Bummeln ($e > 0$), wenn $U_N^+ \geq U_N^-$. Aus den Gleichungen (8.25) und (8.26) erhält man dafür (nach Auflösen nach U_N^+ beziehungsweise U_N^-):

$$\frac{W - e + sU_A}{1+s} \geq \frac{W + (s+q)U_A}{1+s+q} \tag{8.27}$$

oder:

$$W \geq U_A + \frac{(1+s+q)}{q} \cdot e. \tag{8.28}$$

Der kritische Lohnsatz, ab dessen Erreichen der Arbeiter nicht bummelt, muss dann umso höher sein,

- je höher die gewünschte Effizienz e ist,
- je größer der Nutzen aus Arbeitslosigkeit und mithin die Arbeitslosenunterstützung (vgl. unten) ist,
- je geringer die Wahrscheinlichkeit q ist, dass die Drückebergerei entdeckt wird.

Betrachten wir U_A etwas genauer. Dieser Nutzen hängt einerseits von der Höhe der Arbeitslosenunterstützung $\bar{W}$ und der Wahrscheinlichkeit b ab, innerhalb eines bestimmten Zeitraumes wieder beschäftigt zu werden:

$$U_A = \bar{W} + b(U_N - U_A), \tag{8.29}$$

wobei U_N den Nutzen aus einem Beschäftigungsverhältnis darstellt, welcher im Gleichgewicht U_N^+ entspricht. Auflösen von Gleichung (8.29) nach U_A und Einsetzen in Gleichung (8.25) ergibt:

$$U_N^+ = \frac{(1+b)(W-e) + s\bar{W}}{1+b+s}, \tag{8.30}$$

woraus sich die reduzierte Form von U_A berechnen lässt:

$$U_A = \frac{(1+s)\bar{W} + b(W-e)}{1+b+s}. \tag{8.31}$$

Einsetzen von U_A in Gleichung (8.28) und Auflösen nach W ergibt:

$$W \geq \bar{W} + e + \frac{1+b+s}{q} \cdot e. \tag{8.32}$$

Schließlich lässt sich die Wahrscheinlichkeit b aus der Überlegung bestimmen, dass für eine stationäre Situation auf dem Arbeitsmarkt die Zahl der Arbeitslosen konstant sein muss, sodass die Eintritte in die Arbeitslosigkeit ($= s \cdot N$) gleich den Austritten ($= b \cdot (L - N)$ mit L als dem Arbeitsangebot und N als den Beschäftigten) sein müssen, das heißt

$$b = \frac{s \cdot N}{L - N}. \tag{8.33}$$

Dies eingesetzt in Gleichung (8.32) liefert

$$W \geq \bar{W} + e + \frac{e}{q}(1 + \frac{s}{AQ}) \qquad (8.34)$$

mit

$$AQ = \frac{L - N}{L}.$$

Diese Gleichung bestimmt wiederum den kritischen Lohnsatz, ab dessen Höhe nicht mehr gebummelt wird.[111] Mit anderen Worten, im Gleichgewicht gibt es kein Bummeln mehr. In Ergänzung zur Bedingung (8.28) ist die Arbeitslosenquote AQ Bestimmungsfaktor dieser Bedingung, und es ist aus Gleichung (8.34) unmittelbar erkennbar, dass nur bei Arbeitslosigkeit eine Drückebergerei vermieden werden kann. Würde nämlich Vollbeschäftigung ($AQ \rightarrow 0$) herrschen, dann ergäbe sich : $b \rightarrow +\infty$, sodass jeder Drückeberger sofort bei irgendeiner Firma wieder eingestellt würde. Als Folge davon würde sich jeder Arbeiter für das Bummeln entscheiden.

Fallbeispiel: Disziplinlosigkeit unter Kündigungsschutz?

Dem Bundesarbeitsgericht (BAG) lag 1988 folgender Fall vor.[a] Der Einrichter E, Ersatzmitglied des Betriebsrates, ist in einem Mannheimer Unternehmen als Schichtarbeiter tätig und erscheint zwischen Februar 1984 und Oktober 1985 an 104 Tagen verspätet zur Arbeit. Die Verspätung beträgt oft nur einige Minuten, ist in Einzelfällen aber auch erheblich länger. Er wurde, nach mündlichen Ermahnungen, in dem genannten Zeitraum fünfmal schriftlich abgemahnt, zweimal unter Androhung der Kündigung im Wiederholungsfall. Zwei erneute Verspätungen im November von drei und 86 (!) Minuten führen dann zur Kündigung aus wichtigem Grund (nur aus diesem Grund kann einem (Ersatz–)Mitglied des Betriebsrates gekündigt werden). E klagt gegen diese Kündigung. Das BAG, das den Fall an das Landesarbeitsgericht zurückverwiesen hat, meint in seinem Urteil, wiederholte Unpünktlichkeiten eines Arbeitnehmers rechtfertigen nur dann eine Kündigung, wenn eine "konkrete Beeinträchtigung des Arbeitsverhältnisses" vorliege. Ein Verstoß gegen die (gerade im Schichtbetrieb unabdingbare) Arbeitsdisziplin reicht offenbar als Kündigungsgrund nicht aus, sondern es muss – laut BAG – eine konkrete Störung "in der betrieblichen Verbundenheit" nachgewiesen werden.

[a] Dieses Fallbeispiel basiert auf: B. Rüthers, Gesteigerter Kündigungsschutz für Bummelanten?, Frankfurter Allgemeine Zeitung v. 2.8.1989, S. 10.

Als wesentliches Resultat ergibt sich aus Gleichung (8.34), dass bei höherer Effizienz e von der Firma ein höherer Lohn gezahlt werden muss, oder umgekehrt, mit steigendem Lohn die Effizienz zunimmt. Wenn wir die obigen Ausführungen etwas verallgemeinern, indem wir an Stelle der fixierten Niveaus $e = 0$ beziehungsweise $e > 0$ ein Kontinuum von Leistungsintensitäten unterstellen, erhalten wir in Analogie zu Gleichung (8.34) :

$$e = e\left(W, q, \frac{1}{s}, AQ\right), \qquad (8.35)$$

[111] In der Literatur firmiert diese Bedingung als "no–shirking condition", vgl. Shapiro und Stiglitz (1984), S. 438.

wobei alle partiellen Ableitungen positiv sind. Für die Firma hat der Lohnsatz W mithin zwei Effekte: Er bestimmt einerseits die Lohnkosten $W \cdot N$, zum anderen gemäß Gleichung (8.35) die Effizienz. Welchen Produktionsplan wird die Firma wählen? Nehmen wir an, die Firma produziere mit einer Technologie $y = f(E)$ mit $E \equiv e \cdot N$ sowie $f' > 0$ und $f'' < 0$. Wenn K_f die sonstigen Kosten (einschließlich der Überwachungskosten) bezeichnet, die der Einfachheit halber als konstant angenommen werden, so ist der Gewinn G definiert als:

$$G(N,W) = P \cdot f[e(W) \cdot N] - W \cdot N - K_f, \tag{8.36}$$

wobei P das konstante Preisniveau darstellt und für $e(\cdot)$ nur die Abhängigkeit vom Lohnsatz berücksichtigt wird.
Die Bedingungen erster Ordnung für ein Gewinnmaximum lauten:

$$\frac{dG}{dN} = P \cdot \frac{\partial f}{\partial E} \cdot e - W = 0 \tag{8.37}$$

$$\frac{dG}{dW} = P \cdot \frac{\partial f}{\partial E} \cdot N \cdot \frac{de}{dW} - N = 0. \tag{8.38}$$

Die Bedingung (8.37) besagt, dass das Wertgrenzprodukt eines Beschäftigten, dessen Produktivität in Effizienzeinheiten gemessen wird, im Gewinnmaximum gleich den Lohnkosten je Effizienzeinheit sein muss:

$$P \cdot \frac{\partial f}{\partial E} = \frac{W}{e}. \tag{8.39}$$

Laut Bedingung (8.38) muss dieses Wertgrenzprodukt außerdem gleich den Grenzkosten einer Erhöhung der Effizienz um eine Einheit sein:

$$P \cdot \frac{\partial f}{\partial E} = \frac{dW}{de}. \tag{8.40}$$

Aus beiden Bedingungen folgt unmittelbar, dass die Firma im Optimum den Lohn so setzen muss, dass die Elastizität der Effizienz in Bezug auf den Lohnsatz gleich eins ist:[112]

$$\frac{de}{dW} \cdot \frac{W}{e} = 1. \tag{8.41}$$

Bei gegebener Funktion $e(W)$ ist damit der optimale Lohnsatz bestimmt, sodass sich dann aus Gleichung (8.41) bei expliziter Produktionsfunktion die gewinnmaximale Beschäftigung ergibt. Sie entspricht im Aggregat, wie wir bereits bei der Diskussion von Gleichung (8.34) gesehen haben, nicht dem Vollbeschäftigungsniveau, sondern es herrscht Arbeitslosigkeit.

Das vorgestellte Modell kann nun in verschiedener Hinsicht modifiziert werden, womit sich dann auch die Optimalbedingung (8.41) ändert. Der Ansatz kann durch die Unterscheidung zwischen Tarif- und Effektivlöhnen besser an europäische Entlohnungssysteme angepasst werden; außerdem ist es realistischer, von Arbeitsnachfragern auszugehen, die sich auf den Absatzmärkten in monopolistischer Konkurrenz

[112] Diese Bedingung wird häufig "Solow–Bedingung" genannt, weil Solow (1979b) als einer der ersten darauf aufmerksam gemacht hat.

befinden.[113] Endogene Überwachungskosten sowie risikoaverse und heterogene Arbeiter werden bereits in dem vorgestellten Ansatz von Shapiro und Stiglitz (1984) angesprochen. Je höher ein Beschäftigter in der Firmenhierarchie steht, umso mehr kann er der Firma schaden, wenn auf Grund seiner Bummelei Untergebene demotiviert werden.[114]

8.5.2 Verminderung der Fluktuation

Im Mittelpunkt einer zweiten Gruppe von Effizienzlohnmodellen steht nicht die Gewährleistung der Arbeitsdisziplin, sondern die Sicherung der Betriebstreue.[115] Die inhaltliche Argumentation verläuft analog, nur eben mit dem Unterschied, dass nun die Kündigungswahrscheinlichkeit an die Stelle einer möglichen Drückebergerei tritt. Ein höherer Lohn ist ein Anreiz zu einer längeren Verweildauer im Unternehmen und ein gewisses Maß an Arbeitslosigkeit lässt potenzielle Betriebswechsler vor einer Kündigung zurückschrecken. Firmen haben mithin aus beiden Gründen kein Interesse daran, den Lohnsatz auf ein markträumendes Niveau zu senken. In dem Modell von Salop (1979) beispielsweise kommt es zu Arbeitslosigkeit, weil die Firmen den neu eingestellten und auszubildenden Arbeitskräften denselben Lohnsatz zahlen wie den bereits längerfristig Beschäftigten, deren Lohn zwecks Vermeidung von Kündigungen höher angesetzt ist und damit das Lohnniveau determiniert, sodass – wenn überhaupt – nur eine geringe Zahl von Neueinstellungen vorgenommen wird. Mit anderen Worten, ein einheitlicher Lohnsatz ist außer Stande, ein Gleichgewicht in zwei Teilarbeitsmärkten herzustellen, sodass Mengenreaktionen in Form von Arbeitslosigkeit die Folge sind.

8.5.3 Auslesefunktion

Eine dritte Kategorie von Effizienzlohntheorien geht davon aus, dass Arbeiter in Bezug auf ihre Fähigkeiten heterogen sind und die Firma die ihr unbekannte Produktivität eines Bewerbers um einen Arbeitsplatz nur unter (hohen) Kosten messen kann. In diesem Fall lautet die Strategie der Firma, für den in Rede stehenden Arbeitsplatz ein vergleichsweise hohes Lohnangebot festzusetzen, das der Bewerber indessen nicht kennt. Liegt der Anspruchslohn des Bewerbers wesentlich unterhalb dieses Angebots, wird er abgelehnt, weil die Firma davon ausgeht, dass der Bewerber seinen Anspruchslohn unter anderem in Abhängigkeit seiner Fähigkeiten festsetzt und mithin den Anforderungen dieses Arbeitsplatzes nicht gewachsen ist.[116] Der hohe Lohn bewirkt eine Negativauslese der Arbeitskräfte;[117] die Bereitschaft, für einen niedrigeren Lohn zu arbeiten, zahlt sich nicht aus, weil damit Zweifel an der Qualifikation verbunden sind.[118] Eine andere Variante der Auslesefunktion des Effizienzlohnes geht davon aus, dass die Firma die Lohnangebote publik macht. Dann bewirkt ein hohes Lohnangebot, dass

[113] Beide Aspekte werden von Gahlen und Ramser (1987) berücksichtigt.

[114] Vgl. Calvo und Wellisz (1979).

[115] Vgl. zu diesen Ansätzen zum Beispiel Salop (1979) und Schlicht (1978).

[116] Etwa in Analogie zum Gebrauchtwagen– oder Weinmarkt, wo die Kunden bei fehlendem Urteilsvermögen über die Qualität des Produktes oft vom Preis auf die Qualität schließen.

[117] Daher der Name "adverse selection"–Modelle in der angelsächsischen Literatur.

[118] Diese Argumentation liegt beispielsweise den Modellen von Malcomson (1981) oder Weiss (1980) zu Grunde.

sich produktive Arbeitskräfte verstärkt bei der Firma bewerben, sodass von dieser Seite eine Selbst–Selektion eintritt.

8.5.4 Beurteilung der Effizienzlohntheorien

8.5.4.1 Kritik aus theoretischer Sicht

Neben der Kritik an einzelnen Annahmen der verschiedenen Ansätze zur Effizienzlohntheorie besteht der Hauptvorwurf gegenüber diesen Modellen darin, dass es geeignete Konstruktionen von Arbeitsverträgen gebe, welche die der Effizienzlohntheorie zu Grunde liegenden Intentionen ohne Rückgriff auf die Drohung mit Arbeitslosigkeit erfüllen. Effizienzlöhne und die damit einhergehende Arbeitslosigkeit sind nicht Pareto–optimal, weil es bessere Möglichkeiten der Ausgestaltung von Arbeitsverträgen gibt, die denselben Zweck selbst bei Vollbeschäftigung erreichen.

Die Unternehmen können ein mögliches Drückebergertum bei Vollbeschäftigung dadurch vermeiden, dass die Beschäftigten eine Kaution bei der Firma hinterlegen.[119] Wird der Arbeitnehmer beim Bummeln erwischt, fällt die Kaution an die Firma, er verliert den Arbeitsplatz und muss bei einer Neueinstellung bei einem anderen Unternehmen erneut eine Kautionszahlung leisten. Abgesehen davon, dass eine solche Regelung entsprechend hohe Verschuldungsmöglichkeiten der Arbeiter voraussetzt, besteht die Gefahr des "moral hazard" seitens der Firmen: Für ein Unternehmen könnte es sich lohnen, den Beschäftigten unberechtigterweise einer mangelnden Arbeitsdisziplin zu bezichtigen und die Kaution zu kassieren. Dagegen lässt sich jedoch einwenden, dass derartige Vertragsbrüche in aller Regel publik werden und für die betreffenden Firmen mit einer Reputationseinbuße verbunden sind.[120] Zu bedenken ist ferner, dass derartige Kautionen von qualifizierten Arbeitskräften dadurch umgangen werden können, indem sie sich selbstständig machen (ein entsprechender Zugang zum Kapitalmarkt immer vorausgesetzt), sodass für die Unternehmen nur die weniger Qualifizierten übrig bleiben und der Ertrag derartiger "Jobverkäufe" negativ werden kann.[121]

Eine andere Ausgestaltung von Arbeitsverträgen ist ein mit steigender Betriebszugehörigkeit ansteigendes Lohnprofil, indem die Firma den Beschäftigten zunächst unterhalb, ab einer bestimmten Zeitperiode dann oberhalb seines Wertgrenzproduktes entlohnt ("Senioritätsentlohnung").[122] Während der Gegenwartswert aller Lohnzahlungen durchaus dem markträumenden Niveau entsprechen kann und damit Arbeitslosigkeit vermieden wird, besteht für den Drückeberger die Strafe darin, dass er bei allfälliger Entlassung das "Eintrittsgeld" in Form der anfänglich niedrigen Entlohnung verliert, weil er bei der nächsten Firma wieder in dem unteren Teil des Lohnprofils beginnen muss.

Schließlich wird eine Variante von Anreizentlohnungen darin gesehen, dass die Firma eine "Tournamententlohnung" durchführt, in der die Beschäftigten miteinander konkurrieren und der "Sieger" den ersten Preis in Form einer höheren Entlohnung

---

[119] Vgl. dazu Yellen (1984) und Scheuer (1987), S. 119ff. Dieselbe Funktion hätte auch eine vertraglich vereinbarte und durchsetzbare Geldstrafe, wenn jemand beim Bummeln erwischt wird. Vgl. dazu auch Carmichael (1990).

[120] Vgl. dazu Bellmann (1989), Klein (1980) und Schneider (1989).

[121] Shapiro und Stiglitz (1985).

[122] Vgl. Lazear (1981) und *Abschnitt 2.3.2.*

und einer Beförderung erhält.[123] Es wird dabei nicht die absolute, sondern die relative Leistung (im Vergleich zu den Mitbewerbern) bewertet – analog zu bestimmten Wettkämpfen beziehungsweise Turnieren, in denen man ebenfalls "nur" besser sein muss als die Konkurrenten, nicht jedoch irgendwelche Standards erreichen muss. Die Firma vermeidet damit die (kostspielige) Bewertung der individuellen Leistung und eine Drückebergerei, die in Teams durch Selbstdisziplinierung der Beschäftigten entfällt. Das Problem mit derartigen Verträgen kann jedoch darin bestehen, dass die weniger Leistungsfähigen oder –willigen über Intrigen und Sabotage der Arbeitsleistungen der Mitbewerber doch noch versuchen, das "Turnier" zu gewinnen und somit die Effizienz dieser Verträge wieder einschränken.[124]

Ähnliche Gegenargumente lassen sich zu dem Fluktuationskosten–Modell der Effizienzlohntheorie vortragen. Zunächst ist nicht einzusehen, wieso ein einheitlicher Lohn sowohl für die Stammbelegschaft wie auch für die Neueintritte, die von der Firma ausgebildet werden, gezahlt werden soll. Stattdessen könnte für die letztere Gruppe ein Lehrgeld, ein Lohnabschlag in Relation zu den Trainingskosten oder eine Erstattung derselben bei vorzeitigem Ausscheiden vereinbart werden. Nur solange diese Zahlungen geringer sind als die Trainingskosten, wenn sich die Firma mithin an der Finanzierung des Erwerbs des betriebsspezifischen Humankapitals beteiligt, kann die Unternehmung einen Anreiz haben, die Kündigungsgefahr durch Effizienzlöhne zu verringern.[125] Andererseits ist diese Wahrscheinlichkeit dann gering, wenn es sich um ausschließlich firmenspezifische Qualifikationen handelt, die in anderen Betrieben nicht verwendet werden können. Außerdem könnte hier ebenfalls an ein Modell ähnlich der Senioritätsentlohnung gedacht werden.

Was schließlich den Effizienzlohn als Kriterium einer Negativauslese angeht, so sind kostengünstigere Testverfahren zur Bestimmung der unbekannten Produktivität eines Bewerbers oder eine Probezeit an Stelle hoher Effizienzlöhne und der damit verbundenen Arbeitslosigkeit denkbar.

Zusammenfassend sind die Effizienzlohntheorien aus theoretischer Sicht deshalb mit einigen Vorbehalten zu versehen.[126] Sie sind wohl am ehesten geeignet, das gängige Paradigma einer reinen Grenzproduktivitätsentlohnung als revisionsbedürftig erscheinen zu lassen, und in der Lage, Beiträge für eine Theorie der Lohndrift zu liefern.

8.5.4.2 Empirische Evidenz

Die folgenden kurzen Ausführungen befassen sich mit Versuchen, empirische Evidenz für oder gegen die Effizienzlohntheorie für die Bundesrepublik Deutschland zu erhalten.

Die Hauptschwierigkeit solcher empirischer Analysen besteht darin, dass in den Datensätzen in der Regel keine Variablen vorhanden sind, mit denen die Effizienzlohntheorie direkt überprüft werden könnte, wie beispielsweise die Leistungsintensität. Die Tests müssen sich dann häufig mit mehr oder weniger geeigneten Indikatoren oder

[123] Vgl. dazu Lazear und Rosen (1981) und Green und Stokey (1983); die Literatur wird auch in Scheuer (1987), S. 120ff. aufgearbeitet.

[124] Vgl. dazu Dye (1984).

[125] Fehr (1988), S. 70.

[126] Vgl. zu einer Gegenüberstellung der Argumente für und gegen die Effizienzlohntheorie die Aufsätze von Lang und Kahn (1990) beziehungsweise Carmichael (1990).

Hilfskonstruktionen behelfen, welche dann den für die Überprüfung der Effizienzlohntheorie entscheidenden Nachteil aufweisen, mit anderen theoretischen Ansätzen der Lohnbildung ebenfalls kompatibel zu sein.

Am ehesten wirken sich effizienzlohntheoretische Effekte auf die übertarifliche Entlohnung, also auf die Lohnspanne beziehungsweise Lohndrift, aus. So versuchen Bellmann und Kohaut (1995) und Meyer (1995) unter Verwendung von Firmenpaneldaten Determinanten der übertariflichen Entlohnung zu testen. Dabei erweisen sich bei der zuerst genannten Studie die Quote der offenen Stellen (bezogen auf die Beschäftigten), der Anteil der Teilzeitkräfte und das Vorhandensein eines Betriebsrates als signifikante Variablen. Die Quote der offenen Stellen kann zwar effizienzlohntheoretisch begründet werden – Vermeidung von Fluktuation –, ist jedoch gleichermaßen mit einem Verhandlungsansatz vereinbar. So mögen die erzielten Ergebnisse dieser Studie und der von Meyer (1995) der Effizienzlohntheorie nicht widersprechen, aber einen Test stellen sie nicht dar, wie die Autoren ebenfalls betonen.

Fallbeispiel: Zahlte Henry Ford Effizienzlöhne?

Am 12.1.1914 reduzierte die Ford Motor Company mit einem Schlag die tägliche Arbeitszeit von 9 auf 8 Stunden und verdoppelte gleichzeitig den Mindestlohn von 2.34 auf 5.00 Dollar für männliche Arbeiter im Alter über 22 Jahre, deren Betriebszugehörigkeit mindestens ein halbes Jahr betrug.[a] Die Hauptgründe für diese Maßnahmen waren wohl, Anreizwirkungen für eine höhere Produktivität zu schaffen, indem die Fluktuationsrate und die Abwesenheit vom Arbeitsplatz reduziert werden sollten. Beide Aspekte sind zentrale Themen der Effizienzlohntheorie. In der Tat kommen Raff und Summers (1987) in einer empirischen Studie zu dem Ergebnis, dass die späteren Erfahrungen der Ford Motor Company mit diesen Vergünstigungen die Relevanz der Effizienzlohntheorie bestätigen – beispielsweise im Hinblick auf eine deutliche Verbesserung der Produktivität. Henry Ford stellte später dann auch fest: "The payment of five dollars a day for an eight hour day was one of the finest cost cutting moves we ever made".

[a] Alle Angaben in diesem Fallbeispiel sind der umfangreichen Studie von Raff und Summers (1987) entnommen.

Wenn in Ermangelung geeigneter Daten auch keine direkte ökonometrische Überprüfung diverser Effizienzlohntheorien möglich ist, so haben sie doch beobachtbare und testbare Implikationen für das Verhalten der Unternehmen sowie für die Entwicklung wichtiger makroökonomischer Variablen. Eine solche Vorgehensweise liegt der Studie von Gahlen und Ramser (1987) zu Grunde. Eine der von ihnen auf Branchenebene untersuchten Implikationen ist die gleichgerichtete Veränderung der Arbeitsproduktivität auf Grund einer Zunahme der Lohndrift und der Arbeitslosenquote. Beide Variablen weisen in den geschätzten Gleichungen, denen Jahresdaten 1960–1982 für vier Branchenhauptgruppen zu Grunde liegen, immer ein positives, in einer Vielzahl von Fällen signifikantes Vorzeichen auf. Es sei wiederholt, dass dies kein direkter Test einer Effizienzlohnhypothese darstellt, weil eine positive Korrelation zwischen Arbeitsproduktivitätswachstum und Veränderung der Arbeitslosenquote ebenso mit einem einfachen Sortierprozess auf dem Arbeitsmarkt erklärt werden kann. Zumindest widerspricht das Testergebnis nicht der Effizienzlohntheorie, allerdings fielen Tests mit anderen Verhaltensfunktionen weniger günstig für die Effizienzlohntheorie aus.

Hübler und Gerlach (1989, 1990) haben ebenfalls versucht, auf indirektem Wege die empirische Relevanz der Effizienzlohntheorie zu testen. Die Vorgehensweise basiert auf einer ökonometrischen Analyse von Berufslohnstrukturen und auf der Idee, dass Effizienzlöhne beispielsweise dann gezahlt werden, wenn die Kosten einer Überwachung eines regelabweichenden Verhaltens von Arbeitern oder die der Einstellung und Ausbildung für bestimmte Berufe hoch sind. Der Schätzung liegen Individualdaten der ersten Welle des Sozio–oekonomischen Panels aus dem Jahre 1984 und Individualdaten für das Bundesland Bremen aus dem Jahre 1981 mit etwa 1800 beziehungsweise 5000 Individuen zu Grunde. Nachdem die Autoren die gängigen Erklärungen für Berufslohnstrukturen (wie zum Beispiel aus der Humankapitaltheorie)[127] in ihren Schätzgleichungen berücksichtigt hatten, verblieb ein nicht erklärter Rest, der mit Effizienzlohnüberlegungen in Einklang gebracht werden kann. Auch dieser Ansatz ist kein direkter Test, zeigt jedoch, dass Überlegungen der Effizienzlohntheorie aus ökonometrischer Sicht nicht von vornherein verworfen werden können.

8.6 Lohnrigiditäten

In diesem Abschnitt soll das Problem von Lohnstarrheiten und deren mikroökonomische Fundierung nochmal aufgegriffen werden. Die Analyse der Flexibilität der Lohnstruktur bleibt dem nächsten Abschnitt vorbehalten.

Nach den Ausführungen der vorangegangenen Abschnitte ist es nicht schwierig, mögliche theoretische Begründungen für Lohnstarrheiten katalogmäßig mit Hilfe der folgenden drei Kategorien kurz zusammenzustellen:[128]

(i) Informationstheoretische Ansätze

In diesen Modellen werden Lohnstarrheiten auf unvollkommene Informationen einerseits über bereits eingetretene, andererseits über für die Zukunft erwartete (Arbeits–)Marktsituationen zurückgeführt. Zur ersten Gruppe gehören dabei im Wesentlichen die Arbeitsplatzsuchmodelle, während kontrakttheoretische Überlegungen die zweite Gruppe dominieren. Da beide Modelle bereits dargestellt wurden, genügt ein kurzer Hinweis auf die Rolle der Lohninflexibilität.[129] Im Suchmodell überschätzt der Sucher auf Grund unvollständiger Information die tatsächliche Situation auf dem Arbeitsmarkt beispielsweise in einer beginnenden Rezessionsphase und korrigiert erst im Verlauf des Suchprozesses den Anspruchslohn nach unten. Die Modelle impliziter Kontrakte erklären, wieso es zum Beispiel auf Grund von unterschiedlichen Risikopräferenzen bei Arbeitnehmern und Arbeitgebern für beide Parteien rational sein kann, angesichts unsicherer Zukunftserwartungen etwa über die Absatzsituation die Entlohnung von Nachfrageschwankungen abzukoppeln.

(ii) Transaktionskostentheoretische Ansätze

[127] Vgl. dazu ausführlich *Kapitel 3.*

[128] Vgl. dazu auch die übersichtliche und leicht verständliche Darstellung bei Berthold (1987), der die folgende Gliederung angenähert ist. Eine ausgezeichnete Übersicht auf hohem Niveau geben auch Blanchard und Fischer (1989), Kapitel 9 und Gordon (1990).

[129] Suchmodelle sind Gegenstand des *Kapitels 6*, Kontraktmodelle die des *Abschnitts 8.3.*

Transaktionskosten sind Kosten, die entstehen, wenn Vertragsparteien in Austauschbeziehungen treten. Sie haben nicht direkt etwas mit der Produktion oder Nutzung von Gütern und Dienstleistungen zu tun, sondern umfassen Kosten der Sicherung der Vertragstreue, der Informationsbeschaffung über die unbekannte Qualität der auszutauschenden Güter und Dienstleistungen oder die Kosten der Koordination der Austauschbeziehungen.[130] Wie in *Abschnitt 8.5* dargelegt, kommen Effizienzlohnhypothesen zu dem Schluss, dass Lohnsenkungen dann für Unternehmen nicht vorteilhaft sind, wenn sie die Fluktuation erhöhen oder die Arbeitsproduktivität beispielsweise auf Grund höherer Bummelei am Arbeitsplatz senken. In eine ähnliche Richtung zielen soziologische Ansätze, die Lohnkürzungen als nicht vereinbar mit sozialen Konventionen ansehen und daher auf die Folgewirkungen im Hinblick auf das "Betriebsklima" und damit auf die Produktivität aufmerksam machen.[131]

(iii) Gewerkschaftsverhalten

In diesen Ansätzen, die in *Abschnitt 8.3* diskutiert wurden, werden Lohnreduktionen von den beschäftigten Arbeitern oder ihrer Gewerkschaft (den "Insidern") verhindert, ohne dass die Arbeitslosen (die "Outsider") die Möglichkeit haben, diese Strategie durch Lohnunterbietung zu unterlaufen.

Wie bereits dargelegt, erklären die angeführten Ansätze möglicherweise eine *Nominal*lohninflexibilität.[132] Diese ist nicht notwendigerweise auch mit einer *Real*lohninflexibilität verbunden. Nur bei vollständiger Preisstarrheit können beide Ausdrücke synonym verwendet werden. Starre Nominallöhne können durch sofortige und genügende Preisänderungen in vollständig flexible Reallöhne transformiert werden. Deshalb kann man das Problem einer möglicherweise unzureichenden Reallohnflexibilität auch so untersuchen, dass gefragt wird, wieso bei starren Nominallöhnen die Preise nicht flexibel genug reagieren, um die für das Vollbeschäftigungsgleichgewicht erforderliche Reallohnkorrektur zu gewährleisten. Dies ist eine Forschungsrichtung, welcher im Rahmen der mikrotheoretischen Begründung von Rigiditäten makroökonomischer Variablen verstärkt nachgegangen wird.[133]

Die genannte Unterscheidung in Real– und Nominallohnstarrheit ist für makroökonomische Fragestellungen dann wichtig, wenn Gründe für eine mangelnde Tendenz zum Vollbeschäftigungsgleichgewicht untersucht werden. Dies lässt sich an den Standardbeispielen der makroökonomischen Lehrbuchliteratur leicht verdeutlichen.[134] Liegt ein kontraktiver Nachfrageschock vor – etwa weil sich autonome Ausgabenkategorien auf Grund pessimistischer Zukunftserwartungen verringern –, dann sinken Preis und Output.[135] Bei starrem Nominallohn hat das einen höheren Reallohn zur Folge, sodass es zur Aufrechterhaltung von Vollbeschäftigung eines nach unten flexiblen Nominallohns

[130] Vgl. Schmid (1989) für eine kritische Würdigung derartiger Ansätze im Bereich der Arbeitsmarkttheorie.

[131] Vgl. dazu beispielsweise Akerlof und Yellen (1990).

[132] Das Wort "möglicherweise" soll nochmals auf die oben dargestellte Kritik der einzelnen Ansätze hinweisen. So kommt zum Beispiel Carmichael (1990) zu dem Schluss, dass die Effizienzlohnmodelle nicht in der Lage seien, Lohnrigiditäten zu erklären. Vgl. dazu auch *Abschnitt 8.5.4.1.*

[133] Vgl. Blanchard und Fischer (1989), Kapitel 9, Franz (1989a) und Gordon (1990).

[134] So zum Beispiel in Blanchard (2000) und Gordon (2000).

[135] Im Preis/Output–Diagramm verschiebt sich die gesamtwirtschaftliche Nachfragefunktion nach links unten.

bedarf. In diesem Kontext ist es erforderlich zu untersuchen, wieso der Nominallohn rigide ist. Hingegen verlangt ein ungünstiger Angebotsschock – beispielsweise in Form der exorbitanten Rohstoffpreiserhöhungen in den siebziger Jahren – die Beantwortung der Frage, wieso der Reallohn nicht schnell genug reagiert: Wenn die Preise flexibel sind, steigen sie bei einem Angebotsschock, während der Output sinkt,[136] sodass auch bei starrem Nominallohn auf Grund des nunmehr gesunkenen Reallohnes Vollbeschäftigung erreicht werden kann. Ein inflexibler Reallohn kann dies indessen verhindern, deshalb steht bei der Analyse von Angebotsschocks die Frage im Mittelpunkt, wieso der Reallohn inflexibel ist.

Nominallohninflexibilitäten spielen auch in Modellen der Neuen Keynesianischen Makroökonomik eine wichtige Rolle.[137] So zeigt das Modell von Malinvaud (1977), dass ein und dieselbe Höhe des Reallohnes sowohl mit Vollbeschäftigung wie auch mit Klassischer oder Keynesianischer Arbeitslosigkeit vereinbar ist. In diesem Modell kommt es mithin entscheidend auf die Konstellation von Nominallohn und Preisniveau an, in welchem "Regime" man sich befindet.

Abgesehen von den Kosten von Tarifverhandlungen werden Nominallohnrigiditäten in der theoretischen Literatur meist in der Weise untersucht, dass gefragt wird, ob, in welchem Umfang und unter Berücksichtigung welcher Referenzgröße eine Lohnindexierung vorgenommen werden sollte.[138] In der Realität am ehesten anzutreffen ist eine Lohnindexierung im Hinblick auf Preissteigerungen, wie sie beispielsweise in den USA mit Hilfe eines "cost of living adjustments" (COLA–Klauseln) für etwa gut die Hälfte der gewerkschaftlich organisierten Arbeitskräfte praktiziert wird und zeitweilig in Italien mit der "Scala Mobile" Anwendung fand. In der Literatur wird des Weiteren diskutiert, ob eine (implizite) Indexierung im Hinblick auf Schwankungen der Arbeitsproduktivität oder des Outputs rational und empirisch relevant ist.[139] Was das Ausmaß einer Lohnindexierung unter Bezugnahme auf Preisänderungen anbelangt, so hängt dies entscheidend von den Inflationsursachen ab: Preissteigerungen auf Grund exogener Schocks – wie die bereits erwähnten Preissprünge für Rohöl – dürfen nicht unter eine solche Indexierung fallen, weil dann der Reallohn konstant und damit zu hoch bliebe. Wenn im Gegensatz dazu eine zu starke Geldmengenexpansion die Inflation ausgelöst hat, dann ist eine Senkung des Reallohnes nicht erforderlich.[140] Angesichts der Tatsache, dass es in der Realität schwierig ist, die Inflationsursachen exakt zu identifizieren und eine Debatte darüber kaum Gegenstand ergiebiger Tarifauseinandersetzungen sein dürfte, wird in der Praxis höchstens eine Teilindexierung durchgeführt. In der Bundesrepublik wird eine solche automatische Lohnanpassung von der Deutschen Bundesbank als der zuständigen Genehmigungsbehörde nicht erlaubt.

[136] In diesem Fall verschiebt sich im Preis/Output–Diagramm die Angebotskurve nach links oben.

[137] Für eine Übersicht auf theoretisch anspruchsvollem Niveau vgl. zum Beispiel Ramser (1987b). Vgl. auch Gordon (1990).

[138] Für einen Übersichtsaufsatz speziell zu Nominallohnrigiditäten vgl. Schultze (1985).

[139] Vgl. dazu Schäfer–Jäckel (1985) und Franz und Schäfer–Jäckel (1990).

[140] Zur theoretischen Herleitung dieses Resultats vgl. zum Beispiel Gray (1978). Eine einfache Darstellung findet sich in makroökonomischen Lehrbüchern wie Dornbusch und Fischer (1995) oder Hall und Taylor (1991).

8.7 Lohndifferenziale

8.7.1 Lohnstrukturen

Die in den vorangegangenen Abschnitten (implizit) gemachte Annahme "eines" Lohnsatzes ist eine Fiktion, weil in der Realität zahlreiche Lohnstrukturen existieren.

Die Verdienste sind je nach Wirtschaftszweig oder Personengruppe unterschiedlich hoch und geben daher Anlass, nach einer Erklärung für die beobachtete Lohnstruktur und deren Veränderung zu suchen.[141] Unter Lohn– (und Gehalts–)struktur versteht man die Gliederung und Hierarchie der Verdienste nach bestimmten Merkmalen wie Wirtschaftszweig, Region, Qualifikation des Beschäftigten, Geschlecht oder Alter. So vergleicht man bei der intersektoralen Lohnstruktur die Durchschnittsverdienste einzelner Wirtschaftszweige miteinander, während die qualifikatorische Lohnstruktur auf Lohndifferenziale auf Grund von Qualifikations– oder Geschlechtsunterschieden abhebt.

8.7.1.1 Qualifikatorische Lohnstrukturen

Die qualifikatorische Lohnstruktur und ihre zeitliche Entwicklung sind vor allem in den neunziger Jahren Themen einer Reihe von detaillierten ökonometrischen Studien.[142] Angeregt, wenn nicht sogar ausgelöst, wurden diese Untersuchungen durch die Vermutung, dass die etwa im Vergleich zu den Vereinigten Staaten weitgehend starre qualifikatorische Lohnstruktur in Westdeutschland zur hohen Arbeitslosigkeit gering Qualifizierter hier zu Lande – im Gegensatz zu den Vereinigten Staaten – (entscheidend) beigetragen habe, so wie es in der griffigen Formulierung: "Das europäische Arbeitslosigkeitsproblem und das Problem der Ungleichheit in den Vereinigten Staaten sind zwei Seiten derselben Medaille" (Paul Krugman) zum Ausdruck kommt. Als wirtschaftspolitische Schlussfolgerung ergibt sich mithin die Forderung, die Löhne im unteren Qualifikationsbereich stärker zu spreizen, um die Beschäftigung dort zu erhöhen.[143]

Das empirische Bild der zeitlichen Entwicklung der qualifikatorischen Lohnstruktur in Westdeutschland wird in *Schaubild 8.3* für den Zeitraum der Jahre 1975 bis 1990, das verarbeitende Gewerbe[144] und sozialversicherungspflichtige vollerwerbstätige Männer gezeichnet; mit der zuletzt genannten Einschränkung wird vermieden, dass die Resultate durch geschlechtsspezifische Änderungen der Lohnstruktur verzerrt werden. Des Weiteren differenziert das Schaubild nach drei Quantilen und Qualifikationsgruppen. Das x–Prozentquantil der Lohnverteilung innerhalb einer Gruppe bezeichnet jeweils das Lohnniveau, welches gerade x Prozent der Arbeitnehmer maximal und folglich (100 – x) Prozent der Arbeitnehmer mindestens erreichen. Die Arbeitnehmer werden gedanklich nach der Höhe ihrer Entlohnung in einer Reihenfolge angeordnet und dann in x–Prozentquantile unterteilt. Die drei Qualifikationsgruppen sind

---

[141] Soweit nicht anders vermerkt, schließt – dem allgemeinen Sprachgebrauch folgend – der Terminus "Lohnstruktur" immer Gehälter mit ein.

[142] Ohne Anspruch auf Vollständigkeit seien Möller und Bellmann (1996), Fitzenberger (1999), Fitzenberger und Franz (1998) sowie Steiner und Wagner (1998a,b) genannt.

[143] Vgl. *Abschnitt 9.2* und *9.3* für diesbezügliche Ausführungen.

[144] Die Quelle – Fitzenberger und Franz (1998) – enthält auch Angaben für das Nichtverarbeitende Gewerbe. Die Beobachtungsperiode wird bei Möller (1999) auf die Zeitperiode 1975 bis 1994 ausgedehnt, ohne dass sich jedoch an den im Folgenden dargestellten Tendenzen substanziell etwas ändert.

(i) hohe Qualifikation (Universitäts– oder Fachhochschulabschluss), (ii) mittlere Qualifikation (mit abgeschlossener Berufsausbildung, aber ohne Universitäts– oder Fachhochschulabschluss), (iii) geringe Qualifikation (ohne abgeschlossene Berufsausbildung und ohne Universitäts– oder Fachhochschulabschluss). Bei den Lohndaten handelt es sich um reale Tageslöhne, Datenbasis ist die Beschäftigtenstichprobe des Instituts für Arbeitsmarkt– und Berufsforschung (IAB). Um die zeitliche Entwicklung anschaulich und vergleichbar darzustellen, werden die Löhne als Index mit dem Wert 1975=0 berechnet. Wegen zu geringer Fallzahlen im Datensatz kann das 80–Prozentquantil für Hochqualifizierte nicht ausgewiesen werden. Bei den dargestellten Zeitreihen handelt es sich um Schätzungen des trendmäßigen Verlaufs der genannten Lohnsätze mit Hilfe von zensierten Quantilsregressionen, wobei in die Schätzgleichung Sektordummies, ein quadratisches Alterspolynom und Jahresdummies (von 1976 bis 1990) eingehen, um der mit diesen Variablen einhergehenden Heterogenität Rechnung zu tragen.[145]

Schaubild 8.3 zeigt die unterschiedliche Lohnentwicklung zwischen den etwa drei Fünfjahresintervallen der Jahre 1975 und 1990. Während der Zeitraum von 1975 bis 1980 von einem realen Lohnwachstum über alle Gruppen und Quantile hinweg von rund 8 bis 12 v.H. gekennzeichnet war, stagnierten die Reallöhne im Zeitraum 1980 bis 1985 oder fielen sogar in einigen Fällen, um dann von 1985 bis 1990 mit derselben Bandbreite wie im ersten Zeitraum zu steigen. Dessen ungeachtet finden sich Unterschiede in den einzelnen Lohntrends. Während am 80–Prozentquantil das Lohnwachstum für geringe und mittlere Qualifikationen nahezu identisch ist, klafft der Verlauf der Lohnkurven im 20–Prozentquantil auseinander. Im unteren Quantilsbereich verbessern die gering und hoch Qualifizierten ihre Position gegenüber den Arbeitnehmern mit mittlerer Qualifikation, im mittleren Quantilsbereich ist die Verbesserung der Position der Hochqualifizierten noch stärker. Das Lohnwachstum steigt für mittlere und hohe Qualifikationen mit dem Quantil, das heißt, für diese Qualifikationsgruppen findet sich eine höhere Lohndispersion *innerhalb* der Lohngruppe. Umgekehrt ist das Lohnwachstum für gering Qualifizierte in allen Quantilen fast identisch, sodass für diese Qualifikationsgruppe die Lohndispersion innerhalb der Gruppe konstant bleibt.

Zusammenfassend lassen sich mithin zwei Beobachtungen hinsichtlich der qualifikatorischen Lohnstrukturentwicklung (in der dargestellten Abgrenzung) machen:

(i) Gering und hoch qualifizierte Arbeitnehmer konnten ihre Lohnposition gegenüber Beschäftigten mit mittlerem Qualifikationsniveau leicht verbessern. Insgesamt hat sich die qualifikatorische Lohnstruktur aber in Westdeutschland wenig verändert – im Gegensatz zur starken Erhöhung der Lohndispersion in den USA.

[145] Bei der Schätzung von konventionellen Lohnregressionen mit Hilfe der Kleinste–Quadrate–Methode werden die mittleren Löhne in Abhängigkeit von den beobachtbaren Regressoren modelliert, beispielsweise beschreibt das geschätzte Alterslohnprofil, wie sich der mittlere Lohn über die Altersgruppen hinweg unterscheidet. Die Methode der Quantilsregressionen erweitert diese Sichtweise dahingehend, dass geschätzt wird, wie sich die gesamte Lohnverteilung in Abhängigkeit von den beobachtbaren Regressoren verändert, das heißt in unserem Beispiel, wie sich die bedingten Lohnquantile über die Altersgruppen hinweg verändern. Damit lässt sich feststellen, wie die Spreizung der Löhne von den Regressoren abhängt. Quantilsregressionen lassen sich auch auf zensierte Lohndaten anwenden (man spricht dann von zensierten Quantilsregressionen), bei denen nur bekannt ist, dass der Lohn einer Person oberhalb oder unterhalb einer bestimmten Schranke liegt. Die Berechnung zensierter Quantilsregressionen erweist sich allerdings als äußerst schwierig. Vgl. Fitzenberger (1997b).

Schaubild 8.3 : Geschätzte Zeittrends der Löhne vollerwerbstätiger Männer in Westdeutschland 1975 bis 1990 (1975=0)[a)]

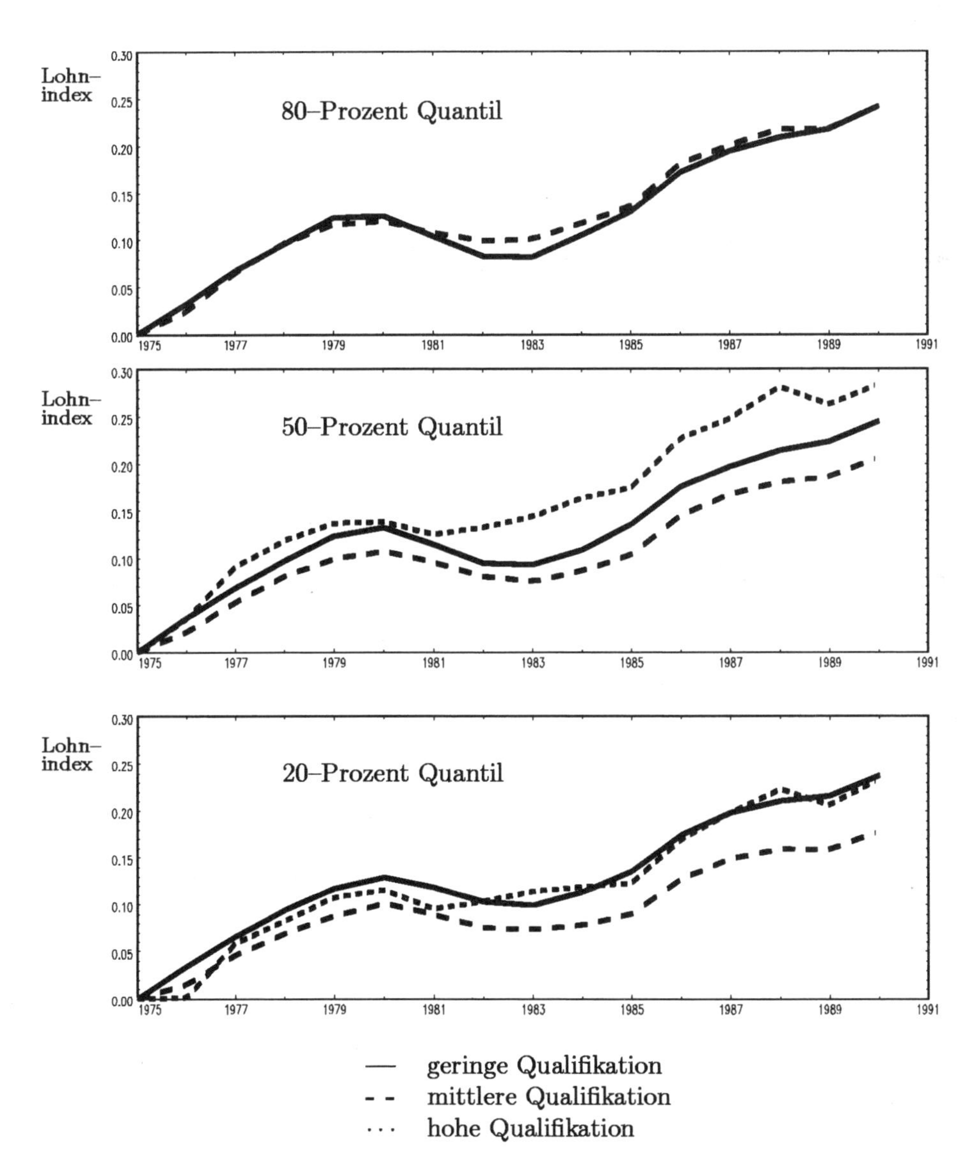

a) Vgl. Text für Erläuterungen.

Quelle: Fitzenberger und Franz (1998), Abbildung 6.

(ii) Innerhalb der mittleren und hohen Qualifikationsgruppen ist eine leichte Erhöhung der Lohndispersion zu erkennen, während sich innerhalb der Gruppe der gering Qualifizierten keine Anzeichen für eine Flexibilisierung der Lohnstruktur zeigen.

Damit stellt sich die Frage nach den Bestimmungsfaktoren für die beobachtete Entwicklung der qualifikatorischen Lohnstruktur. Prinzipiell kommen drei Ansätze als Erklärung in Frage, die sich indessen nicht notwendigerweise ausschließen.

Erstens kann sich das Arbeitsangebot in qualifikatorischer Hinsicht geändert haben, sodass – bei gegebener qualifikationsspezifischer Arbeitsnachfrage – Verschiebungen in der qualifikatorischen Lohnstruktur die Folge sind. Angesichts der zunehmenden Tendenz zur Höherqualifizierung von Arbeitnehmern in Deutschland in den vergangenen Dekaden[146] hätten gemäß einem solchen Arbeitsangebotseffekt die Löhne der hoch Qualifizierten relativ zu denen der anderen Qualifikationsgruppen fallen müssen. Diese Aussage entspricht – wie oben dargestellt – nicht den Beobachtungen: Insoweit überhaupt eine Flexibilisierung der qualifikatorischen Lohnstruktur konstatiert werden kann, haben die Löhne der hoch Qualifizierten – relativ zur Lohngruppe der mittleren Qualifikation – leicht zugenommen. Außerdem wäre wohl auf Grund des zurückgehenden Arbeitsangebotes gering Qualifizierter eine stärkere Erhöhung der Löhne im unteren Qualifikationsbereich zu vermuten gewesen.[147]

Dass die Löhne der hoch Qualifizierten gestiegen sind – anstatt (relativ) zu fallen – kann mit einer so starken Steigerung der Nachfrage nach hoch qualifizierter Arbeit erklärt werden, dass der negative Effekt auf die relative Entlohnung, wie er auf Grund der Arbeitsangebotszunahme hätte erwartet werden können, (leicht über–)kompensiert wurde. Analoges gilt für die unteren Lohngruppen. Zwar nahm das Arbeitsangebot gering qualifizierter Arbeit ab, die zurückgehende Nachfrage nach dieser Arbeit verhinderte indessen (stärkere) relative Lohnsteigerungen der gering Qualifizierten. Folglich setzen der zweite und dritte Ansatz zur Erklärung des zeitlichen Verlaufs der qualifikatorischen Lohnstruktur bei der Arbeitsnachfrage an, wobei im Wesentlichen zwei Aspekte hervorgehoben werden: die zunehmende Internationalisierung der Märkte und der arbeitssparende technische Fortschritt.[148]

Die zunehmende Internationalisierung der Märkte ("Globalisierung") bedeutet, dass die Verflechtung der Märkte als Folge verbesserter Kommunikations- und Transporttechnologien enger wird und die Mobilität der Produktionsfaktoren Arbeit und Kapital über die nationalen Grenzen hinweg steigt.[149] Der Import von Gütern, zu deren Herstellung ein hoher Anteil an gering qualifizierter Arbeit erforderlich ist, hat zugenommen, unter anderem auf Grund von Standortverlagerungen inländischer Unternehmen ins kostengünstigere Ausland ("Billiglohnländer") oder im Rahmen einer

---

[146]Vgl. dazu *Abschnitt 3.1.*

[147]Dies kann auch nicht damit erklärt werden, dass die Auswirkungen der Höherqualifikation des Arbeitsangebotes durch gegenläufige Erhöhungen eines geringer qualifizierten Arbeitsangebotes etwa auf Grund von Zuwanderungen konterkariert wurde.

[148]Für allgemeine Übersichten vgl. Katz und Autor (1999), Johnson (1997), Landmann und Pflüger (1996) und Steiner und Wagner (1998b). Speziell zum Einfluss des internationalen Handels auf die Lohnstruktur sei auf die Übersichten von Burtless (1995) und Hesse (1996) verwiesen. Juhn et al. (1991) geben einen Überblick über die Literatur zum Zusammenhang zwischen der Nachfrage nach gering qualifizierter Arbeit und dem entsprechenden arbeitssparenden technischen Fortschritt.

[149]Einen kurzen instruktiven Überblick bietet Donges (1998).

Lohnveredelung.[150] Damit ändert sich die inländische Produktionsstruktur, das heißt, es ergibt sich im Inland eine zunehmende Spezialisierung auf die Produktion von Waren und Dienstleistungen, zu deren Erzeugung hoch qualifizierte Arbeit benötigt wird, sodass deren Nachfrage steigt, während die nach gering qualifizierter Arbeit abnimmt.[151] Diese Hypothese kann jedoch nicht als allgemein gültig angesehen werden, da sie in einzelnen Ländern nicht mit allen Fakten konsistent ist. Zum einen lässt sich die Verschiebung der qualifikationsspezifischen Arbeitsnachfrage nicht nur im Bereich handelbarer Güter feststellen, sondern betrifft ebenso nicht-handelbare Güter. Zum anderen hätten die Preise der Güter mit hohem Input gering qualifizierter Arbeit relativ (stärker) fallen müssen als dies tatsächlich in einigen Ländern beobachtet wurde.

Deshalb favorisiert die Literatur mehr den dritten Ansatz zur Erklärung der Entwicklung der qualifikatorischen Lohnstruktur, nämlich die Hypothese eines den Einsatz gering qualifizierter Arbeit sparenden technischen Fortschritts.[152] Gründe dafür liegen einmal darin, dass der technische Fortschritt die Effizienz der hoch qualifizierten Arbeitnehmer begünstigt – etwa in Form der zunehmenden Verbreitung von Personal Computern und der immer höherwertigen Software –, zum anderen in der Automatisierung – beispielsweise durch Industrieroboter – von (routinemäßigen) Produktionsabläufen oder auch die zunehmende Einführung ganzheitlicher an Stelle Tayloristischer Arbeitsorganisationen.[153] Die zunehmende Effizienz hoch qualifizierter Arbeit und die nachlassende Nachfrage nach gering qualifizierter Arbeit führt dann zu tendenziell höheren Löhnen im oberen Bereich der Lohnstruktur oder zu geringeren oder nur sehr mäßig steigenden Entgelten in den unteren Lohngruppen, je nachdem wie hoch die Substitutionselastizitäten innerhalb der Qualifikationsgruppen und zwischen ihnen und dem Faktor Sachkapital sind.[154]

Zu beachten ist, dass insbesondere im Bereich gering qualifizierter Arbeit der Lohnbildungsprozess eine entscheidende Rolle spielt, wenn es um die Erklärung der Beschäftigungseffekte geht. Nach unten inflexible Löhne – bedingt etwa durch ein Insider–Outsider–Verhalten – verhindern, dass die Lohnstruktur stärker gespreizt und damit Beschäftigungsverluste abgemildert werden.[155]

Die empirische Evidenz zu den dargestellten Hypothesen kann (für Deutschland) als nur vorläufig angesehen werden, da die Forschung zu diesem Thema bei weitem noch nicht abgeschlossen ist.[156] So kommt beispielsweise Fitzenberger (1997a) zu dem Ergebnis, dass die verstärkte Importkonkurrenz die oben dargestellte Entwicklung der Lohnstruktur für Arbeitnehmer mit geringer Qualifikation dominiere, während der nichtneutrale technische Fortschritt den Bereich der mittleren und hohen Lohngruppen bestimme. Steiner und Wagner (1998b) folgern zwar ebenfalls, dass die Nachfrage nach gering qualifizierter Arbeit in Sektoren mit höheren Importanteilen ihrer Güter stärker als in anderen Sektoren abgenommen habe und dass dies ebenfalls im Hinblick

---

[150] Vgl. zu diesen Aspekten *Abschnitt 4.1.*

[151] Einen guten Überblick über diese Literatur ist in verschiedenen Beiträgen des Heftes 3 (1995) des Journal of Economic Perspectives enthalten.

[152] Einen Überblick zum Stand der Diskussion bietet Fitzenberger (1999).

[153] Zum letztgenannten Aspekt siehe Lindbeck und Snower (1996).

[154] Vgl. dazu die Ausführungen in *Kapitel 4* sowie Machin und van Reenen (1998).

[155] Zum Einfluss des Lohnsetzungsverhaltens vgl. Fitzenberger (1999), Gregg und Manning (1997) und Klotz, Pfeiffer und Pohlmeier (1999).

[156] Einige neuere Resultate für Deutschland sind in dem Sonderband "Lohnstrukturen, Qualifikation und Mobilität" der Jahrbücher für Nationalökonomie und Statistik 218 (1999) enthalten.

auf den sektorspezifischen technischen Fortschritt gelte. Gleichwohl erachten sie die geschätzten quantitativen Effekte als zu klein, um den beobachteten Rückgang der Beschäftigung niedrig Qualifizierter hinreichend erklären zu können. Klotz, Pfeiffer und Pohlmeier (1999) betonen die Bedeutung des Lohnfindungsmechanismus für die Wirkung des technischen Fortschritts auf die Beschäftigungsstruktur, der in einigen Industrien die direkten Effekte (über-)kompensiert habe.

8.7.1.2 Intersektorale Lohnstrukturen

Neben Lohndifferenzialen, die auf qualifikationsbedingte Unterschiede der Beschäftigten zurückzuführen sind, werden auch rein industriespezifische Lohnunterschiede beobachtet. So zeigen Möller und Bellmann (1996), dass innerhalb gegebener Qualifikationsgruppen teilweise substanzielle interindustrielle Lohnunterschiede bestehen. Beispielsweise führen bei der Gruppe der Facharbeiter im Jahre 1989 in Westdeutschland die Chemische Industrie, die Datenverarbeitung und der Luftfahrzeugbau die Entlohnungsskala an, während das Textilgewerbe und die Nahrungsmittelindustrie eher am unteren Ende der interindustriellen Lohnstruktur anzusiedeln sind.

Zur Erklärung von intersektoralen, nicht qualifikatorisch bedingten Lohndifferenzialen bietet die Literatur im Wesentlichen drei Hypothesen an:

(i) "Hochlohn"–Firmen oder Sektoren halten Lohndifferenziale aufrecht und mit gewinnmaximierendem Verhalten vereinbar, weil eine Reduktion der Lohnsätze auf ein durchschnittliches Niveau mit Effizienzverlusten einherginge. Diese Hypothese beruht auf der Effizienzlohntheorie, deren Varianten im einzelnen in *Abschnitt 8.5* dargestellt wurden, sodass die Begründungen hier nicht wiederholt zu werden brauchen. Eine Variante ist die in *Abschnitt 8.5.3* angesprochene Auslesefunktion des höheren Lohnsatzes: Wenn ein Unternehmen oder Sektor Löhne zahlen, die über dem Durchschnitt liegen, dann werden sich dort die besonders fähigen Arbeitskräfte bewerben.

    Empirische Studien zur Ermittlung der Relevanz der Effizienzlohnhypothese zur Erklärung intersektoraler Lohndifferenziale schätzen Einkommensfunktionen unter Verwendung von Variablen, die ihre Berechtigung aus anderen theoretischen Ansätzen herleiten (also beispielsweise aus der Humankapitaltheorie). Die verbliebenen Residuen als "unerklärter Rest" werden dann mit Hilfe von Variablen zu reduzieren versucht, die in Einklang mit der Effizienzlohntheorie stehen. So begründen Hübler und Gerlach (1989, 1990) die Einbeziehung der zusätzlichen Variablen "Hierarchieebene in der Firma" im Sinne der Effizienzlohntheorie damit, dass die Kontrollmöglichkeiten der Arbeitsleistungen seitens der Firma umso schwieriger und der Verlust auf Grund einer Drückebergerei umso gravierender ist, desto höher der Beschäftigte in der Firmenhierarchie angesiedelt ist. Gahlen und Licht (1990) untersuchen die Reaktion der Lohnstruktur auf die gestiegene Arbeitslosigkeit und begründen die ermittelte träge Reaktion mit Effizienzlohnüberlegungen. Das Problem mit der Vorgehensweise in beiden erwähnten Studien ist, dass die empirische Relevanz der betreffenden Variablen ebenso im Einklang mit anderen theoretischen Modellen stehen kann,[157] sodass nicht ganz klar ist, welche Theorie eigentlich getestet wurde.

[157] So kann die Hierarchievariable in der Studie von Hübler und Gerlach (1990) auch aus der

(ii) Alle in der vorhergehenden Rubrik aufgeführten Studien betonen die Bedeutung der Firmengröße für das Ausmaß der intersektoralen Lohndifferenziale. Auch dies lässt sich effizienzlohntheoretisch etwa in dem Sinn deuten, dass mit der Anzahl der Beschäftigten die Schwierigkeiten und Kosten zunehmen, die Leistungsintensität der einzelnen Beschäftigten zu kontrollieren. Möglicherweise reagiert die Produktivität der Beschäftigten auf höhere Löhne in großen Unternehmen stärker als in kleineren Firmen. Es werden jedoch noch andere Erklärungsfaktoren genannt.[158] Größere Firmen weisen in der Regel eine höhere Kapitalintensität auf, die zur Folge hat, dass Arbeiter mit einer besseren Humankapitalausstattung beschäftigt werden und mithin vergleichsweise höhere Löhne gezahlt bekommen. Ein höherer Monopolisierungsgrad hat häufig einen positiven Einfluss auf die Gewinne, welche dann in Form von Lohnzuschlägen teilweise an die Belegschaft weitergegeben werden, insbesondere dann, wenn eine starke innerbetriebliche Interessenvertretung der Mitarbeiter existiert.[159]

Die empirische Relevanz der Betriebsgröße als Erklärung für intersektorale Lohndifferenziale wird in weiteren Studien bestätigt. Gerlach und Hübler (1998) stellen in einer ökonometrischen Untersuchung auf der Basis von Individualdaten von zehn Wellen des Sozio–oekonomischen Panels fest, dass erhebliche positive und stabile Effekte der Firmengröße auf die Entlohnung erhalten bleiben, selbst wenn andere Heterogenitäten in Rechnung gestellt werden.[160]

(iii) Eine dritte Gruppe von Argumenten führt die Unterschiede in der intersektoralen Lohnstruktur darauf zurück, dass höhere Löhne einen Ausgleich für unvorteilhafte Charakteristika des Arbeitsplatzes darstellen.[161] Die "kompensierenden Lohndifferenziale" müssten nach dieser Hypothese umso höher ausfallen, je unangenehmer und/oder gefährlicher ein Arbeitsplatz ist. Dabei können sich die unangenehmen Eigenschaften auf Charakteristika des Arbeitsplatzes selbst (Schmutz– und Lärmbelästigung, Gesundheitsgefährdung, Nacht– und Feiertagsarbeit, hohes Kündigungsrisiko, stark schwankende Entlohnung etc.) und/oder auf die Umgebung des Arbeitsplatzes beziehen (wie zum Beispiel die regionale Lebensqualität). Der beobachtete Lohnsatz besteht mithin aus zwei Komponenten: dem Entgelt für eine bestimmte qualitative und quantitative Arbeitsleistung und einer (positiven oder negativen) Kompensation für bestimmte Attribute der ausgeübten Tätigkeit. In nicht zu überbietender Klarheit hat bereits Adam Smith (1776) festgestellt: "The wages of labour vary with the ease or hardship, the cleanliness or dirtiness, the honourableness or dishonourableness of the

---

Vorstellung hergeleitet werden, dass es interne Arbeitsmärkte in der Firma gibt, die stabile und überdurchschnittlich entlohnte Beschäftigungsverhältnisse aufweisen.

[158]Vgl. Gerlach und Schmidt (1989) für eine übersichtliche Darstellung. Weitere theoretische Untersuchungen einschl. empirischer Überprüfungen enthalten Blanchflower (1986), Dunn (1986) und Strand (1987).

[159]Brown und Medoff (1989), S. 1031 haben jedoch darauf hingewiesen, dass auch dies wiederum erklärungsbedürftig ist. Vgl. dazu auch *Abschnitt 7.2*.

[160]Dies heißt nicht, dass Arbeitsplätze in Großunternehmen generell für Arbeitnehmer vorteilhafter sein müssen, vgl. dazu Brüderl und Preisendörfer (1986).

[161]Eine Übersicht über die Theorie kompensierender Lohndifferenziale bietet Rosen (1986). Vgl. auch die Bedeutung kompensierender Lohndifferenziale im Rahmen der Arbeitsangebotsentscheidung in *Abschnitt 2.2.5*.

employment" (S. 112).

Die empirische Evidenz steht in umgekehrtem Verhältnis zur Plausibilität dieser intuitiv einleuchtenden Argumentation. Wenn überhaupt ein signifikanter Einfluss diesbezüglicher Variablen[162] festgestellt wurde, dann wies er ein aus theoretischer Sicht falsches, nämlich negatives Vorzeichen auf. Neben den bereits erwähnten Untersuchungen kommen Lorenz und Wagner (1988) auf Grund einer ökonometrischen Schätzung von Einkommensfunktionen auf der Basis unterschiedlicher Individualdatensätze zu dem Schluss, dass die Frage, ob es in Westdeutschland kompensierende Lohndifferenziale für Arbeitsunfall- und Berufskrankheiten gebe, eher verneint als bejaht werden könne.

Tabelle 8.3 : Korrelationskoeffizienten der interindustriellen Lohnstruktur[a)] (Westdeutschland)

Jahr	1965	1970	1975	1980	1985	1990	1995
1960	0.947	0.909	0.754	0.724	0.742	0.716	0.728
1965		0.952	0.814	0.787	0.766	0.736	0.730
1970			0.924	0.900	0.883	0.869	0.868
1975				0.992	0.973	0.960	0.948
1980					0.979	0.967	0.951
1985						0.991	0.976
1990							0.989

a) Vgl. Text für Erläuterungen; durchschnittliche Bruttostundenverdienste der männlichen Arbeiter in der Leistungsgruppe 1 in ungewichteten 31 Sektoren des verarbeitenden Gewerbes. 1960 nur 29 Sektoren, 1965 und 1970 jeweils 30 Sektoren.

Quelle: Statistisches Bundesamt (Maxdata CD-Rom: Statisbund); eigene Berechnungen (Basis WZ 1979).

Mindestens ebenso wichtig wie das Problem *bestehender* interindustrieller Lohndifferenziale ist die Frage nach ihrer zeitlichen Veränderung. *Tabelle 8.3* zeigt Korrelationskoeffizienten zeitlich aufeinanderfolgender interindustrieller Lohnstrukturen für Arbeiterstundenverdienste. Die Tabelle ist zeilenweise in dem Sinn zu interpretieren, dass beispielsweise der Korrelationskoeffizient zwischen der Lohnstruktur im Jahre 1965 und der im Jahre 1970 den Wert 0.947 annimmt, während die Lohnstrukturen der Jahre 1960 und 1995 noch mit 0.728 korrelierten. Zunächst ist erkennbar, dass fast alle Korrelationskoeffizienten zwar sinken – das heißt eine zeitliche Veränderung der Lohn*struktur* anzeigen –, diese Veränderung ab 1980 jedoch etwas geringer ausfällt als vor diesem Jahr.

[162] In der Studie von Gerlach und Schmidt (1989): körperliche und nervliche Belastung am Arbeitsplatz; in der Arbeit von Lorenz und Wagner (1988): Arbeitsunfälle, Berufskrankheiten; in der Untersuchung von Schmidt und Zimmermann (1991): Klimabedingungen, Luftverschmutzung.

Die Korrelationskoeffizienten sagen nichts darüber aus, ob sich die intersektorale Lohnstruktur mehr differenziert oder eher komprimiert hat. Auskunft darüber gibt *Tabelle 8.4*, welche die Variationskoeffizienten der Bruttostunden– und –monatsverdienste in der Industrie wiedergibt.[163]

Tabelle 8.4 : Variationskoeffizienten der sektoralen Lohnstruktur in der Industrie (Westdeutschland)

	1960	1970	1980	1985	1990	1993
Bruttostunden–verdienste	0.15	0.14	0.14	0.15	0.16	0.16
Bruttomonats–verdienste	0.12	0.11	0.12	0.13	0.13	0.13

Quelle: Eigene Berechnungen auf der Basis von Grundzahlen des Statistischen Bundesamtes.

Die Variationskoeffizienten für beide Verdienstdefinitionen bleiben im Zeitraum der Jahre 1960 bis 1993 im Wesentlichen unverändert und legen daher die Vermutung nahe, dass sich die sektorale Lohnstruktur in den letzten Jahren weder nivelliert noch stärker gespreizt hat. Diese Beobachtung gilt jedoch möglicherweise nicht für alle Arbeitnehmergruppen. So kommen Möller und Bellmann (1996) in einer ökonometrischen Analyse auf der Basis von Individualdaten der Beschäftigtenstatistik für das westdeutsche verarbeitende Gewerbe zu dem Ergebnis, dass in den Jahren 1979 bis 1989 für männliche deutsche vollzeitbeschäftigte Arbeitnehmer unter 55 Jahren stabile, im Zeitablauf zunehmende interindustrielle Lohndifferenziale existieren, die sich nicht durch Unterschiede im Ausbildungsstand, in der Berufserfahrung oder im Fluktuationsverhalten erklären lassen.[164] Dieses Resultat steht etwas im Gegensatz zu einer Studie von DeNew und Schmidt (1994), die den interindustriellen Lohndifferenzialen nur eine geringe Bedeutung zumessen und stattdessen temporäre Schwankungen in der sektorspezifischen Arbeitsnachfrage als primäre Ursache der interindustriellen Lohnunterschiede ausmachen.

8.7.1.3 Regionale Lohnstrukturen

Wenden wir uns abschließend der regionalen Lohnstruktur zu. Zunächst muss bei Regionalanalysen davor gewarnt werden, regionale Lohndifferenziale mit regionalen Einkommensunterschieden gleichzusetzen. Letztere werden in der Regel als regionale Pro–Kopf–Einkommen berechnet und unterscheiden sich in der Tat ganz beträchtlich.

[163] Ein Variationskoeffizient ist definiert als $V = \sigma/\mu$, mit $\sigma = \sqrt{\frac{1}{N}\sum(x_i - \mu)^2 N_i}$ als der Standardabweichung. Er hat den Vorteil, dass er eine dimensionslose Größe ist, indem er die Standardabweichung der Merkmale $x_i, i = 1, \ldots, T$ auf das arithmetische Mittel μ aller x_i bezieht.

[164] Die Beobachtungen – rund 45 Tsd. Personen pro Jahr – umfassen nur sozialversicherungspflichtige Beschäftigte, das heißt, geringfügige Beschäftigungsverhältnisse bleiben aus Datengründen unberücksichtigt.

Tabelle 8.5 : Regionale Stundenlöhne (in €) einer ausgewählten Leistungsgruppe[a)] (Westdeutschland)

Jahr	Bundesdurchschnitt	Niedersachsen	Nordrhein-Westfalen	Baden-Württemberg	Bayern	Berlin (West)
1970	2.96	2.93	2.93	2.60	3.02	2.99
1980	6.35	6.29	6.28	5.57	6.48	6.42
1990	9.43	9.35	9.34	8.27	9.63	9.53
2000	13.29	13.17	13.15	11.65	13.56	13.43

a) Jahresdurchschnittswerte aus vier Quartalen; vgl. Text für Erläuterungen.

Quelle: Statistisches Bundesamt, Fachserie 16, Reihe 2.1: Arbeiterverdienste in der Industrie, 1995 und 2001.

Der Begriff "regionale Lohnstruktur" hebt dagegen darauf ab, in welchem Ausmaß in unterschiedlichen Regionen für die gleiche Leistung verschieden hohe Entgelte gezahlt werden. Dabei ist es für eine quantitative Analyse erforderlich, den Terminus "gleiche Leistung" zu operationalisieren, etwa indem der Stundenlohnsatz einer bestimmten Lohngruppe eines männlichen Vollzeit–Arbeiters in einem möglichst homogenen Wirtschaftszweig regionalisiert wird.

Die amtliche Statistik bietet hier nur die Möglichkeit, die Höhe eines speziellen Arbeiterverdienstes zwischen den Bundesländern zu vergleichen. Um dem Erfordernis der Homogenität dieser Entlohnung möglichst nahe zu kommen, ist in *Tabelle 8.5* der Bruttostundenlohnsatz eines männlichen, angelernten Arbeiters (Leistungsgruppe 2) für den Wirtschaftszweig "Hoch– und Tiefbau"[165] für einige Bundesländer ausgewiesen. Schon zwischen Bundesländern als ausserordentlich große regionale Einheiten zeigen sich Differenzen.[166]

Ein besonderes Interesse bei der Analyse der regionalen Lohnstruktur kommt dem Zusammenhang zwischen der regionalen Lohnhöhe und der regionalen Arbeitslosigkeit zu, das im Rahmen der Diskussion über die "Lohnkurve" neu entfacht wurde.[167] Dabei sind zwei Aspekte zu unterscheiden:

(i) Vernachlässigt man die Mobilität der Arbeitskräfte, dann besteht eine *negative*, vermutlich nicht–lineare Beziehung zwischen der Lohnhöhe und dem Ausmaß der Arbeitslosigkeit. Als eine unter mehreren möglichen Begründungen kann auf die Effizienzlohntheorie verwiesen werden.[168] In Regionen mit geringer Ar-

[165] Einschl. Handwerk.

[166] Dies führt dazu, dass die für die Bundesländer ausgewiesenen Lohndaten bereits nivellierende Mittelwerte kleinerer regionaler Einheiten sind.

[167] Vgl. dazu das Buch von Blanchflower und Oswald (1994) und die Rezension von Card (1995).

[168] Vgl. dazu *Abschnitt 8.5*.

beitslosigkeit besteht die Gefahr, dass die Arbeitskräfte ihre Leistungsintensität reduzieren; also zahlen Unternehmen einen höheren Lohn, um diesem Verhalten zu begegnen. Steigt die regionale Arbeitslosigkeit, dann wird die Strafe für entdeckte Bummelei am Arbeitsplatz größer, denn es dauert länger, bis ein neuer Arbeitsplatz gefunden wird; mithin braucht das Unternehmen, wenn überhaupt, nur eine geringere Prämie für unterlassene Drückebergerei zu zahlen.

(ii) Bei großer Mobilität der Arbeitskräfte besteht indessen eine *positive* Beziehung zwischen der (erwarteten) Lohnhöhe und der (erwarteten) Arbeitslosigkeit. Dies folgt aus der Überlegung, dass Wanderungen vorzugsweise in Hochlohnregionen erfolgen und dort die Arbeitslosigkeit vergrößern.[169]

Die Lohnkurve bezieht sich auf den unter (i) beschriebenen Fall und behauptet einen negativen Zusammenhang zwischen der regionalen Lohnhöhe und der regionalen Arbeitslosenquote, wobei die Kausalität von der Arbeitslosigkeit in Richtung Lohnhöhe geht. Die Lohnkurve darf nicht mit der Phillipskurve verwechselt werden: Die Phillipskurve, die auf einem anderen theoretischen Konzept beruht, postuliert einen Zusammenhang zwischen der Lohn*wachstumsrate* und dem Niveau der Arbeitslosigkeit, während die Lohnkurve eine Relation zwischen Lohnniveau und dem Niveau der Arbeitslosigkeit darstellt.

Formal lässt sich die Lohnkurve wie folgt spezifizieren,

$$lnW_{irt} = a_1 \cdot lnU_{rt} + a_2 \cdot X_{irt} + D_r + D_f + e_{irt}, \tag{8.42}$$

wobei die Symbole folgende Bedeutung haben. W_{irt} ist der beobachtete Nominallohnsatz der Person i in der Region r zum Zeitpunkt t. U_{rt} kennzeichnet die regionale Arbeitslosenquote zum Zeitpunkt t; der Vektor X_{irt} fasst alle persönlichen Charakteristika der Person i arbeitend in der Region r zum Zeitpunkt t zusammen; die Dummy–Variablen D_r und D_t reflektieren regionalspezifische Einflüsse beziehungsweise Zeiteffekte; e_{irt} stellt das Residuum dar. Aus der obigen Gleichung geht hervor, dass die Lohnkurve am besten auf der Grundlage von Individualdaten auf Panelbasis geschätzt werden sollte. Einen solchen Versuch unter Verwendung des Sozio–oekonomischen Panels für die Jahre 1984 bis 1990 haben Gerlach und Wagner (1995) für Männer in Westdeutschland unternommen. Für den Koeffizienten a_1 erhielten sie Werte von –0.06 beziehungsweise –0.05 (mit t–Werten von –0.9 beziehungsweise –5.4), je nachdem, ob die Dummy–Variable D_r in die Regressionsgleichung aufgenommen wurde oder nicht. Angesichts der unterschiedlichen Signifikanz sind die Ergebnisse mithin gemischt.[170] Akzeptiert man die Werte gleichwohl, dann erhält man eine Elastizität der regionalen Löhne in Bezug auf die regionale Arbeitslosenquote in Höhe von –0.05 bis –0.06. Einen größenordnungsmäßig ähnlichen Wert in Höhe von –0.07 erhalten Baltagi und Blien (1998). Die Elastizitäten mögen allerdings sektoral differieren, wie die Studie von Büttner (1999) mit einem Wert von –0.02 für das verarbeitende Gewerbe ergibt.[171]

[169] Diese Beobachtung ist in der Literatur als der "Harris–Todaro–Fall" bekannt, nach Harris und Todaro (1970).

[170] Einen signifikanten Wert für a_1 in der Größenordnung von –0.05 erhält auch Blien (1995) mit einem anderen Datensatz.

[171] Für andere Datensätze und Schätzmethoden ergeben sich abweichende Werte. Eine Zusammen-

8.7.2 Lohndiskriminierung

Der Abbau von Diskriminierungen auf dem Arbeitsmarkt ist Gegenstand einer imposanten gesellschaftspolitischen Verbalprogrammatik, wobei in den letzten Jahren die Diskriminierung von Frauen in der Arbeitswelt besonders beklagt wurde. Mögliche Formen einer solchen Diskriminierung können in ungleichen Chancen im Bildungssystem, in einer herabwürdigenden Behandlung am Arbeitsplatz, einer Benachteiligung bei der Vergabe von hochqualifizierten, einflussreichen Arbeitsplätzen und/oder in einer schlechteren Entlohnung, die nicht durch die Arbeitsleistung gerechtfertigt ist (Lohndiskriminierung), bestehen. Die folgenden Ausführungen beschäftigen sich hauptsächlich mit der Lohndiskriminierung von Frauen, ohne dass damit mögliche andere Diskriminierungsformen oder andere diskriminierte Personengruppen wie etwa ausländische oder ältere Arbeitnehmer von vornherein in Abrede gestellt werden.

Abseits von verständlichen Emotionen erfordert eine ökonomische Analyse einer möglichen Lohndiskriminierung von Frauen die Behandlung mindestens der folgenden Aspekte, nämlich ob und in welchem Umfang sie tatsächlich stattfindet und gegebenenfalls, warum rational handelnde Firmen sie betreiben.[172]

Das methodische Problem besteht darin, beobachtete Lohnunterschiede von Frauen und Männern zu trennen in solche, die auf einer geringeren Humankapitalausstattung und Berufserfahrung von Frauen (auf Grund ihres Engagements in der Familie) und damit auf einer geringeren Produktivität beruhen, und in solche, die durch eine Lohndiskriminierung in dem Sinne verursacht sind, dass Frauen trotz gleicher (oder sogar höherer) Produktivität geringer entlohnt werden als Männer. In der Regel wird die Residualgrößenmethodik angewandt. Man erfasst auf der Basis geschätzter Einkommensfunktionen geschlechtsspezifische Einkommensdifferenzen, wobei sichergestellt sein muss, dass keine weiteren relevanten Bestimmungsfaktoren außer Acht gelassen und die Variablen fehlerfrei gemessen wurden.[173] Es ist offenkundig, dass diese Bedingungen praktisch nie vorliegen, sodass sich die Produktivitäten von Frauen und Männern immer noch unterscheiden und damit Lohndifferenziale ohne Diskriminierung vorhanden sein können.[174]

Empirische Evidenz zur Frage einer möglichen Lohndiskriminierung von Frauen bietet für Westdeutschland die Studie von Prey (1999). Die Autorin berechnet auf der Grundlage des Sozio-oekonomischen Panels des Zeitraums 1984 bis 1996, dass sich das Verhältnis der realen Löhne von Frauen und Männern auf durchschnittlich 0.76

---

stellung verschiedener Beiträge zur Lohnkurve in Deutschland findet sich als Themenschwerpunkt in Heft 3 (1996) der Mitteilungen aus der Arbeitsmarkt- und Berufsforschung.

[172]Zur theoretischen und empirischen Diskussion über Diskriminierungen auf dem Arbeitsmarkt einschließlich Politikmaßnahmen vgl. Cain (1986) und Sloane (1985). Lorenz (1985) behandelt drei neoklassische Modelle der Diskriminierung. Speziell mit der Diskriminierung von Frauen befasst sich ein im Journal of Economic Perspectives 3 (1989) abgedrucktes Symposium über "Women in the Labor Market". Gunderson (1989) fasst die empirische Evidenz von Lohndiskriminierung bei Frauen zusammen (für den angelsächsischen Raum). Empirische Studien zur Frauendiskriminierung sind Fitzenberger und Wunderlich (2000) und Prey (1999).

[173]Das Verfahren geht unter anderem auf Blinder (1973) zurück. Das verschiedentlich vorgeschlagene Verfahren einer Umkehrregression ist sehr kritisiert worden; vgl. Hübler (1990b) für eine Darstellung und die dort angegebene Literatur.

[174]Es wurde bereits darauf hingewiesen, dass kompensierende Lohndifferenziale Einkommensunterschiede nicht erklären können. Dies trifft auch auf geschlechtsspezifische Einkommensdifferenzen zu, vgl. dazu Lorenz und Wagner (1989).

belief und sich nur leicht erhöht hat, wobei die Lohndifferenz selbst dann noch zu rund 68 v.H. unerklärt bleibt, wenn möglichen Einflüssen der Qualifikation, der beruflichen Beschäftigungstruktur und einer Anstellung im öffentlichen Dienst Rechnung getragen wird. Determinanten für diese noch verbleibenden Lohndifferenziale können unbeobachtete und unbeobachtbare unterschiedliche Fähigkeiten und/oder eben eine Lohndiskriminierung von Frauen sein.[175] Die relative Lohnposition von Frauen auf Grund dieser Erklärungsfaktoren hätte sich sogar noch verschlechtert, wären die Entgelte in den unteren Lohngruppen, in denen Frauen am häufigsten vertreten sind, nicht erheblich angestiegen.

Unter den gemachten Vorbehalten kann die empirische Evidenz wohl so interpretiert werden, dass vermutlich eine nicht unbeträchtliche Lohndiskriminierung von Frauen vorliegt. Folgende Argumente können potenziell eine Lohndiskriminierung von Frauen erklären:

(i) Es handelt sich um eine "statistische Diskriminierung". Sie beruht auf unvollständiger Information über die wahre Produktivität und die erwartete Betriebszugehörigkeitsdauer. Im ersten Fall benutzt die Firma das Geschlecht als Hilfskriterium zur Identifizierung der Produktivität und traut gemäß stereotyper Vorurteile Frauen generell eine geringere Produktivität zu: Wie oft hört man Frauen darüber berichten, dass sie durch im Vergleich zu Männern überdurchschnittliche Leistungen ihre Fähigkeiten unter Beweis stellen und Vorurteile ausräumen mussten.[176] Diese Lohndiskriminierung mag vielleicht für die einzelne Frau nur transitorisch sein (bis nämlich Kenntnis über ihre wahre Produktivität vorliegt), würde sich aber in den Datensätzen, die nur Beobachtungen zu *einem* bestimmten Zeitpunkt enthalten, niederschlagen.

    Im zweiten Fall entsteht Lohndiskriminierung dadurch, dass die Unternehmung wenig in die betriebliche Weiterbildung investiert, weil sie unvollständige Information über die Betriebszugehörigkeitsdauer der Frau (insbesondere zu Beginn ihres Erwerbslebens) besitzt. Auf Grund dieser geringeren betriebsspezifischen Humankapitalakkumulation erhält die Frau einen geringeren Lohnsatz. Angesichts fehlender oder unzureichender Daten kann die Stärke dieses Einflusses in den meisten Studien nicht quantifiziert werden, sodass auf eine nicht–statistische Diskriminierung geschlossen wird.[177]

(ii) Es existieren für Frauen – obwohl qualifiziert – Zutrittsbeschränkungen für höherqualifizierte Arbeitsplätze, weil sie bei der Auswahl für solche Positionen von Männern diskriminiert werden, was immer die Motive für eine solche Diskriminierung sein mögen. Dann entstehen die beschriebenen Lohndifferenziale

---

[175] Zu solchen in der Regel unbeobachteten Heterogenitäten, die durchaus eine nicht unerhebliche Rolle spielen können, gehört beispielsweise das äußere Erscheinungsbild, wie die Studie von Hamermesh und Biddle (1994) für die Vereinigten Staaten zeigt, obwohl gutes Aussehen nicht unbedingt das geschlechtsspezifische Lohndifferenzial erklärt, weil Männer ebenso davon profitieren.

[176] Vgl. dazu die theoretische Begründung von Lazear und Rosen (1990), die auf einer Anwendung des Prinzips komparativer Kostenvorteile beruht.

[177] Hingegen kann der Fall eines geringeren spezifischen Humankapitals bei Wiedereintritt in das Erwerbsleben eher erfasst werden, etwa durch Variablen wie die zeitliche Länge der Unterbrechung des Erwerbslebens.

zwischen Frauen und Männern, obwohl innerhalb der Gruppe der gering– beziehungsweise hochqualifizierten Arbeitsplätze derselbe Lohn gezahlt wird, einfach deshalb, weil in der unteren (oberen) Qualifikationshierarchie überproportional viele Frauen (Männer) vertreten sind.[178]

Mit Nachdruck soll nochmals darauf hingewiesen werden, dass diese Ansätze Hypothesen darstellen, deren empirische Überprüfung noch aussteht. Besser wäre es natürlich, diese Theorien überflüssig zu machen, indem das Grundrecht der Gleichberechtigung in der Praxis voll verwirklicht wird.

8.8 Literaturauswahl

Die theoretische und empirische Analyse des Lohnbildungsprozesses ist Gegenstand einer kaum zu übersehenden Fülle von Publikationen. Übersichten geben zunächst die in *Kapitel 1* aufgeführten Monographien. Darüber hinaus bieten die folgenden Monographien Übersichten über Theorien zum Lohnbildungsprozess:

- L. Goerke und M. J. Holler (1997), Arbeitsmarktmodelle, Berlin (Springer).

- J. Michaelis (1998), Zur Ökonomie von Entlohnungssystemen, Tübingen (Mohr Siebeck).

Empirische Resultate zur Lohnbildung unter Berücksichtigung der institutionellen Gegebenheiten in Deutschland finden sich in:

- C. Schnabel (1997), Tariflohnpolitik und Effektivlohnfindung. Eine empirische und wirtschaftspolitische Analyse für die alten Bundesländer, Frankfurt/M (Lang).

Der folgende Band enthält ebenfalls empirisch orientierte Ansätze mit schwerpunktmäßigen Bezügen zur aktuellen Lohnpolitik:

- D. Sadowski und M. Schneider (Hrsg.)(1997), Vorschläge zu einer neuen Lohnpolitik. Optionen für mehr Beschäftigung I, Frankfurt/M (Campus).

Beiträge zur Theorie und Empirie der Lohnstruktur insbesondere für Deutschland bieten:

- Jahrbücher für Nationalökonomie und Statistik (1999), Sonderheft "Lohnstrukturen, Qualifikation und Mobilität" Band 219 (1+2).

- S. W. Black (Hrsg.)(1998), Globalisation, Technological Change, and Labor Markets, Boston (Kluwer).

Das Thema "Diskriminierung" wird übersichtlich abgehandelt in:

- Sloane, P.J. (1985), Discrimination in the Labor Market, in: D. Carline et al. (Hrsg.), Labor Economics, London (Longman), S. 78–158.

[178] Vgl. dazu die Studie für die USA von Lazear und Rosen (1990), die Frauendiskriminierung auf die schlechteren Karrierechancen für Frauen begrenzen, während eine Diskriminierung zwischen Männern und Frauen auf dem gleichen Arbeitsplatz kaum festzustellen sei.

Teil VI

Arbeitslosigkeit

Kapitel 9

Arbeitslosigkeit: Fakten und Erklärungen

Ursachen und Bekämpfungsmöglichkeiten der Arbeitslosigkeit gehören zu den am häufigsten diskutierten Themen der Arbeitsmarktökonomik in der Bundesrepublik Deutschland, weil das wirtschaftspolitische Ziel der Vollbeschäftigung seit 1974 offenkundig verfehlt wurde. Sowohl in der Öffentlichkeit als auch in der Wissenschaft werden Ursachen und Therapien kontrovers diskutiert. Dies liegt unter anderem an der Vielfalt unterschiedlicher Aspekte, welche berücksichtigt werden müssen, um das Phänomen Arbeitslosigkeit zu verstehen. Es besteht stets die Gefahr, die Übersicht zu verlieren und in einseitiger und zum Teil überzogener Weise partiellen Mängeln die Schuld für Fehlentwicklungen auf dem Arbeitsmarkt zuzuweisen. Weitgehende Übereinstimmung besteht jedoch darin, dass Arbeitslosigkeit neben Inflation zu den gravierendsten Problemen gehört. Arbeitslosigkeit bedeutet einen Verzicht auf Produktion und Einkommen, lässt hohe fiskalische Kosten entstehen,[1] bewirkt einen verstärkten Abbau von Humankapital, vergrößert die Ungleichheit, weil Arbeitslose Wohlfahrtseinbußen hinnehmen müssen, und verursacht zum Teil erhebliche psychische Belastungen bei den Betroffenen, die das Gefühl haben, nicht mehr gebraucht zu werden, oder denen als Jugendliche Zukunftsperspektiven genommen werden. Es ist schwer vorstellbar, dass diese Belastungen insgesamt gesehen mehr als nur zu einem Bruchteil durch den Freizeitgewinn gemildert werden.

Eine informierte und ausgewogene Diskussion über Arbeitslosigkeit erfordert erstens einen theoretischen Analyserahmen, der umfassend genug ist, die einzelnen Teilaspekte in einen gemeinsamen Ansatz zu integrieren, und zweitens eine quantitative Abschätzung der Bedeutung der ermittelten Determinanten der Arbeitslosigkeit. Eine solche Gesamtschau ist das Anliegen dieses Kapitels. Dabei bildet die Gesamtheit der Arbeitsmarktvorgänge, wie sie in diesem Buch beschrieben, analysiert und quantifiziert wurden, die Grundlage für eine solche Darstellung. Ursachen der Arbeitslosigkeit wurden in den Teilen des Buches abgehandelt, wo sie auftauchen: zu hohe Reallöhne in dem vorangegangenen Kapitel über die Bestimmungsfaktoren der Lohnbildung oder strukturelle Hemmnisse beim Zusammenführen von Arbeitslosen und unbesetzten Ar-

[1] Vgl. Fallbeispiel: Fiskalische Kosten der Arbeitslosigkeit.

beitsplätzen in dem Kapitel über den Matching–Prozess. Somit bietet dieses Kapitel über Arbeitslosigkeit gleichzeitig eine Gesamtschau und Synthese wesentlicher Bereiche der Arbeitsmarktökonomik.

Fallbeispiel: Fiskalische Kosten der Arbeitslosigkeit

Unter fiskalischen Kosten der Arbeitslosigkeit versteht man die den öffentlichen Haushalten direkt zurechenbaren Kosten der Arbeitslosigkeit. Dies sind einerseits Ausgaben, zum Beispiel für Arbeitslosengeld und –hilfe, Sozialhilfe und Wohngeld, andererseits Einnahmeausfälle bei direkten und indirekten Steuern und Sozialversicherungsbeiträgen. Weitere indirekte Kosten (zum Beispiel auf Grund von psychosozialen Belastungen oder Kriminalität) sind nur schwer messbar. Bei erfolgreichen aktiven Maßnahmen zur Bekämpfung von Arbeitslosigkeit (zum Beispiel in Form von Arbeitsbeschaffungsmaßnahmen) sind von den daraus entstehenden Kosten die eingesparten fiskalischen Kosten zu subtrahieren, sodass die tatsächlichen "Nettokosten" wirksamer Arbeitsförderungsmaßnahmen wesentlich geringer ausfallen. Die fiskalischen Kosten der Arbeitslosigkeit in Deutschland beliefen sich im Jahre 1999 brutto auf rund 77 Mrd. € – also knapp 19 Tsd. € je Arbeitslosen – wovon 55 v.H. auf Mehrausgaben und 45 v.H. auf Mindereinnahmen der Gebietskörperschaften und Sozialversicherungsträger auf Grund der registrierten Arbeitslosigkeit entfallen. Nicht enthalten sind die Kosten, die Personen betreffen, die faktisch arbeitslos sind, aber nicht als Arbeitslose gezählt werden (wie beispielsweise bestimmte Arbeitslose im Alter ab 58 Jahren). Rechnet man die fiskalischen Kosten dieses Personenkreises hinzu, so kommt man insgesamt auf rund 83 Mrd. € gesamtfiskalische Kosten der Arbeitslosigkeit.

Quelle: E. Spitznagel und H.–U. Bach, Volkswirtschaftliche Kosten der Arbeitslosigkeit und gesamtfiskalische Budgeteffekte arbeitsmarktpolitischer Maßnahmen, Mitteilungen aus der Arbeitsmarkt– und Berufsforschung 33 (2000), S. 515; eigene Berechnungen.

Das erklärt auch, warum dieses Kapitel trotz dieses außerordentlich wichtigen Themas vergleichsweise kurz ist, eben weil die einzelnen Teilaspekte "nur" noch zu einem Ansatz zur Erklärung der Arbeitslosigkeit zusammengefügt werden müssen, wobei die Anführungszeichen bereits deutlich machen sollen, dass dies leichter gesagt als getan ist.

Der erste Abschnitt beschäftigt sich wie bisher mit den Fakten, welche erklärungsbedürftig sind. Danach folgt eine theoretische Analyse möglicher Ursachen. Einige Ergebnisse ökonometrischer Studien zur Quantifizierung der Einflussfaktoren und darauf aufbauende wirtschaftspolitische Implikationen schließen sich an.

9.1 Fakten über die Arbeitslosigkeit in Westdeutschland: Was soll erklärt werden?

In diesem Abschnitt sollen einige grundlegende erklärungsbedürftige Fakten über die Arbeitslosigkeit in Westdeutschland aufgezeigt werden. Der Arbeitsmarktentwicklung in Ostdeutschland ist auf Grund ihrer Spezifika ein eigener *Abschnitt 9.4* gewidmet.

9.1.1 Arbeitslose und Arbeitslosenquoten: Wer ist arbeitslos?

Auf den ersten Blick mag die Frage in der Überschrift eigentümlich klingen, weil sie doch offenbar dadurch leicht zu beantworten ist, dass eine Person dann als arbeitslos zu bezeichnen ist, wenn sie arbeiten möchte, aber nicht beschäftigt ist. Diese Antwort ist vordergründig, weil sie die Gegenfrage provoziert: Zu welchen Bedingungen möchte der Betreffende arbeiten? Die Intuition legt nahe, dass es einen Unterschied macht, ob jemand wegen völlig überzogener Ansprüche keinen Arbeitsplatz findet, oder ob derselbe abgewiesen wird, obwohl er die jeweils üblichen Konditionen akzeptiert hätte. Jedoch hilft dies für eine definitorische Eingrenzung nicht viel weiter, solange unklar ist, was "völlig überzogen" heißt. Stellt beispielsweise ein unbeschäftigter Facharbeiter "überzogene Forderungen", wenn er nur Arbeitsplatzofferten für Facharbeiter akzeptiert und es ablehnt, einen temporären Job als Hilfsarbeiter bei einer wesentlich geringeren Entlohnung anzunehmen? Dies wird vielfach als "unzumutbar" empfunden. Andererseits kann aber argumentiert werden, dass jede ehrliche Arbeit Respekt verdient und daher zumutbar ist.

In der ökonomischen Theorie werden Personen als "unfreiwillig" arbeitslos bezeichnet, die bereit sind, zu den jeweils herrschenden Bedingungen auf dem Arbeitsmarkt zu arbeiten, aber keine Beschäftigung gefunden haben. Genauer formuliert muss ein Arbeitsloser eine marginale Verschlechterung dieser Bedingungen zu akzeptieren bereit sein, um als "unfreiwillig" arbeitslos betrachtet zu werden, weil ein zusätzlicher Arbeitsanbieter nur bei einer geringfügigen Lohnreduktion einen Arbeitsplatz erhält. Dieser Personenkreis steht im Gegensatz zu den "freiwilligen Arbeitslosen", welche über die herrschenden Bedingungen hinausgehende Forderungen stellen. Angesichts der Tatsache, dass Definitionen weder richtig noch falsch, sondern nur zweckmäßig oder ungeeignet sein können, wird die genannte Unterscheidung hier nicht weiter verwendet, weil sie missverständlich ist, denn "unfreiwillige" Arbeitslosigkeit hat nichts mit "freiem Willen" zu tun, sondern kennzeichnet Arbeitslosigkeit auf Grund eines Marktversagens.[2] Es scheint dann zweckmäßiger, die Art dieses Marktversagens und den daraus resultierenden Typ der Beschäftigungslosigkeit genau zu identifizieren und zu benennen. Darüber hinaus sollte die Definition von Arbeitslosigkeit nicht sofort mit Werturteilen beladen werden, denn ein "freiwillig Arbeitsloser" lässt möglicherweise keinen (wirtschaftspolitischen) Handlungsbedarf erkennen, obwohl ein solcher bei einer anderen Definition vorliegen könnte.

Die amtliche Arbeitslosenstatistik ersetzt den Ausdruck "jeweils herrschende Bedingungen auf dem Arbeitsmarkt" durch die Kurzformel "zumutbare Beschäftigung" (§119 Absatz 4 SGB III im Zusammenhang mit der Anspruchsberechtigung auf Arbeitslosengeld) und fordert, dass der Betreffende den Vermittlungsbemühungen des Arbeitsamtes zur Verfügung stehen müsse (§16 SGB III).[3] Daher erscheinen hochschwangere Frauen ebensowenig in der Arbeitslosenstatistik wie Jugendliche, die ausschließlich einen Ausbildungsplatz (aber keinen Arbeitsplatz) suchen,[4] oder unbeschäftigte Kranke, welche arbeitsunfähig sind. Ohnehin kann die Bundesanstalt für Arbeit (BA)

[2] Vgl. dazu Hahn (1987), der auch zeigt, dass – entgegen einer weitverbreiteten Meinung – "unfreiwillige" Arbeitslosigkeit durchaus mit rationalem Verhalten aller Akteure und mit ökonomischem Gleichgewicht vereinbar ist.

[3] Vgl. dazu *Abschnitt 7.4*.

[4] Sie werden in den Berufsberatungsstatistiken der Bundesanstalt für Arbeit geführt.

nur diejenigen Personen korrekt erfassen, die sich bei den Arbeitsämtern als arbeitslos melden. Davon sind die Personen zu unterscheiden, welche aus einem (noch) bestehenden Beschäftigungsverhältnis über das Arbeitsamt einen anderen Arbeitsplatz suchen. Sie rechnen nicht zu den Arbeitslosen, sondern zu den "nicht arbeitslosen Arbeitsuchenden". Die Einstufung als Arbeitsloser ist im übrigen unabhängig davon, ob der Betreffende Arbeitslosengeld oder –hilfe bezieht.[5]

Damit sieht sich die Arbeitslosenstatistik der BA mit gravierenden Problemen konfrontiert, welche Anlass zu Diskussionen in der Öffentlichkeit und zu vielfältigen Korrekturvorschlägen gegeben haben. Im Vordergrund der öffentlichen Diskussion stehen dabei die als "unecht" klassifizierten Arbeitslosen, welche nur vortäuschen, arbeiten zu wollen, in Wirklichkeit jedoch nur ihren Anspruch auf Unterstützungsleistungen ausschöpfen wollen. Dazu gehören anspruchsberechtigte Arbeitslose, die stark verschuldet oder wegen einer Scheidung mit hohen Unterhaltsansprüchen belastet sind. Für diese Personen "lohnt" sich eine Arbeitsaufnahme häufig kaum, weil maßgebliche Einkommensteile sogleich gepfändet würden. Hinzu mögen solche (verheirateten) Frauen kommen, die aus dem Erwerbsleben ausscheiden, um sich der Erziehung der Kinder zu widmen, und sich formal als arbeitslos melden, um das Arbeitslosengeld zu beziehen, nach Beendigung der Anspruchsberechtigung indessen aus dem Arbeitslosenregister ausscheiden. Bei einer weiteren Gruppe ist die Arbeitslosigkeitsmeldung durch das Sozialamt induziert. Dieser Personenkreis umfasst Leute, die sich arbeitslos melden müssen, um Anwartschaften für die Rentenversicherung zu erwerben, oder Jugendliche, bei denen die Unterbrechung zwischen zwei Ausbildungsabschnitten länger als vier Monate dauert (zum Beispiel Abiturienten, die auf einen Studienplatz warten) und die sich trotz geringer Vermittlungsmöglichkeiten als arbeitslos melden müssen, damit der Kindergeldanspruch der Eltern gewahrt bleibt, oder Sozialhilfeempfänger, bei denen die Sozialämter prüfen wollen, ob nicht aus früheren Anwartschaften noch ein Anspruch auf Arbeitslosengeld oder Arbeitslosenhilfe besteht. Daneben wird bemängelt, dass die Kriterien für die Zumutbarkeit zu großzügig seien, beispielsweise was die zumutbare regionale Mobilität oder die zumutbare Arbeitszeit angeht. Das Problem für die Arbeitsverwaltung besteht darin, dass die Entscheidung, jemand vom Bezug des Arbeitslosengeldes (zeitweilig) auszuschließen, weil er eine "zumutbare" Arbeit abgelehnt hat,[6] rechtlich haltbar sein muss, da der Betreffende dagegen Rechtsmittel einlegen kann. Daher sind subjektive Einschätzungen der Arbeitsvermittler über eine etwaige Arbeitsunwilligkeit solange belanglos, wie sie nicht durch objektive Merkmale untermauert werden können. Die Zumutbarkeitskriterien sind in §121 SGB III festgelegt und in *Abschnitt 7.4* näher beschrieben. Allerdings wird die Kontrolle der Arbeitsämter nicht gerade dadurch erleichtert, dass Unternehmen sich häufig scheuen, einen vom Arbeitsamt vermittelten Bewerber als arbeitsunwillig zu melden, um die Unannehmlichkeiten einer gerichtlichen Auseinandersetzung zu vermeiden, sodass die Arbeitsverwaltung keine Kenntnis von (sogar objektiv nachprüfbarer)

[5]Vgl. dazu und zur BA *Abschnitt 7.4*.

[6]Das Arbeitsamt verhängt in diesem Fall eine "Sperrzeit" beim Arbeitslosengeld und bei der Arbeitslosenhilfe. Im Jahre 2000 wurden in Westdeutschland etwa 38 Tsd. und in Ostdeutschland rund 8 Tsd. Sperrzeiten wegen Ablehnung einer angebotenen Arbeit ausgesprochen (Quelle: Amtliche Nachrichten der Bundesanstalt für Arbeit (ANBA), Arbeitsmarkt 2000, S. 103). Andere Gründe für eine Sperrzeit sind die Lösung des Arbeitsverhältnisses durch den Arbeitnehmer selbst (187 Tsd. Fälle in Westdeutschland und 47 Tsd. in Ostdeutschland).

Arbeitsunwilligkeit erhält.

Während unstrittig ist, dass es arbeitsunwillige Arbeitslose gibt oder auch solche, die zusätzlich zur Arbeitslosenunterstützung durch Schwarzarbeit ein Einkommen erzielen, welches höher liegt als bei einer legalen Beschäftigung, so gehen die Schätzungen über den Umfang dieses Personenkreises weit auseinander. Sie reichen bis hin zu der Meinung, die meisten Arbeitslosen seien arbeitsunwillig, denn "wer arbeiten will, der findet auch Arbeit", eine Aussage, die in der Bevölkerung auf breite Zustimmung stößt.[7] In Ermangelung objektiver Kriterien sind alle diesbezüglichen Quantifizierungen subjektiv und spekulativ, da sie häufig aus Einzelfällen generelle Aussagen ableiten. Immerhin kommt eine Befragung von rund 20 Tsd. Arbeitslosen im Jahre 2000 zu dem Ergebnis, dass nur etwa 50 v.H. aller Arbeitslosen nach ihrer Selbsteinschätzung eine hohe Suchaktivität aufweisen und lediglich 60 v.H. der Befragten dem Arbeitsmarkt unmittelbar zur Verfügung stehen. Allein 20 v.H. aller Arbeitslosen suchen deshalb nicht, weil sie die Zeit bis zum Antritt einer neuen Stelle überbrücken oder in den vorzeitigen Ruhestand gehen wollen.[8]

Der Gruppe der arbeitsunwilligen Arbeitslosen steht eine große Anzahl Personen gegenüber, die nicht in der Arbeitslosenstatistik enthalten sind, obwohl sie zum großen Teil erwerbsorientiert sind. Dazu gehört die Gruppe der "Bezieher von Arbeitslosengeld unter erleichterten Voraussetzungen" (§428 SGB III); dies sind Arbeitslose im Alter von über 57 Jahren, die "nicht arbeitsbereit sind und nicht alle Möglichkeiten nutzen und nutzen wollen, um ihre Beschäftigungslosigkeit zu beenden" und in absehbarer Zeit Altersrente beziehen werden. Ende des Jahres 2001 belief sich in Deutschland die Anzahl dieser Personen auf rund 250 Tsd. Personen. Entlastet wird die Statistik der registrierten Arbeitslosen zudem durch die Bezieher von Altersrenten wegen Arbeitslosigkeit, deren Anzahl Ende des Jahres 2001 vom Sachverständigenrat auf 755 Tsd. Personen geschätzt wird.[9] Rechnet man zu den registrierten Arbeitslosen unter anderen noch die Teilnehmer an arbeitsmarktpolitischen Maßnahmen (rund 570 Tsd.) und die auf Vollzeitäquivalente umgerechnete Anzahl der Kurzarbeiter (rund 60 Tsd.) hinzu, so ergeben sich für Ende des Jahres 2001 rund 1.7 Mio. Personen, die der Sachverständigenrat als "verdeckte Arbeitslosigkeit" bezeichnet, in Ergänzung zu den knapp 4 Mio. registrierten Arbeitslosen zu diesem Zeitpunkt.[10]

Daneben gibt es Personen, die erwerbsorientiert sind, jedoch keinen Anspruch auf Unterstützungsleistungen besitzen und es als aussichtslos ansehen, dass ihnen das Arbeitsamt einen Arbeitsplatz vermitteln kann, weshalb eine Arbeitslosigkeitsmeldung unterbleibt. Sie werden häufig auch als "entmutigte Arbeitskräfte"[11] oder "Stille Reserve" bezeichnet. Ihre Ziffer ist nur unter Schwierigkeiten und als Größenordnung

---

[7] In einer repräsentativen Befragung Ende des Jahres 2000 stimmten 63 v.H. aller befragten Personen in Westdeutschland folgender Aussage "etwas" oder "voll" zu: "Hier bei uns könnten die meisten Arbeitslosen einen Arbeitsplatz finden, wenn sie nur wirklich wollten". Quelle: Informationsdienst Soziale Indikatoren (ISI), Ausgabe 26 vom Juli 2001, S. 10 (herausgegeben vom Zentrum für Umfragen, Methoden und Analysen, ZUMA, Mannheim).

[8] Quelle: Institut für Arbeitsmarkt- und Berufsforschung, IAB Kurzbericht Nr. 2 vom 21.1.2002, Nürnberg.

[9] Sachverständigenrat (2001), Tabelle 21 (Spalte 13). Vgl. auch Fallbeispiel: Ruhestandsgrenzen und -renten in Deutschland (Kapitel 2).

[10] Vgl. ebenda und *Abschnitt 9.4* für Ostdeutschland.

[11] Dem entspricht in der angelsächsischen Literatur der Ausdruck "discouraged worker".

zu ermitteln.[12] Eine diesbezügliche Möglichkeit geht von der Hypothese aus, dass der Entmutigungseffekt um so größer ist, je mehr sich die Arbeitsmarktsituation verschlechtert, weil dann die Wahrscheinlichkeit eines Arbeitsplatzangebotes geringer ist. Wenn dies zutrifft, dann sollte die offiziell berechnete Erwerbsquote (EQ) konjunkturellen Schwankungen unterliegen, weil die Zählergröße (=Erwerbstätige plus registrierte Arbeitslose) wie beschrieben von der Arbeitsmarktlage beeinflusst wird. Um diese Hypothese zu testen, kann man eine Regressionsschätzung von EQ in Abhängigkeit von verschiedenen Variablen durchführen,[13] von denen eine die Arbeitsmarktsituation charakterisiert. Mit Hilfe der geschätzten Gleichung kann dann ein hypothetischer Wert EQ^* für eine als normal angesehene Arbeitsmarktsituation berechnet werden.[14] Die Differenz $EQ^* - EQ > 0$ ist dann ein Indikator für die Höhe dieser "Stillen Reserve", allerdings mit erheblichen Vorbehalten. Neben der arbiträren Entscheidung über eine "normale" Arbeitsmarktsituation tritt als weitere Unzulänglichkeit die Vermengung mit den rezessionsbedingten "Zusatzarbeitskräften" hinzu. Diese Leute suchen gerade und ausschließlich in Rezessionszeiten einen Arbeitsplatz, um etwa als verheiratete Frau das Familieneinkommen zu erhöhen, weil der Ehemann arbeitslos wurde.[15] Mit der oben dargestellten Regressionsschätzung lässt sich nur der Nettoeffekt aus entmutigten und zusätzlichen Arbeitskräften berechnen, weil in der Rezession die Zahl der entmutigten Personen steigt (EQ sinkt) und die der zusätzlichen Arbeitsanbieter ebenfalls größer wird (EQ steigt). Wenn an die amtliche Arbeitslosenstatistik mithin die Forderung ergeht, sie um "unechte" Arbeitslose zu entlasten, so sollte dies konsequenterweise mit der Empfehlung einhergehen, sie um einen geeigneten Schätzwert für die "Stille Reserve" zu korrigieren.

Tabelle 9.1 zeigt einige Schätzergebnisse für die "Stille Reserve" für Westdeutschland, die das Institut für Arbeitsmarkt– und Berufsforschung (IAB) auf der Basis einer ähnlichen, wenn auch verfeinerten Analysemethode berechnet hat.[16] Zusätzlich zu dem eben erwähnten Personenkreis sind in der IAB–Schätzung der "Stillen Reserve" auch Personen enthalten, die sich in bestimmten arbeitsmarktpolitischen Maßnahmen befinden und in diesem Zusammenhang statistisch weder als "erwerbstätig" noch als "arbeitslos" erfasst werden. Insgesamt betrachtet ist die "Stille Reserve" alles andere als eine vernachlässigbare Größe. So sind für jedes Jahr des Zeitraums 1995/99 den durchschnittlich 2.8 Mio. registrierten Arbeitslosen gut 1.7 Mio. Angehörige der Stillen Reserve hinzuzurechnen. In dieser Zeitperiode bestand die Stille Reserve zu etwa 33 v.H. aus Ausländern. Im Vergleich zu ihrem Anteil an den beschäftigten Arbeitnehmern (etwa 8 v.H.) oder an den registrierten Arbeitslosen (etwa 17 v.H.) sind sie mithin in der Stillen Reserve überproportional vertreten. Ein Grund dafür dürfte sein, dass Ausländer, die sich noch in Sprachkursen befinden, zur Stillen Reserve gerechnet werden.

Wie bereits erwähnt, zählen in der Arbeitslosenstatistik der Bundesanstalt für Ar-

---

[12] Eine Übersicht über verschiedene Schätzmethoden und –ergebnisse (nicht nur für Deutschland) ist in Holst (2000) und Stobernack (1990), S. 38ff. enthalten. Vgl. Jones und Riddell (1999) für eine Kritik an der häufig arbiträren Unterscheidung zwischen den beiden Zuständen "arbeitslos" oder "nicht auf dem Arbeitsmarkt".

[13] Diese folgen aus der Theorie der Arbeitsangebotsentscheidung.

[14] EQ^* wird häufig "potenzialorientierte Erwerbsquote" genannt.

[15] Diese Leute heißen in der englischsprachigen Literatur "additional worker".

[16] Vgl. zur IAB–Methodik der Berechnung der "Stillen Reserve" ausführlich IAB–Werkstattbericht Nr. 8 vom 4.8.1998.

Tabelle 9.1 : Schätzung der Stillen Reserve (in Tsd. Personen) (Westdeutschland)

Zeitraum	Insgesamt	Deutsche	Ausländer
1970–74	184	168	16
1975–79	973	829	144
1980–84	1352	1154	198
1985–89	1631	1362	269
1990–94	1356	1035	321
1995–99	1721	1160	561
2000	1483	–	–

Quelle: Institut für Arbeitsmarkt– und Berufsforschung: Werkstattbericht Nr. 8 vom 4.8.1998 (Tabelle 2), Mitteilungen aus der Arbeitsmarkt– und Berufsforschung 34 (2001), Heft 1, S. 18, eigene Berechnungen.

beit alle Personen unter 65 Jahren als arbeitslos, die als arbeitslos registriert, nicht arbeitsunfähig erkrankt und nicht oder nur kurzzeitig erwerbstätig sind. Voraussetzung ist ferner, dass eine über drei Monate hinausgehende Beschäftigung als Arbeitnehmer mit einer wöchentlichen Arbeitszeit von 15 Stunden und mehr gesucht wird, und die Person für eine Arbeitsaufnahme als Arbeitnehmer sofort zur Verfügung steht. Dabei darf sich der Beschäftigungswunsch nicht ausschließlich auf einen bestimmten Betrieb oder auf die Tätigkeit als Heimarbeiter beziehen.

Den Berechnungen der offiziellen Arbeitslosen*quoten* liegen häufig zwei Varianten zu Grunde, die sich durch die Definition der Nennergröße unterscheiden. In der einen werden die registrierten Arbeitslosen nur auf die abhängigen Erwerbspersonen bezogen, in der anderen auf alle Erwerbspersonen, welche zusätzlich die Selbstständigen und mithelfenden Familienangehörigen umfasst. Die Arbeitslosenquote in der zuletzt genannten Definition ist daher niedriger (9.4 v.H. im Jahre 1998 in Westdeutschland) im Vergleich zu der Arbeitslosenquote mit einer Nennergröße, die nur die abhängigen Erwerbspersonen enthält (nämlich 10.1 v.H.). Die Anzahl der Erwerbspersonen wird einmal jährlich – üblicherweise beginnend mit dem Berichtsmonat April – aktualisiert. In diesem Zusammenhang ist bei Zeitreihen über Arbeitslosen*quoten* in Deutschland in der Regel bei Werten ab Mitte 2001 auf Strukturbrüche zu achten, weil die Erwerbstätigenstatistik jeweils in den Jahren 1999 und 2000 beträchtlich revidiert wurde.[17]

Neben der Arbeitslosenstatistik der BA werden Arbeitslose im Rahmen des Mikrozensus vom Statistischen Bundesamt erfasst. Sie werden dort "Erwerbslose" genannt. Das Erhebungskonzept im Mikrozensus ist stärker an internationalen Empfehlungen zur Messung der Arbeitslosigkeit orientiert. Zusätzlich zu den registrierten Arbeitslosen enthalten die "Erwerbslosen" Arbeitssuchende, die sich nicht beim Arbeitsamt gemeldet haben oder dort deswegen nicht als arbeitslos registriert werden, weil sie eine

[17] Vgl. dazu *Abschnitt 4.1.1.*

auf weniger als drei Monate befristete Tätigkeit oder eine Teilzeitarbeit unter 18 Stunden suchen, noch in schulischer Ausbildung sind, ausschließlich eine Ausbildungsstelle suchen und/oder über 65 Jahre alt sind. Im Gegensatz zu den Richtlinien der BA berücksichtigt der Mikrozensus jedoch nicht, ob die betreffende Person in der Lage ist, eine ihr angebotene Beschäftigung unverzüglich aufzunehmen, so wie die BA mit der "Verfügbarkeits"-Klausel vorgeht.[18] Von daher gesehen übersteigt die Anzahl der Erwerbslosen die der registrierten Arbeitslosen. Hingegen rechnen zu den Erwerbslosen (im Gegensatz zu den registrierten Arbeitslosen) nicht die Arbeitssuchenden, die in der Berichtswoche auch nur eine Stunde und mehr erwerbstätig waren (für die registrierten Arbeitslosen gilt gemäss §118 Absatz 2 SGB III: 15 Stunden und mehr). Im Gegensatz zu vorher spricht dies für eine geringere Anzahl der Erwerbslosen im Vergleich zu den Arbeitslosen, sodass der Nettoeffekt unbestimmt ist und mitunter sehr gering ausfallen kann: Im Mai 2000 gab es nach Angaben der BA in Deutschland 3.788 Mio. Arbeitslose, davon 52.7 v.H. Männer, während der Mikrozensus 3.722 Mio. Erwerbslose, davon 53.1 v.H. Männer ausweist.[19]

Für einen internationalen Vergleich der Arbeitslosigkeit ist es unerlässlich, für alle der Untersuchung zu Grunde liegenden Länder eine einheitliche Definition der Arbeitslosigkeit anzuwenden. Die in der Literatur am häufigsten verwendeten Indikatoren stammen von der ILO ("International Labour Office", Genf), von Eurostat ("Statistisches Amt der Europäischen Union", Luxemburg) und von der OECD ("Organisation for Economic Co–Operation and Development", Paris) und werden "standardisierte" Arbeitslosenquoten genannt. Die Messkonzepte zur Erfassung der Arbeitslosen sind bei allen drei Institutionen sehr ähnlich, weil sie prinzipiell auf den selben Empfehlungen der ILO beruhen. Ohnehin übernimmt die OECD für die Mitgliedstaaten der EU die Angaben von Eurostat hinsichtlich der *Anzahl* der Arbeitslosen. Bei der Berechnung der Arbeitslosen*quoten* hingegen gibt es Unterschiede. Neben anderen Abweichungen wählt Eurostat als Nennergröße nur die zivilen Erwerbspersonen einschließlich derjenigen Soldaten, die in privaten Haushalten leben, die OECD jedoch die Erwerbspersonen insgesamt, also unter Einbeziehung aller Angehörigen der Streitkräfte.[20] Eurostat und OECD verwenden bei ihren Berechnungen eine Arbeitskräfteerhebung auf Stichprobenbasis mit international identischen, zumindest aber vergleichbaren Kriterien und Fragen auf der Basis des ILO–Konzepts. Die wichtigsten konzeptionellen Unterschiede zwischen der Statistik der registrierten Arbeitslosen der BA und der Statistik der Erwerbslosen nach dem ILO–Konzept lassen sich – vom Unterschied in der Erhebungsmethodik abgesehen – wie folgt darstellen:

[18] Um eine Annäherung an das Konzept der BA bei diesem Aspekt zu erreichen, veröffentlicht das Statistische Bundesamt seit der Mikrozensus–Erhebung des Jahres 1996 zusätzlich noch die "sofort verfügbaren Erwerbslosen" (Fachserie 1 Reihe 4.1.1).

[19] Quelle für Arbeitslose: Amtliche Nachrichten der Bundesanstalt für Arbeit; Quelle für Erwerbslose: Wirtschaft und Statistik Heft 6 (2001), S. 438.

[20] Die OECD–standardisierten Arbeitslosenquoten sind jeweils enthalten in: OECD, Quarterly Labour Force Statistics, und für eine Länderauswahl auch in: OECD, Employment Outlook, lfd. Jahrgänge. Die Arbeitslosenquote gemäß Eurostat wird seit dem Jahre 2001 auch von der BA monatlich in den "Amtlichen Nachrichten der Bundesanstalt für Arbeit" veröffentlicht (z.B. ANBA 49(10), Oktober 2001, S. 1272, letzte Zeile).

Arbeitslose	Erwerbslose
Gemäß dem BA–Konzept ist arbeitslos, wer – weniger als 15 Stunden in der Woche arbeitet, – beim Arbeitsamt arbeitssuchend gemeldet ist und – der Arbeitsvermittlung zur Verfügung steht und arbeitsfähig ist.	Gemäß dem ILO–Konzept ist arbeitslos, wer – weniger als 1 Stunde in der Woche arbeitet, – sich aktiv um Arbeit bemüht und – innerhalb von 2 Wochen für eine Arbeit verfügbar ist.

Eine bei der BA arbeitslos gemeldete Person muss demnach nicht notwendigerweise nach dem ILO–Konzept erwerbslos sein (beispielsweise wenn sie eine geringfügige Beschäftigung ausübt). Umgekehrt muss eine erwerbslose Person nicht notwendigerweise auch "arbeitslos" sein (etwa wenn sie sich nicht arbeitssuchend meldet, sondern andere Methoden der Arbeitssuche anwendet). Konzeptbedingt kann somit die Anzahl der Arbeitslosen sowohl unter als auch über der Anzahl der Erwerbslosen liegen. Empirisch ergibt sich jedoch insgesamt eine höhere Arbeitslosenzahl, wobei in Deutschland diese Differenz in den zurückliegenden Jahren von rund 400 Tsd. im April 1991 auf insgesamt 665 Tsd. Personen im Mai 2000 angestiegen ist.

Zusammengefasst ergeben sich für das Jahr 2000 und für Deutschland also folgende Arbeitslosenquoten:

- registrierte Arbeitslose bezogen auf die abhängigen Erwerbspersonen — 10.7 v.H.
- registrierte Arbeitslose bezogen auf die Erwerbspersonen insgesamt — 9.6 v.H.
- EU–standardisierte Arbeitslosenquote — 7.9 v.H.
- OECD–standardisierte Arbeitslosenquote — 8.1 v.H.

Welche Definition gewählt wird, hängt wesentlich von der Fragestellung ab. Um ein international vergleichbares Bild zu erhalten, eignen sich die Arbeitslosenquoten von Eurostat oder OECD. *Tabelle 9.2* enthält einen internationalen Vergleich der Entwicklung der Arbeitslosigkeit auf der Basis der OECD–Statistik. Lässt man die Spezifika einiger Länder beiseite, so zeigen die Zahlen den Anstieg der Arbeitslosigkeit in den siebziger Jahren und anfangs der achtziger Jahre, während die sechziger Jahre weitgehend durch Vollbeschäftigung gekennzeichnet waren. Dies trifft für Länder wie die Bundesrepublik Deutschland und Österreich zu, weniger indessen für die Vereinigten Staaten, deren Arbeitslosenquote in den genannten Jahren um die 5 v.H.–Marke schwankte.[21] Allerdings ist die Arbeitslosigkeit in den Vereinigten Staaten in den

[21] Die Werte für die Schweiz sind in *Tabelle 9.2* erst ab 1991 ausgewiesen; sie liegen vor diesem Zeitraum als 5–Jahresdurchschnitte immer unterhalb von 1 v.H. Eine vergleichende Interpretation mit anderen Ländern war damals wegen spezifischer institutioneller Regelungen in der Schweiz im Hinblick auf die Ausländerbeschäftigung nur bedingt möglich.

Tabelle 9.2 : OECD–standardisierte Arbeitslosenquoten[a] 1960–2000 (in v.H.)

Land	1960 –64	1965 –69	1970 –74	1975 –79	1980 –84	1985 –89	1990 –94	1995 –99	2000
West- deutschland	0.7	0.9	1.0	3.5	6.0	6.3	5.3	9.0[d]	7.9[d]
Frankreich	1.1	2.0	2.7	4.9	8.3	10.1	10.6	11.9	9.5
Großbritannien	1.5	1.7	3.3	5.4	10.5	9.6	9.2	7.3	5.5
Japan	1.3	1.2	1.3	2.0	2.4	2.6	2.4	3.8	4.7
Österreich[b]	2.0	1.8	1.2	1.7	3.1	4.5	3.8	4.3	3.7
Schweden	1.2	1.8	2.2	1.9	2.9	2.1	3.0	8.8	5.9
Schweiz	–	–	–	–	–	–	3.1[c]	3.6	–
USA	5.5	3.7	5.3	6.9	8.0	6.1	6.4	4.9	4.0

a) Vgl. Text für Erläuterungen.
b) Werte für Österreich nur bedingt mit anderen Ländern vergleichbar.
c) 1991–1994
d) Deutschland

Quelle: OECD, Quarterly Labour Force Statistics und Economic Outlook, lfd. Jahrgänge.

achtziger Jahren stark zurückgegangen – im Gegensatz zu vielen europäischen Staaten. Dies gab Anlass zu Vermutungen über zunehmende beschäftigungsfeindliche Verkrustungserscheinungen auf europäischen Arbeitsmärkten ("Eurosklerose") im Vergleich zu den Beschäftigungsgewinnen in den USA.

Schaubild 9.1 zeichnet die zeitliche Entwicklung der Arbeitslosigkeit für Westdeutschland unter Verwendung der amtlichen Zahlen der BA nach. Mit Ausnahme der aus heutiger Sicht milden Rezession 1967/68 mit Arbeitslosenquoten von 2.1 v.H. beziehungsweise 1.5 v.H. lag die Arbeitslosenquote in den sechziger Jahren und zu Beginn der siebziger Jahre um 1 v.H., mitunter betrug sie nur 0.7 v.H. (= 150 Tsd. Personen für 1970). Ab 1974/75 ist die Arbeitslosenquote dann auf knapp 5 v.H. hochgeschnellt, sank dann bis 1981 auf knapp 4 v.H., um dann in einem zweiten Schub die Höchstmarke (seit 1960) von über 9 v.H. zu erreichen.[22] Im Zeitraum 1983–88 verharrte die Arbeitlosenquote ungefähr auf diesem Niveau und begann erst 1989 deutlich zu sinken. Als stilisierte Fakten sind mithin zwei Tatbestände erklärungsbedürftig: der zweimalige schubweise Anstieg der Arbeitslosenquote und die Beharrungstendenzen der Arbeitslosenquote in den achtziger Jahren (trotz eines Wirtschaftswachstums).[23]

Neben dieser globalen Betrachtung der Arbeitslosenquoten lassen sich eine Reihe von disaggregierten Ziffern berechnen. *Schaubild 9.2* zeigt für den Zeitraum 1975 bis 1998 den Verlauf qualifikationsspezifischer Arbeitslosenquoten. Ein anderes Beispiel für disaggregierte Arbeitslosenquoten sind regionale Arbeitslosenquoten. Deren Band-

[22] In ähnlicher Größenordnung von 9 v.H. bewegten sich die Arbeitslosenquoten in der Bundesrepublik Deutschland (ohne Berlin und Saarland) im Zeitraum 1950–52.

[23] Vgl. dazu *Abschnitt 4.1.*

Schaubild 9.1 : Arbeitslose, Zugänge und Abgänge und Arbeitslosenquote (Westdeutschland) 1960–2000[a)]

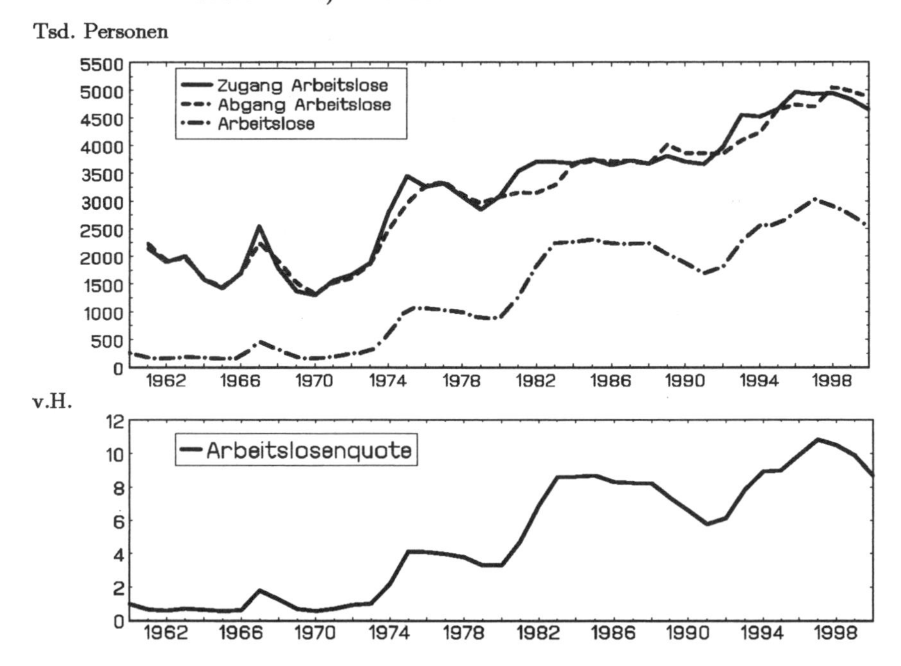

a) Vgl. Text für Erläuterungen. Arbeitslosenquote: Anteil der Arbeitslosen an den abhängigen Erwerbspersonen. Arbeitslose und Arbeitslosenquote: Jahresdurchschnitte; Zu– und Abgänge: kumulierte Werte zum Ende eines Jahres.

Quelle: Amtliche Nachrichten der Bundesanstalt für Arbeit (ANBA).

breite ist beträchtlich: Sie schwankte in Westdeutschland (ohne Berlin) im Jahre 2000 zwischen 4.1 und 14.3 v.H. (Ostdeutschland: zwischen 13.4 und 22.5 v.H.; Arbeitslose in v.H. der abhängigen Erwerbspersonen). In den letzten zwanzig Jahren wies Norddeutschland insgesamt gesehen höhere Arbeitslosenquoten auf als Süddeutschland.

9.1.2 Dynamik der Arbeitslosigkeit

Die bisher diskutierten Bestandszahlen der Arbeitslosen bergen bei allen übrigen Vorbehalten die Gefahr von Fehlschlüssen in sich, etwa der Art, dass die weitgehende Konstanz der Arbeitslosenziffern in den achtziger Jahren gleichbedeutend mit einer Bewegungslosigkeit auf dem Arbeitsmarkt sei. *Schaubild 9.1* zeigt, dass davon keine Rede sein kann. Hinter der Anzahl von gut 2.3 Mio. Arbeitslosen als Bestand der neunziger Jahre in Westdeutschland verbirgt sich eine Dynamik von jeweils rund 4.3 Mio. Zugängen und Abgängen pro Jahr. Beide Stromgrößen übersteigen mithin die Bestandszahlen beträchtlich. Zu Beginn der achtziger Jahre liegt das Niveau der Zugänge über dem der Abgänge, sodass der Bestand an Arbeitslosen größer wird. Ab 1984 bis 1992 entsprechen sich beide Stromgrößen, der Bestand bleibt weitgehend konstant. Weiterhin ist zu beachten, dass Zu– und Abgänge häufig, wenn auch zeitversetzt,

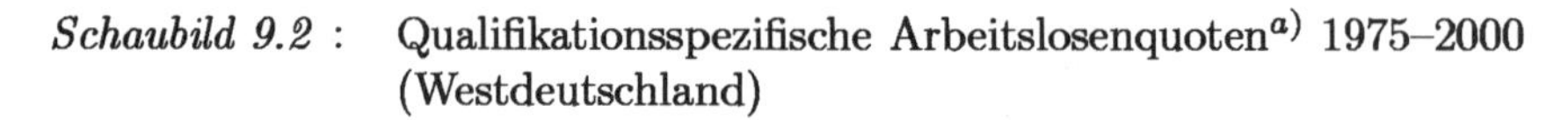

Schaubild 9.2 : Qualifikationsspezifische Arbeitslosenquoten[a)] 1975–2000 (Westdeutschland)

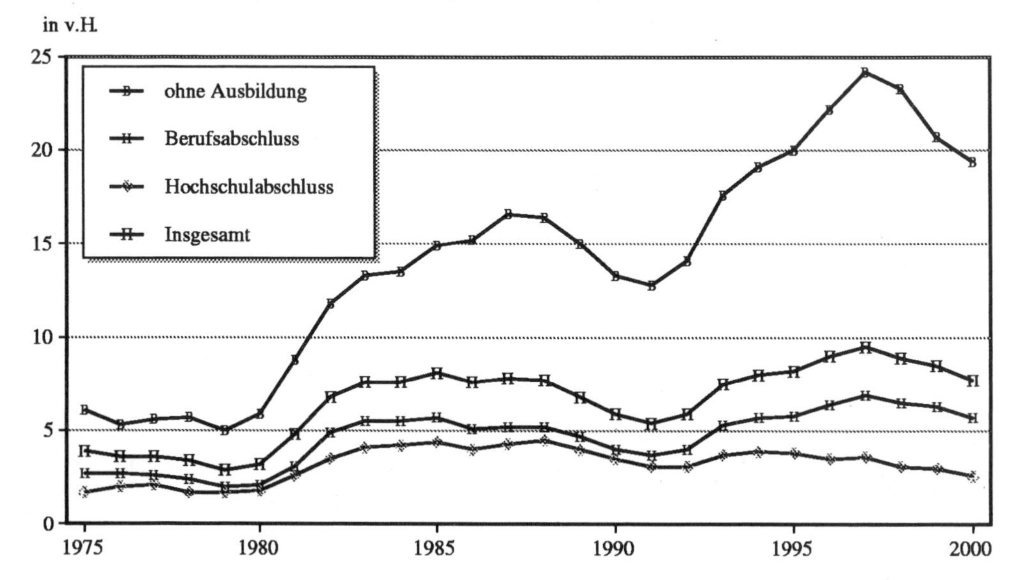

a) Arbeitslose in v.H. der gesamten Erwerbspersonen (ohne Auszubildende und Soldaten) gleicher Ausbildung. Berufsabschluss: betriebliche Ausbildung, Berufsfachschule, Fachschul–, Meister– und Technikerausbildung.

Quelle: Institut für Arbeitsmarkt– und Berufsforschung, IAB–Werkstattbericht Nr. 4 v. 23.04.2002, S. 27.

das gleiche zyklische Muster aufweisen, wie beispielsweise in den siebziger Jahren, wo sowohl die Zugänge als auch die Abgänge zunächst steil ansteigen, um dann leicht zu fallen. Insgesamt finden also hohe Umschlagsprozesse auf dem Arbeitsmarkt statt. Sehr viele Leute werden arbeitslos, aber zeitgleich scheiden auch zahlreiche Arbeitslose wieder aus dem Arbeitslosenregister aus.[24]

Die Analyse der Stromgrößen eröffnet weiterhin den Zugang zu einer ökonomisch wichtigen Zerlegung der Arbeitslosenquote in drei wesentliche Komponenten: das Risiko, arbeitslos zu werden, die Dauer der Arbeitslosigkeit und die Mehrfacharbeitslosigkeit, das heißt die Anzahl der individuellen Arbeitslosigkeitsperioden je Zeiteinheit (zum Beispiel innerhalb eines Jahres). Im Folgenden soll kurz gezeigt werden, dass die bekannte Arbeitslosenquote unter bestimmten Annahmen das Produkt dieser drei Komponenten ist.[25] Zu diesem Zweck unterstellen wir der Einfachheit halber stationäre Arbeitslosenzahlen. Unter dieser Voraussetzung gilt:

[24] Vgl. Burda und Wyplosz (1994) sowie Schettkat (1996) für eine ökonomische Analyse von Stromgrößen auf dem Arbeitsmarkt unter anderem auch für Westdeutschland.

[25] Vgl. zum Folgenden Egle (1977).

$Z = A$ wobei: Z = Zahl der in einem Jahr arbeitslos gewordenen unterschiedlichen Personen, A = Zahl der in einem Jahr aus der Arbeitslosigkeit ausgeschiedenen unterschiedlichen Personen. (9.1)

Multiplikation mit der durchschnittlichen Zahl der Arbeitslosigkeitsperioden je Individuum in einem Jahr ($= R$) ergibt:

$$Z \cdot R = A \cdot R \tag{9.2}$$

oder

$$Z \cdot R = U \cdot p \cdot 52, \tag{9.3}$$

wobei U den durchschnittlichen Arbeitslosenbestand in Personen und p die individuelle Wahrscheinlichkeit bezeichnet, innerhalb *einer* Woche aus der Arbeitslosigkeit auszuscheiden.[26] $U \cdot p$ gibt mithin die *wöchentlichen* Abgänge in Personen aus der Arbeitslosigkeit und $U \cdot p \cdot 52$ den entsprechenden *Jahres*wert an. Hierbei berücksichtigt die Wahrscheinlichkeit p bereits die Möglichkeit, dass ein und dieselbe Person mehrmals den Arbeitslosenstatus verlassen kann. Auflösen nach U liefert:

$$U = \frac{Z \cdot R}{p \cdot 52} = \frac{Z \cdot R \cdot D}{52}, \tag{9.4}$$

wobei $D \equiv 1/p$ die Dauer der Arbeitslosigkeit (in Wochen) für die innerhalb eines Jahreszeitraums aus der Arbeitslosigkeit ausgeschiedenen Personen ist. So bedeutet $p = 0.5$ beispielsweise, dass die Wahrscheinlichkeit, innerhalb einer Woche aus der Arbeitslosigkeit auszuscheiden, gleich 0.5 ist. In diesem Fall erhalten wir einen Erwartungswert der Dauer der Arbeitslosigkeit von 2 Wochen. Division des Ausdrucks (9.4) durch die Erwerbspersonen EP liefert die Arbeitslosenquote AQ:

$$AQ \equiv \frac{U}{EP} = \frac{Z}{EP \cdot 52} \cdot D \cdot R. \tag{9.5}$$

$Z/(EP \cdot 52)$ ist der Zustrom in die Arbeitslosigkeit pro Woche bezogen auf die Zahl der Erwerbspersonen. Dieser Quotient reflektiert das Risiko von Arbeitslosigkeit, also die Wahrscheinlichkeit, innerhalb einer bestimmten Zeitperiode (hier: einer Woche) arbeitslos zu werden. Zusammengefasst erhalten wir mithin folgende Zerlegung der Arbeitslosenquote:[27]

Arbeitslosenquote $\approx$ Risiko $\cdot$ Dauer $\cdot$ Anzahl individueller Arbeitslosigkeitsperioden.

[26] Ein Wert von $p = 0.5$ besagt mithin, dass die Wahrscheinlichkeit, innerhalb einer Woche aus der Arbeitslosigkeit auszuscheiden, 0.5 beträgt, oder anders formuliert, dass der Betreffende im Durchschnitt 2 Wochen arbeitslos ist. Die Dimensionierung "in Wochen" erfolgt im Hinblick auf die Darstellung der empirischen Werte (vgl. *Tabellen 9.3* und *9.4*).

[27] Das angenäherte Gleichheitzeichen $\approx$ soll in Erinnerung rufen, dass die Beziehung (9.5) nur für ein stationäres Arbeitslosenregister gilt.

Bevor wir die Fakten bezüglich dieser drei Dimensionen analysieren können, müssen einige Ausführungen zur Messung der Dauer der Arbeitslosigkeit gemacht werden. Zu einem bestimmten Stichtag erhält man aus der Arbeitslosenstatistik Informationen über die *bisherige* Dauer der Arbeitslosigkeit, das heißt Angaben darüber, wie lange die betreffende Person am Stichtag der Erhebung bereits arbeitslos gewesen ist. Für eine ökonomische Analyse ist indessen die *vollendete* Dauer der Arbeitslosigkeit von Interesse, das heißt, man möchte wissen, wie lange die betreffende Person *insgesamt* arbeitslos ist. Angesichts der Tatsache, dass der oder die Arbeitslose in der Regel *nach* dem Erhebungszeitpunkt noch eine mehr oder weniger lange Zeitperiode weiterhin arbeitslos bleibt, könnte vermutet werden, dass wir die Dauer der Arbeitslosigkeit unterschätzen, wenn wir alle Arbeitslosen zu einem bestimmten Stichtag nach ihrer Dauer klassifizieren.

Schaubild 9.3 verdeutlicht an einem hypothetischen Beispiel, warum dies unzutreffend sein kann, mehr noch, warum genau das Gegenteil zu beobachten ist, nämlich dass die vollendete Dauer der Arbeitslosigkeit bei einer Stichtagserhebung überschätzt wird. Das *Schaubild 9.3* ist wie folgt zu interpretieren.[28] Zwischen dem 1.1.2000 und dem 31.12.2000 werden 10 Personen arbeitslos. Die entsprechende individuelle, vollendete Dauer ist durch die Balken mit $S_i, i = 1, \ldots, 10$ gekennzeichnet. Der Erhebungsstichtag sei der 1.7.2000. Betrachten wir den Arbeitslosen Nr. 3, der eine vollendete Dauer S_3 und eine am 1.7.2000 gemessene bisherige Dauer T_3 aufweist. Individuell für diesen Arbeitslosen betrachtet, ist die vollendete Dauer größer als die bisherige Dauer ($S_3 > T_3$). So gesehen würde die vollendete Dauer am 1.7.2000 unterschätzt. Andererseits sind in der Stichtagserhebung Arbeitslose mit überdurchschnittlich langer Dauer der Arbeitslosigkeit überrepräsentiert, wie ein kurzer Blick auf das Schaubild zeigt. Die Wahrscheinlichkeit, dass ein Arbeitsloser mit einjähriger Dauer an einem Stichtag innerhalb eines Jahres erhoben wird, ist gleich eins, während sich die gleiche Wahrscheinlichkeit für eine eintägige Dauer auf 1/365 beläuft. Dieser Tatbestand ist in der empirischen Sozialforschung als "Längenverzerrung" bekannt und in der "Ereignisanalyse" ein zentraler Untersuchungsgegenstand.[29] Er führt isoliert gesehen in unserem Fall zu einer Überschätzung der vollendeten Dauer.

Da die beiden genannten Verzerrungen gegenläufig sind, kann das Vorzeichen nicht allgemein angegeben werden. Es lässt sich jedoch zeigen, dass zwischen den Erwartungswerten der bisherigen beziehungsweise vollendeten Dauer [$E(T)$ beziehungsweise $E(S)$] folgende Beziehung besteht:[30]

$$\frac{E(T)}{E(S)} = \frac{1}{2} \cdot \left[\frac{\mathrm{Var}(S)}{[\mathrm{E(S)}]^2} + 1 \right] . \tag{9.6}$$

Wenn die Streuung der vollendeten Dauer der Arbeitslosigkeit S zwischen den einzelnen Arbeitslosen im Vergleich zu ihrer quadrierten durchschnittlichen Dauer vernachlässigbar klein ist,[31] dann ist $E(T) \approx 0.5 \cdot E(S)$, das heißt, die als bisherige Dauer gemessene Länge einer Arbeitslosigkeitsperiode ist etwa halb so groß wie die

[28] Vgl. dazu Salant (1977).

[29] Häufig spricht man auch von "zensierten Daten". Ein umfassendes Lehrbuch zur Ereignisanalyse ist zum Beispiel Blossfeld, Hamerle und Mayer (1986).

[30] Zum Beweis vgl. zum Beispiel Salant (1977).

[31] Das heißt wenn $Var(S)/[E(S)]^2 \approx 0$.

Schaubild 9.3 : Bisherige (T) und vollendete Dauer (S) der Arbeitslosigkeit

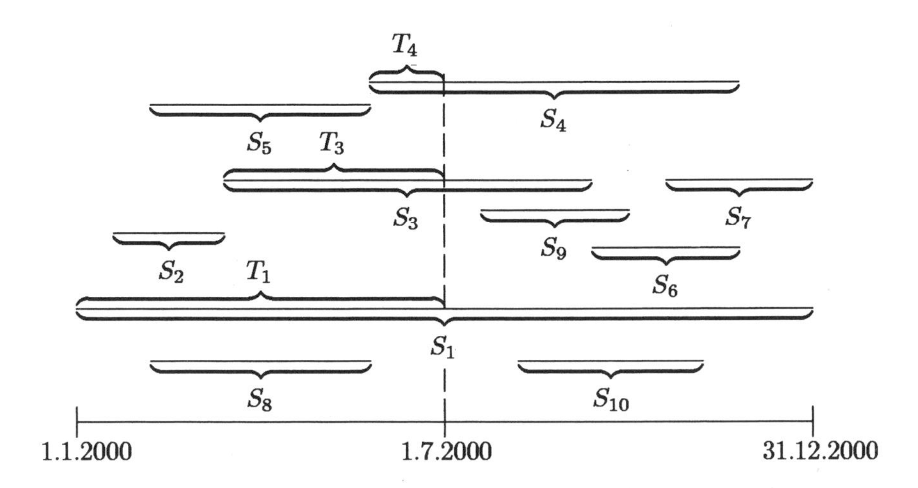

vollendete Dauer. Wenn indessen die Varianz von S sehr groß ist, kann $E(T)$ sogar größer als $E(S)$ sein, das heißt, die Überschätzung auf Grund der Längenverzerrung überwiegt.

Zusammengefasst bergen also die auf Stichtagserhebungen basierenden Werte der Arbeitslosigkeitsdauer die Gefahr erheblicher Verzerrungen in sich. Zur Ermittlung der unverzerrten Verweildauer bieten sich mehrere Wege an. Es kann versucht werden, die vollendete Dauer der Arbeitslosigkeit zu schätzen, indem man Annahmen über die Wahrscheinlichkeit macht, dass die im Zeitpunkt t arbeitslos gewordenen Personen auch noch im Zeitpunkt $t+1, t+2$, usw. arbeitslos sind. Kennt man diese "Übergangswahrscheinlichkeiten", oder können sie ökonometrisch geschätzt werden, dann lassen sich Aussagen über die zu erwartende (individuelle oder kohortenspezifische) Dauer der Arbeitslosigkeit machen. Auf aggregierter Ebene kann dabei eine ökonometrische Analyse auf der Basis von Markov–Ketten zur Anwendung kommen,[32] während bei Verwendung von Individualdaten häufig "Hazard–Funktionen" geschätzt werden, auf die weiter unten eingegangen wird.

Eine andere Möglichkeit besteht darin, dass man die zu einem bestimmten Zeitpunkt t arbeitslos gewordenen Personen bis zu ihrem Ausscheiden aus der Arbeitslosigkeit beobachtet und damit ihre vollendete Dauer kennt. Das Verfahren ist allerdings unpraktisch, da gewartet werden muss, bis alle in t arbeitslos gewordenen Personen ausgeschieden sind. Der naheliegende, aber nicht unproblematische Ausweg ist die Erfassung aller Personen, die in einem Zeitraum aus der Arbeitslosigkeit ausscheiden. Deren vollendete Dauer ist damit zwar bekannt, nicht aber die der übrigen Personen, welche nach diesem Zeitraum weiterhin arbeitslos bleiben. Wenn indessen die Arbeitslosigkeit stationär und die Eintrittswahrscheinlichkeiten in die Arbeitslosigkeit konstant sind, dann entsprechen sich die Ergebnisse der Messkonzepte. Die Beobach-

[32] Für Anwendungen für die Bundesrepublik Deutschland vgl. Franz und König (1986) und die dort angegebene Literatur.

Tabelle 9.3 : Bisherige und vollendete Dauer der Arbeitslosigkeit (in Wochen) und Betroffenheit (in v.H.)[a] (Westdeutschland)

Zeitraum	Männer		Frauen		Betroffenheit	
	bisherige Dauer	vollendete Dauer	bisherige Dauer	vollendete Dauer	Männer	Frauen
1980–84	32.3	18.8	31.7	25.0	17.3	17.2
1985–89	53.2	27.5	49.7	34.2	14.5	15.1
1990–94	50.2	24.0	51.8	27.4	15.5	15.3
1995–99	53.6[b]	28.9	56.8[b]	31.9	17.6	15.6
2000	–	33.0	–	35.7	14.5	14.0

a) Vgl. Text für Erläuterungen; bisherige Dauer jeweils im September des betreffenden Jahres, nach 1997 nicht mehr erhoben; vollendete Dauer: bis einschließlich 1999 von der Bundesanstalt für Arbeit nach einer Näherungsformel berechnet (in Anlehnung an Gleichung (9.4)), ab 2000 die statistisch erhobene vollendete Dauer. Betroffenheit: Zugänge in die Arbeitslosigkeit (Fälle)/abhängige Erwerbspersonen (wegen Umstellung der Erwerbstätigenstatistik sind die Zahlen ab 2000 mit den vorhergehenden nur eingeschränkt vergleichbar).

b) 1995–1997.

Quellen: Amtliche Nachrichten der Bundesanstalt für Arbeit (ANBA), Jahreszahlen 1994, S. 86–87, 1997, S. 76–77 (bisherige Dauer); Institut für Arbeitsmarkt– und Berufsforschung (Hrsg.), Zahlen–Fibel, Beiträge zur Arbeitsmarkt– und Berufsforschung 101, Ausgabe 2000, Übersicht 3.1 und Amtliche Nachrichten der Bundesanstalt für Arbeit, Sondernummer v. 28.6.2001, Arbeitsmarkt 2000, S. 187 (vollendete Dauer und Betroffenheit); eigene Berechnungen.

tung der Zugänge liefert zwar zuverlässigere Ziffern, aber aus Gründen der Aktualität begnügt man sich häufig mit den Abgängen aus der Arbeitslosigkeit.

Tabelle 9.3 stellt die Ziffern für die bisherige Dauer denen der vollendeten Dauer gegenüber. Die Zahlen sind allerdings nicht unmittelbar vergleichbar, da die bisherige Dauer zu einem Stichtag, die vollendete Dauer aus den Abgängen des diesem Stichtag vorangegangenen Jahres ermittelt wurden. Als Größenordnung betrachtet zeigen sie indessen deutlich die oben beschriebene Überschätzung der Dauer bei einer Stichtagserhebung auf. Im Zeitablauf der achtziger Jahre hat sich die vollendete Dauer stark erhöht. Frauen weisen eine längere vollendete Arbeitslosigkeitsdauer auf als Männer.

Die *Tabelle 9.3* macht Aussagen über den geschlechtsspezifischen Verlauf der "Betroffenheit von Arbeitslosigkeit". Im Gegensatz zur oben diskutierten Dimension "Risiko", welche sich auf Zugänge *unterschiedlicher* Personen in die Arbeitslosigkeit bezog, kann bei der "Betroffenheit" dieselbe Person innerhalb des betreffenden Jahres mehrfach den Weg in die Arbeitslosigkeit angetreten haben. Anders formuliert, "Betroffenheit" beinhaltet die beiden Dimensionen "Risiko" und "Anzahl der individuellen Arbeitslosigkeitsperioden". Die ausgewiesenen Prozentzahlen sind der Quotient aus allen Zugängen in die Arbeitslosigkeit (Fälle) und der Zahl der abhängig Erwerbstätigen. *Tabelle 9.4* gliedert für das Jahr 1997 die beiden Dimensionen "Dauer" und "Betroffenheit" nach Alter und Geschlecht. Jugendliche besitzen demnach eine

Tabelle 9.4 : Dauer und Betroffenheit von Arbeitslosigkeit nach Alter und Geschlecht 1997 (Westdeutschland)

Altersgruppe (Jahre)	Dauer [a] (Wochen)		Betroffenheit [c] (v.H.)		Arbeitslosenquote [d]	
	Männer	Frauen	Männer	Frauen	Männer	Frauen
unter 20	18.0	17.9	27.7	32.0	9.8	11.2
20 – 24	20.6	22.1	35.1	23.3	14.4	10.3
25 – 29	25.0	26.6	20.2	16.0	10.2	8.6
30 – 49[b]	33.4	36.3	14.9	16.0	9.3	10.8
50 – 54	47.2	50.6	12.2	13.6	11.6	13.5
55 – 59	61.6	73.4	19.2	16.5	23.0	22.9
60 – 64	105.9	138.8	8.4	8.7	16.8	23.5
insgesamt	34.1	38.5	17.5	16.1	11.6	11.9

a) Abgeschlossene durchschnittliche Arbeitslosigkeitsdauer.
b) Ungewichteter Durchschnitt aus 4 Altersgruppen.
c) Berechnet als Zugänge in die Arbeitslosigkeit dividiert durch die Summe aus Arbeitslosen und sozialversicherungspflichtigen Beschäftigten.
d) Es gilt annähernd: Arbeitslosenquote $\approx$ Dauer $\times$ Betroffenheit/52; vgl. Text.

Quelle: Institut für Arbeitsmarkt– und Berufsforschung; eigene Berechnungen.

vergleichsweise hohe Betroffenheit von Arbeitslosigkeit, jedoch ist ihre Arbeitslosigkeitsdauer im Durchschnitt vergleichsweise gering. Für ältere Arbeitnehmer verhält es sich in der Regel genau umgekehrt.

Die Dimension "Betroffenheit" in *Tabelle 9.3* vermischt – wie oben erwähnt – die beiden Dimensionen "Risiko" und "Mehrfacharbeitslosigkeit", weil Zeitreihendaten für diese beiden Komponenten nicht zur Verfügung stehen. Legt man diesbezüglichen Berechnungen Perioden und Zeiträume des Leistungsbezugs bei Arbeitslosigkeit zu Grunde, so ergeben sich für die Mehrfacharbeitslosigkeit im Zeitraum der Jahre 1989 bis 1993 etwa 1.7 Arbeitslosigkeitsperioden je betroffener Person mit einer durchschnittlichen Dauer von gut 28 Wochen, sodass sich eine Gesamtdauer von 47.6 Wochen ergibt.[33]

Auch die bisher vorgestellten Daten sind noch Durchschnittswerte. Sie erlauben beispielsweise nicht, dem Problem der "Konzentration von Arbeitslosigkeit" Rechnung zu tragen. Damit ist gemeint, dass eine spezielle Gruppe von Personen die Hauptlast der Arbeitslosigkeit trägt.[34] Eine Möglichkeit, die Erfahrung mit Arbeits-

[33] Quelle: Unveröffentlichte Berechnungen der Bundesanstalt für Arbeit.

[34] Es ist zu beachten, dass die Bundesanstalt für Arbeit seit Mai/Juni 1985 die Dauer der Arbeits-

losigkeit besser zu beschreiben, ist die Erfassung der Mehrfacharbeitslosigkeit und die Kumulation der einzelnen Arbeitslosigkeitsperioden zu einer "kumulativen Arbeitslosigkeit" im Sinne einer individuellen Gesamtbelastung durch Arbeitslosigkeit. Auf der Basis einer solchen Vorgehensweise ermittelten Karr und John (1989) für die Bundesrepublik Deutschland und für den Zeitraum der Jahre 1979–1984 eine durchschnittliche Mehrfacharbeitslosigkeit von 1.71, das heißt, im Durchschnitt hatte ein Arbeitsloser 1.71 Arbeitslosigkeitsperioden in diesem 5–Jahres–Zeitraum. Dies führte bei den betroffenen Personen zu einer durchschnittlichen kumulativen Arbeitslosigkeit von 40.5 Wochen, weil eine Arbeitslosigkeitsperiode im Durchschnitt 23.7 Wochen dauerte [$1.71 \cdot 23.7 = 40.5$]. Dabei zeigt sich, dass die durch die kumulative Arbeitslosigkeit entstandene Last für Personen in fortgeschrittenem Alter und mit geringer schulischer und/oder beruflicher Qualifikation wesentlich höher als für andere Arbeitslose ist.[35] Die Last fiel in dem betrachteten Zeitraum 1979–84 bei Berufen hoher Qualifikation mit 33 Wochen niedrig aus, während sie mit zunehmendem Alter bis auf knapp 56 Wochen anstieg, und bei gering Qualifizierten rund 50 Wochen betrug.[36]

Ein weiterer Indikator für eine Konzentration von Arbeitslosigkeit auf Grund einer ungleichen Lastverteilung ist die Höhe und zeitliche Entwicklung der Langzeitarbeitslosigkeit. Üblicherweise wird die Langzeitarbeitslosenquote wie in *Schaubild 9.4* als Anteil der Langzeitarbeitslosen an allen Arbeitslosen dargestellt, wobei zu den Langzeitarbeitslosen alle Personen rechnen, die mindestens ein Jahr ununterbrochen arbeitslos sind.[37] Es ist erkennbar, dass sich dieser Anteil in den achtziger Jahren stark erhöht hat, seit dem Jahre 1984 gehören rund ein Drittel aller Arbeitslosen zu den Langzeitarbeitslosen. Dieser Personenkreis ist durch eine Kumulation von "vermittlungshemmenden Merkmalen" gekennzeichnet, wie beispielsweise fortgeschrittenes Alter, gesundheitliche Einschränkungen und fehlender Berufsabschluss.[38]

Diese Art der Erfassung der Langzeitarbeitslosigkeit ist jedoch mit zwei gravierenden Problemen behaftet, die eine massive Unterschätzung des Phänomens Langzeitarbeitslosigkeit zur Folge haben:[39]

(i) Wie bereits bei den obigen Ausführungen zur Konzentration von Arbeitslosigkeit dargestellt, gibt der personenmäßige Anteil der Langzeitarbeitslosen an der Gesamtzahl aller Arbeitslosen keine Auskunft über die Last, welche Langzeitarbeitslose tatsächlich tragen. Dazu müsste bekannt sein, wie lange die Arbeitslosigkeitsperioden bei jedem einzelnen Arbeitslosen (noch) dauern, um dann in

---

losigkeit seit dem letzten Zugangsdatum berechnet. Frühere Arbeitslosigkeit bleibt damit generell unberücksichtigt. Vor diesem Zeitpunkt wurden Arbeitslosigkeitsperioden in ihrer Dauer zusammengefasst, wenn die dazwischengeschaltete Zeitperiode einer Erwerbstätigkeit unter 13 Wochen lag. Vgl. dazu Amtliche Nachrichten der Bundesanstalt für Arbeit (ANBA), Heft 5 (1988), S. 776f.

[35] Hinzuweisen ist auch darauf, dass sich für einzelne Gruppen die beiden Dimensionen Mehrfacharbeitslosigkeit und durchschnittliche Dauer einer Arbeitslosigkeitsperiode auseinander entwickeln können. Für Männer (Frauen) lauten die beiden Ziffern 1.86 und 21.4 (1.52 und 27.1). Dies ergibt eine kumulative Arbeitslosigkeit von 39.9 (41.1) Wochen.

[36] Alle Angaben sind im Vergleich zum Gesamtdurchschnitt von 40.5 Wochen kumulativer Arbeitslosigkeit zu sehen und beziehen sich auf den gesamten 5–Jahres–Zeitraum. Vgl. Karr und John (1989).

[37] Vgl. zum Beispiel Klems und Schmid (1990) für eine eingehendere Analyse der Langzeitarbeitslosigkeit.

[38] Vgl. dazu ausführlicher: Amtliche Nachrichten der Bundesanstalt für Arbeit (ANBA), Sondernummer Juni 1998, Arbeitsmarkt 1997, S. 132f.

[39] Vgl. zum Folgenden Karr (1997).

Schaubild 9.4 : Anteil der Langzeitarbeitslosen an der Gesamtarbeitslosenzahl (v.H.) (Westdeutschland)[a)]

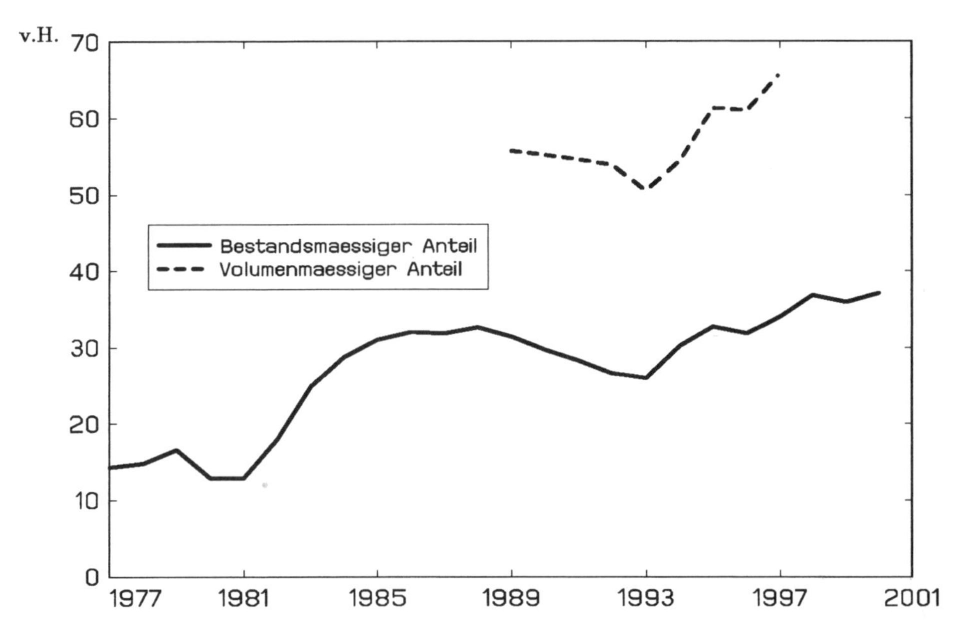

a) Vgl. Text für Erläuterungen.

Quellen: Amtliche Nachrichten der Bundesanstalt für Arbeit (ANBA), Karr (1997) und Informationen des Instituts für Arbeitsmarkt- und Berufsforschung.

einer Volumenrechnung den stundenmäßigen Anteil der Langzeitarbeitslosigkeit an dem gesamten Arbeitslosigkeitsvolumen (in Stunden) zu berechnen.

(ii) Die personenmäßige Anteilsberechnung lässt die "potenziellen Langzeitarbeitslosen" nicht erkennen, weil unbekannt ist, wie lange die am Stichtag als "kurzfristig" klassifizierten Arbeitslosen (mit einer ununterbrochenen Dauer der bisherigen Arbeitslosigkeit von unter einem Jahr) noch arbeitslos sein werden, das heißt, wie viele von ihnen zu Langzeitarbeitslosen werden.

Eine Möglichkeit, diesen Aspekten Rechnung zu tragen, ohne alle Arbeitslosigkeitsfälle bis zu ihrer Beendigung beobachten zu müssen, besteht darin, eine Abgangskohorte aus der Arbeitslosigkeit nach der vollendeten Dauer der Arbeitslosigkeit der Abgänger auszuwerten. Unter der Annahme der Stationarität der Arbeitslosigkeit ist damit – wie weiter oben bereits dargelegt – die Verteilung der vollendeten Arbeitslosigkeitsperioden des gesamten Bestandes an Arbeitslosen approximativ beschrieben. Im Juni 1996 ergab sich für die von der Bundesanstalt für Arbeit erhobene Abgangskohorte aus der Arbeitslosigkeit in Westdeutschland folgendes Ergebnis:[40]

[40]Die folgenden Zahlen sind leicht gerundet und später vom IAB revidiert worden. Um dem Leser die Vergleichbarkeit mit Karr (1997) zu ermöglichen, verwendet der Text die ursprünglichen, nicht

- Insgesamt *beendeten* 373.6 Tsd. Personen die Arbeitslosigkeit. Ihr Arbeitslosigkeitsvolumen, also die in Arbeitslosigkeit insgesamt verbrachten Tage, belief sich auf 85.4 Mio. Tage, je Arbeitslosen durchschnittlich mithin 228.7 Tage.

- Von den 373.6 Tsd. Personen waren 62.9 Tsd., also 16.8 v.H., Langzeitarbeitslose mit einem Arbeitslosigkeitsvolumen von 49.9 Mio. Tagen, je Langzeitarbeitslosen mithin durchschnittlich 792.2 Tage.

- In Termini des Arbeitslosigkeitsvolumens belief sich der Anteil der Langzeitarbeitslosigkeit somit auf 58.4 v.H. (49.9/85.4). Dieser Wert ist dem personenmäßigen Anteil des *Bestands* der Langzeitarbeitslosen gegenüberzustellen, der im Juni 1996 32.9 v.H. betrug (beachte: die genannten 16.8 v.H. bezogen sich auf die aus der Arbeitslosigkeit ausgeschiedenen Personen).

Betrachtet man also das Arbeitslosigkeitsvolumen und trägt hierbei dem Aspekt potenzieller Langzeitarbeitsloser Rechnung, dann liegt der so definierte Anteil der Langzeitarbeitslosigkeit wesentlich höher, fast um das Doppelte, wie *Schaubild 9.4* illustriert. Des Weiteren betrug Mitte des Jahres 1996 die Wahrscheinlichkeit, dass jemand, der sich zu diesem Zeitpunkt als arbeitslos meldete, zu einem Langzeitarbeitslosen werden wird, 16.8 v.H. (und nicht etwa 32.9 v.H., wie es der personenmäßige Anteil suggeriert).[41]

Reichhaltigere Informationen über die Bestimmungsfaktoren der Dauer der Arbeitslosigkeit vermittelt eine Analyse auf der Basis von Individualdaten. Sie bietet darüber hinaus die Möglichkeit, explizit zu testen, in welchem Umfang die bisherige Erfahrung mit Arbeitslosigkeit die Chancen beeinflusst, aus der Arbeitslosigkeit auszuscheiden. Das theoretische Konzept, welches solchen Studien zu Grunde liegt, ist die bereits erwähnte Hazard–Funktion. Dieses für die Analyse von Verlaufsdaten zentrale Konstrukt stammt aus der Erneuerungstheorie und gibt in diesem Zusammenhang an, mit welcher Wahrscheinlichkeit eine im Zeitpunkt t_0 arbeitslos gewordene Person, welche bis t_1 arbeitslos geblieben ist, im Zeitpunkt t_1 aus der Arbeitslosigkeit ausscheidet.[42]

Ein kleiner Wert dieser Wahrscheinlichkeit bedeutet mithin, dass der betreffende Arbeitslose mit hoher Wahrscheinlichkeit auch noch in der nächsten Periode arbeitslos ist, das heißt, seine individuelle Arbeitslosigkeitsdauer ist umso länger, je geringer die durch die Hazard–Funktion angezeigte Wahrscheinlichkeit ist. Die Hazard–Funktion erlaubt damit die Analyse zweier Fragen:

(i) Durch welche individuellen Merkmale des Arbeitslosen (wie zum Beispiel Alter, Schul– und Berufsausbildung, Gesundheitszustand) und durch welche berufsspezifischen und/oder regionalen Arbeitsmarktbedingungen werden die Austrittswahrscheinlichkeiten bestimmt?

---

revidierten Zahlen, das *Schaubild 9.4* jedoch die vom IAB für 1996 revidierte Zahl des Anteils der Langzeitarbeitslosigkeit, nämlich 61.0 v.H. statt 58.4 v.H.

[41] Beachte, dass unter der Stationaritätsannahme Abgänge gleich Zugänge sind und die Wahrscheinlichkeit daher approximativ ist (trotz ihrer genauen Zahlenangabe).

[42] Eine ausführliche und formale Darstellung des Konzepts der Hazard–Funktion findet sich in Blossfeld, Hamerle und Mayer (1986), Franz (1982a), Kiefer (1988), Riese (1986) und Wurzel (1993). Das Gegenstück zur Hazard–Funktion ist die Verbleib– oder Überlebensfunktion, welche analog die Wahrscheinlichkeit angibt, dass die Person in t_1 im Arbeitslosenstatus verbleibt.

Schaubild 9.5 : Theoretische Verläufe der Hazard–Funktion[a)]

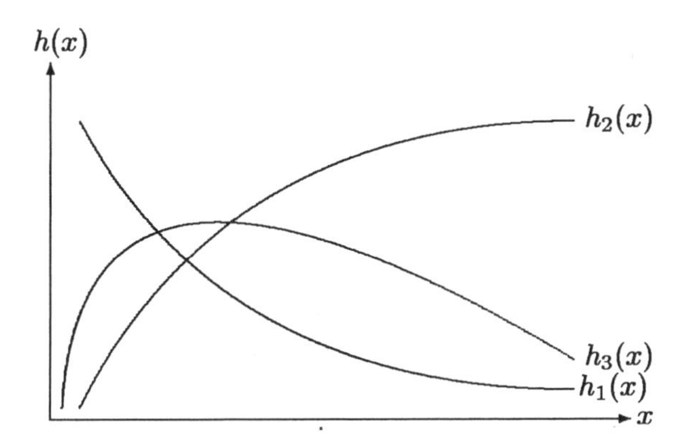

a) Vgl. Text für Erläuterungen.

(ii) Beeinflusst auch die bisherige Dauer der jetzigen Arbeitslosigkeitsperiode die Chance, aus der Arbeitslosigkeit auszuscheiden? Mit anderen Worten, sinkt oder steigt die Austrittswahrscheinlichkeit mit zunehmender Dauer der Arbeitslosigkeit? Auskunft darüber gibt der Verlauf der Hazard–Funktion in Abhängigkeit von der Dauer der Arbeitslosigkeit. *Schaubild 9.5* verdeutlicht drei hypothetische Verläufe. Die Kurven $h_1(x)$ beziehungsweise $h_2(x)$ kennzeichnen die beiden eben genannten Möglichkeiten (x ist die Dauer der Arbeitslosigkeit), während $h_3(x)$ beide Hypothesen kombiniert. Solche (und andere) Verläufe der Hazard–Funktion können mit den aus der mathematischen Statistik bekannten Verteilungsfunktionen beschrieben werden, also beispielsweise mit einer Gamma–Verteilung für $h_1(x)$ und $h_2(x)$ oder einer Lognormal–Verteilung für $h_3(x)$.[43]

Die unter (ii) gemachten Darlegungen bezogen sich auf den Einfluss der *bisherigen ununterbrochenen* Dauer der Arbeitslosigkeitsperiode, in der sich das Individuum gerade befindet. Darüber hinaus ist es denkbar, dass auch eine *frühere*, aber *unterbrochene* Erfahrung mit Arbeitslosigkeit die *derzeitige* Austrittswahrscheinlichkeit mitbestimmt, sei es durch die Anzahl früherer Arbeitslosigkeitsperioden oder sei es durch deren Dauer.[44]

Abgesehen von einer früheren Studie über Jugendarbeitslosigkeit in den siebziger Jahren[45], stammen ökonometrische Untersuchungen unter Verwendung des Konzepts der Hazard–Funktion und für die Bundesrepublik Deutschland[46] im Wesentlichen erst

[43] Vgl. dazu Kiefer (1988).

[44] Die Abhängigkeit der derzeitigen Austrittswahrscheinlichkeit von der Anzahl beziehungsweise Dauer früherer Arbeitslosigkeitsperioden firmiert in der (angelsächsischen) Literatur unter "occurrence dependence" beziehungsweise "lagged duration dependence", während der unter (ii) genannte Tatbestand als "duration dependence" bezeichnet wird. Als Oberbegriff aller drei Spielarten fungiert häufig die "state dependence". Vgl. dazu Heckman und Borjas (1980).

[45] Vgl. Franz (1982a).

[46] Für Österreich gibt es entsprechende Untersuchungen von Winter–Ebmer (1991) und Steiner

aus den neunziger Jahren. Das liegt unter anderem daran, dass erst mit den Erhebungswellen des Sozio–oekonomischen Panels eine Datengrundlage geschaffen wurde, mit deren Hilfe die oben angeführten Fragestellungen überhaupt analysiert werden können, wie etwa in den Untersuchungen von Steiner (2001), Wurzel (1990, 1993) und Licht und Steiner (1991). Die Studien heben hervor, dass die Bestimmungsfaktoren der Austrittswahrscheinlichkeit nicht nur von individuellen Merkmalen wie beispielsweise Alter, Geschlecht und Ausbildung abhängen, sondern auch davon beeinflusst sind, ob es sich um Abgänge in ein Beschäftigungsverhältnis oder in Nichterwerbstätigkeit handelt.

Das zeigt sich beispielsweise in der Studie von Licht und Steiner (1991) darin, dass bei Männern die Austrittswahrscheinlichkeit beim Abgang in ein Beschäftigungsverhältnis im zweiten und dritten Monat nach dem Zugang in die Arbeitslosigkeit deutlich ansteigt und anschließend mit zunehmender Verweildauer in der Arbeitslosigkeit monoton abfällt und sich der permanent niedrigeren Abgangsrate der Frauen annähert. Aus empirischer Sicht ist somit am ehesten der Typ einer Log–Normalverteilung der Hazard–Funktion angemessen ($h_3(x)$ in *Schaubild 9.5*), ein Ergebnis, zu dem auch die Studien von Wurzel (1990) und Franz (1982a) im Wesentlichen kommen. Wer nach vergleichsweise kurzer Arbeitslosigkeit keinen Arbeitsplatz gefunden hat, dessen individuelle Wiederbeschäftigungschancen verschlechtern sich zunehmend. Hingegen konnte keine statistische Signifikanz für den Einfluss einer früheren Erfahrung mit Arbeitslosigkeit festgestellt werden, ein Resultat, welches im Gegensatz zu der oben erwähnten Studie zur Jugendarbeitslosigkeit steht. Mühleisen (1994) stellt mit Hilfe einer Simulationsanalyse fest, dass sich Arbeitslosigkeit auf Grund der Abschreibung des Humankapitals selbst verlängert, mit anderen Worten, die bisherige Erfahrung mit Arbeitslosigkeit bestimmt nachdrücklich die Chance, diesen Status zu verlassen.[47] Dieses Ergebnis einer negativen Abhängigkeit der Austrittswahrscheinlichkeit von der bisherigen Dauer der Arbeitslosigkeit ist jedoch nicht unumstritten. So kommt Steiner (2001) zu dem Schluss, dass für die Mehrzahl der untersuchten Personen im Zeitraum der Jahre 1983 bis 1995 in Westdeutschland kaum ein derartiger Zusammenhang existiert habe und es vielmehr nicht adäquat berücksichtigte Heterogenität der betrachteten Personen gewesen sei, die irrtümlich zu solchen Aussagen geführt habe.

Abgesehen von den individuellen Merkmalen eines Arbeitslosen kann auch die Arbeitslosenversicherung die Verweildauer in der Arbeitslosigkeit beeinflussen. Dem Einfluss der Arbeitslosenunterstützung auf die Hazard–Funktion wurde in *Abschnitt 6.4* nachgegangen.

Die quantitative Analyse der Bewegungsvorgänge auf dem Arbeitsmarkt schließt mit der Beantwortung der Frage ab, woher die Arbeitslosen kommen und wohin sie gehen. Im Jahre 2000 waren in Westdeutschland 44 v.H. aller Personen, die arbeitslos wurden, vorher erwerbstätig (ohne Beschäftigung in arbeitsmarktpolitischen Maßnahmen), knapp 3 v.H. aller Zugänge kamen aus einer (außer–)betrieblichen und gut 5 v.H. aus einer schulischen Ausbildung; insgesamt gut 50 v.H. gingen vorher keiner Erwerbstätigkeit nach.[48] Entsprechende Angaben über die Abgangsstruktur sind weniger

---

(1987), (1990) und für die Schweiz von Sheldon (1992). Vgl. für die Schweiz auch den Übersichtsbeitrag von Blattner (1990).

[47]Vgl. für ein ähnliches Resultat auch Mühleisen und Zimmermann (1994).

[48]Quelle: Amtliche Nachrichten der Bundesanstalt für Arbeit (ANBA), Arbeitsmarkt 2000, S. 67, Tabelle 4.

Tabelle 9.5 : Abgänge aus Arbeitslosigkeit in Westdeutschland im Jahre 2000 (v.H.) [a]

Altersgruppen ... bis unter... Jahre	Abgänge (Tsd. Personen)	in Arbeit					Krankheit
		insgesamt	selbst gesucht	vermittelt mit/ohne finanzielle Hilfe			
				ohne	mit		
					insgesamt	ABM	
(1)	(2)	(3)	(4)	(5)	(6)	(7)	(8)
20 – 25	763	47.4	24.5	19.1	3.9	1.9	7.0
25 – 30	631	50.6	27.3	19.8	3.6	0.7	11.0
30 – 50	2 355	47.6	24.0	18.8	4.7	1.4	16.7
50 – 60	646	30.5	13.4	12.5	4.7	1.9	30.8
60 – 65	231	5.7	2.4	2.5	0.7	0.2	6.9
insgesamt [b]	4 882	43.1	21.8	17.0	4.2	1.5	14.8

a) Vgl. Text für Erläuterungen; Prozentzahlen der Altersgruppen 30–50 und 50–60 sind ungewichtete Durchschnitte von Untergruppen.

b) Einschl. Altersgruppe "unter 20 Jahre" und "65 und älter".

Quelle: Institut für Arbeitsmarkt- und Berufsforschung, IAB-Werkstattbericht Nr. 7/2001, S. 23–25; eigene Berechnungen.

aussagekräftig, weil die Bundesanstalt für Arbeit nur Teilinformationen über die Abgangsgründe besitzt und mitunter echte Beendigungen von reinen Unterbrechungen (unter anderem auf Grund von Krankheit oder Meldeversäumnissen) nicht unterscheiden kann. Unter diesem Vorbehalt sind die Angaben über die Abgänge von Arbeitslosen in Westdeutschland im Jahre 2000 in *Tabelle 9.5* zu sehen. Von den 4.8 Mio. Abgängern nahmen 43 v.H. eine Erwerbstätigkeit auf, davon knapp 90 Tsd. im Rahmen einer arbeitsmarktpolitischen Maßnahme.[49] Mit zunehmendem Alter gewinnen indessen andere Abgangsgründe an Gewicht wie Krankheit oder ein vorgezogener Altersruhestand (letzterer betrifft rund zwei Drittel aller Abgänger in der Altersgruppe 60 bis unter 65 Jahre, nicht in der *Tabelle 9.5* ausgewiesen). Nur gut ein Fünftel aller Abgänge oder rund 50 v.H. der Abgänge in Arbeit hatten ihren neuen Arbeitsplatz selbst gesucht. Für immerhin gut ein Drittel aller Abgänge sind die Gründe für das Ausscheiden aus der Arbeitslosigkeit unbekannt.

[49] Die entsprechenden Angaben für Ostdeutschland lauten: 2.3 Mio. beziehungsweise 47 v.H. beziehungsweise 90 Tsd. Quelle wie in der Tabelle.

9.2 Theoretische Ursachenanalyse

Die Diskussion über die Ursachen der Arbeitslosigkeit leidet unter einer Vielzahl von Etiketten, mit denen einzelne denkbare Bestimmungsfaktoren belegt und woraus dann aktuell erforderliche Gegenmaßnahmen abgeleitet werden. Das prominenteste Begriffspaar im Rahmen einer solchen Betrachtung stellen die "konjunkturelle" und die "strukturelle" Arbeitslosigkeit dar, womit ein gesamtwirtschaftliches Nachfragedefizit beziehungsweise häufig nicht näher erläuterte Funktionsstörungen auf Arbeitsmärkten, also beispielsweise Lohninflexibilitäten, gemeint sind. Für eine erste Sortierung möglicher Entstehungsgründe einer Beschäftigungslosigkeit mögen solche und andere Aufkleber hin und wieder hilfreich sein. Die gewünschte Erklärung des Phänomens zu geben sind sie nicht im Stande. Ob beispielsweise eine beobachtete Arbeitslosigkeit in der deutschen Werftindustrie ihre Ursache in einer abflauenden Weltkonjunktur hat, als deren Folge allgemein die Nachfrage nach Schiffstonnage gesunken ist, oder ob sie wegen zu hoher Lohnkosten hier zu Lande einer verminderten internationalen Wettbewerbsfähigkeit dieses Sektors geschuldet ist, lässt sich ohne weiteres nicht entscheiden, zumal es selbst im ersten Fall vielleicht möglich wäre, mit Hilfe einer moderaten Lohnpolitik einen größeren Weltmarktanteil und damit neue Arbeitsplätze zu erringen. Diese Überlegung führt weiter zu dem endogenen Charakter einer gesamtwirtschaftlichen Nachfrageschwäche und der Inflexibilitäten in der Lohnbildung, denn sie gestalten sich nicht völlig unabhängig von den Verhaltensweisen wirtschaftlicher Akteure. Wer vielleicht zutreffend die Lohnhöhe als Ursache der Arbeitslosigkeit beklagt und sich für entsprechende Korrekturen ausspricht, provoziert sofort die Frage, welche den Lohnbildungsprozess bestimmenden Variablen in welcher Weise und von wem beeinflusst werden könnten und sollten. Daher führt kein Weg an der Erstellung eines theoretischen Analyserahmens vorbei, der zumindest die wichtigsten Bestimmungsfaktoren der Arbeitslosigkeit konsistent in ein Modell integriert und dessen Aussagen nicht im Widerspruch zu den Grundlinien der beobachteten tatsächlichen Entwicklung auf dem Arbeitsmarkt stehen. Der vorher gehende *Abschnitt 9.1* lieferte die hierfür erforderlichen Fakten, aus denen sich die Kontur der Entwicklung der Arbeitslosigkeit in Westdeutschland in den vergangenen drei Jahrzehnten herausdestillieren lässt: Die Arbeitslosigkeit nahm im Zeitablauf schubweise zu und entwickelte sich zwar unter Schwankungen, jedoch mit klaren Beharrungstendenzen auf einem trendmäßig ansteigenden Pfad.

Das im Folgenden skizzierte Modell bietet eine Erklärung wesentlicher Aspekte hinsichtlich der beobachteten Höhe und des Verlaufs der Arbeitslosigkeit auf der Grundlage von Annahmen über die Verhaltensweisen im Bereich der Arbeitsnachfrage und des Lohnbildungsprozesses. Das Modell lässt zwar eine Reihe von Gesichtspunkten außen vor und leidet an theoretischen Schwächen. Aber insgesamt betrachtet entwirft es ein weitgehend überzeugendes Erklärungsmuster der Arbeitslosigkeit, es wird wohl nicht zu Unrecht als das (derzeitige) Konsensmodell in der Arbeitsmarktökonomik bezeichnet.

9.2.1 Das Modell einer quasi-gleichgewichtigen Arbeitslosigkeit

Das Modell einer quasi-gleichgewichtigen Arbeitslosigkeit ("QERU"- Modell als Abkürzung des englischen Orginalausdrucks "quasi-equilibrium rate of unemployment") wird in zahlreichen Literaturbeiträgen in unterschiedlichen Varianten behandelt, welche hier auf einen Prototyp dieser Modellvielfalt reduziert werden. Ausführliche Darstellungen finden sich unter anderem in Calmfors und Holmlund (2000), Franz (1996) und Lindbeck (1993).

Mit dem Modell sollen hauptsächlich Ursachen der Entstehung und Persistenz von Arbeitslosigkeit erklärt werden. Folglich muss es Aussagen über Arbeitsangebot und Arbeitsnachfrage sowie über den Lohnbildungsprozess einschließlich wichtiger Interaktionen und Rigiditäten enthalten. *Schaubild 9.6* gewährt einen Einstieg in das Modell unter Verwendung des bekannten Lohn-Arbeitsmengen-Diagramms, wobei die LD–Kurve und die WS–Kurve im Mittelpunkt stehen.

(i) Die LD–Kurve repräsentiert die traditionelle Arbeitsnachfragefunktion in Abhängigkeit des Produktlohns und anderer Variablen, welche die Lage der LD–Kurve bestimmen, wie die (autonome) Produktnachfrage (seitens des Staates), Kapitalnutzungskosten, Rohstoffpreise, Wechselkurse und der (arbeitssparende) technische Fortschritt.[50] Die negative Steigung der LD–Kurve spiegelt die abnehmende Grenzproduktivität des Faktors Arbeit wider: Mit zunehmendem Arbeitseinsatz sinkt die Grenzproduktivität des Faktors Arbeit, also muss bei einer Entlohnung nach der Grenzproduktivität der Reallohn sinken.[51]

(ii) Die WS–Kurve bringt das Lohnsetzungsverhalten zum Ausdruck, wobei in diesem Zusammenhang der auf der Ordinate abgetragene Produktlohn gegebenenfalls in eine andere Lohnvariable transformiert werden muss (beispielsweise Konsumlohn, Effektivlohn oder Tariflohn), je nachdem wie die genaue Fragestellung und die Spezifikation der WS–Kurve lauten. Bestimmungsfaktoren der WS–Kurve bilden alle den Lohnbildungsprozess beeinflussenden Variablen, wie sie aus den in *Kapitel 8* diskutierten Erklärungsansätzen resultieren, also Insidermacht, Effizienzlohnargumente, institutionelle Regelungen im Lohnbildungsprozess und soziale Arrangements (wie etwa "Bündnisse" oder "runde Tische"). Die positive Steigung der WS–Kurve ergibt sich beispielsweise aus der stärkeren Verhandlungsmacht der Gewerkschaften bei einer günstigeren Beschäftigungssituation oder mit Hilfe eines Rückgriffs auf Elemente einer Effizienzlohntheorie, nach der Unternehmen bei guter Arbeitsmarktlage höhere Löhne zahlen, um eine unerwünschte Fluktuation ihrer Beschäftigten zu vermeiden.[52]

[50] Vgl. *Abschnitt 4.2.* Der Produktlohn ist bereits real definiert, vgl. *Abschnitt 8.1.* Im nächsten *Abschnitt 9.2.2* wird erläutert, dass die LD–Kurve unter bestimmten Voraussetzungen auch das Preissetzungsverhalten der Unternehmen reflektieren kann.

[51] Vgl. dazu ausführlich *Abschnitt 4.2.*

[52] Vgl. dazu *Abschnitt 8.5.*

Der Einfachheit halber wird das Arbeitsangebot LS als exogen angenommen und in ein Produktlohn–Arbeit–Diagramm eingezeichnet, obwohl es vom Konsumlohn abhängt.[53] Damit sind die wesentlichen Elemente des Modells bereits skizziert. Wann und warum gibt es nun Arbeitslosigkeit?

Schaubild 9.6 : Das theoretische Referenzmodell

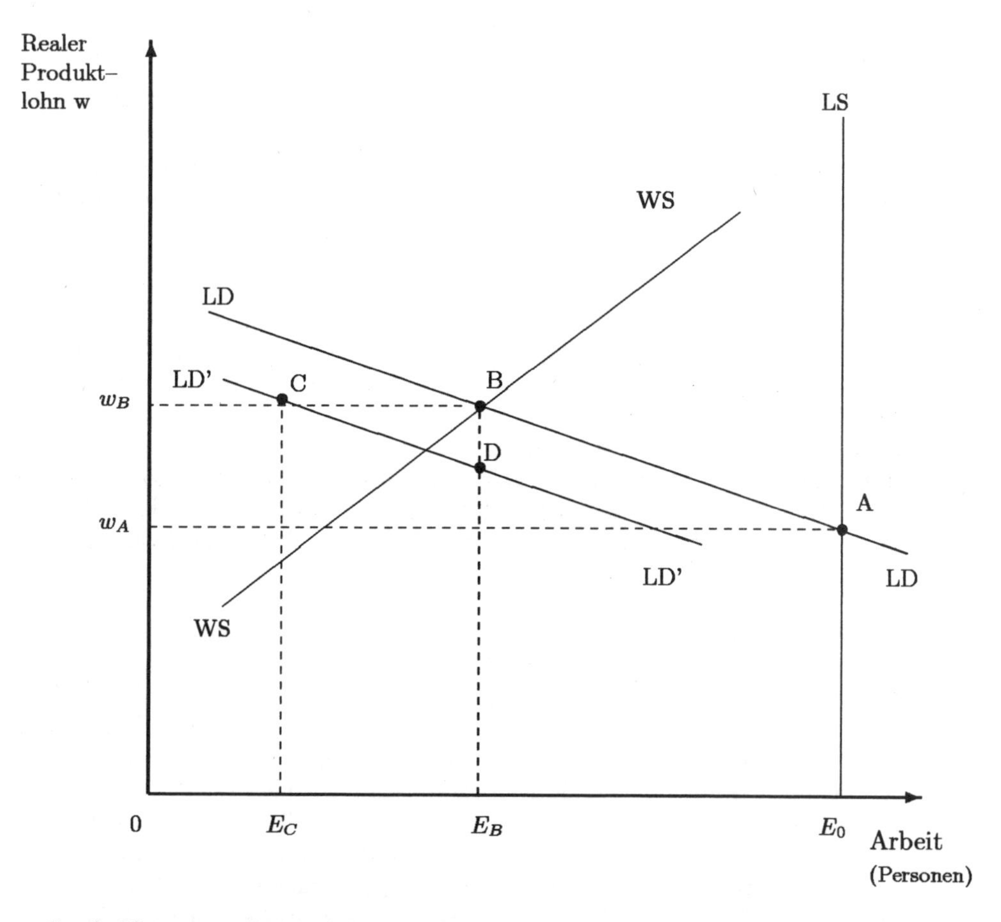

Symbolik: LD = Arbeitsnachfragekurve
WS = Lohnsetzungs– bzw. kollektive Arbeitsangebotskurve
LS = aggregiertes individuelles Arbeitsangebot

[53] Gleichwohl erhebt sich die Frage nach der Lage der LS–Kurve im Vergleich zur WS–Kurve. In der Regel liegt die WS–Kurve links von der LS–Kurve, weil sie im Rahmen eines Lohnverhandlungsmodells auch als "kollektives Arbeitsangebot" im Gegensatz zum aggregierten individuellen Arbeitsangebot LS interpretiert werden kann, wobei unterstellt wird, dass kollektiv ausgehandelte Löhne höher sind als individuell vereinbarte, sodass die WS–Kurve oberhalb einer positiv geneigten LS–Kurve oder eben wie eingezeichnet verläuft. Vgl. dazu Wyplosz (1994).

Referenzpunkt sei A, wo es keine Arbeitslosigkeit gibt, weil dort bei gegebener Lage der Kurven die Arbeitsnachfrage LD dem Arbeitsangebot LS entspricht. Diese Situation wird indessen im *Schaubild 9.6* nicht realisiert, denn dazu bedürfte es entweder eines beschäftigungsfreundlicheren Lohnsetzungsverhaltens, das heißt, die WS–Kurve müsste ebenfalls durch den Punkt A gehen. Oder die Arbeitsnachfrage müsste sich dauerhaft auf Grund autonomer Faktoren so stark erhöhen, dass sich eine Verschiebung der LD–Kurve nach oben durch den (nicht eingezeichneten) oberen Schnittpunkt der WS–Kurve mit der LS–Kurve ergibt. Gedacht wird in diesem Zusammenhang mitunter an eine expansive Fiskalpolitik und/oder Geldpolitik. Der Einsatz dieser Stabilisierungspolitiken ist hingegen eng begrenzt und hat bestenfalls kurzfristige, aber kaum dauerhafte Beschäftigungsimpulse zur Folge.[54] Stattdessen realisiert die in *Schaubild 9.6* eingezeichnete Konstellation den Schnittpunkt B und die daraus resultierende Beschäftigung in Höhe von $0E_B$ mit einer Anzahl arbeitsloser Personen E_BE_0. In dieser Situation liegt Übereinstimmung des Lohnsetzungsverhaltens mit der Arbeitsnachfrage vor, also ein Gleichgewicht, welches indessen nur "quasi" gilt, weil es mit einem Arbeitsangebotsüberschuss verbunden ist. Daher rührt die Bezeichnung "quasi–gleichgewichtige Arbeitslosigkeit" (QERU).

Die tatsächlich beobachtete Arbeitslosigkeit entspricht nicht unbedingt der QERU. So kann ein konjunkturell bedingtes Nachfragedefizit zu einer Linksverschiebung der LD–Kurve führen, etwa zu LD' im *Schaubild 9.6*. Wenn der Produktlohn w_B (zunächst) nach unten inflexibel verharrt, ergibt sich (zumindest kurzfristig) eine Arbeitslosigkeit insgesamt in der Höhe von E_CE_0, wovon E_CE_B dann häufig als "konjunkturell bedingte" Arbeitslosigkeit, weil von einer gesamtwirtschaftlichen Nachfrageschwäche ausgelöst, und E_BE_0 als "strukturell" bezeichnet werden. Die Verwirrung und der Disput über diese Abgrenzung lassen sich an diesem Beispiel gut illustrieren. Zwar mag eine konjunkturelle Schwächephase auf den Weltmärkten als Auslöser für die ungünstige Arbeitsmarktentwicklung verantwortlich zeichnen, jedoch könnte sie durch eine moderatere Lohnpolitik (das heißt eine Rechtsverschiebung der WS–Kurve) verringert oder, wenn die neue WS–Kurve durch den Punkt D geht, gar verhindert werden. Wen also trifft die Schuld an der Arbeitslosigkeit E_CE_B – die Konjunktur oder die Tarifvertragsparteien? Die Schuldzuweisung könnte am ehesten allein zu Lasten der Konjunktur vorgenommen werden, wenn in bestimmten konjunkturellen Situationen – und in Abänderung des Modells – Lohnsenkungen keine Stimulierung der Arbeitsnachfrage erbrächten, weil sie das gesamtwirtschaftliche Nachfragedefizit vergrößerten. Wann dieser Fall plausiblerweise eintreten kann, ist Thema der "Neuen Keynesianischen Makroökonomik" ("Ungleichgewichtsökonomik"). Er lässt sich im *Schaubild 9.6* unschwer darstellen, denn dann befinden sich die Unternehmen – grafisch gesprochen – nicht mehr auf der Arbeitsnachfragekurve, sondern unterhalb. Sie möchten bei gegebenem Lohn wie vor Eintreten dieser Situation gerne mehr produzieren, allein es fehlt an Absatzmöglichkeiten auf Grund zu geringer Nachfrage. Von dieser begrifflichen Problematik abgesehen, verdeutlicht das QERU–Modell, was sich hinter dem Allerweltswort "strukturelle" Arbeitslosigkeit verbirgt, nämlich sämtliche Variablen, welche die Lage und Steigung der LD–Kurve und WS–Kurve bestimmen. Neben technologischen Entwicklungen kommen Funktionsstörungen auf Arbeitsmärkten als Kandidaten für eine Ursachenanalyse in Frage, angefangen bei einer zu hohen Steuerlast

[54] Vgl. dazu *Abschnitt 10.2.1.*

bei den Unternehmen bis hin zu Inflexibilitäten beim Lohnbildungsprozess (beispielsweise in Form von mangelhaft funktionierenden Tariföffnungsklauseln) oder beschäftigungsfeindlichen gesetzlichen Regeln im Arbeitsrecht (etwa im Kündigungsschutzrecht). Wiederum muss angemerkt werden, dass die daraus resultierende Arbeitslosigkeit kein unabänderliches Schicksal bedeutet. Wenn zum Beispiel die OPEC autonom die Erdölpreise heraufsetzt, so führt dieser Angebotsschock im Modell zu einer Linksverschiebung der LD–Kurve. Das Ergebnis in Form einer gestiegenen QERU kann jedoch durch eine Verhaltensänderung der Tarifvertragsparteien im Sinne einer moderateren Lohnpolitik konterkariert werden (die WS–Kurve verschiebt sich nach rechts), nicht aber dauerhaft mit Hilfe einer expansiven Geldpolitik und/oder Fiskalpolitik.[55]

Die Identifikation konjunktureller Komponenten bei einer bestehenden Arbeitslosigkeit gestaltet sich noch aus anderen Gründen schwierig. Einmal unterstellt, Auslöser eines Abbaus von Arbeitsplätzen sei eine temporäre Abschwächung der Konjunktur, nach deren Erholung sich die Beschäftigungsprobleme eigentlich wieder auflösen müssten. Hinderungsgründe mögen jedoch das Hysteresis–Phänomen und Mismatch–Probleme sein. Eine Arbeitslosigkeit kann sich verfestigen, weil zum einen arbeitslose Personen mit zunehmender Dauer entmutigt oder stigmatisiert werden oder zum anderen die neue Konjunkturphase im Hinblick auf die nachgefragten Qualifikationsprofile oder die regionale Verteilung der Arbeitsplätze keine Kopie der früheren darstellt.[56] Ist dieser Typ einer Arbeitslosigkeit dann (immer noch) konjunkturell oder schon "strukturell"? Denn durch Lohnzugeständnisse könnten auch diese Arbeitslosen vielleicht ein Beschäftigungsverhältnis finden, gegebenenfalls unterstützt durch Maßnahmen der aktiven Arbeitsmarktpolitik.

Im oben skizzierten Modell lassen sich die aufgezeigten Verfestigungstendenzen einer Arbeitslosigkeit zum Ausdruck bringen, indem die QERU als abhängig von der Dauer einer Arbeitslosigkeit modelliert wird. Die Hysteresis– und Mismatchprobleme bewirken eine Linksverschiebung der WS–Kurve (und damit eine höhere QERU), weil beispielsweise Langzeitarbeitslose oder solche mit ungeeigneten oder fehlenden Qualifikationen keinen nennenswerten Druck auf die Lohnbildung ausüben.

Eine zusammenfassende Charakterisierung des QERU–Analyserahmens und seine Erklärung des Phänomens Arbeitslosigkeit kann also anhand der folgenden vier miteinander verbundenen Hypothesen erfolgen.

(i) Es existiert eine quasi–gleichgewichtige Unterbeschäftigung (QERU), weil das Gleichgewicht auf dem Arbeitsmarkt nicht isoliert durch Arbeitsangebot und –nachfrage bestimmt wird, sondern ebenfalls durch teilweise inflexible institutionelle Regelungen und Praktiken des Lohnbildungsprozesses sowie durch unzureichende Anreize, ein Arbeitsplatzangebot – so vorhanden – zu akzeptieren. Dabei lassen sich viele dieser möglichen Beschäftigungshemmnisse ökonomisch rational begründen. Es ist daher nicht damit getan, nur nach Lohnkorrekturen zu rufen, wenn nicht gleichzeitig dargelegt wird, wie die Anreize so gesetzt werden können, dass ein verändertes Lohnsetzungsverhalten eine rationale Verhaltensweise darstellt, gegebenenfalls durch eine Flexibilisierung des Regelwerks auf dem Arbeitsmarkt.

[55] Vgl. dazu *Abschnitt 10.2.1.*

[56] Das Hysteresis–Phänomen wird in *Abschnitt 9.2.2* genauer erläutert. Das Mismatch–Problem war Gegenstand des *Abschnitts 6.4.1.*

(ii) Die QERU ist im Zeitablauf gestiegen, das heißt, im *Schaubild 9.6* haben sich die WS–Kurve und/oder die LD–Kurve nach links verschoben (und gegebenenfalls ihre Steigung geändert)[57]. Verantwortlich dafür sind Veränderungen der Variablen, welche die Lage und Steigung der Kurven bestimmen: Beispielsweise können aus theoretischer Sicht eine verschlechterte Position im internationalen Standortwettbewerb, eine allzeit zu restriktive Fiskalpolitik und Geldpolitik oder größere Unsicherheiten in der Einschätzung der zukünftigen Güternachfrage zu einer dauerhaften Linksverschiebung der LD–Kurve und damit ceteris paribus zu einem Anstieg der QERU führen. Mögliche Linksverschiebungen der WS–Kurve vermag diese Theorie unter anderem mit einer größeren Generosität der Arbeitslosenunterstützung oder durch zunehmende Heterogenität in Form eines gestiegenen Mismatch in Verbindung mit Mobilitätshemmnissen zu begründen.

(iii) Die tatsächliche Arbeitslosigkeit weicht nicht nur auf Grund einer friktionellen Komponente von der QERU ab, sondern vor allem deshalb, weil das System durch Schocks auf den Gütermärkten und ein verändertes Arbeitsangebot gestört wird. Typische Beispiele für nachfrage– oder angebotsseitige Schocks auf den Gütermärkten sind konjunkturell bedingte gesamtwirtschaftliche Nachfragedefizite oder Importpreis– und Technologieschocks. Die entscheidende Frage lautet dann: Wie reagiert eine Volkswirtschaft auf solche Schocks? Dieser Aspekt betrifft gleichfalls den Anstieg des Arbeitsangebots, wie er in Westdeutschland in den achtziger Jahren zu beobachten war. Anders herum und in Bezug auf das Arbeitsangebot formuliert heißt dies: Die Feststellung, das Arbeitsangebot sei gestiegen, ist im Hinblick auf eine Erklärung der Arbeitslosigkeit ungenügend; entscheidend ist vielmehr die Beantwortung der Frage, warum die zusätzlichen Arbeitsanbieter keine Arbeit gefunden haben. Deshalb verschleiern Begriffe wie "bevölkerungsbedingte Arbeitslosigkeit" mehr, als sie erhellen.

(iv) Abweichungen der tatsächlichen Arbeitslosigkeit von der QERU können lang andauernde Effekte haben und auf die QERU selbst zurückwirken. Es ist daher unzulässig, die Entwicklung der QERU einerseits und Fluktuationen um die QERU andererseits getrennt zu untersuchen und die jeweiligen Resultate zu addieren. Mechanismen, die eine an sich temporär bedingte Unterbeschäftigung in persistente Arbeitslosigkeit umwandeln, sind unter anderem "Hysteresis–Phänomene", wie beispielsweise eine arbeitslosigkeitsbedingte höhere Abschreibungsrate des Humankapitals, Entmutigungs– und Stigmatisierungseffekte sowie das Unvermögen der Arbeitslosen als den Außenseitern auf dem Arbeitsmarkt, in den Lohnbildungsprozess einzugreifen oder Lohnunterbietung zu betreiben.

Selbstverständlich hat Arbeitslosigkeit viele Ursachen und Erscheinungsformen, aber so schwer ist es nun auch wieder nicht, sie zu verstehen. Der Gütermarkt ist durch Schwankungen in der Produktion gekennzeichnet, ausgelöst durch Fluktuationen in der gesamtwirtschaftlichen Nachfrage und Verschiebungen auf Grund eines Strukturwandels. Unternehmen verändern daraufhin ihren Arbeitseinsatz und zwar bei träge

[57] Im *Schaubild 9.6* wird eine mögliche Trendentwicklung der QERU nicht dargestellt: Ein (exogener) technischer Fortschritt führt zu Verschiebungen der LD– und WS–Kurven nach oben und der Reallohn steigt im Zeitablauf, vgl. auch *Abschnitt 5.3*.

reagierenden Preisen als Folge von Anpassungskosten und unvollständiger Information. Auf dem Arbeitsmarkt sind ebenfalls unzureichende Anpassungsgeschwindigkeiten zu verzeichnen, sei es, dass der qualifikatorische und regionale Mismatch nur allmählich abgebaut wird, sei es durch eine inflexible Lohnbildung. Als Folge bildet sich allmählich eine Persistenz von Arbeitslosigkeit heraus, weil Arbeitslose tatsächlich oder vermeintlich umso weniger produktiv sind, je länger ihre Arbeitslosigkeit anhält. Über solche und andere Transmissionsmechanismen entsteht ein Teufelskreis: Arbeitslosigkeit erzeugt Arbeitslosigkeit.

9.2.2 Die inflationsstabile Arbeitslosenquote (NAIRU)

Dieser Abschnitt hat drei Aspekte zum Gegenstand. Das im vorigen Abschnitt skizzierte QERU–Modell erfährt eine Modifikation, weil das wirtschaftspolitisch wichtige Ziel der Preisniveaustabilität bisher unberücksichtigt blieb. Des Weiteren bedürfen einige wichtige Sachverhalte einer etwas vertieften Analyse. Schließlich soll das ergänzte QERU–Modell unter Verwendung des Konzepts der inflationsstabilen Arbeitslosenquote ("NAIRU") in prinzipiell testbare Hypothesen überführt werden, über deren empirische Resultate danach in *Abschnitt 9.3* berichtet wird.[58]

Ausgangspunkt der Modifikation des QERU–Modells ist das wirtschaftspolitische Erfordernis einer vertretbaren Preissteigerungsrate, also gemäß den Vorstellungen der Europäischen Zentralbank (EZB) jährlich höchstens 2 v.H.[59] Daran muss sich eine nationale Wirtschaftspolitik zur Bekämpfung der Arbeitslosigkeit ausrichten, will sie nicht Gefahr laufen, dass die Europäische Zentralbank, die dem Ziel der Preisniveaustabilität verpflichtet ist, mit einer restriktiven Geldpolitik gegensteuert. Ein brauchbarer Analyserahmen muss mithin dem üblen Paar Arbeitslosigkeit und Inflation Rechnung tragen.

Das QERU–Modell kommt dieser Anforderung weitgehend nach, obwohl es einer Modifikation bedarf, um dies explizit zu machen. Die vorzunehmende Änderung bezieht sich auf die LD–Kurve, die nicht nur wie bisher als Arbeitsnachfragefunktion fungiert, sondern unter bestimmten Vorraussetzungen ebenso das unternehmerische Preissetzungsverhalten reflektiert. Wieso? Unterstellt sei ein Unternehmen auf einem Gütermarkt mit unvollkommener Konkurrenz, welches sich demzufolge nicht als Mengenanpasser verhält, sondern seine Absatzpreise vermittelst einer Zuschlagskalkulation auf die Grenzkosten (der Arbeit) festlegt. Wegen der mit wachsendem Arbeitseinsatz abnehmenden Grenzproduktivität der Arbeit steigen die Grenzkosten der Arbeit und damit, unter Berücksichtigung des Zuschlagsfaktors, auch die Absatzpreise und so ergibt sich ein positiver Zusammenhang zwischen Preis und Beschäftigung. Die LD–Kurve in *Schaubild 9.6* spiegelt dann das Preissetzungsverhalten in Abhängigkeit des Arbeitseinsatzes wider: Ein Beschäftigungsaufbau führt zu einem Preisanstieg und damit bei gegebenem Nominallohn zu einem geringeren Wert des Produktlohnes. Die QERU ist so betrachtet das Ergebnis eines Gleichgewichts zwischen Preissetzungsverhalten der Unternehmen (LD–Kurve in neuer Interpretation) und Lohnsetzungsverhalten (WS–Kurve wie bisher). Vor diesem Hintergrund lässt sich das modifizierte

[58] Vgl. auch die Darstellung in Landmann und Jerger (1999), S. 121ff.

[59] Die Zielsetzung der EZB bezieht sich auf den Euroraum, sodass Länder, deren Inflationrate mit einem kleinen Gewicht in die aggregierte Inflationsrate des Euroraums eingeht, einen begrenzten Spielraum haben, insbesondere bei geringeren Inflationsraten anderer (großer) Länder.

QERU–Modell als Abbild eines Verteilungskampfes verstehen.

Lohnverhandlungen können als Verteilungskampf zwischen (organisierten) Arbeitnehmer– und Arbeitgebergruppen aufgefasst werden.[60] Arbeitnehmer streben eine Erhöhung der Reallöhne an, während die Firmen ihrerseits Preiserhöhungen in Abhängigkeit von der Entwicklung der Lohnkosten vornehmen wollen. Um zu verhindern, dass sich beide Ansprüche an das Sozialprodukt gegenseitig stimulieren und damit einen Anstieg der Inflationsrate in Gang setzen, ist ein Mechanismus erforderlich, der ein Gleichgewicht zwischen Verteilungsansprüchen bei konstanter Inflationsrate herstellt. Die Beschäftigungssituation kann diese Funktion erfüllen, weil sowohl die Ansprüche der Arbeitnehmer von der Arbeitsmarktlage beeinflusst werden – in einer Rezession halten sich zum Beispiel Gewerkschaften mit Lohnforderungen meist zurück –, wie auch die Firmen ihre Preisgestaltung nicht unabhängig von der Absatzsituation und damit von der Beschäftigungslage vornehmen. Unter diesen Annahmen gibt es eine Höhe der Beschäftigung und damit, bei gegebenem Arbeitsangebot, der Arbeitslosigkeit, welche die genannten Ansprüche an das Sozialprodukt so koordiniert, dass die Inflationsrate konstant bleibt. Diese Variante einer quasi–gleichgewichtigen Arbeitslosigkeit nennt man die "inflationsstabile Arbeitslosenquote" oder "NAIRU" (für: Non-Accelerating Inflation Rate of Unemployment).[61] Bei ihr ist ein Gleichgewicht zwischen Verteilungsansprüchen erreicht. Liegt die tatsächliche Arbeitslosigkeit unterhalb der inflationsstabilen Arbeitslosenquote, dann führen die damit einhergehenden ungelösten Verteilungskonflikte zu steigenden Inflationsraten.

Wie bereits herausgearbeitet, ist das Konzept der QERU eng mit dem der inflationsstabilen Arbeitslosenquote verwandt. Der wesentliche Unterschied besteht darin, dass die QERU die Gleichheit von Lohn– und Preissteigerungsraten beinhaltet, wobei sich beide Veränderungsraten im Zeitablauf ändern können. Die inflationsstabile Arbeitslosenquote wird hingegen für zeitlich konstante Preissteigerungen berechnet ("Inflations*stabilität*").

Mit Hilfe des Analyserahmens der inflationsstabilen Arbeitslosenquote lassen sich nicht nur einige Aspekte wie Angebotsschocks, Lohnstarrheiten, Hysterese und Mismatch vertiefen, sondern das QERU–Modell kann in Form der NAIRU zudem in testbare Hypothesen überführt werden. Die Darstellung beginnt gleichwohl mit einem sehr bescheidenen Grundmodell in Form einer einfachen Phillipskurve.

In der denkbar einfachsten Version eines Modells kann die inflationsstabile Arbeitslosenquote AQ^* wie folgt hergeleitet werden.[62] Die Wachstumsrate des Reallohnes W/P sei bestimmt durch:

$$\Delta(w - p^*) = a_0 - a_1 \cdot AQ \ , \tag{9.7}$$

wobei kleine Buchstaben den Logarithmus der betreffenden Variable bezeichnen, also $w = lnW$ und $p = lnP$, a_0 und a_1 positiv definierte Parameter sind und Δp^* die

[60] Vgl. dazu den instruktiven Aufsatz von Landmann (1989).

[61] Die Bezeichnung NAIRU ist irreführend, weil das Preisniveau (nicht aber die Inflationsrate) akzeleriert, wenn die tatsächliche Arbeitslosenquote unterhalb der NAIRU liegt. Im übrigen werden die Begriffe NAIRU und inflationsstabile Arbeitslosenquote hier synonym verwendet. Der Unterschied zur "natürlichen" Arbeitslosenquote wird weiter unten behandelt.

[62] Vgl. zum Folgenden Modell auch Carlin und Soskice (1990) und Layard, Nickell und Jackman (1991).

als noch tolerabel angesehene konstante Inflationsrate symbolisiert,[63] wobei Δp^* auch den Wert null annehmen kann. Analog gilt für die Preissetzung:

$$\Delta(p - w^*) = b_0 - b_1 \cdot AQ\,, \tag{9.8}$$

wobei Δw^* nunmehr die Lohnzuwachsrate darstellt, welche mit Δp^* vereinbar ist und b_0 und b_1 wieder positiv definierte Konstanten sind. Möglicherweise ist der Einfluss von AQ auf Δp schwach, sodass $b_1 \approx 0$ gilt. Aus den Gleichungen (9.7) und (9.8) ergibt sich:

$$AQ = \frac{a_0 + b_0 - \Delta(p - p^*) - \Delta(w - w^*)}{a_1 + b_1}\,. \tag{9.9}$$

Die inflationsstabile Arbeitslosenquote AQ^*, also die NAIRU, ist gegeben, wenn $\Delta p = \Delta p^*$ und $\Delta w = \Delta w^*$ gilt und somit die Verteilungsansprüche übereinstimmen:

$$AQ^* = \frac{a_0 + b_0}{a_1 + b_1}\,, \tag{9.10}$$

sodass man für AQ auch schreiben kann:

$$AQ = AQ^* - \frac{\Delta(p - p^*) + \Delta(w - w^*)}{a_1 + b_1}\,. \tag{9.11}$$

Der Vorteil der dargestellten Vorgehensweise liegt darin, dass Arbeitslosigkeit und Inflation als die beiden hauptsächlichen ökonomischen Übel gleichermaßen berücksichtigt werden. Das ist deshalb wichtig, weil Arbeitslosigkeit durch entsprechend dimensionierte geld– und fiskalpolitische Impulse zwar reduziert werden kann, aber eventuell nur um den Preis einer steigenden Inflationsrate. Die inflationsstabile Arbeitslosenquote AQ^* gibt an, wie weit bei einer Situation, die durch $AQ > AQ^*$ gekennzeichnet ist, die Arbeitslosigkeit verringert werden kann, ohne dass die Inflationsrate über ihren als tolerabel angesehenen Wert steigt. Wenn bei einer solchen Politik AQ^* indessen erreicht wird, dann müssen andere wirtschaftspolitische Maßnahmen ergriffen werden, welche an den Bestimmungsfaktoren von AQ^* ansetzen. Es ist daher erforderlich, $AQ = AQ^*$ und die Situation $AQ \gtrless AQ^*$ getrennt zu untersuchen.

Beschäftigungslosigkeit oberhalb von AQ^* kann auf eine zu geringe Nachfrage nach Gütern und Dienstleistungen zurückgeführt werden. Formal ergibt sich dies in Gleichung (9.11) durch die Bedingung $\Delta p < \Delta p^*$, denn bei gegebenem Güterangebot führt ein autonomer Nachfrageausfall in einem Inflationsrate–Output–Diagramm zu einer Linksverschiebung der gesamtwirtschaftlichen Nachfragefunktion und damit zu einer neuen Inflationsrate, die unterhalb von Δp^* liegt.[64]

Mit der Feststellung, dass Arbeitslosigkeit oberhalb der NAIRU auf ein gesamtwirtschaftliches Nachfragedefizit zurückgeführt werden kann, ist eine wichtige Ursache der Beschäftigungslosigkeit identifiziert. In *Kapitel 4* wurde dargelegt, von welchen

[63] Beachte, dass $\Delta lnx \sim (x_t - x_{t-1})/x_{t-1}$, also die Wachstumsrate von x ist. Die Bezeichnung w weicht hier von der in den vorigen Abschnitten getroffenen Vereinbarungen ab, wo sie den Reallohn kennzeichnete.

[64] Vgl. dazu die Lehrbücher zur Makroökonomik wie beispielsweise Dornbusch, Fischer und Startz (2001), Kapitel 6. Auf Probleme der Bildung von Inflationserwartungen wird hier nicht eingegangen.

Faktoren es abhängt, inwieweit ein durch ein Nachfragedefizit induzierter Produktionsrückgang zu einem geringeren Arbeitseinsatz führt. Neben technischen Bedingungen (zum Beispiel der Produktionselastizität der Arbeit) und den Faktorpreisrelationen sind Anpassungs– und Lagerkosten sowie Erwartungen über die künftige Nachfrageentwicklung entscheidende Variablen.

Die Konstellation $AQ < AQ^*$ führt zu steigenden Inflationsraten. Da dies aus wirtschaftspolitischer Sicht unerwünscht ist, muss entweder ein restriktives Nachfragemanagement solange zur Anwendung kommen, bis $AQ = AQ^*$ erreicht ist, oder es muss versucht werden, AQ^* selbst zu senken. Dies provoziert die Frage nach den Bestimmungsfaktoren von AQ^*.

Aus Gleichung (9.10) geht hervor, dass AQ^* steigt, wenn a_0 und/oder b_0 größere Werte annehmen, das heißt, wenn eine der Tarifvertragsparteien oder beide höhere Ansprüche an das Sozialprodukt autonom durchsetzen wollen. Bei einem härteren Verteilungskampf bleibt die Inflationsrate also nur bei höherer Arbeitslosigkeit konstant. Dies betrifft die Gewerkschaften, wenn sie über eine expansive Lohnpolitik für die Arbeitnehmer dauerhaft einen höheren Anteil am Sozialprodukt erkämpfen wollen. Bei Konstanz der Inflationsrate geht das nur, wenn b_0 sinkt, das heißt, die Unternehmen in gleichem Umfang Verzicht leisten. Ist diese Bereitschaft nicht vorhanden, reagieren die Firmen und fragen weniger Arbeitskräfte nach. Das Ausmaß dieser lohninduzierten Arbeitslosigkeit ist in *Abschnitt 4.2* mit Hilfe der Lohnelastizität der Arbeitsnachfrage ausführlich analysiert worden.

Die Durchsetzung eines längerfristig höheren Anteils am Sozialprodukt ist zwar nur eine Variante der lohninduzierten Arbeitslosigkeit (weitere folgen), aber die Überlegung zeigt bereits, dass es aus ökonomischer Sicht unbefriedigend ist, nur von "Arbeitslosigkeit auf Grund zu hoher Löhne" zu sprechen. Im Endergebnis mag das zutreffend sein, jedoch ist - wie bereits ausgeführt und in *Kapitel 8* umfassend dargestellt – die Lohnhöhe eine endogene Variable. Sie ist von verschiedenen Bestimmungsfaktoren abhängig, sodass nicht "der Lohn", sondern die Determinanten der Lohnansprüche Arbeitslosigkeit verursachen können. Sie und nicht "der Lohn" stehen hier zur Diskussion.

Abschließend sei darauf hingewiesen, dass die inflationsstabile Arbeitslosenquote nicht mit der "natürlichen Arbeitslosenquote" verwechselt werden sollte. Hinter diesem von Friedman (1968) in die Diskussion eingebrachten Begriff verbirgt sich eine Unterbeschäftigung, die auch im Gleichgewicht zwischen Arbeitsangebot und –nachfrage auf Grund von unvollständigen Informationen im Zusammenhang mit den beiderseitigen Suchprozessen entsteht.[65] Die Bezeichnung "natürlich" ist unglücklich gewählt, weil sie suggeriert, sie sei "naturgegeben" und daher optimal, und es bestehe kein Handlungsbedarf. Dieser könnte prinzipiell jedoch durchaus in einer Verbesserung der Effizienz der Arbeitsverwaltung bestehen. Die "inflationsstabile Arbeitslosenquote" ist dagegen derjenige Unterbeschäftigungsgrad, der mit einer konstanten Inflationsrate kompatibel ist, das heißt, die NAIRU kann (muss aber nicht) höher sein als die "natürliche Arbeitslosenquote", wenn nämlich auf Grund von nicht mit Inflationsstabilität zu vereinbarenden Verteilungsansprüchen die Wirtschaftspolitik ein höheres als das friktionell bedingte Arbeitslosigkeitsniveau – eben das "inflationsstabile" – zu-

[65] Vgl. dazu *Abschnitt 6.2.*

lassen muss.[66]

9.2.3 Angebotsschocks

Andere Einflüsse können am Beispiel der Angebotsschocks verdeutlicht werden, wie sie in den siebziger Jahren in Form der exorbitanten Erhöhungen der Rohstoffpreise (insbesondere 1974 und 1979 ausgelöst durch OPEC–Beschlüsse) und der Verlangsamung des Produktivitätsfortschritts zu verzeichnen waren.[67] Diese Ereignisse hatten einen Anstieg der NAIRU zur Folge. Das kann leicht durch eine Modifikation der Preisgleichung (9.8) erfasst werden, wobei Z einen Vektor weiterer Erklärungsfaktoren des Preisniveaus P kennzeichnet (Bedeutung von Informations– und Kommunikationstechnologien – "New Economy" – für die Produktivität oder die erwähnten Rohstoffpreise) und b_2 ein Parametervektor mit $b_2 > 0$ ist:[68]

$$\Delta(p - w^*) = b_0 - b_1 \cdot AQ + b_2 \cdot \Delta z \tag{9.12}$$

Die inflationsstabile Arbeitslosenquote ist dann durch

$$AQ^* = \frac{a_0 + b_0 + b_2 \cdot \Delta z}{a_1 + b_1} \tag{9.13}$$

gegeben. Stabilität der Inflationsrate erfordert bei preiserhöhenden Angebotsschocks geringere heimische Ansprüche an die inländische Wertschöpfung, denn ein Teil des Sozialprodukts geht nun an die rohstoffexportierenden Länder und kann im Inland nicht nochmals verteilt werden. Wenn Appelle an eine freiwillige Lohnzurückhaltung (a_0 sinkt dann) nichts fruchten und Firmen den Zuschlag auf die Kosten nicht reduzieren (können) (b_0 sinkt), verbleibt nur eine höhere Arbeitslosigkeit AQ^*, um die Lohnsenkungen zu induzieren, die für eine Wiedergewinnung der Konstanz der Inflationsrate erforderlich sind. Diese Arbeitslosigkeit kann von der Wirtschaftspolitik durch ein restriktives Nachfragemanagement herbeigeführt werden.[69]

Zwei Bemerkungen sind zum Abschluss des Themas "Angebotsschocks" wichtig. Zum einen sollten die obigen Betrachtungen nicht dahingehend missverstanden werden, dass die Schuld für jeden Anstieg der Arbeitslosigkeit bei Angebotsschocks nur an der Forderung einer konstanten Inflationsrate liegt und man sich in nennenswertem Umfang Vollbeschäftigung durch mehr Inflation erkaufen könne. Die Arbeitslosigkeit steigt bei einem Angebotsschock, weil auf Grund der höheren Preise die gesamtwirtschaftliche Nachfrage sinkt und damit weniger Arbeit nachgefragt wird. Was oben beschrieben wurde, ist die zusätzliche Arbeitslosigkeit, die erforderlich ist, um den

[66] Abweichend von der hier gegebenen Unterscheidung kann man natürlich eine so definierte NAIRU auch als "natürliche" Arbeitslosenquote definieren, vgl. Landmann (1989).

[67] Vgl. dazu ausführlicher Franz (1985b).

[68] Dabei gehen Variablen, deren Erhöhung ceteris paribus eine Preis*senkung* bewirkt (wie zum Beispiel die Produktivität) mit einem negativen Vorzeichen in den Vektor Z ein. Beachte, dass kleine Buchstaben den Logarithmus der Variablen darstellen, also $z = lnZ$.

[69] In einem Inflationsrate–Output–Diagramm (vgl. Dornbusch, Fischer und Startz (2001), Kapitel 6) verschiebt sich auf Grund des Angebotsschocks die gesamtwirtschaftliche Angebotskurve nach links. Dies hat einen geringeren Output und eine höhere Inflationsrate zur Folge. Ein restriktives Nachfragemanagement bewirkt eine Linksverschiebung der gesamtwirtschaftlichen Nachfragekurve. Dies reduziert beide Variablen: die Inflationsrate *und* erneut den Output.

Anstieg der Inflationsrate wieder rückgängig zu machen oder – noch besser – zu verhindern. Nur wenn man bereit wäre, auf Dauer höhere Inflationsraten in Kauf zu nehmen, könnte die Arbeitslosigkeit bei Angebotsschocks mit Hilfe eines expansiven Nachfragemanagements vermieden werden.[70] Zum anderen sollte bedacht werden, dass der Anstieg der Inflationsrate (im Gegensatz zum Preisniveau) bei einem Angebotsschock nur transitorisch ist, wenn die Rohstoffpreise dann auf dem neuen, höheren Niveau verharren. Mit anderen Worten, nachdem die Preiserhöhungen das Preissystem durchlaufen haben, kehren Δz wieder auf den Wert null und AQ^* auf die ursprüngliche Höhe vor dem Angebotsschock zurück.

9.2.4 Lohnstarrheiten

Der bisher beschriebene Mechanismus der Koordinierung der Verteilungsansprüche mit dem Verteilungsspielraum funktioniert umso besser, je flexibler die Reallohnentwicklung auf eine veränderte Arbeitsmarktsituation reagiert. Je kleiner die Parameter a_1 und b_1 sind, welche die Reaktion der Verteilungsansprüche von Arbeitnehmern und Unternehmen in Bezug auf die Arbeitsmarktsituation repräsentieren, desto höhere Arbeitslosigkeit ist für das Gleichgewicht erforderlich. Für die zunehmende und persistente Beschäftigungslosigkeit sind daher in der wissenschaftlichen und öffentlichen Diskussion Lohn- und Preisrigiditäten verantwortlich gemacht worden. Die Analyse von Lohnstarrheiten wurde in *Abschnitt 8.6* diskutiert. Aus theoretischer Sicht kommen als Erklärungsfaktoren (i) unvollständige Informationen im Rahmen von such– und kontrakttheoretischen Überlegungen, (ii) Transaktionskosten im Zusammenhang mit Effizienzlohnhypothesen und (iii) das Verhalten von "Insidern" gegenüber den "Outsidern" als Bestandteile einer Analyse des Gewerkschaftsverhaltens eine hauptsächliche Bedeutung zu.[71] Es sei ausdrücklich darauf hingewiesen, dass die Kontrakt–, Effizienzlohn– und Insider/Outsider–Theorien (vgl. *Abschnitte 8.3 – 8.5*) für die Analyse der Ursachen der Arbeitslosigkeit indessen nur sehr bedingt tauglich sind. Die Kontrakttheorie zeigt, dass eine Verstetigung der Lohnentwicklung bei gegebener Entlassungswahrscheinlichkeit unter bestimmten Voraussetzungen rational sein kann. Damit kann zwar erklärt werden, warum eine kurzfristige Arbeitslosigkeit von den Betroffenen hingenommen wird, anstatt mit Lohnzugeständnissen zu versuchen, Arbeit zu finden. Jedoch bleibt die eigentliche *Ursache* der Arbeitslosigkeit unerklärt. Die Effizienzlohntheorie zeigt zwar, wieso dauerhafte Arbeitslosigkeit durch über dem Gleichgewicht liegende Löhne mit rationalem Verhalten vereinbar ist; indessen kann ihr entgegen gehalten werden, dass daraus *nicht* die Rationalität von Arbeitslosigkeit folgt, zum Beispiel weil es andere Mittel gibt, Drückebergerei zu vermeiden, als die der Disziplinierung mit Arbeitslosigkeit. Auch die Insider/Outsider–Theorie erklärt weniger die Entstehungsgründe einer Arbeitslosigkeit, sondern warum sie sich durch eine Veränderung der Bedingungen, unter denen der Lohnbildungsprozess abläuft, verfestigen kann; sie liefert damit – unter allen Vorbehalten – eher einen Beitrag zur Erklärung der Persistenz der Arbeitslosigkeit.

---

[70] Bezugnehmend auf die vorhergehende Fußnote verschiebt sich die gesamtwirtschaftliche Nachfragekurve nach rechts mit der Folge, dass Output und Inflationsrate steigen.

[71] Vgl. Layard und Bean (1989) und Layard, Nickell und Jackman (1991) für eine theoretische Analyse, in der die erwähnten Ansätze in ein Modell zur Bestimmung der NAIRU eingearbeitet werden.

9.2.5 Hysteresis

Eine bereits mehrfach angesprochene Hypothese ist das Hysteresis–Phänomen, welches – vereinfacht ausgedrückt – AQ^* von der bisherigen Entwicklung der Arbeitslosigkeit abhängig macht.[72] "Hysteresis" stammt aus dem Griechischen und bedeutet ein "Zurückbleiben". Im wirtschaftswissenschaftlichen Sprachgebrauch wird mit diesem Begriff eine bestimmte Eigenschaft dynamischer ökonomischer Systeme bezeichnet, nämlich dass der Gleichgewichtswert eines Systems von dem Zeitpfad abhängig ist, auf dem das System dorthin gekommen ist. Diese "Restwirkung" der Vergangenheit soll mit dem Terminus "Zurückbleiben" gekennzeichnet werden. Etwas plastischer, wenn auch vereinfacht, könnte man die Hysteresis–Eigenschaft wie folgt charakterisieren: Wo ein System schließlich ankommt, hängt auch davon ab, wie es dorthin gekommen ist.

Das *Schaubild 9.7* versucht das Hysteresis–Phänomen am Beispiel der Entwicklung der Arbeitslosigkeit zu veranschaulichen, wobei auf der Ordinate die Arbeitslosenquote AQ erfasst ist. Auf der Abszisse wird die Zeit abgetragen, und zwar von t_0 bis t_4 weg vom Ursprung und danach in umgekehrter Richtung hin zum Ursprung des Koordinatensystems. Ausgangspunkt ist die Arbeitslosenquote AQ_a. Durch einen Angebotsschock steige die Arbeitslosenquote im Zeitablauf bis zu einem Wert AQ_b in t_4 an und verharre dort. In t_4 werde nun der Angebotsschock wieder in voller Höhe rückgängig gemacht, das heißt beispielsweise, die Erdölpreise sinken wieder auf das alte, in t_0 vorherrschende Niveau. Zwar geht nun die Arbeitslosigkeit zurück, jedoch bewegt sich dieser Rückgang aus gleich noch zu erläuternden Gründen nicht auf dem alten Pfad, sondern auf einer höheren Kurve. Es wird schließlich der (hier unterstellte) neue Gleichgewichtswert AQ_c erreicht. Obwohl der die Arbeitslosigkeit verursachende Schock nicht mehr existiert (also beispielsweise die vorhin erwähnten Angebotsschocks), ist die Arbeitslosigkeit auf einen höheren Gleichgewichtswert $AQ_c > AQ_a$ eingeschwenkt.

Ein einmaliger Anstoß genügt mithin, um einen Ablauf der Arbeitslosigkeit von AQ_a über AQ_b zu AQ_c zu erzeugen. Anders formuliert, der heutige Wert einer Variablen wird in seiner Höhe entscheidend von der vergangenen Entwicklung der Werte dieser Variablen determiniert, das heißt von dem Zeitpfad, auf dem diese Variable den heutigen Wert erreicht hat. Ein Grund dafür kann sein, dass Verhaltensänderungen eintreten, die durch eine bestimmte Höhe der Arbeitslosigkeit verursacht werden: Eine hohe und persistente Arbeitslosigkeit kann zur Folge haben, dass entmutigte Erwerbslose die Arbeitsplatzsuche aufgeben und/oder von den Unternehmen als weniger geeignete Bewerber um einen Arbeitsplatz zurückgewiesen werden. Insoweit diese Entwicklung dazu führt, dass diese Personen nicht mehr vermittelbar sind, verbleibt die Arbeitslosenquote auch bei Wegfall des auslösenden Angebotsschocks auf einem höheren Niveau.

Einige wenige Modifikationen genügen, um das Hysteresis–Phänomen in einer sehr einfachen Form in das bisher behandelte NAIRU–Konzept zu integrieren. Gleichung

[72] Für eine einfache Einführung in das Hysteresis–Konzept vgl. Franz (1989c). Weiterführende Aufsätze enthalten die Sammelbände von Cross (1988) und Franz (1990). Pfahler (1994) behandelt ausführlich das Hysteresis–Phänomen am deutschen Arbeitsmarkt. Schuster (1991) befasst sich ebenfalls mit dem Hysteresis–Phänomen auf Arbeitsmärkten und stellt Verbindungen zur Katastrophentheorie her.

Schaubild 9.7 : Hysteresis und Arbeitslosigkeit

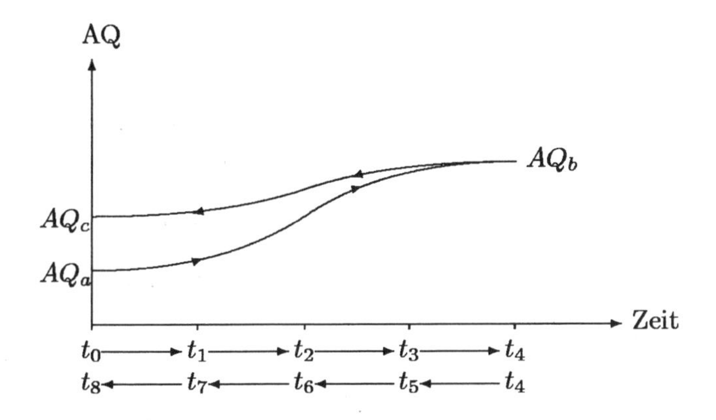

(9.11) kann wie folgt geschrieben werden:

$$\Delta(p - p^*)_t + \Delta(w - w^*)_t = \beta \cdot (AQ - AQ^*)_t \qquad \text{mit } \beta \equiv -(a_1 + b_1) \,. \tag{9.14}$$

In Ergänzung zu den bisher genannten Variablen, die in dem Vektor Z beziehungsweise dessen Veränderungsrate Δz zusammengefasst waren, soll die inflationsstabile Arbeitslosenquote von der bisherigen Entwicklung der Arbeitslosigkeit abhängen, im einfachsten Fall also von AQ_{t-1} gemäß eines Parameters η mit $0 \leq \eta \leq 1$:

$$AQ_t^* = \eta \cdot AQ_{t-1} + \gamma \cdot \Delta z_t \,. \tag{9.15}$$

Einsetzen von Gleichung (9.15) in Gleichung (9.14) liefert nach Erweiterung um $\eta \cdot \beta \cdot AQ_t$:

$$\Delta(p - p^*)_t + \Delta(w - w^*)_t = \beta \cdot (1 - \eta) \cdot AQ_t + \beta \cdot \eta \cdot \Delta AQ_t - \beta \cdot \gamma \cdot \Delta z_t \,. \tag{9.16}$$

Vollständige Hysteresis liegt für $\eta = 1$ vor, während $0 < \eta < 1$ häufig als "Persistenz" bezeichnet wird. Aus Gleichung (9.16) ist für $\eta = 1$ sofort ersichtlich, dass keine eindeutige NAIRU mehr berechnet werden kann, weil nur noch Terme in ersten Differenzen vorhanden sind. Die NAIRU wird allein von der Anfangsbedingung AQ_0 und den Zeitpfaden von Z bestimmt, die aber sehr unterschiedlich verlaufen können. Für $\eta = 0$ erhalten wir aus Gleichung (9.16) wieder die nicht–hysteretische Beziehung.

Persistenz bedeutet, dass eine längere Erfahrung mit Arbeitslosigkeit einen höheren Wert der NAIRU zur Folge hat. Eine expansive Stabilisierungspolitik, die die Arbeitslosigkeit zu vermindern in der Lage ist, reduziert dann auch die inflationsstabile Arbeitslosenquote und vermeidet somit gleichzeitig die Gefahr permanent steigender Inflationsraten. Bei Abwesenheit von Hysteresis (das heißt $\eta = 0$) bleibt die NAIRU unbeeinflusst von einer solchen Politik.

9.2.6 Mismatch

Die obigen Ausführungen zur inflationsstabilen Arbeitslosenquote bedürfen einer wichtigen Ergänzung, die ihre Ursache in der bisherigen Annahme homogener Arbeitsanbieter und Arbeitsplätze hat. Eine Expansionspolitik zwecks Reduktion der Arbeitslosigkeit wird ihr Ziel verfehlen, wenn die Profile von Arbeitslosen und Arbeitsplätzen in regionaler oder qualitätsmäßiger Hinsicht nicht übereinstimmen und Arbeitslose und Vakanzen im Rahmen des Matching–Prozesses deshalb nicht zusammengeführt werden können. Eine solche mangelhafte Koordination ist in *Kapitel 6* ausführlich diskutiert und das Ausmaß dieses Mismatch ist dort quantifiziert worden. Die daraus resultierende "Mismatch–Arbeitslosigkeit" ist mithin der Teil der Beschäftigungslosigkeit, welcher auf Inkongruenzen bei Arbeitslosen und Vakanzen zurückzuführen ist.

Eine Erhöhung dieser Mismatch–Arbeitslosigkeit auf Grund einer Zunahme solcher Diskrepanzen führt zu einem höheren Wert für die inflationsstabile Arbeitslosenquote, weil nunmehr bei $AQ > AQ^*$ eine Expansionspolitik zwecks Verringerung der Arbeitslosigkeit bereits früher ihre Grenzen erreicht. Eine zusätzliche Arbeitsnachfrage kann auf Grund unterschiedlicher Profile nicht befriedigt werden und birgt die Gefahr steigender Inflationsraten in sich. Hier können unter bestimmten Voraussetzungen gezielte arbeitsmarktpolitische Maßnahmen einsetzen, welche beispielsweise die Qualifikationen der Arbeitslosen verbessern. Zu denken wäre auch an Fördermaßnahmen, welche Arbeitsplätze in den Regionen schaffen, in denen überdurchschnittlich hohe Arbeitslosigkeit besteht.

Auch der Matching–Prozess und seine Beeinträchtigungen lassen sich in den bisher vorgestellten theoretischen Rahmen des NAIRU–Konzepts integrieren. Eine Möglichkeit besteht darin, die Lohnfunktion (9.7) um die zusätzliche erklärende Variable "Vakanzen" mit der Begründung zu erweitern, dass eine angespannte Arbeitsmarktsituation – verbunden mit höheren Lohnansprüchen – besser durch diese Variable als durch die Arbeitslosenquote quantifiziert werden kann. Hat AQ einmal den Minimalwert erreicht, dann ist eine weitere Anspannung anhand dieser Variable nicht mehr beobachtbar, wohl aber anhand der Zahl steigender Vakanzen. Der Matching–Prozess und damit der Mismatch können dann mit Hilfe der in *Kapitel 6* beschriebenen Beveridge-Kurve berücksichtigt werden, indem die gerade erwähnten Vakanzen durch eben diese Relation ersetzt werden.[73]

Selbst wenn keine der beschriebenen Diskrepanzen vorherrscht, kann der Matching–Prozess dadurch langsamer vonstatten gehen, dass die Arbeitslosen den Suchprozess weniger intensiv gestalten und verlängern. Die Determinanten der Suche nach einem Arbeitsplatz waren Gegenstand des *Abschnitts 6.2.1*. Von den dort genannten Erklärungsfaktoren findet die Arbeitslosenunterstützung in der Diskussion über die Ursachen der Arbeitslosigkeit besondere Beachtung. Es wird argumentiert, dass zu hohe und gestiegene Unterstützungsleistungen bei Arbeitslosigkeit zu einer verlängerten Suchdauer und geringeren Suchintensität und zu überzogenen Anspruchslöhnen geführt hätten. Wenn dies zutrifft, dann bedeutet eine höhere Arbeitslosenunterstützung einen gestiegenen Wert der inflationsstabilen Arbeitslosenquote, weil durch diese Sozialleistungen der Matching–Prozess ebenso behindert wird wie durch zunehmenden Mismatch.

---

[73]Diese Vorgehensweise liegt der Studie von Franz (1987b) zu Grunde, wo auch weitere Einzelheiten zu finden sind.

9.3 Empirische Analyse einiger Determinanten der Arbeitslosigkeit

Dieser Abschnitt ist der Darstellung einiger Ergebnisse einer ökonometrischen Analyse wichtiger Determinanten der Arbeitslosigkeit gewidmet. Dabei liegt der Schwerpunkt der Ausführungen auf einer gesamtwirtschaftlichen Sichtweise.[74] Welche der im vorangegangenen *Abschnitt 9.2* genannten Bestimmungsfaktoren tragen schwergewichtig zu einer quantitativen Ursachenanalyse der Arbeitslosigkeit bei? Wie hoch ist die NAIRU, welcher Teil der Beschäftigungslosigkeit ist auf ein güterwirtschaftliches Nachfragedefizit zurückzuführen, waren zu hohe Lohnkosten das Hauptproblem?

In Analogie zur Vorgehensweise in *Abschnitt 9.2* soll auch hier zwischen der Höhe und Entwicklung der inflationsstabilen Arbeitslosenquote selbst und der beobachteten Arbeitslosigkeit, die davon abweicht, unterschieden werden. In *Schaubild 9.8* ist auf der Abszisse die tatsächliche Arbeitslosenquote abgetragen, während die Ordinate die zeitliche Veränderung der Inflationsraten des Bruttosozialprodukts repräsentiert.[75] Die Nulllinie in *Schaubild 9.8* reflektiert mithin Inflationsstabilität (die erste Differenz der Inflationsraten ist null). Dies war annähernd in den Jahren 1964, 1977 und 1985 zu beobachten, wenn auch bei unterschiedlichen Werten der Inflationsraten. Die dazugehörigen Werte der Arbeitslosenquote AQ kennzeichnen somit Arbeitslosenquoten für die Jahre, in denen die Inflationsrate konstant war, so wie es das NAIRU–Konzept fordert. Sind also Arbeitslosenquoten in Höhe von etwa 1 v.H. (für 1964), 4 v.H. (für 1977) und 9 v.H. (für 1985) plausible Schätzwerte für die NAIRU und – wenn diese Frage bejaht werden kann – wieso ist die inflationsstabile Arbeitslosenquote gestiegen? Folgt sie wirklich der Entwicklung der tatsächlichen Arbeitslosenquote?

Zunächst fällt auf, dass für die Jahre 1962–1973 eine hohe Streuung der Veränderungen der Inflationsrate zu verzeichnen ist, wobei die Werte in etwa auf einer Senkrechten parallel zur Ordinate mit einem Abszissenwert von etwa 1 v.H. liegen. Ein solcher Wert für die inflationsstabile Arbeitslosenquote gilt mithin nur für einen Durchschnitt mehrerer Jahre, nicht indessen für jeden Zeitpunkt. Die Begründung dafür liegt in Reaktionsverzögerungen beispielsweise auf Grund der damals vorherrschenden mehrjährigen Laufzeit von Tarifverträgen. Eine exakte Modellierung des NAIRU–Konzepts hätte also der kurzfristigen Dynamik um eine mittel– oder langfristige Entwicklung der NAIRU Rechnung zu tragen. Darüber hinaus ist zu bedenken, dass der im *Schaubild 9.8* beobachtete niedrige Wert der inflationsstabilen Arbeitslosenquote in Höhe von 1 v.H. auch dadurch zu Stande kam, dass die Überschussnachfrage auf dem Arbeitsmarkt durch den massiven Zustrom von ausländischen Erwerbspersonen reduziert wurde.[76] Eine geringere Immigration hätte wohl zu höheren Lohnforderun-

---

[74] Vgl. auch Beißinger (1996) für eine gesamtwirtschaftliche Analyse von Arbeitslosigkeit und Inflation in der Bundesrepublik Deutschland seit 1960. In *Abschnitt 9.1* wurde bereits auf empirische Analysen eingegangen, welche sich mit den individuellen Erfahrungen mit Arbeitslosigkeit beschäftigen, also beispielsweise mit dem Verlauf und den Determinanten der Hazard–Funktion.

[75] Häufig wird auch die Inflationsrate für Konsumgüter verwendet. Beide Preisindizes haben ihre Berechtigung, da aus der Sicht der Gewerkschaften in Gleichung (9.7) der "Konsumlohn" (also W deflationiert mit dem Konsumentenpreisindex), aus der Sicht der Unternehmen in Gleichung (9.8) der "Produktlohn" (also W deflationiert mit dem Produktpreis) maßgeblich ist.

[76] Die Anzahl sozialversicherungspflichtig beschäftigter Ausländer stieg in Westdeutschland von 329 Tsd. im Jahre 1960 auf 1.949 Mio. Personen im Jahre 1970; dies entspricht einer Erhöhung ihres Anteils an allen sozialversicherungspflichtigen Beschäftigten von 1.5 auf 9.1 v.H. Im Jahre 1999

Schaubild 9.8 : Arbeitslosigkeit und Veränderung der Inflationsrate in Westdeutschland 1962–2000 (v.H.)

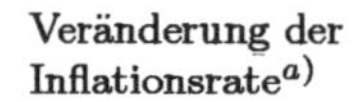

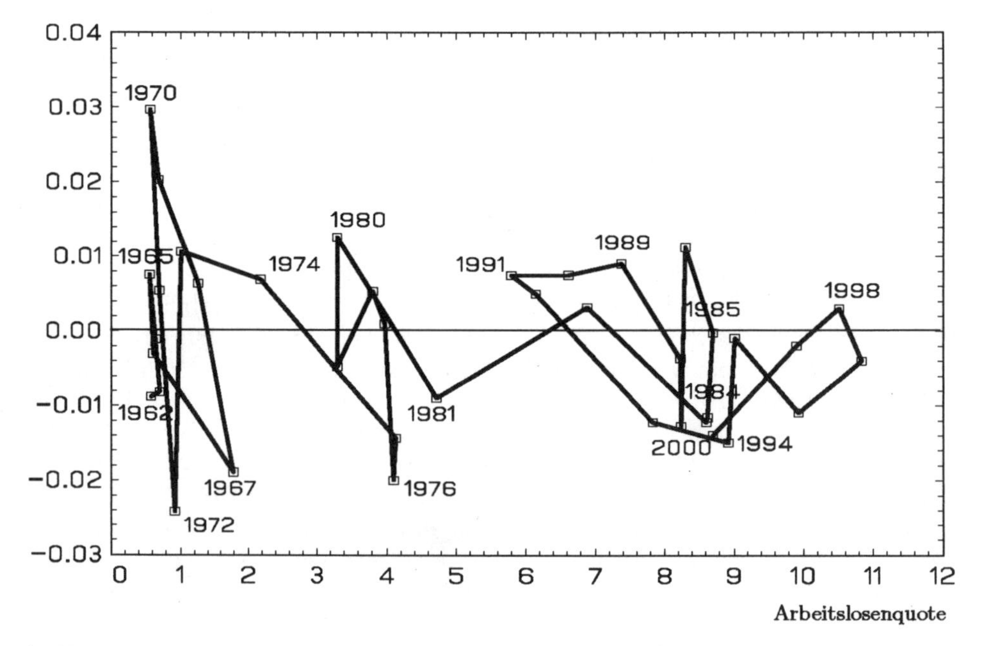

a) Absolute Veränderung der Inflationsrate im Vergleich zu ihrem Vorjahreswert; Inflationsrate gemessen als Veränderungsrate des Preisindex des Bruttosozialprodukts (ab 1994 Preisindex des Bruttoinlandsprodukts für Deutschland), Arbeitslosenquote gemessen als Anteil der Arbeitslosen an allen Erwerbspersonen.

Quelle: Jahresgutachten des Sachverständigenrates, lfd. Jahrgänge.

gen geführt.[77] Die dann angestiegene Inflationsrate wäre mit einer Restriktionspolitik bekämpft worden. Hinzu kommt, dass in den sechziger Jahren im Gegensatz zu den darauf folgenden Dekaden hohe Produktivitätsfortschritte zu verzeichnen waren.[78] Zwar sind die realen Arbeitskosten je Erwerbstätigenstunde (deflationiert mit dem Preisindex des Bruttosozialproduktes) zwischen den Jahren 1961 und 1970 mit einer jahresdurchschnittlichen Wachstumsrate von knapp 7 v.H. gestiegen, jedoch stand dem ein

---

beliefen sich diese Ziffern auf 1.988 Mio. Personen beziehungsweise 8.9 v.H. Quelle: Institut der deutschen Wirtschaft, Zahlen zur wirtschaftlichen Entwicklung der Bundesrepublik Deutschland 2001, Köln, Tabelle 10.9.

[77] Das ist das Ergebnis einer Simulationsstudie mit Hilfe eines makroökonometrischen Modells, vgl. dazu Franz und Smolny (1990).

[78] Die durchschnittliche Wachstumsrate der Arbeitsproduktivität (= reales Bruttoinlandsprodukt je Erwerbstätigenstunde) betrug im Zeitraum 1961/70: 5.3 v.H., 1971/80: 3.7 v.H., 1981/90: 2.3 v.H. und 1991/2000: 2.2 v.H. Quelle: Institut der Deutschen Wirtschaft, Zahlen zur wirtschaftlichen Entwicklung der Bundesrepublik Deutschland 1998, Tabelle 36 und 2001, Tabelle 5.1.

Produktivitätsfortschritt in Höhe von durchschnittlich gut 5 v.H. p.a. gegenüber.[79] Verteilungsansprüche und Verteilungsspielraum stimmten in etwa überein, wobei die NAIRU entsprechend niedrig war.[80] Schließlich bleibt zu erwähnen, dass sich die gesamtwirtschaftliche Entwicklung unter dem Schutzschild einer unterbewerteten DM vollzog. Ein realistischer Wechselkurs – wie er sich dann erst in den siebziger Jahren einstellte – hätte über die damit einher gehende Aufwertung möglicherweise zu höherer Arbeitslosigkeit geführt. Insoweit mag der extrem niedrige Wert der NAIRU seinerzeit durch Sondereinflüsse – hoher Produktivitätsfortschritt und verzerrte Wechselkurse – begünstigt worden sein.

Schaubild 9.8 verdeutlicht, dass im Zeitraum der Jahre 1975 bis 1981 Inflationsstabilität mit höherer Arbeitslosigkeit erkauft werden musste, der Wert der NAIRU hat sich erhöht. Auslöser dafür waren der exorbitante Anstieg der Rohstoff- und Energiepreise und die Verlangsamung des Produktivitätsfortschritts,[81] welche nicht durch entsprechend niedrigere Tarifabschlüsse kompensiert wurden. Vielmehr wurde versucht, den Realeinkommensverlust durch hohe Nominallohnzuwächse wettzumachen und damit den Teil des Sozialproduktes, den die rohstoffexportierenden Länder über ihre Preiserhöhungen beanspruchten, nochmals zu verteilen. Diese Strategie ist ökonomisch unsinnig. Wie in *Abschnitt 9.2* bei der Diskussion der Gleichungen (9.12) und (9.13) gezeigt wurde, hat sie einen Anstieg der NAIRU zur Folge. Hier handelt es sich um Arbeitslosigkeit auf Grund zu hoher Reallöhne. Das Fallbeispiel "Reallohnlücken" zeigt, in welchem Ausmaß der Reallohn über seinem mit Vollbeschäftigung kompatiblen Wert lag und dass dieses Phänomen sich nicht auf die Bundesrepublik Deutschland beschränkte.

Die in *Tabelle 9.6* ausgewiesenen Schätzwerte für die NAIRU legen nahe, dass sich die NAIRU in diesem Zeitraum auf rund 4 v.H. belaufen hat. Die Schätzung der inflationsstabilen Arbeitslosenquote beruht bei den in *Tabelle 9.6* ausgewiesenen Studien im Prinzip auf einer Schätzung der Gleichungen (9.7) und (9.8) beziehungsweise (9.12), wobei sich die einzelnen Beiträge in der Art der Spezifikation der Gleichungen (zum Beispiel Auswahl und Definition der erklärenden Variablen) zum Teil erheblich unterscheiden. Einmal unterstellt, eine inflationsstabile Arbeitslosenquote von etwa 4 v.H. sei ein verlässlicher Schätzwert für die Zeitperiode 1975 bis 1981, dann lag die tatsächliche Arbeitslosenquote in diesem Zeitraum mit durchschnittlich 4.3 v.H. geringfügig oberhalb der NAIRU. Insoweit bestand – wenn überhaupt – nur ein geringer Spielraum für eine Expansionspolitik, die das gesamtwirtschaftliche Nachfragedefizit und damit die Arbeitslosigkeit ohne steigende Inflationsraten reduziert hätte.[82] Dieser Spielraum zur Verringerung des gesamtwirtschaftlichen Nachfrage-

---

[79] Quelle für alle Zahlenangaben wie in *Fußnote 78*.

[80] Vgl. nochmals Gleichungen (9.12) und (9.13). Ein höherer Produktivitätszuwachs bedeutet ein geringeres Δz (beachte: der Produktivitätsfortschritt geht mit einem negativen Vorzeichen in den Vektor Z ein).

[81] Die Ursachen dieser Verlangsamung des Produktivitätsfortschritts liegen zum Teil an den Energiepreisschocks, welche einen Teil des Kapitalbestandes, welcher Energie in unwirtschaftlichem Ausmaß verbrauchte, obsolet machten, und an dem im Vergleich zu den sechziger Jahren rückläufigen Modernitätsgrad des Anlagevermögens auf Grund unzureichender Neuinvestitionen. Vgl. dazu Franz (1985b).

[82] Eine solche Politik hat es ansatzweise auch gegeben, etwa in Form des "Zukunftsinvestitionsprogramms" (ZIP). Das Problem mit der Durchführung dieser Politik war, dass sie erstens durch Kürzungen in den öffentlichen Kernhaushalten zum Teil konterkariert wurde und zweitens zu spät

defizits wäre bei niedrigeren Lohnabschlüssen größer gewesen und die inflationsstabile Arbeitslosenquote dann weniger stark gestiegen. Insoweit kann eine zu geringe Reallohnflexibilität verantwortlich gemacht werden, aber es gibt wenig empirische Evidenz dafür, dass sie – wie vielfach behauptet – im Zeitablauf abgenommen habe.

Die dritte Punktwolke in *Schaubild 9.8* lässt die Vermutung aufkommen, die inflationsstabile Arbeitslosenquote habe sich – graphisch gesehen – erneut nach rechts verschoben und sei im Zeitraum der Jahre nach 1983 auf durchschnittlich etwa 9 v.H. gestiegen, also etwa auf den Wert der tatsächlichen Arbeitslosenquote. Wenn diese Diagnose zuträfe, wäre ein Versuch, die Beschäftigungslosigkeit in den achtziger Jahren mit Hilfe einer Expansionspolitik zu verringern, angesichts daraufhin steigender Inflationsraten von vornherein zum Scheitern verurteilt gewesen. Dieser visuelle Eindruck ist nicht notwendigerweise zutreffend, weil zwei Phänomene nicht unterschieden werden. Zum einen mag sich die NAIRU in der Tat erhöht haben, andererseits kann die Entwicklung auch Ausdruck der in *Abschnitt 9.2* beschriebenen Persistenzeigenschaft der Arbeitslosigkeit sein.[83] Um dieses Argument verständlich zu machen, müssen zuvor einige gesamtwirtschaftliche Entwicklungen in den achtziger Jahren ganz kurz skizziert werden.

Zu Beginn der achtziger Jahre stieg die Arbeitslosigkeit auf Grund eines güterwirtschaftlichen Nachfragedefizits an, welches hauptsächlich durch eine restriktive Geld– und Fiskalpolitik verursacht wurde. Die Hauptgründe für diese Restriktionspolitik waren die als zu hoch empfundene Neuverschuldung der öffentlichen Haushalte[84] und die Tatsache, dass die Leistungsbilanz nach 13 Jahren zum ersten Mal 1979 bis 1981 wieder ein Defizit aufwies,[85] welches die Deutsche Bundesbank aus Gründen der Erhaltung der Preisniveaustabilität nicht zu finanzieren bereit war. Die monetäre und staatliche Restriktionspolitik traf in erster Linie die private und staatliche Investitionstätigkeit[86] und verursachte damit zunächst ein güterwirtschaftliches Nachfragedefizit und danach einen Mangel an vorhandenen Sachkapazitäten. Dieses Defizit an Sachkapital und die damit einher gehende Unterbeschäftigung werden häufig "Kapitalmangel–Arbeitslosigkeit" genannt,[87] verbunden mit der wirtschaftspolitischen Empfehlung, die Beschäftigungslosigkeit durch eine Stimulierung der Investitionstätigkeit abzubauen.[88] In der Tat gingen die Beschäftigungsgewinne in der zweiten

einsetzte, nämlich als Kapazitäten bereits in nennenswertem Umfang abgebaut waren (insbesondere in der Bauwirtschaft). Vgl. dazu Krupp (1985).

[83]Vgl. dazu die Ausführungen zu Gleichung (9.16). Persistenz wurde dort als eine abgeschwächte Form der Hysteresis–Eigenschaft definiert.

[84]Die Verschuldung der öffentlichen Haushalte betrug (in Mrd. €) 1973: 86, 1978: 190, 1979: 212, 1980: 240, 1981: 279, 1982: 314 und 1983: 344. Quelle: Jahresgutachten 1994/95 des Sachverständigenrates, Tabelle 45 im Anhang.

[85]Der Leistungsbilanzsaldo betrug kumuliert 1976–1978: +18.7 Mrd. € 1979–1981: –22.0 Mrd. € 1982–1984: +27.6 Mrd. €. Quelle: ebenda, Tabelle 65 im Anhang.

[86]Der Anteil der von Unternehmen getätigten Nettoinvestitionen am Nettosozialprodukt zu Marktpreisen belief sich 1980 auf etwa 10 v.H., sank dann auf einen Tiefstwert von 5.0 v.H. im Jahre 1982 und erreichte unter Schwankungen 1989 einen Wert von 7.5 v.H. Der entsprechende Anteil der staatlichen Nettoinvestitionen sank von 3.3 v.H. (1980) auf 1.9 v.H. (1984). Quelle: ebenda, Tabelle 30 im Anhang.

[87]Diese Bezeichnung wird zum Beispiel von Landmann (1989) und Neumann (1990) verwendet. Sie ist richtig und vordergründig zugleich, weil der "Kapitalmangel" seinerseits auf andere Faktoren zurückzuführen ist (wie beispielsweise zu hohe Faktorpreise und/oder frühere fehlende Güternachfrage).

[88]Vgl. dazu das überzeugende Plädoyer beispielsweise von Landmann (1989) und Neumann (1990).

Tabelle 9.6 : NAIRU–Schätzwerte für Westdeutschland[a)]

Autor(en)	Jahr bzw. Zeitraum	NAIRU (v.H.)
Coe (1985)	1971–1975	2.0
	1976–1980	3.5
	1981–1983	5.0
Franz (1987)	1970–1974	1.9
	1975–1979	4.2
	1986	5.7[b)]
Franz u. Hofmann (1990)	1987	5.5
Franz u. Gordon (1993)	1973–1990	6.2
Funke (1991)	1971–1975	2.5
	1976–1980	6.1
	1981–1985	7.6
	1986–1988	9.0
Layard u. Nickell (1985)	1979–1982	3.3
Layard et al. (1986)	1976–1980	3.7
	1981–1983	5.3
OECD (1986)[c)]	1971–1976	1.1
	1977–1982	3.1
	1983–1987	6.0
Schultze (1987)	1979–1982	4.3
	1981–1983	5.0
	1983–1987	6.5

a) Vgl. Text für Erläuterungen.
b) Nach Bereinigung um das Hysteresis–Phänomen, vgl. Franz (1987), S. 112ff. Die Ziffer findet sich auf S. 114.
c) OECD, Economic Outlook 40 (1986), S. 30.

Hälfte der achtziger Jahre mit einer Zunahme der Investitionsquote einher, wobei jedoch zu beachten ist, dass ein Teil der Mehrnachfrage nach Arbeit als Ausgleich für die vermehrte Inanspruchnahme von Teilzeitarbeit anzusehen ist.[89] Trotzdem blieb die Zahl der Arbeitslosen für längere Zeit konstant bei etwa 2.2 Mio. Personen. Zum einen ist das auf die Zunahme der Erwerbspersonen zurückzuführen,[90] zum anderen hat sich die Arbeitslosigkeit bei bestimmten Personen verfestigt. Wie bereits in *Abschnitt 9.1.2* dargelegt, konzentriert sich die Last der Arbeitslosigkeit insbesondere auf die Langzeitarbeitslosen (vgl. *Schaubild 9.4*). Diese Personen sind

[89] Zur Investitionsquote bei Unternehmen vgl. Fußnote 86 (1984 = 6.5 v.H., 1989 = 7.5 v.H.). Die Zahl der Erwerbstätigen erhöhte sich zwischen 1984 und 1989 um 5.1 v.H. Diesem Anstieg steht indessen eine Zunahme des Arbeitsvolumens (= beschäftigte Arbeitnehmer multipliziert mit den geleisteten Stunden je Person) in Höhe von nur 1.4 v.H. gegenüber. Quelle: Deutsches Institut für Wirtschaftsforschung, Vierteljährliche Volkswirtschaftliche Gesamtrechnung.

[90] Die Anzahl der Erwerbspersonen stieg zwischen 1984 und 1989 um 1.1 Mio. Personen an. Quelle: Jahresgutachten 1994/95 des Sachverständigenrates, Tabelle 21 im Anhang.

sehr schwer auf Arbeitsplätze vermittelbar. Sie stellen damit eine Spielart eines Mismatch auf dem Arbeitsmarkt dar, der sich auch bei zunehmender Arbeitsnachfrage nur allmählich abbaut, so wie es die Persistenz– und Hysteresis–Phänomene beschreiben (vgl. *Schaubild 9.7*).

Dieser Anstieg der Langzeitarbeitslosigkeit hatte zum überwiegenden Teil den beobachtbaren Anstieg der inflationsstabilen Arbeitslosenquote in *Schaubild 9.8* zur Folge. Allerdings – und das ist hier der entscheidende Punkt – mag diese Erhöhung der NAIRU in einem gewissen Umfang nur temporär sein, solange nämlich bei einem nachhaltigen Konjunkturaufschwung, verbunden mit einer beträchtlichen Überschussnachfrage auf dem Arbeitsmarkt, auch die Langzeitarbeitslosen allmählich einen Arbeitsplatz finden und die NAIRU langsam wieder zu sinken beginnt, wie das in den Jahren nach 1988 in *Schaubild 9.8* sichtbar wird. Insoweit sind die 9 v.H. eben *nicht* die kritische Grenze, ab deren Unterschreitung die Arbeitslosigkeit mit steigenden Inflationsraten einhergeht – das war auch 1988/89 nicht der Fall. Anders formuliert, der 9 v.H.–Wert stellt einen Anhaltspunkt für eine kurzfristige NAIRU dar, welche sich bei wesentlich verbesserten Bedingungen auf dem Arbeitsmarkt auf den Wert einer gleichgewichtigen NAIRU hin bewegt, einer Größe also, die dem eigentlichen Konzept der NAIRU entspricht. Dieser Wert beläuft sich in den achtziger Jahren gemäß der Schätzwerte in *Tabelle 9.6* auf rund 6 v.H., liegt mithin beträchtlich unter der tatsächlichen Arbeitslosenquote, allerdings auch über dem 3.5 v.H.–Wert der ausgehenden siebziger Jahre. Das liegt vor allem daran, dass sich auf einen Teil der Langzeitarbeitslosen so viele vermittlungshemmende Merkmale konzentrieren, dass selbst bei einem nachhaltigen Konjunkturaufschwung nicht mit ihrer Wiederbeschäftigung zu rechnen ist.[91]

Mit der Bedeutung der Langzeitarbeitslosigkeit als signifikanter Einflussgröße der NAIRU erhebt sich die Frage nach allgemeiner formulierten ökonometrischen Tests, welche die empirische Relevanz des Hysteresis– oder Persistenzphänomens klären. Wie im Text ausgeführt, behauptet die Hysteresis–Hypothese, dass – im Gegensatz zu einem stabilen dynamischen ökonomischen Modell – das hysteretische Modell ein Gleichgewicht impliziert, welches von der vergangenen Entwicklung abhängig ist. Als Analogie könnte man beispielsweise die Ruhelage von Billardkugeln heranziehen, die von den vergangenen Spielzügen – also der Historie des Spiels – bestimmt wird. Ökonometrische Tests, ob Hysteresis empirische Evidenz besitzt, können auf unterschiedliche Weise vorgenommen werden [vgl. dazu die Übersicht in Hansen (1990)].[92] Eine Testmöglichkeit wurde in Gleichung (9.16) angesprochen, nämlich ob in der Gleichung für die Inflationsrate (oder für die Lohnwachstumsrate) die Arbeitslosenquote oder deren erste Differenz eine signifikante erklärende Variable darstellt. Ein solcher Test wurde – mit einigen Modifikationen – von Coe (1988) durchgeführt, der zu dem Ergebnis kommt, dass für die Bundesrepublik Deutschland die Hysteresis–Hypothese

[91]Diese vermittlungshemmenden Merkmale sind nur zum Teil messbar beziehungsweise statistisch erfasst (wie zum Beispiel fehlende Berufsausbildung, gesundheitliche Einschränkungen), vgl. dazu *Abschnitt 9.1.2*. Ebenso wichtig können jedoch andere Kriterien sein, welche die Leistung beziehungsweise die Leistungsbereitschaft hemmen (wie zum Beispiel Alkohol– oder Medikamentenabhängigkeit, depressive Phasen), die aber ihrerseits auch zum Teil eine Reaktion auf die Arbeitslosigkeit sein können.

[92]Neudorfer, Pichelmann und Wagner (1990) sowie Winter–Ebmer (1992) analysieren das Persistenz–Phänomen für Österreich.

nicht verworfen werden kann, wenn auch nicht in ihrer strengen Form, sondern eher als Persistenz [das heißt für $0 < \eta < 1$ in Gleichung (9.16)], sodass eine NAIRU existiert. Eine alternative Testmöglichkeit ist die Überprüfung der aus dem Hysteresis–Phänomen resultierenden Eigenschaft, dass ein dadurch beschriebenes dynamisches System eine Einheitswurzel besitzt. In diesem Fall könnte die Hysteresis–Eigenschaft nicht verworfen werden. Jedoch gibt es nach ökonometrischen Tests von Hansen (1990) darauf (noch) keine verlässliche Antwort, weil er statistisch nicht zwischen dem hysteretischen und ahysteretischen Fall signifikant diskriminieren konnte.

Fallbeispiel: Reallohnlücken im Ländervergleich

Die Reallohnlücke ist ein Indikator, mit dessen Hilfe geschätzt werden soll, in welchem quantitativen Ausmaß der tatsächliche Reallohn von seinem mit Vollbeschäftigung zu vereinbarenden Wert abweicht. Eine Möglichkeit, die letztgenannte Größe näherungsweise zu bestimmen, besteht in der Schätzung der Grenzproduktivität des Faktors Arbeit bei Vollbeschäftigung unter Verwendung einer Produktionsfunktion und/oder für einen Zeitraum, in dem in der betreffenden Volkswirtschaft tatsächlich Vollbeschäftigung geherrscht hat. Multipliziert man diese Grenzproduktivität mit dem Outputpreis, so erhält man das Grenzwertprodukt bei Vollbeschäftigung, welches bei vollständiger Konkurrenz dem Nominallohn gleich sein muss.[a] Dieser Nominallohn dividiert durch den Outputpreis ergibt den gesuchten Reallohn bei Vollbeschäftigung (im hier dargestellten einfachsten Fall). Die Differenz: tatsächlicher Reallohn minus Vollbeschäftigungsreallohn bezogen auf den Vollbeschäftigungsreallohn ergibt dann die "Reallohnlücke". Sie besagt bei einem positiven Wert von beispielsweise 20 v.H., dass der tatsächliche Reallohn um 20 v.H. über dem Vollbeschäftigungsreallohn liegt. Dies hat reallohnbedingte Arbeitslosigkeit zur Folge. In der Tat kommt Bruno (1986) in einer international vergleichenden Analyse zu dem Ergebnis, dass im Jahre 1981 in Westdeutschland der Wert der Reallohnlücke auf rund 19 v.H. beziffert werden kann. Weiterführende Berechnungen zeigen indessen, dass sich dieser Wert im Verlauf der achtziger Jahre beträchtlich verringert hat, sodass das Ausmaß der reallohnbedingten Arbeitslosigkeit auf der Basis solcher Berechnungen möglicherweise merklich zurückgegangen ist.[b]
Die Berechnungsmethode hat allerdings eine Reihe von schwerwiegenden Nachteilen, sodass die Resultate nicht mehr als einen Anhaltspunkt zu liefern im Stande sind. Das gravierendste Problem besteht darin, dass beispielsweise eine Arbeitslosigkeit vermeintlich auf ein gesamtwirtschaftliches Nachfragedefizit zurückgeführt werden kann, obwohl sie in Wirklichkeit reallohnbedingt ist: Wenn auf Grund eines überhöhten Reallohnes die Beschäftigung sinkt, geht das in der Regel mit einem Anstieg der Arbeitsproduktivität einher, sodass sich im Nachhinein – überspitzt formuliert – jede übermäßige Reallohnerhöhung auf Grund der dann gestiegenen Grenzproduktivität der Arbeit von selbst "rechtfertigt". Die beobachtete Arbeitslosigkeit wird dann gemäß dieser Konzeption nicht mehr als reallohnverursacht ausgewiesen.

[a]Vgl. dazu auch die formelmäßige Darstellung in *Abschnitt 4.2*, Gleichungen (4.4)ff.

[b]Vgl. Landmann und Jerger (1993), Gordon (1988) und Sachverständigenrat (1994), S. 259ff.

Möglicherweise hat sich die Hysteresis– oder Persistenzeigenschaft der Zeitreihen der Arbeitslosigkeit allmählich verflüchtigt. Darauf deutet eine Schätzung der NAIRU für Westdeutschland in den achtziger und neunziger Jahren von Franz (2001) hin, in der keine signifikante Persistenz mehr festgestellt werden konnte.

Schaubild 9.9 : Verlauf der NAIRU und der tatsächlichen Arbeitslosenquote in Westdeutschland in den Jahren 1980 bis 1998

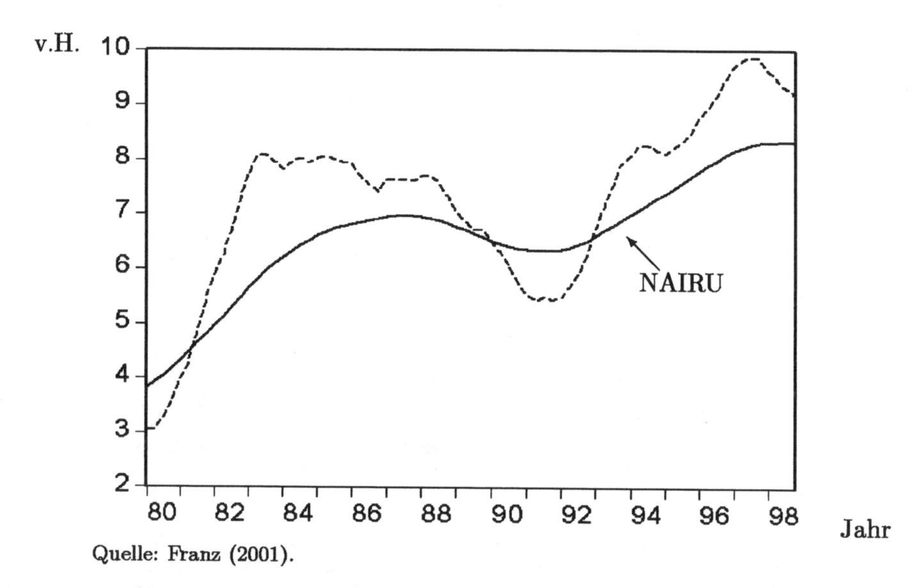

Quelle: Franz (2001).

Schaubild 9.9 zeigt das Ergebnis dieser Schätzung einer zeitvariablen NAIRU (im Gegensatz zu den zeitlich konstanten Werten in *Tabelle 9.6*) mit Hilfe des Kalman–Verfahrens, dem zeitvariable Regressionskoeffizienten zu Grunde liegen. Zunächst bestätigt sich der aufwärts gerichtete Verlauf der NAIRU in den achtziger Jahren von knapp 4 v.H. im Jahre 1980 bis knapp 7 v.H. im Jahre 1989, welcher sich in den neunziger Jahren zunächst deutlich abflachte, teilweise sogar leichte Tendenzen eines Rückgangs aufwies, um dann wieder anzusteigen und im Jahre 1998 einen Wert von rund 8 v.H. erreichte. Der Vergleich zur tatsächlichen Arbeitslosenquote in Höhe von 9.4 v.H. im Jahre 1998 in Westdeutschland kennzeichnet das klare Übergewicht von angebotsseitigen Funktionsstörungen insbesondere auf Arbeitsmärkten sowie die geringe Bedeutung einer (noch verbliebenen) konjunkturellen Arbeitslosigkeit. Nicht alle Funktionsstörungen müssen sich notwendigerweise verschärft haben, etwa auf Grund neuer gesetzlicher Regelungen, sondern sie mögen vielleicht wie ein Sperrklinken–Effekt wirken, wenn es um den Abbau der Arbeitslosigkeit geht.[93]

Zu diesen Aspekten gehört auch die in *Abschnitt 9.2* behandelte und in das Konzept der inflationsstabilen Arbeitslosenquote integrierte Ursache der Arbeitslosigkeit in Form von Unzulänglichkeiten bei der Koordinierung von Arbeitsangebot und –nachfrage im Rahmen des Matching–Prozesses. Haben die dort genannten Determinanten eines Mismatch – in regionaler und qualifikatorischer Hinsicht und/oder auf Grund einer reduzierten Suchintensität – zu der Erhöhung der NAIRU in der Bundesrepublik Deutschland beigetragen? Insgesamt lautet die Antwort: nur sehr bedingt. Wie die empirischen Ergebnisse des *Kapitels 6* bei allen Vorbehalten bezüglich des Datenmaterials deutlich gemacht haben, weisen eher der durch die Qualifikation und

[93]Vgl. dazu *Kapitel 10*.

die Dauer der Arbeitslosigkeit bedingte Mismatch steigende Werte auf, weniger aber Inkongruenzen in den regionalen Profilen.[94] Dabei ist nicht auszuschließen, dass – wie in *Abschnitt 6.4.1* dargelegt – die qualifikatorischen Diskrepanzen auch durch höhere Ansprüche der Unternehmen bei der Bewerberauswahl verstärkt wurden. Zusammen genommen könnten mithin Fehlprofile bei Qualifikationen und die Langzeitarbeitslosigkeit (bereinigt um das Persistenz–Phänomen) den Anstieg der NAIRU in den achtziger Jahren erklären. Eher geringe empirische Evidenz gibt es indessen dafür, dass "sozialleistungsinduzierte Arbeitslosigkeit" zur Erhöhung der inflationsstabilen Arbeitslosenquote in der Form beigetragen habe, dass Personen, die einen Anspruch auf Arbeitslosengeld oder –hilfe haben, eine signifikant längere Dauer der Arbeitslosigkeit aufweisen.[95] Diese Feststellung schließt nicht aus, dass sich bestimmte Personen als arbeitslos melden müssen, weil Ansprüche auf andere Sozialleistungen an eine gemeldete Arbeitslosigkeit geknüpft sind, aber das heißt nicht in jedem Fall, dass diese Leute dem Arbeitsmarkt nicht zur Verfügung stehen. Am ehesten ist eine vorgetäuschte Arbeitslosigkeit bei Personen zu vermuten, die sich im Übergang zum Beispiel zwischen dem Status "Erwerbstätigkeit" und "Nichterwerbstätigkeit" befinden und nur ihren Anspruch auf Arbeitslosenunterstützung ausschöpfen wollen.[96] Ohne den Nachweis, der bisher nicht erbracht wurde, dass diese such– beziehungsweise sozialleistungsinduzierte Arbeitslosigkeit mehr als nur geringfügig zugenommen habe, lässt sich der Anstieg der (inflationsstabilen) Arbeitslosenquote in den letzten 30 Jahren jedoch nicht erklären. Mehr noch und etwas zugespitzt formuliert: Ein solcher "Nachweis" müsste zeigen, dass die Arbeitslosen in norddeutschen Regionen mit teilweise fünffach so hohen Arbeitslosenquoten wie in Süddeutschland (i) entsprechend weniger intensiv suchen und den Bezug der Arbeitslosenunterstützung präferieren, (ii) dass sie wesentlich schlechter ausgebildet und weniger flexibel sind, (iii) dass sie analog dazu höhere Prozentzahlen an Vermittlungshindernissen aufweisen und (iv) auf Arbeitsmärkten agieren, welche durch höhere Inflexibilitäten auf Grund unterschiedlicher institutioneller Regelungen gekennzeichnet sind. Dies erscheint in hohem Maße unwahrscheinlich. Darüber hinaus weisen die Erfahrungen in den achtziger Jahren mit einer zunehmenden Persistenz von Arbeitslosigkeit darauf hin, dass die Bekämpfung der Arbeitslosigkeit zwar kostspielig ist, aber umso teurer wird, je länger damit gewartet wird.

[94] Vgl. *Tabelle 6.9* und die dortigen Ausführungen.

[95] Vgl. dazu *Abschnitt 6.4.1.*

[96] Als Wortschöpfung für diese Ursache der Arbeitslosigkeit wird der Begriff "Übergangsarbeitslosigkeit" verwendet. Vgl. Buttler (1990).

Fallbeispiel: Die Beschäftigungsschwelle

In den letzten Jahren wurde in der Öffentlichkeit die Meinung populär, nach der sich die Beschäftigungsentwicklung vom Wirtschaftswachstum entkoppelt habe ("jobless growth"). Mit Hilfe des Konzepts der "Beschäftigungsschwelle" wurde daraufhin analysiert, ab welcher Höhe des Wirtschaftswachstums ein Beschäftigungsaufbau beginnt und ob sich dieser Schwellenwert wie behauptet tatsächlich erhöht hat.
Der Begriff "Beschäftigungsschwelle" kann leicht zu Missverständnissen führen, denn er suggeriert einen für den betreffenden Zeitraum konstanten Grenzwert. Tatsächlich handelt es sich um eine endogene Variable: Wieviel Wirtschaftswachstum nötig ist, um die Beschäftigung zu erhöhen oder – bei gegebenen Arbeitsangebot – die Arbeitslosigkeit zu verringern, hängt entscheidend vom Verhalten aller am Wirtschaftsprozess Beteiligten ab, einschließlich der Lohnpolitik.[a]
Die Endogenität der Beschäftigungsschwelle legt eigentlich nahe, sie quantitativ mit Hilfe eines makroökonometrischen Modells zu bestimmen. Gleichwohl versuchen eine Reihe von empirischen Studien herauszufinden, ob sich der Zusammenhang zwischen Wirtschaftswachstum und Beschäftigungsentwicklung durch eine direkte (stabile) Beziehung empirisch darstellen lässt, um damit dem einleitend geäußerten öffentlichen Informationsbedürfnis nach einer möglichst plausiblen Faustregel Rechnung zu tragen. Grundlagen vieler empirischer Studien sind ökonometrische Schätzungen diverser Varianten des "Verdoornschen Gesetzes" oder – wenn es um den Zusammenhang zwischen Wirtschaftswachstum und Arbeitslosigkeit geht – des "Okunschen Gesetzes".[b]
In einer breit angelegten ökonometrischen Studie am Zentrum für Europäische Wirtschaftsforschung (ZEW) erhalten Buscher et al. (2000) folgende Schätzwerte für konjunkturbereinigte Beschäftigungsschwellen im internationalen Vergleich:

Zeitraum	D[a)]	USA	NL	UK
1976 - 1980	2.20	0.45	2.07	2.19
1981 - 1990	1.15	0.67	0.12	2.36
1991 - 1996	1.85	0.50	0	1.68
1996	2.98	0	1.71[b)]	0.61

a) Westdeutschland
b) 1995

Die Beschäftigungsschwelle ist in Westdeutschland seit den siebziger Jahren zunächst bis Anfang der neunziger Jahre gesunken, dann aber wieder bis zu einem Wert von rund 3 v.H. im Jahr 1996 angestiegen. Besonders eng ist der Zusammenhang zwischen Wirtschaftswachstum und Beschäftigung in den USA und in den Niederlanden. Für Ostdeutschland liegt die Beschäftigungsschwelle im verarbeitenden Gewerbe bei 7.5 v.H. Insgesamt zeigen sich erhebliche sektorale Unterschiede: Im Jahre 1997 lag in Westdeutschland die um kurzfristige Einflüsse bereinigte Beschäftigungsschwelle im Bausektor bei 0 v.H. und im verarbeitenden Gewerbe bei 4 v.H.
Zu qualitativ ähnlichen Ergebnissen kommt die Studie von Löbbe (1998). Schalk et al. (1997) beziehen ihre Schätzungen auf den Schwellenwert des Wirtschaftswachstums, ab dessen Erreichen die Arbeitslosigkeit sinkt, und erhalten für die Zeitperiode 1981 bis 1995 einen Wert von 2.3 v.H.

[a]Vgl. dazu Flaig und Rottmann (2001).

[b]Das Verdoornsche Gesetz beschreibt einen Zusammenhang zwischen Beschäftigung und Wirtschaftswachstum, beispielsweise in der Form, dass die Differenz zwischen tatsächlicher und trendmässiger Beschäftigung zur Differenz zwischen tatsächlichem und potenziellem Output in Beziehung gesetzt wird. Das Okunsche Gesetz stellt einen Zusammenhang zwischen der Differenz der tatsächlichen und der potenziellen Entwicklung des realen Bruttoinlandsproduktes und der Abweichung der tatsächlichen von der nicht–konjunkturellen Arbeitslosigkeit her.

9.4 Die Arbeitsmarktsituation in Ostdeutschland

Dieses Kapitel befasst sich mit einer Darstellung der ostdeutschen Arbeitsmarktentwicklung. Nach einer kurzen quantitativen Bestandsaufnahme folgt eine ökonomische Analyse der Lohn– und Beschäftigungsentwicklung in den neuen Bundesländern.

9.4.1 Eine kurze Bestandsaufnahme

Tabelle 9.7 stellt die personenbezogene Arbeitsmarktbilanz für Ostdeutschland für den Zeitraum der Jahre 1990 bis 2000 vor. Deutlich wird der dramatische Beschäftigungseinbruch von 8.8 auf 6.1 Mill. Personen (das ist ein Rückgang um knapp ein Drittel), der nur wenig durch die ostdeutschen Pendler nach Westdeutschland abgemildert wurde. Der Pendlersaldo ist für die ebenfalls ausgewiesenen Unterschiede bei den Erwerbstätigenzahlen nach dem Inlands– beziehungsweise Inländerkonzept (1. beziehungsweise 2. Zeile) verantwortlich.

In der letzten Zeile enthält *Tabelle 9.7* eine größenordnungsmäßige Abschätzung einer "verdeckten" Arbeitslosigkeit, deren Berechnung wie folgt vorgenommen wurde:

(i) Zunächst wurden die Kurzarbeiter auf Vollzeitarbeitslose "umgerechnet", indem sie mit dem jeweiligen Arbeitsausfall bewertet wurden.[97] Der starke Rückgang der in Zeile (5) ausgewiesenen Kurzarbeiterzahlen in den Jahren 1991/92 ist auf das Auslaufen spezieller Regelungen über Kurzarbeit in Ostdeutschland zurückzuführen, welche es erlaubten, auch solchen Arbeitnehmern Kurzarbeitergeld zu bezahlen, deren Weiterbeschäftigung nicht gesichert war.

(ii) Ein beträchtlicher Anteil der Erwerbslosen nimmt an Arbeitsbeschaffungsmaßnahmen (ABM)[98] oder an einer Qualifizierung im Rahmen der beruflichen Fortbildung und Umschulung teil (Zeilen 6 und 7).

(iii) Schließlich berücksichtigt Zeile 8 auch die Personen, die entweder die Vorruhestandsregelungen in Anspruch nahmen (bis 2.10.1990 möglich) oder ein vorgezogenes Altersübergangsgeld beziehen (ab 3.10.1990). Ab dem Jahre 1995 werden in Zeile 9 die Empfänger von Altersruhegeld wegen Arbeitslosigkeit aufgeführt.

Zusammengerechnet ergibt sich eine erhebliche Anzahl verdeckter Arbeitsloser. Die Arbeitslosenquote in Ostdeutschland im Jahre 2000 in Höhe von knapp 19 v.H. spiegelt nur rund zwei Drittel der tatsächlichen Unterauslastung des Faktors Arbeit in Ostdeutschland wider. Eine solche "Unterauslastungsquote" beläuft sich für das Jahr 2000 überschlägig auf rund 27 v.H.[99] Dies ist vor allem auf den immensen Produktionsrückgang und auf die Lohnpolitik zurückzuführen. So fiel beispielsweise der Index der Nettoproduktion für das verarbeitende Gewerbe von 195 im Januar 1990 auf rund 78 im 4. Quartal 1993.[100] Der Produktionseinbruch in Ostdeutschland stellt damit

[97] Dieser Ausfall schwankte von 1991 bis 1998 zwischen 56 und 47 v.H. Quelle: Sachverständigenrat, lfd. Jahresgutachten (zum Beispiel 1998/99, S. 89).

[98] Vgl. dazu *Abschnitt 7.4*.

[99] Zeilen (4) und (10) dividiert durch Zeilen (2), (4), (7), (8) und (9) ergibt 27 v.H. Beachte, dass die Kurzarbeiter und ABM–Beschäftigten in den Erwerbstätigenzahlen enthalten sind.

[100] Indexstand 2.Halbjahr 1990=100; Quelle: Bundesministerium für Wirtschaft, Tagesnachrichten Nr. 10288 vom 7.3.1995.

die Weltwirtschaftskrise in den Schatten: Im Zeitraum der Jahre 1928 bis 1933 ging die Industrieproduktion in Deutschland "nur" um etwa 40 v.H. zurück und nicht um zwei Drittel wie in Ostdeutschland.[101]

Tabelle 9.7 : Arbeitsmarktbilanz für Ostdeutschland (1000 Personen)$^{a)}$

	1990	1991	1992	1993	1994	1995 –99	2000	2001
(1) Erwerbstätige in Ostdeutschland	8820	7321	6387	6219	6330	6199$^{f)}$	–	–
(2) ostdeutsche Erwerbstätige	8899	7590	6725	6544	6593	6542$^{f)}$	6277$^{g)}$	6207
(3) Pendlersaldo	79	269	339	348	263	343$^{f)}$	–	–
(4) registrierte Arbeitslose	240	913	1170	1149	1142	1260	1244	1259
(5) Kurzarbeiter	758	1616	370	181	97	50	23	26
(6) ABM–Beschäftigte	–	183	388	260	280	297	230	172
(7) Berufliche Vollzeitweiterbildung	–	169	425	345	241	188	129	125
(8) Frühverrentete$^{b)}$	239	555	811	849	646	123	0	0
(9) Altersrente wegen Arbeitslosigkeit$^{c)}$	–	–	1	10	77	277	275	251
(10) "Verdeckte Arbeitslosigkeit"$^{e)}$	–	1810	1832	1573	1326	1016	796	713

a) Jahresdurchschnitte; 1995–99: Fünfjahresdurchschnitt.
b) Bezieher von Vorruhestands– und Altersübergangsgeld.
c) 60– bis unter 65–jährige Rentenempfänger
d) 1995–97
e) Vgl. Text für Erläuterungen.
f) 1995–1998.
g) Wegen Umstellung der Statistik mit früheren Jahren nicht vergleichbar.

Quellen: DIW–Wochenbericht 15/16 v. 13.4.1995; Jahresgutachten des Sachverständigenrates, lfd. Jahrgänge; Institut für Wirtschaftsforschung Halle (2001), Zehn Jahre Deutsche Einheit, Halle, S. 11; Gemeinschaftsgutachten der Wirtschaftsforschungsinstitute "Die Lage der Weltwirtschaft und der deutschen Wirtschaft", lfd. Jahrgänge.

Die Rolle der Lohnpolitik verdeutlicht *Tabelle 9.8* mit Angaben über die Lohnentwicklung in Ostdeutschland in der ersten Phase des Transformationsprozesses. Im Zeitraum der Jahre 1990 bis 1994 hat sich der nominale Bruttostundenlohnsatz mehr als verdoppelt. Für eine ökonomische Analyse ist – wie in *Abschnitt 8.1* ausgeführt – die Unterscheidung in Produkt– respektive Konsumlohn wichtig. Angesichts der Beson-

[101] Vgl. Sinn und Sinn (1993), S. 35.

Tabelle 9.8 : Lohnentwicklung in Ostdeutschland[a)]

	1990	1991	1992	1993	1994	1995	1996	1997	1998
Bruttostundenlohnsatz (€)[b)]	5.00	7.29	9.02	9.64	10.04	10.86	11.20	11.43	11.45
Produktlohn(€)[c)]	5.79	9.77	10.74	11.05	11.29	12.05	12.32	12.55	12.58
Konsumlohn (€)[d)]	4.46	5.32	5.35	5.42	5.40	5.66	5.86	5.80	5.79
Produktivitätswachstum[e)]	-1.4	+5.9	+12.7	+7.6	+8.7	+6.1	+4.0	+5.6	+1.8
Wachstumsrate Lohnstückkosten[f)]	+24.0	+52.7	+12.3	+2.6	-0.4	+1.5	-0.7	-2.7	-2.0

a) Jahresdurchschnittliche Werte. Angaben nach 1998 wegen fehlender Daten in der Volkswirtschaftlichen Gesamtrechnung nicht möglich.
b) Bruttolohn- und Gehaltssumme dividiert durch Arbeitsvolumen.
c) Bruttoeinkommen aus unselbstständiger Arbeit dividiert durch Arbeitsvolumen und deflationiert mit dem Index für Erzeugerpreise gewerblicher Produkte 1991 = 100.
d) Nettolohn- und Gehaltssumme dividiert durch Arbeitsvolumen und deflationiert mit dem Preisindex des privaten Verbrauchs (1991 = 100).
e) Veränderungsrate des Bruttoinlandsproduktes in Preisen von 1991 je Erwerbstätigenstunde in v.H.
f) Veränderungsrate des Quotienten aus Bruttoeinkommen aus unselbstständiger Arbeit in Relation zu realem Bruttosozialprodukt (Preisndex: 1991 = 100) in v.H.

Quellen: Deutsches Institut für Wirtschaftsforschung, Volkswirtschaftliche Gesamtrechnungen, DIW-Wochenbericht 39/1998; Jahresgutachten des Sachverständigenrates (für Preisindizes).

derheiten in Ostdeutschland wurde der Produktlohn nicht wie in *Abschnitt 8.1* mit dem Preisindex des Bruttosozialproduktes, sondern mit dem Erzeugerpreis gewerblicher Produkte in Ostdeutschland deflationiert, obwohl damit möglicherweise eine Überschätzung der Entwicklung des Produktlohnes einhergeht. Unter diesem Vorbehalt zeigt *Tabelle 9.8*, dass sich in der ersten Hälfte der neunziger Jahre der Produktlohn mehr als verdoppelt hat, während sich der Anstieg des Konsumlohnes auf 30 v.H. beläuft. Diese Diskrepanz trägt vielleicht zur Erklärung einiger Schärfen im Verteilungskampf in Ostdeutschland bei. Die Zahlen über den beträchtlichen Produktivitätsfortschritt sollten vor dem Hintergrund relativiert werden, dass er zum Teil durch den Abbau einer unproduktiven Arbeitskräftehortung in ostdeutschen Betrieben zu Stande gekommen ist. Trotz dieser Produktivitätsfortschritte sind die Lohnstückkosten in Ostdeutschland in der ersten Hälfte der neunziger Jahre auf Grund der hohen Lohnzuwächse exorbitant gestiegen. In dieser Lohnentwicklung kommt das Bestreben zum Ausdruck, die Löhne in Ostdeutschland möglichst zügig und nahe an das westdeutsche Niveau heranzuführen. *Tabelle 9.9* belegt die Umsetzung dieser Bemühungen in die Tat. Lagen die ostdeutschen Bruttoverdienste zu Beginn der neunziger Jahre noch unterhalb von 50 v.H. der Westlöhne, so beläuft sich diese Relation am Ende dieser Dekade auf rund 77 v.H. Gleichzeitig hat sich der Produktivitätsrückstand in Ostdeutschland erheblich reduziert, ausgehend allerdings von einem erheblichen Produktivitätsdefizit. Ursachen für diese Produktivitätslücke können unter anderem eine geringere Kapitalintensität und Effizienz der ostdeutschen Produktionstechnolo-

Tabelle 9.9 : Arbeitsmarktrelationen zwischen Ost- und Westdeutschland 1991–2001[a)]

	1991	1992	1994	1996	1998	2000	2001
Bruttolohn[b)]	49.3	61.9	72.6	75.8	76.3	77.5	77.6
Arbeitsproduktivität[c)]	34.9	48.3	64.2	67.0	67.7	68.9	70.6
Lohnstückkosten[d)]	141.1	128.3	113.2	113.1	112.7	112.5	110.0
offene und verdeckte Arbeitslosigkeit[e)]	391.1	457.0	274.6	213.8	220.2	245.5	262.3

a) Westdeutschland = 100; vgl. Text für Erläuterungen.
b) Arbeitnehmerentgelt je Arbeitnehmer.
c) Bruttoinlandsprodukt je Erwerbstätigen mit gleichem BIP–Deflator für West– und Ostdeutschland.
d) Im Inland entstandene Bruttoeinkommen aus unselbstständiger Arbeit je abhängig Beschäftigten bezogen auf das nominale Bruttoinlandsprodukt je Erwerbstätigen.
e) Relation der ost– und westdeutschen Quoten der registrierten und verdeckten Arbeitslosigkeit multipliziert mit 100.

Quellen: Herbstgutachten 2002 der Wirtschaftsforschungsinstitute Tabelle 3.8 (abgedruckt unter anderem in: Deutsches Institut für Wirtschaftsforschung (DIW), Wochenbericht 43/2002 vom 24.10.2002, S. 732) (für Löhne und Produktivität); Jahresgutachten des Sachverständigenrates, lfd. Jahrgänge, eigene Berechnungen (für Arbeitslosenquoten).

gie, Absatzschwierigkeiten ostdeutscher Unternehmen auf überregionalen Märkten, im Vergleich zu westdeutschen Unternehmen niedrigere Absatzpreise, fehlende “Spill–over–Effekte” von anderen Unternehmen sowie nach wie vor bestehende Defizite in der Infrastruktur Ostdeutschlands sein.[102] Im Ergebnis lagen die Lohnstückkosten zu Beginn der neunziger Jahre um rund 40 v.H. über dem westdeutschen Wert. Noch drastischer fällt der entsprechende internationale Vergleich aus: Ostdeutschland erreichte bereits im Jahre 1992 das Lohnniveau der Vereinigten Staaten bei einer Produktivität wie in Mexiko.[103] Die forcierte Lohnpolitik zusammen mit dem Stillstand im Produktivitätswachstum in Ostdeutschland stellte zahlreiche Unternehmen dort vor erhebliche, wenn nicht sogar unlösbare Probleme und führte nicht nur zu der geringen Tarifbindung[104], sondern unter anderem zu einer Erosion des Flächentarifvertrages in dem Sinne, dass von den tarifgebundenen Unternehmen immerhin 14 v.H. unter Tarif entlohnten, wie *Tabelle 9.10* belegt.[105] Diese aus wirtschaftlichen Zwängen zu erklärenden Vertragsbrüche und die Verbandsflucht oder –abstinenz ostdeutscher Un-

[102]Das Institut für Wirtschaftsforschung Halle (IWH) beschäftigte sich in mehreren Beiträgen mit den Ursachen der Produktivitätslücke in Ostdeutschland. Die Beiträge wurden mit einer kurzen Übersicht von J. Ragnitz in “Wirtschaft im Wandel” 7/1997 (einer monatlich erscheinenden Publikation des IWH) eingeleitet und erschienen in loser Folge in diesen Heften (beispielsweise 7/1997, 1/1998, 2/1998, 4/1998).

[103]Quelle: Siebert (1993), S. 128.

[104]Vgl. *Abschnitt 7.3* für weitere Ausführungen und Quellen.

[105]Eine genauere Analyse der Tarifbindung und der untertariflichen Entlohnung in Ostdeutschland findet sich in Steiner et al. (1998), S. 126ff.

Tabelle 9.10 : Untertarifliche Entlohnung in Ostdeutschland im verarbeitenden Gewerbe 1994[a)]

Merkmale	Bezahlung		
	unter Tarif	nach Tarif	über Tarif
Verarbeitendes Gewerbe insgesamt	29.7	56.3	5.7
Beschäftigtengrößenklassen			
2 – 19	33.6	51.6	5.3
20 – 49	29.0	58.1	7.5
50 – 199	20.9	70.4	5.7
200 – 499	4.3	81.3	9.3
500 und mehr	–	98.6	1.4
Bereich			
Industrie	32.0	57.5	4.8
Handwerk	27.7	55.3	6.6
Tarifgebundene Unternehmen			
1994	13.9	77.3	7.6
1998	13	81	6
Nicht gebundene Unternehmen			
1994	40.5	42.8	4.6
1998	49	46	5

a) In v.H., Spaltensumme plus Anteil der Unternehmen ohne Angabe = 100, Anzahl der befragten Unternehmen: 5355.

Quelle: Scheremet (1995), Tabelle 2, Informationen des DIW.

ternehmen sind – zusätzlich zu der erschreckenden Arbeitsmarktbilanz – Indikatoren für eine unangemessene Lohnpolitik in Ostdeutschland. Der nächste Abschnitt versucht einige Gründe aufzuzeigen, warum es zu dieser Entwicklung überhaupt kommen konnte.

9.4.2 Ursachen und Perspektiven

Die Ursachenanalyse hat mit der Feststellung zu beginnen, dass es hauptsächlich das wirtschaftliche Erbe einer sozialistischen Diktatur ist, welches die Situation in Ostdeutschland kennzeichnet. Erschwerend kommen dann gravierende ökonomische Fehler hinzu, die im Rahmen der wirtschaftlichen Vereinigung und auch danach gemacht wurden.

Zur Begründung der in *Abschnitt 9.4.1* aufgezeigten Beschäftigungs– und Lohnentwicklung kommen im Wesentlichen die folgenden, kurz umrissenen Ursachenkomplexe in Betracht:

(a) Eine schwer quantifizierbare Anzahl von Erwerbstätigen besaß nur auf Grund systembedingter Organisations– und Planungsmängel sowie politischer Vorgaben in der ehemaligen DDR einen "Arbeits"-platz. Die Palette reicht von Parteifunktionären in den Betrieben und paramilitärischen Einsätzen der Belegschaft über Stillstandszeiten der Produktion auf Grund fehlender Materiallieferungen und defekter Produktionsanlagen bis hin zu fehlerhaften Zuweisungen von Arbeitskräften im Rahmen der Planungsvorgaben.

(b) Die binnenwirtschaftliche Nachfrage in der ehemaligen DDR entsprach nur zu einem Teil den Präferenzen der dortigen Konsumenten und Investoren und wurde durch die fehlende Möglichkeit, auf ausländische Märkte auszuweichen, künstlich hochgehalten. Mit Öffnung der Grenzen setzte demzufolge schlagartig eine Verschiebung der Nachfrage nach westlichen, insbesondere westdeutschen Gütern ein. Insgesamt wurden in den Jahren 1991 und 1992 von den neuen Bundesländern Waren und Dienstleistungen im Wert von 97 beziehungsweise 112 Mrd. € aus Westdeutschland bezogen,[106] mit anderen Worten, hier handelt es sich um ein exorbitantes, weitgehend kreditfinanziertes und nachfrageseitiges Konjunkturprogramm für die westdeutsche Volkswirtschaft. Als weitere Ursache für den ostdeutschen Produktionseinbruch wird der Rückgang der Exporte Ostdeutschlands insbesondere in die ehemaligen RGW–Staaten genannt. Diese Länder ("Comecon–Staaten") hatten im Jahre 1989 noch etwa 70 v.H. der Gesamtexporte der früheren DDR aufgenommen, während beispielsweise Westdeutschland als der wichtigste westliche Exporteur in diese Länder nur 4 v.H. seines gesamten Exports absetzte.[107] Der Export Ostdeutschlands nach Osteuropa wurde bis Ende 1990 noch von der Bundesregierung subventioniert. Zu Beginn des Jahres 1991 wurde der Handel dann auf konvertible Währungen umgestellt. Die damit einhergehende Verteuerung ostdeutscher Exportgüter und die Devisenknappheit der früheren RGW–Staaten, die dann auch qualitativ höherwertige Waren auf dem Weltmarkt einkauften, waren neben den sonstigen Umwälzungen Ursache dafür, dass der Warenhandel Ostdeutschlands mit Osteuropa im Jahre 1991 dem Wert nach um 60 v.H. niedriger lag als 1990.[108]

(c) Der dritte Ursachenkomplex befasst sich mit Hemmnissen im ostdeutschen Wirtschaftswandel, die möglicherweise den Abbau der Beschäftigung beschleunigt, zumindest aber nicht verlangsamt haben. Im Mittelpunkt der Kritik stehen hier der Umstellungskurs Mark der DDR zu DM, die ostdeutsche Lohnentwicklung und institutionelle Hindernisse in Form ungeklärter Eigentumsfragen. Auf die beiden erst genannten Ursachen soll etwas näher eingegangen werden.

Technisch gesprochen handelte es sich bei der zum 1.7.1990 in Kraft getretenen Wirtschafts–, Währungs– und Sozialunion um eine schlagartige und radikale Liberalisierung der Güter– und Faktormärkte verbunden mit einem Aufwertungssatz von etwa 350 v.H. Wenige westliche exportorientierte Firmen hätten so etwas überlebt. Der für Löhne und Preise maßgebliche Umstellungssatz von 1:1 mag den ostdeutschen Konsumlohn annähernd konstant gehalten haben,[109] der

[106]Quelle: Deutsches Institut für Wirtschaftsforschung, DIW–Wochenbericht 1/2 – 1993, S. 18.
[107]ifo–Schnelldienst 18/1991, S. 17.
[108]Quelle: DIW–Wochenbericht 16/17–1992, S. 213.
[109]Sinn und Sinn (1993), S. 72.

in Exportgüterpreisen gemessene Produktlohn stieg um das Vierfache.[110] Ein für Ostdeutschland ungünstigerer Umstellungskurs hätte wohl auch die Nachfrage nach den dann teureren Westgütern reduziert, zumindest wäre der später festzustellende Umschwung der Nachfrage nach qualitativ ähnlichen ostdeutschen Produkten schneller vonstatten gegangen. Dafür hätte vielleicht nicht kurzfristig, jedoch mittelfristig die Einkommensrestriktion der privaten Haushalte gesorgt. Und schließlich hätte ein höherer Mark/DM–Satz einen niedrigeren anfänglichen Ostlohn bedeutet, also ein 2:1 Kurs einen Ost–Reallohn in Höhe eines Sechstels des West–Reallohnes, statt eines Drittels. Es ist eine offene Frage, ob die Aufholjagd an die Westlöhne dann forcierter durchgeführt worden wäre. Vielleicht hätte die Chance bestanden, dass die Lohnentwicklung nicht so exorbitant und insbesondere auch differenzierter ausgefallen wäre.

Damit ergibt sich die Frage, wieso es zu den exorbitant hohen Lohnabschlüssen kommen konnte und inwieweit die Fehlentwicklungen in Ostdeutschland der Lohnpolitik angelastet werden können. Zur Beantwortung der ersten Teilfrage ist daran zu erinnern, dass in den "Tarifverhandlungen" unmittelbar nach Einführung der Wirtschafts–, Währungs– und Sozialunion Angehörige westdeutscher Arbeitgeberverbände und bisherige ostdeutsche Betriebsleiter und Kombinatsdirektoren am Verhandlungstisch saßen, die ein Interesse an hohen Lohnabschlüssen hatten. Dies erklärt sich daraus, dass sie wenig Interesse an einer Lohnkonkurrenz aus Ostdeutschland hatten beziehungsweise davon ausgehen mussten, bald selbst Arbeitnehmer zu sein oder arbeitslos zu werden, wobei sich die Arbeitslosenunterstützung bekanntlich am vorherigen Einkommen orientiert. Auf der anderen Seite wurden die ostdeutschen Gewerkschaftler von ihren westdeutschen Funktionärskollegen intensiv beraten, wobei letztere eine befürchtete Abwanderung ostdeutscher Arbeitskräfte nach Westdeutschland und einen damit einhergehenden Lohndruck verhindern wollten und die Kosten dieser Strategie den Beitrags– und Steuerzahlern in Westdeutschland aufbürdeten, sei es direkt über die Beiträge zur Arbeitslosenversicherung oder indirekt über die Finanzierung der Treuhandanstalt.

Inwieweit können die Fehlentwicklungen in Ostdeutschland der Lohnpolitik angelastet werden? Zunächst ist es nützlich, Extrempositionen zu verwerfen. Niemand konnte ernsthaft davon ausgehen oder fordern, dass Ostdeutschland auf Dauer ein Niedriglohnland bliebe, um im Wettbewerb mit beispielsweise der Tschechischen Republik oder Portugal international mobiles Kapital anzulocken. Auf der anderen Seite ist die Formel abenteuerlich, dass sich die Westlöhne nach der Produktivität im Westen zu richten haben, die Löhne im Osten nach den Westlöhnen. Dies wird auch von den meisten Gewerkschaftsfunktionären nicht gefordert, denn die angestrebte mittelfristige Angleichung bezieht sich auf die eigentlichen Tariflöhne, das heißt Urlaubs– und Weihnachtsgeld, vermögenswirksame und die meisten übertariflichen Leistungen bleiben teilweise oder gänzlich von dieser Anpassung ausgeschlossen. Auch die Arbeitszeit lag noch bis 1998 etwa 3 Stunden über der im Westen.

[110] Der durchschnittliche Devisenerlös pro 100 Mark der DDR Kostenaufwand in der DDR–Exportwirtschaft belief sich 1989 auf 23 DM, Quelle: Sinn und Sinn (1993), S. 72.

> Eine höhere Flexibilität bei der Lohnsetzung in Ostdeutschland wäre erforderlich gewesen, um es den einzelnen Firmen zu ermöglichen, sich an die realisierbare Lohnhöhe heranzutasten. Während Firmenneugründungen mit westlichem Know–How weniger Mühe haben, die vereinbarten Löhne zu erwirtschaften, hätten geringere Lohnzuwachsraten solchen ansässigen Betrieben die Umstellung ihrer Aktivitäten erleichtert, die eine Überlebenschance hatten.

Welche wirtschafts– und insbesondere arbeitsmarktpolitischen Perspektiven ergeben sich für die absehbare Zukunft? Zunächst scheint der Hinweis nicht völlig überflüssig, dass weiterhin Geduld erforderlich ist, so schwer das auch fallen mag. Dies betrifft nicht nur die gesamtwirtschaftliche, sondern auch die regionale Entwicklung. In den westlichen Bundesländern herrschen ebenfalls keine "einheitlichen Lebensbedingungen", wie dies beispielsweise in den sehr unterschiedlichen regionalen Arbeitslosenquoten zum Ausdruck kommt. In Ostdeutschland haben sich mittlerweile ebenfalls Wachstumspole herauskristallisiert, deren wirtschaftliches Potenzial sich durchaus mit einigen Regionen Westdeutschlands messen lassen kann, zugleich gibt es in alten und den neuen Bundesländern strukturschwache Regionen.[111]

Die gravierenden Probleme am Arbeitsmarkt führen zu dem verbreiteten negativen Eindruck über den bisherigen Verlauf des Transformationsprozesses in Ostdeutschland und verdunkeln ungerechtfertigterweise das bisher Erreichte. Aber so sehr die hohe und persistente Arbeitslosigkeit in Ostdeutschland Sorge bereitet, es sollte auch bedacht werden, dass es dort Ende der neunziger Jahre je hundert Einwohner (im Alter zwischen 15 und 65 Jahren) immerhin knapp sechzig Erwerbstätige gab (ohne Teilnehmer an arbeitsmarktpolitischen Maßnahmen). Zwar liegt dieser Wert um rund zehn Prozentpunkte unter dem in Westdeutschland, aber die erreichte Anzahl wettbewerbsfähiger Arbeitsplätze sollte nicht klein geschrieben werden. Die Zuversicht ist nicht unbegründet, dass sich auf mittlere Sicht die Perspektiven weiter aufhellen. Zum einen wird die wirtschaftliche Entwicklung in Ostdeutschland zu Beginn dieses Jahrzehnts immer noch durch den Schrumpfungsprozess in der dortigen Bauwirtschaft gekennzeichnet, deren Gewicht indessen zu Gunsten eines Expansionspfades anderer Sektoren abnehmen wird. Zum anderen dürften sich bestehende Wachstumspole verstärken und neue entstehen. Der Handlungsspielraum der Lohnpolitik mag sich zwar angesichts der im Vergleich zu Westdeutschland stärker gesunkenen Tarifbindung ostdeutscher Betriebe verkleinert haben und das bestehende Lohndifferenzial zwischen den beiden Teilgebieten allmählich einem Gleichgewicht bei Unterbeschäftigung nähern.[112] Gleichwohl kann die Lohnpolitik nicht aus der Pflicht genommen werden. Sie kann die Fehler der Vergangenheit nicht mehr ohne weiteres rückgängig machen, muss aber durch Tariflohnanhebungen unterhalb des Wertes der Fortschrittsrate der Arbeitsproduktivität die Lohnstückkosten senken und für eine ausreichende qualifikatorische und regionale Lohnstruktur Sorge tragen. Spielräume etwa in Form einer Reduzierung der Lohnspanne bestehen durch Zurückhaltung bei Einmalzahlungen wie Urlaubs– und Weihnachtsgeld, um Kürzungen der regulären Entgelte und damit einhergehende besondere Härten möglichst zu vermeiden. Diese lohnpolitische Strategie einer stärkeren Lohnspreizung schließt nennenswerte Lohnanhebungen für besonders gesuchte Fachkräfte nicht aus.

[111] Vgl. dazu Sachverständigenrat (1999), S. 72ff.
[112] Vgl. dazu Paqué (2001).

9.5 Literaturauswahl

Über wenige Themen aus dem Bereich der Arbeitsmarktökonomik liegt eine solche Fülle von Publikationen vor wie über Arbeitslosigkeit.
Die folgenden Übersichtsartikel informieren über den Stand der Diskussion:

- C. R. Bean (1994), European Unemployment: A Survey, Journal of Economic Literature 32, S. 34–573.
- O.J. Blanchard (2000), Macroeconomics, 2. Aufl., Upper Saddle River (Prentice Hall), S. 69ff.
- M. Burda und C. Wyplosz (2001), Macroeconomics. A European Text, Oxford (University Press), S. 69ff.
- W. Franz (1996), Theoretische Ansätze zur Erklärung der Arbeitslosigkeit: Wo stehen wir 1995?, in: B. Gahlen, H. Hesse und H. J. Ramser (Hrsg.), Arbeitslosigkeit und Möglichkeiten ihrer Überwindung, Tübingen (Mohr und Siebeck), S. 3-45.
- B. Gahlen, H. Hesse und H.J. Ramser (Hrsg.)(1996), Arbeitslosigkeit und Möglichkeiten ihrer Überwindung, Tübingen (Mohr und Siebeck).
- R. Layard, S. Nickell und R. Jackman (1991), Unemployment. Macroeconomic Performance and the Labour Market, Oxford (University Press).
- A. Lindbeck (1993), Unemployment and Macroeconomics, Cambridge (MIT–Press).
- S. Nickell (1990), Unemployment: A Survey, Economic Journal 100, S. 391–439.

Länderstudien zur Beschäftigungslosigkeit und ihrer theoretischen und ökonometrischen Analyse finden sich in:

- J.H. Drèze und C.R. Bean (Hrsg.) (1990), Europe's Unemployment Problem, Cambridge (MIT–Press),
- Economica Bd. 53 (1986), Supplement,

sowie in den laufenden Heften des

- Employment Outlook, hrsg. von der OECD, Paris.

Eine Strukturanalyse der Arbeitslosigkeit in Deutschland für das Jahr 2000 ist enthalten in:

- Amtliche Nachrichten der Bundesanstalt für Arbeit (ANBA), Sonderheft Juni 2001, Arbeitsmarkt 2000, Nürnberg.

Eine ökonomische Analyse der Entwicklung in Ostdeutschland findet sich in:

- Institut für Wirtschaftsforschung Halle (IWH)(2001), Zehn Jahre Deutsche Einheit, Halle.

- V. Steiner, E. Wolf, J. Egeln, M. Almus, H. Schrumpf und P. Feldotto (1998), Strukturanalyse der Arbeitsmarktentwicklung in den neuen Bundesländern, ZEW–Wirtschaftsanalysen (Schriftenreihe des ZEW) Band 30, Baden–Baden (Nomos).
- Themenheft der Zeitschrift "German Economic Review", Band 1, Heft 3, 2000 mit dem Titel: "Ten Years After: German Unification Revisited".

Laufend aktualisierte Daten über die Arbeitsmarktentwicklung in Ostdeutschland liefern

- Amtliche Nachrichten der Bundesanstalt für Arbeit (ANBA), Nürnberg.
- Institut für Arbeitsmarkt– und Berufsforschung (IAB), Arbeitsmarkt–Monitor für die neuen Bundesländer, Beiträge zur Arbeitsmarkt– und Berufsforschung 148, Nürnberg.
- Institut für Wirtschaftsforschung Halle (IWH), Wirtschaft im Wandel (monatlich), Halle.
- Sachverständigenrat zur Begutachtung der gesamtwirtschaftlichen Entwicklung, Jahresgutachten, Stuttgart.

Kapitel 10

Die Bekämpfung der Arbeitslosigkeit

Ein hoher Beschäftigungsstand genießt als wirtschaftspolitisches Ziel eine hohe, wenn nicht sogar die höchste Priorität. Gleichwohl hat es in Deutschland im vergangenen 20. Jahrhundert nur sehr kurze Zeitperioden gegeben, in denen es realisiert werden konnte, vor allem nicht im letzten Vierteljahrhundert. Daher widmet sich dieses Kapitel den Möglichkeiten und Grenzen, Arbeitslosigkeit zu bekämpfen.

10.1 Vollbeschäftigung als wirtschaftspolitisches Ziel

Warum wird dem Vollbeschäftigungsziel eine so außerordentlich hohe Bedeutung beigemessen, welche Vorstellungen sind damit verknüpft, was verbirgt sich konkret hinter diesem Begriff und stellt seine Realisierung nicht eine sozialromantische Utopie dar?

Die Anschauungen über das Arbeitsethos als sinnstiftender Lebensinhalt unterlagen historisch betrachtet einem Wandel. Die christliche Glaubenslehre dokumentiert dies aus geistesgeschichtlicher Sicht eindrucksvoll. Die Bibel beginnt mit der Charakterisierung der Arbeit als Sündenfluch bei der Vertreibung aus dem Paradies: "... im Schweiße deines Angesichts sollst du dein Brot essen" (Buch Genesis 3,19). Der Apostel Paulus bekräftigt dies durch die Drohung: "Wer nicht arbeiten will, soll auch nicht essen. Wir hören aber, dass einige von euch ein unordentliches Leben führen und alles mögliche treiben, nur nicht arbeiten" (2. Thessalonicherbrief 3,10–11). Daraus ging unter anderem die Ordensregel des Benedikt von Nursia (480–547) für den nach ihm benannten Orden hervor: "Ora et labora" in Befolgung des Gebotes: "Sechs Tage darfst du schaffen und jede Arbeit tun." (Buch Exodus 20,9). Die Reformation verlieh der Arbeit eine erfreulichere Perspektive. Aus der Arbeit als Bestrafung für den Sündenfall erwuchs der berufliche Erfolg als mögliches Zeichen der Huld Gottes, mit der der Erwählte gesegnet ist, wie es besonders nachdrücklich vom Reformator Johann Calvin (1509–1564) gelehrt und dann im Jahre 1905 von Max Weber in seinem Buch "Die Protestantische Ethik und der Geist des Kapitalismus" zur Grundlage einer Erklärung des Sieges moderner kapitalistischer Wirtschaftssysteme gemacht wurde, nämlich der Antrieb zu rastloser Tätigkeit, aus deren Ergebnis auf eine mögliche Erwählung geschlossen werden kann. Am Ende des letzten Jahrhunderts schließlich, im Jahre 1997, gaben der Rat der Evangelischen Kirche Deutschlands (EKD) und die Katholische Deutsche Bischofskonferenz eine gemeinsame Verlautbarung zur wirtschaftlichen und sozialen Lage in Deutschland heraus, worin es heißt: "Aus christlicher Sicht ist das Menschenrecht auf Arbeit unmittelbarer Ausdruck der Menschenwürde" (Ziffer 1529). Von der Arbeit als Strafe des Sündenfluchs bis hin zur Einstufung als Zeichen der Menschenwürde – der Wandel in der Einschätzung der Arbeit könnte kaum beachtlicher ausfallen.

Dieser historisch gewachsenen Wertschätzung der Arbeit steht die Tatsache einer eklatanten Verletzung des Vollbeschäftigungszieles über die weitaus überwiegende Anzahl aller Zeitperioden gegenüber. Klammert man die Kriegsjahre aus, dann gab es im vergangenen 20. Jahrhundert im Westen Deutschlands gerade mal 9 (16) Jahre Vollbeschäftigung dergestalt, dass die Quote registrierter Arbeitsloser den Wert 1 v.H. (2.5 v.H.) nicht überschritt, nämlich insgesamt gesehen in den Jahren 1959 bis 1974. Soweit bekannt stehen frühere Jahrhunderte dieser trüben Einschätzung kaum nach, sei es im 18. Jahrhundert, in dem nach Schätzungen bis zu einem Fünftel der erwerbsfähigen Bevölkerung als Bettler und Vagabunden durch das Land zog, sei es im 19. Jahrhundert, welches noch bis Mitte der siebziger Jahre durch zahlreiche tiefe Krisen, verbunden mit Hungersnöten und Massensterblichkeit, gekennzeichnet war.

Das Korrelat zu diesen historischen Entwicklungen bilden pessimistische Einschätzungen über die Möglichkeiten, Vollbeschäftigung zu erreichen. Bestimmend für die Diktion der heutigen Diskussion mag unter anderem das im Jahre 1958 erschienene Buch von Hannah Arendt über "Viva activa oder Vom tätigen Leben" (deutsche Ausgabe) sein: "Was uns bevorsteht, ist die Aussicht auf eine Arbeitsgesellschaft, der die Arbeit ausgegangen ist, also die einzige Tätigkeit, auf die sie sich noch versteht. Was könnte verhängnisvoller sein?" (S. 12 der 5. Aufl. 1987). Das darauf folgende Echo hallt heutzutage noch nach, indem eine kaum noch zu übersehende Anzahl von Publikationen teilweise bereits schon im Titel auf diese These Bezug nimmt.

Vor diesem (geistes-)geschichtlichen Hintergrund ist die Debatte um das wirtschaftliche Ziel einer Vollbeschäftigung und dessen Erreichbarkeit einzuordnen. Dieser Leitgedanke der Wirtschaftspolitik hat – in der ein oder anderen relativierenden Umschreibung – Eingang in zahlreiche Gesetze gefunden. So haben Bund und Länder bei ihren wirtschafts- und finanzpolitischen Maßnahmen unter anderem "zu einem hohen Beschäftigungsstand" beizutragen, wie es §1 des Gesetzes zur Förderung der Stabilität und des Wachstums der Wirtschaft aus dem Jahre 1967 vorschreibt. Im Gegensatz zur Weimarer Verfassung verankert das Grundgesetz kein Recht auf Arbeit, wohl aber einige Länderverfassungen wie etwa die des Landes Nordrhein–Westfalen, ohne dass aus diesem Grundrecht etwa ein einklagbarer Rechtsanspruch auf einen Arbeitsplatz erwüchse.[1] Gleichwohl vergeht heutzutage praktisch kein Tag, an dem hier

[1] In der Weimarer Reichsverfassung des Jahres 1919 heißt es im Artikel 163 Absatz 2: "Jedem Deutschen soll die Möglichkeit gegeben werden, durch wirtschaftliche Arbeit seinen Unterhalt zu erwerben." Artikel 24 Absatz 1 der Verfassung des Landes Nordrhein–Westfalen aus dem Jahre 1950 besagt: "Jedermann hat ein Recht auf Arbeit.". Ähnlich Forderungen finden sich in der Bayerischen und Hessischen Verfassung (Artikel 166 Absatz 2 beziehungsweise Artikel 28). Dieses "Recht auf Arbeit" stellt kein subjektives Recht dar, gewährt mithin keinen individualisierbaren Anspruch, sondern

zu Lande nicht auf die erschreckend hohe Arbeitslosigkeit hingewiesen und das Erfordernis beschworen wird, die Beschäftigungssituation nachhaltig zu verbessern. Im Bundestagswahlkampf des Jahres 1997/98 versprachen zum einen der damals noch amtierende Bundeskanzler Kohl, die Anzahl der Arbeitslosen zu halbieren, und zum anderen sein Nachfolger Schröder, sich und den Erfolg der von ihm zu führenden Bundesregierung am Rückgang der Arbeitslosigkeit messen zu lassen, später hat er dieses Ziel mit der Anzahl von 3.5 Mio. Arbeitslosen in Deutschland noch konkretisiert.

Wie bereits verschiedentlich angedeutet, stellt "Vollbeschäftigung" keinen operationalen Begriff dar, allerdings ist die als Substitut gewählte Bezeichnung "(möglichst) hoher Beschäftigungsstand" genau so wenig aussagekräftig. Woran soll dies gemessen werden und ab welchem Schwellenwert gilt das Ziel als erreicht? Trotz aller gravierenden Erfassungs- und Abgrenzungsprobleme dient meistens die Arbeitslosenquote als Indikator für den Grad der Zielerreichung.[2] Die Bundesregierung unternahm im Jahreswirtschaftsbericht 1967 erstmalig eine Quantifizierung der Vollbeschäftigungs-Arbeitslosenquote in Höhe von 0.8 v.H. (bei normalem Winterwetter). Der Tiefstand der Arbeitslosenquote davor und danach belief sich auf 0.7 v.H. (in den Jahren 1962, 1965, 1966 und 1970 in Westdeutschland). Später wurde das Ziel in Anbetracht der steigenden Arbeitslosigkeit (viel) weniger ehrgeizig formuliert, die Rede war dann in der Regel von einer Rückführung der Arbeitslosigkeit, wobei vielfach offen blieb, in welchem Zeitraum die Umsetzung bewerkstelligt sein sollte.

Angesichts einer Arbeitslosenquote von rund 9 v.H. in Deutschland im Jahre 2001 erscheint eine Debatte darüber, ob mit 0.8 v.H. oder einem (leicht) höheren Wert Vollbeschäftigung anzusetzen ist, als ziemlich müßig. Jedoch muss zwischen der Definition und der Erreichbarkeit unterschieden werden. Aus ökonomischer Sicht liegt Vollbeschäftigung dann vor, wenn jeder Arbeitnehmer, der zu den jeweils herrschenden Bedingungen auf dem Arbeitsmarkt aktiv Arbeit anbietet, binnen angemessener Frist einen Arbeitsplatz angeboten bekommt. Dabei ist mit "jeweils herrschenden Bedingungen" gemeint, dass er bereit sein muss, zu einem Lohnsatz zu arbeiten, der mit dem aktuellen und der Qualifikation und Leistungsfähigkeit entsprechenden Marktlohn vereinbar ist, genauer gesagt: diesen marginal unterschreitet (weil das Arbeitsangebot marginal gestiegen ist), und eine "angemessene" Frist mit durchschnittlich rund einem Vierteljahr angesetzt werden könnte. Diese notwendigerweise gewundene Definition legt zum einen nahe, dass Vollbeschäftigung nicht einfach mit einer Situation ohne Arbeitslosigkeit gleichgesetzt werden kann, allein schon eine hinnehmbare Sucharbeitslosigkeit spricht dagegen, zum anderen, dass es ziemlich aussichtslos wäre, die Definition in einen einzigen numerischen Wert zu gießen. Denn dazu müsste man für jeden Arbeitsuchenden in Erfahrung bringen, ob er die jeweils herrschenden Bedingungen auf dem Arbeitsmarkt akzeptiert oder ob er andernfalls mit dem stark werthaltigen, demzufolge tunlichst zu vermeidenden Attribut "freiwillig arbeitslos" zu belegen wäre.

Es ist eine andere Frage, ob Vollbeschäftigung (annähernd) erreicht werden kann. Vom Standpunkt des Jahres 2002 aus gesehen erfordert dies sicherlich einen langen Atem, aber völlig unmöglich erscheint es nun auch wieder nicht. Andere Länder zeigen

---

wird in der rechtspolitischen Diskussion als "soziales Grundrecht" aufgefasst.

[2] Vgl. *Abschnitt 9.1* für detaillierte Ausführungen zu verschiedenen Definitionen der Arbeitslosenquote und ihrer Problematik.

dies, mitunter allerdings unter speziellen Bedingungen. Im selben Jahr 2001, als Deutschland mit einer OECD–standardisierten Arbeitslosenquote von knapp 8 v.H. konfrontiert war, belief sich diese in den Niederlanden und der Schweiz auf gut 2 v.H. und in Österreich, Irland und den Vereinigten Staaten in der Größenordnung von etwa 4 v.H. Diese Ziffern sprechen gegen überzogene Skepsis und Mutlosigkeit. Was also kann hier zu Lande getan werden?

10.2 Wirtschaftspolitische Strategien und ihre Elemente

Nach aller Erfahrung lässt sich die Höhe und Entwicklung der Arbeitslosigkeit auf ein vielfältiges Ursachenbündel zurückführen. Der Übersichtlichkeit halber versuchte daher das in *Abschnitt 9.2.1* vorgestellte Modell einer quasi–gleichgewichtigen Arbeitslosigkeit (QERU) einen gedanklichen Orientierungsrahmen bereit zu stellen, verbunden mit der Vorstellung, dass die einzelnen Maßnahmen zur Bekämpfung der Arbeitslosigkeit dann an den jeweiligen Ursachen anknüpfen. Mit einer solchen Zuordnung soll allerdings nicht der meistens irrigen Ansicht Vorschub geleistet werden, es genüge, lediglich an der ein oder anderen Stellschraube zu drehen, um des Beschäftigungsproblems Herr zu werden. Die Wirtschaftspolitik erliegt häufig der Versuchung, einzelne passende Maßnahmen auszuwählen, welche das Wählerklientel nicht allzu sehr vergrätzen, und sich dann wundert, wenn durchschlagende Erfolge ausbleiben.

Des Weiteren findet sich oft ein künstlich aufgebauter Gegensatz zwischen einer angebots– und nachfrageorientierten Wirtschaftspolitik. Diese Vorstellung führt ebenfalls in die Irre. Zum einen lässt sich zeigen, dass angebots– und nachfrageseitige Störungen nicht selten Hand in Hand gehen, wenn deren quantitative Gewichte im Zeitablauf auch vielfach beachtlichen Schwankungen unterliegen.[3] Mithin kommt es entscheidend auf die jeweils in einer Volkswirtschaft herrschende Konstellation von Angebots- und Nachfragerestriktionen an, wenn es um die Entscheidung geht, welchem der beiden zuständigen Maßnahmenbündel in einer konkreten Situation quantitativ betrachtet der Vorzug eingeräumt werden sollte. Zum anderen kann eine ökonomische oder politische Komplementarität dergestalt bestehen, dass die Wirkungen der einzelnen Maßnahmen sich gegenseitig verstärken, der Gesamteffekt aller gleichzeitig ergriffenen Aktionen mithin die Summe aller Einzelschritte übersteigt, oder aus politischer Sicht der eine Eingriff nur in Kombination mit einem anderen durchsetzbar erscheint. Zwei Beispiele: Eine gleichzeitige Senkung der Unternehmenssteuern zusammen mit einer restriktiveren Handhabung der Arbeitslosenunterstützung könnte vermittels einer größeren Neigung der Unternehmen, Neueinstellungen vorzunehmen, und verstärkten Suchanstrengungen der Arbeitslosen zu noch höheren Beschäftigungsgewinnen führen.[4] Oder gesetzgeberische Reformen, welche die Macht der Arbeitsplatzbesitzer bei allen Lohnverhandlungen beschneiden, zeitigen nur dann Wirkungen, wenn gleichzeitig der Kündigungsschutz gelockert wird, weil die Beschäftigten von letzterem am meisten bei hohen Löhnen begünstigt sind.[5] Kurzum: Eine er-

[3] Dies lässt sich in makroökonometrischen Ungleichgewichtsmodellen zeigen, vgl. dazu Franz, Göggelmann und Winker (1998).

[4] Vgl. Orszag und Snower (1998).

[5] Vgl. Saint–Paul (1998), S. 272ff.

folgreiche Politik zur Bekämpfung der Arbeitslosigkeit besteht möglichst aus einem Maßnahmenpaket.

Eine solche umfassende Strategie empfiehlt sich noch aus einem anderen Grund. Trotz zahlreicher innovativer Ansätze ist es der empirischen Arbeitsmarktforschung bisher nicht gelungen, die quantitative Bedeutung aller möglichen Ursachen der Arbeitslosigkeit zu bestimmen. Dies gilt insbesondere für die numerische Evaluation von Beschäftigungseinbußen, die von institutionellen Inflexibilitäten des Regelwerkes auf dem Arbeitsmarkt zu verantworten sind, wie etwa ein rigider Kündigungsschutz oder Lohnverhandlungssysteme, welche betriebliche Gegebenheiten zu wenig berücksichtigen. Erst recht liegen keine Forschungsergebnisse vor, als deren Ergebnis jeder Ursache ein prozentualer Anteil an einer bestehenden Unterbeschäftigung beigemessen werden kann, wobei sich die einzelnen Prozentzahlen möglichst noch zu hundert addieren. Neben der mangelhaften oder fehlenden Messbarkeit zahlreicher Bestimmungsfaktoren der Arbeitslosigkeit scheitern die für solche Gesamtdiagnosen erforderlichen ökonometrischen Zeitreihenstudien daran, dass sich die in Frage kommenden Ursachenvariablen, selbst einmal unterstellt, eine Quantifizierung sei möglich, im Zeitablauf häufig nur unwesentlich geändert haben, also eine zu geringe Varianz aufweisen.[6] Der Ausweg in Form internationaler Querschnittsstudien mit Ländern, zwischen denen gravierende Unterschiede zwischen betreffenden institutionellen Gegebenheiten bestehen, leidet unter einer kaum erfassbaren länderspezifischen Heterogenität, sodass vielfach unklar bleibt, ob Differenzen in der Höhe der Arbeitslosigkeit zwischen einzelnen Ländern wirklich auf anders gestaltete institutionelle Regelungen zurück geführt werden können.[7] Erschwerend kommt bei messbaren Zusammenhängen hinzu, dass deren quantitative Bedeutung strittig ist, wie beispielsweise bei der Reallohnelastizität der Arbeitsnachfrage: Der Dissens bezieht sich weniger auf das im allgemeinen negative Vorzeichen – auch die Gewerkschaften erkennen die Bedeutung der Lohnhöhe für die Beschäftigung an, denn sonst wäre ihr vehementer Einsatz zur Senkung der Lohnnebenkosten kaum verständlich –, sondern auf den numerischen Wert dieser Elastizität, unterstützt durch widersprechende Resultate einschlägiger ökonometrischer Studien.[8] Angesichts dieser Unsicherheit verspricht ein Maßnahmenbündel am ehesten Erfolg, selbst wenn das ein oder andere Element einer Strategie, obschon a priori plausibel, sich im Nachhinein als unwirksam, weil nicht ursachengerecht erweisen sollte.

Eingedenk des Erfordernisses einer Gesamtstrategie sollen in den folgenden Abschnitten deren Elemente im Kontext des QERU-Modells des *Abschnitts 9.2.1* einzeln skizziert werden. Die Kürze der Darstellung erklärt sich daraus, dass in den vorhergehenden Abschnitten, insbesondere bei der Ursachenanalyse, vieles bereits angesprochen wurde, und nicht jedes Detail einer jeweils aktuellen Situation thematisiert werden kann, weil sich diese ständig verändert.[9]

Der nächste *Abschnitt 10.2.1* widmet sich der Bekämpfung einer konjunkturellen Arbeitslosigkeit, die sich im Modell als eine über die QERU hinausgehende Beschäf-

[6] Vgl. den Beitrag von Blanchard und Wolfers (2000), in dem dieser unbefriedigende Stand der Forschung thematisiert wird.

[7] Als Beispiel für eine solche internationale Querschnittsstudie sei auf Nickell und Layard (1999) verwiesen.

[8] Vgl. dazu *Abschnitt 4.4*.

[9] Vgl. aber die zahlreichen Fallbeispiele und Bemerkungen in den vorangegangenen Kapiteln dieses Buches.

tigungslosigkeit ergibt. Sie entsteht auf Grund unterausgelasteter Kapazitäten im Zuge einer (schweren) Rezession und kann unter bestimmten Bedingungen mit Hilfe einer Konjunkturpolitik zwecks Stimulierung der gesamtwirtschaftlichen Nachfrage bekämpft werden. Von Konjunkturschwankungen ist das Wachstum einer Volkswirtschaft zu trennen, also die langfristige, trendmässige wirtschaftliche Entwicklung. Eine Wachstumspolitik knüpft an die Determinanten des Wachstums an, mithin an der Angebotsseite der Volkswirtschaft, und läuft im QERU–Modell auf eine Verschiebung der Arbeitsnachfragekurve LD und der Lohnsetzungskurve WS hinaus, sei es, dass eine erfolgreiche Bildungs– und Innovationspolitik sowie eine beschäftigungsfreundlichere Unternehmensbesteuerung die Unternehmen zu Neueinstellungen und Innovationen veranlassen, sei es, dass der institutionelle Rahmen zusätzliche Anreize zu lohnenden Arbeitsanstrengungen und eine die Errichtung von Arbeitsplätzen stärker fördernde Lohnpolitik gewährleistet.[10] Die im nächsten *Abschnitt 10.2.1* angesprochene Stabilisierungspolitik befasst sich indessen nur mit der konjunkturell bedingten Arbeitslosigkeit, nicht mit einer Unterbeschäftigung auf Grund einer Wachstumsschwäche, unbeschadet des in der Makroökonomik thematisierten Zusammenhanges zwischen Wachstum und Konjunktur.[11]

Abschnitt 10.2.2 setzt an der QERU selbst an und stellt Maßnahmen zu ihrer Verringerung vor, die sich auf eine Verbesserung der Angebotsbedingungen beziehen, wobei die Lohnpolitik und ihr institutionelles Regelwerk im Mittelpunkt stehen.

10.2.1 Stabilisierung der gesamtwirtschaftlichen Nachfrage

Wie in *Abschnitt 9.2.1* erläutert, kann die beobachtete Arbeitslosigkeit von ihrem quasi–gleichgewichtigen Wert (QERU) auf Grund von Konjunkturbewegungen – das sind Schwankungen im Auslastungsgrad des Produktionspotenzials[12] – abweichen, sei es in Form von (schweren) Rezessionen, als deren Folge dann eine konjunkturelle Arbeitslosigkeit auftritt, sei es in Gestalt konjunktureller Überhitzungsphasen ("Boom"), die mit nicht mehr tolerierbaren Inflationsraten einhergehen, deren Rückführung mit Hilfe einer Disinflationspolitik nach aller Erfahrung zumindest temporär Arbeitsplätze kostet. Vor diesem beschäftigungspolitischen Hintergrund nimmt es nicht wunder, dass eine Dämpfung von Konjunkturschwankungen ein Ziel der Wirtschaftspolitik darstellt, so wie es häufig von Politikern und mitunter von Zentralbankpräsidenten als Rechtfertigung für bestimmte fiskal– beziehungsweise geldpolitische Maßnahmen betont und im "Gesetz zur Förderung der Stabilität und des Wachstums der Wirtschaft" aus dem Jahre 1967 Bund und Ländern bei ihren wirtschafts– und finanzpolitischen Maßnahmen aufgetragen wird, um zu einem "stetigen" Wirtschaftswachstum beizutragen (§1).

Die Frage nach einer geeigneten Stabilisierungspolitik wäre weitgehend obsolet, wenn gesamtwirtschaftliche Selbstkorrekturmechanismen rechtzeitig und effektiv ge-

[10]Das heißt, die Wachstumspolitik bewirkt im Modell betrachtet eine Verschiebung der LD–Kurve nach rechts oben und der WS–Kurve nach rechts unten, die QERU sinkt.

[11]Vgl. dazu Franz, Hesse, Ramser und Stadler (1999).

[12]In Termini der Makroökonomik ist eine Rezession mithin dadurch gekennzeichnet, dass der Kapazitätsauslastungsgrad für eine Zeitlang sinkt und sich unterhalb seines Normalwertes befindet; vgl. dazu *Abschnitt 4.1* (insbesondere die *Schaubilder 4.2* und *4.3*). Eine Wachstumsschwäche schlägt sich hingegen in einer verringerten Wachstumsrate des potenziellen realen Bruttoinlandsproduktes nieder. Vgl. zu dieser Unterscheidung auch Sachverständigenrat (1993), S. 71 und Tichy (1999), S.59ff.

nung für eine Dämpfung von Konjunkturschwankungen Sorge trügen, sodass der Volkswirtschaft schwere Rezessionen oder gar Depressionen wie die Weltwirtschaftskrise der Jahre 1929 bis 1933 erspart blieben. Ob der private Sektor einer Volkswirtschaft mithin als inhärent stabil bezeichnet werden kann oder nicht, ist in der Makroökonomik strittig.[13] Selbst der anscheinend offensichtliche Beleg für die Instabilität des privaten Sektors in Form der Weltwirtschaftskrise entbehrt der Beweiskraft, denn es kann argumentiert werden, eine falsche Geldpolitik in den Vereinigten Staaten sei dafür verantwortlich gewesen, dass sich dort aus einer Rezession eine tiefe Depression entwickelt habe, welche sich dann auch nach Deutschland übertrug, verstärkt durch heimische Fehler der Wirtschaftspolitik.[14] Da diese Kontroverse nach wie vor ihrer Klärung harrt, ist die Wirtschaftspolitik gut beraten, nicht ausschließlich auf eine vielleicht doch mögliche Stabilität des privaten Sektors zu setzen, sondern stabilitätspolitische Vorsorge für den Fall einer schweren Rezession zu treffen.[15]

In ihrer Essenz beruht die Konzeption einer Fiskalpolitik zur Stabilisierung von Schwankungen der gesamtwirtschaftlichen Nachfrage auf der keynesianischen Vorstellung eines "demand managements", nämlich der Erwirtschaftung und Stilllegung (bei der Zentralbank) von Budgetüberschüssen in der Hochkonjunktur und der Verausgabung dieser Finanzmittel in einer (schweren) Rezession.[16] Der Staat kann sich in einer leichten Rezession zunächst passiv verhalten, indem er automatische Stabilisatoren wirken lässt. Diese bewirken einen Einnahmenanstieg und eine Bremsung der Ausgaben in der Hochkonjunktur und vice versa, ohne dass es diskretionärer Maßnahmen des Staates bedarf. Als Beispiele können die Progressionswirkung der Einkommensteuer oder die Ausgaben im Bereich der Arbeitslosenversicherung dienen. Angesichts der gesunkenen quantitativen Bedeutung automatischer Stabilisatoren in Deutschland kommt der aktiven Stabilitätspolitik des Staates bei einer absehbaren schweren Rezession ein höherer Stellenwert zu, indem die Finanzpolitik die dafür vorgesehenen Budgetüberschüsse im Konjunkturabschwung in Form von Steuersenkungen und Mehrausgaben wieder in den Wirtschaftskreislauf schleust.[17] Über einen Konjunkturzyklus hinweg sollten sich die genannten Budgetüberschüsse mit den Defiziten in etwa ausgleichen.

Die Skepsis bezüglich einer stabilisierenden Fiskalpolitik richtet sich nicht so sehr gegen deren makroökonomische Fundierung, sondern zielt hauptsächlich auf die Probleme bei der Umsetzung in die wirtschaftspolitische Praxis. Diese sind in der Tat mannigfaltig: Die Bereitschaft der Politiker, Budgetüberschüsse zu erwirtschaften und diese dann erst einmal nicht zu verausgaben, hält sich – insbesondere vor Wahlen – in engen Grenzen, sodass die angestrebte Symmetrie eines "demand managements" nach aller Erfahrung einem Wunschdenken entspringt. Des Weiteren sind angesichts der

---

[13] Vgl. dazu das Lehrbuch der Makroökonomik von Gordon (2000).

[14] Die prominentesten Vertreter der beiden Positionen im Hinblick auf die Instabilität oder Stabilität des privaten Sektors sind J.M. Keynes beziehungsweise M. Friedman.

[15] Eine "schwere" Rezession liegt gemäß dem Stabilitätspakt der EU–Mitgliedsländer vom Dezember 1996 dann vor, wenn in dem betreffenden Jahr und Land ein Rückgang des realen Bruttosozialprodukts von 2 v.H. und mehr zu verzeichnen ist. Vgl. "Verordnung (EG) Nr. 1467/97 des Rates vom 7.7.1997 über die Beschleunigung und Klärung des Verfahrens bei einem übermäßigen Defizit", Abschnitt 1, Artikel 2, Absatz 2.

[16] Den Möglichkeiten und Grenzen einer Stabilisierungspolitik sind zahlreiche Bücher gewidmet, vgl. beispielsweise Tichy (1999). Hier können nur einige Aspekte kurz skizziert werden.

[17] Vgl. dazu Mohr (2001) und Scheremet (2001).

internationalen Verflechtung erhebliche Sickerverluste ins Ausland zu erwarten; eine solche Stabilisierungspolitik müsste sich, sofern die Voraussetzungen dafür überhaupt vorliegen, auf einen größeren Wirtschaftsraum, wie etwa die EU, beziehen. Drittens beeinträchtigen zeitliche Verzögerungen die Wirksamkeit der Stabilisierungspolitik, nämlich bis die rezessiven Entwicklungen hinreichend sicher diagnostiziert oder prognostiziert, die Maßnahmen beschlossen und in Gesetzen und Verordnungen verankert und schließlich in ihrer Wirkung in Kraft getreten sind. Außerdem mögen Steuersenkungen zur Belebung der gesamtwirtschaftlichen Nachfrage ihre Wirkung verfehlen, wenn die begünstigten Konsumenten und Investoren in der Erwartung künftiger Steuererhöhungen (zwecks Finanzierung der früheren Steuersenkungen) ihre Ausgaben erst gar nicht ausweiten.[18] Schließlich ist zu bedenken, dass der Staat seine Ausgaben am ehesten im investiven Bereich kurzfristig variieren kann, da die anderen Kategorien wie Personalausgaben oder Sozialleistungen weitgehend (gesetzlich) festgelegt sind. Eine Rückführung staatlicher Investitionen beispielsweise im Bildungs– und Infrastrukturbereich zieht indessen Wachstumsverluste nach sich.

Diese und andere Vorbehalte geben zwar Anlass, vor optimistischen Beurteilungen der Möglichkeiten einer staatlichen Stabilisierungspolitik zu warnen, gehen jedoch keineswegs mit der Empfehlung einher, auf die Fiskalpolitik als Mittel der Konjunktursteuerung gänzlich zu verzichten. Eine Fiskalpolitik, welche ein "strukturelles Defizit" vermeidet[19], aber konjunkturell bedingte Defizite unter der glaubwürdigen Ankündigung hinnimmt, sie später durch konjunkturell bewirkte Überschüsse zu tilgen, kann durchaus zu einer positiven Erwartungsbildung von Konsumenten und Investoren beitragen.[20]Analoges gilt für den Fall einer schweren Rezession, wenn der Staat eine noch höhere Verschuldung in Kauf nehmen muss, um den Konjunkturabschwung abzubremsen, wobei sich dann eher eine Stabilisierungspolitik von der Einnahmenseite her, nämlich über Steuersenkungen, anbietet, die schneller umzusetzen sind.

Die Eignung der Geldpolitik zur Stabilisierung von Konjunkturschwankungen wird ebenfalls kontrovers diskutiert, unbeschadet der Tatsache, dass sowohl der Präsident der Europäischen Zentralbank (EZB) als auch der Vorsitzende des amerikanischen Federal Reserve Boards diskretionäre geldpolitische Entscheidungen hin und wieder auch mit konjunkturellen Fehlentwicklungen gerechtfertigt haben. Bei einer Verletzung oder Gefährdung des wirtschaftspolitischen Ziels der Preisniveaustabilität, auf das Artikel 105 des Vertrages von Amsterdam das Europäische System der Zentralbanken (ESZB) und damit die EZB vorrangig verpflichtet, muss die EZB mit einer restriktiven Geldpolitik gegensteuern. Derselbe Artikel 105 besagt aber zudem, dass das ESZB die allgemeine Wirtschaftspolitik in der EU unterstützt, "soweit dies ohne Beeinträchtigung des Ziels der Preisstabilität möglich ist". Unter diesem Vorbehalt könnte die EZB in einer konjunkturellen Schwächeperiode eine Stabilisierungspolitik betreiben, indem sie einem Konjunkturaufschwung durch eine hinreichende Liquiditätsversorgung den Weg ebnet. Angesichts erheblicher Zeitverzögerungen bei geldpolitischen Maßnahmen und der Notwendigkeit, erst gar keine Inflationserwartungen aufkommen zu lassen,

[18]Theoretischer Hintergrund für dieses Argument ist das "Ricardianische Äquivalenztheorem", vgl. Wellisch (2000), Band III, Kapitel 4.

[19]Vgl. die Gutachten des Sachverständigenrates zur Begutachtung der gesamtwirtschaftlichen Entwicklung für eine Darstellung und Quantifizierung der Konzeption eines "strukturellen Defizites".

[20]Hierbei sind jedoch die Defizitgrenzen des Vertrages von Amsterdam (Art. 104) und des Stabilitätspaktes (vgl. oben) zu beachten.

wird einer Regelbindung der Geldpolitik – etwa in Form von Referenzwerten für die Geldmengenentwicklung im Euroraum – im allgemeinen der Vorzug vor einer diskretionären Geldpolitik eingeräumt, wobei der Regel aber nicht in jedem Fall unbedingt gehorcht werden muss.

10.2.2 Verbesserung der Angebotsbedingungen

Die in diesem Abschnitt vorzustellenden Maßnahmen setzen an der quasi–gleichgewichtigen Arbeitslosenquote (QERU) selbst an, indem sie die Angebotsbedingungen in einer Volkswirtschaft vor allem mit Blick auf den Arbeitsmarkt und dessen Funktionstüchtigkeit verbessern.

In Termini des QERU–Modells bedeutet dies in *Schaubild 9.6* eine Verschiebung der WS–Kurve nach rechts unten und/oder der LD–Kurve nach rechts oben, in beiden Fällen verringert sich die QERU. Der Lohnpolitik kommt im Rahmen einer angebotsorientierten Wirtschaftspolitik eine herausragende Bedeutung zu. Ein den Beschäftigungsaufbau nachdrücklich fördernder Kurs schlägt sich in der genannten Verschiebung der WS–Kurve nieder und wird in *Abschnitt 10.2.2.1* diskutiert. Diese Sichtweise besagt nicht, dass die Lohnhöhe über eine kaufkräftige Güternachfrage nicht auch die Lage der LD–Kurve beeinflussen könnte, sondern hebt auf die beschäftigungsfördernde Rolle der Lohnpolitik ab, die eben nicht darin bestehen darf, mit Hilfe eines expansiven Kurses eine Stimulierung der Güternachfrage und auf diesem Wege eine Ausweitung des Beschäftigungsvolumens erreichen zu wollen. Eine solche Strategie wäre zum Scheitern verurteilt.[21]

Daran anschließend widmet sich *Abschnitt 10.2.2.2* einer notwendigen Korrektur des institutionellen Regelwerkes des Lohnfindungsprozesses. Diesbezügliche Verbesserungen kommen im QERU–Modell in einer Verschiebung der WS–Kurve nach rechts unten zum Ausdruck. Des Weiteren hat *Abschnitt 10.2.2.3* zwei wichtige institutionelle Rahmenbedingungen des Matching–Prozesses zum Gegenstand: Eine Reform der Arbeitslosenversicherung, welche die Suchanstrengungen der Arbeitslosen und die Bereitschaft, angebotene Arbeitsplätze anzunehmen, verstärkt, bewirkt ebenfalls eine Rechtsverschiebung der WS–Kurve. Das Einstellungsverhalten von Unternehmen wird durch einen rigiden Kündigungsschutz beeinträchtigt, seine beschäftigungsfreundlichere Ausgestaltung hat dann eine Verlagerung der LD–Kurve nach rechts oben zur Folge. Dieselbe Kurvenverschiebung ergibt sich bei den Verbesserungen der Angebotsbedingungen, die in *Abschnitt 10.2.2.4* behandelt werden und sich auf eine geringere Steuerlast der Unternehmen beziehen, während eine Reduktion der Steuerlast der Arbeitnehmer möglicherweise eine Rechtsverschiebung der WS–Kurve verursacht.

10.2.2.1 Lohnpolitik

Wenn es um eine notwendige Verbesserung der Angebotsbedingungen geht, befinden sich die Tarifvertragsparteien mit einer beschäftigungsfreundlichen Lohnpolitik in der Führungsrolle. An welchen Leitlinien sollte sich die Lohnhöhe konkret ausrichten, wie können die Tarifvertragsparteien dazu gebracht werden, eine solche Lohnpolitik zu betreiben, und welchen Erfordernissen müssen die Rahmenbedingungen genügen, um die Funktionstüchtigkeit des Lohnbildungsprozesses zu gewährleisten?

[21] Vgl. Fallbeispiel: Das Kaufkraftargument einer Lohnforderung in *Abschnitt 8.2.*

Der Beitrag der Lohnpolitik zur Schaffung neuer Arbeitsplätze lässt sich anschaulich herausarbeiten, wenn zunächst der Kurs bestimmt wird, den die Lohnpolitik in einer – derzeit hypothetischen – Situation eines befriedigenden Beschäftigungsstandes einschlagen könnte.[22] Von diesem Referenzwert müssen die aktuell handelnden Tarifvertragsparteien angesichts der hohen Arbeitslosigkeit dann einen Abschlag vornehmen, um somit dem erforderlichen Beschäftigungsaufbau den Weg zu ebnen. Die Ermittlung des Referenzwertes geht in zwei Schritten vonstatten. Unbeschadet der Tatsache, dass Tarifvertragsparteien über die Entwicklung der Nominallöhne verhandeln, steht zunächst die Veränderung des realen Referenzlohnes im Vordergrund, um anschließend der Frage nachzugehen, inwieweit ein Ausgleich für erwartete Preissteigerungen gewährt werden kann. Die Summe beider Komponenten ergibt dann die gesuchte Zunahme oder Abnahme des nominalen Referenzwertes.

Sofern ein befriedigender Beschäftigungsstand vorliegt oder eine Arbeitslosigkeit, die nicht durch Lohnkorrekturen beseitigt werden kann, besteht eine beschäftigungssichernde Lohnpolitik darin, den Reallohn im Ausmaß der trendmäßigen Fortschrittsrate der Arbeitsproduktivität anzuheben. Diese Formel stellt zwar eine etwas grobe Orientierungslinie dar, deren Modifikation gleich erfolgt, besitzt aber den Vorteil, unmittelbar einsichtig und hinreichend konkret zu sein. Denn zum einen realisieren – im einfachen, statischen Modell – Unternehmen dann ihre gewinnmaximale Arbeitsnachfrage, wenn sich die Grenzproduktivität der Arbeit und der Reallohn entsprechen, sodass sich die Beschäftigung bei gleich hohen Zuwachsraten beider Größen nicht ändert, wozu in einer Situation eines befriedigenden Beschäftigungsstandes gesamtwirtschaftlich auch gar keine Veranlassung besteht.[23] Zum anderen lassen sich die Fortschrittsrate der Arbeitsproduktivität und deren Trend für den jeweiligen Tarifbereich statistisch vergleichsweise einfach ermitteln.

Die angekündigten Modifikationen beziehen sich in aller Kürze auf zwei Aspekte. Die genannte Optimalbedingung erfordert – zunächst in Niveaugrößen betrachtet – Gleichheit des Reallohns mit der *Grenz*produktivität der Arbeit, an Stelle der statistisch messbaren *Durchschnitts*produktivität. Eine Cobb–Douglas–Produktionsfunktion der Einfachheit halber unterstellt, unterscheiden sich beide Größen um die Produktionselastizität der Arbeit, die in dieser Technologie als Konstante indes den Wert null annimmt, wenn alle Variablen – wie hier erforderlich, weil es um die Veränderung des Reallohnes geht – in Veränderungsraten transformiert werden.[24] Zweitens erklärt sich das oben genannte Erfordernis der trendmäßigen statt der aktuell beobachteten Fortschrittsrate aus der Notwendigkeit, eine Zunahme der Arbeitsproduktivität allein auf Grund einer verringerten Beschäftigung aus der statistisch gemeldeten Produktivitätsentwicklung heraus zu rechnen.[25] Denn diese Komponente steht als Vertei-

---

[22] Vgl. *Abschnitt 10.1* zur Diskussion des Ziels einer Vollbeschäftigung. Die folgenden Begriffe "befriedigender Beschäftigungsstand" und "Normalbeschäftigung" werden synonym verwendet.

[23] Vgl. *Abschnitt 4.2*, Gleichung (4.8), wobei die Preiselastizitäten als konstant unterstellt wurden. Hierbei wird indessen ein exogen bestimmter Produktivitätsfortschritt unterstellt. In einem erweiterten Modell ist die Produktivitätsentwicklung eine endogene Größe basierend unter anderem auf innovativen Investitionen früherer Zeitperioden, die ihrerseits von der seinerzeit erwarteten Reallohnentwicklung abhängen. Wie Hellwig und Irmen (1999) zeigen, gilt dann die Formel im Text nicht notwendigerweise und damit auch nicht mehr das Beurteilungskriterium für eine beschäftigungsfreundliche Lohnpolitik.

[24] Vgl. dazu Sachverständigenrat (1996), S. 202ff. und Anhang dort V. E.

[25] Wiederum eine Cobb-Douglas-Produktionsfunktion unterstellt, ist die um den Beschäftigungs-

lungspotenzial nicht zur Verfügung, im Gegensatz zu dem Produktivitätsfortschritt, welcher beispielsweise durch gestiegene Arbeitsanstrengungen und von einem höheren Ausbildungsstand der Arbeitnehmer, Produkt– oder Prozessinnovationen und eine verbesserte (öffentliche) Infrastruktur bewirkt wird. Wollte man diese beschäftigungsabbaubedingte Zunahme der Arbeitsproduktivität gleichwohl zur Verteilungsdisposition stellen, ergäbe sich das absurde Resultat, dass sich jede noch so unangemessene Lohnsteigerung im Nachhinein "rechtfertigte": Sie bewirkt Entlassungen und damit einen "Produktivitätsfortschritt". Folglich muss entweder eine etwas aufwändigere Berechnung dieser Produktivitätszunahme auf Grund eines Beschäftigungsrückgangs vorgenommen werden[26] – analoges gilt dann bei einem Beschäftigungsanstieg – oder die Tarifvertragsparteien behelfen sich im Sinne einer Faustregel damit, dass sie den Trend der Entwicklung der Arbeitsproduktivität als Berechnungsgrundlage wählen, dessen Stützzeitraum mindestens einen Konjunkturzyklus einschließen sollte.

Als ungefähre Orientierungslinie für den *realen* Referenzwert bei Normalbeschäftigung ergibt sich mithin eine Anhebung des Reallohns in Anlehnung an die trendmäßige Veränderungsrate der Arbeitsproduktivität.[27] Die Bestimmung des *nominalen* Referenzwertes macht nun eine Entscheidung darüber erforderlich, ob die Lohnabschlüsse eine Kompensation für erwartete Preissteigerungen vornehmen können. Prinzipiell können die Vertragsparteien diesen Ausgleich in Betracht ziehen, jedoch sprechen folgende Gründe gegen eine volle Kompensation sämtlicher Preissteigerungen. Insoweit diese auf Erhöhungen indirekter Steuern oder Verteuerungen von Importgütern (beispielsweise Erdöl) zurückgehen, muss ein Ausgleich unterbleiben, denn vermöge solcher Preissteigerungen setzen Staat und ausländische Exporteure (OPEC zum Beispiel) Verteilungsansprüche an die heimische Wertschöpfung durch, sodass dieser Teil des Sozialproduktes nicht mehr zur Verfügung steht, er ist bereits verteilt. Des Weiteren müssen die Tarifvertragsparteien ausloten, inwieweit vor allem für exportorientierte Unternehmen noch Spielräume für Preisüberwälzungen auf den Weltmärkten bestehen, um die Wettbewerbsfähigkeit inländischer Unternehmen und damit die Arbeitsplätze hier zu Lande nicht zu gefährden.[28] Da den gesamten Überlegungen ohnehin die für die künftige Laufzeit des Lohnabschlusses erwarteten Preissteigerungen zu Grunde liegen, deren Prognose mit Unsicherheiten behaftet ist, sollte Vorsicht im Hinblick auf eine eventuelle Überschätzung walten, ganz abgesehen davon, dass bei einer erforderlichen Rückführung der Inflationsrate die Lohnpolitik dazu ebenfalls in der Pflicht steht. Andernfalls bewerkstelligte eine restriktive Geldpolitik die notwendige Disinflation, dies ginge zumindest temporär mit Arbeitsplatzverlusten einher.

Zusammengefasst können die nominalen Lohnkosten in einem Zustand der Normalbeschäftigung in einer Größenordnung angehoben werden, die sich in Anlehnung an die trendmäßige Fortschrittsrate der Arbeitsproduktivität und – unter bestimmten Bedingungen – anhand einer (teilweisen) Kompensation erwarteter künftiger Preis-

abbau bereinigte Fortschrittsrate der Durchschnittsproduktivität gleich der Summe aus der tatsächlichen Fortschrittsrate der Durchschnittsproduktivität und der Beschäftigungsveränderung multipliziert mit eins minus der Produktionselastizität der Arbeit. Vgl. ebenda, Anhang V. E, Gleichung (7).

[26]Vgl. *Fußnote 25*.

[27]Nochmals sei auf die Einschränkung in der *Fußnote 23* hingewiesen.

[28]Einen Anhaltspunkt zur Beurteilung dieser Preiserhöhungsspielräume bietet die Berechnung einer Exportpreisdrift, das heißt der Differenz ausländischer und inländischer Preiserhöhungen. Vgl. dazu Sachverständigenrat (1996), Schaubild 22.

steigerungsraten bemisst. Statt der hypothetisch angenommenen Normalbeschäftigung herrscht jedoch Arbeitslosigkeit. Insoweit diese nicht rein konjunktureller Natur ist, hat zu deren Bekämpfung auch die Lohnpolitik beizutragen, indem sie Lohnabschlüsse unterhalb des beschriebenen nominalen Referenzwertes bei Normalbeschäftigung tätigt. Wie hoch und für welche Dauer diese Lohnmoderation anzusetzen ist, hängt von der angestrebten Anzahl neuer Arbeitsplätze, die – von anderen Maßnahmen abgesehen – vermittels der Lohnpolitik erreicht werden soll, und von der Reaktionsstärke der Arbeitsnachfrage auf Lohnveränderungen ab, also von der Reallohnelastizität.

Gelegentlich wird insbesondere von Seiten der Gewerkschaften der Einwand vorgetragen, mit einem solchen Abschlag entstünden Kaufkraftverluste mit der Gefahr einer Verschärfung der Unterbeschäftigung. Diese Befürchtung trifft nicht zu, von unwahrscheinlichen Ausnahmefällen abgesehen. Denn meistens können Lohnanhebungen selbst unter Berücksichtigung des Abschlags stattfinden, allerdings nunmehr in geringerem Umfang, wobei jedoch nun Einkommen an anderer Stelle entstehen, nämlich in Gestalt zusätzlicher Unternehmensgewinne. Diese werden zum einen von den Unternehmen oder den Gewinnempfängerhaushalten verausgabt, also nachfragewirksam, zum anderen auf den Kapitalmärkten angelegt, wobei ebenfalls Güternachfrage entsteht, da die Schuldner das aufgenommene Kapital letztlich einer produktiven Verwendung zuführen müssen, um die Zinszahlungen erwirtschaften zu können. Gleichwohl mögen auf Grund der internationalen Verflechtung zeitweilige Sickerverluste und ein Nachfrageausfall auftreten, die jedoch durch die gestiegene internationale Wettbewerbsfähigkeit inländischer Unternehmen auf Grund eben jener moderaten Lohnpolitik (über-)kompensiert werden dürften.

Unabhängig davon, wie eine moderate Lohnpolitik als Beitrag zur Schaffung neuer wettbewerbsfähiger Arbeitsplätze im einzelnen ausgestaltet werden mag, stellt sich die Frage, auf welche Weise die Tarifvertragsparteien dazu gebracht werden können, sich diese Strategie für mehr Beschäftigung zu eigen zu machen. Insbesondere die im *Abschnitt 8.3* ausführlich behandelte "Insider–Outsider"–Problematik des Lohnbildungsprozesses weist auf das aus ihrer Sicht rationale Interesse der Arbeitsplatzbesitzer hin, gegebenenfalls vertreten durch die Gewerkschaften, die Löhne so auszuhandeln, dass sie selbst beschäftigt bleiben, ohne vermittelst bescheidener Lohnanhebungen den Arbeitslosen Beschäftigungschancen einzuräumen. Aber selbst Unternehmen besitzen, ebenfalls aus rationalen Gründen, nicht notwendigerweise einen Anreiz zur Zahlung markträumender Löhne, wie die in *Abschnitt 8.5* gleichfalls breit dargestellte Effizienzlohntheorie nahe legt. Angesichts dieser Rationalität stößt das Einfordern eines Beitrags der Lohnpolitik zur Bekämpfung der Arbeitslosigkeit auf beträchtliche Schwierigkeiten, weil – etwas plastisch ausgedrückt – sich die Lohnpolitik in einer Rationalitätsfalle befindet.

Ein Ausweg daraus besteht in einer verringerten Macht der Arbeitsplatzbesitzer im Lohnbildungsprozess. Dies kann durch Anstrengungen zu erreichen versucht werden, die Arbeitslosen besser zu qualifizieren, um somit deren Drohpotenzial in dem Sinne zu erhöhen, dass sie für die Unternehmen eine ernster zu nehmende Alternative bei hohen Lohnforderungen der Insider darstellen. Des Weiteren könnte nach Wegen gesucht werden, die Anliegen der Arbeitslosen im Lohnbildungsprozess stärker zur Geltung zu bringen. So wurde im Rahmen des Bündnisses für Arbeit, Ausbildung und Wettbewerbsfähigkeit im Juli 1999 schriftlich verabredet: "Um Arbeitslosigkeit nachhaltig abzubauen, ist auch eine mittel- und langfristig verlässliche Tarifpolitik erforderlich. Produktivitätssteigerungen sollen vorrangig der Beschäftigungsförderung dienen".[29] Diese Erklärung der Bundesvereinigung der deutschen Arbeitgeberverbände (BDA) und des Deutschen Gewerkschaftsbundes (DGB) befindet sich im Einklang mit dem oben dargestellten Typus eines beschäftigungsfreundlichen Kurses der Lohnpolitik. Schließlich könnte an Anreize für Insider gedacht werden, gleichwohl einer Ausweitung der betrieblichen Beschäftigung zuzustimmen, etwa indem die Tarifvertragsparteien längerfristige Lohnstillhalteabkommen schliessen und den derzeitigen Arbeitsplatzbesitzern, also den Insidern, dafür Beteiligungsrechte an den Unternehmen in Höhe des Barwertes der dadurch eingesparten Lohnzahlungen eingeräumt werden, während bei Neueinstellungen nur der vereinbarte Lohn gewährt wird.[30]

Es geht indessen nicht nur um die Lohnhöhe generell, sondern zudem um eine ausreichende Differenzierung der Löhne nach qualifikatorischen und regionalen Gesichtspunkten.[31] Sicherlich gibt es keinen allgemein anerkannten Referenzrahmen, anhand dessen eine vollbeschäftigungskonforme Lohnstruktur zweifelsfrei abgelesen werden könnte. Immerhin belegen aber Erfahrungen anderer Länder, wie die der Vereinigten Staaten, und empirische Studien für Deutschland, dass es nicht von vornherein aussichtslos ist, mit Hilfe einer größeren Lohnspreizung Beschäftigungsgewinne zu erzielen, wenn deren quantitative Größenordnungen je nach betrachteter Qualifikation und Region auch einer beträchtlichen Bandbreite unterworfen sein dürften.[32] Beispielsweise mögen bei der qualifikatorischen Lohnstruktur im industriellen Sektor zahlreiche Arbeitsplätze im Bereich gering qualifizierter Arbeit unwiederbringlich durch Mechanisierung verloren gegangen sein, in einigen Sektoren sind die unteren Lohngruppen überhaupt nicht (mehr) mit Arbeitskräften besetzt. Jedoch weisen andere Branchen, insbesondere der Dienstleistungssektor, größere Arbeitsplatzpotenziale auf. Entsprechende positive Beschäftigungseffekte etwa in den Vereinigten Staaten machen indessen auf einen möglichen Zielkonflikt mit einer sozialen Mindestabsicherung aufmerksam. Für eine nicht unbeträchtliche Anzahl gering qualifizierter Arbeitskräfte reicht in den Vereinigten Staaten das Arbeitseinkommen, selbst wenn dies in mehreren Beschäftigungsverhältnissen erzielt wird ("multiple jobholder"), nicht zur Bestreitung des Lebensunterhaltes aus, man spricht dort von den "working poor". In Deutschland verhindert die Sozialhilfe ein zu starkes Abgleiten in die Armut, allerdings mit der unerwünschten Konsequenz, dass die Sozialhilfe im Bereich gering qualifizierter Arbeit den Charakter eines staatlich garantierten Mindestlohns erhält, der die Arbeitsaufnahme im privaten Sektor unattraktiv machen kann, wenn die dort gezahlten Löhne in der Nähe oder sogar unterhalb des Sozialhilfeanspruchs liegen. Dies trifft vor allem auf Familien mit einem Einkommen aus gering qualifizierter Arbeit zu: So belief sich das monatliche Nettoeinkommen eines verheirateten Arbeitnehmers mit zwei Kindern im Jahre 2001 einerseits auf 2070 € (einschließlich Kinder- und Wohngeld), andererseits besitzt dieselbe Familie, wenn keine Einkommen vorhanden

[29] Quelle: "Gemeinsame Erklärung von BDA und DGB anlässlich des 3. Gesprächs zum Bündnis am 6. Juli 1999", Ziffer 9. (http://www.buendnis.de).

[30] Vgl. dazu ausführlicher Sinn (1997) und zu Beteiligungsmodellen allgemein *Abschnitt 8.2.3*.

[31] Vgl. dazu *Abschnitt 8.7.1*.

[32] Fitzenberger und Franz (2001) liefern mit Hilfe einer ökonometrischen Analyse erste Anhaltspunkte für die Beschäftigungswirkungen einer weiteren Ausdifferenzierung der qualifikatorischen Lohnstruktur.

sind, einen monatlichen Sozialhilfeanspruch (einschließlich Mieterstattung) in Höhe von rund 1564 €.[33] Die Differenz zwischen beiden Kategorien – der "Lohnabstand" – mag zu geringe Anreize für eine Arbeitsaufnahme bieten, erst recht, falls noch Einkommen aus Schwarzarbeit anfallen, mit anderen Worten, das "Lohnabstandsgebot" ist verletzt. Diesbezügliche Reformvorschläge werden im Folgenden Abschnitt skizziert.

10.2.2.2 Institutionelle Ausgestaltung der Lohnbildung und Lohnabstandsgebot

Die rechtlichen Rahmenbedingungen des Lohnbildungsprozesses müssen flexibel genug gestaltet sein, um einen Beschäftigungsaufbau zu begünstigen. Dieses Erfordernis beginnt mit einer Reform des Flächentarifvertrages, welcher bereits verschiedentlich angesprochen wurde, im Hinblick auf eine größere Betriebsnähe.[34] Die Tarifvertragsparteien könnten ihn in die rechtliche Form eines Rahmentarifvertrages gießen, von dem auf betrieblicher Ebene dann unverzüglich abgewichen werden kann, sofern Unternehmensleitung, Arbeitnehmervertretung und die (qualifizierte) Mehrheit der Beschäftigten darin übereinstimmen.[35] Der Gesetzgeber könnte im Tarifvertragsgesetz eine wirksame Öffnungsklausel für alle Tarifverträge zwingend vorschreiben. In diesem Zusammenhang sollte zudem das "Günstigkeitsprinzip" dahingehend überprüft werden, ob sich ein Arbeitnehmer nicht auch dann in einer "günstigeren" Position befindet, wenn er eine Sicherheit seines Arbeitsplatzes mit einem temporären und begrenzten Lohnverzicht – etwa in Form einer unbezahlten Mehrarbeit – erkauft.[36] Zwar hat das Bundesarbeitsgericht einen solchen "Sachgruppenvergleich" für rechtlich unzulässig erklärt und geglaubt, ihn in die Nähe eines Vergleichs von Äpfeln mit Birnen rücken zu müssen,[37] trotzdem kann der Gesetzgeber dieser aus ökonomischer Sicht gerechtfertigten Abwägung durch eine entsprechende gesetzliche Regelung den Weg ebnen.[38] Des Weiteren sollte §77 Abs. 3 Betriebsverfassungsgesetz auf den Prüfstand gestellt werden, nach dem selbst tariflich nicht gebundene Unternehmen keine Betriebsvereinbarung über Arbeitsentgelte und sonstige Arbeitsbedingungen treffen können, wenn dies üblicherweise durch einen Tarifvertrag geregelt wird und dieser den Abschluss ergänzender Betriebsvereinbarungen nicht ausdrücklich zulässt.[39] Schließlich sollte der Gesetzgeber die Allgemeinverbindlicherklärung von Löhnen gemäß §5 Tarifvertragsgesetz wesentlich restriktiver als bisher handhaben oder völlig abschaffen, zumindest aber das dafür erforderliche "öffentliche Interesse" genauer spezifizieren.[40]

Der vorhergehende Abschnitt widmete sich auch dem Erfordernis einer Spreizung

[33]Quelle: Boss (2001), S. 54. Unterstellt wird eine Entlohnung in der Leistungsgruppe 3 im produzierenden Gewerbe in Westdeutschland. Nur der Ehemann ist in dem Beispiel erwerbstätig.

[34]Vgl. Fallbeispiel: Die Diskussion um den Flächentarifvertrag in *Abschnitt 7.2* sowie die Ausführungen zum Zentralisierungsgrad von Lohnverhandlungen im *Abschnitt 8.2.2.3*.

[35]Vgl. dazu Franz (1996).

[36]Vgl. *Abschnitt 7.1* zum Günstigkeitsprinzip.

[37]Beschluss des Bundesarbeitsgerichtes vom 20.4.1999 (1 ABR 72/98).

[38]Anlass zu dieser (optimistischen) Einschätzung gibt ein Urteil des Bundesverfassungsgerichtes vom 3.4.2001 (Az.: 1 BvL 32/97), wonach der Gesetzgeber unter bestimmten Voraussetzungen das Recht zu Eingriffen in die Tarifautonomie besitzt, wenn dies der Bekämpfung der Arbeitslosigkeit und der finanziellen Stabilisierung der Sozialversicherung dient.

[39]Dieser Paragraph wird in *Abschnitt 7.1* angesprochen.

[40]Vgl. *Abschnitt 7.1* zur Allgemeinverbindlicherklärung.

der qualifikatorischen Lohnstruktur und thematisierte in diesem Zusammenhang die Verletzung des Lohnabstandsgebots insbesondere bei gering qualifizierten Arbeitnehmern, die Alleinverdiener ihrer Familie sind. In der öffentlichen Diskussion befinden sich eine Reihe von Vorschlägen und Modellversuchen, welche sich zum Ziel setzen, das Lohnabstandsgebot wieder herzustellen. Welche Wege auch immer bestritten werden mögen, nachdrücklich hinzuweisen ist auf die Werturteile, die sich damit verbinden: Die Gesellschaft und nicht die Wissenschaft muss darüber befinden, welchen sozialen Schutz sie den betreffenden Menschen angedeihen lassen möchte; die Wissenschaft, in diesem Falle die Arbeitsmarktökonomik, kann analytische Hilfestellung leisten, indem sie die Anreizkompatibilität und damit den Zielerreichungsgrad unterschiedlicher Lösungsmöglichkeiten vergleicht.

Ohne Anspruch auf Vollständigkeit und Detailgenauigkeit stehen vier Konzepte zur Wiederherstellung des Lohnabstandsgebotes im Mittelpunkt.[41] Die erste Alternative sieht eine deutliche Absenkung des Sozialhilfeanspruchs für arbeitsfähige Personen vor, bis hin zu einer Streichung, wenn diese einen angebotenen Arbeitsplatz ablehnen, bei gleichzeitiger Gewährung von Zuschlägen für arbeitsunfähige Menschen. Das Problem liegt in der – erforderlichenfalls vor Gericht beweiskräftigen – Feststellung der Arbeitsunwilligkeit und Arbeitsunfähigkeit seitens der Arbeits– und Sozialämter. Ergänzend wird daher eine Umkehr der Beweislast vorgeschlagen. Das zweite Konzept möchte die Arbeitsanreize der Sozialhilfeempfänger dadurch steigern, dass die "Transferentzugsrate" markant gesenkt wird. Bisher wird ihnen ein etwaiges Arbeitseinkommen oberhalb eines vergleichsweise geringen Freibetrages von rund 140 € voll auf die Sozialhilfe angerechnet, die Transferentzugsrate beträgt nahezu 100 v.H. Entsprechende Reformvorschläge sehen deshalb vor, dass arbeitende Sozialhilfeempfänger mehr als bisher, aber bis zu einer Obergrenze und zeitlich befristet ein Arbeitseinkommen zu ihrer Sozialhilfe hinzu verdienen dürfen. Eine dritte Klasse von Lösungsvorschlägen empfiehlt in Anlehnung an das Earned Income Tax Credit (EITC)–Programm in den Vereinigten Staaten, für Arbeitsfähige die Sozialhilfe weitgehend durch lohnbezogene Transfers zu ersetzen. Der EITC stellt eine Steuergutschrift dar, welche ausschließlich bei Erwerbstätigkeit geleistet wird, meistens als Auszahlung, weil die Höhe des EITC die Einkommensteuerschuld übersteigt. Der EITC nimmt zunächst linear mit steigendem Arbeitseinkommen zu, bleibt dann mit weiter zunehmendem Arbeitseinkommen konstant, um danach bei erneuten Erhöhungen des Arbeitseinkommens linear zu sinken.[42] Eine vierte Konzeption sieht lohnbezogene staatliche Transfers an Beschäftigte im Niedriglohnbereich oder an die betreffenden Unternehmen vor. Diese Kombination aus Lohn und Subventionszahlungen an Arbeitnehmer im Bereich geringer Entgelte wird häufig als "Kombilohn" bezeichnet. Eine Variante des Kombilohns ist das "Einstiegsgeld für Langzeitarbeitslose", welches in den Jahren 2000 bis 2002 in einigen Arbeitsamtsbezirken in Baden–Württemberg als Modellprojekt zur Anwendung kommt.[43] Arbeitsfähige Sozialhilfeempfänger, die seit längerem ohne Arbeit waren, können bei Arbeitsaufnahme je nach kommunaler Ausgestaltung des Modellprojektes zeitlich befristet einen monatlichen, staatlich gewährten Zuschuss in Form eines bestimmten Geldbetrages oder eine Sub-

[41] Für Übersichten vgl. Berthold, Fehn und von Berchem (2001) und Buslei und Steiner (1999).
[42] Für Einzelheiten vgl. Buslei und Steiner (1999), S. 76ff.
[43] §18 Abs. 4 Bundessozialhilfegesetz sieht die Möglichkeit solcher Zuschüsse explizit vor.

vention in prozentualer Abhängigkeit des Lohns erhalten.[44] Analog ausgestaltete Modelle stellen der "Hessische Kombilohn" oder der "PLUSLohn" in Duisburg dar.[45] Eine etwas anders konzipierte Variante des Kombilohns wird seit Mitte des Jahres 2000 bis Ende 2005 im Rahmen des arbeitsmarktpolitischen Sonderprogramms "Chancen und Anreize zur Aufnahme sozialversicherungspflichtiger Tätigkeiten" (CAST) erprobt.[46] Beim "Mainzer Modell", welches im Jahre 2002 bundesweit übernommen wurde, erhalten die anspruchsberechtigten Arbeitnehmer degressiv ausgestaltete Zuschüsse zu den Sozialversicherungsbeiträgen und Kindergeldzuschläge, wenn ihr Monatseinkommen zwischen 325 und 860 € (1611 €) bei Ledigen (Verheirateten) liegt. Das zweite CAST–Modell, die Saar–Gemeinschaftsinitiative (SGI), sieht entsprechende Zuschüsse zu den Sozialversicherungsbeiträgen an die Arbeitgeber vor, welche ab einem Bruttostundenlohn von rund 5 € gezahlt werden und sich von 100 v.H. auf 0 v.H. bei Erreichen eines Bruttostundenlohnes von etwa 9 € verringern, wobei ein Zuschuss in gleicher Höhe in einen Qualifizierungsfonds für geförderte Arbeitnehmer fließt.

10.2.2.3 Institutionelle Rahmenbedingungen des Matching–Prozesses

Wenn es um beschäftigungsfreundliche Angebotsbedingungen geht, muss das institutionelle Regelwerk das Zusammenführen von Arbeitssuchenden und Arbeitsplatzanbietern fördern. Im Mittelpunkt einschlägiger Reformüberlegungen stehen die Arbeitslosenversicherung und der Kündigungsschutz.

Auch in diesem Zusammenhang muss vorab auf Werturteile aufmerksam gemacht und vor Einseitigkeiten gewarnt werden. Es obliegt dem Werturteil der Gesellschaft, wie lange und wie hoch sie den Arbeitslosen ihre (finanzielle) Unterstützung mindestens angedeihen lassen und ab welchem Zeitpunkt und in welchem Umfang sie diese Personen dann ihrem Schicksal überlassen möchte. Ein analoges Abwägungsproblem ergibt sich im Hinblick auf die Mindestanforderungen beim Kündigungsschutz zwischen dem verständlichen Wunsch der Arbeitnehmer nach möglichst hoher Arbeitsplatzsicherheit und ökonomischen Flexibilitätserfordernissen. Die wissenschaftliche Analyse kann die Anreizkompatibilität unterschiedlicher Regelwerke untersuchen; inwieweit soziale Gesichtspunkte zu berücksichtigen sind, müssen die Bürger entscheiden. Angesichts sehr unterschiedlicher Erfahrungen von Ländern mit einer erfolgreichen Beschäftigungspolitik liegt die Auswahl eines bestimmten Modells außerdem nicht auf der Hand. Beispielsweise herrschen in den Vereinigten Staaten eine vergleichsweise niedrige finanzielle Absicherung bei Arbeitslosigkeit und ein weniger weitreichender Kündigungsschutz vor, während die Regelungen in Portugal eher durch die Kombination: bescheidene Arbeitslosenunterstützung und hoher Kündigungsschutz gekennzeichnet sein mögen, es sich wiederum in Dänemark aber gerade umgekehrt verhält. Kurzum, es gibt nicht nur das eine erfolgreiche Modell.

Die institutionelle Ausgestaltung der Arbeitslosenversicherung in Deutschland und deren Effekte auf die Suchdauer aus theoretischer und empirischer Sicht waren Gegenstand der Ausführungen in den *Abschnitten 7.4* beziehungsweise *6.2.1* und *6.4.1*. Das System der Arbeitslosenversicherung verfügt im Wesentlichen über zwei Stellschrauben,

---

[44]Vgl. dazu Kirchmann, Spermann und Volkert (2000).
[45]Vgl. Institut der Deutschen Wirtschaft, iwd Nr. 45 v. 9.11.2000, S. 8.
[46]Vgl. Kaltenborn (2000, 2001) und Sachverständigenrat (2001), Ziffern 175ff.

um Arbeitslose zu verstärkten Suchanstrengungen und zur Annahme von Arbeitsplatzangeboten, so diese tatsächlich vorhanden sind, anzuhalten. Erstens können die Lohnersatzleistungen reduziert oder degressiv ausgestaltet und die Dauer der Anspruchsberechtigung verkürzt werden.[47] Ökonometrische Studien legen nahe, dass eher die letztere Komponente als die Höhe der Arbeitslosenunterstützung für eine verlängerte Suchdauer verantwortlich ist. Bei solchen Bestrebungen sollte allerdings die Bedeutung einer Suchdauer im Hinblick auf ein optimales Matching zwischen Arbeitslosen und offenen Stellen nicht aus dem Blickfeld geraten. Zweitens können die Anforderungen an die Zumutbarkeit eines angebotenen Arbeitsplatzes für den Arbeitslosen (weiter) verschärft und in ihrer Anwendung strikter gehandhabt werden. Dies betrifft nicht nur die zumutbare Entlohnung auf dem neuen Arbeitsplatz, sondern auch eine zumutbare Mobilität in Form von Pendelzeiten oder Wohnsitzwechseln.[48] Insbesondere wird thematisiert, ob der zuletzt erzielte Nettolohn dann noch eine geeignete Bezugsgröße für die Bemessung der Arbeitslosenunterstützung ist, wenn im sektoralen und qualifikatorischen Strukturwandel bei einem Arbeitsplatzwechsel ein Teil des Humankapitals des Arbeitslosen entwertet wird. Der Arbeitslose "warte" trotz deutlich verringerter Produktivität vergeblich auf einen Arbeitsplatz in Anlehnung an bisherige Konditionen[49] und gleite in die Langzeitarbeitslosigkeit ab, anstatt zu deutlicheren Lohnkonzessionen bereit zu sein.[50]

Weitere Reformvorschläge hinsichtlich der Arbeitslosenversicherung konzentrieren sich auf eine Verringerung des moralischen Risikos ("moral hazard"), also des bewussten oder leichtfertigen Herbeiführens von Arbeitslosigkeit unter Ausnutzung der Versicherungsleistungen, sodass individuelle Vorteile zu Lasten der Versichertengemeinschaft erschlichen werden. Letztlich beruhen die Reformüberlegungen auf einer Stärkung des Äquivalenzprinzips einer Versicherung, das heißt, die Versicherungsprämie sollte dem Risiko entsprechen. Ein Beispiel für diesbezügliche Empfehlungen stellt die Einführung von Risikoklassen bei den Beiträgen zur Arbeitslosenversicherung dar, gestaffelt nach Wirtschaftssektoren, Unternehmen, Berufen und Regionen, um eine Quersubventionierung zwischen diesen Kategorien zu vermeiden. Unternehmen, die überdurchschnittlich viele Entlassungen vornehmen, müssten sich in Form höherer Beiträge dann ebenso an den Kosten instabiler Beschäftigungsverhältnisse beteiligen wie die Arbeitnehmer (solange die Zahllast der Beiträge zwischen Unternehmen und Arbeitnehmern geteilt wird). Des Weiteren werden neben einer Grundabsicherung bei Arbeitslosigkeit eine Wahlfreiheit für bestimmte Leistungen (etwa der aktiven Arbeitsmarktpolitik) und ein "Schadensfreiheitsrabatt" bei Nichtinanspruchnahme der Arbeitslosenversicherung zur Diskussion gestellt.[51] Schließlich wird vorgebracht, auch die Gewerkschaften seien an der Finanzierung der Arbeitslosenversicherung zu beteiligen, weil Arbeitslosigkeit zumindest teilweise ihren Lohnforderungen geschuldet sei, ohne dass sie dafür zur Verantwortung gezogen würden.[52] So berechtigt diese Forderung

---

[47] In diese Richtung weisen zudem Vorschläge, die Arbeitslosenhilfe und Sozialhilfe auf dem Niveau der letzteren Transferzahlung zusammen zu führen. Vgl. Fallbeispiel: MoZArt.

[48] Vgl. *Abschnitt 7.4*. Einige Zumutbarkeitskriterien wurden im Jahre 1997 verschärft (Entlohnung, Pendelzeiten), jedoch 1999 teilweise wieder gelockert (Pendelzeiten).

[49] In diesem Zusammenhang wird mitunter von "Warte–Arbeitslosigkeit" ("wait–unemployment") gesprochen.

[50] Vgl. Berthold, Fehn und von Berchem (2001).

[51] Vgl. Eekhoff und Milleker (2000).

[52] Vgl. Berthold (2000), S. 89f.

eine beschäftigungsfreundliche Lohnpolitik anmahnen mag, so wenig schenkt sie dem Argument Beachtung, dass zum einen eine bestehende Arbeitslosigkeit nicht nur den Tarifvertragsparteien – beide unterschreiben den Tarifvertrag – anzulasten ist und zum anderen die Gewerkschaften entweder tatsächlich als Vertreter der Arbeitnehmer agieren, sodass diese im Hinblick auf die Beiträge zur Arbeitslosenversicherung in die Pflicht zu nehmen sind, oder es andernfalls gewerkschaftlich nicht organisierten Arbeitnehmern frei steht, gegebenenfalls nach Kündigung ihrer Mitgliedschaft, mit dem Unternehmen eine niedrigere Entlohnung zwecks Sicherung des Arbeitsplatzes zu vereinbaren.

Vom Kündigungsschutz war in früheren Kapiteln bereits mehrfach die Rede.[53] Aus ökonomischer Sicht entfaltet der Kündigungsschutz sowohl positive als auch negative Wirkungen. Unternehmen werden mehr in die Qualifikation ihrer Belegschaft investieren, wenn sie von einer längeren Betriebszugehörigkeit ausgehen können. Dasselbe gilt für Arbeitnehmer, die eher bereit sind, sich mit den Firmeninteressen zu identifizieren und Weiterqualifikationsanstrengungen zu unternehmen, wenn sie ein stabiles Beschäftigungsverhältnis erwarten können, zumal ein Betriebswechsel häufig mit hohen Mobilitätskosten verbunden ist. Problematisch wird der Kündigungsschutz, wenn er betriebsnotwendige Anpassungsmaßnahmen behindert oder sogar verhindert oder wenn er Arbeitnehmer schützt, deren Unvermögen oder Fehlverhalten Störungen des Betriebsablaufes zur Folge hat. Solche Fehlwirkungen eines übersteigerten Kündigungsschutzes sind in Deutschland zu beobachten.[54] Als Folge der zahlreichen gesetzlichen Generalklauseln und unbestimmten Rechtsbegriffe in §1 Kündigungsschutzgesetz und §626 Bürgerliches Gesetzbuch ist der Kündigungsschutz weitgehend richterrechtlich geprägt, wobei die ökonomische Rationalität bei einer Reihe von Urteilen der Arbeitsgerichtsbarkeit mitunter beträchtlich steigerungsfähig ist.[55] Zumindest schlagen ungebührlich lange Verfahrensdauern mit einem mittlerweile kaum noch prognostizierbaren Ausgang zu Buche. Daher nimmt der Kündigungsschutz in zunehmendem Umfang die Gestalt eines Abfindungshandels an, mit negativen Konsequenzen für das Einstellungsverhalten von Unternehmen insbesondere im Hinblick auf Personen, die dem besonderen Kündigungsschutz und der Sozialauswahl unterliegen.[56] Geschützt werden in erster Linie die Arbeitsplatzbesitzer zu Lasten der Arbeitslosen und an Stelle von Neueinstellungen weichen die Unternehmen vorzugsweise auf Überstunden aus.

Eine ökonomisch effiziente Reform bestünde darin, dass sich Arbeitnehmer freiwillig und privat gegen mögliche Entlassungen versichern, gegebenenfalls bei ihrem Arbeitgeber, um ihn auf Grund der Entlassungskosten, die mit der Auszahlung der

[53] Vgl. mehrere Fallbeispiele sowie die *Abschnitte 4.3.2* und *7.2.1* und Jahn (2002).

[54] Vgl. dazu ausführlicher Franz und Rüthers (1999).

[55] Für Beispiele vgl. ebenda und Fallbeispiel: Disziplinlosigkeit unter Kündigungsschutz?

[56] Der besondere Kündigungsschutz betrifft bestimmte Arbeitnehmergruppen (Mutterschutz, Schwerbehinderte, betriebsverfassungsrechtliche Funktionsträger, Abgeordnete sowie Wehr– oder Zivildienstleistende). Hinsichtlich der Sozialauswahl hatte der Gesetzgeber im Jahre 1996 deren Kriterien auf drei Gesichtspunkte beschränkt (Dauer der Betriebszugehörigkeit, Lebensalter und Unterhaltspflichten). Das Korrekturgesetz im Jahre 1998 setzte an deren Stelle die frühere Generalklausel wieder in Kraft, nach der der Arbeitgeber "soziale Gesichtspunkte" ausreichend berücksichtigen muss, womit der Arbeitsgerichtsbarkeit große Beurteilungs– und Abwägungsspielräume zugestanden und die Rechtssicherheit erheblich eingeschränkt werden. Vgl. Brox und Rüthers (2002), Randziffern 202 und 212.

Versicherung entstehen, zu behutsamerem Verhalten zu ermuntern. Eine solche Versicherung hätte finanzielle Leistungen bei betriebsbedingten Kündigungen (nicht bei freiwilligen Kündigungen oder Entlassungen wegen schuldhaften Verhaltens) anzubieten, welche die Wiedereingliederungskosten in ein neues Arbeitsverhältnis (also beispielsweise Umzugskosten im weiteren Sinne, aber keine Lohnminderungen) abdecken. Die Versicherungsbeiträge wären von den Arbeitnehmern aufzubringen, eine Sozialplanpflicht entfiele. Wenn der Gesetzgeber solche Überlegungen nicht aufgreifen möchte, sollte er zumindest für klare Rechtsvorschriften Sorge tragen, gegebenenfalls den Kündigungsschutz auf reine Willkürmaßnahmen abstellen und gleichzeitig eine verbindliche Abfindungsregelung verankern, etwa Abfindungen in Abhängigkeit der bisherigen Dauer der Betriebszugehörigkeit (bis zu einer Obergrenze) und des zuletzt gezahlten Arbeitsentgeltes. Davon unberührt bleibt die Forderung, die Befristung von Arbeitsverhältnissen zu erleichtern.[57]

10.2.2.4 Steuern und Abgaben

Inwieweit kann eine Senkung der Steuern oder der Sozialversicherungsbeiträge einen Beitrag zur Lösung des Beschäftigungsproblems liefern, indem sie die quasi–gleichgewichtige Arbeitslosigkeit reduziert? Die Beantwortung dieser Frage fällt aus der Sicht der Arbeitsmarktökonomik nicht so klar aus, wie es die öffentliche Diskussion vermuten lassen könnte, sondern hängt unter anderem davon ab, um welche Steuern es sich handelt, wer entlastet wird, ob eine Verringerung des durchschnittlichen und/oder marginalen Steuersatzes ins Blickfeld genommen wird, wie die Löhne darauf reagieren und wo der Staat die entsprechenden Ausgabenkürzungen vornimmt.

Unternehmerische Entscheidungen insbesondere im Hinblick auf die Arbeitsnachfrage stehen am Beginn der folgenden Analyse, weil aktuelle und beabsichtigte Steuerreformen häufig hier anknüpfen. Zum einen befinden sich eine Senkung der Beiträge zur Sozialversicherung, zum anderen eine Verringerung der Unternehmensertragsteuern im Mittelpunkt der wirtschaftspolitischen Überlegungen.

Von einer Reduktion des Arbeitgeberbeitrags zur Sozialversicherung verspricht man sich auf Grund der damit einhergehenden niedrigeren Arbeitskosten neue Arbeitsplätze. Auf mittlere Sicht hat diese Ansicht durchaus ihre Berechtigung, jedoch langfristig ändert sich die Beschäftigungslage kaum. Dies liegt daran, dass Unternehmen zwar die Zahllast des Arbeitgeberbeitrages, nicht aber oder nur zu einem geringen Teil auch die Traglast schultern. Entweder versuchen Unternehmen die Abgabenbelastung in Form von Preiserhöhungen weiter zu wälzen, womit dann Arbeitnehmer und zudem andere Konsumenten auf Grund von Realeinkommens– und –vermögensverlusten die eigentlich Belasteten darstellen. Oder sie verringern ihren Arbeitseinsatz zu Gunsten eines höheren Kapitaleinsatzes, wodurch als Folge des Arbeitskräfteüberschusses ceteris paribus die Nominallöhne sinken (etwa durch Kürzung der Lohnspanne) oder bei nach unten inflexiblen Nominallöhnen Arbeitslosigkeit entsteht, also wiederum Arbeitnehmern letztlich die Traglast aufgebürdet wird. Immerhin mögen diese Anpassungsprozesse eine geraume Zeit benötigen, die "mittelfristige" Sicht kann durchaus eine Reihe von Jahren umfassen, in denen durch eine Zurückführung solcher Abgaben auf Arbeitseinkommen Arbeitsplätze geschaf-

[57]Vgl. *Abschnitt 2.1* zur Befristung von Arbeitsverträgen.

fen werden können. Gleichwohl: Langfristig bleibt die Höhe der Arbeitslosigkeit von dieser Senkung der Abgabenbelastung weitgehend unberührt. Da die Arbeitnehmer somit ohnehin den Großteil der Last tragen, wäre es sinnvoll, die Unterscheidung zwischen Arbeitgeber– und –nehmerbeitrag überhaupt aufzugeben.[58] Die Arbeitnehmer könnten dann gemäß ihren Präferenzen entscheiden, wie ihnen der Verteilungsspielraum zugute kommen soll, in Form sozialer Leistungen oder als Barlohn. Noch weitgehender ist die Überlegung, die Zahlung der Sozialversicherungsbeiträge ganz oder teilweise vom Arbeitseinkommen abzukoppeln.

Eine Senkung der Unternehmensteuerbelastung in Form niedrigerer Ertragsteuersätze führt zu einer höheren Verzinsung des eingesetzten Kapitals und damit zu zusätzlichen (arbeitsplatzschaffenden) Investitionen. Die finanzwissenschaftliche Literatur zeigt, dass die effektive Grenzsteuerbelastung – also der marginale Steuersatz unter Berücksichtigung allfälliger steuerlicher Erleichterungen – maßgeblich für die Bestimmung eines marginalen Investitionsprojektes sein kann, eine Senkung des effektiven Grenzsteuersatzes mithin dazu führen kann, dass bisher nicht rentable Investitionen gerade die Mindestrendite erwirtschaften, also zu einer eben noch lohnenden Grenzinvestition werden, wodurch bei gegebenem Unternehmensstandort das Investitionsvolumen steigt. Hingegen stellt der effektive Durchschnittssteuersatz die Maßgröße für die Steuerbelastung bereits rentabler Investitionen dar. Reduzierte Durchschnittssteuersätze erhöhen unter anderem die Attraktivität eines Standortes für Investoren.[59] Gerade im internationalen Standortwettbewerb lässt sich mit Hilfe einer geringeren Unternehmenssteuerbelastung die Attraktivität der eigenen Volkswirtschaft für inländische und ausländische Investoren merklich verbessern, wobei die Befürchtung eines globalen Steuerunterbietungswettlaufs ("race to the bottom") als weitgehend überzogen angesehen werden muss, jedenfalls solange der Steuerwettbewerb in dem Sinne fair bleibt, dass steuerliche Vergünstigungen allen Investoren gewährt werden, seien dies nun inländische oder ausländische Unternehmen.[60] Insoweit stellen Unternehmenssteuerreformen eine probate Strategie für mehr Wachstum und Beschäftigung dar, vorrausgesetzt die erforderliche Kürzung der Staatsausgaben konterkariert dies nicht durch verschlechterte Standortbedingungen an anderer Stelle wie im Bereich des Bildungswesens oder der Infrastruktur.

Welche Beschäftigungseffekte eine steuerliche Entlastung der Arbeitnehmer mit sich bringt – etwa durch geringere Lohn– und Einkommensteuern – lässt sich nicht eindeutig bestimmen, obwohl die positiven Wirkungen letztlich überwiegen dürften. Zwei Aspekte verdienen besondere Beachtung: die Reaktionen des Arbeitsangebots und der Löhne.

Wenn der durchschnittliche Steuersatz auf Arbeitseinkommen gesenkt wird, ergibt

[58]Technisch könne dies dadurch bewerkstelligt werden, dass Unternehmen den Arbeitnehmern den bisherigen Arbeitgeberanteil (oder – wenn dessen Senkung geplant ist – einen geringeren Beitrag) gutschreiben. Fortan werden die Abgaben dann nur noch bei den Arbeitnehmern erhoben.

[59]Vgl. dazu Richter, Seitz und Wiegard (1996) und Spengel und Lammersen (2001). Das Zentrum für Europäische Wirtschaftsforschung (ZEW) führt zusammen mit der Universität Mannheim im Rahmen des Computersimulationsprogramms "European Tax Analyzer" zur Berechnung effektiver Durchschnittssteuersätze umfangreiche Studien zu diesen Themen durch. Vgl. für neuere Untersuchungen die Homepage des ZEW (www.zew.de).

[60]Vgl. Sachverständigenrat (1998), S. 189 ff. für eine vertiefte Diskussion der Argumente für und gegen einen internationalen Steuerwettbewerb. Die Frage eines "unfairen" Steuerwettbewerbs wird dort auf S. 192 angesprochen.

sich im Hinblick auf das Arbeitsangebot ein Einkommenseffekt (das Arbeitsangebot sinkt). Eine Abschwächung der Grenzsteuerbelastung bewirkt hingegen einen Substitutionseffekt (das Arbeitsangebot steigt), jeweils bei gegebenem Bruttolohn.[61] Zu bedenken sind ferner die positiven Anreize auf die Bildungsentscheidung bei abgemilderter Steuerprogression und der tendenzielle Rückgang der Schwarzarbeit. Die Vielfalt dieser Wirkungen wird ergänzt durch unterschiedliche Lohnreaktionen: Die Gewerkschaften mögen sich bei ihren Lohnforderungen auf Grund der steuerlich verursachten Zunahme des Nettolohns zurückhalten, wodurch die Beschäftigung steigt, oder sie lehnen das ab und fordern vielleicht erst recht höhere Löhne, weil es auf Grund des höheren Nettolohns für die Arbeitnehmer nunmehr "teurer" geworden ist, durch Lohnzurückhaltung mehr Arbeitsplätze zu erkaufen.[62] Die Unternehmen mögen niedrigere Brutto–Effizienzlöhne bezahlen, weil sich die Leistungsbereitschaft und Fluktuationen der Arbeitnehmer an den Netto–Effizienzlöhnen orientieren, und die Anzahl der Beschäftigten nimmt zu, oder sie belassen es bei der bisherigen Höhe der Brutto–Effizienzlöhne, entlassen indessen Arbeitskräfte, weil die Produktivität der Beschäftigten auf Grund des höheren Netto–Effizienzlohnes gestiegen ist.[63]

Die Diskussion in der Literatur über die Lohnwirkungen der Besteuerung ist bei weitem noch nicht abgeschlossen. Als Zwischenergebnis kommen jedoch die theoretischen Analysen in der Regel zu der Schlussfolgerung, dass eine Senkung des durchschnittlichen Steuersatzes auf Arbeitseinkommen später und als Ergebnis des Lohnverhandlungsprozesses zu einem niedrigeren Bruttoreallohn und zu einem Beschäftigungsanstieg führt, während für eine geringere Grenzsteuerbelastung – paradoxerweise – eher das Gegenteil vermutet wird, nämlich ein Rückgang der Beschäftigung.[64] Allerdings ergibt sich insbesondere bei einer weniger starken Grenzsteuerbelastung ein Wohlfahrtsgewinn resultierend aus einer weniger gravierenden allokativen Verzerrung ("excess burden"), der dem eventuellen Beschäftigungsverlust gegenüber zu stellen ist.[65] Vor dem Hintergrund eines solchen Zielkonfliktes bei der Steuerprogression – Beschäftigung versus allokative Verzerrungen – gewinnt die Frage nach der "optimalen Steuerprogression" in der Literatur an Bedeutung, keinesfalls wird dort eine verschärfte Progression als Beitrag zur Bekämpfung der Arbeitslosigkeit empfohlen.[66] Erschwerend zu diesem noch unbefriedigenden Stand der Literatur kommt hinzu, dass Effekte eines entsprechend kleineren staatlichen Leistungsangebotes als Folge der Steuersenkung ziemlich ausgeblendet bleiben, obwohl es die Analyse nicht unwesentlich beeinträchtigt, wenn die Steuerzahler gewünschte bisherige staatliche Leistungen nun auf dem Markt – wenn vielleicht auch preiswerter – erwerben müssen.

---

[61] Vgl. dazu *Abschnitt 2.2.4* sowie Sørensen (1997) und die dort angegebene Literatur.

[62] Vgl. *Abschnitt 8.2.2* für eine gewerkschaftliche Nutzenfunktion im Rahmen eines Lohnverhandlungsmodells, welches diese Überlegung verdeutlichen kann.

[63] Vgl. *Abschnitt 8.5* für eine ausführliche Diskussion der Effizienzlohntheorie.

[64] Die Begründung für dieses (vermeintliche) Paradoxen liegt darin, dass eine *höhere* Grenzsteuerbelastung Lohnerhöhungen für die Gewerkschaften unattraktiver werden lässt, sodass sie lieber Lohnmoderation mit dem Ziel einer *höheren* Beschäftigung betreiben.

[65] Vgl. Fallbeispiel: Wohlfahrtsverlust einer Einkommenssteuer in *Abschnitt 2.2.4*.

[66] Vgl. beispielsweise Fuest und Huber (2000).

10.3 Aktive Arbeitsmarktpolitik

Das vorige Kapitel verdeutlichte die Prioritäten, wenn es um die Vermeidung und Bekämpfung der Arbeitslosigkeit geht. Einer beschäftigungsfreundlichen Lohnpolitik sowie einem die Schaffung von Arbeitsplätzen unterstützenden institutionellen Regelwerk kommt dabei eine führende Rolle zu, unterstützt durch konjunkturstützende fiskalische Maßnahmen im Fall markanter rezessiver Entwicklungen. Bei aller einzufordernden Eigeninitiative seitens der Arbeitslosen, intensiv nach einem Arbeitsplatz zu suchen und Weiterbildungsanstrengungen zu unternehmen, wird die Gesellschaft sie gleichwohl nicht einfach ihrem Schicksal überlassen wollen, insbesondere die Problemgruppen auf dem Arbeitsmarkt, wie Langzeitarbeitslose und Personen mit besonderen Vermittlungshemmnissen (gesundheitliche Einschränkungen, keine abgeschlossene Schul- und Berufsausbildung). Die passive Arbeitsmarktpolitik will hauptsächlich eine soziale Sicherung bieten, während als Ziel der aktiven Arbeitsmarktpolitik die (Wieder-)Eingliederung von Arbeitslosen in reguläre Beschäftigung genannt wird. Wesentliche Aspekte der passiven Arbeitsmarktpolitik wurden im Rahmen der Darstellung der Rolle von Lohnersatzleistungen bereits in den *Abschnitten 7.4* (institutionelle Ausgestaltung) und *6.4* (Einfluss auf die Suchaktivitäten) behandelt. Daher befassen sich die folgenden Ausführungen nur mit der aktiven Arbeitsmarktpolitik.

Die Bedeutung und Effizienz der aktiven Arbeitsmarktpolitik wird in der Öffentlichkeit sehr kontrovers diskutiert, wobei sich die Bandbreite der Einschätzungen mit Hilfe der beiden Slogans illustrieren lässt, es sei allemal besser, Arbeit statt Arbeitslosigkeit zu finanzieren, und – auf der anderen Seite – mit Hilfe der aktiven Arbeitsmarktpolitik gelänge es den Tarifvertragsparteien, die Folgen einer verfehlten Lohnpolitik auf den Staat abzuwälzen, und der Regierung, die Öffentlichkeit über das tatsächliche Ausmaß der Unterbeschäftigung zu täuschen. Welche Erkenntnisse kann die Arbeitsmarktforschung anbieten?

10.3.1 Institutioneller Rahmen

Ganz allgemein formuliert verfolgt die Arbeitmarktpolitik zwei Ziele. Zum einen will sie eine soziale Sicherung im Fall einer Arbeitslosigkeit gewährleisten. Instrumente dieser passiven Arbeitsmarktpolitik sind hauptsächlich Arbeitslosengeld, Arbeitslosenhilfe und Sozialhilfe.[67] Zum anderen strebt die aktive Arbeitsmarktpolitik – und nur sie ist Gegenstand des *Abschnitts 10.3* – die (Wieder-) Eingliederung von Arbeitslosen, und zwar insbesondere von Problemgruppen, in reguläre Beschäftigungsverhältnisse an.

Ziele, Instrumente und institutionelles Regelwerk der aktiven Arbeitsmarktpolitik sind im "Sozialgesetzbuch Drittes Buch – Arbeitsförderung" (SGB III) festgelegt, welches seit dem Jahre 1998 die gesetzliche Grundlage bildet und das Arbeitsförderungsgesetz (AFG) aus dem Jahre 1969 ablöste. Eine umfangreiche Novellierung trat im Jahre 2002 im Rahmen des Job–AQTIV–Gesetzes in Kraft.[68]

Mit dem SGB III gehen im Vergleich zum AFG eine Reihe von konzeptionellen Umorientierungen der aktiven Arbeitsmarktpolitik einher. Ende der sechziger Jahre

---

[67] Vgl. dazu *Abschnitt 7.4*.

[68] Vgl. Fallbeispiel: Job–AQTIV–Gesetz.

herrschte in Westdeutschland eine Hochkonjunktur, die Arbeitslosenquote erreichte im Jahre 1969 mit 0.8 v.H. einen historischen Tiefstand. Die Mitte der siebziger Jahre einsetzenden Erfahrungen mit einer erschreckend hohen und persistenten Erwerbslosigkeit haben bei der aktiven Arbeitsmarktpolitik insbesondere zu einer Fokussierung auf Problemgruppen, zu einer Betonung des Zieles der Integration in wettbewerbsfähige Erwerbsarbeit und zu höheren Flexibilitätsspielräumen der lokalen Arbeitsämter geführt. Konkret heißt dies unter anderem:

- Bei der Auswahl von Leistungen, auf die kein gesetzlicher Anspruch besteht ("Ermessensleistungen"), "ist grundsätzlich auf die Fähigkeiten der zu fördernden Personen, die Aufnahmefähigkeit des Arbeitsmarktes und den anhand der Ergebnisse der Beratungs- und Vermittlungsgespräche ermittelten arbeitsmarktpolitischen Handlungsbedarf abzustellen" (§7 SGB III), um damit "sonst erforderliche Leistungen zum Ersatz des Arbeitsentgelts bei Arbeitslosigkeit nicht nur vorübergehend zu vermeiden" (§5 SGB III).
- Besonders förderungswürdige Personen sind insbesondere Langzeitarbeitslose, Schwerbehinderte, Ältere mit Vermittlungserschwernissen, Geringqualifizierte und Berufsrückkehrer hinsichtlich ihres Anteils an der jeweiligen Gesamtzahl der Arbeitslosen (§11 Abs. 2 SGB III). Des Weiteren sollen Frauen entsprechend ihrem Anteil an den Arbeitslosen gefördert werden (§8 Abs. 2 SGB III).
- Der Grundsatz der Wirtschaftlichkeit und Sparsamkeit ist zu beachten (§7 SGB III). Eine bevorzugte Förderung im Rahmen von Arbeitsbeschaffungsmaßnahmen (ABM) kommt Maßnahmen zu, wenn sie unter anderem "die soziale Infrastruktur verbessern oder der Verbesserung der Umwelt dienen" (§260 Abs. 2 SGB III). Die Arbeiten müssen seit dem Jahre 2002 "zusätzlich" sein und "im öffentlichen Interesse" liegen, das heißt, "wenn sie ohne die Förderung nicht oder erst zu einem späteren Zeitpunkt durchgeführt werden" und wenn "das Arbeitsergebnis der Allgemeinheit dient" (§261 SGB III).
- Die lokalen Arbeitsämter können unter Beachtung einiger Voraussetzungen bis zu 10 v.H. der ihnen zugewiesenen Mittel für Ermessensleistungen selbst konzipieren und implementieren ("freie Förderung" gemäß §10 SGB III), müssen aber mit Hilfe von "Eingliederungsbilanzen" insgesamt über den Mitteleinsatz, die geförderten Personengruppen und die Wirksamkeit der Förderung Rechenschaft ablegen (§11 SGB III).

Die aktive Arbeitsmarktpolitik in Deutschland bedient sich einer Vielzahl von Instrumenten, die sich in drei Gruppen einteilen lassen.

Die erste Gruppe stellen Maßnahmen zur Förderung der beruflichen Weiterbildung (FbW) dar.[69] Sie sind im SGB III in den §§77 bis 96, 153 bis 159 und 417 gesetzlich verankert und bestehen im Wesentlichen aus der Übernahme von Weiterbildungskosten und der Gewährung von Unterhaltsgeld zur Bestreitung des Lebensunterhaltes. Zu den Weiterbildungskosten zählen unter anderem die Lehrgangskosten einschließlich der Kosten für Fahrten, auswärtige Unterbringung, Verpflegung und

[69] Die frühere Benennung in "Förderung der Fortbildung und Umschulung" (FuU) wurde fallen gelassen.

die Betreuung von Kindern (§81 SGB III). Das Unterhaltsgeld beläuft sich auf 60 v.H. (oder 67 v.H. bei Teilnehmern mit mindestens einem Kind) des letzten Nettoarbeitsentgelts und entspricht damit ungefähr der Höhe des Arbeitslosengeldes, vorausgesetzt der Betreffende weist vor Beginn der Maßnahme ein mindestens einjähriges sozialversicherungspflichtiges Beschäftigungsverhältnis nach oder hat Arbeitslosengeld oder –hilfe bezogen oder ist ein Berufsrückkehrer (§§153 bis 159 SGB III). Ziele der Förderung der beruflichen Weiterbildung sind die Eingliederung von Arbeitslosen und das Abwenden von drohender Arbeitslosigkeit bei beschäftigten Arbeitnehmern (§77 SGB III). Dementsprechend muss die Weiterbildung berufliche Kenntnisse fördern (§87 SGB III), ihre maximale Laufzeit hängt von der Art der Maßnahme ab (§92 SGB III).

Fallbeispiel: Job–AQTIV–Gesetz

Zum 1.1.2002 trat das "Gesetz zur Reform der arbeitsmarktpolitischen Instrumente (Job–AQTIV–Gesetz)" in Kraft. Die merkwürdige Abkürzung resultiert aus den Anfangsbuchstaben der Wörter Aktivieren, Qualifizieren, Trainieren, Investieren und Vermitteln, welche die Eckpunkte der Neuregelungen kennzeichnen. Einige wesentliche Elemente lauten:

(i) Verstärkung der Anstrengungen bei der Arbeitsvermittlung: Dazu zählen individuell gestaltete Eingliederungspläne, bei denen die Arbeitslosen zur Mitwirkung verpflichtet sind ("Fördern und Fordern"), andernfalls sie mit dem Entzug des Arbeitslosengeldes bis zu einem Vierteljahr rechnen müssen, sowie der präventive Einsatz des arbeitsmarktpolitischen Instrumentariums ohne die Einhaltung früher üblicher Wartezeiten.

(ii) Job–Rotation: Unternehmen, die Mitarbeiter für eine Weiterbildung beurlauben, erhalten einen Lohnkostenzuschuss in Höhe zwischen 50 und 100 v.H. für als Stellvertreter eingestellte Arbeitslose.

(iii) Beschäftigungsschaffende Infrastrukturförderung: Öffentlich–rechtliche Träger, also beispielsweise Gemeinden, können eine Subventionierung der Lohn– *und* Sachkosten von Arbeiten zur Verbesserung der Infrastruktur in Höhe von bis zu 25 v.H. erhalten, wenn das ausführende Wirtschaftsunternehmen für diese Arbeiten vom Arbeitsamt zugewiesene Arbeitslose einstellt, allerdings nicht mehr als 35 v.H. der voraussichtlich beschäftigten Arbeitnehmer.

Zur zweiten Gruppe gehört die subventionierte Beschäftigung, unter der sich eine Vielzahl von einzelnen Maßnahmen subsumieren lässt, von denen hier nur einige kurz angeführt werden können:[70]

– "Arbeitsbeschaffungsmaßnahmen" (ABM):[71] Sie stellen innerhalb der Gruppe der subventionierten Beschäftigung das umfangreichste Instrument dar.[72] Im Wesentlichen handelt es sich um Lohnsubventionen an Wirtschaftsunternehmen, ausnahmsweise an die Trägergesellschaften selbst, wenn diese förderungswürdige Arbeitnehmer, vor allem Langzeitarbeitslose, beschäftigen. Die Lohnsubvention

[70] Vgl. Hagen und Steiner (2000), S. 123ff. und die dort angegebene Literatur.
[71] §§260 bis 271 und §416 SGB III.
[72] Vgl. weiter unten für quantitative Größenordnungen.

darf regelmäßig 75 v.H. des Nettoarbeitsentgelts nicht übersteigen, kann aber in (besonderen) Ausnahmefällen 90 v.H. (100 v.H.) betragen, mit Laufzeiten bis zu einem Jahr, in (besonderen) Ausnahmefällen bis zu zwei (drei) Jahre (§267 SGB III). Wie bereits erwähnt, müssen die Projekte "im öffentlichen Interesse liegen" und "zusätzlich" sein (§261 SGB III).

- "Strukturanpassungsmaßnahmen" (SAM):[73] Dabei handelt es sich um eine Variante der "Arbeitsbeschaffungsmaßnahmen", von denen sie sich hauptsächlich in zwei Aspekten unterscheiden: Förderungswürdig sind Umweltschutzmaßnahmen, soziale Dienste, der Breitensport, die freie Kulturarbeit, der Städtebau, die Infrastruktur, das Wohnumfeld und die Jugendhilfe (§273 SGB III) und die Zielgruppenorientierung ist breiter gefasst, denn förderungsbedürftig sind Arbeitnehmer, wenn sie arbeitslos geworden oder von Arbeitslosigkeit bedroht sind.[74] Spezielle "Strukturanpassungsmaßnahmen Ost für Wirtschaftsunternehmen" (SAM OfW) galten früher für Ostdeutschland, insbesondere vergleichsweise einfache Zugangsregelungen und attraktive Lohnkostenzuschüsse.[75]

- "Eingliederungszuschüsse" (EZ):[76] Arbeitgeber können zur Eingliederung von Arbeitnehmern Zuschüsse erhalten, beispielsweise bei einer besonderen Einarbeitungsnotwendigkeit oder erschwerter Vermittlung von Arbeitnehmern und bei älteren Langzeitarbeitslosen. Die Regelförderung liegt je nach Typ des Eingliederungszuschusses zwischen 30 und 50 v.H. des Arbeitsentgeltes mit einer Laufzeit zwischen 6 und 24 Monaten, in besonderen Fällen kann eine umfangreichere Förderung zur Anwendung kommen.

Nochmals sei angemerkt, dass es darüber hinaus noch eine Reihe von weiteren Programmen für subventionierte Beschäftigungsverhältnisse gibt, wie etwa Beschäftigungshilfen für Langzeitarbeitslose[77] oder das "Sofortprogramm zum Abbau der Jugendarbeitslosigkeit".[78]

Zur dritten Gruppe von Instrumenten der aktiven Arbeitsmarktpolitik gehören schließlich Subventionen an Arbeitnehmer zur Förderung der Mobilität zwecks Aufnahme einer (neuen) regulären Beschäftigung. Mobilitätshilfen können zum einen in Form eines Überbrückungsgeldes (bis zur ersten Entgeltzahlung), als Hilfe bei der Finanzierung der Fahrtkosten, Arbeitskleidung und Arbeitsgeräte und Umzugskosten gewährt werden.[79] Zum anderen kann an Arbeitslose ein Überbrückungsgeld im Regelfall für die Dauer von sechs Monaten in Höhe des Arbeitslosengeldes oder der Arbeitslosenhilfe gezahlt werden, wenn sie ihre Arbeitslosigkeit durch Aufnahme einer

[73]§§272 bis 279 SGB III. Die SAM lösen die frühere "Produktive Arbeitsförderung" gemäß §249h AFG für die neuen Bundesländer und §242s AFG für Westdeutschland ab.

[74]SAM kann auch im Anschluss an ABM gewährt werden.

[75]Vgl. Schneider und Schultz (2001).

[76]§§217 bis 224 SGB III.

[77]Vgl. dazu Hagen und Steiner (2000), S. 136ff.

[78]Vgl. dazu das Fallbeispiel "JUMP".

[79]§53 bis 56 SGB III.

selbstständigen Tätigkeit beenden.[80]

Tabelle 10.1 fasst wesentliche quantitative Größenordnungen der Arbeitsmarktpolitik anhand der Teilnehmerzahlen und Ausgaben zusammen. Vorweg ist indes klarzustellen, dass damit der Umfang der Arbeitsmarktpolitik auch nicht annähernd vollständig erfasst wird. Zu den Aktivitäten der Bundesanstalt für Arbeit (BA) kommen noch Ausgaben der Gebietskörperschaften: Der Bund finanziert neben der Arbeitslosenhilfe, die in *Tabelle 10.1* enthalten ist, spezielle Programme wie die "Aktion Beschäftigungshilfe für Langzeitarbeitslose" oder "JUMP" (vgl. Fallbeispiel), während die Kommunen als Träger der Sozialhilfe oftmals in eigener Regie Maßnahmen zur Wiederbeschäftigung von Sozialhilfeempfängern durchführen und zur Finanzierung von Arbeitsbeschaffungs– und Strukturanpassungsmaßnahmen beitragen. Des Weiteren beteiligt sich der Europäische Sozialfond der EU an der Finanzierung ausgewählter arbeitsmarktpolitischer Maßnahmen. Eine grobe Schätzung der Gesamtausgaben für die Arbeitsmarktpolitik des Jahres 2000 in der Größenordnung von 70 Mrd. € ist vermutlich nicht zu hoch gegriffen.

Fallbeispiel: JUMP

Die Bundesregierung hat im Jahre 1999 ein "Sofortprogramm zum Abbau der Jugendarbeitslosigkeit – Ausbildung, Qualifizierung und Beschäftigung Jugendlicher" gestartet, welches in der Öffentlichkeit unter der Abkürzung "JUMP" für "Jugend mit Perspektiven" bekannt wurde. Finanziert wird JUMP durch Bundeszuschüsse und Mittel des Europäischen Sozialfonds (ESF) der EU. In den Jahren 1999 und 2000 wurden dafür jeweils rund 1 Mrd. € verausgabt.
Mit dem Programm wird das Ziel verfolgt, Jugendlichen (im Alter bis zu 25 Jahren) einen Ausbildungsplatz oder eine Ausbildung, Qualifizierung oder eine Beschäftigung zu vermitteln. Dazu sollen regionale Projekte zur Ausschöpfung und Erhöhung des betrieblichen Ausbildungsplatzangebots oder jeweils ein Ausbildungsjahr in einer außerbetrieblichen Stätte gefördert werden. Des Weiteren werden Hilfen beim Nachholen des Hauptschulabschlusses (Lehrgangskosten, Unterhaltszahlungen), bei der Weiterqualifikation und zur Unterstützung der Mobilität angeboten, Lohnkostenzuschüsse für arbeitslose Jugendliche gewährt und soziale Betreuungsmaßnahmen für im Hinblick auf ihre beruflichen Eingliederungschancen besonders benachteiligte Jugendliche finanziell unterstützt.
In den Förderjahren 1999 und 2000 haben rund 268 Tsd. Jugendliche an 308 Tsd. Einzelmaßnahmen teilgenommen.[a] Nach einer Befragung verfügten etwa 14 v.H. über keinen allgemeinbildenden Schulabschluss, jedoch immerhin 6 v.H. über Abitur. Über die Hälfte bejahte die Frage, ob in der Familie jemals eine Person langzeitarbeitslos gewesen sei. Ein halbes Jahr nach Abschluss einer JUMP–Maßnahme waren jeweils knapp ein Viertel der Teilnehmer arbeitslos oder (befristet oder unbefristet) beschäftigt, die übrigen Teilnehmer befanden sich unter anderem in schulischer Ausbildung oder einer anderen arbeitsmarktpolitischen Maßnahme.

[a] Quelle für die Angaben dieses Abschnitts: H. Dietrich, JUMP, das Jugendsofortprogramm, IAB Werkstattbericht Nr. 3/26.2.2001.

[80] §57 SGB III und Pfeiffer und Reize (2000).

Tabelle 10.1 : Ausgaben und Teilnehmer/Empfänger der Arbeitsmarktpolitik in Deutschland 1991–2000 in Mrd. € bzw. Tsd. Personen

Jahr	Passive Arbeitsmarktpolitik[a]			Aktive Arbeitsmarktpolitik[b]						
	Ausgaben insgesamt	darunter: Arbeitslosengeld		Ausgaben insgesamt	darunter FbW[c]		darunter ABM[d]		darunter SAM bzw. §242s AFG (ab 1998 inkl. SAM OfW)	
		Ausgaben	Bezieher[e]		Ausgaben	Teilnehmer[e]	Ausgaben	Teilnehmer[e]	Ausgaben	Teilnehmer[e]
1991	25.4	12.1	1 394	10.8	5.9	630	4.1	266	–	–
1992	28.8	16.1	1 681	20.0	9.6	854	6.8	466	–	–
1993	39.6	21.8	1 887	19.4	9.0	723	6.2	288	0.2	23
1994	41.8	23.5	1 913	17.4	6.9	563	4.6	250	0.9	88
1995	42.2	24.6	1 780	19.1	7.5	553	4.8	276	1.3	109
1996	46.2	28.5	1 989	20.0	7.9	538	4.7	261	1.1	93
1997	47.6	30.3	2 155	17.0	6.4	425	3.7	214	1.1	89
1998	44.3	27.0	1 987	18.3	6.4	345	3.8	210	2.4	174
1999	42.2	24.9	1 829	22.4	6.7	358	4.0	234	2.6	196
2000	38.7	23.6	1 695	21.0	6.8	352	3.7	204	1.4	110
JD[f]	39.7	23.2	1 831	18.5	7.3	534	4.6	267	1.3	110

a) Ausgaben des Bundes oder der Bundesanstalt für Arbeit für Arbeitslosengeld, Arbeitslosenhilfe, Kurzarbeitergeld, diverse Frühverrentungsprogramme (Vorruhestandsgeld, Alterübergangsgeld, Altersteilzeit), Schlechtwettergeld, Winter(ausfall)geld, Konkursausfallgeld.

b) Ausgaben des Bundes oder der Bundesanstalt für Arbeit für Förderung der beruflichen Weiterbildung und Fortbildung (FbW), Umschulung und Einarbeitung inklusive Unterhaltsgeld und die sogenannte "institutionelle Förderung" an die Maßnahmeträger, Lohnkostenzuschüsse (Eingliederungszuschüsse, Lohnkostenzuschüsse, "Förderung der Arbeitsaufnahme", "produktive Arbeitsförderung" etc.), Förderung der Ausbildung Jugendlicher. Maßnahmen zur Eingliederung von (Spät–)Aussiedlern und Behinderten, Arbeitsbeschaffungsmaßnahmen (ABM), Förderung der Aufnahme einer selbstständigen Tätigkeit, Beratung und Vermittlung, Strukturanpassungsmaßnahmen (SAM) Ost für Wirtschaftsunternehmen (SAM OfW).

c) Die Ausgaben setzen sich zusammen aus dem Unterhaltsgeld, den weiteren Ausgaben (insbesondere Sachkosten), dem Eingliederungsgeld für die nach dem 1.1.1990 eingereisten Aussiedler, die an FbW teilnehmen, sowie der institutionellen Förderung.

d) Ausgaben der BA und des Bundes, wie Programm "Aufschwung Ost" und ABM–Stabilisierungsprogramm. Inklusive "verstärkter Förderung" (§266 SGB III) der Arbeitsämter.

e) Jahresdurchschnittliche Bestandsgrößen.

f) Jahresdurchschnitte der Jahre 1991 bis 2000.

Quellen: Bundesanstalt für Arbeit; Hagen und Steiner (2000); eigene Berechnungen.

10.3.2 Evaluation

Angesichts eines Betrags in der Größenordnung von 20 Mrd. €, der im vergangenen Jahrzehnt in Deutschland jährlich für Maßnahmen der aktiven Arbeitsmarktpolitik ausgegeben wurde, stellt sich die Frage nach ihrem "Erfolg". War es gut verwendetes Geld oder hätte man es besser beim Steuer– und Beitragszahler belassen? Die Beantwortung dieser Frage ist Thema einer Literatur, welche unter der Überschrift "Evaluation arbeitsmarktpolitischer Maßnahmen" zu finden ist und mittlerweile einen beträchtlichen Umfang angenommen hat.[81] Woran liegt es, dass dieser Zweig der Arbeitsmarktforschung gleichwohl (noch) keine befriedigende Antwort auf die gestellte Frage zu geben im Stande ist?

Die Schwierigkeiten einer Erfolgskontrolle werden deutlicher, wenn die Anforderungen an eine Evaluation der Arbeitsmarktpolitik in Unterfragen zerlegt und dann genauer spezifiziert werden:

(i) Anhand welcher Kriterien soll der Erfolg gemessen werden?

(ii) Ist eine festgestellte Erfüllung der Erfolgskriterien eindeutig kausal auf die Teilnahme an dem zu evaluierenden Programm zurück zu führen und rechtfertigt der individuelle Erfolg, so er vorhanden ist, die direkten Kosten der Maßnahme?

(iii) Ergeben sich (unbeabsichtigte) indirekte Effekte auf andere Wirtschaftssubjekte auf Grund des betreffenden arbeitsmarktpolitischen Programms?

In der Evaluationsforschung firmieren (ii) und (iii) als das mikroökonomische beziehungsweise makroökonomische Evaluationsproblem. Alle drei Aspekte werden im Folgenden etwas näher beleuchtet.

Der erste Aspekt betrifft die Definition des Erfolgskriteriums. Zuerst geht es darum, die individuellen Beschäftigungsperspektiven des Teilnehmers an einer Maßnahme zu verbessern. Das Erfolgskriterium besteht dann darin, ob das arbeitsmarktpolitische Programm verbesserte Wiedereinstellungschancen von Arbeitslosen – möglichst in einem ihren individuellen Fähigkeiten ungefähr entsprechenden Beschäftigungsverhältnis – zur Folge hat. Im Hinblick auf die Operationalität des Erfolgskriteriums können prinzipiell auch die Verringerung einer potenziellen Arbeitslosigkeit derzeit beschäftigter Arbeitnehmer und stabilere Einkommensverläufe als Testgrößen ins Blickfeld genommen werden.

Wesentlich diffuser wird die Bewertung der aktiven Arbeitsmarktpolitik, wenn deren programmatische Rechtfertigung lautet, es sei "besser Arbeit statt Arbeitslosigkeit zu finanzieren", und diese Arbeit zudem als "gesellschaftlich nützliche Arbeit" näher charakterisiert wird. Während sich die weitgehende Inhaltslosigkeit des zuletzt genannten Attributs schnell herausstellt, wenn das Gegenteil erfragt wird, muss der zuerst erwähnte Slogan im Einzelfall gar nicht so falsch sein. Diskussionswürdig bleiben Programme zur Förderung arbeitsloser Problemgruppen, selbst wenn die späteren Eingliederungschancen in das Erwerbsleben niedrig veranschlagt werden. Gleichwohl müssen sich solche Programme Fragen nach ihrer Effizienz und ihren Kosten gefallen lassen. Abwegig, wenn in der politischen Praxis vielleicht auch nicht völlig

[81] Vgl. dazu die Literaturauswahl in *Abschnitt 10.4*.

wirklichkeitsfremd, ist schließlich das insgeheime Ziel der Beschönigung der Arbeitslosenstatistik, um die öffentliche Besorgnis über das Ausmaß der Arbeitslosigkeit zu beschwichtigen oder gar beschäftigungspolitische Errungenschaften vorzutäuschen.

Beim zweiten Aspekt geht es um das mikroökonomische Evaluationsproblem und hierbei zunächst um die Frage, ob ein festgestellter Erfolg einer Maßnahme wirklich von dieser bewirkt wurde oder ob er sich nicht auch ohne sie eingestellt hätte. Beispielsweise könnte sich eine höhere Beschäftigungschance nach Durchlaufen eines arbeitsmarktpolitischen Programms allein auf Grund einer mittlerweile wesentlich verbesserten Arbeitsmarktlage ergeben haben, oder bei den Maßnahmeteilnehmern handelt es sich von vornherein um qualifizierte und motivierte Arbeitslose. Dieser Vorbehalt macht deutlich, dass von einem einfachen "Vorher–Nachher Vergleich" nicht unbedingt auf den Erfolg einer Maßnahme geschlossen werden kann. Eine solche Vorgehensweise erfreut sich dennoch einer Beliebtheit, wenn etwa im Rahmen von Untersuchungen des Verbleibs von Arbeitslosen, nachdem sie eine Maßnahme absolviert haben, konstatiert wird: "Untersuchung bestätigt Erfolg der beruflichen Fortbildung von Arbeitslosen. Zwei Drittel der Teilnehmer an Fortbildungsmaßnahmen der Arbeitsämter waren innerhalb eines halben Jahres nach Kursende nicht mehr arbeitslos."[82] Wäre ohne das Programm nicht vielleicht dieselbe Prozentzahl erreicht worden, oder möglicherweise sogar eine höhere, weil die Arbeitslosen ohne Teilnahme an der Maßnahme (intensiver) nach einem Arbeitsplatz gesucht hätten? Ähnliche Probleme ergeben sich beispielsweise in der Pharmakologie, wenn ein neues Medikament auf seine Wirksamkeit getestet werden soll. Wäre der Patient, dem es verabreicht wurde, nicht vielleicht auch ohne das Medikament gesundet, oder gar viel rascher, weil das Medikament (unbeobachtete) nachteilige Nebenwirkungen zur Folge hatte?

Das beschriebene Evaluationsproblem liegt letztlich in der Unmöglichkeit begründet, dass *dieselbe* Person *gleichzeitig* in zwei unterschiedlichen Zuständen leben kann – einmal als Teilnehmer an einer arbeitsmarktpolitischer Maßnahme und einmal eben nicht, oder als Patient, der einmal mit dem Medikament behandelt wurde und einmal eben nicht. Angesichts dieser Unmöglichkeit geht es bei den verschiedenen Methoden der Evaluationsforschung darum, dem logisch nicht herstellbaren Idealzustand möglichst nahezukommen, indem eine adäquate "Kontrollgruppe" gebildet wird, welche die Maßnahme oder den Medikamententest nicht durchläuft, aber ansonsten in möglichst vielen Eigenschaften ein getreues Abbild der Maßnahmeteilnehmer darstellt. Anders formuliert versucht man, eine kontrafaktische Situation zu simulieren, nämlich herauszufinden, wie es den Teilnehmern ergangen wäre, hätten sie sich nicht an der Maßnahme beteiligt. Der Vergleich zwischen der Teilnehmergruppe und der Kontrollgruppe erlaubt aber nur unter bestimmten Voraussetzungen eine unverzerrte Schätzung eines tatsächlichen Maßnahmeerfolgs. Die mögliche Verzerrung wird in der Literatur "Selektionsverzerrung" genannt.[83] Sie beruht darauf, dass sich bestimmte Personen vermöge beobachtbarer und/oder unbeobachtbarer individueller Charakteristika in die Gruppe der Maßnahmeteilnehmer entweder selbst hinein "selektieren" oder von außen hinein gewählt werden, sodass die Gruppe der Maßnahmeteilnehmer nicht mehr als repräsentativ für die Gesamtheit der Arbeitslosen gelten kann, der festgestellte Er-

[82] Presseinformation 06/02 der Bundesanstalt für Arbeit vom 22.1.2002.

[83] Das Phänomen einer Selektionsverzerrung findet sich sehr häufig in der empirischen Arbeitsmarktökonomik und wurde bereits in *Abschnitt 2.5.1.2* bei der Schätzung von Arbeitsangebotsfunktionen ausführlich behandelt.

folg mithin nicht (nur) der Maßnahme, sondern der Selektion zuzurechnen ist. Als Beispiel für eine Selbst–Selektion mögen die vorher erwähnten, vergleichsweise qualifizierten und motivierten Arbeitslosen dienen, während eine Fremd–Selektion durch den Arbeitsvermittler stattfinden kann, der möglicherweise zwecks Steigerung der Erfolgsquote seiner Bemühungen vorzugsweise eben solche Arbeitslose als Maßnahmeteilnehmer auswählt. Liegt eine Selektion vor, dann sind die Wahrscheinlichkeit einer Teilnahme an einem Programm und deren Erfolg für die betreffende Person nicht mehr voneinander unabhängig, und darin liegt die Ursache für die mögliche Verzerrung der Schätzung des Maßnahmeerfolges.

Diese Einsichten können anhand einer etwas formaleren Darstellung präzisiert werden. S sei eine Indikatorvariable für den Teilnahmestatus, die für Teilnehmer (T) den Wert eins und für Nichtteilnehmer (N) den Wert null annimmt. Das individuelle Ergebnis einer Maßnahme für einen Teilnehmer i werde mit Y_i^T bezeichnet. Hätte *derselbe* Teilnehmer i nicht an der betreffenden Maßnahme teilgenommen, so wäre er mit einer Situation Y_i^N konfrontiert. Beispielsweise könnte mit Y_i^T das Ergebnis "beschäftigt" und mit Y_i^N die Situation "arbeitslos" *derselben* Person gemeint sein. Für eine Gruppe von Teilnehmern mit individuellen Charakeristika x (als Vektor aus einer Gesamtheit X) lässt sich der für diese Gruppe mittlere Maßnahmeeffekt $A(x)$ wie folgt schreiben:

$$\begin{aligned} A(x) &= E(Y^T - Y^N | S = 1, X = x) \\ &= E(Y^T | S = 1, X = x) - E(Y^N | S = 1, X = x). \end{aligned} \tag{10.1}$$

E ist der Erwartungsoperator (über alle i mit $X = x$). Aus Beobachtungen direkt schätzbar ist $E(Y^T|S = 1, X = x)$, also die Situation, in der sich die Teilnehmer nach Absolvierung der Maßnahme befinden. Den Term $E(Y^N|S = 1, X = x)$ zu beobachten, ist unmöglich, weil kontrafaktisch, denn es ist ausgeschlossen, dass *dieselbe* Person sich *gleichzeitig* in zwei unterschiedlichen Zuständen (hier: Teilnahme versus Nichtteilnahme) befindet. Ebenfalls nahezu unverzerrt schätzbar wäre hingegen $E(Y^N|S = 0, X = x)$, vorausgesetzt es gelingt, diese Gruppe im Hinblick auf $X = x$ zu identifizieren. Dies ist leichter gesagt als getan, denn der Vektor x kann neben Charakteristika wie Alter, Schul– und Berufsausbildung Merkmale enthalten, die zwar beobachtbar sind, über die indessen (im Datensatz) keine Informationen vorliegen, wie etwa persönliches Erscheinungsbild, oder die kaum beobachtbar und daher unbekannt sind, wie Arbeitsmoral und Teamfähigkeit.

Abgesehen von dieser beobachtbaren und unbeobachtbaren Heterogenität erlaubt Gleichung (10.1) außerdem die Formalisierung der bereits beschriebenen Selektionsverzerrung. Erweiterung um $E(Y^N|S = 0, X = x)$ und Umformung liefern:

$$\begin{aligned} A(x) = {} & [E(Y^T|S = 1, X = x) - E(Y^N|S = 0, X = x)] \\ & + \{E(Y^N|S = 0, X = x) - E(Y^N|S = 1, X = x)\}. \end{aligned} \tag{10.2}$$

Der Term in eckigen Klammern stellt den kausalen Effekt der Maßnahme dar, sofern – wie eben diskutiert – $E(Y^N|S = 0, X = x)$ eine adäquate Repräsentation des unmöglich zu beobachtenden Ausdrucks $E(Y^N|S = 1, X = x)$ darstellt. Der Term in geschweiften Klammern erfasst die Selektionsverzerrung. Sie nimmt den Wert null an, wenn die Gruppe der Nichtteilnehmer ($S = 0$) im Durchschnitt dasselbe Ergebnis Y^N erzielt wie die Gruppe der Teilnehmer ($S = 1$). Bei Vorhandensein einer Selektionsverzerrung hängen mithin die Teilnahmewahrscheinlichkeit und das Maßnahmeergebnis voneinander ab; die Literatur spricht davon, dass die "Annahme der bedingten Unabhängigkeit" verletzt sei.[84] Eine weitere erforderliche Annahme bezieht sich auf die Stabilität von $E(Y^N|S = 0, X = x)$ bezüglich einer arbeitsmarktpolitischen Maßnahme.[85] Gemeint sind damit unter anderem potenzielle indirekte Effekte der Arbeitsmarktpolitik auf Nichtteilnehmer in Form von Verdrängungseffekten.[86]

Bevor auf Methoden der Konstruktion einer Kontrollgruppe eingegangen wird, sei ein Verfahren angedeutet, welches die Eignung einer Personengruppe als Kontrollgruppe testet und in der Literatur als Vor–Programm–Test bezeichnet wird.[87] Die Idee dieses Tests besteht zum einen darin, dass sich ohne Selektionsverzerrung oder nach deren erfolgreicher Korrektur Teilnehmer und Nichtteilnehmer bezüglich der Ergebnisvariablen Y^N nicht signifikant voneinander unterscheiden sollten. Zum anderen kann ein von einer arbeitsmarktpolitischen Maßnahme kausal verursachtes Ergebnis logischerweise nicht bereits zu einem Zeitpunkt vor Beginn der Maßnahme erzielt worden sein. Wenn dies bei der Gruppe der Teilnehmer vor Beginn des Programms dennoch festgestellt wird, dann kann das nicht auf die Maßnahme, sondern nur auf verbliebene Heterogenität zwischen Teilnehmern und Nichtteilnehmern zurückgeführt werden.[88] Dies ist der Grundgedanke des Vor-Programm-Tests. Eine Schwierigkeit ergibt sich jedoch aus möglichen Antizipationseffekten dergestalt, dass sich das Verhalten und/oder die Arbeitsmarktsituation von Teilnehmern kurz vor Eintritt in die Maßnahme verändert, etwa weil diese ihre Suchanstrengungen nach einem Arbeitsplatz verringern.[89] Deshalb sollte "Vor"–Programm zeitlich nicht zu eng definiert oder zwischen kurz– und langfristigen Vor–Programm–Effekten unterschieden werden.[90]

Das Problem einer potenziellen Selektionsverzerrung könnte weitgehend durch ein "soziales Experiment" in der Form umgangen werden, dass aus einer Grundgesamtheit von prinzipiell teilnahmeberechtigten und teilnahmewilligen Personen durch eine zufällige Auswahl die Gruppe der Teilnehmenden bestimmt sind.[91] Allerdings werden in Deutschland – im Gegensatz zu den Vereinigten Staaten – Bedenken gegen solche sozialen Experimente erhoben, weil bestimmten Personen ohne eigenes Verschulden

[84] Diese Annahme firmiert in der angelsächsischen Literatur unter der einprägsamen Abkürzung CIA für "conditional independence assumption".

[85] Sie wird in der angelsächsischen Literatur als "stable unit treatment value assumption" (SUTVA) bezeichnet.

[86] Vgl. dazu weiter unten.

[87] Vgl. Heckman und Hotz (1989) für einen solchen "preprogram test" (PPT).

[88] Dies festzustellen kann beispielsweise dadurch bewerkstelligt werden, dass man in einer Regressionsgleichung mit einer Zustandsvariable (Beschäftigung, Arbeitslosigkeit) vor Maßnahmeneintritt als abhängiger Variable testet, ob eine Dummy-Variable signifikant ist, die angibt, dass die betreffende Person später an einer Maßnahme teilnimmt. Erweist sich der Einfluss dieser Dummy-Variable als für die Gruppe der späteren Teilnehmer statistisch signifikant, dann liegt Heterogenität vor.

[89] In der Literatur ist dieses Phänomen als Ashenfelters Tal (engl.: Ashenfelter's dip) bekannt, nach Ashenfelter (1978) benannt.

[90] Vgl. dazu Fitzenberger und Prey (2000).

[91] Heckman, LaLonde und Smith (1999) weisen allerdings auf einige Einschränkungen hin, welche selbst bei sozialen Experimenten zu einer Selektionsverzerrung führen können (ebenda S. 1905ff.).

eine ihre Situation möglicherweise verbessernde Chance vorenthalten wird, anderen hingegen nicht. Als wie berechtigt diese Einwände eingeschätzt werden mögen – in der pharmakologischen Anwendungsforschung stellen vergleichbare Experimente die tägliche und weithin akzeptierte Praxis dar –, solange sich kein Wandel in der diesbezüglichen Einstellung der Gesellschaft in Deutschland abzeichnet, muss sich die Evaluation arbeitsmarktpolitischer Maßnahmen anderer Instrumente bedienen. Ohne Anspruch auf Vollständigkeit seien die folgenden, in der Literatur am häufigsten angeführten Verfahren skizziert:[92]

(i) Traditionelle parametrische Regressionsverfahren schätzen sowohl das Maßnahmeergebnis wie auch die Teilnahmewahrscheinlichkeit in Abhängigkeit beobachtbarer Variablen. Analog zur Schätzung von Arbeitsangebotsfunktionen wird die Indikatorvariable S mit Hilfe eines Probitmodells in Abhängigkeit individueller Charakteristika als lineare Funktion geschätzt ("lineare Kontrollfunktion–Schätzung").[93] Diese Schätzgleichung wird dann in einen Quotienten aus ihrer Dichte– und Verteilungsfunktion transformiert und dieser in die Schätzgleichung für das Maßnahmeergebnis als zusätzliche Variable eingesetzt.[94] Damit wird eine mögliche Selektionsverzerrung des Maßnahmeergebnisses korrigiert, jedoch kritisiert die Literatur mitunter dieses Verfahren im Hinblick auf fehlspezifizierte und restriktive Formen der Kontrollfunktion.[95]

(ii) Matching-Verfahren versuchen, aus dem Datensatz für jeden Teilnehmer mit individuellen Charakteristika x einen entsprechenden Nichtteilnehmer mit möglichst gleichen Merkmalen als Mitglied der Kontrollgruppe zu finden. Ein direkter Vergleich einzelner Charakteristika ("exaktes Matching") stößt um so eher an Grenzen, je größer ihre Anzahl und je geringer der zur Verfügung stehende Stichprobenumfang ist. Wenn allerdings die oben erwähnte Annahme der bedingten Unabhängigkeit zutrifft und die Teilnahmewahrscheinlichkeit strikt größer null und kleiner eins ist, dann lässt sich dieses Dimensionalitätsproblem erheblich reduzieren. Dazu berechnet man die Wahrscheinlichkeit der Teilnahme an einer Maßnahme in Abhängigkeit der beobachteten Charakteristika x und ordnet auf der Basis dieser Wahrscheinlichkeit jedem Teilnehmer einen "vergleichbaren" Nichtteilnehmer zu.[96]

(iii) Der "Differenz–von–Differenzen Schätzer" (DvD–Schätzer) stellt eine Erweiterung eines einfachen Vorher-Nachher-Vergleichs dar und eignet sich zur Eliminierung zeitinvarianter linearer Selektionseffekte, weil sich diese bei der Bildung erster zeitlicher Differenzen aufheben. Insbesondere eine Selektion hinsichtlich unbeobachtbarer Variablen kann so korrigiert werden, jedenfalls solange diese zeitinvariant sind. Jeweils für die Teilnehmer und die Nichtteilnehmer werden

[92] Vgl. dazu Fitzenberger und Speckesser (2000) und Hagen und Steiner (2000).

[93] Vgl. *Abschnitt 2.5.1.2*

[94] Die Vorgehensweise ist analog zu der $M(\cdot)$–Variablen in Gleichung (2.80) ebenda.

[95] Fitzenberger und Speckesser (2000), S. 361f., Heckman, LaLonde und Smith (1999), S. 1956ff. und Lechner (1998), S. 31ff.

[96] In der Literatur wird diese Wahrscheinlichkeit "propensity score" und das Verfahren als "caliper–matching" ("caliper" bedeutet Greifzirkel) oder als eine Variante einer "nearest-neighbor matching"–Schätzung bezeichnet. Für Evaluationsstudien der Arbeitsmarktpolitik in Deutschland wird meistens der Ansatz von Lechner (1998) verwendet.

separat die Differenz der Ergebnisvariable Y vor der Maßnahme (im Zeitpunkt τ) und nach ihrer Beendigung (im Zeitpunkt t) gebildet:

$$E(Y_t|S=1, X=x) - E(Y_\tau|S=1, X=x) \tag{10.3}$$

beziehungsweise

$$E(Y_t|S=0, X=x) - E(Y_\tau|S=0, X=x) \tag{10.4}$$

Die Differenz dieser beiden Differenzen ergibt dann den kausalen Effekt der Maßnahme auf das Ergebnis Y. Vorraussetzung für die Anwendung dieser Methode ist die Verfügbarkeit von Individualdaten für mehrere Zeitperioden (Paneldaten). Einschränkungen der Anwendung ergeben sich bei Erfolgskriterien, die als $0,1$–Variable gemessen werden (weil die fixen Effekte durch Differenzenbildung nicht einfach eliminiert werden können), und bei Verhaltensänderungen vor Programmbeginn, wie sie oben im Zusammenhang mit "Ashenfelters Tal" erwähnt wurden.[97]

Der dritte Aspekt bei der Evaluation arbeitsmarktpolitischer Maßnahmen bezieht sich auf die Frage, in welchem Umfang sie (unbeabsichtigte) indirekte Effekte auf andere Wirtschaftssubjekte aufweisen, womit nicht nur arbeitslose Nichtteilnehmer, sondern auch Beschäftigte und Investoren gemeint sein können.[98] In der Tat sind in diesem Zusammenhang eine ganze Reihe von Wirkungen denkbar – vorteilhafte und nachteilige.

Als Vorteil wird die Verbesserung der Matching-Effizienz angesehen, weil das Humankapital der Arbeitslosen besser der qualifikatorischen Struktur der Arbeitsnachfrage angepasst werden kann.[99] Dies kann positive Beschäftigungseffekte zur Folge haben, möglicherweise unterstützt durch eine moderatere Lohnentwicklung, sei es vermittelst der nunmehr geringeren Konkurrenz der Unternehmen um qualifizierte Arbeitskräfte, sei es, weil jetzt die qualifizierten Arbeitslosen ein ernstzunehmenderes Substitut für die Insider darstellen[100], oder sei es, weil der Einsatz der aktiven Arbeitsmarktpolitik bisher entmutigte Personen motiviert, ihre Erwerbsorientierung zu realisieren, womit das Arbeitsangebot steigt. Andererseits verringert eine breit angelegte aktive Arbeitsmarktpolitik den individuellen Wohlfahrtsverlust einer Arbeitslosigkeit, da sie die mit ihr verbundene Entwertung des Humankapitals hemmt; dies kann mit einer aggressiveren Lohnpolitik der Gewerkschaften einher gehen.

Selbst wenn die aktive Arbeitsmarktpolitik individuell betrachtet mit Erfolg in Form einer höheren Beschäftigungswahrscheinlichkeit gekrönt ist, kann sich dies auf der gesamtwirtschaftlichen Ebene, netto betrachtet, relativieren, wenn Verdrängungs- und/oder Mitnahmeeffekte zu Buche schlagen.[101] Eine Verdrängung liegt vor, wenn Unternehmen mit subventionierter Beschäftigung ihren Marktanteil zu Lasten von

[97] Vgl. Heckman, LaLonde und Smith (1999), S. 1982ff. für Erweiterungen der DvD–Methode.

[98] Die Abwesenheit solcher indirekter Effekte stellte eine wichtige Annahme für die Vermeidung von Selektionseffekten im Rahmen der mikroökonometrischen Analyse dar. Vgl. die oben angesprochene SUTVA–Bedingung.

[99] Vgl. *Kapitel 6* für eine eingehende Diskussion des Matching auf dem Arbeitsmarkt.

[100] Die diesem Argument zu Grunde liegende Insider–Outsider Theorie wird in *Abschnitt 8.3* behandelt.

[101] Vgl. dazu Calmfors (1994) sowie Hagen und Steiner (2000), S. 40ff.

Unternehmen, deren Arbeitseinsatz staatlicherseits nicht gefördert wird, ausweiten, da sie mit niedrigeren Lohnkosten konkurrieren können. Dies kann zudem Investitionen und Firmenneugründungen nachteilig beeinflussen. Mitnahmeeffekte ergeben sich, wenn Arbeitslose, die auch ohne Maßnahmen einen entsprechenden Arbeitsplatz gefunden hätten, an diesen teilnahmen, oder wenn Unternehmen entweder den betreffenden Arbeitslosen unabhängig von Lohnsubventionen eingestellt hätten oder sogar ihre Arbeitnehmer gegen staatlich geförderte Arbeitslose ersetzen. Unbestritten sind der Arbeitsverwaltung diese Probleme bewusst und sie versucht, mit Einschränkungen gegenzusteuern. So wird die Unbedenklichkeit einer Arbeitsbeschaffungsmaßnahme gegenüber privaten Aktivitäten vorher mit den zuständigen regionalen Kammerverbänden abgeklärt (§9 Abs. 3 SGB III) und es muss sich um "zusätzliche und im öffentliche Interesse liegende" Arbeiten handeln (§260 Abs. 1 SGB III). Bei Eingliederungszuschüssen an Arbeitgeber, wenn diese Problemgruppen von Arbeitslosen einstellen (§§217 ff. SGB III), ist die Förderung ausgeschlossen, wenn "zu vermuten ist, dass der Arbeitgeber die Beendigung eines Beschäftigungsverhältnisses veranlasst hat, um einen Eingliederungszuschuss zu erhalten" (§223 Abs. 1 SGB III). Gleichwohl bedarf es der empirischen Überprüfung, inwieweit diese Restriktionen tatsächlich greifen.

Schließlich ist der Finanzierungsaspekt der aktiven Arbeitsmarktpolitik ins Blickfeld zu nehmen; rund 20 Mrd. € Ausgaben dafür jährlich in Deutschland sind alles andere als eine vernachlässigbare Petitesse. Die Besteuerung führt zu verzerrten Entscheidungen der Wirtschaftssubjekte und damit zu einem Wohlfahrtsverlust.[102] Insoweit die Traglast zunächst einmal bei den Unternehmen verbleibt, büßen sie an internationaler Wettbewerbsfähigkeit ein.[103] Unabhängig von der Finanzierung durch Steuern oder Beiträge zur Arbeitslosenversicherung verbreitert sich der Keil zwischen Produktlohn und Konsumlohn, mit entsprechenden Auswirkungen auf die Lohnbildung.[104]

Schon diese kursorische Auflistung möglicher indirekter Effekte legt nahe, dass deren Quantifizierung erhebliche Schwierigkeiten bereitet. Als Analyseinstrumente kommen zum einen internationale Vergleichsstudien, zum anderen allgemeine Gleichgewichtsmodelle und makroökonometrische Modelle in Betracht. Internationale Querschnittsdaten bieten sich vor allem dann an, wenn die zeitliche Variation der Maßnahmen in einer auf nationalen Daten beruhenden Zeitreihenanalyse zu gering oder deren Beobachtungszeitraum zu kurz ist. Internationale Querschnittsstudien sind indessen mit dem ernsten Problem behaftet, dass die institutionellen Regelungen zu vielfältig sind, um sie adäquat zu messen und einer ökonometrischen Analyse zugänglich zu machen. Damit besteht die Gefahr einer unzulänglichen Identifikation der eigentlich interessierenden Effekte. Daher bedient sich die Literatur häufig gesamtwirtschaftlicher Modelle, deren Konstruktion und Erstellung indessen ziemlich aufwendig ist. Gemeinsam ist allen Verfahren das Problem der Endogenität der Variablen, welche die Maßnahmen der aktiven Arbeitsmarktpolitik repräsentieren. In der Regel dürften die Ausgaben dafür nicht unabhängig von der Situation auf dem Arbeitsmarkt sein, von genau der Variablen also, die gerade erklärt werden soll, wenn es beispielsweise um die

[102]Vgl. Fallbeispiel: Wohlfahrtsverlust einer Einkommenssteuer in *Abschnitt 2.2.4*.

[103]Die Zahllast von unternehmensbezogenen Steuern bleibt bei den Unternehmen, aber ihre Traglast wird zu einem überwiegenden Teil und nach Beendigung von Anpassungsprozessen an die Arbeitnehmer überwälzt, beispielsweise durch Preiserhöhungen oder Arbeitsplatzverluste.

[104]Vgl. dazu *Abschnitt 8.1* und Ende des *Abschnitts 8.2*.

Höhe der Beschäftigung in Abhängigkeit unter anderem der aktiven Arbeitsmarktpolitik geht. Die daraus resultierende Verzerrung der Schätzungen der Maßnahmeeffekte muss durch geeignete ökonometrische Verfahren korrigiert werden.

10.3.3 Erfolgsbilanz

Trotz vielversprechender Ansätze hat die Evaluation arbeitsmarktpolitischer Maßnahmen in Deutschland noch nicht den Stand erreicht, der Urteile auf gesicherter Grundlage abzugeben berechtigte. Die Literatur für die Vereinigten Staaten ist da wesentlich weiter, auch die Schweiz verzeichnet diesbezüglich Vorsprünge.[105] Das Defizit hier zu Lande liegt – wie vorliegende Studien für Deutschland eindrucksvoll belegen – nicht etwa an mangelnder Methodenkompetenz, sondern hauptsächlich an der unzureichenden Verfügbarkeit von geeigneten Individualdaten für die Wissenschaft, wobei dies wiederum Ausfluss des bisher jedenfalls nicht übermäßig starken Interesses an einer solchen Evaluation sein mag. Während Bürger der Vereinigten Staaten staatlichen Aktivitäten von jeher mit größerer Skepsis begegnen und deshalb den Gegenwert ihrer gezahlten Steuern sehr viel genauer zu erfahren wünschen, mag vielleicht in Deutschland die Befürchtung – unbeschadet ihrer Berechtigung – einer möglichen Erosion von Besitzständen einer energischer betriebenen Evaluation im Wege stehen: Die aktive Arbeitsmarktpolitik stellt für ihre Trägergesellschaft häufig eine auskömmliche Geschäftsgrundlage, für zahlreiche Beschäftigte der BA ein als unentbehrlich angesehenes Tätigkeitsfeld und für die Regierung eine Versuchung zur Kosmetik des tatsächlichen Ausmaßes der Arbeitslosigkeit dar, der zu widerstehen mitunter schwer fallen dürfte. Die Steuer- und Beitragszahler und die Arbeitsmarktforschung bildeten bislang, obgleich mehr beziehungsweise weniger schweigend, die Hauptinteressengruppe für Informationen darüber, ob die Ausgaben für die aktive Arbeitsmarktpolitik als gut angelegtes Geld gelten können.

Wenn sich der Datenzugang für die Evaluationsforschung auch wesentlich zu verbessern anschickt, so beruhten bisherige ökonometrische Analysen für die aktive Arbeitsmarktpolitik auf einer unzureichenden datenmäßigen Grundlage. Unter diesem erheblichen Vorbehalt sind diese Studien zu würdigen, welche in Fitzenberger und Speckesser (2000) sowie Hagen und Steiner (2000) umfassend zusammengestellt und bewertet werden, sodass sich eine erneute Gesamtschau erübrigt.

Trotz unterschiedlicher Resultate, bedingt durch die Daten- und Methodenvielfalt, und selbst unter den gemachten Vorbehalten scheint es fair zu sein, den Erfolg der aktiven Arbeitsmarktpolitik skeptisch zu beurteilen. In den mikroökonometrischen Evaluationsstudien erbringen nur wenige Maßnahmen signifikant positive Ergebnisse etwa im Hinblick auf gestiegene Beschäftigungswahrscheinlichkeiten und kausal von diesen Maßnahmen verursacht. Sicherlich: Im Verlauf ihrer Anwendung hat sich die Effizienz einiger arbeitsmarktpolitischer Instrumente verbessert, wie beispielsweise in Ostdeutschland. Des Weiteren evaluieren diese Studien in der Regel mittlere Effekte, sie differenzieren aus Gründen der Datenverfügbarkeit nicht (hinreichend) zwischen einzelnen speziellen Programmen. Gleichwohl: Nach bisherigen Erkenntnissen kann

[105] Vgl. die Übersicht bei Heckman, LaLonde und Smith (1999). In der Schweiz hat das Staatssekretariat für Wirtschaft (seco) mehrere Forschungsprojekte für eine gesamtschweizerische Evaluation der aktiven Arbeitsmarktpolitik finanziert und datenmäßig sehr gut unterstützt; Zusammenfassungen der einzelnen Studien finden sich in "Die Volkswirtschaft", Heft 4 (2000).

von einer beachtenswerten Erfolgsbilanz der aktiven Arbeitsmarktpolitik keine Rede sein, aber möglicherweise ändert sich diese Einschätzung, sobald die Evaluationsforschung einen entscheidenden Schritt weiter gekommen ist.

10.4 Literaturauswahl

Grundlegende Ausführungen zu Konjunktur und Wachstum finden sich in jedem Lehrbuch zur Makroökonomik. Gezielt auf die Beschäftigung(–spolitik) gehen ein:

- B. Gahlen , H. Hesse und H.J. Ramser (Hrsg.)(1996), Arbeitslosigkeit und Möglichkeiten ihrer Überwindung, Tübingen (Mohr und Siebeck)
- O. Landmann und J. Jerger (1999), Beschäftigungstheorie, Berlin (Springer)
- J. Zerche, W. Schönig und D. Klingenberger (2000), Arbeitsmarkttheorie und –politik, München (Oldenbourg).

Stellungnahmen und Empfehlungen von unabhängigen Institutionen zur aktuellen Beschäftigungssituation in Deutschland enthalten die jeweiligen Jahresgutachten des Sachverständigenrates zur Begutachtung der gesamtwirtschaftlichen Entwicklung (www.sachverstaendigenrat.org), die Frühjahrs– und Herbstgutachten der Arbeitsgemeinschaft deutscher wirtschaftswissenschaftlicher Forschungsinstitute (jeweils abgedruckt in den periodisch erscheinenden Reihen der beteiligten Institute, also beispielsweise in den Wochenberichten des Deutschen Instituts für Wirtschaftsforschung, DIW, www.diw.de), die Monatsberichte der Deutschen Bundesbank (www.bundesbank.de) sowie Publikationen der OECD (www.oecd.org), insbesondere die speziellen Länderberichte (OECD Economic Surveys – Germany). Darlegungen aus der Sicht der Bundesregierung finden sich – Stand: September 2002 – in dem zu Beginn eines jeden Jahres veröffentlichten Jahreswirtschaftsbericht (herausgegeben vom Bundesministerium der Finanzen, www.bundesfinanzministerium.de) und in dem Mitte eines Jahres erscheinenden Wirtschaftsbericht (herausgegeben vom Bundesministerium für Wirtschaft und Technologie, www.bmwi.de).

Eine Übersicht über die einzelnen Maßnahmen der aktiven Arbeitsmarktpolitik in Deutschland bietet das Buch von

- T. Hagen und V. Steiner (2000), Von der Finanzierung der Arbeitslosigkeit zur Förderung von Arbeit, ZEW Wirtschaftsanalysen, Schriftenreihe des ZEW Bd. 51, Baden–Baden (Nomos).

Die drei folgenden Werke stellen breiter angelegte Übersichten dar. Dabei liegt der Schwerpunkt der formal meist anspruchsvollen Studien von

- J.J. Heckman, R.J. LaLonde und J.A. Smith (1999), The Economics and Econometrics of Active Labour Market Programs. In: O. Ashenfelter u. D. Card (Hrsg.), Handbook of Labor Economics, Bd. 3A, S. 1865–2097, Amsterdam (Elsevier)

und

- M. Lechner und F. Pfeiffer (Hrsg.)(2001), Econometric Evaluation of Labour Market Policies, ZEW Economic Studies Bd. 13, Heidelberg (Physica)

auf methodischen Aspekten der mikroökonomischen Evaluationsforschung, während das Buch von

- G. Schmid, J. O'Reilly und K. Schömann (Hrsg.)(1996), International Handbook of Labour Market Policy and Evaluation, Cheltenham (Edward Elgar)

eine umfangreiche Aufsatzsammlung zu nahezu allen Aspekten der Arbeitsmarktpolitik und ihrer Evaluation enthält und mit wenigen Ausnahmen weniger formal ausgerichtet ist.

Kürzere Darstellungen, streckenweise leicht verständlich, finden sich neben dem oben angeführten Buch von Hagen und Steiner (2000) in:

- B. Fitzenberger und S. Speckesser (2000), Zur wissenschaftlichen Evaluation der Aktiven Arbeitsmarktpolitik in Deutschland: Ein Überblick, Mitteilungen aus der Arbeitsmarkt- und Berufsforschung 33(3), S. 357–370.
- O. Hübler (1997), Evaluation beschäftigungspolitischer Maßnahmen in Ostdeutschland, Jahrbücher für Nationalökonomie und Statistik 261(1), S. 21–44.

Literaturverzeichnis

Abowd, J.M. und Ashenfelter, O. (1981). Anticipated Unemployment, Temporary Layoffs, and Compensating Wage Differentials, *in:* S. Rosen (Hrsg.), *Studies in Labor Markets*, University of Chicago Press, Chicago, S. 141–170.

Abraham, K.G. und Haltiwanger, J.C. (1995). Real Wages and the Business Cycle, *Journal of Economic Literature* 33, S. 1215–1264.

Addison, J.T. (1989). On Modelling Union Behavior, *Ökonomie und Gesellschaft. Die Gewerkschaft in der ökonomischen Theorie* Jahrbuch 7, S. 13–71.

Addison, J.T., Genosko, J. und Schnabel, C. (1989). Gewerkschaften, Produktivität und Rent Seeking, *Jahrbücher für Nationalökonomie und Statistik* 206, S. 102–116.

Addison, J.T. und Gerlach, K. (1983). Gewerkschaften und Produktivität: Fehlallokation von Ressourcen oder Produktivitätssteigerung?, *Zeitschrift für die gesamte Staatswissenschaft* 139, S. 215–228.

Addison, J.T., Schnabel, C. und Wagner, J. (2000). Die mitbestimmungsfreie Zone aus ökonomischer Sicht, *Hamburger Jahrbuch für Wirtschafts- und Gesellschaftspolitik* 45, S. 277–292.

Addison, J.T., Schnabel, C. und Wagner, J. (2001). Works Councils in Germany: Their Effects on Established Performance, *Oxford Economic Papers* 53, S. 659–694.

Addison, J.T. und Siebert, W.S. (1979). *The Market for Labor: An Analytical Treatment*, Goodyear, Santa Monica.

Addison, J.T. und Teixeira, P. (2001). Employment Adjustment in a "Sclerotic" Labour Market: Comparing Portugal with Germany, Spain and the United Kingdom, *Jahrbücher für Nationalökonomie und Statistik* 221, S. 353–370.

Akerlof, G.A. und Yellen, J.L. (1990). The Fair Wage–Effort Hypothesis and Unemployment, *Quarterly Journal of Economics* 105, S. 255–283.

Althammer, W. (1989). Gewerkschaften als Informationsagentur, *Ökonomie und Gesellschaft. Die Gewerkschaft in der ökonomischen Theorie* Jahrbuch 7, S. 72–94.

Amemiya, T. (1985). *Advanced Econometrics*, Basil Blackwell, Oxford.

Archibugi, O., Evangelista, R. und Simonetti, R. (1992). On the Definition and Measurement of Product and Process Innovations, *in:* Y. Shionoya und M. Perlman (Hrsg.), *Innovation in Technology, Industries and Institutions. Studies in Schumpeterian Perspectives*, The University of Michigan Press, Ann Arbor, S. 7–24.

Armingeon, K. (1988). *Die Entwicklung der westdeutschen Gewerkschaften 1950–1985*, Campus, Frankfurt/M.

Arrow, K.J. (1959). Towards a Theory of Price Adjustments, *in:* M. Abramovitz (Hrsg.), *The Allocation of Economic Resources*, University Press, Stanford, S. 41–51.

Ashenfelter, O. (1978). Estimating the Effect of Training Programs on Earnings, *Review of Economics and Statistics* 60, S. 47–57.

Ashenfelter, O. und Heckman, J.J. (1974). The Estimation of Income and Substitution Effects in a Model of Family Labor Supply, *Econometrica* 42, S. 73–85.

Ashenfelter, O. und Johnson, G.E. (1969). Bargaining Theory, Trade Unions, and Industrial Strike Activity, *American Economic Review* 59, S. 35–49.

Atkinson, A. und Micklewright, J. (1991). Unemployment Compensation and Labor Market Transitions: A Critical Review, *Journal of Economic Literature* 29, S. 1679–1727.

Atrostic, B.K. (1982). The Demand for Leisure and Nonpecuniary Job Characteristics, *American Economic Review* 72, S. 428–440.

Azariades, C. und Stiglitz, J.E. (1983). Implicit Contracts and Fixed Price Equilibria, *Quarterly Journal of Economics (Supplement)* 98, S. S1–S22.

Azariadis, C. (1975). Implicit Contract and Underemployment Equilibria, *Journal of Political Economy* 83, S. 1183–1202.

Baily, M.N. (1974). Wages and Employment under Uncertain Demand, *Review of Economic Studies* 41, S. 37–50.

Baltagi, B.H. und Blien, U. (1998). The German Wage Curve: Evidence from the IAB Employment Sample, *Economic Letters* 61, S. 135–142.

Banerjee, A., Dolado, J., Galbraith, J.W. und Hendry, D.F. (1993). *Co–Integration, Error–Correction, and the Econometric Analysis of Non–Stationary Data*, University Press, Oxford.

Barabas, G., Gieseck, A., Heilemann, M. und v. Loeffelholz, H.D. (1992). Gesamtwirtschaftliche Effekte der Zuwanderung 1988–1991, *RWI–Mitteilungen* 43, S. 133–154.

Bardeleben, R. von, Beicht, U. und Fehér, K. (1997). Was kostet die betriebliche Ausbildung?, *in:* Bundesinstitut für Berufsbildung (Hrsg.), *Berichte zur beruflichen Bildung, Heft 210*, Bertelsmann, Bielefeld.

Barrell, R., Pain, N. und Young, G. (1996). A Cross–Country Comparison of the Demand for Labour in Europe, *Weltwirtschaftliches Archiv* 132, S. 638–650.

Batra, R.N. und Ullah, A. (1974). Competitive Firm and the Theory of Input Demand under Price Uncertainty, *Journal of Political Economy* 82, S. 537–548.

Bauer, T. (1998). *Arbeitsmarkteffekte der Migration und Einwanderungspolitik. Eine Analyse für die Bundesrepublik Deutschland.*, Physica, Heidelberg.

Bauer, T. und Zimmermann, K.F. (1995). Modelling International Migration: Economic and Econometric Issues, *in:* R. van der Erf und L. Heering (Hrsg.), *Causes of International Migration*, Eurostat, Luxemburg, S. 95–115.

Bean, C.R., Layard, R. und Nickell, S.J. (1986). The Rise in Unemployment: A Multi–Country Study, *Economica (Supplement)* 53, S. S1–S22.

Beblo, M. (2001). *Bargaining over Time Allocation*, Physica, Heidelberg.

Becker, G.S. (1981). *A Treatise on the Family*, Harvard University Press, Cambridge.

Becker, G.S. (1988). Family Economics and Macro Behavior, *American Economic Review* 78, S. 1–13.

Beckord, J. (1977). *Lohnführerschaft und kollektive Lohnverhandlungen*, Lang, Frankfurt/M.

Beißinger, T. (1996). *Inflation und Arbeitslosigkeit in der Bundesrepublik Deutschland*, Metropolis, Marburg.

Bell, L.A. und Freeman, R.B. (1987). Flexible Wage Structures and Employment, *in:* M. Gunderson, N. Meltz und S. Ostry (Hrsg.), *Unemployment. International Perspectives.*, University of Toronto Press, Toronto, S. 119–128.

Bellmann, L. (1989). Reputationsgleichgewichte in Effizienzlohnmodellen, *in:* K. Gerlach und O. Hübler (Hrsg.), *Effizienzlohntheorie, Individualeinkommen und Arbeitsplatzwechsel*, Campus, Frankfurt/M., S. 72–93.

Bellmann, L. und Gerlach, K. (1984). Einkommensfunktionen für Frauen und Männer mit individuellen Bestimmungsfaktoren, *in:* L. Bellmann, K. Gerlach und O. Hübler (Hrsg.), *Lohnstruktur in der Bundesrepublik Deutschland*, Campus, Frankfurt/M., S. 190–316.

Bellmann, L. und Kohaut, S. (1995). Betriebliche Determinanten der Lohnhöhe und der übertariflichen Bezahlung, *Mitteilungen aus der Arbeitsmarkt– und Berufsforschung* 28 (Heft 1), S. 62–75.

Bellmann, L., Kohaut, S. und Schnabel, C. (1998). Ausmaß und Entwicklung der übertariflichen Entlohnung, *iw – Trends* 25 (2), S. 1–10.

Bellmann, L., Kohaut, S. und Schnabel, C. (1999). Flächentarifverträge im Zeichen von Abwanderung und Widerspruch: Geltungsbereich, Einflußfaktoren und Öffnungstendenzen, *in:* L. Bellmann und V. Steiner (Hrsg.), *Panelanalysen zu Lohnstruktur, Qualifikation und Beschäftigungsdynamik, Beiträge aus der Arbeitsmarkt– und Berufsforschung, Nr. 229* , Nürnberg, S. 11–40.

Bellmann, L. und Schasse, U. (1990). Die erwartete Dauer der Betriebszugehörigkeit von Frauen und Männern in der Bundesrepublik Deutschland, *Zeitschrift für Wirtschafts– und Sozialwissenschaften* 110, S. 413–431.

Bender, S., Haas, A. und Klose, C. (1999). Mobilität allein kann Arbeitsmarktprobleme nicht lösen, Institut für Arbeitsmarkt– und Berufsforschung, *IAB–Kurzbericht Nr. 2 v. 22.3.1999*, Nürnberg.

Benelli, G., Loderer, C. und Lys, T. (1987). Labor Participation in Corporate Policy–making Decisions: West Germany's Experiences with Codetermination, *Journal of Business* 60, S. 553–575.

Bentolila, S. und Bertola, G. (1990). Firing Costs and Labor Demand: How Bad is Eurosclerosis?, *Review of Economic Studies* 57, S. 381–402.

Bergemann, A. und Schneider, H. (1998). Ist der deutsche Arbeitsmarkt beweglicher geworden? – Eine Analyse anhand der Unternehmenszugehörigkeitsdauer in Westdeutschland, Institut für Wirtschaftsforschung Halle (IWH), *Wirtschaft im Wandel* 11, S. 15–21.

Berg, G.J. van den (1990). Search Behavior, Transition to Non–Participation and the Duration of Unemployment, *Economic Journal* 100, S. 842–865.

Bergmann, J. (1985). Gewerkschaften – Organisationsstruktur und Mitgliederinteressen, *in:* Endruweit, G. et al. (Hrsg.), *Handbuch der Arbeitsbeziehungen*, de Gruyter, Berlin, S. 89–108.

Berndt, E.R. und Wood, D.O. (1979). Engineering and Econometric Interpretations of Energy–Capital Complementary, *American Economic Review* 69, S. 342–354.

Berninghaus, S. und Seifert–Vogt, H.G. (1987). International Migration under Incomplete Information, *Schweizerische Zeitschrift für Volkswirtschaft und Statistik* 123, S. 199–218.

Berninghaus, S. und Seifert–Vogt, H.G. (1991). *International Migration under Incomplete Information*, Springer, Berlin.

Bertelsmann Stiftung und Hans–Böckler–Stiftung (Hrsg.) (1998). *Mitbestimmung und neue Unternehmenskulturen – Bilanz und Perspektiven. Bericht der Kommission Mitbestimmung.*, Bertelsmann Stiftung, Gütersloh.

Berthold, N. (1987). *Lohnstarrheit und Arbeitslosigkeit*, Haufe, Freiburg.

Berthold, N. (2000). *Mehr Beschäftigung. Sisyphusarbeit gegen Tarifpartner und Staat.*, Frankfurter Institut, Bad Homburg.

Berthold, N., Fehn, R. und Berchem, S. v. (2001). *Der deutsche Arbeitsmarkt in der Krise.*, Herbert Quandt Stiftung (Hrsg.), *Gedanken zur Zukunft 4*, Bad Homburg v. d. Höhe.

Blanchard, O.J. und Fischer, S. (1989). *Lectures on Macroeconomics*, MIT Press, Cambridge.

Blanchard, O.J. und Summers, L.H. (1986). Hysteresis and the European Unemployment Problem, *in:* S. Fischer (Hrsg.), *NBER Macroeconomics Annual 1986*, MIT–Press, Cambridge (Mass.), S. 15–78.

Blanchard, O.J. und Wolfers, J. (2000). The Role of Shocks and Institutions in the Rise of European Unemployment: The Aggregate Evidence, *Economic Journal* 110, S. C1–C33.

Blanchflower, D.G. (1986). Wages and Concentration in British Manufacturing, *Applied Economics* 18, S. 1025–1038.

Blanchflower, D.G. und Oswald, A.J. (1994). *The Wage Curve*, Cambridge (Mass.).

Blaschke, D. (1987). Erfolgswege zum neuen Arbeitsplatz, *Mitteilungen aus der Arbeitsmarkt- und Berufsforschung* 20, S. 164–180.

Blaschke, D. und Nagel, E. (1995). Wiederbeschäftigungssituation von Teilnehmern an AFG–finanzierter beruflicher Weiterbildung, *Mitteilungen aus der Arbeitsmarkt- und Berufsforschung* 28, S. 195–213.

Blattner, N. (1990). Arbeitsmarkt Schweiz: Aktuelle Themen und Resultate, *in:* R. Buchegger, K. Rothschild und G. Tichy (Hrsg.), *Arbeitslosigkeit*, Springer, Berlin, S. 77–97.

Blau, D.M. und Robins, P.K. (1990). Job Search Outcomes for the Employed and Unemployed, *Journal of Political Economy* 98, S. 637–655.

Blechinger, D. und Pfeiffer, F. (1999). Qualifikation, Beschäftigung und technischer Fortschritt, *Jahrbücher für Nationalökonomie und Statistik* 218, S. 128–146.

Blien, U. (1995). The Impact of Unemployment on Wage Formation. Estimating Wage Curves for Western Germany with Multilevel Linear Models, *in:* K. Gerlach und R. Schettkat (Hrsg.), *Determinanten der Lohnbildung*, Berlin, S. 117–141.

Blinder, A.S. (1973). Wage Discrimination: Reduced Form and Structural Estimates, *Journal of Human Ressources* 8, S. 436–455.

Blinder, A.S. (1982). Inventories and Sticky Prices: More on the Microfoundations of Macroeconomics, *American Economic Review* 72, S. 334–348.

Blossfeld, H.–P., Hamerle, A. und Mayer, K. (1986). *Ereignisanalyse*, Campus, Frankfurt/M.

Blundell, R. (1990). Unemployment and the Labour Supply of Married Women, *in:* H. König (Hrsg.), *Economics of Wage Determination*, Springer, Berlin, S. 273–293.

Bomsdorf, E. (1972). *Bestimmungsfaktoren der Lohndrift. Eine Analyse für den Bereich der Industrie in der Bundesrepublik Deutschland*, Hain, Meisenheim/Glan.

Booth, A. und Cressy, R. (1990). Strikes with Asymmetric Information: Theory and Evidence, *Oxford Bulletin of Economics and Statistics* 52, S. 269–289.

Borjas, G.J. (1994). The Economics of Immigration, *Journal of Economic Literature* 32, S. 1667–1717.

Börsch–Supan, A.H. (1990). Regionale und sektorale Arbeitslosigkeit: Durch höhere Mobilität reduzierbar?, *Zeitschrift für Wirtschafts– und Sozialwissenschaften* 110, S. 55–82.

Börsch–Supan, A.H. (1991). Aging Population, *Economic Policy* 12, S. 103–139.

Boss, A. (2001). *Sozialhilfe, Lohnabstand und Leistungsanreize und Mindestlohnarbeitslosigkeit*, Institut für Weltwirtschaft, *Kieler Arbeitspapiere No. 1075*, Kiel.

Bowen, W.G. und Finegan, T.A. (1969). *The Economics of Labor Force Participation*, University Press, Princeton.

Box, G.E.P. und Jenkins, G.M. (1976). *Time Series Analysis, Forecasting and Control*, 2. Auflage, Holden Day, San Francisco.

Brandes, W. und Buttler, F. (1990). *Der Staat als Arbeitgeber. Daten und Analysen zum öffentlichen Dienst in der Bundesrepublik*, Campus, Frankfurt/M.

Brecht, B. (1995). *Analyse der Rückkehr von Gastarbeitern*, Verlag für Wissenschaft und Forschung, Berlin.

Brinkmann, G. (1981/84). *Ökonomik der Arbeit*, Bde. 1–3, Klett–Cotta, Stuttgart.

Brown, C. und Medoff, J. (1989). The Employer Size–Wage Effect, *Journal of Political Economy* 97, S. 1027–1059.

Brox, H. und Rüthers, B. (2002). *Arbeitsrecht*, 15. Auflage, Kohlhammer, Stuttgart.

Brüderl, J. und Preisendörfer, P. (1986). Betriebsgröße als Determinante beruflicher Gratifikationen, *Wirtschaft und Gesellschaft* 12, S. 507–523.

Bruno, M. (1986). Aggregate Supply and Demand Factors in OECD Unemployment: An Update, *Economica (Supplement)* 53, S. S35–S52.

Büchtemann, C.F. (Hrsg.) (1993). *Employment Security and Labor Market Behavior*, ILR Press, Ithaca, N.Y.

Burbridge, A.J. und Robb, A.L. (1980). Pensions and Retirement Behavior, *Canadian Journal of Economics* 13, S. 421–437.

Burda, M.C. (1994). Modelling Exits from Unemployment in Eastern Germany: A Matching Function Approach, *in:* H. König und V. Steiner (Hrsg.), *Arbeitsmarktdynamik und Unternehmensentwicklung in Ostdeutschland*, Nomos, Baden-Baden, S. 97–128.

Burda, M. und Wyplosz, C. (1994). Gross Labor Market Flows in Europe, 38, S. 1287–1315.

Burdett, K. (1979). Unemployment Insurance Payments As A Search Subsidy: A Theoretical Analysis, *Economic Inquiry* 17, S. 333–343.

Burdett, K. und Cunningham, E.J. (1998). Toward a Theory of Vacancies, *Journal of Labor Economics* 16, S. 445–478.

Burdett, K. und Mortensen, D.T. (1980). Search, Layoffs, and Labor Market Equilibrium, *Journal of Political Economy* 88, S. 652–672.

Burridge, P. und Gordon, I. (1981). Unemployment in the British Metropolitan Labour Areas, *Economic Papers* 33, S. 274–297.

Burtless, G. (1995). International Trade and the Rise in Earnings Inequality, *Journal of Economic Literature* 33, S. 800–816.

Burtless, G. und Moffit, R.A. (1985). The Joint Choice of Retirement Age and Postretirement Hours of Work, *Journal of Labor Economics* 3, S. 209–236.

Buscher, H., Falk, M., Göggelmann, K., Ludsteck, J., Steiner, V. und Zwick, T. (2000). *Wachstum, Beschäftigung und Arbeitslosigkeit*, ZEW–Wirtschaftsanalysen (Schriftenreihe des ZEW) Bd. 48, Nomos, Baden–Baden.

Buslei, H. und Steiner, V. (1999). *Beschäftigungseffekte von Lohnsubventionen im Niedriglohnbereich*, ZEW Wirtschaftsanalysen Bd. 42, Nomos, Baden–Baden.

Buttler, F. (1987). Vertragstheoretische Interpretation von Arbeitsmarktinstitutionen, *in:* G. Bombach, B. Gahlen und A. Ott (Hrsg.), *Arbeitsmärkte und Beschäftigung – Fakten, Analysen, Perspektiven*, Mohr und Siebeck, Tübingen, S. 203–224.

Buttler, F. (1990). Entwicklung des Arbeitsmarktes – Analyse der Arbeitslosigkeit, *in:* Bertelsmann Stiftung (Hrsg.), *Arbeitslosigkeit ist vermeidbar – Wege aus der Arbeitslosigkeit*, Bertelsmann Stiftung, Gütersloh, S. 15–42.

Büttner, T. (1999). *Agglomeration, Growth, and Adjustment. A Theoretical and Empirical Study of Regional Labor Markets in Germany*, Physica, Heidelberg.

Cain, G.C. (1986). The Economic Analysis of Labor Market Discrimination: A Survey, *in:* O. Ashenfelter und R. Layard (Hrsg.), *Handbook of Labor Economics, Bd. 1*, North–Holland, Amsterdam, S. 693–785.

Calmfors, L. (1994). Active Labour Market Policy and Unemployment – A Framework for the Analysis of Crucial Design Features, *OECD Economic Studies* 22, S. 7–47.

Calmfors, L. und Driffill, J. (1988). Bargaining Structure Corporatism and Macroeconomic Performance, *Economic Policy* 6, S. 14–61.

Calmfors, L. und Holmlund, B. (2000). Unemployment and Economic Growth: A Partial Survey, *Swedish Economic Policy Review* 7, S. 107–153.

Calvo, G. und Wellisz, S. (1979). Hierarchy, Ability, and Income Distribution, *Journal of Political Economy* 87, S. 991–1010.

Card, D. (1990). Strikes and Bargaining: A Survey of the Recent Literature, *American Economic Review (Papers and Proceedings)* 80, S. 410–415.

Card, D. (1995). The Wage Curve: A Review, *Journal of Economic Literature* 33, S. 785–799.

Card, D. und Krueger, A.B. (1995). *Myth and Measurement. The New Economics of the Minimum Wage*, University Press, Princeton.

Carlin, W. und Soskice, D. (1990). *Macroeconomics and the Wage Bargain*, University Press, Oxford.

Carmichael, H.L. (1990). Efficiency Wage Models of Unemployment – One View, *Economic Inquiry* 28, S. 269–295.

Carruth, A. und Schnabel, C. (1990). Empirical Modelling of Trade Union Growth in Germany, 1956–86: Traditional versus Cointegration and Error Correction Methods, *Weltwirtschaftliches Archiv* 126, S. 326–346.

Carruth, A. und Schnabel, C. (1993). The Determination of Contract Wages in West Germany, 95, S. 297–310.

Carstensen, V., Gerlach, K. und Hübler, O. (1995). Profit Sharing in German Firms, *in:* F. Buttler, W. Franz, R. Schettkat und D. Soskice (Hrsg.), *Institutional Frameworks and Labor Market Performance*, Routledge, London, S. 168–207.

Chiang, A.C. (1984). *Fundamental Methods of Mathematical Economics*, 3. Auflage, McGraw–Hill, New York.

Chiappori, P.–A. (1992). Collective Labor Supply and Welfare, *Journal of Political Economy* 100, S. 437–467.

Chow, G.C. (1981). *Econometric Analysis by Control Methods*, Wiley, New York.

Christensen, B. (2001). The Determinants of Reservation Wages in Germany. Does a Motivation Gap Exist?, Institut für Weltwirtschaft an der Universität Kiel, *Kieler Arbeitspapiere No. 1024* .

Christl, J. (1992). *The Unemployment/Vacancy Curve*, Physica, Heidelberg.

Clasen, L. (1988). Neues AVE–Verzeichnis, *Bundesarbeitsblatt* 2/1988, S. 26–29.

Coe, D.T. (1985). Nominal Wages, the NAIRU, and Wage Flexibility, *OECD Economic Studies* 5, S. 87–126.

Coe, D.T. (1988). Hysteresis Effects in Aggregate Wage Equations, *in:* R. Cross (Hrsg.), *Unemployment, Hysteresis and the Natural Rate Hypothesis*, Basil Blackwell, Oxford, S. 284–303.

Coe, D.T. (1990). Insider–Outsider Influences on Industry Wages, *Empirical Economics* 15, S. 163–183.

Cogan, J.F. (1981). Fixed Costs and Labor Supply, *Econometrica* 49, S. 945–964.

Cramer, U. (1982). Zur Entwicklung der Laufzeiten von offenen Stellen in den letzten Jahren, *Mitteilungen aus der Arbeitsmarkt– und Berufsforschung* 15, S. 131–140.

Cramer, U. und Koller, M. (1988). Gewinne und Verluste von Arbeitsplätzen in Betrieben – der "Job–Turnover"–Ansatz, *Mitteilungen aus der Arbeitsmarkt– und Berufsforschung* 21, S. 361–377.

Crawford, V.P. und Lilien, D.L. (1981). Social Security and the Retirement Decision, *Quarterly Journal of Economics* 96, S. 505–529.

Cross, R. (Hrsg.) (1988). *Unemployment, Hysteresis, and the Natural Rate Hypothesis*, Basil Blackwell, Oxford.

Delbrück, C. und Raffelhüschen, B. (1993). Die Theorie der Migration, *Jahrbücher für Nationalökonomie und Statistik* 212, S. 341–356.

DeNew, J.P. und Schmidt, C.M. (1994). The Industrial Structure of German Earnings 1980–1990, *Allgemeines Statistisches Archiv* 78, S. 141–159.

Deutsch, E. (1988). *Faktornachfrage auf strukturierten Arbeitsmärkten. Theorie und Empirie am Beispiel Österreichs*, Athenäum, Frankfurt/M.

Dickey, D.A. und Fuller, W.A. (1981). Likelihood Ratio Statistics for Autoregressive Time Series with a Unit Root, *Econometrica* 49, S. 1057–1072.

Diekmann, A., Engelhardt, H. und Hartmann, P. (1993). Einkommensungleichheit in der Bundesrepublik Deutschland: Diskriminierung von Frauen und Ausländern?, *Mitteilungen aus der Arbeitsmarkt– und Berufsforschung* 26, S. 386–398.

Diekmann, J. (1982). *Kontrakttheoretische Arbeitsmarktmodelle*, Vandenhoeck und Ruprecht, Göttingen.

Diewert, W.E. (1982). Duality Approaches to Microeconomic Theory, *in:* K.J.Arrow und M.D.Intriligator (Hrsg.), *Handbook of Mathematical Economics, Bd. 2*, North–Holland, Amsterdam, S. 535–599.

Dolado, J.J., Jenkinson, T. und Sosvilla-Rivero, S. (1990). Cointegration and Unit Roots, *Journal of Economic Surveys* 4, S. 249–273.

Donges, J.B. (1998). Was heißt Globalisierung?, *in:* J.B. Donges und A. Freytag (Hrsg.), *Die Rolle des Staates in einer globalisierten Wirtschaft. Schriften zur Wirtschaftspolitik, Neue Folge, Band 6* , Lucius und Lucius, Stuttgart, S. 1–7.

Donges, J.B., Engels, W., Hamm, W., Möschel, W., Neumann, M.J.M. und Sievert, O. (1994). *Einwanderungspolitik – Möglichkeiten und Grenzen*, Frankfurter Institut, *Schriftenreihe Band 29*, Bad Homburg.

Dornbusch, R. und Fischer, S. (1995). *Makroökonomik*, 6. Auflage, Oldenbourg, München.

Dornbusch, R., Fischer, S. und Startz, R. (2001). *Macroeconomics*, 8. Auflage, Irwin McGraw–Hill, Boston.

Drèze, J.H. (1987). Underemployment Equilibria, *European Economic Review* 31, S. 9–34.

Drèze, J.H. und Bean, C. (1991). *Europe's Unemployment Problem*, MIT–Press, Cambridge.

Dunn, L.F. (1986). Work Disutility and Compensating Differentials: Estimation of Factors in the Link between Wages and Firm Size, *Review of Economics and Statistics* 68, S. 67–73.

Dustmann, C. (1996). Return Migration: The European Experience, *Economic Policy* 22, S. 215–250.

Dye, R.A. (1984). The Trouble with Tournaments, *Economic Inquiry* 22, S. 147–149.

Eekhoff, J. und Milleker, D.F. (2000). *Die Aufgaben der Arbeitslosenversicherung neu bestimmen. Kleine Handbibliothek Bd. 31*, Frankfurter Institut, Bad Homburg.

Egle, F. (1977). Zusammenhang zwischen Arbeitslosenquote, Dauer der Arbeitslosigkeit und Betroffenheit von Arbeitslosigkeit, *Mitteilungen aus der Arbeitsmarkt– und Berufsforschung* 10, S. 224–228.

Ehrenberg, R.G. und Smith, R.S. (1997). *Modern Labor Economics. Theory and Public Policy*, 6. Auflage, Addison–Wesley, Reading (Mass.).

Engels, W. (1985). *Über Freiheit, Gleichheit und Brüderlichkeit*, Frankfurter Institut für wirtschaftspolitische Forschung, Bad Homburg.

Enke, H. (1974). *Ein aggregiertes ökonometrisches Modell für den Arbeitsmarkt der Bundesrepublik Deutschland*, Mohr und Siebeck, Tübingen.

Entorf, H. (1996). Strukturelle Arbeitslosigkeit in Deutschland: Mismatch, Mobilität und technologischer Wandel, *in:* B. Gahlen,, H.J. Hesse und H.J. Ramser (Hrsg.), *Arbeitslosigkeit und Möglichkeiten ihrer Überwindung*, Mohr und Siebeck, Tübingen, S. 139–170.

Entorf, H. (1998). *Mismatch Explanations of European Unemployment*, Springer, Berlin.

Entorf, H., Franz, W., König, H. und Smolny, W. (1991). The Development of German Employment and Unemployment: Estimation and Simulation of a Disequilibrium Macro Model, *in:* J. Drèze und C. Bean (Hrsg.), *Europe's Unemployment Problem*, MIT–Press, Cambridge.

Falk, M. und Koebel, B. (1999). Curvature Conditions and Substitution Pattern among Capital, Energy, Materials and Heterogenous Labour, Zentrum für Europäische Wirtschaftsforschung (ZEW) Mannheim, *Discussion Paper No. 99–6* .

Fallon, P. und Verry, D. (1988). *The Economics of Labour Markets*, Philip Allan, Oxford.

Farber, H.S. (1986). The Analysis of Union Behavior, *in:* O. Ashenfelter und R. Layard (Hrsg.), *Handbook of Labor Economics, Bd. 2*, North–Holland, Amsterdam, S. 1039–1089.

Fehn, R. (1997). *Der strukturelle Anstieg der Arbeitslosigkeit in Europa. Ursachen und Lösungsansätze*, Nomos, Baden–Baden.

Fehr, E. (1988). Sind "effiziente" Löhne zu hoch für die Vollbeschäftigung? Ein Kommentar, *Jahrbücher für Nationalökonomie und Statistik* 205, S. 65–72.

Fehr, E. (1990). Do Cooperation and Harassment Explain Involuntary Unemployment?, *American Economic Review* 80, S. 624–630.

Filer, R.K., Hamermesh, D.S. und Rees, A.E. (1996). *The Economics of Work and Pay*, 6. Auflage, HarperCollins, New York.

Fitzenberger, B. (1997a). Außenhandel, technischer Fortschritt und Arbeitsmarkt in Westdeutschland von 1975 bis 1990, *Mitteilungen aus der Arbeitsmarkt– und Berufsforschung* 30, S. 642–656.

Fitzenberger, B. (1997b). A Guide to Censored Quantile Regressions, *in:* G.S. Maddala und C. Rao (Hrsg.), *Handbook of Statistics*, North–Holland, Amsterdam, S. 405–437.

Fitzenberger, B. (1999). *Wages and Employment Across Skill Groups. An Analysis for West Germany*, ZEW Economic Studies, Bd. 6, Physica, Heidelberg.

Fitzenberger, B. und Franz, W. (1994). Dezentrale versus zentrale Lohnbildung in Europa: Theoretische Aspekte und empirische Evidenz, *in:* B. Gahlen, H. Hesse, H.J. Ramser (Hrsg.), *Europäische Integrationsprobleme aus wirtschaftswissenschaftlicher Sicht*, Mohr und Siebeck, Tübingen, S. 321–353.

Fitzenberger, B. und Franz, W. (1998). Flexibilität der qualifikatorischen Lohnstruktur und Lastverteilung der Arbeitslosigkeit: Eine ökonomische Analyse für Westdeutschland, *in:* B. Gahlen, H. Hesse, H.J. Ramser (Hrsg.), *Verteilungsprobleme der Gegenwart. Diagnose und Therapie*, Mohr Siebeck, Tübingen, S. 47–79.

Fitzenberger, B. und Franz, W. (2001). Jobs. Jobs? Jobs! Orientierungshilfen für den Weg zu mehr Beschäftigung, *in:* W. Franz, H. Hesse, H.J. Ramser und M. Stadler (Hrsg.), *Wirtschaftspolitische Herausforderungen an der Jahrhundertwende*, Mohr Siebeck, Tübingen, S. 3–41.

Fitzenberger, B., Haggeney, I. und Ernst, M. (1999). Wer ist noch Mitglied in Gewerkschaften? Eine Panelanalyse für Westdeutschland, *Zeitschrift für Wirtschafts– und Sozialwissenschaften)* 119, S. 223–263.

Fitzenberger, B. und Prey, H. (1997). Assessing the Impact of Training on Employment. The Case of East Germany, *Ifo–Studien* 43 (1), S. 71–116.

Fitzenberger, B. und Prey, H. (2000). Evaluating Public Sector Sponsored Training in East Germany, *Oxford Economic Papers* 52, S. 497–520.

Fitzenberger, B., Schnabel, R. und Wunderlich, G. (2001). *The Gender Gap in Labor Market Participation and Employment: A Cohort Analysis for West Germany*, Zentrum für Europäische Wirtschaftsforschung (ZEW), *Discussion Paper No. 01 – 47*, Mannheim.

Fitzenberger, B. und Speckesser, S. (2000). Zur wissenschaftlichen Evaluation der Aktiven Arbeitsmarktpolitik in Deutschland: Ein Überblick, *Mitteilungen aus der Arbeitsmarkt– und Berufsforschung* 30, S. 357–370.

Fitzenberger, B. und Wunderlich, G. (2000). *Gender Wage Differences in West Germany: A Cohort Analysis*, Zentrum für Europäische Wirtschaftsforschung (ZEW), *Discussion Paper No. 00 – 48*, Mannheim.

FitzRoy, F.R. und Funke, M. (1998). Skills, Wages and Employment in East and West Germany, *Regional Studies* 32, S. 459–467.

FitzRoy, F.R. und Kraft, K. (1985). Unionisation, Wages, and Efficiency. Theories and Evidence from the U.S. and West Germany, *Kyklos* 38, S. 537–554.

Flaig, G. und Rottmann, H. (1998). Faktorpreise, technischer Fortschritt und Beschäftigung. Eine empirische Analyse für das westdeutsche verarbeitende Gewerbe, Ifo–Institut für Wirtschaftsforschung, *Diskussionsbeiträge* 59, S. 43–61, München.

Flaig, G. und Rottmann, H. (1999). Direkte und indirekte Beschäftigungseffekte von Innovationen. Eine empirische Paneldatenanalyse für Unternehmen des westdeutschen verarbeitenden Gewerbes, *in:* Bellmann, L. und Steiner, V. (Hrsg.), *Panelanalysen zu Lohnstruktur, Qualifikation und Beschäftigungsdynamik*. Beiträge zur Arbeitsmarkt– und Berufsforschung Bd. 229, Nürnberg, S. 149–166.

Flaig, G. und Rottmann, H. (2001). Input Demand and the Short– and Long–Run Employment Thresholds: An Empirical Analysis for the German Manufacturing Sector, *German Economic Review* 2, S. 367–384.

Flaig, G. und Stadler, M. (1988). Beschäftigungseffekte privater FuE–Aufwendungen, *Zeitschrift für Wirtschafts– und Sozialwissenschaften* 108, S. 43–61.

Flaig, G. und Steiner, V. (1989). Stability and Dynamic Properties of Labour Demand in West–German Manufacturing, *Oxford Bulletin of Economics and Statistics* 51, S. 395–412.

Flanagan, R.J. (1984). Implicit Contracts, Explicit Contracts, and Wages, *American Economic Review (Papers and Proceedings)* 74, S. 345–349.

Flanagan, R.J. (1999). Macroeconomic Performance and Collective Bargaining: An International Perspective, *Journal of Economic Literature* 37, S. 1150–1175.

Franz, W. (1977). International Factor Mobility and the Labor Market: A Macroeconometric Analysis of the German Labor Market, *Empirical Economics* 2, S. 11–30.

Franz, W. (1982a). *Youth Unemployment in the Federal Republic of Germany: Theory, Empirical Results, and Policy Implications*, Mohr und Siebeck, Tübingen.

Franz, W. (1982b). Der Beitrag einiger neuerer mikroökonomischer Arbeitsmarkttheorien zur Erklärung der Arbeitslosigkeit, *Jahrbücher für Nationalökonomie und Statistik* 197, S. 43–59.

Franz, W. (1984). Is Less More? The Current Discussion About Reduced Working Time in Western Germany: A Survey of the Debate, *Zeitschrift für die gesamte Staatswissenschaft* 140, S. 626–654.

Franz, W. (1985a). An Economic Analysis of Female Work Participation, Education, and Fertility: Theory and Empirical Evidence for the Federal Republic of Germany, *Journal of Labor Economics (Supplement)* 3(Nr. 1, Teil 2), S. S218–S234.

Franz, W. (1985b). Challenges to the German Economy 1973–1983, *Zeitschrift für Wirtschafts– und Sozialwissenschaften* 105, S. 407–430.

Franz, W. (1986). Die inflationsstabile Arbeitslosenquote. Ein Beitrag zur Phillipskurven–Diskussion, *WiSt – Wirtschaftswissenschaftliches Studium 15*, Heft 9, S. 437–442.

Franz, W. (1987a). Strukturelle und friktionelle Arbeitslosigkeit in der Bundesrepublik Deutschland. Eine theoretische und empirische Analyse der Beveridge–Kurve, *in:* G. Bombach, B. Gahlen und A. Ott (Hrsg.), *Arbeitsmärkte und Beschäftigung – Fakten, Analysen, Perspektiven*, Mohr und Siebeck, Tübingen, S. 301–323.

Franz, W. (1987b). Hysteresis, Persistence, and the NAIRU: An Empirical Analysis for the Federal Republic of Germany, *in:* R. Layard und L. Calmfors (Hrsg.), *The Fight against Unemployment*, MIT–Press, Cambridge, S. 91–122.

Franz, W. (1989a). Stabilisierungspolitik am Ende der achtziger Jahre. Eine Standortbestimmung aus makrotheoretischer und wirtschaftspolitischer Sicht, *Konjunkturpolitik* 35, S. 22–52.

Franz, W. (1989b). Beschäftigungsprobleme auf Grund von Inflexibilitäten auf Arbeitsmärkten?, *in:* H. Scherf (Hrsg.), *Beschäftigungsprobleme hochentwickelter Volkswirtschaften*, Duncker und Humblot, Berlin, S. 304–340.

Franz, W. (1989c). Das Hysteresis–Phänomen, *WiSt – Wirtschaftswissenschaftliches Studium* 18 (Heft 2), S. 77–80.

Franz, W. (1990). *Hysteresis Effects in Economic Models*, Physica, Heidelberg.

Franz, W (1991). *Structural Unemployment*, Heidelberg.

Franz, W. (1992). Arbeitslosigkeit: Ein makrotheoretischer Analyserahmen, *in:* W. Franz (Hrsg.), *Mikro– und makroökonomische Aspekte der Arbeitslosigkeit*, Beiträge zur Arbeitsmarkt– und Berufsforschung 165, Institut für Arbeitsmarkt– und Berufsforschung, Nürnberg, S. 9–24.

Franz, W. (1994). Chancen und Risiken einer Flexibilisierung des Arbeitsrechts aus ökonomischer Sicht, *Zeitschrift für Arbeitsrecht* 25, S. 439–462.

Franz, W. (1996a). Beitrag zum Wirtschaftspolitischen Forum: Ist die Tarifautonomie noch zeitgemäß?, *Zeitschrift für Wirtschaftspolitik* 45, S. 30–57.

Franz, W. (1996b). Theoretische Ansätze zur Erklärung der Arbeitslosigkeit: Wo stehen wir 1995?, *in:* B. Gahlen, H. Hesse und H.J. Ramser (Hrsg.), *Arbeitslosigkeit und Möglichkeiten ihrer Überwindung*, Mohr (Siebeck), Tübingen, S. 3–45.

Franz, W (1997). *Wettbewerbsfähige Beschäftigung schaffen statt Arbeitslosigkeit umverteilen*, Bertelsmann, Gütersloh.

Franz, W. (2001). Neues von der NAIRU?, *Jahrbücher für Nationalökonomie und Statistik* 221, S. 256–284.

Franz, W., Göggelmann, K. und Winker, P. (1998). Ein makroökonometrisches Ungleichgewichtsmodell für die westdeutsche Volkswirtschaft 1960 bis 1995: Konzeption, Ergebnisse und Erfahrungen, *in:* U. Heilemann und J. Wolters (Hrsg.), *Gesamtwirtschaftliche Modelle in der Bundesrepublik Deutschland: Erfahrungen und Perspektiven*, Duncker und Humblot, Berlin, S. 115–165.

Franz, W. und Gordon, R.J. (1993). German and American Wage and Price Dynamics: Differences and Common Themes, 37, S. 719–762.

Franz, W., Hesse, H., Ramser, H.J. und Stadler, M. (Hrsg.) (1999). *Trend und Zyklus: Zyklisches Wachstum aus der Sicht moderner Konjunktur– und Wachstumstheorie*, Mohr Siebeck, Tübingen.

Franz, W. und Hofmann, T. (1990). Eine Schätzung der inflationsstabilen Arbeitslosenquote mit Hilfe von Preiserwartungen des Ifo–Konjunkturtestes, *Ifo–Studien* 36, S. 211–227.

Franz, W. und Kawasaki, S. (1981). Labor Supply of Married Women in the Federal Republic of Germany: Theory and Empirical Results from a New Estimation Procedure, *Empirical Economics* 6, S. 129–143.

Franz, W. und Kempf, T. (1983). Trends und Strukturen des Ausbildungsstellenmarktes in der Bundesrepublik Deutschland: Eine empirische Übersicht, *in:* H. König (Hrsg.), *Ausbildung und Arbeitsmarkt*, Lang, Frankfurt/M., S. 7–35.

Franz, W. und König, H. (1984). Intertemporale Allokation des Arbeitsangebots und Persistenzverhalten, *in:* H. Siebert (Hrsg.), *Intertemporale Allokation*, Lang, Frankfurt/M., S. 47–80.

Franz, W. und König, H. (1986). The Nature and Causes of Unemployment in the Federal Republic of Germany since the 1970s: An Empirical Investigation, *Economica (Supplement)* 53, S. S219–S244.

Franz, W., Oser, U. und Winker, P. (1994). A Macroeconometric Disequilibrium Analysis of Current and Future Migration from Eastern Europe into West Germany, *Journal of Population Economics* 7, S. 217–234.

Franz, W. und Rüthers, B. (1999). Arbeitsrecht und Ökonomie. Mehr Beschäftigung durch eine Flexibilisierung des Arbeitsrechts, *Recht der Arbeit* 52, S. 32–38.

Franz, W. und Schalk, H.J. (1995). Eine kritische Würdigung der Wirksamkeit der regionalen Investitionsförderung in der Bundesrepublik Deutschland, *in:* B. Gahlen, H. Hesse und H.J. Ramser (Hrsg.), *Standort und Regionen. Neue Ansätze zur Regionalökonomik*, Tübingen, S. 273–302.

Franz, W. und Schäfer-Jäckel, E. (1990). Disturbances and Wages. A Theoretical and Empirical Analysis for the FRG, *in:* H. König (Hrsg.), *Economics of Wage Determination*, Springer, Berlin, S. 195–225.

Franz, W. und Smolny, W. (1990). Internationale Migration und wirtschaftliche Entwicklung: Eine theoretische und empirische Analyse mit Hilfe eines Mengenrationierungsmodels, *in:* B. Felderer (Hrsg.), *Bevölkerung und Wirtschaft*, Duncker und Humblot, Berlin, S. 195–209.

Franz, W. und Smolny, W. (1994a). The Measurement and Interpretation of Vacancy Data and the Dynamics of the Beveridge Curve: The German Case, *in:* J. Muysken (Hrsg.), *Measurement and Analysis of Job Vacancies*, Avebury, Aldershot, S. 203–237.

Franz, W. und Smolny, W. (1994b). Sectoral Wage and Price Formation and Working Time in Germany: An Econometric Analysis, *Zeitschrift für Wirtschafts- und Sozialwissenschaften* 114, S. 507–529.

Franz, W. und Soskice, D. (1995). The German Apprenticeship System, *in:* F. Buttler, W. Franz, R. Schettkat und D. Soskice (Hrsg.), *Institutional Frameworks and Labor Market Performance*, Routl edge, London, S. 208–234.

Freeman, R.B. (1976). Individual Mobility and Union Voice in the Labor Market, *American Economic Review (Papers and Proceedings)* 66, S. 361–368.

Freeman, R.B. und Medoff, J.L. (1979). The Two Faces of Unionism, *Public Interest* 57, S. 69–93.

Freeman, R.B. und Medoff, J.L. (1984). *What Do Unions Do ?*, Basic Books, New York.

Frühstück, E., Pichelmann, K. und Wagner, M. (1988). Humankapitalentwertung durch Arbeitslosigkeit?, *in:* Albach, H. et al. (Hrsg.), *Bildung, Beruf, Arbeitsmarkt*, Duncker und Humblot, Berlin, S. 247–257.

Frick, B. (1997). *Mitbestimmung und Personalfluktuation. Zur Wirtschaftlichkeit der bundesdeutschen Betriebsverfassung im internationalen Vergleich*, Hampp, München.

Frick, B. und Sadowski, D. (1995). Works Councils, Unions, and Firm Performance, *in:* F. Buttler, W. Franz, R. Schettkat und D. Soskice (Hrsg.), *Institutional Frameworks and Labor Market Performance*, Routledge, London, S. 46–81.

Friedman, M. (1968). The Role of Monetary Policy, *American Economic Review* 58, S. 1159–1183.

Fuest, C. und Huber, B. (2000). Is Tax Progression Really Good for Employment? A Model with Endogenous Hours of Work, *Labour Economics* 7, S. 79–93.

Funke, M. (1991). Das Hysteresis–Phänomen, 111, S. 527–551.

Funke, M. (1993). A Rational Expectations Approach to Labour Demand in West German Manufacturing, 77, S. 137–148.

Furubotn, E.G. (1985). Codetermination, Productivity Gains, and the Economics of the Firm, *Oxford Economic Papers* 37, S. 22–39.

Gabrisch, H. (1995). Produktionsverlagerungen deutscher Unternehmen nach Mittel– und Osteuropa, Institut für Wirtschaftsforschung Halle (IWH), *Wirtschaft im Wandel* 12/1995, S. 6–11.

Gäfgen, G. (1981). Zur volkswirtschaftlichen Beurteilung der Entscheidungsteilnahme in Unternehmungen: Die deutsche Mitbestimmungsregelung als Beispiel, *in:* H. Steinmann, G. Gäfgen und W. Blomeyer (Hrsg.), *Die Kosten der Mitbestimmung*, Bibliographisches Institut, Mannheim, S. 9–37.

Gahlen, B. und G. Licht (1990). The Efficiency Wage Theories and Inter–Industry Wage Differentials. An Empirical Investigation for the Manufacturing Sector of the Federal Republic of Germany, *in:* H. König (Hrsg.), *Economics of Wage Determination*, Springer, Berlin, S. 129–149.

Gahlen, B. und Ramser, H.J. (1987). Effizienzlohn, Lohndrift und Beschäftigung, *in:* G. Bombach, B. Gahlen und Ott, A.E. (Hrsg.), *Arbeitsmärkte und Beschäftigung – Fakten, Analysen, Perspektiven*, Mohr und Siebeck, Tübingen, S. 129–160.

Garen, J.E. (1985). Worker Heterogeneity, Job Screening, and Firm Size, *Journal of Political Economy* 93, S. 715–739.

Gärtner, M. (1980). *Politisch–ökonomische Determinanten der Lohnentwicklung in der Bundesrepublik Deutschland*, Hain, Königstein/Ts.

Gärtner, M. (1989). *Arbeitskonflikte in der Bundesrepublik Deutschland. Eine empirische Untersuchung ihrer makroökonomischen Ursachen und Konsequenzen*, Springer, Berlin.

Gastwirth, J. (1976). On the Probabilistic Models of Consumer Search for Information, *Quarterly Journal of Economics* 90, S. 38–50.

Genosko, J. (1985). *Arbeitsangebot und Alterssicherung*, Transfer Verlag, Regensburg.

Gerfin, H. (1969). Ausmaß und Verteilung der Lohndrift, *in:* H. Arndt (Hrsg.), *Lohnpolitik und Einkommensverteilung*, Duncker und Humblot, Berlin, S. 473–522.

Gerfin, H. (1982). Informationsprobleme des Arbeitsmarktes, *Kyklos* 35, S. 398–429.

Gerfin, M. (1993). A Simultaneous Discrete Choice Model of Labor Supply and Wages for Married Women in Switzerland, 18, S. 337–356.

Gerlach, K. (1987). A Note on Male–Female Wage Differences in West Germany, *Journal of Human Ressources* 22, S. 548–592.

Gerlach, K. und Hübler, O. (1985). Lohnstruktur, Arbeitsmarktprozesse und Leistungsintensität in Effizienzlohnmodellen, *in:* F. Buttler, J. Kühl und B. Rahmann (Hrsg.), *Staat und Beschäftigung. Beiträge zur Arbeitsmarkt– und Berufsforschung Nr. 19*, Nürnberg, S. 249–290.

Gerlach, K. und Hübler, O. (1998). Firm Size and Wages in Germany – Trends and Impacts of Mobility, *Empirica* 25, S. 245–261.

Gerlach, K. , Lehmann, K. und Meyer, W. (1998). Entwicklung der Tarifbindung im Verarbeitenden Gewerbe Niedersachsens, *in:* K. Gerlach, O. Hübler und W. Meyer (Hrsg.), *Ökonometrische Analysen betrieblicher Strukturen und Entwicklungen. Das Hannoveraner Firmenpanel*, Campus, Frankfurt/M., S. 30–54.

Gerlach, K. und Meyer, W. (1995). Tarifverhandlungssysteme, Lohnhöhe und Beschäftigung, *Mitteilungen aus der Arbeitsmarkt– und Berufsforschung* 28, S. 383–398.

Gerlach, K. und Schasse, U. (1990). On–the–Job Training Differences by Sex and Firm Size, *Zeitschrift für Wirtschafts– und Sozialwissenschaften* 110, S. 261–271.

Gerlach, K. und Schmidt, E.M. (1989). Unternehmensgröße und Entlohnung, *Mitteilungen aus der Arbeitsmarkt– und Berufsforschung* 22, S. 355–373.

Gerlach, K. und Wagner, J. (1995). Regionale Lohnunterschiede und Arbeitslosigkeit in Deutschland. Ein Beitrag zur Lohnkurven–Diskussion, *in:* K. Gerlach und R. Schettkat (Hrsg.), *Determinanten der Lohnbildung*, edition sigma, Berlin, S. 94–116.

Göggelmann, K. (1999). *Fiskal– und Geldpolitik in einem makroökonometrischen Ungleichgewichtsmodell. ZEW–Wirtschaftsanalysen (Schriftenreihe des ZEW) Bd. 40*, Nomos, Baden–Baden.

Gordon, D. F. (1974). A Neoclassical Theory of Keynesian Unemployment, *Economic Inquiry* 12, S. 431–459.

Gordon, R.J. (1988). Wage Gaps versus Output Gaps: Is there a Common Story for all of Europe?, *in:* H. Giersch (Hrsg.), *Macro and Micro Policies for More Growth and Employment*, Mohr u. Siebeck, Tübingen, S. 97–151.

Gordon, R. J. (1990). What Is New–Keynesian Economics?, *Journal of Economic Literature* 28, S. 1115–1171.

Gordon, R.J. (2000). *Macroeconomics*, 8. Auflage, Addison–Wesley, Harlowe.

Gould, J. P. (1968). Adjustment Costs in the Theory of Investment of the Firm, *Review of Economic Studies* 35, S. 47–55.

Granger, C. W. J. und Newbold, P. (1974). Spurious Regressions in Econometrics, *Journal of Econometrics* 2, S. 111–120.

Gray, J. A. (1978). On Indexation and Contract Length, *Journal of Political Economy* 86, S. 1–18.

Greene, W.H. (1993). *Econometric Analysis*, Prentice–Hall, Englewood Cliffs.

Green, J. R. und Stokey, N.L. (1983). A Comparison of Tournaments and Contracts, *Journal of Political Economy* 91, S. 349–364.

Gregg, P. und Manning, A. (1997). Skill–biased Change, Unemployment and Wage Inequality, *European Economic Review* 41, S. 1173–1200.

Griliches, Z. (1990). Patent Statistics as Economic Indicators: A Survey, *Journal of Economic Literature* 28, S. 1661–1707.

Griliches, Z., Hall, B.H. und Hausman, J.A. (1978). Missing Data and Self–Selection in Large Panels, *Annales de l'Insee: The Economics of Panel Data* 30/31, S. 137–176.

Griliches, Z. und Ringstadt, V. (1971). *Economics of Scale and the Form of the Production Function*, North–Holland, Amsterdam.

Grubel, H. G. und Maki, D.R. (1976). The Effects of Unemployment Benefits on U.S. Unemployment Rates, *Weltwirtschaftliches Archiv* 112, S. 274–299.

Güth, W. (1978). *Zur Theorie kollektiver Lohnverhandlungen*, Nomos, Baden-Baden.

Gunderson, M. (1989). Male–Female Wage Differentials and Policy Responses, *Journal of Economic Literature* 27, S. 46–72.

Hadley, G. und Kemp, M.C. (1971). *Variational Methods in Economics*, North–Holland, Amsterdam.

Hagen, T. und Steiner, V. (2000). *Von der Finanzierung der Arbeitslosigkeit zur Förderung von Arbeit. ZEW Wirtschaftsanalysen, (Schriftenreihe des ZEW) Bd. 51*, Nomos, Baden–Baden.

Hahn, F. H. (1987). On Involuntary Unemployment, *Economic Journal (Supplement)* 87, S. S1–S16.

Haisken–DeNew, J.P. und Zimmermann, K.F. (1999). Wage and Mobility Effects of Trade and Migration, *in:* M. Dewatripont, A. Sapir und K. Sekhat (Hrsg.), *Trade and Jobs in Europe – Much Ado about nothing?*, University Press, Oxford, S. 139–160.

Hall, R. E. (1982). The Importance of Lifetime Jobs in the U.S. Economy, *American Economic Review* 72, S. 716–724.

Hall, R.E. und Taylor, J.B. (1991). *Macroeconomics*, 3. Auflage, Norton, New York.

Hamermesh, D.S. (1986). The Demand for Labor in the Long Run, *in:* O. Ashenfelter und R.Layard (Hrsg.), *Handbook of Labor Economics, Bd. 1*, North–Holland, Amsterdam, S. 429–471.

Hamermesh, D. S. (1989). Labor Demand and the Structure of Adjustment Costs, *American Economic Review* 79, S. 674–689.

Hamermesh, D. S. und Biddle, J.E. (1994). Beauty and the Labor Market, *American Economic Review* 84, S. 1174–1194.

Hansen, G. (1983). Faktorsubstitution in den Wirtschaftssektoren der Bundesrepublik, Deutsches Institut für Wirtschaftsforschung (DIW), *Vierteljahreshefte für Wirtschaftsforschung* 1:1983, S. 169–183.

Hansen, G. (1988). Analyse ökonomischer Gleichgewichte und cointegrierter Zeitreihen, *Allgemeines Statistisches Archiv* 72, S. 337–358.

Hansen, G. (1990). Die Persistenz der Arbeitslosigkeit, *in:* G. Nakhaeizadeh und Vollmer, K.–H. (Hrsg.), *Neuere Entwicklungen in der angewandten Ökonometrie*, Physica, Heidelberg, S. 126–154.

Hansen, G. (1993). *Quantitative Wirtschaftsforschung*, Vahlen, München.

Harhoff, D. und Kane, T.J. (1997). Is the German Apprenticeship System a Panacea for the U.S. Labor Market?, *Journal of Population Economics* 10, S. 171–196.

Harris, J. R. und Todaro, M.P. (1970). Migration, Unemployment and Development: A Two–Sector Analysis, *American Economic Review* 60, S. 126–142.

Harris, M. und Weiss, Y. (1984). Job Matching with Finite Horizon and Risk Aversion, *Journal of Political Economy* 92, S. 758–779.

Harsanyi, J. C. und Selten, R. (1972). A Generalized Nash Solution for Two–Person Bargaining Games with Incomplete Information, *Management Science* 18, S. 80–106.

Hart, R.A. (1984). *The Economics of Non–Wage Labour Costs*, Allen and Unwin, London.

Hart, R.A. (1987). *Working Time and Employment*, Allen und Unwin, London.

Hart, R.A. und Kawasaki, S. (1988). Payroll Taxes and Factor Demand, *Research in Labor Economics* 9, S. 257–285.

Hart, R.A. und McGregor, P.G. (1988). The Returns to Labour Services in West German Manufacturing Industry, *European Economic Review* 32, S. 947–963.

Hausman, J.A. (1985a). The Econometrics of Nonlinear Budget Sets, *Econometrica* 53, S. 1255–1282.

Hausman, J.A. (1985b). Taxes and Labor Supply, *in:* A. Auerbach und M. Feldstein (Hrsg.), *Handbook of Public Economics*, North–Holland, Amsterdam, S. 213–263.

Heckman, J.J. (1976). A Life–Cycle Model of Earnings, Learning, and Consumption, *Journal of Political Economy (Supplement)* 84, S. S11–S44.

Heckman, J.J. (1979). Sample Selection Bias as a Specification Error, *Econometrica* 47, S. 153–161.

Heckman, J.J. und Borjas, G.J. (1980). Does Unemployment Cause Future Unemployment? Definitions, Questions, and Answers from a Continuous Time Model of Heterogeneity and State Dependence, *Economica* 47, S. 247–283.

Heckman, J.J. und Hotz, V.J. (1989). Choosing among Alternative Methods of Estimating the Impact of Social Programs: The Case of Manpower Training, *Journal of the American Statistical Association* 84, S. 862–880.

Heckman, J.J., LaLonde, R.J. und Smith, J.A. (1999). The Economics and Econometrics of Active Labor Market Programs, *in:* O. Ashenfelter und D. Card (Hrsg.), *Handbook of Labor Economics, Bd. 3*, Elsevier, Amsterdam, S. 1865–2097.

Heckman, J.J. und MaCurdy, T.E. (1980). A Life Cycle Model of Female Labour Supply, *Review of Economic Studies* 47, S. 47–74. [Mit einer Korrektur in: Review of Economic Studies, 49:659–660, (1982)].

Heilemann, U. (1988). Collective Bargaining and Macroeconomic Performance: The Case of West Germany, *in:* H. Motamen (Hrsg.), *Economic Modelling in the OECD Countries*, Chapman and Hall, London, S. 491–506.

Heilemann, U. und v. Loeffelholz, H.D. (1987). Zum Einfluß der Besteuerung auf Arbeitsangebot und –nachfrage. In: Steuersystem und wirtschaftliche Entwicklung, *Beihefte der Konjunkturpolitik* 33, S. 155–176.

Heilemann, U. und Wolters, J. (Hrsg.) (1998). *Gesamtwirtschaftliche Modelle in der Bundesrepublik Deutschland: Erfahrungen und Perspektiven*, Duncker und Humblot, Berlin.

Helberger, C. (1982). Arbeitslosigkeit als Gegenstand mikroökonomischer Theorien zur Funktionsweise von Arbeitsmärkten, Deutsches Institut für Wirtschaftsforschung (DIW), *Vierteljahreshefte zur Wirtschaftsforschung* 51, S. 398–412.

Helberger, C. (1988). Eine Überprüfung der Linearitätsannahme der Humankapitaltheorie, *in:* Albach, H. et al. (Hrsg.), *Bildung, Beruf, Arbeitsmarkt*, Duncker und Humblot, Berlin, S. 151–170.

Hellwig, M. und Irmen, A. (1999). *Wage Growth, Productivity Growth, and the Evolution of Employment*, Universität Mannheim, Sonderforschungsbereich 504, *Discussion Paper No. 99 - 86*, Mannheim.

Henderson, J.M. und Quandt, R.E. (1983). *Mikroökonomische Theorie*, 5. Auflage, Vahlen, München.

Henneberger, F. (1997). *Arbeitsmärkte und Beschäftigung im öffentlichen Dienst*, Haupt, Bern.

Hesse, H. (1996). Internationale Konkurrenz: Ursache von Arbeitslosigkeit und Lohnungleichheit?, *in:* B. Gahlen, H. Hesse und H.J. Ramser (Hrsg.), *Arbeitslosigkeit und Möglichkeiten ihrer Überwindung*, Mohr Siebeck, Tübingen, S. 331–358.

Hey, J.D. und McKenna, C.J. (1979). To Move or Not to Move?, *Econometrica* 46, S. 175–185.

Hicks, J.R. (1963). *The Theory of Wages*, 2. Auflage, MacMillan, London.

Himmelmann, G. (1971). *Lohnbildung durch Kollektivverhandlungen*, Duncker und Humblot, Berlin.

Hirsch, B.T., Addison, J.T. und Genosko, J. (1990). *Eine ökonomische Analyse der Gewerkschaften*, Transfer Verlag, Regensburg.

Holmlund, B. und Lang, H. (1985). Quit Behavior and Implicit Information: Searching, Moving, Learning, *Economic Inquiry* 23, S. 383–393.

Holmlund, B. und Zetterberg, J. (1991). Insider Effects in Wage Determination: Evidence from Five Countries, 35, S. 1009–1034.

Holst, E. (2000). *Die Stille Reserve am Arbeitsmarkt. Größe – Zusammensetzung – Verhalten*, Bohn, Berlin.

Hönekopp, E. (1991). Ost–West–Wanderungen: Ursachen und Entwicklungstendenzen – Bundesrepublik Deutschland und Österreich, *Mitteilungen aus der Arbeitsmarkt– und Berufsforschung* 24, S. 115–133.

Hosios, A.J. (1990). Factor Market Search and the Structure of Simple General Equilibrium Models, *Journal of Political Economy* 98, S. 325–355.

Hromadka, W. (1995). *Tariffibel*, 4. Auflage, Deutscher Institutsverlag, Köln.

Hübler, O. (1983). Ökonometrische Untersuchungen zum Arbeitsangebot von Frauen, *Mitteilungen aus der Arbeitsmarkt– und Berufsforschung* 16, S. 301–311.

Hübler, O. (1989). *Ökonometrie*, Gustav Fischer, Stuttgart.

Hübler, O. (1990a). Adverse Selektion bei verallgemeinerter Effizienzlohnhypothese – Grundlage individueller Sektorzuordnung?, *Ifo–Studien* 36, S. 41–64.

Hübler, O. (1990b). Messung von Diskriminierung durch direkte und inverse Regression, *Allgemeines Statistisches Archiv* 74, S. 315–335.

Hübler, O. (1995). Produktivitätssteigerung durch Mitarbeiterbeteiligung in Partnerschaftsunternehmen?, *Mitteilungen aus der Arbeitsmarkt– und Berufsforschung* 28, S. 214–223.

Hübler, O. und Gerlach, K. (1989). Berufliche Lohndifferentiale, *in:* K. Gerlach und O. Hübler (Hrsg.), *Effizienzlohntheorie, Individualeinkommen und Arbeitsplatzwechsel*, Campus, Frankfurt/M., S. 149–178.

Hübler, O. und Gerlach, K. (1990). Sectoral Wage Patterns, Individual Earnings and the Efficiency Wage Hypothesis, *in:* H. König (Hrsg.), *Economics of Wage Determination*, Springer, Berlin, S. 105–124.

Hujer, R., Grammig, J. und Schnabel, R. (1994). A Comparative Empirical Analysis of Labor Supply and Wages of Married Women in the FRG and the USA, *Jahrbücher für Nationalökonomie und Statistik* 213, S. 129–147.

Hujer, R. und Schnabel, R. (1991). Spezifikation und Schätzung eines Lebenszyklusmodells des Arbeitsangebots – Eine mikroökonometrische Analyse mit Daten des Sozio–oekonomischen Panels, *Ifo–Studien* 37, S. 271–296.

Hujer, R. und Schnabel, R. (1994). The Impact of Regional and Sectoral Labor Market Conditions on Wages and Labor Supply: An Empirical Analysis for Married Women Using West–German Panel Data, *Empirical Economics* 19, S. 19–35.

Hujer, R. und Schneider, H. (1996). Institutionelle und strukturelle Determinanten der Arbeitslosigkeit in Westdeutschland: Eine mikroökonometrische Analyse mit Paneldaten, *in:* B. Gahlen, H. Hesse und H.J. Ramser (Hrsg.), *Arbeitslosigkeit und Möglichkeiten ihrer Überwindung*, Mohr und Siebeck, Tübingen, S. 53–76.

Hunt, J. (1995). The Effect of Unemployment Compensation on Unemployment Duration in Germany, *Journal of Labour Economics* 13, S. 88–120.

Hunt, J. (1999). Has Work–Sharing Worked in Germany?, *Quarterly Journal of Economics* 114, S. 117–148.

Hunt, J. (2000). Firing Costs, Employment Fluctuations and Average Employment: An Examination of Germany, *Economica* 67, S. 177–202.

Jahn, E. (2002). *Zur ökonomischen Theorie des Kündigungsschutzes*, Duncker und Humblot, Berlin.

Jirjahn, U. (1998). *Effizienzwirkungen von Erfolgsbeteiligung und Partizipation. Eine mikroökonometrische Analyse*, Campus, Frankfurt/M.

Johnson, G. (1997). Changes in Earnings Inequality, *Journal of Economic Perspectives* 11 (2), S. 41–54.

Johnson, W.R. (1978). A Theory of Job Shopping, *Quarterly Journal of Economics* 92, S. 261–277.

Jones, S.R.G. und Riddell, W.C. (1999). The Measurement of Unemployment: An Empirical Approach, *Econometrica* 67, S. 147–162.

Jovanovic, B. (1979). Firm–specific Capital and Turnover, *Journal of Political Economy* 87, S. 1246–1260.

Juhn, C., Murphy, K.M. und Topel, R.H. (1991). Why has the Natural Rate of Unemployment Increased over Time?, *Brookings Papers on Economic Activity, Heft 2* S. 75–142.

Kaiser, U. (2000). New Technologies and the Demand for Heterogenous Labor: Firm–Level Evidence for the German Business–Related Services Sector, *Economics of Innovation and New Technology* 9, S. 465–484.

Kaltenborn, B. (2000). *Reformkonzepte für die Sozialhilfe: Finanzbedarf und Arbeitsmarkteffekte*, Nomos, Baden–Baden.

Kaltenborn, B. (2001). Kombilöhne in Deutschland. Eine systematische Übersicht, Institut für Arbeitsmarkt– und Berufsforschung, *IAB Werkstattbericht* Nr. 14 v. 5.12.2001, Nürnberg.

Kamien, M.I. und Schwartz, N.L. (1981). *Dynamic Optimization. The Calculus of Variations and Optimal Control in Economics and Management*, North–Holland, New York.

Kamke, E. (1977). *Differentialgleichungen*, Stuttgart.

Karr, W. (1997). Die konzeptionelle Untererfassung der Langzeitarbeitslosigkeit, *Mitteilungen aus der Arbeitsmarkt- und Berufsforschung* 30, S. 37–46.

Karr, W. und John, K. (1989). Mehrfacharbeitslosigkeit und kumulative Arbeitslosigkeit, *Mitteilungen aus der Arbeitsmarkt- und Berufsforschung* 22, S. 1–32.

Katsoulacos, Y.S. (1986). *The Employment Effect of Technical Change*, Harvester, Brighton.

Katz, L.F. und Autor, D.H. (1999). Changes in the Wage Structure and Earnings Inequality, *in:* O. Ashenfelter und D. Card (Hrsg.), *Handbook of Labor Economics, Bd. 3A*, North–Holland, Amsterdam, S. 1463–1555.

Keeley, M.C. (1977). The Economics of Family Formation, *Economic Inquiry* 15, S. 238–250.

Keller, B. (1974). *Theorien der Kollektivverhandlungen. Ein Beitrag zur Problematik der Arbeitsökonomie*, Duncker und Humblot, Berlin.

Keller, B. (1983). *Arbeitsbeziehungen im öffentlichen Dienst*, Campus, Frankfurt/M.

Keller, B. (1985). Schlichtung als autonomes Regelungsverfahren der Tarifvertragsparteien, *in:* G. Endruweit et al. (Hrsg.), *Handbuch der Arbeitsbeziehungen*, de Gruyter, Berlin, S. 119–130.

Keller, B. (1993). *Einführung in die Arbeitspolitik*, 3. Auflage, Oldenbourg, München.

Kempf, T. (1985). *Theorie und Empirie betrieblicher Ausbildungsplatzangebote*, Lang, Frankfurt/M.

Kennan, J. (1986). The Economics of Strikes, *in:* O. Ashenfelter und R. Layard (Hrsg.), *Handbook of Labor Economics, Bd. 2*, North–Holland, Amsterdam, S. 1091–1137.

Kidd, D.P. und Oswald, A.J. (1987). A Dynamic Model of Trade Union Behaviour, *Economica* 54, S. 355–365.

Kiefer, N.M. (1988). Economic Duration Data and Hazard Functions, *Journal of Economic Literature* 26, S. 646–679.

Killingsworth, M.R. (1983). *Labor Supply*, Cambridge University Press, New York.

Killingsworth, M.R. und Heckman, J.J. (1986). Female Labor Supply: A Survey, *in:* O. Ashenfelter und R. Layard (Hrsg.), *Handbook of Labor Economics, Bd. 1*, North–Holland, Amsterdam, S. 103–204.

Kirchmann, A., Spermann, A. und Volkert, J. (2000). Modellversuch "Einstiegsgeld in Baden–Würtemberg". Institut für Angewandte Wirtschaftsforschung (Tübingen), *IAW-Mitteilungen* 28(2), S. 15–22.

Klauder, W. (1986). Technischer Fortschritt und Beschäftigung, *Mitteilungen aus der Arbeitsmarkt- und Berufsforschung* 19, S. 1–19.

Klein, B. (1980). Transaction Cost Determination of "Unfair" Contractual Arrangements, *American Economic Review (Papers and Proceedings)* 70, S. 356–362.

Kleinhückelskoten, H.D. und Spaetling, D. (1980). *Aspekte der Interdependenz zwischen Tarif- und Effektivlohnentwicklung*, Westdeutscher Verlag, Opladen.

Klein, T. (1988). Sozialstrukturveränderungen und Kohortenschicksal, *Mitteilungen aus der Arbeitsmarkt- und Berufsforschung* 21, S. 512–529.

Klems, W. und Schmid, A. (1990). *Langzeitarbeitslosigkeit. Theorie und Empirie am Beispiel des Arbeitsmarktes Frankfurt/Main*, edition sigma, Berlin.

Klotz, S., Pfeiffer, F. und Pohlmeier, W. (1999). Zur Wirkung des technischen Fortschritts auf die Qualifikationsstruktur der Beschäftigung und die Entlohnung, *Jahrbücher für Nationalökonomie und Statistik* 219, S. 90–108.

Kniesner, T. (1976). An Indirect Test of Complementary in a Family Labor Supply Model, *Econometrica* 44, S. 651–659.

Köbele, B. und Schütt, B. (1992). *Erfolgsbeteiligung. Ein neuer Weg zur Vermögensbildung in Arbeitnehmerhand*, Bund–Verlag, Köln.

Kohler, H. und Spitznagel, E. (1995). Teilzeitarbeit in der Gesamtwirtschaft und aus der Sicht von Arbeitnehmern und Betrieben in der Bundesrepublik Deutschland, *Mitteilungen aus der Arbeitsmarkt– und Berufsforschung* 28, S. 339–382.

Kokkelenberg, E.C. und Bischoff, C.W. (1986). Expectations and Factor Demand, *Review of Economics and Statistics* 68, S. 423–431.

Koller, M. (1987). Regionale Lohnstrukturen, *Mitteilungen aus der Arbeitsmarkt– und Berufsforschung* 20, S. 30–44.

Kölling, A. (1998). Anpassungen auf dem Arbeitsmarkt. Eine Analyse der dynamischen Arbeitsnachfrage in der Bundesrepublik Deutschland, Institut für Arbeitsmarkt– und Berufsforschung, *Beiträge zur Arbeitsmarkt– und Berufsforschung, Bd. 217*, Nürnberg.

König, H. (1976). Neoklassische Investitionstheorie und Investorenverhalten in der Bundesrepublik Deutschland, *Jahrbücher für Nationalökonomie und Statistik* 190, S. 316–348.

König, H. (1979). Job–Search–Theorien, *in:* G. Bombach, B. Gahlen und A.E. Ott (Hrsg.), *Neuere Entwicklungen in der Beschäftigungstheorie und –politik*, Mohr und Siebeck, Tübingen, S. 63–115.

König, H. (1997). Innovation und Beschäftigung, *in:* H.-J. Vosgerau (Hrsg.), *Zentrum und Peripherie – Zur Entwicklung der Arbeitsteilung in Europa. Schriften des Vereins für Socialpolitik*, Duncker und Humblot, Berlin, S. 149–176.

König, H., Buscher, H.S. und Licht, G. (1995). Employment, Investment and Innovation at the Firm Level, *in: OECD, The OECD Jobs Study, Investment, Productivity and Employment*, Paris, S. 67–80.

König, H., Laisney, F., Lechner, M. und Pohlmeier, W. (1995). Tax Illusion and Labour Supply of Married Women: Evidence from German Data, *Kyklos* 48, S. 347–368.

König, H. und Pohlmeier, W. (1988). Employment, Labour Utilization and Procyclical Labour Productivity, *Kyklos* 41, S. 551–572.

Kotthoff, H. (1985). Betriebliche Interessenvertretung durch Mitbestimmung des Betriebsrates, *in:* G. Endruweit et al. (Hrsg.), *Handbuch der Arbeitsbeziehungen*, de Gruyter, Berlin, S. 65–87.

Kraft, K. (1986). Exit and Voice in the Labor Market. An Empirical Study of Quits, *Journal of Institutional and Theoretical Economics* 142, S. 697–715.

Kraft, K. (1989a). Empirical Studies on Codeterminination: A Selective Survey and Research Design, *in:* H. Nutzinger und J. Backhaus (Hrsg.), *Codetermination*, Springer, Berlin, S. 277–298.

Kraft, K. (1989b). Gewerkschaften, Löhne und Produktivität, *Ökonomie und Gesellschaft. Die Gewerkschaft in der ökonomischen Theorie* Jahrbuch 7, S. 184–213.

Kraft, K. (1989c). Expectations and the Adjustment of Hours and Employment, *Applied Economics* 21, S. 487–495.

Kraft, K. und Nutzinger, H.G. (1989). Mitbestimmung und effiziente Verhandlungslösungen: Theoretisches Modell und empirische Befunde, *in:* W. Fischer (Hrsg.), *Währungsreform und Soziale Marktwirtschaft. Erfahrungen und Perspektiven nach 40 Jahren*, Duncker und Humblot, Berlin, S. 525–535.

Krelle, W. (1968). *Präferenz– und Entscheidungstheorie*, Mohr und Siebeck, Tübingen.

Krelle, W. (1988). *Theorie des wirtschaftlichen Wachstums*, 2. Auflage, Springer, Berlin.

Krupp, H.–J. (1985). Bisherige Ergebnisse alternativer geld– und finanzpolitischer Strategieansätze in der Bundesrepublik Deutschland, *in:* J. Langkau und C. Köhler (Hrsg.), *Wirtschaftspolitik und wirtschaftliche Entwicklung*, Neue Gesellschaft, Bonn, S. 93–110.

Kugler, P., Müller, U. und Sheldon, G. (1988). Struktur der Arbeitsnachfrage im technologischen Wandel – Eine empirische Analyse für die Bundesrepublik Deutschland, *Weltwirtschaftliches Archiv* 124, S. 490–500.

Kühl, J. (1970). Zum Aussagewert der Statistik der offenen Stellen, *Mitteilungen aus der Arbeitsmarkt– und Berufsforschung* 1, S. 250–276.

Kühl, J., Lahner, M. und Wagner, J. (1997). Die Nachfrageseite des Arbeitsmarktes. Ergebnisse und Analysen mit deutschen Firmendaten, Institut für Arbeitsmarkt– und Berufsforschung, *Beiträge zur Arbeitsmarkt– und Berufsforschung, Bd. 204*, Nürnberg.

Külp, B. (1977). *Der Lohnfindungsprozeß der Tarifpartner. Bestimmungsgründe, Auswirkungen, Reformvorschläge*, Wissenschaftliche Buchgesellschaft, Darmstadt.

Laisney, F., Lechner, M., van Soest, A. und Wagenhals, G. (1993). A Life Cycle Labour Supply Model with Taxes Estimated on German Panel Data: The Case of Parallel Preferences, *Economic and Social Review* 24, S. 335–368.

Laisney, F., Pohlmeier, W. und Staat, M. (1992). Estimation of Labour Supply Functions Using Panel Data: A Survey, *in:* L. Mátyás und P. Sevestre (Hrsg.), *The Econometrics of Panel Data*, Kluwer, Amsterdam, S. 436–469.

Landmann, O. (1989). Verteilungskonflikte, Kapitalbildung und Arbeitslosigkeit, *in:* H.J. Ramser und H. Riese (Hrsg.), *Beiträge zur angewandten Wirtschaftsforschung*, Springer, Berlin, S. 59–85.

Landmann, O. und Jerger, J. (1993). Unemployment and the Real Wage Gap: A Reappraisal of the German Experience, *Weltwirtschaftliches Archiv* 129, S. 689–717.

Landmann, O. und Jerger, J. (1999). *Beschäftigungstheorie*, Springer, Berlin.

Landmann, O. und Pflüger, M. (1996). Arbeitsmärkte im Spannungsfeld von Globalisierung und technologischem Wandel, *in:* B. Külp (Hrsg.), *Arbeitsmarkt und Arbeitslosigkeit*, Haufe, Freiburg, S. 173–230.

Lang, K. und Kahn, S. (1990). Efficiency Wage Models of Unemployment: A Second View, *Economic Inquiry* 28, S. 296–306.

Layard, R., Basevi, G., Blanchard, O., Buiter, W. und Dornbusch, R. (1986). Europe: The Case for Unsustainable Growth, *in:* O. Blanchard, R. Dornbusch und R. Layard (Hrsg.), *Restoring Europe's Prosperity*, MIT-Press, Cambridge, S. 33–94.

Layard, R. und Bean, C. (1989). Why Does Unemployment Persist?, *Scandinavian Journal of Economics* 91, S. 371–396.

Layard, R. und Nickell, S.J. (1985). Unemployment, Real Wages and Aggregate Demand in Europe, Japan and the U.S., *Carnegie–Rochester Public Policy Conference* 23, S. 143–202.

Layard, R. und Nickell, S.J. (1990). Is Unemployment Lower if Unions Bargain over Employment?, *Quarterly Journal of Economics* 105, S. 733–787.

Layard, R., Nickell, S. und Jackman, R. (1991). *Unemployment. Macroeconomic Performance and the Labour Market*, University Press, Oxford.

Lazear, E.P. (1981). Agency, Earnings Profiles, Productivity, and Hours Restrictions, *American Economic Review* 71, S. 606–620.

Lazear, E.P. (1986). Retirement from the Labor Force, *in:* O. Ashenfelter und R. Layard (Hrsg.), *Handbook of Labor Economics, Bd. I*, North–Holland, Amsterdam, S. 305–355.

Lazear, E.P. und Rosen, S. (1981). Rank–Order Tournaments as Optimum Labor Contracts, *Journal of Political Economy* 89, S. 841–864.

Lazear, E.P. und Rosen, S. (1990). Male–Female Wage Differentials in Job Ladders, *Journal of Labor Economics* 8, S. S106–S123.

Löbbe, K. (1998). Sectoral Employment Elasticities in Germany, *in:* J.T. Addison und P.J.J. Welfens (Hrsg.), *Labor Markets and Social Security*, Springer, Heidelberg, S. 91–121.

Leban, R. und Lesourne, J. (1980). The Firm's Investment and Employment Policy Through a Business Cycle, *European Economic Review* 13, S. 43–80.

Lechner, M. (1991). Testing Logit Models in Practice, 16, S. 177–198.

Lechner, M. (1998a). *Training the East German Labor Force. Microeconomic Evaluations of Continuous Vocational Training after Unification*, Physica, Heidelberg.

Lechner, M. (1998b). Mikroökonometrische Evaluationsstudien: Anmerkungen zu Theorie und Praxis, *in:* F. Pfeiffer und W. Pohlmeier (Hrsg.), *Qualifikation, Weiterbildung und Arbeitsmarkterfolg, ZEW–Wirtschaftsanalysen (Schriftenreihe des ZEW) Bd. 31*, Nomos, Baden–Baden, S. 13–38.

Lehne, H. (1991). *Bestimmungsgründe der betrieblichen Ausbildungsplatzangebote in der Dualen Berufsausbildung*, Florentz, München.

Leibenstein, H. (1957). Economic Backwardness and Economic Growth, New York.

Leland, H.E. (1972). Theory of the Firm Facing Uncertain Demand, *American Economic Review* 62, S. 278–291.

Lesch, H. (1999). *Lohnpolitik in einer Europäischen Wirtschafts– und Währungsunion. Internationale Kooperation versus Dezentralisierung*, Josef Eul, Lohmar.

Leu, R.E. und Kugler, P. (1986). Angebotsorientierte Ökonomie – ein Rezept für die schweizerische Wirtschaftspolitik?, *Geld und Währung 2,* Heft 4, S. 16–35.

Licht, G. und Steiner, V. (1991). Abgang aus der Arbeitslosigkeit, Individualeffekte und Hysteresis. Eine Paneldatenanalyse für die Bundesrepublik Deutschland, *in:* Helberger, C. et al. (Hrsg.), *Erwerbstätigkeit und Arbeitslosigkeit –Analysen auf der Grundlage des Sozio–ökonomischen Panels*, Institut für Arbeitsmarkt– und Berufsforschung, *Beiträge zur Arbeitsmarkt– und Berufsforschung Nr. 144*, Nürnberg, S. 182–206.

Licht, G. und Steiner, V. (1994). Assimilation, Labour Market Experience, and Earnings Profiles of Temporary and Permanent Immigrant Workers in Germany, *International Review of Applied Economics* 8, S. 130–156.

Lindbeck, A. (1993). *Unemployment and Macroeconomics*, MIT–Press, Cambridge (Mass.).

Lindbeck, A. und Snower, D.J. (1987). Efficiency Wages versus Insiders and Outsiders, *European Economic Review* 31, S. 407–416.

Lindbeck, A. und Snower, D.J. (1988). Cooperation, Harassment, and Involuntary Unemployment: An Insider–Outsider Approach, *American Economic Review* 78, S. 167–188.

Lindbeck, A. und Snower, D.J. (1996). Reorganisation of Firms and Labor–Market–Inequality, *American Economic Review (Papers and Proceedings)* 86, S. 315–321.

Lindbeck, A. und Snower, D.J. (2001). Insiders versus Outsiders, *Journal of Economic Perspectives* 15, S. 165–188.

Linde, R. (1983). Beschäftigungseffekte von Arbeitszeitverkürzungen mit Lohnausgleich, *Jahrbücher für Nationalökonomie und Statistik* 198, S. 425–436.

Linde, R. (1988). *Einführung in die Mikroökonomie*, Kohlhammer, Stuttgart.

Lipp, E.–M. (1989). Lohnnebenkosten und Beschäftigung, *in:* H. Scherf (Hrsg.), *Beschäftigungsprobleme in hochentwickelten Volkswirtschaften*, Duncker und Humblot, Berlin, S. 359–376.

Lippman, S.A. und McCall, J.J. (1981). The Economics of Uncertainty: Selected Topics and Probability Methods, *in:* K.J. Arrow und M.D. Intriligator (Hrsg.), *Handbook of Mathematical Economics, Bd. 1*, North–Holland, Amsterdam, S. 211–284.

Long, N.V. und Siebert, H. (1983). Lay–off Restraints and the Demand for Labor, *Zeitschrift für die gesamte Staatswissenschaft* 139, S. 612–624.

Lorenz, W. (1985). Drei neoklassische Modelle der Diskriminierung. Eine vergleichende Darstellung, *Zeitschrift für Wirtschafts– und Sozialwissenschaften* 105, S. 459–479.

Lorenz, W. und Wagner, J. (1988). Gibt es kompensierende Lohndifferentiale in der Bundesrepublik Deutschland?, *Zeitschrift für Wirtschafts– und Sozialwissenschaften* 108, S. 371–381.

Lorenz, W. und Wagner, J. (1989). Kompensierende Lohndifferentiale und geschlechtsspezifische Einkommensdiskriminierung, *in:* K. Gerlach und O. Hübler (Hrsg.), *Effizienzlohntheorie, Individualeinkommen und Arbeitsplatzwechsel*, Campus, Frankfurt/M., S. 248–270.

Lorenz, W. und Wagner, J. (1991). Bestimmungsgründe von Gewerkschaftsmitgliedschaft und Organisationsgrad. Eine ökonometrische Analyse auf Mikrodatenbasis für die Bundesrepublik Deutschland, *Zeitschrift für Wirtschafts– und Sozialwissenschaften* 111, S. 65–82.

Lucas, R.E. jr. und Rapping, L.A. (1970). Real Wages, Employment, and Inflation, *in:* E. Phelps (Hrsg.), *Microeconomic Foundations of Employment and Inflation Theory*, Norton, New York, S. 257–305.

Machin, S. und van Reenen, J. (1998). Technology and Changes in Skill Structure: Evidence from Seven OECD Countires, *Quarterly Journal of Economics* 113, S. 1215–1244.

Maddala, G.S. (1977). *Econometrics*, McGraw–Hill, New York.

Maddala, G.S. (1983). *Limited-Dependent and Qualitative Variables*, University Press, Cambridge.

Magvas, E. (2001). Gesamtwirtschaftliches Stellenangebot in West– und Ostdeutschland 1998,1999 und 2000, Institut für Arbeitsmarkt– und Berufsforschung Nürnberg, *IAB–Werkstattbericht Nr. 12* .

Maier, G. und Weiss, P. (1990). *Modelle diskreter Entscheidungen. Theorie und Anwendung in den Sozial– und Wirtschaftswissenschaften*, Springer, Wien.

Malcomson, J. (1981). Unemployment and the Efficiency Wage Hypothesis, *Economic Journal* 91, S. 848–866.

Malinvaud, E. (1977). *The Theory of Unemployment Reconsidered*, Basil Blackwell, Oxford.

Manning, A. (1987). An Integration of Trade Union Models in a Sequential Bargaining Framework, *Economic Journal* 97, S. 121–139.

Matthes, R. und Schulze, P.M. (1991). Ein Fehlerkorrekturmodell für die Beschäftigungsnachfrage, 208, S. 414–424.

Mavromaras, K.G. und Rudolph, H. (1995). "Recalls" – Wiederbeschäftigung im alten Betrieb, *Mitteilungen aus der Arbeitsmarkt- und Berufsforschung* 28, S. 171–194.

McCall, B.P. und McCall, J.J. (1987). A Sequentional Study of Migration and Job Search, 5, S. 452–476.

McCall, J.J. (1970). Economics of Information and Job Search, *Quarterly Journal of Economics* 84, S. 113–126.

McDonald, I.M. und Solow, R.M. (1981). Wage Bargaining and Employment, *American Economic Review* 71, S. 896–908.

Meese, R. (1980). Dynamic Factor Demand Schedules for Labor and Capital under Rational Expectations, *Journal of Econometrics* 14, S. 141–158.

Merz, J. (1990). Female Labor Supply: Labor Force Participation, Market Wage Rate and Working Hours of Married and Unmarried Women in the Federal Republic of Germany, *Jahrbücher für Nationalökonomie und Statistik* 207, S. 240–270.

Meyer, W. (1990). *Bestimmungsfaktoren der Tariflohnbewegung. Eine empirische, mikroökonomische Untersuchung für die Bundesrepublik*, Campus, Frankfurt/M.

Meyer, W. (1995). Analyse der Bestimmungsfaktoren der "übertariflichen" Entlohnung auf der Basis von Firmendaten, *in:* K. Gerlach und R. Schettkat (Hrsg.), *Determinanten der Lohnbildung*, edition sigma, Berlin, S. 50–93.

Miller, P., C. Mulvey und Martin, N. (1995). What Do Twins Studies Reveal About the Economic Returns to Education? A Comparison of Australian and U.S. Findings, *American Economic Review* 85, S. 586–599.

Mincer, J. (1962). Labor Force Participation of Married Women, *in:* National Bureau of Economic Research (Hrsg.), *Aspects of Labor Economics*, University Press, Princeton, S. 63–97.

Mincer, J. (1966). Labor Force Participation and Unemployment: A Review of Recent Evidence, *in:* R. Gordon und M. Gordon (Hrsg.), *Properity and Unemployment*, Wiley, New York, S. 73–112.

Mincer, J. (1974). *Schooling, Experience, and Earnings*, National Bureau of Economic Research, New York.

Moffitt, R. (1982). The Tobit Model, Hours of Work, and Institutional Constraints, *Review of Economics and Statistics* 64, S. 510–515.

Moffitt, R. (1990). The Econometrics of Kinked Budget Constraints, *Journal of Economic Perspectives* 4, S. 119–139.

Mohr, M. (2001). Ein disaggregierter Ansatz zur Berechnung konjunkturbereinigter Budgetsalden für Deutschland: Methoden und Ergebnisse, Deutsche Bundesbank, Volkswirtschaftliches Forschungszentrum, *Diskussionspapier 13/01*, Frankfurt/M.

Möller J. (1999). Die Entwicklung der qualifikatorischen Lohn- und Beschäftigungsstruktur in Deutschland. Eine empirische Bestandsaufnahme, *Jahrbücher für Nationalökonomie und Statistik* 219, S. 8–31.

Möller J. und Bellmann, L. (1996). Qualifikations- und industriespezifische Lohnunterschiede in der Bundesrepublik Deutschland, *Ifo-Studien* 42, S. 235–272.

Morgan, P. und Manning, R. (1985). Optimal Search, *Econometrica* 53, S. 923–944.

Morrison, C.J. (1986). Structural Models of Dynamic Factor Demands with Nonstatic Expectations: An Empirical Assessment of Alternative Expectations Specifications, *International Economic Review* 27, S. 365–386.

Mortensen, D.T. (1970). Job Search, the Duration of Unemployment, and the Phillips Curve, *American Economic Review* 60, S. 847–862.

Mortensen, D.T. (1976). Job Matching under Imperfect Competition, *in:* O. Ashenfelter und J. Blum (Hrsg.), *Evaluating Labor–Market Effects of Social Programs*, University Press, Princeton, S. 194–232.

Mortensen, D.T. (1988). Wages, Separations, and Job Tenure: On–the–Job Specific Training or Matching?, *Journal of Labor Economics* 6, S. 445–471.

Moses, L.N. (1962). Income, Leisure and Wage Pressure, *Economic Journal* 72, S. 320–334.

Mroz, T.A. (1987). The Sensitivity of an Empirical Model of Married Women's Hours of Work to Economic and Statistical Assumptions, *Econometrica* 55, S. 765–799.

Mühleisen, M. (1994). *Human Capital Decay and Persistence*, Campus, Frankfurt/M.

Mühleisen, M. und Zimmermann, K.F. (1994). A Panel Analysis of Job Changes and Unemployment, *European Economic Review* 38, S. 793–801.

Müller–Jentsch, W. (1985). Berufs–, Betriebs– oder Industriegewerkschaften, *in:* G. Endruweit et al. (Hrsg.), *Handbuch der Arbeitsbeziehungen*, de Gruyter, Berlin, S. 369–381.

Müller–Jentsch, W. (1986). *Soziologie der industriellen Beziehungen*, Campus, Frankfurt/M.

Müller–Jentsch, W. (1987). Eine neue Topographie der Arbeit – Organisationspolitische Herausforderungen für die Gewerkschaften, *in:* H. Abromeit und B. Blanke (Hrsg.), *Arbeitsmarkt, Arbeitsmarktbeziehungen und Politik in den 80er Jahren*, Westdeutscher Verlag, Opladen, S. 159–178.

Nadiri, M.I. und Rosen, S. (1969). Interrelated Factor Demand Functions, *American Economic Review* 59, S. 457–471.

Nadiri, M.I. und Rosen, S. (1974). *A Disequilibrium Model of Demand for Factors of Production*, National Bureau of Economic Research, New York.

Nakamura, S. (1986). A Dynamic Multisectoral Model of Production, Investment and Prices Based on Flexible Cost Functions, Deutsches Institut für Wirtschaftsforschung (DIW), *Vierteljahreshefte zur Wirtschaftsforschung* Heft 1/2, S. 110–122.

Nash, J.F. (1953). Two Person Cooperative Games, *Econometrica* 21, S. 128–140.

Neudorfer, P., Pichelmann, K. und Wagner, M. (1990). Hysteresis Nairu and Long Term Unemployment in Austria, 15, S. 217–229.

Neumann, M. (1984). *Arbeitszeitverkürzung gegen Arbeitslosigkeit?*, Duncker und Humblot, Berlin.

Neumann, M. (1990). Ordnungspolitische und ökonomische Bewertung arbeitsmarktpolitischer Instrumente, *in:* Bertelsmann Stiftung (Hrsg.), *Arbeitslosigkeit ist vermeidbar – Wege aus der Arbeitslosigkeit*, Bertelsmann Stiftung, Gütersloh, S. 59–70.

Neumann, M. (1995). *Theoretische Volkswirtschaftslehre II. Produktion, Nachfrage und Allokation*, 4. Auflage, Vahlen, München.

Nickell, S.J. (1978). *The Investment Decisions of Firms*, University Press, Cambridge.

Nickell, S.J. (1979). Estimating the Probability of Leaving Unemployment, *Econometrica* 47, S. 1249–1266.

Nickell, S.J. (1986). Dynamic Models of Labour Demand, *in:* O. Ashenfelter und R. Layard (Hrsg.), *Handbook of Labor Economics, Bd. 1*, North–Holland, Amsterdam, S. 473–522.

Nickell. S.J. und Layard, R. (1999). Labor Market Institutions and Economic Performance, *in:* O. Ashenfelter und D. Card (Hrsg.), *Handbook of Labor Economics, Band 3C*, Elsevier, Amsterdam, S. 3029–3084.

Nickell, S.J. und Wadhwani, S. (1990). Insider Forces and Wage Determination, 100, S. 496–509.

Niedenhoff, H.–U. (1990). Der DGB baut seine Position aus, *Gewerkschaftsreport* 24, S. 5–17.

Noll, H.–H. (1985). Arbeitsplatzsuche und Stellenfindung, *in:* H. Knepel und R. Hujer (Hrsg.), *Mobilitätsprozesse auf dem Arbeitsmarkt*, Campus, Frankfurt/Main, S. 275–303.

Nutzinger, H.G. und Backhaus, J. (1989). *Codetermination. A Discussion of Different Approaches*, Springer, Berlin.

OECD (1984). The Importance of Long–Term Job Attachment in OECD Countries, *Employment Outlook* September, S. 55–68.

OECD (1995). *Employment Outlook*, Paris.

OECD (1997). *Making Work Pay. Taxation, Benefits, Employment and Unemployment. The OECD Jobs Strategy*, Paris.

Oi, W.Y. (1962). Labor as a Quasi–Fixed Factor, *Journal of Political Economy* 70, S. 538–555.

Okun, A.M. (1981). *Prices and Quantities: A Macroeconomic Analysis*, Brookings, Washington D.C.

Orszag, M. und Snower, D.J. (1998). Anatomy for Policy Complementarities, *Swedish Economic Policy Review* 5, S. 303–343.

Oswald, A.J. (1985). The Economic Theory of Trade Unions: An Introductory Survey, *Scandinavian Journal of Economics* 87, S. 160–193.

Padoa–Schioppa, F. (1990). *Mismatch and Labor Mobility*, Cambridge University Press, Cambridge.

Palm, F.C. und Pfann, G.A. (1990). Interrelated Demand Rational Expectations Models for Two Types of Labour, *Oxford Bulletin of Economics and Statistics* 52, S. 45–68.

Paqué, K.–H. (2001). Was ist am ostdeutschen Arbeitsmarkt anders?, *Perspektiven der Wirtschaftspolitik* 2, S. 407–423.

Pauly, P. (1978). *Theorie und Empirie des Arbeitsmarktes. Eine ökonometrische Analyse für die Bundesrepublik Deutschland 1960–1974*, Lang, Frankfurt/M.

Pencavel, J. (1986). Labor Supply of Men: A Survey, *in:* O. Ashenfelter und R. Layard (Hrsg.), *Handbook of Labor Economics, Bd.1*, North–Holland, Amsterdam, S. 3–102.

Pfahler, T. (1994). *Hysterese am Arbeitsmarkt in der Bundesrepublik Deutschland*, Wilfer, Fuchsstadt.

Pfeiffer, F. und Pohlmeier, W. (Hrsg.) (1998). *Qualifikation, Weiterbildung und Arbeitsmarkterfolg. ZEW–Wirtschaftsanalysen (Schriftenreihe des ZEW) Bd. 31*, Nomos, Baden–Baden.

Pfeiffer, F. und Reize, F. (2000). Business Start–Ups by the Unemployed – An Econometric Analysis Based on Firm Data, *Labour Economics* 7, S. 629–663.

Pichelmann, K. und Wagner, M. (1986). Labour Surplus as a Signal for Real–Wage Adjustment: Austria 1968–1984, *Economica (Supplement)* 53, S. S75–S87.

Pindyck, R.S. (1982). Adjustment Costs, Uncertainty, and the Behavior of the Firm, *American Economic Review* 72, S. 415–427.

Pindyck, R.S. und Rotemberg, J.J. (1983). Dynamic Factor Demands under Rational Expectations, *Scandinavian Journal of Economics* 85, S. 223–238.

Pindyck, R.S. und Rubinfeld, D.L. (1991). *Econometric Models and Economic Forecasts*, 3. Auflage, McGraw–Hill, New York.

Pischke, J.-S. (1992). Assimilation and the Earnings of Guestworkers in Germany, Zentrum für Europäische Wirtschaftsforschung (ZEW), *Discussion Paper No. 92–17* Mannheim.

Pissarides, C.A. (1985). Job Search and the Functioning of Labour Markets, *in:* D. Carline et al. (Hrsg.), *Labour Economics*, Longman, London, S. 159–185.

Prasad, E. (2001). The Dynamics of Reservation Wages: Preliminary Evidence from the GSOEP, Deutsches Institut für Wirtschaftsforschung (DIW), *Vierteljahreshefte zur Wirtschaftsforschung 70(1)* S. 44–50.

Prey, H. (1999). Die Entwicklung der geschlechtsspezifischen Lohndifferenz in Westdeutschland 1984–96, Universität St. Gallen, Forschungsinstitut für Arbeit und Arbeitsrecht, *Diskussionspapier Nr. 57 (März)* St. Gallen.

Psacharopoulos, G. und Layard, R. (1979). Human Capital and Earnings: British Evidence and a Critique, *Review of Economic Studies* 46, S. 485–503.

Raff, D.M.G. und Summers, L.H. (1987). Did Henry Ford Pay Efficiency Wages?, *Journal of Labor Economics (Supplement)* 5, S. S57–S86.

Ramser, H.J. (1978). Die Kontrakttheorie als Beitrag zu einer ökonomischen Theorie des Arbeitsmarktes, *Zeitschrift für die gesamte Staatswissenschaft* 134, S. 628–659.

Ramser, H.J. (1981). Arbeitslosigkeit aufgrund unvollständiger Information, *Zeitschrift für die gesamte Staatswissenschaft* 137, S. 163–186.

Ramser, H.J. (1985). Arbeitszeitverkürzung, Arbeitsnachfrage und Arbeitsvertrag, *in:* H. und H.G. Monissen (Hrsg.), *Rationale Wirtschaftspolitik in komplexen Gesellschaften*, Kohlhammer, Stuttgart, S. 472–480.

Ramser, H.J. (1987a). *Verteilungstheorie*, Springer, Berlin.

Ramser, H.J. (1987b). *Beschäftigung und Konjunktur. Versuch einer Integration verschiedener Erklärungsansätze*, Springer, Berlin.

Ramser, H.J. (1988). Lohnbildung und Beschäftigung: Anmerkungen zur Relevanz des insider–outsider–Ansatzes, *in:* Fakultät für Wirtschaftswissenschaften und Statistik der Universität Konstanz (Hrsg.), *Zum Gedenken an Harald Gerfin*, Konstanz, S. 55–69.

Reenen, J. von (1997). Employment and Technological Innovation: Evidence from U.K. Manufacturing Firms, *Journal of Labor Economics* 15, S. 255–284.

Reimers, H. E. (2001). Labour Demand in Germany and Seasonal Cointegration, *Allgemeines Statistisches Archiv* 85, S. 283–299.

Reyher, L. und Bach, H.–U. (1988). Arbeitskräfte–Gesamtrechnung (AGR), *in:* D. Mertens (Hrsg.), *Konzepte der Arbeitsmarkt– und Berufsforschung*, IAB, Beiträge zur Arbeitsmarkt– und Berufsforschung, Bd. 70, Nürnberg, S. 123–143.

Richter, W.F., Seitz, H. und Wiegard, W. (1996,). Steuern und unternehmensbezogene Staatsausgaben als Standortfaktoren, *in:* H. Siebert (Hrsg.), *Steuerpolitik und Standortqualität*, Mohr Siebeck, Tübingen, S. 13–47.

Riese, M. (1986). *Die Messung der Arbeitslosigkeit*, Duncker und Humblot, Berlin.

Risager, O. und Sørensen, J.R. (1997). On the Effects of Firing Costs when Investment is Endogenous: An Extension of a Model by Bertola, *European Economic Review* 41, S. 1343–1353.

Ronning, G. (1991). *Mikroökonometrie*, Springer, Berlin.

Rosen, S. (1985). Implicit Contracts: A Survey, *Journal of Economic Literature* 23, S. 1144–1175.

Rosen, S. (1986). The Theory of Equalizing Differences, *in:* O. Ashenfelter und R. Layard (Hrsg.), *Handbook of Labor Economics, Bd. 1*, North–Holland, Amsterdam, S. 641–692.

Rösner, H.J. (1986). Der Paragraph 116 AFG, *Wirtschaftswissenschaftliches Studium* 15, Heft 4, S. 197–199.

Rothschild, M. (1971). On the Cost of Adjustment, *Quarterly Journal of Economics* 85, S. 605–622.

Rothschild, M. (1974). Searching for the Lowest Price when the Distribution of Prices is Unknown, *Journal of Political Economy* 82, S. 689–711.

Rottmann, H. und Ruschinski, M. (1998). The Labour Demand and the Innovation Behaviour of Firms, *Jahrbücher für Nationalökonomie und Statistik* 217, S. 741–752.

Runde, T. (1996). *Arbeitskampfaktivitäten im Verarbeitenden Gewerbe der Bundesrepublik Deutschland*, LIT, Münster.

Rüthers, B. (1986). Arbeitsrecht und Arbeitsmarkt, *in:* H. Maier-Leibnitz (Hrsg.), *Zeugen des Wissens*, v. Hase and Kohler, Mainz, S. 739–782.

Rüthers, B. (1990). Der Abbau des "ultima ratio"–Gebotes im Arbeitskampfrecht durch das Bundesverfassungsgericht, *Der Betrieb,* Heft 2 v. 12.1.1990, S. 113–123.

Rutner, D. (1984). *Faktorsubstitution in den Produktionssektoren der Bundesrepublik Deutschland*, Haag u. Herchen, Frankfurt/M.

Sachverständigenrat zur Begutachtung der gesamtwirtschaftlichen Entwicklung (1983). *Jahresgutachten 1983/84: Ein Schritt voran*, Kohlhammer, Stuttgart.

Sachverständigenrat zur Begutachtung der gesamtwirtschaftlichen Entwicklung (1993). *Jahresgutachten 1993/94: Zeit zum Handeln – Arbeitskräfte stärken*, Metzler-Poeschel, Stuttgart.

Sachverständigenrat zur Begutachtung der gesamtwirtschaftlichen Entwicklung (1994). *Jahresgutachten 1994/95: Den Aufschwung sichern – Arbeitsplätze schaffen*, Metzler–Poeschel, Stuttgart.

Sachverständigenrat zur Begutachtung der gesamtwirtschaftlichen Entwicklung (1995). *Jahresgutachten 1995/96: Im Standortwettbewerb*, Metzler-Poeschel, Stuttgart.

Sachverständigenrat zur Begutachtung der gesamtwirtschaftlichen Entwicklung (1996). *Jahresgutachten 1996/97: Reformen voranbringen*, Metzler-Poeschel, Stuttgart.

Sachverständigenrat zur Begutachtung der gesamtwirtschaftlichen Entwicklung (1998). *Jahresgutachten 1998/99: Vor weitreichenden Entscheidungen*, Metzler-Poeschel, Stuttgart.

Sachverständigenrat zur Begutachtung der gesamtwirtschaftlichen Entwicklung (1999). *Jahresgutachten 1999/2000: Wirtschaftspolitik unter Reformdruck*, Metzler-Poeschel, Stuttgart.

Sachverständigenrat zur Begutachtung der gesamtwirtschaftlichen Entwicklung (2001). *Jahresgutachten 2001/02: "Für Stetigkeit – Gegen Aktionismus"*, Metzler-Poeschel, Stuttgart.

Sadowski, D. (1997). *Mitbestimmung – Gewinne und Investitionen*, Bertelsmann Stiftung, Gütersloh.

Saint–Paul, G. (1998). The Political Consequences of Unemployment, *Swedish Economic Policy Review* 5, S. 259–295.

Salant, S.W. (1977). Search Theory and Duration Data: A Theory of Sorts, *Quarterly Journal of Economics* 91, S. 39–57.

Salop, S.C. (1979). A Model of the Natural Rate of Unemployment, *American Economic Review* 69, S. 117–125.

Sargent, T.J. (1978). Estimation of Dynamic Labor Demand Schedules under Rational Expectations, *Journal of Political Economy* 86, S. 1009–1044.

Sargent, T.J. (1987). *Macroeconomic Theory*, 2. Auflage, Academic Press, Boston.

Schäfer–Jäckel, E. (1985). *Lohnindexierung. Eine versicherungstheoretische Analyse der Indexierungsproblematik*, Heymanns, Köln.

Schalk, H.J., Lüschow, J. und Untiedt, G. (1997). Wachstum und Arbeitslosigkeit – Gibt es noch einen Zusammenhang?, *Ifo–Schnelldienst* 17/18, S. 3–14.

Schares, C. (1993). Gewinn– und Kapitalbeteiligung von Arbeitnehmern – Ein Überblick über neuere Forschungsergebnisse, *Zeitschrift für Wirtschaftspolitik* 42, S. 179–215.

Schares, C. (1995). Mehr Arbeitsplätze durch Gewinn– oder Kapitalbeteiligung von Arbeitnehmern, *Beihefte zur Konjunkturpolitik* 43, S. 245–274.

Schasse, U. (1991). *Betriebszugehörigkeitsdauer und Mobilität: Eine empirische Untersuchung zur Stabilität von Beschäftigungsverhältnissen*, Campus, Frankfurt/M.

Schellhaaß, H.M. (1984). Ein ökonomischer Vergleich finanzieller und technischer Kündigungserschwernisse, *Zeitschrift für Arbeitsrecht* 15, S. 139–171.

Scheremet, W. (1995). Tarifpolitik in Ostdeutschland: Ausstieg aus dem Lohnverhandlungsmodell der Bundesrepublik Deutschland, *Beihefte zur Konjunkturpolitik* 43, S. 135–169.

Scheremet, W. (2001). *Automatische Stabilisatoren, Fiskalpolitische Schocks und Konjunktur: Eine vergleichende SVAR–Analyse für Deutschland und die USA*, Dissertation Freie Universtät Berlin (erscheint demnächst).

Schettkat, R. (1994). On Vacancies in Germany, *Jahrbücher für Nationalökonomie und Statistik* 213, S. 209–222.

Schettkat, R. (1995). Stromanalyse des Arbeitsmarktes. Der Jobturnover- und der Laborturnover- Ansatz, *WiSt-Wirtschaftswissenschaftliches Studium* 24, Heft 9, S. 455–460.

Schettkat, R. (Hrsg.) (1996). *The Flow Analysis of Labour Markets*, Routledge, London.

Schettkat, R. und Wagner, M. (1989). *Technologischer Wandel und Beschäftigung. Fakten, Analysen, Trends.*, de Gruyter, Berlin.

Scheuer, M. (1987). *Zur Leistungsfähigkeit neoklassischer Arbeitsmarkttheorien*, Neue Gesellschaft, Bonn.

Schlicht, E. (1978). Labour Turnover, Wage Structure and Natural Unemployment, *Zeitschrift für die gesamte Staatswissenschaft* 134, S. 337–346.

Schloenbach, K. (1972). *Ökonometrische Analyse der Lohn– und Arbeitsmarktentwicklung in der Bundesrepublik Deutschland 1957–1968 – Eine Erweiterung des "Bonner Prognosemodells"*, Hain, Meisenheim am Glan.

Schmähl, W. (1989). Labour Force Participation and Social Pension Systems, *in:* P. Johnson, C. Conrad und D. Thomson (Hrsg.), *Workers versus Pensioners: Intergenerational Justice in an Ageing World*, Manchester University Press, Manchester, S. 137–161.

Schmid, F.A. und Seger, F. (1998). Arbeitnehmermitbestimmung, Allokation von Entscheidungsrechten und Shareholder Value, *Zeitschrift für Betriebswirtschaft* 68, Heft 5, S. 453–473.

Schmid, G. (1989). Die neue institutionelle Ökonomie: Königsweg oder Holzweg zu einer Institutionentheorie des Arbeitsmarktes?, *Leviathan–Zeitschrift für Sozialwissenschaft* 17, S. 386–408.

Schmid, G., O'Reilly, J. und Schömann, K. (1996). *International Handbook for Labour Market Policy and Evaluation*, Edward Elger, Cheltenham.

Schmidt, C.M. (1994). The Country of Origin, Family Structure, and Return Migration of Germany's Guest-Workers, Deutsches Institut für Wirtschaftsforschung (DIW), *Vierteljahreshefte zur Wirtschaftsforschung* 63, S. 119–125.

Schmidt, C.M. und Zimmermann, K.F. (1991). Work Characteristics, Firm Size, and Wages, *Review of Economics and Statistics* 73, S. 705–710.

Schmidt, P. (1995). *Die Wahl des Rentenalters*, Lang, Frankfurt/M.

Schnabel, C. (1987). Trade Union Growth and Decline in the Federal Republic of Germany, *Empirical Economics* 12, S. 107–127.

Schnabel, C. (1989). *Zur ökonomischen Analyse der Gewerkschaften in der Bundesrepublik Deutschland*, Lang, Frankfurt/M.

Schnabel, C. (1990). Ökonomische Modelle gewerkschaftlichen Verhaltens, *WiSt – Wirtschaftswissenschaftliches Studium 19*, Heft 5, S. 235–240.

Schnabel, C. (1997). *Tariflohnpolitik und Effektivlohnfindung. Eine empirische und wirtschaftspolitische Analyse für die alten Bundesländer*, Lang, Frankfurt/M.

Schnabel, C. und Pege, W. (1992). *Gewerkschaftsmitglieder. Zahlen, Strukturen, Perspektiven*, Deutscher Instituts–Verlag, Köln.

Schnabel, R. (1994). *Das intertemporale Arbeitsangebot verheirateter Frauen – eine empirische Analyse auf der Basis des Sozio–oekonomischen Panels*, Campus, Frankfurt/M.

Schneider, F. und Enste, D.H. (2000). Shadow Economies: Size, Causes, and Consequences, *Journal of Economic Literature* 38, S. 77–114.

Schneider, H. (1986). *Mikroökonomie*, 4. Auflage, Vahlen, München.

Schneider, H. und Schultz, B. (2001). Beträchtlicher Forschungsbedarf bei der Evaluierung arbeitsmarktpolitischer Maßnahmen – Das Beispiel der Mitnahmeeffekte bei Strukturanpassungsmaßnahmen für ostdeutsche Wirtschaftsunternehmen, Institut für Wirtschaftsforschung Halle (IWH), *Wirtschaft im Wandel* 7, S. 14–18.

Schneider, J. (1989). Zur Effizienz von Reputation und Effizienzlöhnen, *in:* K. Gerlach und O. Hübler (Hrsg.), *Effizienzlohntheorie, Individualeinkommen und Arbeitsplatzwechsel*, Campus, Frankfurt/M., S. 52–68.

Schultze, C.L. (1985). Microeconomic Efficiency and Nominal Wage Stickiness, *American Economic Review* 75, S. 1–15.

Schultze, C.L. (1987). Real Wages, Real Wage Aspirations, and Unemployment in Europe, *in:* R. Lawrence und C. Schultze (Hrsg.), *Barriers to European Growth*, Brookings Institution, Washington D.C., S. 230–291.

Schupp, J., Büchel, F., Diewald, M. und Habich, M. (1998). *Arbeitsmarktstatistik zwischen Realität und Fiktion*, edition sigma, Berlin.

Schuster, R.T. (1991). *Hysterese auf Arbeitsmärkten*, Josef Eul, Bergisch–Gladbach.

Seater, J.J. (1977). A Unified Model of Consumption, Labor Supply, and Job Search, *Journal of Economic Theory* 14, S. 349–372.

Seierstad, A. und Sydsaeter, K. (1987). *Optimal Control Theory with Economic Applications*, North–Holland, Amsterdam.

Shapiro, C. und Stiglitz, J.E. (1984). Equilibrium Unemployment as a Worker Discipline Device, *American Economic Review* 74, S. 433–444.

Shapiro, C. und Stiglitz, J.E. (1985). Equilibrium Unemployment as a Worker Discipline – Reply, *American Economic Review* 75, S. 892–893.

Sheldon, G. (1992). Dauerhaftigkeit der Beschäftigung in der Schweiz, *in:* W. Franz (Hrsg.), *Mikro– und Makrotheoretische Aspekte der Arbeitslosigkeit, Beiträge zur Arbeitsmarkt– und Berufsforschung Nr. 165*, Institut für Arbeitsmarkt– und Berufsforschung, Nürnberg, S. 36–73.

Sheshinski, E. (1978). A Model of Social Security and Retirement Decisions, *Journal of Public Economies* 10, S. 337–360.

Siddiqui, S. (1997). *Der Übergang in den Ruhestand. Eine theoretische und empirische Untersuchung für die Bundesrepublik Deutschland*, LIT, Münster.

Siebert, H. (1993). *Das Wagnis der Einheit. Eine wirtschaftspolitische Therapie*, Deutsche Verlags–Anstalt, Stuttgart.

Siebert, H. (1995). *Geht den Deutschen die Arbeit aus? Wege zu mehr Beschäftigung*, Goldmann, München.

Siebert, H. (1997). Labor Market Rigidities: At the Root of Unemployment in Europe, *Journal of Economic Perspectives* 11, S. 37–54.

Siebert, W.S. (1985). Developments in the Economics of Human Capital, *in:* D. Carline et al. (Hrsg.), *Labour Economics*, Longman, London, S. 5–77.

Sievert, O. (1992). *Für Investivlöhne. Plädoyer für ein vernachlässigtes Konzept*, Frankfurter Institut, Bad Homburg.

Sinn, G. und Sinn, H.–W. (1993). *Kaltstart. Volkswirtschaftliche Aspekte der deutschen Vereinigung*, 3. Auflage, Beck, München.

Sinn, H.–W. (1980). *Ökonomische Entscheidungen bei Ungewißheit*, Mohr und Siebeck, Tübingen.

Sinn, H.–W. (1997). Kapitalbeteiligung und Lohndifferenzierung: Ein Vorschlag zur Lösung der Beschäftigungskrise, *Mitteilungen aus der Arbeitsmarkt– und Berufsforschung* 30, S. 822–827.

Sjaastad, L.A. (1962). The Costs and Returns of Human Migration, *Journal of Political Economy (Supplement)* 70, S. 80–93.

Sloane, P.J. (1985). Discrimination in the Labour Market, *in:* D. Carline et al. (Hrsg.), *Labour Economics*, Longman, London, S. 78–158.

Smith, A. (1776). *An Inquiry into Nature and Causes of the Wealth of Nations*, Ausgabe 1976 von der University of Chicago Press, Chicago.

Smolny, W. (1992). Macroeconomic Consequences of International Labour Migration, *in:* H. Vosgerau (Hrsg.), *European Integration and the World Economy*, Springer, Berlin, S. 376–408.

Smolny, W. (1998). Innovations, Prices and Employment: A Theoretical Model and an Empirical Application for West German Manufacturing Firms, *Journal of Industrial Economics* 46, S. 359–381.

Smolny, W. und Schneeweis, T. (1999). Innovation, Wachstum und Beschäftigung. Eine empirische Untersuchung auf der Basis des Ifo–Unternehmenspanels, *Jahrbücher für Nationalökonomie und Statistik* 218, S. 451–472.

Solow, R.M. (1979a). Alternative Approaches of Macroeconomic Theory: A Partial View, *Canadian Journal of Economics* 12, S. 339–354.

Solow, R.M. (1979b). Another Possible Source of Wage Stickiness, *Journal of Macroeconomics* 1, S. 79–82.

Solow, R.M. (1985). Insiders and Outsiders in Wage Determination, *Scandinavian Journal of Economics* 87, S. 411–428.

Solow, R.M. (1990). *The Labor Market as a Social Institution*, Basil Blackwell, Cambridge.

Soltwedel, R. (1984). *Mehr Markt am Arbeitsmarkt*, Philosophia Verlag, München.

Sørensen, P.B. (1997). Public Finance Solutions to the European Unemployment Problem?, *Economic Policy* 25, S. 223–264.

Spahn, H.–P. (1987). Sind "effiziente" Löhne zu hoch für die Vollbeschäftigung?, *Jahrbücher für Nationalökonomie und Statistik* 203, S. 225–243.

Spence, M. (1973). Job Market Signalling, *Quarterly Journal of Economics* 87, S. 355–374.

Spengel, C. und Lammersen, L. (2001). Methoden zur Messung und zum Vergleich von internationalen Steuerbelastungen, *Steuer und Wirtschaft,* Heft 3/2001, S. 222–238.

Stark, E. und Jänsch, G. (1988). Faktoreinsatzverhalten im Verarbeitenden Gewerbe. Eine sektorale Analyse unter Verwendung eines Translog–Modells, Deutsches Institut für Wirtschaftsforschung, (DIW), *Vierteljahreshefte zur Wirtschaftsforschung,* Heft 1/2, S. 79–95.

Stark, O. (1991). *The Migration of Labor*, Basil Blackwell, Cambridge.

Steedman, H. (1993). The Economics of Youth Training in Germany, *Economic Journal* 103, S. 1273–1291.

Steiner, V. (1987). Empirische Analyse des Abgangsverhaltens aus der Arbeitslosigkeit auf einem lokalen Arbeitsmarkt mittels individualisierter Verlaufsdaten, *in:* K. Rothschild und G. Tichy (Hrsg.), *Arbeitslosigkeit und Arbeitsangebot in Österreich*, Springer, Wien, S. 105–126.

Steiner, V. (1990). *Determinanten individueller Arbeitslosigkeit*, VWGÖ, Wien.

Steiner, V. (1997). Kann die Effizienz der deutschen Arbeitslosenversicherung erhöht werden?, *Beihefte der Konjunkturpolitik* 46, S. 137–168.

Steiner, V. (2001). Unemployment Persistence in the West German Labour Market: Negative Duration Dependence or Sorting, *Oxford Bulletin of Economics and Statistics* 37, S. 1150–1175.

Steiner, V. und Mohr, R. (2000). Industrial Change, Stability of Relative Earnings and Substitution of Unskilled Labour in West Germany, *in:* Salverda, W., Nolan, B. und Lucifora. C. (Hrsg.), *Policy Measures for Low–Wage Employment in Europe*, Edward Elgar, Cheltenham, S. 169–190.

Steiner, V. und Velling, J. (1994). Re-Migration Behavior and Expected Duration of Stay of Guest Workers in Germany, *in:* G. Steinmann und R. Ulrich (Hrsg.), *The Economic Consequences of Immigration to Germany*, Physica, Heidelberg, S. 101–119.

Steiner, V. und Wagner, K. (1998a). Has Earnings Inequality in Germany Changed in the 1980's?, *Zeitschrift für Wirtschafts– und Sozialwissenschaften* 118, S. 29–59.

Steiner, V. und Wagner, K. (1998b). Relative Earnings and the Demand for Unskilled Labor in West German Manufacturing, *in:* S. Black (Hrsg.), *Globalization, Technological Change, and Labor Markets*, Boston, S. 89–111.

Steiner, V., Wolf, E., Egeln, J., Almus, M., Schrumpf, H. und Feldotto, P. (1998). *Srukturanalyse der Arbeitsmarktentwicklung in den neuen Bundesländern*, ZEW–Wirtschaftsanalysen (Schriftenreihe des ZEW) Bd. 30, Nomos, Baden–Baden.

Stiglitz, J.E. (1974). Alternative Theories of Wage Determination and Unemployment in LDC's: The Labor Turnover Model, *Quarterly Journal of Economics* 88, S. 194–227.

Stiglitz, J.E. (1976). The Efficiency Wage Hypothesis, Surplus Labour, and the Distribution of Income in LDC's, *Oxford Economic Papers* 28, S. 185–207.

Stiglitz, J.E. (1987). The Causes and Consequences of the Dependence of Quality on Price, *Journal of Economic Literature* 25, S. 1–48.

Stobbe, A. (1983). *Volkswirtschaftslehre II, Mikroökonomik*, Springer, Berlin.

Stobbe, A. (1987). *Volkswirtschaftslehre III – Makroökonomik*, 2. Auflage, Springer, Berlin.

Stobernack, M. (1990). *Die Bedeutung der Arbeitslosenversicherung für Erwerbslosigkeit und Arbeitsangebot. Eine mikroökonomische Betrachtung*, Campus, Frankfurt/M.

Stoneman, P. (1983). *The Economic Analysis of Technological Change*, University Press, Oxford.

Strand, J. (1987). The Relationship between Wages and Firm Size: An Information Theoretic Analysis, *International Economic Review* 28, S. 51–68.

Straubhaar, T. (1988). *On the Economics of International Labor Migration*, Haupt, Bern.

Streeck, W. (1981). *Gewerkschaftliche Organisationsprobleme in der sozialstaatlichen Demokratie*, Athenäum, Königstein/Ts.

Streissler, E. (1988). New Information Theoretic Approaches to Labour Market Theory, *in:* J. Kregel, E. Matzner und A. Roncaglia (Hrsg.), *Barriers to Full Employment*, Basil Blackwell, London, S. 48–65.

Strøm, S. und Wagenhals, G. (1991). Female Labor Supply in the Federal Republic of Germany, *Jahrbücher für Nationalökonomie und Statistik* 208, S. 575–595.

Svejnar; J. (1981). Relative Wage Effects of Unions, Dictatorship and Codetermination: Econometric Evidence from Germany, *Review of Economics and Statistics* 63, S. 188–197.

Symons, J. und Layard, R. (1984). Neoclassical Demand for Labour Functions for Six Major Economies, *Economic Journal* 94, S. 788–799.

Taubman, P. (1976). The Determinants of Earnings: Genetics, Family, and other Environments: A Study of Male Twins, *American Economic Review* 66, S. 858–870.

Teichmann, U. (1977). Bestimmungsgründe des Organisationsgrades der Tarifverbände und ihr Einfluß auf die Tarifpolitik, *in:* B. Külp und H.–D. Haas (Hrsg.), *Soziale Probleme der modernen Industriegesellschaften*, Duncker und Humblot, Berlin, S. 609–638.

Tichy, G. (1999). *Konjunkturpolitik. Quantitative Stabilisierungspolitik bei Unsicherheit*, 4. Auflage, Springer, Berlin.

Tinsley, P.A. (1971). A Variable Adjustment Model of Labor Demand, *International Economic Review* 12, S. 482–510.

Tobin, J. (1958). Estimation of Relationships for Limited Dependent Variables, *Econometrica* 26, S. 24–36.

Topel, R.H. (1982). Inventories, Layoffs, and the Short–Run Demand for Labor, *American Economic Review* 72, S. 769–787.

Tracy, J.S. (1987). An Empirical Test of an Asymmetric Information Model of Strikes, *Journal of Labor Economics* 5, S. 149–173.

Treadway, A.B. (1974). The Globally Optimal Flexible Accelerator, *Journal of Economic Theory* 7, S. 17–39.

Treue, W., Pönicke, H. und Manegold, K.–H. (1966). *Quellen zur Geschichte der industriellen Revolution*, Musterschmidt, Göttingen.

Unger, R. (1986). *Messung und Analyse der Totalen Faktorproduktivität für 28 Sektoren der Bundesrepublik Deutschland, 1960 bis 1981*, Lang, Frankfurt/M.

Untiedt, G. (1992). *Das Erwerbsverhalten verheirateter Frauen in der Bundesrepublik Deutschland*, Physica, Heidelberg.

Varian, H.R. (1984). *Microeconomic Analysis*, 2. Auflage, Norton, New York.

Velling, J. (1995). *Immigration und Arbeitsmarkt – Eine empirische Analyse für die Bundesrepublik Deutschland*, Nomos, Baden-Baden.

Viscusi, W.K. (1980). A Theory of Job Shopping: A Bayesian Perspective, *Quarterly Journal of Economics* 94, S. 609–614.

Vishwanath, T. (1989). Job Search, Stigma Effect, and Escape Rate from Unemployment, *Journal of Labor Economics* 7, S. 487–502.

Wagenhals, G. (1990). Einkommensbesteuerung und Frauenerwerbstätigkeit, *in:* B. Felderer (Hrsg.), *Bevölkerung und Wirtschaft*, Duncker und Humblot, Berlin, S. 473–492.

Wagner, J. und Lorenz, W. (1989). Einkommensfunktionsschätzungen mit Längsschnittsdaten für vollzeiterwerbstätige deutsche Männer, *Konjunkturpolitik* 35, S. 99–109.

Wagner, M. (1981). Unerklärte Varianz. Zur Forschungsstrategie der mikroökonomischen Humankapitaltheorie, *in:* W. Clement (Hrsg.), *Konzept und Kritik des Humankapitalansatzes*, Duncker und Humblot, Berlin, S. 165–184.

Weis, P. (1983). Zur arbeitsmarktpolitischen Problematik von Kündigungs– und Besitzstandsregelungen für ältere Arbeitnehmer, *Zeitschrift für Wirtschafts– und Sozialwissenschaften* 103, S. 255–281.

Weiss, A. (1980). Job Queues and Layoffs in Labor Markets with Flexible Wages, *Journal of Political Economy* 88, S. 526–538.

Weißhuhn, G. und Clement, W. (1983). Qualifikations– und Verdienststrukturen in der Bundesrepublik Deutschland 1974–1978. Eine Humankapitalanalyse, *in:* W. Clement, M. Tessaring und G. Weißhuhn (Hrsg.), *Ausbildung und Einkommen in der Bundesrepublik Deutschland, Beiträge zur Arbeitsmarkt– und Berufsforschung Bd. 80*, Bundesanstalt für Arbeit, Nürnberg, S. 11–164.

Weitzman, M.L. (1984). *The Share Economy*, 4. Auflage, Harvard University Press, Cambridge, Mass.

Wellisch, D. (2000). *Finanzwissenschaft, Bde. I bis III*, Vahlen, München.

Westphal, U. (1994). *Makroökonomik*, 2. Auflage, Springer, Berlin.

Wiegard, W. (1984). Schwarzarbeit und Besteuerung, *in:* W. Schäfer (Hrsg.), *Schattenökonomie. Theoretische Grundlagen und wirtschaftspolitische Konsequenzen*, Vandenhoeck und Ruprecht, Göttingen, S. 122–156.

Winker, P. (1997). *Empirische Wirtschaftsforschung*, Springer, Berlin.

Winter–Ebmer, R. (1991). Some Microevidence on Unemployment Persistence, 53, S. 27–43.

Winter–Ebmer, R. (1992). *Persistenz der Arbeitslosigkeit*, Campus, Frankfurt/M.

Wissenschaftlicher Beirat beim Bundesministerium für Wirtschaft (1991). Lohn– und Arbeitsmarktprobleme in den neuen Bundesländern, *in:* Wissenschaftlicher Beirat beim Bundesministerium für Wirtschaft (1998) (Hrsg.), *Sammelband der Gutachten von 1987 bis 1997*, Lucius und Lucius, Stuttgart, S. 1583–1622.

Wolfstetter, E. (1985). Optimale Arbeitsverträge bei unvollständiger Information: Ein Beitrag zur Theorie der Arbeitslosigkeit, *Zeitschrift für Wirtschafts– und Sozialwissenschaften* 105, S. 433–458.

Wolters, J. (1990). Zur ökonometrischen Modellierung kurz– und langfristiger Abhängigkeiten: Dargestellt am Beispiel der Zinsstruktur, *in:* G. Nakhaeizadeh und K.-H. Vollmer (Hrsg.), *Neuere Entwicklungen in der Angewandten Ökonometrie*, Physica, Heidelberg, S. 155–176.

Wolters, J. (1995). Kointegration und Zinsentwicklung im EWS – Eine Einführung in die Kointegrationsmethodologie und deren Anwendung, *Allgemeines Statistisches Archiv* 79, S. 146–169.

Wolters, J., Kuhbier, P. und Buscher, H.S. (1990). *Die konjunkturelle Entwicklung in der Bundesrepublik. Ergebnisse von Schätzungen alternativer aggregierter Konjunkturmodelle*, Campus, Frankfurt/M.

Wurzel, E. (1990). Staggered Entry and Unemployment Durations: An Application to German Data, *in:* J. Hartog, G. Ridder und J. Theeuwes (Hrsg.), *Panel Data and Labor Market Studies*, North–Holland, Amsterdam, S. 119–134.

Wurzel, E. (1993). *An Econometric Analysis of Individual Unemployment Duration in West Germany*, Physica, Heidelberg.

Wyplosz, C. (1994). Demand and Structural Views of Europe's High Unemployment Trap, *Swedish Economic Policy Review* 1, S. 75–107.

Yatchew, A.J. (1985). Labor Supply in the Presence of Taxes: An Alternative Specification, *Review of Economics and Statistics* 67, S. 27–33.

Yellen, J.L. (1984). Efficiency Wage Models of Unemployment, *American Economic Review (Papers and Proceedings)* 74, S. 200–205.

Zabalza, A. (1983). The CES Utility Function, Non–Linear Budget Constraints and Labour Supply. Results on Female Participation and Hours, *Economic Journal* 93, S. 312–330.

Zabel, J.E. (1997). Estimating Wage Elasticities for Life–Cycle Models of Labour Supply Behaviour, *Labour Economics* 4, S. 223–244.

Zellner, A. und Palm, F. (1974). Time Series Analysis and Simultaneous Equation Econometric Models, *Journal of Econometrics* 2, S. 17–54.

Zeuthen, F. (1930). *Problems of Monopoly and Economic Warfare*, Routledge, London.

Zimmermann, K.F. (1985). *Familienökonomie. Theoretische und empirische Untersuchungen zur Frauenerwerbstätigkeit und Geburtenentwicklung*, Springer, Berlin.

Zimmermann, K.F. (1987). Innovation und Beschäftigung, *in:* G. Bombach, B. Gahlen und A.E. Ott (Hrsg.), *Arbeitsmärkte und Beschäftigung – Fakten, Analysen, Perspektiven*, Mohr und Siebeck, Tübingen, S. 233–257.

Zimmermann, K.F. (1991). The Employment Consequences of Technological Advance, Demand and Labor Costs in 16 German Industries, *Empirical Economics* 16, S. 253–266.

Zimmermann, K.F., Bauer, T., Bonin, H., Fahr, R. und Hinte, H. (2002). *Arbeitskräftebedarf bei hoher Arbeitslosigkeit. Ein ökonomisches Zuwanderungskonzept für Deutschland.*, Springer, Berlin.

Zimmermann, V. (1999). *Arbeitsmarktprobleme Jugendlicher. Eine empirische Untersuchung ihres Weges in die Beschäftigung*, ZEW–Wirtschaftsanalysen (Schriftenreihe des ZEW) Bd. 50, Mannheim.

Zweimüller, J. (1987). Bestimmungsgründe der Frauen–Erwerbsbeteiligung: Schätzergebnisse aus dem Mikrozensus, *in:* K. Rothschild und G. Tichy (Hrsg.), *Arbeitslosigkeit und Arbeitsangebot in Österreich*, Springer, Wien, S. 161–190.

Sachverzeichnis

Druck- und Bindearbeiten: Legoprint, Italien